D1754917

Internationale Standardlehrbücher der Wirtschafts- und Sozialwissenschaften

Herausgegeben von
Univ.-Prof. Dr. Dr. h.c. Lutz Kruschwitz

Bisher erschienene Titel:

Bagozzi u.a.: Marketing Management
Bergstrom, Varian: Trainingsbuch zu Varian
Blasius: Korrespondenzanalyse
Büning, Naeve, Trenkler, Waldmann: Mathematik für Ökonomen im Hauptstudium
Caspers: Zahlungsbilanz und Wechselkurse
Dixit, Norman: Außenhandelstheorie
Dornbusch, Fischer, Startz: Makroökonomik
Gordon: Makroökonomik
Granvogl, Perridon: Sozioökonomie
Heike, Târcolea: Grundlagen der Statistik und Wahrscheinlichkeitsrechnung
Hillier, Lieberman: Einführung in Operations Research
Horngren, Foster, Datar: Kostenrechnung
Hull: Einführung in Futures- und Optionsmärkte
Hull: Optionen, Futures und andere Derivate
Johnson: Kundenorientierung und Markthandlung
Keegan, Schlegelmilch, Stöttinger: Globales Marketing Management
Kneis: Mathematik für Wirtschaftswissenschaftler
Kruschwitz, Husmann: Finanzierung und Investition
Kruschwitz: Finanzmathematik
Kruschwitz: Investitionsrechnung
Kruschwitz, Decker, Röhrs: Übungsbuch zur Betrieblichen Finanzwirtschaft

Mehler-Bicher: Mathematik für Wirtschaftswissenschaftler
Meissner: Strategisches Internationales Marketing
Pierenkemper: Wirtschaftsgeschichte
Pindyck, Rubinfeld: Mikroökonomie
Rübel: Grundlagen der Monetären Außenwirtschaft
Rübel: Grundlagen der Realen Außenwirtschaft
Sargent: Makroökonomik
Schäfer, Kruschwitz, Schwake: Studienbuch Finanzierung und Investition
Sloman: Mikroökonomie
Smith: Einführung in die Volkswirtschaftslehre
Stiglitz, Schönfelder: Finanzwissenschaft
Stiglitz, Walsh: Mikroökonomie
Stiglitz, Walsh: Volkswirtschaftslehre
Varian: Grundzüge der Mikroökonomik
Zäpfel: Grundzüge des Produktions- und Logistikmanagement
Zäpfel: Strategisches Produktions-Management
Zäpfel: Taktisches Produktions-Management
Zwer: Internationale Wirtschafts- und Sozialstatistik

Finanzierung und Investition

von
Prof. Dr. Dr. h.c. Lutz Kruschwitz
Freie Universität Berlin

Prof. Dr. Sven Husmann
Europa-Universität Viadrina Frankfurt (Oder)

7., überarbeitete und erweiterte Auflage

Oldenbourg Verlag München

Bibliografische Information der Deutschen Nationalbibliothek

Die Deutsche Nationalbibliothek verzeichnet diese Publikation in der Deutschen Nationalbibliografie; detaillierte bibliografische Daten sind im Internet über http://dnb.d-nb.de abrufbar.

© 2012 Oldenbourg Wissenschaftsverlag GmbH
Rosenheimer Straße 145, D-81671 München
Telefon: (089) 45051-0
www.oldenbourg-verlag.de

Das Werk einschließlich aller Abbildungen ist urheberrechtlich geschützt. Jede Verwertung außerhalb der Grenzen des Urheberrechtsgesetzes ist ohne Zustimmung des Verlages unzulässig und strafbar. Das gilt insbesondere für Vervielfältigungen, Übersetzungen, Mikroverfilmungen und die Einspeicherung und Bearbeitung in elektronischen Systemen.

Lektorat: Anne Lennartz
Herstellung: Constanze Müller
Titelbild: thinkstockphotos.de
Einbandgestaltung: hauser lacour
Gesamtherstellung: Beltz Bad Langensalza GmbH, Bad Langensalza

Dieses Papier ist alterungsbeständig nach DIN/ISO 9706.

ISBN   978-3-486-70259-0
eISBN   978-3-486-71607-8

Vorwort zur siebenten Auflage

Die vorliegende Neuauflage zeichnet sich durch eine Reihe struktureller Veränderungen in den ersten vier Kapiteln sowie zahlreiche inhaltliche Ergänzungen im gesamten Text aus. Das Buch beginnt jetzt mit einer Einführung, in der die Zusammenhänge zwischen Konsumentscheidungen, Investitionen und Kapitalmarkt in einfacher Form dargestellt werden. Es folgen die Kapitel Entscheidungstheorie und Arbitragetheorie, wobei dort jetzt alle Aspekte zusammengefasst werden, unabhängig davon, ob Entscheidungen unter Sicherheit oder Unsicherheit zu treffen sind. Im vierten Kapitel wird die Bewertungstheorie unter Sicherheit behandelt. Inhaltlich haben wir in dieser Neuauflage insbesondere folgende Ergänzungen vorgenommen:

(1) In das Kapitel 2 (Entscheidungstheorie) haben wir jetzt intertemporale Nutzenfunktionen aufgenommen. Ferner diskutieren wir den Zusammenhang zwischen der Art der Risikoaversion und der Form einer Nutzenfunktion.

(2) In Kapitel 4 (Bewertungstheorie unter Sicherheit) zeigen wir, wie man die Zinsstruktur aus aktuellen Anleihepreisen schätzen kann. Es folgt eine ausführliche Darstellung des Fisher-Modells im Mehrperiodenfall.

(3) Das Kapitel 6 (Time State Preference Model) wurde grundlegend überarbeitet und erweitert. Viele wertvolle Anregungen haben wir aus den Werken von Cochrane (2005) und Zimmermann (1998) gewonnen.

(4) In das Kapitel 7 (Optionspreistheorie) haben wir die Bewertung amerikanischer Optionen aufgenommen. Außerdem zeigen wir, wie man mit einer Grenzwertbetrachtung vom Binomialmodell zu den Bewertungsgleichungen von Black und Scholes (1973) kommen kann. Aufbauend auf den Erkenntnissen des Kapitels 6 leiten wir die Bewertungsgleichungen von Black und Scholes alternativ im Sinne von Rubinstein (1976) unter der Annahme konstanter relativer Risikoaversion her. Die Sensitivitätsmaße für Optionen (Greek letters) bilden den Abschluss des Kapitels.

(5) Das Kapitel 10 (Einführung in die Statistik) haben wir um die Maßzahlen der Lognormalverteilung und Steins Lemma erweitert. Davon wird in den Kapiteln 6 und 7 mehrfach Gebrauch gemacht.

Bei der Vorbereitung dieser Neuauflage ist uns wieder sehr geholfen worden. Wir bedanken uns insbesondere bei unseren Kollegen Karl Keiber, Wolfgang Schmid und Georg Stadtmann für hilfreiche Anmerkungen zu ersten Entwürfen dieser Neuauflage. Aus dem Kreis der Mitarbeiterinnen und Mitarbeiter danken wir Thorben Lubnau, Michael Soucek, Rick Steinert, Neda Todorova und T. Ipse für ihre Hilfe. Verbliebene Mängel gehen selbstverständlich auf unser Konto.

Ergänzend zu dieser Neuauflage bieten wir Hochschuldozenten Präsentationsfolien, Übungsaufgaben und weitere Materialien an. Genauere Informationen hierzu finden Sie auf der Webseite

www.wiwi.europa-uni.de/de/lehrstuhl/fact/fiwi/fundi.

Wenn Sie uns auf Schwächen oder Fehler dieses Buches aufmerksam machen wollen, senden Sie uns bitte eine E-Mail an Lutz.Kruschwitz@FU-Berlin.de oder an husmann@europa-uni.de. Wir sind für alle Anregungen dankbar.

Lutz Kruschwitz und Sven Husmann

Vorwort zur sechsten Auflage

Für dieses Buch sind jetzt zwei Verfasser verantwortlich. Wer die Neuauflage in die Hand nimmt, wird wissen wollen, was sich darüber hinaus geändert hat.

Auch die Vorauflagen des Buches besaßen schon eine Struktur, die mit Theorie, Politik und einem Anhang charakterisiert werden konnte. Wir lassen das jetzt aber auch im Inhaltsverzeichnis deutlich hervortreten. Zur Theorie (Kapitel 1 bis 6) zählen wir die entscheidungstheoretischen Grundlagen, die Arbitragetheorie, das Capital Asset Pricing Model und das Time State Preference Model. In der Politik (Kapitel 7 bis 10) geht es um die optimale Kapitalstruktur, Entscheidungen über riskante Investitionsprojekte, die Bewertung von Optionen sowie um zinssensitive Wertpapiere. Im Anhang (Kapitel 11 und 12) werden die für ein erfolgreiches finanzwirtschaftliches Studium erforderlichen statistischen und mathematischen Kenntnisse kompendienhaft dargestellt. Im übrigen sind wir bei der Überarbeitung des Buches behutsam vorgegangen.

(1) Im Kapitel 3 (Entscheidungen unter Unsicherheit) haben wir die Ausführungen zur absoluten und relativen Risikoaversion vertieft. Wir gehen jetzt präziser als früher darauf ein, was gemeint ist, wenn von gleichbleibender beziehungsweise sich ändernder Risikoaversion die Rede ist.

(2) Die Herleitung des Time State Preference Model im Kapitel 6 wurde grundlegend überarbeitet und vereinfacht.

(3) Im Kapitel 7 (Theorie der Kapitalstruktur) geht es um den optimalen Verschuldungsgrad, wobei zunächst Steuern ausgeblendet werden. Bezieht man Steuern ein, steht man vor dem Problem, welches Steuersystem man diskutieren will. Wir haben uns darum bemüht, die Darstellung so zu verallgemeinern, dass Anpassungen an aktuelles Steuerrecht sehr stark erleichtert werden.

(4) Das Kapitel 8 (Investitionen und CAPM) wurde verbessert. Insbesondere wird jetzt auf die Bewertung mehrperiodiger Investitionsprojekte sorgfältiger eingegangen als früher.

Wir danken all unseren Mitarbeitern, besonders aber Herrn T. Ipse, für ihre Hilfe bei der Vorbereitung der Neuauflage. Unser Freund und Kollege András Löffler hat uns mit kritischen Anmerkungen vor einer Reihe von Fehlern bewahrt. Für die verbliebenen Mängel übernehmen natürlich wir die Verantwortung.

Lutz Kruschwitz und Sven Husmann

Vorwort zur fünften Auflage

Die vorliegende Auflage hat gegenüber ihrer Vorgängerin an Umfang zugenommen. Es ist ein neues Kapitel hinzugefügt worden, das dem Thema Zinsrisiken gewidmet ist. Die Literatur zu diesem Problembereich ist mittlerweile sehr stark angewachsen und methodisch anspruchsvoll. Im Mittelpunkt des neuen Kapitels steht ein einfaches Heath-Jarrow-Morton-Modell, das in einem zeitdiskreten Rahmen präsentiert wird. Dieses Modell kann man sich relativ problemlos aneignen, wenn man sich zuvor gründlich mit dem Binomialmodell der Bewertung von Aktienoptionen vertraut gemacht hat. Einführend wird darüber hinaus das wesentlich weniger leistungsfähige Konzept der Duration dargestellt. Ich bedanke mich für die Hilfe, die ich bei der Vorbereitung dieser Auflage von meinen Mitarbeitern erfahren habe, insbesondere von Denitza Kiosseva, Daniela Lorenz, Maria Stefanova und T. Ipse.

Lutz Kruschwitz

Vorwort zur vierten Auflage

Die Neuauflage unterscheidet sich von ihrer Vorgängerin in zwei Punkten. Der Abschnitt über stochastische Dominanz wurde gründlich überarbeitet. Insbesondere wurden die Beweise des FSD- und des SSD-Theorems genauer aufgeschrieben und erweitert. Ein Buch über Finanzierungstheorie, das nicht an der Oberfläche bleiben will, enthält eine Menge mathematischer Gleichungen. Die Väter dieser Formeln waren bedeutende Männer, ohne deren Anstrengungen die Finanzierungstheorie ihren gegenwärtigen Entwicklungsstand nicht erreicht hätte. Da es recht interessant ist, etwas über das Leben derjenigen zu erfahren, auf deren Schultern wir heute stehen, habe ich Abbildungen und Kurzbiografien einer Reihe solcher Personen in den Text eingefügt. Meine Mitarbeiter haben mir (wie immer) geholfen. Bedanken will ich mich insbesondere bei Denitza Kiosseva, Dirk Schneider und T. Ipse.

Lutz Kruschwitz

Vorwort zur dritten Auflage

Die Vorbereitungen für eine Neuauflage beginnen immer schon an dem Tag, an dem die Vorauflage erscheint. Dieses Mal habe ich mich bei den Überarbeitungen auf das Capital Asset Pricing Model (CAPM), das TSPM (Time State Preference Model) sowie die Theorie der Kapitalstruktur konzentriert.

Die Herleitung des CAPM folgt nach wie vor dem von Mossin vorgeschlagenen Weg. Im Anschluss an den Lagrangeansatz wird jetzt zunächst konsequent aus Sicht eines einzelnen Kapitalanlegers diskutiert. Es zeigt sich, dass man über individuelle Nachfragefunktionen einige Theoreme (Tobin-Separation und mutual fund theorem) bereits auf dieser Ebene gewinnen kann. Aggregation der individuellen Nachfragefunktionen führt dann im Anschluss zur CAPM-Preisgleichung und im Rahmen einer Gleichgewichtsanalyse zu weiteren Theoremen (Diversifikation und Marktportfolio). Der Abschnitt über empirische Tests im Zusammenhang mit dem CAPM wurde vollkommen neu geschrieben und erweitert.

Das Kapitel über das Time State Preference Model (TSPM) wurde ebenfalls ganz neu gestaltet. Die Herleitung der Bewertungsgleichung erfolgt jetzt völlig parallel zum CAPM. Auf diese Weise werden Gemeinsamkeiten und Unterschiede zum CAPM sehr klar.

Das Kapitel zur Theorie der Kapitalstruktur ist stark verändert worden. Das betrifft insbesondere den Einfluss der Steuern auf den Marktwert von Firmen. Vor dem Hintergrund zweier Steuersysteme wird gezeigt, wie der funktionale Zusammenhang zwischen den Eigenkapitalkosten verschuldeter und unverschuldeter Unternehmen aufgedeckt werden kann.

Auch bei der Vorbereitung dieser Auflage ist mir wieder sehr geholfen worden. Insbesondere will ich mich bei Sven Husmann, Rolf Ketzler und András Löffler bedanken. Bei den Schreibarbeiten konnte ich mich erneut auf T. Ipse verlassen.

Lutz Kruschwitz

Vorwort zur zweiten Auflage

Da das vorliegende Lehrbuch vom Markt positiv aufgenommen wurde, sah ich mich dazu veranlasst, Änderungen nur behutsam vorzunehmen. In der ersten Auflage begann das dritte Kapitel mit einem Abschnitt über „Risiko und Wahrscheinlichkeit". Dieser Text ist unter der dankenswerten Mitarbeit von Dirk Zabel vollkommen neu geschrieben worden, wobei eine kleine „Einführung in die Statistik" entstanden ist. Da es sich dabei nicht um finanzierungstheoretisches Material handelt, wurde die Darstellung an das Ende des Buches verlagert. Einer Anregung von Werner Neus folgend ist die Herleitung der Bewertungsgleichungen des CAPM stark gekürzt und vereinfacht worden. Im Rahmen der Erweiterungen des Modells wurde ein einfaches Steuersystem berücksichtigt. Die Darstellung des Zeit-Zustands-

Präferenz-Modells wurde überarbeitet und stellt nun ein eigenes Kapitel des Buches dar.

Die Studenten des Fachbereichs Wirtschaftswissenschaft der Freien Universität Berlin haben mich freundlicherweise auf Ungereimtheiten und Druckfehler aufmerksam gemacht. Meine Mitarbeiter, vor allem Sven Husmann, András Löffler, Renate Mauersberger, Dorothea Schäfer, Mike Schwake und T. Ipse ließen mir kritische Hinweise, nützliche Ratschläge und technische Unterstützung zuteil werden. Thorsten Thadewald und Jürgen Wolters unterzogen sich geduldig der Mühe, die Entwürfe durchzusehen und mit mir zu diskutieren. Ihnen allen sei herzlich gedankt.

Lutz Kruschwitz

Vorwort zur ersten Auflage

Die Leser dieses Buches werden mit den neoklassischen Grundlagen der Finanzierungstheorie vertraut gemacht. Der Text wendet sich an Studenten der Betriebs- und Volkswirtschaftslehre mit abgeschlossenem Grundstudium.

Es ist eine faszinierende Tatsache, dass sich die wichtigsten Resultate der modernen Finanzierungstheorie aus sehr wenigen nutzentheoretischen Axiomen und ebenfalls nur wenigen idealisierenden Annahmen über die Funktionsweise von Märkten ableiten lassen. Ich habe mich darum bemüht, diese bemerkenswerte Kohärenz der Finanzierungstheorie deutlich werden zu lassen und die grundlegenden Resultate zwar rigoros, aber doch in einer für Studenten verständlichen Form zu entwickeln. Das Buch besteht aus vier Teilen, die sich folgendermaßen skizzieren lassen:

(1) In den beiden ersten Kapiteln dieses Buches wird die Diskussion insofern stark vereinfacht, als unter den Bedingungen vollkommener Sicherheit argumentiert wird. Das erlaubt es, die Grundlagen der (ordinalen) Nutzentheorie und die Arbitragetheorie sowie das Konzept des Arrow-Debreu-Wertpapiers in sehr leicht nachvollziehbarer Form zu vermitteln. Zunächst wird ein einperiodiger Modellrahmen benutzt, wobei wir Fishers Separationstheorem aus der Analyse einer Entscheidung über den optimalen Konsumplan gewinnen. Anschließend werden mehrperiodige Entscheidungen untersucht.

(2) Das dritte Kapitel ist der Nutzentheorie unter Unsicherheit gewidmet. Dabei zeigt sich, dass es von der ordinalen zur Erwartungsnutzentheorie nur ein kleiner Schritt ist. Im vierten Kapitel diskutieren wir die Arbitragetheorie unter Unsicherheit und lernen den Nutzen von Arrow-Debreu-Wertpapieren in einem neuen Licht kennen. Im fünften Kapitel wird das Capital Asset Pricing Model entwickelt, das wir

ebenso wie Fishers Separationstheorem gewinnen können, indem wir Entscheidungen über optimale Konsumpläne – jetzt allerdings unter Unsicherheit – analysieren.

(3) Die Kapitel sechs bis acht sind als Anwendungen der in den vorausgegangenen Abschnitten entwickelten Grundlagen anzusehen. Das ist zum einen eine Analyse des Kapitalstrukturproblems, zum anderen eine Untersuchung, wie man Entscheidungen über riskante Investitionen bei Gültigkeit des Capital Asset Pricing Models zu treffen hat, und schließlich eine Einführung in die Optionspreistheorie.

(4) Wenn man sich mit Finanzierungstheorie ordentlich auseinandersetzen will, so muss man das im Rahmen mathematischer Modelle tun. Die hierfür erforderlichen Grundkenntnisse findet man kompendienhaft im letzten Kapitel dieses Buches.

Wer ein einführendes Lehrbuch wie dieses schreibt, muss einige grundlegende Entscheidungen hinsichtlich der zu präsentierenden Modelle treffen. Dabei habe ich mich von zwei Grundsätzen leiten lassen. Der erste und wichtigste Grundsatz war Nachvollziehbarkeit für Studenten. Ich habe die Erfahrung gemacht, dass die Studierenden gewöhnlich nicht gern akzeptieren, wenn man ihnen irgendwelche Resultate präsentiert, die sozusagen „vom Himmel fallen". Daher habe ich mich stets um ordentliche und vollständige Herleitungen bemüht. Weiter habe ich im Zusammenhang mit Betrachtungen unter Unsicherheit festgestellt, dass Studenten mit diskreten Modellen viel leichter zurechtkommen als mit stetigen. Darum habe ich mich völlig auf diskrete Modelle beschränkt.

Viele namhafte Ökonomen haben die Finanzierungs- und Investitionstheorie beziehungsweise ihre Grundlagen in der gegenwärtigen Form maßgeblich mitgestaltet. Man denke an Kenneth J. Arrow, Gérard Debreu, Irving Fisher, Jack Hirshleifer, Harry M. Markowitz, Merton H. Miller, Franco Modigliani, Oskar Morgenstern, John von Neumann, William F. Sharpe und James Tobin. Natürlich ist diese Liste alles andere als vollständig. Obwohl aber immerhin sieben Nobelpreisträger darunter sind, gilt die in diesem Buch dargestellte neoklassische Finanzierungstheorie heutzutage als etwas unmodern. Mittlerweile diskutiert man Ansätze jenseits dieses Konzeptes, Ansätze, die der Idee verpflichtet sind, dass die Marktteilnehmer keine homogenen Informationen besitzen. Man tut das mit Recht, weil die neoklassische Theorie viele Fragen gar nicht oder zumindest nicht überzeugend beantworten kann. Jedoch bestreitet niemand, dass die gleichgewichtsorientierte neoklassische Lehre erst den Boden liefert, auf dem die informationsökonomisch orientierten neueren Analysen aufbauen. Aus diesem und dem weiteren Grunde, dass die Ergebnisse der neoklassischen Theorie immer noch die wichtigsten Bausteine für zahllose praktische Konzepte der Investitions- und Finanzierungspolitik darstellen, wird man sie nach wie vor in gehöriger Form präsentieren müssen.

Einen wesentlichen Anstoß für meine Bemühungen gab Robert A. Jarrow mit seiner „Finance Theory", die ich 1988 in die Hand bekam und die mich auf Grund ihrer großen Prägnanz und Geschlossenheit faszinierte. Seit dem Augenblick, als ich die ersten Zeilen dieses Buches niederschrieb, sind (zum Leidwesen eines geduldigen Verlegers) Jahre vergangen. Während der langen Entstehungszeit habe ich Hilfe und Ermunterung von vielen Menschen erhalten, bei denen ich mich jetzt bedanken möchte. Mein Dank gilt zunächst den Studenten der Freien Universität Berlin, die ziemlich unvollkommene Manuskripte ertragen mussten und mit kritischen Verbesserungsvorschlägen nicht gegeizt haben. Aus dem Kreise meiner gegenwärtigen Mitarbeiter haben mir vor allem Dorothea Schäfer und Mike Schwake wertvolle Ratschläge und Ideen geliefert. Meinem früheren Mitarbeiter und Freund Rainer Schöbel danke ich für ungezählte Stunden wissenschaftlicher Auseinandersetzung, in denen ich viel mehr gelernt habe als er glaubt. In erheblichem Maße habe ich davon profitiert, dass etliche Kollegen sich die Mühe gemacht haben, meine Entwürfe zu lesen und kritisch zu kommentieren, besonders Herbert Büning, Kai A. Konrad, András Löffler, Hellmuth Milde, Kay Mitusch, Elmar Wolfstetter und (last not least) Jürgen Wolters. Verbliebene Mängel gehen selbstverständlich auf mein Konto. Frau Renate Mauersberger hat mir dadurch, dass sie ihre Aufgaben als Sekretärin in einer Weise erfüllt, die man heute kaum noch findet, die erforderlichen Freiräume geschaffen. Herr T. Ipse hat die Schreibarbeiten bewältigt. Ohne meine Frau aber wäre sicher nichts gelungen.

Lutz Kruschwitz

Inhaltsverzeichnis

1 **Einführung: Konsumpläne und Kapitalmarkt** 1
  1.1 Ein erster Blick auf Barwerte 1
  1.2 Fisher-Modell 7
      1.2.1 Entscheidungsalternativen 7
      1.2.2 Nutzenfunktion 11
      1.2.3 Optimaler Konsumplan 15
      1.2.4 Zwischenergebnis 18
      1.2.5 Einbeziehung von Realinvestitionen 18
      1.2.6 Fishers Separationstheorem 21

2 **Entscheidungstheorie** 25
  2.1 Nutzentheorie unter Sicherheit 25
      2.1.1 Präferenzrelationen 25
      2.1.2 Hinreichende Axiome 27
      2.1.3 Existenz einer ordinalen Nutzenfunktion 29
      2.1.4 Weitere Axiome 31
  2.2 Nutzentheorie unter Unsicherheit 33
      2.2.1 Ergebnismatrizen und Lotterien 34
      2.2.2 Bernoullis Prinzip 38
      2.2.3 Hinreichende Axiome 41
      2.2.4 Existenz einer kardinalen Nutzenfunktion 48
      2.2.5 Eine ganz und gar nicht finanzwirtschaftliche Anwendung 51
      2.2.6 Weitere Axiome 53
      2.2.7 Mehr über Nutzenfunktionen 57
  2.3 Formen der Risikoeinstellung 61
      2.3.1 Risikoaversion, Risikoneutralität und Risikosympathie ... 61
      2.3.2 Intensität der Risikoaversion 65
      2.3.3 Risikoprämien 73
      2.3.4 Ausgewählte Nutzenfunktionen und ihre Beurteilung ... 78
  2.4 Stochastische Dominanz 86
      2.4.1 Stochastische Dominanz erster Ordnung 86
      2.4.2 Stochastische Dominanz zweiter Ordnung 93
      2.4.3 Stochastische Dominanz dritter und höherer Ordnung ... 99

2.5	Klassische Entscheidungsregeln		100
	2.5.1	μ-Regel und μ-σ-Prinzip	101
	2.5.2	Verträglichkeit mit dem Bernoulliprinzip	104
	2.5.3	Klassische Entscheidungsregeln und stochastische Dominanz	108

3 Arbitragetheorie ... 111
   3.1 Arbitragefreie Kapitalmärkte unter Sicherheit ... 111
       3.1.1 Annahmen ... 114
       3.1.2 Arbitragegelegenheiten ... 115
       3.1.3 Dominanz- und Wertadditivitätstheorem ... 121
       3.1.4 Arbitragefreie Bewertung unter Sicherheit ... 122
       3.1.5 Vollständigkeit eines mehrperiodigen Kapitalmarktes ... 125
   3.2 Arbitragefreie Kapitalmärkte unter Unsicherheit ... 127
       3.2.1 Annahmen ... 129
       3.2.2 Arbitragegelegenheiten ... 131
       3.2.3 Dominanz- und Wertadditivitätstheorem ... 136
       3.2.4 Arbitragevoraussetzungen ... 137

4 Bewertungstheorie unter Sicherheit ... 147
   4.1 Barwerte bei mehreren Perioden ... 147
       4.1.1 Barwerte bei zwei Perioden ... 148
       4.1.2 Verallgemeinerung auf mehr als zwei Perioden ... 150
       4.1.3 Gleichbleibende Rückflüsse ... 152
   4.2 Verschiedene Zinssätze ... 153
       4.2.1 Kassazinssatz und Terminzinssatz ... 154
       4.2.2 Impliziter Terminzinssatz ... 157
       4.2.3 Effektivzinssatz ... 158
       4.2.4 Zur Anzahl der Zinssätze im Mehrperiodenfall ... 160
   4.3 Noch einmal: Barwerte bei mehreren Perioden ... 160
       4.3.1 Barwerte als Preise äquivalenter Portfolios ... 161
       4.3.2 Barwertberechnung mit den Preisen reiner Wertpapiere ... 162
       4.3.3 Barwertberechnung mit Hilfe von Kassazinssätzen ... 164
       4.3.4 Exkurs: Schätzung der Zinsstruktur ... 165
   4.4 Fisher-Modell mit Realinvestitionen bei mehreren Perioden ... 169
       4.4.1 Annahmen und Notation ... 169
       4.4.2 Fishers Separationstheorem ... 174
       4.4.3 Entscheidung über Konsum und Investition ... 174
       4.4.4 Gleichgewichte auf Güter- und Kapitalmärkten ... 179

5 Capital Asset Pricing Model ... 187
   5.1 Annahmen ... 188
   5.2 Entscheidung über Konsum und Investition ... 194
       5.2.1 Lagrangeansatz und Bedingungen erster Ordnung ... 194
       5.2.2 Sicherer Zins und Zeitpräferenz ... 198

	5.2.3 Individuelle Nachfragefunktionen	198
	5.2.4 Tobin-Separation	201
	5.2.5 Gemeinsamer Fonds	204
5.3	Gleichgewichtsanalyse	205
	5.3.1 Diversifikation	206
	5.3.2 Marktportfolio	207
	5.3.3 CAPM-Preisgleichung	208
	5.3.4 Probleme der Gleichgewichtsanalyse	210
5.4	Die CAPM-Gleichung und ihre Varianten	213
	5.4.1 Preisgleichungen	213
	5.4.2 Renditegleichung	216
5.5	Ein Resümee	217
5.6	Exkurs: Andere Wege zum CAPM	218
	5.6.1 Einige wichtige Resultate der Portfolio-Theorie	219
	5.6.2 Portfolios aus sicheren und riskanten Finanztiteln	223
	5.6.3 Kapitalmarktlinie	224
	5.6.4 Wertpapiermarktlinie	225
	5.6.5 Ein weiterer Zugang zum CAPM	228
5.7	CAPM ohne risikolosen Zins	230
5.8	Empirische Befunde	233
	5.8.1 Diversifikationsverhalten von Investoren	234
	5.8.2 Empirische Überprüfung des CAPM	238

6 Time State Preference Model ... 251
- 6.1 Annahmen und Notation ... 253
  - 6.1.1 Kapitalmarkt und Erwartungen ... 253
  - 6.1.2 Budgetrestriktionen ... 254
  - 6.1.3 Nutzenfunktionen ... 255
- 6.2 Entscheidung über Konsum und Investition ... 256
  - 6.2.1 Entscheidungsproblem ... 256
  - 6.2.2 Lagrangeansatz und Bedingungen erster Ordnung ... 257
  - 6.2.3 Zahlungsbereitschaft für Finanztitel ... 258
- 6.3 Ein Resümee ... 263
- 6.4 Entscheidungen bei konstanter relativer Risikoaversion ... 265
  - 6.4.1 Elastizität stochastischer Diskontierungsfaktoren ... 266
  - 6.4.2 Zahlungsbereitschaft für Finanztitel ... 267
  - 6.4.3 Lognormalverteilte Rückflüsse ... 270
  - 6.4.4 Renditegleichungen und Beta ... 273
- 6.5 Gleichgewichtsanalyse ... 275
  - 6.5.1 Markträumungsbedingungen ... 275
  - 6.5.2 Normalverteilung und quadratische Nutzenfunktionen ... 276

7 Optionspreistheorie ... 279
- 7.1 Grundbegriffe ... 279

7.2	Payoff-Funktionen und Wertgrenzen einfacher Optionen	285
	7.2.1 Payoff-Funktionen	285
	7.2.2 Wertgrenzen europäischer Optionen	286
	7.2.3 Wertgrenzen amerikanischer Optionen	292
7.3	Zwei-Zeitpunkte-Zwei-Zustände-Modell	294
	7.3.1 Annahmen	294
	7.3.2 Europäischer Call	295
	7.3.3 Europäischer Put	300
	7.3.4 Risikoneutrale Bewertung	301
7.4	Binomial-Modell	302
	7.4.1 Annahmen	302
	7.4.2 Europäischer Call	303
	7.4.3 Europäischer Put und Put-Call-Parität	316
	7.4.4 Modellerweiterungen	319
7.5	Vom Binomialmodell zu den Black-Scholes-Formeln	322
	7.5.1 Risikoneutrale Bewertung	323
	7.5.2 Black-Scholes-Formeln	324
	7.5.3 Parameterwahl im Binomialmodell	326
7.6	Bewertung bei konstanter relativer Risikoaversion	328
7.7	Sensitivitätsmaße für Optionspreise (Greek letters)	330
	7.7.1 Definition und Berechnung der Greeks	331
	7.7.2 Hedging mit den Greeks	338

8 Zinsrisiken ... 343
- 8.1 Festzinsansprüche und Zinsderivate ... 343
- 8.2 Flache, normale und inverse Zinskurven ... 345
- 8.3 Änderungen flacher Zinskurven ... 349
  - 8.3.1 Duration und Elastizität ... 351
  - 8.3.2 Abschätzung von Kursänderungen ... 355
  - 8.3.3 Zinsimmunisierung ... 356
- 8.4 Ein einfaches Heath-Jarrow-Morton-Modell ... 361
  - 8.4.1 Annahmen ... 363
  - 8.4.2 Modellelemente ... 364
  - 8.4.3 Handelsstrategien, Arbitragegelegenheiten, vollständiger Markt und Pseudowahrscheinlichkeiten ... 377
  - 8.4.4 Bewertung von Festzinsansprüchen ... 385
  - 8.4.5 Bewertung von Zinsderivaten ... 390

9 Kapitalstrukturpolitik ... 395
- 9.1 Annahmen ... 397
- 9.2 Modigliani-Miller-Theorem ... 399
  - 9.2.1 CAPM und Irrelevanztheorem ... 399
  - 9.2.2 Arbitragetheorie und Irrelevanztheorem ... 403
  - 9.2.3 Ergebnis ... 405

9.3 Abgeleitete Theoreme 406
    9.3.1 Durchschnittliche Kapitalkosten 406
    9.3.2 Eigenkapitalkosten des verschuldeten Unternehmens 407
9.4 Kapitalstruktur und Steuern 409
    9.4.1 Einfache Körperschaftsteuer 410
    9.4.2 Kompliziertere Steuersysteme 419
9.5 Kapitalstruktur und Konkurskosten 425
9.6 Einschätzung 427

10 Einführung in die Statistik 431
    10.1 Grundlegende Definitionen 431
    10.2 Analyse empirischer Daten 434
        10.2.1 Häufigkeitsverteilung diskreter Zufallsvariablen 435
        10.2.2 Häufigkeitsverteilung stetiger Zufallsvariablen 437
        10.2.3 Maßzahlen empirischer Verteilungen 440
        10.2.4 Mehrdimensionale Datensätze 445
    10.3 Verteilungstheorie 448
        10.3.1 Verteilungen diskreter Zufallsvariablen 450
        10.3.2 Verteilungen stetiger Zufallsvariablen 455
        10.3.3 Rechenregeln für Wahrscheinlichkeiten 462
        10.3.4 Maßzahlen theoretischer Verteilungen 463
        10.3.5 Maßzahlen der Lognormalverteilung 473
        10.3.6 Steins Lemma 476
    10.4 Inferenzstatistik 477
        10.4.1 Schätztheorie 478
        10.4.2 Testtheorie 480
        10.4.3 Regressionsanalyse 489

11 Mathematisches Kompendium 493
    11.1 Funktionen einer Variablen 493
        11.1.1 Begriff und Darstellung von Funktionen 493
        11.1.2 Grenzwerte von Funktionen 494
        11.1.3 Monotonie und Stetigkeit 497
        11.1.4 Konvexität und Konkavität 499
        11.1.5 Umkehrfunktion 500
        11.1.6 Ausgewählte Funktionen 500
    11.2 Differentialrechnung 505
        11.2.1 Grundgedanke und Beispiele 506
        11.2.2 Ableitungen von Funktionen 508
        11.2.3 Extremwerte von Funktionen 511
        11.2.4 Auswertung unbestimmter Ausdrücke 513
        11.2.5 Taylorreihen 515
    11.3 Integralrechnung 518
        11.3.1 Problemstellung 518

11.3.2 Bestimmtes Integral 520
11.3.3 Stammfunktion oder unbestimmtes Integral 523
11.3.4 Integrationsregeln 524
11.4 Funktionen mehrerer Variablen 526
11.4.1 Erweiterung des Funktionsbegriffs 526
11.4.2 Partielle Ableitungen und totales Differential 528
11.4.3 Optimierung unter Nebenbedingungen 529
11.5 Matrizenrechnung 532
11.5.1 Grundbegriffe und elementare Rechenregeln 532
11.5.2 Besondere Matrizen 535
11.5.3 Determinanten 536
11.5.4 Invertieren einer Matrix 538
11.5.5 Darstellung und Lösung linearer Gleichungssysteme 540

Literaturverzeichnis 545

Namensverzeichnis 555

Sachverzeichnis 557

1 Einführung: Konsumpläne und Kapitalmarkt

1.1 Ein erster Blick auf Barwerte

Stellen Sie sich vor, Sie hätten in der Lotterie eine halbe Million € gewonnen und müssten darüber nachdenken, was Sie mit dem plötzlichen Reichtum anfangen. Ein Bekannter lenkt Ihr Interesse auf ein unbebautes Grundstück in Neustadt. Dort kostet der Quadratmeter gegenwärtig 200€. Der Bekannte hat Einblick in die Pläne der Stadtverwaltung und weiß daher, dass die Bebauungspläne in Kürze geändert werden sollen. Demnächst wird das fragliche Gelände als Gewerbegebiet ausgewiesen werden, und deswegen rechnet man damit, dass der Bodenpreis in einem Jahr auf 240€/m^2 gestiegen sein wird.

Selbstverständlich kann sich Ihr Bekannter bei seiner Prognose irren. Vielleicht steigt der Bodenpreis nicht auf 240€, sondern sogar auf 300€. Möglicherweise erweist sich das Grundstück auf Grund eines bisher nicht erkannten Schadens als nicht bebaubar und fällt im Preis auf 160€/m^2. Vielleicht verliert auch die Partei des jetzigen Bürgermeisters die nächsten Kommunalwahlen, und die bisherige Oppositionspartei verfolgt die Änderung der Bebauungspläne in diesem Gebiet nicht weiter. All das kann dazu führen, dass die Kalkulation Ihres Bekannten nicht aufgeht. Um die Dinge aber nicht zu komplizieren, abstrahieren wir von solchen Risiken und tun so, als könne man mit seinen Prognosen keine Fehler machen. Wir sind dann in der glücklichen Lage, ein *Entscheidungsproblem unter Sicherheit* vor uns zu haben. Nehmen Sie an, Sie würden Ihren gesamten Lotteriegewinn von 500.000€ in Grundstücke investieren. Dann könnten Sie bei einem Quadratmeterpreis von 200€ 2.500 m^2 Land erwerben. Verkaufen Sie nach einem Jahr zu 240€/m^2, so erlösen Sie 600.000€. Alles in allem wäre also Ihr Reichtum innerhalb eines Jahres um 100.000€ gestiegen. Jetzt gilt es zu überlegen, ob sich diese Investition lohnt.

Um der Lösung des Entscheidungsproblems näher zu kommen, betrachten Sie es unter dem folgenden Blickwinkel: Wenn Sie das Grundstück heute erwerben und später wieder veräußern, so erzielen Sie in einem Jahr Einzahlungen in Höhe von 600.000€. Allgemein gesprochen: Der Investor erwirbt *Ansprüche auf künftige Einzahlungen* in Höhe von X_1. Dabei steht das Symbol X für den Begriff Zahlung und der Index 1 dafür, dass diese Zahlung (von heute aus gesehen) in einem Jahr stattfindet. Um den Anspruch auf $X_1 = 600.000€$ zu erwerben, muss man einen Preis bezahlen. Dieser beträgt in unserem Beispiel $I_0 = 500.000€$. Hier steht das Symbol I für Investitionsauszahlung, und der Index 0 deutet an, dass diese Zahlung heute – im Zeitpunkt $t = 0$ – fällig ist. Offensichtlich besteht unser Entscheidungsproblem jetzt darin herauszubekommen, ob $I_0 = 500.000€$ ein angemessener Preis für in einem Jahr fällige Einzahlungen in Höhe von $X_1 = 600.000€$ ist. Wer diese Frage beantworten will, muss Vorstellungen darüber entwickeln, welchen Preis er gerade noch hinzunehmen bereit ist. Diesen Betrag wollen wir Grenzpreis oder fairen Preis nennen und mit dem Symbol P_0 bezeichnen.

Nun stehen wir vor dem Problem, wie man den fairen Preis für künftige 600.000€, oder allgemeiner für X_1, ermitteln soll. Wir werden diese Frage gleich weiter verfolgen. Zuvor halten wir aber als Entscheidungsregel fest: Ist der faire Preis größer als der tatsächliche Preis, so ist die Investition günstig, sonst ungünstig. Kommen wir beispielsweise zu dem Resultat, dass man für $X_1 = 600.000€$ in einem Jahr fairerweise heute $P_0 = 520.000€$ zahlen sollte, so erweist sich die Investition als vorteilhaft, weil sie nur Auszahlungen in Höhe von $I_0 = 500.000€$ erfordert. Lautet unser Ergebnis dagegen, dass man für $X_1 = 600.000€$ heute höchstens $P_0 = 470.000€$ zahlen sollte, so ist die Investition abzulehnen, denn man müsste im Falle ihrer Realisierung $I_0 = 500.000€$ bezahlen. Es gilt also die *Entscheidungsregel*

$$P_0 > I_0 \quad \Rightarrow \quad \text{Investition durchführen}$$
$$P_0 \leq I_0 \quad \Rightarrow \quad \text{Investition ablehnen} .$$

Diese Regel beruht auf einem einfachen Preisvergleich. Man entscheidet sich gewissermaßen immer für die preisgünstigere Alternative. Nun ist auf die Frage zurückzukommen, ob und wie man den fairen Preis für künftige Einzahlungen ermitteln kann. Für die folgenden Überlegungen werden wir zwei verschiedene Szenarios betrachten.

Szenario 1: Kein Kapitalmarkt Gehen Sie zunächst davon aus, dass Sie als Entscheider sich in einer ähnlichen Welt befinden wie Robinson Crusoe auf seiner einsamen Insel. Es gibt keine anderen Menschen, mit denen Sie Handel treiben könnten. Niemand verkauft Ihnen Grundstücke, Lebensmittel oder sonst etwas; und auch Sie können an niemanden etwas verkaufen. Infolgedessen ist Geld als Tauschmittel überflüssig. Indem wir Robinsons Welt betreten, scheint uns unser Beispiel aus den Händen zu gleiten, weil wir es in Form von Zahlungsvorgängen formuliert hatten. Das heißt aber nicht, dass Robinson nicht über Investitionen zu entscheiden hätte. Ganz im Gegenteil.

So könnte jemand wie Robinson beispielsweise vor dem Entscheidungsproblem stehen, entweder Arbeitszeit zu investieren, um ein Netz zu knüpfen, mit dem sich bequem Fische fangen lassen, oder Fische mühsam mit der bloßen Hand zu erbeuten. In vorstehendem Fall wäre I_0 die erforderliche Arbeitszeit für die Herstellung des Netzes und X_1 die Menge der mit dem Netz erbeuteten Fische. Die erforderliche Arbeitszeit ließe sich wohl auch in eine Menge Fisch umrechnen, indem man

1.1. Ein erster Blick auf Barwerte

kalkuliert, auf wie viele mit der Hand erbeutete Fische Robinson verzichtet, wenn er sich entschließt, das Netz zu knüpfen. Nehmen wir an, dass Robinson einen Arbeitstag für die Herstellung des Netzes veranschlagt und aus Erfahrung weiß, dass er ohne Netz im Durchschnitt 50 Fische am Tag fangen kann. Dann beläuft sich seine Investitionsauszahlung auf $I_0 = 50$ Fische. Gehen wir weiter davon aus, dass Robinson weiß, dass er mit dem Netz am nächsten Tag $X_1 = 60$ Fische erbeuten kann.[1]

Robinsons Entscheidungsproblem besteht also darin, dass er mit dem Entschluss, ein Netz zu knüpfen, Anspruch auf „60 Fische morgen" erwirbt und hierfür „50 Fische heute" opfern müsste. Deswegen hat er sich zu fragen, was ihm aus heutiger Sicht „60 Fische morgen" bedeuten. Ohne Robinsons Nutzenvorstellungen im Einzelnen zu kennen, werden wir davon ausgehen dürfen, dass ihm „1 Fisch heute" lieber ist als „1 Fisch morgen". Man nennt diese Einstellung strikte Gegenwartspräferenz. Aber es wird uns unmöglich sein, allgemeine Aussagen über die Stärke der Gegenwartspräferenz eines Menschen zu machen. Falls man längere Zeit auf Fisch verzichten musste, gäbe man vielleicht sehr viel dafür, wenn man den Fisch so bald wie möglich bekäme. Zu anderen Zeitpunkten, wenn man sich beispielsweise gerade ein paar Wochen am Meer aufgehalten hat und häufig Fisch gegessen hat, fällt es nicht allzu schwer, längere Zeit auf Fischgerichte zu verzichten.

Die Stärke seiner Gegenwartspräferenz könnte Robinson zum Ausdruck bringen, indem er beispielsweise sagt: Es ist mir gleichgültig, ob ich „55 Fische heute" oder „60 Fische morgen" bekomme. Er macht damit deutlich, dass er bereit ist, heute auf den Verzehr von (höchstens) 55 Fischen zu verzichten, wenn er dafür später 60 Fische bekommt. Auf sehr direktem Wege hätte Robinson uns damit den Preis genannt, den er für den Anspruch auf $X_1 = 60$ Fische gerade noch zu zahlen bereit wäre, nämlich $P_0 = 55$ Fische. Da die Herstellung des Netzes ihn nur $I_0 = 50$ Fische kostet, lohnt es sich, mit dem Knüpfen des Netzes zu beginnen.

Wir könnten das Beispiel damit als erledigt betrachten, wollen das aber noch nicht tun, weil es uns Gelegenheit gibt, zwei wichtige Begriffe einzuführen, die wir später brauchen werden. Das ist zunächst die *Substitutionsrate*. Hierunter wollen wir jene Menge von Konsumgütern verstehen, die ein Individuum im Zeitpunkt $t = 1$ verbrauchen möchte, damit es den subjektiven Eindruck hat, es sei für den Verzicht auf eine Konsumeinheit im Zeitpunkt $t = 0$ in angemessener Weise entschädigt. Bezeichnet man die Änderung einer Konsumgütermenge im Zeitpunkt t mit dem Symbol ΔC_t, so gilt die Definition

$$\text{Substitutionsrate} = -\frac{\Delta C_1}{\Delta C_0}$$

Robinson ist bereit, seinen gegenwärtigen Konsum um maximal 55 Fische einzuschränken ($\Delta C_0 = -55$), wenn er dafür später 60 Fische erhält ($\Delta C_1 = +60$).

---

[1] Um Parallelität zu unserem früheren Beispiel zu gewährleisten, müssen wir unterstellen, dass das Netz nur ein einziges Mal benutzt werden kann. Andernfalls müssten wir auch noch Arbeitsaufwand und Fangergebnisse in den Zeitpunkten $t = 2, 3 \ldots$ usw. in Rechnung stellen. Mit solchen mehrperiodigen Entscheidungsproblemen werden wir uns später beschäftigen.

Seine Nutzeneinstellung lässt sich aus diesem Grunde durch die Substitutionsrate $-\frac{60}{-55} = 1{,}091$ zum Ausdruck bringen. Für jeden Fisch, auf den er heute verzichten muss, verlangt er später im Durchschnitt 1,091 Fische als Ausgleich. Die Substitutionsrate ist demnach ein Maß für seine Ungeduld. Je höher die Substitutionsrate, um so geringer seine Opferbereitschaft in Bezug auf zeitlichen Konsumverzicht. Es liegt nahe, sich vorzustellen, dass der Verzicht auf den ersten Fisch schwerer fällt als der Verzicht auf den zweiten, fünften oder zehnten Fisch. Da wir aber detaillierte Informationen über solche feinen Veränderungen der Substitutionsrate bei zunehmender Konsumeinschränkung im Zeitpunkt $t = 0$ hier nicht besitzen, handelt es sich gewissermaßen um einen Mittelwert, weswegen man präziser von einer *durchschnittlichen Substitutionsrate* spricht.

Sehr eng verwandt mit diesem Maß ist die *Zeitpräferenzrate* ζ. Sie ist als

$$\text{Zeitpräferenzrate} = \text{Substitutionsrate minus eins}$$

oder unter Verwendung der bereits eingeführten Symbole

$$\zeta = -\frac{\Delta C_1}{\Delta C_0} - 1$$

definiert und gibt an, um welchen Betrag der spätere Konsum größer sein muss, damit das als angemessene Entschädigung für eine Einschränkung des Gegenwartskonsums um eine Einheit empfunden wird. In unserem Beispiel kommen wir auf eine Zeitpräferenzrate von $-\frac{60}{-55} - 1 = 9{,}1\,\%$. Würden wir die Zeitpräferenzrate des Entscheiders kennen, so wäre es leicht, den fairen Preis zu bestimmen. Wir hätten zu kalkulieren:

$$\text{fairer Preis} = \frac{\text{künftige Einzahlung}}{\text{eins plus Zeitpräferenzrate}}$$

oder

$$P_0 = \frac{X_1}{1 + \zeta}.$$

Auf - wie es scheint - ziemlich umständliche Weise kämen wir so zu dem Ergebnis, dass Robinsons fairer Preis = $\frac{60}{1+0{,}091}$ = 55 beträgt.

Was lehrt uns Robinsons Geschichte? *Um in einer Welt ohne Kapitalmärkte den fairen Preis von künftigen Ansprüchen zu ermitteln, muss man die Zeitpräferenzrate des Entscheiders kennen.*

Szenario 2: Kapitalmarkt Wir verlassen nun die einsame Insel Robinsons und begeben uns in eine Welt, in der viele Menschen ähnliche Lebensbedingungen haben, arbeitsteilig wirtschaften und miteinander in Tauschbeziehungen stehen. Als Tauschmittel verwenden sie in der Regel Geld.[2] Will jemand heute seinen Konsum

---

[2] Dabei müssen wir nicht unbedingt an Geld in Form von Banknoten denken. Ebenso gut könnten wir Kaurimuscheln oder Hinkelsteine im Sinn haben.

1.1. Ein erster Blick auf Barwerte

einschränken, so kann er einem Dritten Geld gegen Zins zur Verfügung stellen. Will er dagegen heute mehr konsumieren, als er an eigenen Mitteln besitzt, so kann er sich Geld leihen, sofern er die Verpflichtung übernimmt, das geliehene Kapital zuzüglich Zins später wieder zurückzuzahlen. Wenn die Möglichkeit besteht, dass man Geld verzinslich anlegen und leihen kann, so wollen wir von einem Kapitalmarkt sprechen.

Es ist ein charakteristisches Kennzeichen moderner Investitions- und Finanzierungstheorie, dass man zum Zwecke der Bewertung finanzieller Ansprüche die Methode des *pricing by duplication* benutzt. Das könnte man etwa mit Bewertung durch Vervielfältigung übersetzen. Die Grundidee ist folgende: Man ermittelt den fairen Preis dadurch, dass man nach einem zweiten Weg sucht, Ansprüche in Höhe von X_1 zu erwerben. Der erste Weg bestand darin, Grundstücke zu kaufen und wieder zu verkaufen. Die Existenz des Kapitalmarktes eröffnet nun einen zweiten Weg: Man muss einen genügend großen Betrag am Kapitalmarkt zu Zinsen anlegen. Wenn der Zinssatz bekannt ist, den wir mit dem Symbol r kennzeichnen wollen, so besteht zwischen dem Anfangskapital heute (K_0) und dem Endkapital nach einem Jahr (K_1) die Beziehung

$$K_0(1+r) = K_1.$$

Legt jemand beispielsweise 100€ ein Jahr lang zu 8% Zins an, so beträgt sein Kapital nach einem Jahr $100 \cdot (1 + 0{,}08) = 108$€. Löst man die Gleichung nach K_0 auf, so lässt sich mit Hilfe von

$$K_0 = \frac{K_1}{1+r}$$

schnell ausrechnen, wie groß der Betrag ist, den man heute anlegen muss, wenn man bei einem Zinssatz von r nach einem Jahr einen Anspruch in Höhe von K_1 erhalten will. Möchte man etwa $K_1 = 600.000$€ bekommen und liegt der Marktzins bei $r = 8\%$, so beläuft sich der anzulegende Geldbetrag auf $\frac{600.000}{1{,}08} = 555.555{,}56$€.

In unserem Beispiel sind die Dinge nun schon weitgehend klar. Wenn man in einem Jahr Anspruch auf Einzahlungen in Höhe von 600.000€ haben will, so gibt es zwei Wege, das zu erreichen. Entweder bringt man 555.555,56€ zur Bank und lässt das Geld dort ein Jahr lang zu 8% arbeiten. Oder man kauft für 500.000€ ein Grundstück, das man nach einem Jahr wieder veräußert. In beiden Fällen erhält man 600.000€ nach einem Jahr. Der billigere Weg, dieses Ziel zu erreichen, besteht offensichtlich darin, ins Grundstücksgeschäft einzusteigen. Zu diesem Ergebnis kämen wir, solange der Preis für das Grundstück I_0 kleiner ist als 555.555,56€. Daher spielt dieser Betrag die Rolle des fairen Preises. Allgemein gilt also

$$\text{fairer Preis} = \frac{\text{künftige Einzahlung}}{\text{eins plus Zinssatz}}$$

oder

$$P_0 = \frac{X_1}{1+r}.$$

Vergegenwärtigen wir uns, wie es gelungen ist, den fairen Preis eines sicheren Anspruchs auf künftige Einzahlungen in Höhe von X_1 zu ermitteln. Wir haben nach einem zweiten Weg gesucht, den sicheren Zahlungsanspruch X_1 zu erwerben. Und dieser zweite Weg existiert, wenn es einen Kapitalmarkt gibt, auf dem man ohne Risiko Geld anlegen kann. Kennt man den aktuellen Zinssatz, so kann man den fairen Preis für Ansprüche auf künftige Einzahlungen leicht berechnen. Man diskontiert einfach die künftigen Einzahlungen um eine Periode, indem man X_1 durch „eins plus Zinssatz" teilt. Den auf diese Weise ermittelten fairen Preis nennt man auch *Gegenwartswert* oder *Barwert*. Im Englischen heißt es *present value*, und man schreibt

$$PV = \frac{X_1}{1+r}.$$

Hier wollen wir für einen Moment innehalten und unterstreichen, welche Folgen der Wechsel des Szenarios eigentlich hat. In der Welt des Robinson Crusoe ohne Kapitalmärkte kann die Entscheidung nur getroffen werden, wenn es gelingt, sich Klarheit über die Zeitpräferenzrate des Entscheiders zu verschaffen. Wird dagegen Kapital an Märkten gehandelt und ist für die Überlassung von Kapital ein Marktpreis in Form des Zinssatzes bekannt, so kann die *Entscheidung ohne Kenntnis der Zeitpräferenz* eines konkreten Entscheiders getroffen werden. Das ist ein Unterschied von ganz weitreichender Bedeutung, auf den wir später noch genauer eingehen werden.

Bevor wir die Frage diskutiert hatten, wie man den fairen Preis oder Barwert künftiger Einzahlungen ermittelt, hatten wir bereits die Entscheidungsregel formuliert, welche bei Kenntnis des fairen Preises zur Annahme oder Ablehnung eines bestimmten Investitionsvorhabens führt. Damit sich die Durchführung einer Investition lohnt, muss ihr tatsächlicher Preis (I_0) kleiner sein als der faire Preis oder Barwert. Anders gesagt: Die Differenz zwischen Barwert und Investitionsauszahlung muss positiv sein. Wir nennen diese Differenz nun *Nettobarwert* oder *Netto-Gegenwartswert* (englisch: *net present value*)[3]

$$NPV = -I_0 + PV = -I_0 + \frac{X_1}{1+r} \qquad (1.1)$$

und sagen: Eine Investition ist vorteilhaft, wenn ihr Nettobarwert positiv ist. Von der Investition ist abzuraten, wenn der Nettobarwert null oder negativ ist. Unter Verwendung dieser Entscheidungsregel kommt man für die Frage des Grundstückserwerbs zu dem Ergebnis, dass

$$NPV = -500.000 + \frac{600.000}{1{,}08} = 55.555{,}56.$$

Der Nettobarwert ist positiv. Daher lohnt es sich, ins Grundstücksgeschäft einzusteigen, und zwar *unabhängig* vom Ausmaß der Gegenwartspräferenz eines individuellen Entscheiders.

---

[3] In der deutschen Literatur spricht man gewöhnlich von *Kapitalwert*. Wir ziehen Nettobarwert vor, weil dieses Wort besser zum Ausdruck bringt, was wirklich gemeint ist.

1.2 Fisher-Modell

Wir wollen nun versuchen, den Dingen etwas tiefer auf den Grund zu gehen. Bisher wissen wir zwar, wie man Barwerte und Nettobarwerte ausrechnet. Wir haben ferner erfahren, dass Investitionen mit positivem Nettobarwert durchgeführt und Projekte mit negativem Nettobarwert unterlassen werden sollten. Das wurde auch alles plausibel begründet. Aber dennoch bleiben Zweifel. Skepsis ist etwa aus folgenden Gründen angebracht:

1. Die Entscheidungssituation, die wir bisher betrachtet haben, ist allzu einfach, und zwar selbst dann, wenn man Einperiodigkeit (einen Planungszeitraum, der nur von $t = 0$ bis $t = 1$ reicht) und Sicherheit hinnimmt. Kein vernünftiger Mensch steckt sein gesamtes Vermögen in eine Investition. Täte er das, so bliebe ihm nichts mehr zu konsumieren, und er würde das Ende seines Planungszeitraums gar nicht erleben. Unsere Entscheidungsregel empfiehlt aber, alle verfügbaren Mittel zu investieren, solange ihr Nettobarwert positiv ist.

2. In einem Szenario ohne Kapitalmärkte – auf Robinsons Insel – kommt es bei Entscheidungen über die Durchführung von Investitionen auf die Zeitpräferenzrate an, auf die Frage also, wie intensiv der Entscheider darunter leidet, dass er seine heutigen Konsumbedürfnisse um einen bestimmten Betrag einschränken muss. Dass solche zeitlichen Nutzenvorstellungen wichtig sind, wenn jemand wie Robinson Crusoe Investitionsentscheidungen zu treffen hat, muss man eigentlich nicht lange begründen. Wenn nämlich der Wunsch, heute zu konsumieren, genügend groß ist, dann bleibt zum Investieren oder Sparen einfach weniger übrig. Warum soll aber eine derart plausible Überlegung plötzlich keine Rolle mehr spielen, wenn wir Robinsons Welt verlassen und Kapitalmärkte haben?

Hierauf wollen wir im Folgenden näher eingehen. Nur dann nämlich, wenn die Antworten auf unsere Fragen zufriedenstellend ausfallen, können wir erwarten, dass der Nettobarwert als Entscheidungskriterium wirklich Anerkennung findet.

Um ein Entscheidungsproblem vernünftig lösen zu können, muss man erstens darüber informiert sein, was man tun kann, und zweitens wissen, was man will. Anders gesagt: Man muss seine Alternativen kennen und sich über seine Ziele im Klaren sein. Wir stellen jetzt ein allgemeines Entscheidungsproblem dar und beginnen mit der Beschreibung der Alternativen.

1.2.1 Entscheidungsalternativen

Jemand plant über einen Zeitraum von $t = 0$ (heute) bis $t = 1$ (in einem Jahr). Er hat darüber zu entscheiden, wie viel von seinem Vermögen er heute konsumiert und wie viel er investiert. Den Teil seines Vermögens, den der Entscheider heute nicht verbraucht, spart er. Diese Investition wirft im Zeitpunkt $t = 1$ eine bekannte Menge von Erträgen ab, die sich in einem Jahr konsumieren lässt.

Der Entscheider verfügt heute über eine bestimmte finanzielle Ausstattung, die wir X_0^* nennen wollen.[4] Die Menge der Konsumgüter, die der Entscheider im Zeitpunkt $t = 0$ tatsächlich verbraucht, bezeichnen wir mit C_0. Um den Betrag zu ermitteln, der für die konsumierte Menge ausgegeben wird, muss er mit seinem Preis multipliziert werden. Hier machen wir uns das Leben leicht, indem wir unterstellen, dass eine Mengeneinheit des Konsumgutes stets genau 1 € kostet.[5] C_0 kann somit wahlweise als Konsumgütermenge oder aber auch als Preis dieser Menge interpretiert werden. Das hat den Vorteil, dass wir die Rechenoperation

$$X_0^* - C_0 = M_0$$

vornehmen können, ohne die Multiplikation der Konsumgütermenge mit ihrem Preis ausdrücklich notieren zu müssen.

Wenn X_0^* nicht zufällig genau so groß ist wie C_0, dann sind zwei Fälle zu unterscheiden. Im ersten Fall wird weniger verbraucht als der gegenwärtige Bestand an Finanzmitteln. Es verbleibt ein Überschuss ($M_0 > 0$), der am Kapitalmarkt angelegt werden kann. Im zweiten Fall wird heute mehr verbraucht als die verfügbaren liquiden Mittel hergeben. Es kommt zu einem Defizit ($M_0 < 0$), das notwendigerweise durch Kreditaufnahme ausgeglichen werden muss.

Sowohl im Zeitpunkt $t = 0$ als auch im Zeitpunkt $t = 1$ muss der Entscheider *Budgetbedingungen* einhalten. Die beiden Bedingungen lauten

$$t = 0: \quad X_0^* = C_0 + M_0$$
$$t = 1: \quad M_0(1 + r) = C_1.$$

Sie sind folgendermaßen zu interpretieren. Im Zeitpunkt $t = 0$ kann (und muss) derjenige Vermögensbetrag konsumiert (C_0) und investiert (M_0) werden, der in diesem Zeitpunkt als Grundausstattung zur Verfügung steht. Der Betrag M_0 wird, wenn er positiv ist, als Finanzinvestition zum Zinssatz r für eine Periode angelegt. Im Zeitpunkt $t = 1$ ist jener Betrag zu konsumieren (C_1), der sich aus dem um die Zinsen vermehrten früheren Investitionsbetrag ($M_0(1 + r)$) ergibt.

Ohne es zu sagen, haben wir bisher unterstellt, dass im Zeitpunkt $t = 0$ ein positiver Kassenbestand übrig bleibt. Der Appetit unseres Entscheiders kann aber derart groß sein, dass er sich dazu hinreißen lässt, Schulden zu machen. Dann wird M_0 negativ. Und das Individuum muss die Verpflichtung übernehmen, im

---

[4] Wir könnten uns hier natürlich für ein anderes Symbol entscheiden und eine Notation verwenden, die nicht so stark an die Rückflüsse aus einer Realinvestition X_1 erinnert. Allerdings stellen wir uns vor, dass die finanzielle Ausstattung nicht „vom Himmel fällt", sondern das Ergebnis von Investitionsmaßnahmen ist, die in der Vergangenheit realisiert wurden. Da diese Maßnahmen heute nicht mehr rückgängig gemacht werden können, während die heutige Investition entweder realisiert oder auch unterlassen werden kann, versehen wir die heute anfallenden Rückflüsse aus vergangenen Investitionen mit einem Sternchen.

[5] Wenn wir annehmen, dass das sowohl heute als auch in einem Jahr so ist, abstrahieren wir zugleich vom Problem der Geldentwertung.

1.2. Fisher-Modell

Zeitpunkt $t = 1$ seine Schulden zuzüglich Zinsen zurückzuzahlen. Auch dieser Fall wird durch die Budgetbedingungen erfasst. Allerdings müssen wir dann (womöglich unrealistisch) unterstellen, dass der Zinssatz r unabhängig davon ist, ob man Geld anlegt oder sich Geld leiht. Ersatzweise können wir uns auch vorstellen, dass am Kapitalmarkt eine Anleihe gehandelt wird, die man kauft, wenn man Geld anlegen will, und die man verkauft, wenn man beabsichtigt, Kredit aufzunehmen. Ein Anleihetitel verbrieft Anspruch auf Zahlung von einer Geldeinheit im Zeitpunkt $t = 1$. Heute beläuft sich sein Preis auf eine Geldeinheit, dividiert durch $(1+r)$. Die Identität von Anlage- und Kreditzinsfuß wird nun dadurch erreicht, dass man unterstellt, der Handel in Wertpapieren erfolge reibungslos. Das heißt: Es gibt weder Transaktionskosten (Bankspesen, Maklergebühren) noch mengenmäßige Handelsbeschränkungen.

Dass an einem solchen Kapitalmarkt kein Platz für zwei verschiedene Zinssätze gleichzeitig ist, kann man sich auch mit Hilfe folgender Überlegung leicht klarmachen: Nehmen wir an, dass zurzeit ein Zinssatz von $r = 10\%$ herrscht. Man kann Geld zu 10% Zins anlegen und Kredite zu 10% Zins aufnehmen. Nun kommt die Geschäftsleitung einer Bank plötzlich auf die Idee, den Zinssatz für ihre Kunden auf 9% zu senken, weil sie sich erhofft, dass dann mehr Kunden bei ihr Kredit aufnehmen. Was wird passieren? Alle einigermaßen cleveren Marktbeobachter werden tatsächlich in die Bank kommen und Kreditverträge mit diesem niedrigen Zinssatz abschließen. Jeder, der sich 100€ borgt, übernimmt damit die Verpflichtung, in einem Jahr 109€ zurückzuzahlen. Wenn gleichzeitig möglich bleiben sollte, Geld zu 10% anzulegen, wird man den ausgezahlten Kreditbetrag bei seiner alten Bank zu diesem Satz wieder anlegen, so dass man in einem Jahr 110€ abheben kann. Zahlt man davon die Kreditverpflichtung zurück, so bleibt 1€ übrig. Wer Appetit auf mehr hat, braucht nur mehr Kredit aufzunehmen. Alle Marktteilnehmer werden solche kostenlosen Geschenke hemmungslos einsammeln und damit immer reicher werden. Nur die Bank, welche den Zinssatz auf 9% gesenkt hat, setzt bei diesem Geschäft ständig zu.

Kehren wir aber nun zu unserem Entscheidungsproblem zurück. Ganz offensichtlich gilt: Je mehr Konsumgüter man im Zeitpunkt $t = 0$ verbraucht, um so weniger bleiben für den Zeitpunkt $t = 1$ übrig. Den genauen funktionalen Zusammenhang kann man leicht erkennen, indem man die erste Budgetbeschränkung nach M_0 auflöst und das Ergebnis in die zweite einsetzt. Man erhält so nach wenigen Umformungen

$$C_1 = (1+r)X_0^* - (1+r)C_0. \tag{1.2}$$

Das lässt sich grafisch gut veranschaulichen, wenn wir ein Koordinatensystem mit den Achsen C_0 und C_1 so wie in Abbildung 1.1 benutzen. Jeder Punkt im ersten Quadranten markiert eine bestimmte C_0-C_1-Kombination, die wir im Folgenden als Konsumplan bezeichnen werden. Dadurch, dass der Entscheider einen bestimmten Betrag seiner Grundausstattung heute konsumiert, legt er eindeutig fest, wie viel heute investiert wird und infolgedessen später konsumiert werden kann. Das Entscheidungsproblem kann daher entweder als Konsum-Investitions-Problem oder –

völlig äquivalent – als Problem der Suche nach dem optimalen Konsumplan charakterisiert werden.

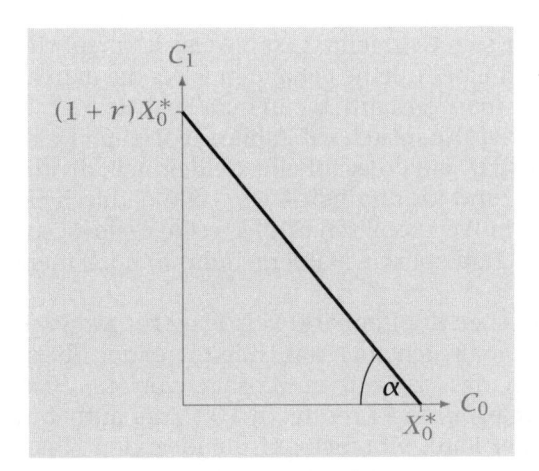

Abbildung 1.1: Transaktionsgerade

Die Gerade, welche mit der C_0-Achse den Winkel α bildet, repräsentiert die Menge aller mit der Grundausstattung X_0^* erreichbaren Konsumpläne. Da sie alle möglichen Entscheidungsalternativen oder Aktionen beschreibt, nennen wir sie auch *Transaktionsgerade*. Ihre Steigung ist negativ und beträgt $-(1+r)$, was man aus Gleichung (1.2) auch unmittelbar entnehmen kann. Würde sich der Entscheider dazu durchringen, im Zeitpunkt $t=0$ überhaupt nichts zu konsumieren, so könnte er im Zeitpunkt $t=1$ den Betrag $(1+r)X_0^*$ verbrauchen. Das entspricht dem Ordinatenabschnitt in unserer Abbildung. Würde man sich dagegen zu dem anderen Extremfall entschließen, in einem Jahr nichts zu konsumieren, so könnte man den heutigen Verbrauch bis auf die Menge X_0^* ausdehnen.[6] Das wird durch den Abszissenabschnitt in Abbildung 1.1 gekennzeichnet. Alle denkbaren Kombinationen dazwischen sind auch möglich, solange es einen Handel mit Konsumgütern und mit Zahlungsmitteln gibt. Anders gesagt: Die Existenz von Güter- und Kapitalmärkten erlaubt es den Individuen (Marktteilnehmern), jeden beliebigen Punkt auf ihren jeweiligen Transaktionsgeraden zu erreichen. Interessant daran ist nun Folgendes: Niemand wird durch die Existenz dieser Märkte benachteiligt. Fast alle jedoch ziehen einen Nutzen aus ihnen, da sich die Menge

---

[6]Wer heute mehr als den Betrag X_0^* verbrauchen wollte, müsste nicht nur Kredit aufnehmen, sondern im Zeitpunkt $t=1$ auch eine negative Menge von Gütern konsumieren, also den ersten Quadranten im Koordinatensystem der Abbildung 1.1 verlassen. Wenn wir diese (unrealistische) Situation hier ausschließen, könnte man fragen, warum wir den Fall $M_0 < 0$ überhaupt diskutiert haben. Eine schlüssige Antwort kann erst gegeben werden, wenn wir Realinvestitionen in die Analyse einbeziehen. Dann kann es nämlich möglich werden, den heutigen Konsum über X_0^* hinaus auszudehnen, ohne mit „negativem Konsum" in $t=1$ dafür bezahlen zu müssen.

1.2.2 Nutzenfunktion

Will man einem Dritten helfen, den für ihn günstigsten Konsumplan herauszufinden, so muss man dessen persönliche Ziel- oder Nutzenvorstellungen in Erfahrung bringen. Dabei kann es einem der Entscheider leicht oder schwer machen. Besonders einfach wäre es für einen Berater, wenn der Entscheider seine individuelle Nutzenfunktion

$$U = U(C_0, C_1)$$

bekannt gäbe, wenn er also etwa sagen könnte, dass sich für ihn der Nutzen des durch (C_0, C_1) beschriebenen Konsumplans aus der Funktion $U = 10C_0 + 9C_1$ oder aus der Funktion $U = C_0^{0,75} C_1^{0,25}$ ergibt. Sehr praktisch wäre es, wenn diese Nutzenfunktion differenzierbar wäre. Dann nämlich könnte man den für einen Entscheider optimalen Konsumplan mathematisch exakt bestimmen. Die Beratung würde sich auf die Lösung einer Rechenaufgabe reduzieren. Und damit wären wir rasch fertig, vorausgesetzt, wir beherrschen die erforderlichen mathematischen Algorithmen.

Ökonomen sind Wissenschaftler, die dazu neigen, sich das Leben bequem zu machen. Auch wir folgen diesem Stil und setzen mit großer Kühnheit voraus, dass Entscheider dazu in der Lage sind, ihre Zeitpräferenzen in Form von differenzierbaren Nutzenfunktionen zu artikulieren. Indem wir solche heroischen Annahmen treffen, sorgen wir dafür, dass sich das Optimierungsproblem unseres Entscheiders in der Form

$$\max_{C_0, C_1} U(C_0, C_1)$$

u.d.N.
$$X_0^* = C_0 + M_0 \quad \text{und}$$
$$M_0(1+r) = C_1$$

schreiben lässt[7] und das Nutzenmaximum mit Hilfe der Differentialrechnung bestimmt werden kann. Wir haben unsere Leser damit allerdings gleich an zwei Klippen herangeführt. Wer mit ökonomischen Arbeitsmethoden noch nicht so vertraut ist, wird vermutlich Mühe haben, bestimmte realitätsfremd wirkende Annahmen (Existenz einer differenzierbaren Nutzenfunktion) einfach erst einmal hinzunehmen. Das ist die erste Klippe. Die Technik der Lösung der obigen Maximierungsaufgabe mit Hilfe der Differentialrechnung stellt dann womöglich die zweite Klippe dar, weil das hierzu erforderliche Verfahren der Lagrangeschen Multiplikatoren von der allgemein bildenden Schule her zumeist nicht bekannt ist.

Ein Weg, der an beiden Klippen halbwegs sicher vorbeiführt, besteht darin, das Konzept der *Indifferenzkurven* zu benutzen. Eine solche Kurve verbindet

---
[7] Die Abkürzung „u.d.N." bedeutet „unter den Nebenbedingungen".

im C_0-C_1-Koordinatensystem alle Konsumpläne miteinander, denen ein Entscheider das gleiche Nutzenniveau zumisst. Liegen beispielsweise die Konsumpläne $(C_0 = x_0, C_1 = x_1)$ und $(C_0 = y_0, C_1 = y_1)$ auf einer Indifferenzlinie, so ist es dem Entscheider gleichgültig, welchen der beiden Konsumpläne er realisiert. Beide stiften in seiner Vorstellung den gleichen Nutzen, vgl. Abbildung 1.2.

Aus dem oben angeführten Begriff der Substitutionsrate folgt, dass Indifferenzkurven eine negative Steigung haben müssen. Wenn nämlich ein Individuum seinen Konsum im Zeitpunkt $t = 0$ einschränken soll (zum Beispiel von y_0 auf x_0), so ist es dazu nur unter der Voraussetzung bereit, dass es im Zeitpunkt $t = 1$ einen Ausgleich erhält, also mehr verbrauchen kann (zum Beispiel x_1 statt y_1). Daher müssen die Indifferenzkurven fallen, und damit besitzen sie eine negative Steigung. Eine zweite Eigenschaft kommt hinzu: Indifferenzkurven verlaufen stets konvex zum Ursprung[8] des Koordinatensystems. Und hierfür wird als Begründung angeführt, dass der zu gewährende Ausgleich für eine Einschränkung des heutigen Konsums um so größer sein muss, je niedriger das Konsumniveau im Zeitpunkt $t = 0$ ist. Mit anderen Worten: Je weniger man heute zum Leben hat, um so schwerer fällt es, den Gürtel noch enger zu schnallen. Deswegen werden die Indifferenzkurven mit sich verringerndem C_0 immer steiler. Und das ergibt ihre konvexe Form.

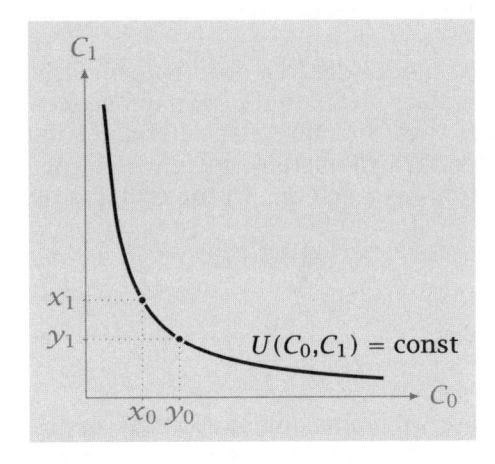

Abbildung 1.2: Indifferenzkurve

Die Steigung, die eine Indifferenzkurve in einem bestimmten Punkt hat, bezeichnet man als *Grenzrate der Substitution*. Dabei handelt es sich um jenen Betrag, um den C_1 bei gleichbleibendem Gesamtnutzen zunehmen müsste, wenn C_0 um eine winzig kleine Einheit vermindert würde. Da beide Veränderungen wegen des fallenden Verlaufs der Indifferenzkurve stets unterschiedliches Vorzeichen haben,

---

[8]Das bedeutet, dass die Kurve sich zum Ursprung hin krümmt wie in Abbildung 1.2 gezeichnet. Wegen einer genaueren Definition des Krümmungsverhaltens einer Funktion sei auf Seite 499 verwiesen.

1.2. Fisher-Modell

benutzt man die Definition

$$\text{Grenzrate der Substitution} = \lim_{\Delta C_0 \to 0} \left(-\frac{\Delta C_1}{\Delta C_0}\right) = -\frac{dC_1}{dC_0}.$$

Das entspricht der (negativen) Steigung einer Tangente der Indifferenzkurve an einem bestimmten Punkt. Oben, als wir Robinsons Entscheidungsproblem in einer Welt ohne Kapitalmärkte diskutierten, haben wir die durchschnittliche Substitutionsrate kennen gelernt. Diese unterscheidet sich von der Grenzrate der Substitution nur dadurch, dass mit gröberen Veränderungen der Konsummengen gerechnet wird. Als ein der Substitutionsrate verwandtes Maß hatten wir oben die Zeitpräferenzrate vorgestellt, die zum Ausdruck bringt, wie groß der relative Mehrkonsum im Zeitpunkt $t = 1$ ausfallen muss, damit das im subjektiven Empfinden des Entscheiders als gerechter Ausgleich zu einem Minderkonsum im Zeitpunkt $t = 0$ angesehen werden kann. Diese Zeitpräferenzrate definieren wir hier analog zu unserer früheren Vorgehensweise als

Zeitpräferenzrate = Grenzrate der Substitution minus eins

oder unter Verwendung der eingeführten symbolischen Bezeichnungen

$$\zeta = -\frac{dC_1}{dC_0} - 1.$$

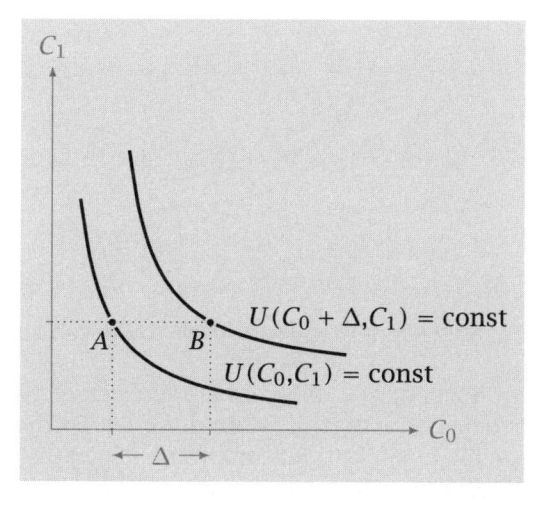

Abbildung 1.3: Indifferenzkurven bei Zunahme des Konsums in $t = 0$ ohne Verringerung des Konsums in $t = 1$

Wir stellen nun die Frage, wodurch sich zwei Indifferenzkurven auszeichnen, die unterschiedliches Nutzenniveau repräsentieren. Wo liegt die Indifferenzkurve mit dem höheren Nutzen? Um die Antwort zu finden, betrachten wir Abbildung 1.3. Dort sieht man eine Indifferenzlinie, auf der der Konsumplan A markiert ist. Dieser Konsumplan hat einen Nutzen in Höhe von $U(C_0,C_1)$. Würde man den Konsumplan entlang der Indifferenzlinie ändern, so bliebe sein Nutzen unverändert.

Jetzt aber nehmen wir eine andere Variation des Konsumplans vor. Wir halten C_1 konstant und erhöhen C_0 um den Betrag Δ. Solange der Entscheider nicht gesättigt ist, wird er diese Erhöhung des heutigen Verbrauchs als angenehm empfinden und dem neuen in der Zeichnung durch den Punkt B markierten Konsumplan einen höheren Nutzen beimessen,

$$\Delta > 0 \implies U(C_0 + \Delta, C_1) > U(C_0, C_1).$$

Die Indifferenzlinie mit dem höheren Nutzenniveau ist also weiter vom Koordinatenursprung entfernt als die Indifferenzlinie mit dem niedrigeren Nutzenniveau. Zu demselben Resultat gelangt man, wenn man C_0 konstant hält und den späteren Konsum C_1 um den Betrag Δ steigert. Auch hier gilt für nicht gesättigte Individuen

$$\Delta > 0 \implies U(C_0, C_1 + \Delta) > U(C_0, C_1).$$

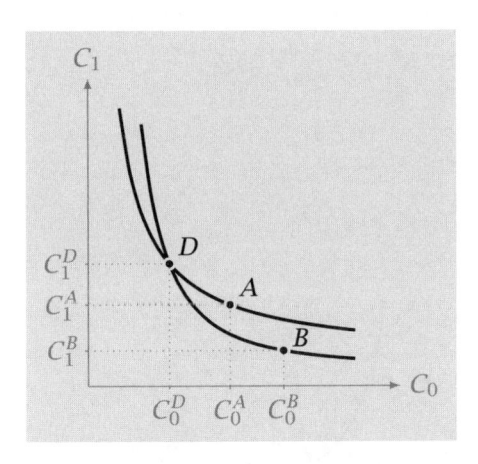

Abbildung 1.4: Sich schneidende Indifferenzkurven sind unsinnig

Festzuhalten bleibt noch, dass Indifferenzkurven sich nicht schneiden können. Um das nachzuvollziehen, betrachten Sie Abbildung 1.4. Da die Pläne (C_0^A, C_1^A) und (C_0^B, C_1^B) auf zwei verschiedenen Indifferenzkurven liegen und der mit A markierte Plan weiter vom Ursprung entfernt ist, muss (C_0^A, C_1^A) attraktiver als (C_0^B, C_1^B) sein. Andererseits ist der Plan (C_0^B, C_1^B) ebenso gut wie der Plan (C_0^D, C_1^D), weil sich beide auf der gleichen Indifferenzkurve befinden. Da aber der Plan (C_0^D, C_1^D) außerdem auf derselben Indifferenzkurve wie der Plan (C_0^A, C_1^A) liegt, müssen auch diese beiden Pläne gleich gut sein. Also wären alle drei Pläne als gleich attraktiv anzusehen. Das verträgt sich aber nicht mit unserer früheren Feststellung, dass der Plan

1.2. Fisher-Modell

(C_0^A, C_1^A) besser als der Plan (C_0^B, C_1^B) ist. Also können sich die Indifferenzkurven für ein konkretes Individuum nicht schneiden.

1.2.3 Optimaler Konsumplan

Grafische Ermittlung Als optimal bezeichnen wir jenen Konsumplan, bei dem der Entscheider im Rahmen seiner Möglichkeiten den Nutzen maximiert. Einen besseren Konsumplan kann das betreffende Individuum nicht erreichen. Nach all unseren Vorbereitungen ist es nicht mehr schwer, dieses Optimum grafisch zu bestimmen. Zu diesem Zweck vereinigen wir die Transaktionsgerade und die Indifferenzkurven in einer Zeichnung.

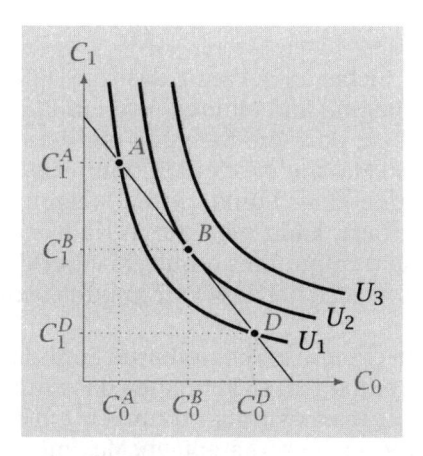

Abbildung 1.5: Optimaler Konsumplan

In Abbildung 1.5 sieht man drei Indifferenzkurven, die unterschiedliche Nutzenniveaus $U_1 < U_2 < U_3$ repräsentieren. Die Indifferenzkurve U_1 schneidet die Transaktionsgerade in den Punkten A und D. Die mit U_2 gekennzeichnete Kurve tangiert die Transaktionsgerade im Punkte B. Der Konsumplan (C_0^B, C_1^B) ist besser als die Konsumpläne (C_0^A, C_1^A) und (C_0^D, C_1^D), weil die Indifferenzlinie U_2 weiter vom Ursprung entfernt ist. Die Indifferenzkurve U_3 hat keinen gemeinsamen Punkt mit der Transaktionsgeraden. Kein einziger Konsumplan, der auf diesem höchsten Nutzenniveau liegt, ist also erreichbar. Infolgedessen steht der Punkt B für den besten von unserem Entscheider realisierbaren Konsumplan. Wir finden also das Optimum, indem wir jenen Punkt auf der Transaktionsgeraden suchen, der von einer Indifferenzkurve gerade noch berührt wird. Dort wo die Indifferenzkurve die gleiche Steigung besitzt wie die Transaktionsgerade, liegt der für ein Individuum beste Konsumplan. Da wir die Steigung einer Indifferenzlinie als (negative) Grenzrate der Substitution bezeichnet hatten und wir uns ferner davon überzeugt hatten, dass die Steigung der Transaktionsgeraden an allen Stellen $-(1+r)$ ist, lautet die Optimalitätsbedingung

$$-\frac{dC_1}{dC_0} = 1 + r.$$

Zieht man auf beiden Seiten eine eins ab, so bleibt links die Zeitpräferenzrate und rechts der Marktzinssatz übrig,

$$\zeta = r. \tag{1.3}$$

Also stellen wir fest: *Im Optimum muss die Zeitpräferenzrate eines Entscheiders ebenso groß sein wie der Marktzinssatz*. Dieses Ergebnis lässt an Einfachheit nichts zu wünschen übrig.

Algebraische Ermittlung Sicher ist bekannt, dass die Differentialrechnung uns dabei hilft, Extrempunkte (Maxima und Minima) von Funktionen zu bestimmen. Man kann sich leicht klarmachen, dass die Steigung einer Tangente an eine Funktion den Wert null hat, wenn ein Maximum oder Minimum als Tangentialpunkt gewählt wird. Da die erste Ableitung einer Funktion die Steigung der Funktion in einem beliebigen Punkt repräsentiert, kann man durch Nullsetzen der ersten Ableitung in der Regel die Lage des Extrempunktes ermitteln. Mit Hilfe der zweiten Ableitung lässt sich untersuchen, ob es sich bei dem Extrempunkt um ein Maximum oder um ein Minimum handelt.

Will man das Maximum einer differenzierbaren Funktion berechnen und gleichzeitig Nebenbedingungen einhalten, so kann man das unter bestimmten (hier nicht unbedingt erläuterungswürdigen) Voraussetzungen mit Hilfe des Verfahrens der Lagrangeschen Multiplikatoren bewerkstelligen. Maximiert wird dabei nicht die ursprüngliche, sondern eine neue Funktion. Diese konstruiert man in der Weise, dass man die zu berücksichtigenden Nebenbedingungen durch Umstellen null setzt, mit dem Lagrangefaktor multipliziert und die so entstehenden Terme additiv in die ursprüngliche Funktion einbezieht.

In unserem konkreten Fall kann man die beiden Budgetbedingungen zu einer einzigen Nebenbedingung zusammenziehen, indem man die erste Restriktion nach M_0 auflöst und das Ergebnis in die zweite Bedingung einsetzt. Auf diese Weise erhält man nach Umformungen

$$C_1 - (X_0^* - C_0)(1 + r) = 0.$$

Einbeziehen dieser Nebenbedingung in die Nutzenfunktion führt auf die Lagrangefunktion

$$\mathcal{L} = U(C_0, C_1) + \kappa \left(C_1 - (X_0^* - C_0)(1 + r) \right).$$

Die Maximierung erfolgt nun in der Weise, dass man die partiellen Ableitungen der Funktion nach C_0, C_1 und κ bildet und anschließend die Ableitungen null setzt.

1.2. Fisher-Modell

Das ergibt

$$\frac{\partial \mathcal{L}}{\partial C_0} = \frac{\partial U}{\partial C_0} + \kappa(1+r) \quad (1.4)$$

$$\frac{\partial \mathcal{L}}{\partial C_1} = \frac{\partial U}{\partial C_1} + \kappa \quad (1.5)$$

$$\frac{\partial \mathcal{L}}{\partial \kappa} = C_1 - (X_0^* - C_0)(1+r). \quad (1.6)$$

Setzt man Gleichung (1.5) null, so erhält man

$$\kappa = -\frac{\partial U}{\partial C_1}.$$

Nullsetzen von Gleichung (1.4) und Einsetzen des vorstehenden Ergebnisses liefert uns die *Optimalitätsbedingung*[9]

$$\frac{\partial U/\partial C_0}{\partial U/\partial C_1} = 1 + r. \quad (1.7)$$

Das Verhältnis des Grenznutzens von C_0 zum Grenznutzen von C_1 soll im Optimum den Wert $(1 + r)$ annehmen. Als wir das gleiche Entscheidungsproblem oben mit Hilfe von Indifferenzkurven auf grafischem Wege gelöst haben, lautete die Optimalitätsbedingung wesentlich griffiger

$$\zeta = r, \quad (1.8)$$

und bisher ist noch nicht zu sehen, dass das inhaltlich mit Gleichung (1.7) identisch sein soll. Tatsächlich ist das aber der Fall. Um das nachzuvollziehen, betrachte man das totale Differential der Nutzenfunktion

$$dU = \frac{\partial U}{\partial C_0}dC_0 + \frac{\partial U}{\partial C_1}dC_1.$$

Das ist der Betrag, um den sich der Nutzen insgesamt ändert, wenn man sowohl den Konsum im Zeitpunkt $t = 0$ als auch den Konsum im Zeitpunkt $t = 1$ um eine winzig kleine Einheit verändert. Will man auf einer Indifferenzkurve bleiben, so müssen diese Änderungen nun genau so eingestellt werden, dass die gesamte Nutzenänderung null ist ($dU = 0$). Nullsetzen und Umformen führt auf

$$\frac{\partial U/\partial C_0}{\partial U/\partial C_1} = -\frac{dC_1}{dC_0}.$$

Das Verhältnis der Grenznutzen von C_0 und C_1 entspricht also genau der Grenzrate der Substitution, und das ist die Steigung einer Indifferenzkurve. Wenn man sich nun noch daran erinnert, dass die Zeitpräferenzrate nichts anderes ist, als die um eins verminderte Grenzrate der Substitution, so wird die Identität der Optimalitätsbedingungen (1.7) und (1.8) offenbar.

---

[9]Streng genommen müssten wir mit Hilfe der zweiten partiellen Ableitungen noch nachweisen, dass es sich um ein Maximum handelt. Darauf wird hier verzichtet.

1.2.4 Zwischenergebnis

Von Zeit zu Zeit ist es gut, sich daran zu erinnern, von welchem Problem man ursprünglich ausgegangen war. Wir wollten begründen, dass der Nettobarwert (*NPV*) ein vernünftiges Entscheidungskriterium für Investitionen ist und dass man sich auf dieses Instrument ganz unabhängig von seinen persönlichen Zeitpräferenzen verlassen kann, wenn es einen Kapitalmarkt gibt. Hiervon sind wir noch ein gutes Stück entfernt. Aber inzwischen wissen wir Folgendes:

1. Ein Entscheider muss sich erstens über die Menge seiner Handlungsalternativen und zweitens über seine Zielvorstellungen Klarheit verschaffen. Hier geht es um die Frage, welchen Anteil seiner Vermögensausstattung er heute konsumiert und welchen Teil er investiert, um ihn später konsumieren zu können.

2. Die Menge der Handlungsalternativen kann grafisch durch eine *Transaktionsgerade* veranschaulicht werden, die durch ihre Steigung und durch ihren Ordinatenabschnitt eindeutig bestimmt ist. Während die Steigung ausschließlich vom Marktzinssatz abhängt, wird der Ordinatenabschnitt außer vom Marktzins auch von seiner persönlichen Grundausstattung beeinflusst. Der Entscheider kann – jedenfalls in dem bisher diskutierten Zusammenhang – die Transaktionsgerade keinesfalls verlassen, sondern nur einen Punkt auf ihr auswählen.

3. Welcher dieser durch die Transaktionsgerade beschriebenen Konsumpläne optimal ist, hängt von den persönlichen Nutzenschätzungen des Entscheiders ab. Seine persönlichen *Zeitpräferenzen* schlagen sich in *Indifferenzkurven* nieder. Da jedermann aber seine eigenen Zielvorstellungen haben mag, kann jeder Punkt auf einer Transaktionsgeraden optimal sein. Allgemein verbindliche oder präferenzfreie beste Lösungen gibt es hier nicht.

Damit scheinen wir unserem Ziel nicht näher gekommen zu sein, sondern uns von ihm entfernt zu haben. Es ging in unserem Entscheidungsproblem darum, wie viel heute konsumiert und wie viel heute investiert wird. Diese Investitionsentscheidung lässt sich jedenfalls nicht unabhängig von den Zeitpräferenzen treffen. Allerdings – und das ist sehr wichtig – gab es nur einen einzigen Typ von Investitionsgelegenheiten, nämlich die Geldanlage zum Marktzinssatz.

1.2.5 Einbeziehung von Realinvestitionen

Jetzt erweitern wir unsere Problemstellung, indem wir einen neuen Typ von Kapitalanlageformen einbeziehen, die wir im Gegensatz zu verzinslichen Geldanlagen als Realinvestitionen bezeichnen wollen. Um unsere bereits früher eingeführte Schreibweise wieder aufzunehmen, soll es sich dabei um Aktionen handeln, die

1.2. Fisher-Modell

im Zeitpunkt $t = 0$ Auszahlungen in Höhe von I_0 verursachen und im Zeitpunkt $t = 1$ Einzahlungen in Höhe von X_1 versprechen. Der Entscheider kann die Realinvestition entweder durchführen oder darauf verzichten.

Transaktionsgerade ohne Realinvestitionen Wählt man die Unterlassensalternative, so bleibt alles beim alten. Weder die Lage noch die Steigung der Transaktionsgeraden ändern sich. Das Entscheidungsproblem hat nach wie vor die Form

$$\max_{C_0,C_1} U(C_0,C_1)$$

u.d.N.
$$X_0^* = C_0 + M_0$$
$$M_0(1 + r) = C_1$$

Indem man die erste Budgetbeschränkung nach M_0 auflöst und das Ergebnis in die Bedingung für den Zeitpunkt $t = 1$ einsetzt, erhält man die Funktionsgleichung für die Transaktionsgerade

$$C_1^{\text{ohne}} = (1 + r)X_0^* - (1 + r)C_0. \tag{1.9}$$

Wir schreiben hier C_1^{ohne}, um damit die Menge der im Zeitpunkt $t = 1$ konsumierbaren Güter *ohne* Durchführung der Realinvestition zum Ausdruck zu bringen.

Transaktionsgerade mit Realinvestitionen Jetzt betrachten wir den Fall, dass die Realinvestition verwirklicht wird. Dann ändert sich an der Zielfunktion gar nichts, weil es nach wie vor darum geht, einen Konsumplan zu finden, der den Nutzen maximiert. Bei den beiden Budgetbeschränkungen sind aber Änderungen vorzunehmen. Im Zeitpunkt $t = 0$ sind mit der Grundausstattung jetzt nicht nur der heutige Konsum und die Geldanlage zu finanzieren, sondern zusätzlich auch noch die Investitionsauszahlung I_0. Hierzu korrespondierend verstärkt die Investitionseinzahlung X_1 im Zeitpunkt $t = 1$ denjenigen Betrag, den man dann insgesamt verbrauchen kann. Infolgedessen lautet das Entscheidungsproblem im Falle der Durchführung der Realinvestition

$$\max_{C_0,C_1} U(C_0,C_1)$$

u.d.N.
$$X_0^* = C_0 + M_0 + I_0$$
$$M_0(1 + r) + X_1 = C_1$$

Auf dem bereits bekannten Wege (Auflösen der ersten Budgetbeschränkung nach M_0 und Einsetzen des Resultats in die zweite Budgetbedingung) lässt sich daraus die Transaktionsgerade mit Verwirklichung der Realinvestition gewinnen. Sie hat die Form

$$C_1^{\text{mit}} = (1 + r)X_0^* - (1 + r)C_0 - (1 + r)I_0 + X_1.$$

Unter Verwendung der bekannten Darstellung des Nettobarwerts (1.1) und der Gleichung (1.9) kann man dafür auch

$$C_1^{\text{mit}} = C_1^{\text{ohne}} + (1 + r)\,NPV$$

schreiben. Zeichnet man beide Funktionen in einem C_0-C_1-Koordinatensystem, so entsteht das in Abbildung 1.6 gezeigte Bild. Die alte Transaktionsgerade gemäß Gleichung (1.9), auf der man sich bewegen konnte, solange man auf die Durchführung der Investition verzichtete, wird bei Realisierung der Investition parallel verschoben. Dabei wächst der Ordinatenabschnitt um $(1 + r)NPV$ und der Abszissenabschnitt um NPV. Die Verschiebung erfolgt nach oben rechts, wenn der Nettobarwert positiv ist, sonst nach unten links. Da unsere Entscheidungsregel uns dazu anhält, Projekte mit negativem Nettobarwert zu verwerfen und Investitionen mit positivem Nettobarwert stets zu realisieren, sorgt sie dafür, dass die Transaktionsgerade so weit nach oben rechts verschoben wird, wie es nur geht. Wie man aus Abbildung 1.6 sofort entnehmen kann, bedeutet diese Politik zugleich, dass die erreichbaren Nutzenniveaus größer werden, und zwar gleichgültig, welche Zeitpräferenzen die Entscheider besitzen. Wir setzen lediglich voraus, dass zusätzlicher Konsum in irgendeinem Zeitpunkt zusätzlichen Nutzen stiftet, wenn er nicht mit Minderkonsum in irgendeinem anderen Zeitpunkt bezahlt werden muss.

Abbildung 1.6 gibt uns darüber hinaus die Gelegenheit, den Nettobarwert einer Realinvestition höchst anschaulich zu interpretieren. Wie man der Zeichnung entnehmen kann, ist der Nettobarwert jener Betrag, den man auf Grund der Realinvestition im Zeitpunkt $t = 0$ zusätzlich konsumieren könnte, ohne dafür irgendwelche Konsumeinschränkungen im Zeitpunkt $t = 1$ hinnehmen zu müssen.

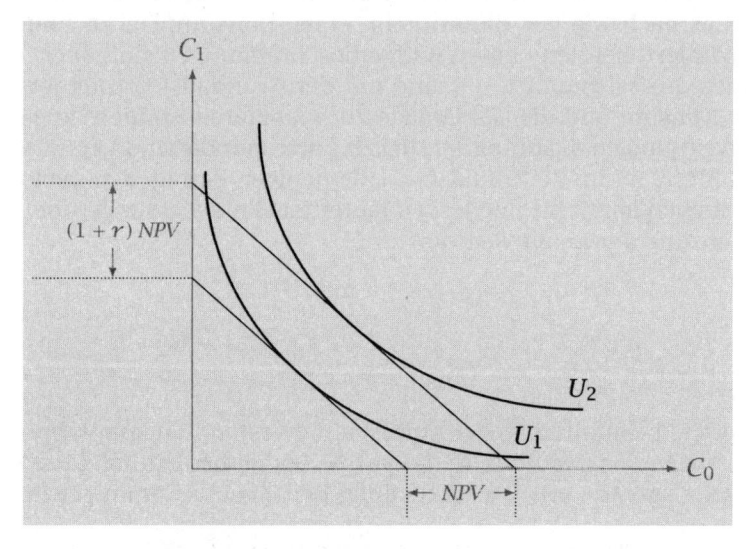

Abbildung 1.6: Verschiebung der Transaktionsgeraden bei Durchführung von Realinvestitionen mit positivem Nettobarwert

1.2.6 Fishers Separationstheorem

Damit haben wir ein äußerst wichtiges Ergebnis der neoklassischen Finanzierungstheorie gefunden, und das wollen wir festhalten: Wenn es einen reibungslosen Kapitalmarkt mit einheitlichem Zinssatz für Geldanlagen und Kredite gibt und wir die Möglichkeit haben, Realinvestitionen durchzuführen, so lässt sich die Entscheidung über den optimalen Konsumplan in zwei voneinander unabhängigen Schritten treffen.

Schritt 1 Es wird geprüft, ob die Nettobarwerte der Realinvestitionen positiv oder negativ sind. Alle Investitionen mit positivem Nettobarwert werden verwirklicht. Hierzu bedarf es nicht der Kenntnis irgendwelcher zeitlichen Nutzenvorstellungen. Auf diese Weise wird die Transaktionsgerade soweit wie nur irgend möglich nach oben rechts verschoben.

Schritt 2 Unter Rückgriff auf die subjektiven Zeitpräferenzen des Entscheiders kann nunmehr der optimale Konsumplan gewählt werden. Dabei muss es sich um einen Punkt auf der in Schritt 1 konstruierten Transaktionsgeraden handeln, weil wir voraussetzen, dass es jedermann für einen Vorteil hält, wenn er heute seinen Konsum steigern kann, ohne das mit späteren Einschränkungen bezahlen zu müssen.

Die Tatsache, dass man Entscheidungen über Realinvestitionen treffen kann, ohne die Zeitpräferenzen des Entscheiders zu kennen, bezeichnet man als *Fishers Separationstheorem*. Es wurde zu Ehren von *Irving Fisher* so benannt. Separationstheorem heißt es deswegen, weil man Entscheidungen über Realinvestitionen und Entscheidungen über Konsumpläne unabhängig voneinander – also separat – fällen kann, wenn die in unserem Modell gewählten Voraussetzungen erfüllt sind.

Fishers Separationstheorem hat weitreichende Konsequenzen. Die wichtigsten zwei sind folgende:

1. Entscheidungen über Realinvestitionen sind delegierbar.
2. Zwischen mehreren Finanziers, die die Durchführung eines gemeinsamen Realinvestitionsprojektes planen, besteht auch bei divergierenden Zeitpräferenzen Einmütigkeit hinsichtlich der Vorteilhaftigkeit einer Investition.

Die Bedeutung dieser Implikationen des *Fisherschen* Separationstheorems kann man gar nicht hoch genug einschätzen. Deswegen werden wir sie im Folgenden noch ausführlicher begründen und interpretieren.

Delegierbarkeit von Investitionsentscheidungen Die Welt, in der wir heute leben, unterscheidet sich fundamental von der Einsamkeit, in der Robinson Crusoe seine ökonomischen Entscheidungen zu treffen hatte. Die Arbeitsteilung ist sehr weit vorangeschritten, weil wir gelernt haben, dass sie ganz erhebliche Produktivitätsvorteile mit sich bringt. Parallel dazu haben die Menschen die Techniken

Fisher

Irving Fisher (1867-1947) gilt als einer der bedeutendsten amerikanischen Ökonomen. Er studierte Mathematik, Sozialwissenschaften und Philosophie an der Yale University, erwarb im Jahre 1892 den ersten dort vergebenen Doktorgrad in Ökonomie, wurde rasch ein auch bei den europäischen Ökonomen angesehener Professor und blieb zeit seines Lebens in Yale. Fisher war mathematischer Wirtschaftstheoretiker und arbeitete vor allem auf dem Gebiet der Geld- und Kapitaltheorie. Er war ein sehr produktiver Autor, der theoretische Abhandlungen verfasste und gleichzeitig in journalistischen Beiträgen aktuelle Probleme aufgriff. Fisher erschien manchen seiner Zeitgenossen als Exzentriker. Er setzte sich für ein striktes Alkoholverbot ein, war überzeugter Vegetarier und schrieb neben seinen ökonomischen Abhandlungen auch einen Bestseller über gesunde Ernährung. Infolge des Börsenkrachs von 1929 büßte er nicht nur sein privates Vermögen ein. Vielmehr nahm auch sein wissenschaftliches Ansehen Schaden, weil er noch während der großen Depression an der Überzeugung festhielt, dass bald eine Erholung eintreten würde. (Foto mit freundlicher Genehmigung von Manuscripts and Archives, Yale University Library)

des Tauschens von Gütern und Dienstleistungen immer weiter verfeinert. Wenn heute ein Individuum einen Teil seines Vermögens nicht konsumiert, sondern investiert, so pflegt es die konkrete Sachentscheidung sowie die Kontrolle des Vorhabens nicht unbedingt selbst vorzunehmen. Statt dessen wird der zu investierende Betrag einer Firma zur Verfügung gestellt, deren Geschäftsführung in die Hände von bezahlten Managern gelegt wird. Die Firmenleitung hat dann Realinvestitionen durchzuführen, die im Interesse der Kapitaleigner liegen sollen. Nun kann aber ein Manager im Grunde nur dann im bestmöglichen Sinne der Eigentümer handeln, wenn er weiß, welche Nutzenvorstellungen diese haben. Er müsste demnach versuchen, die Zeitpräferenzen seiner Auftraggeber in Erfahrung zu bringen.

Es ist jedoch nicht einmal leicht, sich über seine eigenen Zeitpräferenzen klar zu werden. Noch schwerer ist es aber, diese zu artikulieren, um sie einem Dritten mitzuteilen. Das alles ist nicht erforderlich, wenn *Fishers* Separationstheorem gilt. Das Management handelt im Interesse der Finanziers, wenn es alle Realinvestitio-

1.2. Fisher-Modell

nen mit positivem Nettobarwert durchführt. Das ist eine eindeutige und einfach zu handhabende Entscheidungsregel.

Harmonie zwischen mehreren Finanziers Der Kapitalbedarf, welcher heutzutage erforderlich ist, um Investitionen zu finanzieren, ist häufig derart groß, dass er von einem einzelnen Finanzier nicht aufgebracht werden kann. Dann ist es erforderlich, dass sich mehrere Kapitalgeber zusammentun, um ein solches Projekt zu ermöglichen.

Würde nun *Fishers* Separationstheorem nicht gelten, so müssten die Manager bei Entscheidungen dieser Art die Zeitpräferenzen der Finanziers erforschen. Unabhängig davon, dass dies schwierig wäre, wird man davon ausgehen dürfen, dass die Nutzenvorstellungen unterschiedlicher Finanziers voneinander abweichen. Grafisch käme das in unterschiedlichen Systemen von Indifferenzkurven zum Ausdruck. Gilt aber das Separationstheorem, so sind alle Finanziers damit einverstanden, wenn die Manager Realinvestitionen mit positivem Nettobarwert auswählen, weil damit das Nutzenniveau jedes Kapitalgebers automatisch vergrößert wird.

2 Entscheidungstheorie

2.1 Nutzentheorie unter Sicherheit

Die wichtigsten Resultate des Kapitels, mit dem wir unser Buch begonnen haben, waren *Fishers* Separationstheorem und der Satz über die Identität der Zeitpräferenzraten mit dem Marktzins. Diese Ergebnisse haben wir aus einem Modell abgeleitet, das auf zwei Säulen beruhte. Zum einen handelte es sich um Annahmen über rationales Verhalten von Entscheidern, zum anderen um Annahmen über Märkte. In diesem Kapitel konzentrieren wir uns auf die entscheidungstheoretischen Grundlagen von Nutzenfunktionen und machen klar, wie das Verhalten von Individuen mit mathematischen Methoden beschrieben werden kann. Dabei unterstellen wir zunächst, dass unter Sicherheit entschieden werden kann. Bald allerdings werden wir diese einschränkende Annahme aufgeben.

2.1.1 Präferenzrelationen

Ergebnisse Wir waren im Einführungskapitel stets davon ausgegangen, dass jeder Entscheider eine Nutzenfunktion besitzt, mit der er die Ergebnisse der Handlungsalternativen x_1, x_2, x_3 und so weiter in eine Reihenfolge bringen kann, die seinen persönlichen Vorstellungen von Attraktivität entspricht. Dabei stellen wir uns unter den Ergebnissen Güter oder auch Güterbündel vor, also Dinge, die dazu geeignet sind, die Bedürfnisse eines Menschen zu befriedigen, sagen wir beispielsweise Fahrräder, Kühlschränke oder auch Geldbeträge, die man zu bestimmten Zeitpunkten für Konsumzwecke ausgeben kann.[1] Im Folgenden werden wir der Einfachheit halber anstelle von Ergebnissen meistens von Gütern sprechen.

Die Werturteile, welche ein Individuum entwickelt, wenn es zwei Güter x_1 und x_2 miteinander vergleicht, nennen wir *Präferenzrelationen*. Um solche Relationen eindeutig aufschreiben zu können, benötigen wir spezielle Symbole. Und zwar be-

---

[1] Wenn diese Geldbeträge für die Zeitpunkte $t = 0, 1, \ldots$ fixiert sind, sprechen wir auch von einem Konsumplan.

deuten:

$$x_1 \succ x_2 \quad x_1 \text{ ist besser als } x_2.$$
$$x_1 \sim x_2 \quad x_1 \text{ ist ebenso gut wie } x_2.$$

Zusammenfassend benutzen wir manchmal auch:

$$x_1 \succeq x_2 \quad x_1 \text{ ist mindestens so gut wie } x_2.$$

Da die Relationssymbole eine ähnliche Bedeutung haben wie die aus der Algebra bekannten Symbole > (größer als), = (gleich) und ≥ (größer als oder gleich), sind sie sofort verständlich, dürfen aber keinesfalls mit ihnen verwechselt werden. Zu betonen ist außerdem, dass die Relation $x_1 \succ x_2$ keine Aussage darüber macht, wie stark das Gut x_1 dem Gut x_2 vorgezogen wird.

Nutzenfunktion Eine Nutzenfunktion ist die numerische Repräsentation der Präferenzrelation. Wir müssen uns darunter eine Funktion vorstellen, die jedem Gut, das der Entscheider zu beurteilen hat, eindeutig eine Nutzenziffer zuweist, so dass

$$x_1 \succ x_2 \iff U(x_1) > U(x_2)$$
$$x_1 \sim x_2 \iff U(x_1) = U(x_2).$$

Das Symbol $\iff$ bedeutet *wenn und nur wenn* oder *genau dann, wenn*. Wir sagen also: Genau dann, wenn x_1 besser als x_2 ist, soll der Nutzen von x_1 größer als der Nutzen von x_2 sein.

Es ist wichtig zu betonen, dass wir dabei offen lassen, wie groß die Nutzenunterschiede zwischen zwei Gütern sind. Die dementsprechende Nutzenfunktion nennt man *ordinal*. Diese Bezeichnungsweise wählt man deswegen, weil eine höhere Nutzenziffer nur anzeigt, dass das eine Gut dem anderen vorgezogen wird, aber keine Information darüber enthält, für wie stark dieser Nutzenunterschied gehalten wird.

In unserem Modell zur Bestimmung des optimalen Konsumplans hatten wir unterstellt, dass jeder Marktteilnehmer eine ordinale Nutzenfunktion hat.[2] Daher muss uns jetzt die Frage interessieren, ob man das von einem Entscheider vernünftigerweise verlangen kann. Das werden wir in der Weise bewerkstelligen, dass wir eine Reihe von Grund-Sätzen – man sagt auch Axiomen – aufstellen, von denen wir glauben, dass Entscheider bereit sind, sich nach ihnen zu richten. Anschließend werden wir zeigen, dass jedermann, der diese Axiome anerkennt, auch eine ordinale Nutzenfunktion besitzt. Will man also beantworten, ob Entscheider derartige Nutzenfunktionen haben, kann man sich darauf konzentrieren zu prüfen, ob sie wohl die folgenden Axiome anerkennen.

---

[2] Siehe Seite 11.

2.1. Nutzentheorie unter Sicherheit

Portfolio Bevor wir aber nun die Axiome im Einzelnen vorstellen, müssen wir noch den Begriff des Portfolios einführen. Darunter verstehen wir eine Mischung von zwei Gütern x_1 und x_2, in der x_1 mit dem Anteil α und x_2 mit dem Anteil $1 - \alpha$ enthalten ist. Stellen Sie sich beispielsweise vor, Sie müssten 5 Tage lang zur Arbeit fahren und könnten das wahlweise mit der Bahn oder mit dem Auto tun. Nun sei $x_1 \equiv$ „5 Tage Bahn fahren" und $x_2 \equiv$ „5 Tage Auto fahren". Um die Möglichkeit auszudrücken, 2 Bahnfahrten und 3 Autofahrten durchzuführen, sprechen wir von einem Portfolio und verwenden die Darstellung $[x_1, x_2 \| 0{,}4,\ 0{,}6]$. Allgemein werden wir die Schreibweise $[x_1, x_2 \| \alpha, 1 - \alpha]$ mit $0 < \alpha < 1$ benutzen. Der Sache nach könnte man anstelle von Portfolios auch von Güterbündeln sprechen.

2.1.2 Hinreichende Axiome

Nach diesen Vorbereitungen können wir die angekündigten Axiome darstellen. Insgesamt werden wir sechs solche „Grund-Sätze" vorstellen.[3] Das sind im Einzelnen folgende:

Reflexivitätsaxiom Wenn man Ihnen ein Gut in einer bestimmten Menge und Qualität vorlegt, so sollte es Ihnen gleichgültig sein, ob Sie dieses Gut konsumieren oder ein Gut in derselben Menge und Qualität, also

$$x_k \sim x_k \qquad (k = 1, 2, \ldots) \ .$$

Dieses fast trivial anmutende Axiom wird aus technischen Gründen benötigt.

Vergleichbarkeitsaxiom Dieses Prinzip verlangt von Ihnen nicht mehr und nicht weniger, dass Sie sich zwischen zwei Gütern oder Güterbündeln überhaupt entscheiden können. Das heißt

$$x_1 \succeq x_2 \quad \text{oder} \quad x_1 \sim x_2 \quad \text{oder} \quad x_1 \preceq x_2.$$

Stellen Sie sich beispielsweise vor, Sie säßen in einem chinesischen Restaurant und hätten schon geraume Zeit die Speisekarte studiert. In der engeren Wahl seien mittlerweile „Schweinefleisch süß-sauer" oder „Rindfleisch nach Szechuan Art". Das Vergleichbarkeitsaxiom verlangt nun von Ihnen, dass Sie entweder zu dem Urteil „Schweinefleisch ist mindestens so gut wie Rindfleisch" oder zu dem Urteil „Rindfleisch esse ich mindestens so gerne wie Schweinefleisch" oder zu dem Urteil „Beides ist mir gleich lieb" kommen. Etwas viertes soll ausgeschlossen sein. Sie werden also nicht unaufhörlich die Speisekarte studieren, um am Ende hungrig aufzustehen und das Restaurant zu verlassen.

---
[3] Wir könnten mit weniger Axiomen auskommen, wenn wir das Prinzip der Sparsamkeit für hinreichend wichtig hielten.

Transitivitätsaxiom Wenn Sie x_1 mindestens so gut wie x_2 finden und das gleiche auch bezüglich x_2 und x_3 gilt, so sollten Sie beim direkten Vergleich zwischen x_1 und x_3 zu dem Schluss kommen, dass x_1 mindestens so gut wie x_3 ist. In formaler Schreibweise

$$x_1 \succeq x_2 \text{ und } x_2 \succeq x_3 \quad \Longrightarrow \quad x_1 \succeq x_3.$$

Oder: Wer Entenfleisch mindestens so schätzt wie Schweinefleisch und Schweinefleisch mindestens so gerne zu sich nimmt wie Rindfleisch, der sollte auch Ente mindestens so gerne zu sich nehmen wie Rind. Und weiter: Wer Nudelsalat ebenso gern wie Eiersalat isst und wem es auch gleichgültig ist, ob er Eiersalat oder Krabbensalat vorgesetzt bekommt, dem sollte es nicht darauf ankommen, ob er nun Nudelsalat oder Krabbensalat verzehrt.[4]

Stetigkeitsaxiom Falls Sie in Bezug auf drei Güter die Präferenzrelation $x_1 \succ x_2 \succ x_3$ besitzen, so sollte man ein Portfolio aus x_1 und x_3 herstellen können, das Sie ebenso gut finden wie x_2, oder

wenn $x_1 \succ x_2 \succ x_3$,
dann gibt es ein α mit $0 < \alpha < 1$, so dass $[x_1, x_3 \parallel \alpha, 1 - \alpha] \sim x_2$.

Nehmen wir an, dass Sie Ihren täglichen Weg zur Arbeit mit dem Auto, dem Motorroller oder dem Fahrrad bewältigen könnten. Nehmen wir weiter an, dass Sie lieber mit dem Auto als mit dem Motorroller unterwegs sind und dass Sie am wenigsten gerne mit dem Fahrrad fahren. Stellen Sie sich nun vor, dass Sie die Fahrmöglichkeiten für eine ganze Arbeitswoche von fünf Tagen zu bewerten hätten. Dann bestünde etwa auch die Möglichkeit, an drei Tagen das Auto und an zwei Tagen das Fahrrad zu benutzen. Unser Stetigkeitsaxiom verlangt nun, dass es eine Mischung aus Auto- und Fahrrad-Tagen gibt, die Sie ebenso gut finden würden wie die Alternative, jeden Tag Motorroller zu fahren.[5]

Beschränkungsaxiom Wenn Sie zwischen mehreren Gütern zu wählen haben, so können Sie zwei Güter angeben, von denen eins aus Ihrer Sicht das schlechteste und das andere das beste aller Güter ist. Anders gesagt: Es gibt ein bestes und ein schlechtestes Gut. Bezeichnet man mit $\overline{x}$ das beste und mit $\underline{x}$ das schlechteste Gut, so gilt für jedes weitere Gut x_k die Präferenzrelation $\overline{x} \succeq x_k \succeq \underline{x}$.

---

[4] Man könnte denken, dass das Transitivitätsaxiom trivial ist. Tatsächlich beobachtet man allerdings immer wieder Entscheider, die gegen dieses Axiom verstoßen. Siehe dazu auch Seite 46.

[5] Sie haben sicherlich gemerkt, dass das eine beliebige Teilbarkeit der beteiligten Güter voraussetzt, denn vielleicht erfordert die „Roller-äquivalente Auto-Fahrrad-Mischung", dass Sie am dritten Tage mit dem Auto losfahren und nach einem Viertel der Strecke mit einem Kollegen Ihr Auto gegen sein Fahrrad tauschen.

2.1. Nutzentheorie unter Sicherheit

Dominanzaxiom Wenn Sie die Präferenzrelation $\overline{x} \succ \underline{x}$ besitzen, so sollten Sie beim Vergleich zwischen Portfolios diejenige Mischung vorziehen, in der ein größerer Anteil $\overline{x}$ steckt, oder

$$\overline{x} \succ \underline{x} \text{ und } \alpha > \beta \implies [\overline{x}, \underline{x} \| \alpha, 1 - \alpha] \succ [\overline{x}, \underline{x} \| \beta, 1 - \beta].$$

Ein Beispiel: Wer die Wahl zwischen verschiedenen Eissorten wie Vanille, Schokolade, Kirsche, Erdbeere, Banane und Rum-Rosine hat, der mag Schokoladeneis am liebsten und Erdbeereis am wenigsten gern essen. Wenn das der Fall ist, so sollte das Individuum einen Eisbecher, der mehr Schokolade als Erdbeere enthält, einem Becher vorziehen, in dem sich weniger Schokoladeneis und dafür mehr Erdbeereis befindet.

2.1.3 Existenz einer ordinalen Nutzenfunktion

Wer alle diese Axiome anerkennt, der besitzt auch eine ordinale Nutzenfunktion. Für einen solchen Menschen gilt, um es noch einmal zu wiederholen,

$$x_1 \succ x_2 \iff U(x_1) > U(x_2) \tag{2.1}$$
$$x_1 \sim x_2 \iff U(x_1) = U(x_2). \tag{2.2}$$

Wie beweist man nun die Existenz einer ordinalen Nutzenfunktion? Man definiert eine solche Funktion und zeigt anschließend, dass sie die gewünschte Eigenschaft hat. Um die Nutzenfunktion zu definieren, setzen wir voraus, dass $\overline{x} \succ \underline{x}$ ist und dass es eine Menge von Gütern z gibt, für die $\overline{x} \succeq z \succeq \underline{x}$ gilt. Dann sind drei Fälle zu unterscheiden,

$\overline{x} \sim z$	z ist ebenso gut wie das beste Gut,
$\overline{x} \succ z \succ \underline{x}$	z ist besser als das schlechteste, aber schlechter als das beste Gut,
$z \sim \underline{x}$	z ist ebenso gut wie das schlechteste Gut.

In Abhängigkeit von diesen drei Fällen geben wir nun die folgende Definition einer Nutzenfunktion,

$$U(z) = \begin{cases} 1, & \text{wenn } \overline{x} \sim z \\ \alpha, & \text{wenn } \overline{x} \succ z \succ \underline{x} \text{ mit } 0 < \alpha < 1 \text{ und } z \sim [\overline{x}, \underline{x} \| \alpha, 1 - \alpha] \\ 0, & \text{wenn } z \sim \underline{x} \end{cases}. \tag{2.3}$$

Der Nutzen des besten Gutes ist eins; der Nutzen des schlechtesten Gutes ist null. Bei jedem anderen Gut wird der Nutzen mit Hilfe des Stetigkeitsaxioms gemessen. Dies geschieht in der Weise, dass man ein Portfolio konstruiert, das zum Teil aus dem besten und zum Teil aus dem schlechtesten Gut zusammengesetzt ist. Sodann fragt man den Entscheider nach demjenigen Anteil, mit dem das beste

Gut in dem Portfolio enthalten sein müsste, so dass es ihm gerade gleichgültig wäre, ob er das Gut z oder das Portfolio realisiert. Der vom Entscheider genannte Anteilsprozentsatz entspricht dem Nutzen des betreffenden Gutes.

Nachdem wir behauptet haben, dass die Nutzenfunktion (2.3) die Eigenschaft hat, die Bedingungen (2.1) und (2.2) zu erfüllen, müssen wir nun auch den förmlichen Beweis antreten. Wer skeptisch ist oder es genauer wissen will, möge den nachstehenden Beweis durcharbeiten. Wer es eiliger hat, überspringe ihn.

Beweis *Wir wollen zunächst beweisen, dass $z_1 \succ z_2 \Rightarrow U(z_1) > U(z_2)$. Anschließend ist zu zeigen, dass $U(z_1) > U(z_2) \Rightarrow z_1 \succ z_2$. Für den ersten Teil des Beweises muss man vier Fälle unterscheiden:*

1. *$\overline{x} \sim z_1 \succ z_2 \succ \underline{x}$: Hier ist $U(z_1) = 1$ und $U(z_2) = \alpha$ mit $0 < \alpha < 1$. Da $1 > \alpha$ ist, ist die Behauptung richtig.*

2. *$\overline{x} \sim z_1 \succ z_2 \sim \underline{x}$: Nun ist $U(z_1) = 1$ und $U(z_2) = 0$. Da $1 > 0$ ist, erweist sich die Behauptung als richtig.*

3. *$\overline{x} \succ z_1 \succ z_2 \sim \underline{x}$: Hier ist $U(z_1) = \alpha$ mit $0 < \alpha < 1$ und $U(z_2) = 0$. Die Behauptung ist richtig, weil $\alpha > 0$ ist.*

4. *$\overline{x} \succ z_1 \succ z_2 \succ \underline{x}$: Jetzt ist $U(z_1) = \alpha_1$ mit $0 < \alpha_1 < 1$ und $U(z_2) = \alpha_2$ mit $0 < \alpha_2 < 1$. Könnten wir nachweisen, dass $\alpha_1 > \alpha_2$ ist, so wäre unsere Behauptung auch in diesem letzten Fall richtig. Nun halten wir zunächst fest, dass auf Grund der Definition der Nutzenfunktion die Relationen $z_1 \sim [\overline{x}, \underline{x} \| \alpha_1, 1 - \alpha_1]$ und $z_2 \sim [\overline{x}, \underline{x} \| \alpha_2, 1 - \alpha_2]$ gelten. Unterstellt man nun aber, dass $\alpha_1 < \alpha_2$ ist, so folgt aus dem Dominanzaxiom, dass dann auch die Relation $[\overline{x}, \underline{x} \| \alpha_1, 1 - \alpha_1] \prec [\overline{x}, \underline{x} \| \alpha_2, 1 - \alpha_2]$ gilt. Dies jedoch würde wegen des Transitivitätsaxioms bedeuten, dass $z_1 \prec z_2$ ist. Und damit hätten wir einen Widerspruch zu unserer Voraussetzung. Zu dem gleichen Widerspruch gelangt man, wenn man davon ausgeht, dass $\alpha_1 = \alpha_2$ ist. Hier würde aus dem Dominanzaxiom $[\overline{x}, \underline{x} \| \alpha_1, 1 - \alpha_1] \sim [\overline{x}, \underline{x} \| \alpha_2, 1 - \alpha_2]$ und aus dem Transitivitätsaxiom $z_1 \sim z_2$ folgen. Infolgedessen bleibt tatsächlich nur noch $\alpha_1 > \alpha_2$ übrig.*

Auch für den zweiten Teil des Beweises sind vier Fälle zu unterscheiden:

1. *$U(z_1) = 1 > U(z_2) = \alpha > 0$. Hier ist $z_1 \sim [\overline{x}, \underline{x} \| 1, \ 0]$ und $z_2 \sim [\overline{x}, \underline{x} \| \alpha, 1 - \alpha]$. Wegen des Dominanzaxioms gilt $z_1 \sim [\overline{x}, \underline{x} \| 1, \ 0] \succ [\overline{x}, \underline{x} \| \alpha, 1 - \alpha] \sim z_2$, und aus dem Transitivitätsaxiom folgt $z_1 \succ z_2$.*

2. *$U(z_1) = 1 > U(z_2) = 0$. In diesem Fall gilt wegen des Dominanzaxioms $z_1 \sim [\overline{x}, \underline{x} \| 1, \ 0] \succ [\overline{x}, \underline{x} \| 0, \ 1] \sim z_2$, und $z_1 \succ z_2$ folgt aus der Transitivität.*

3. *$U(z_1) = \alpha > U(z_2) = 0$. Hier haben wir wegen des Dominanzaxioms $z_1 \sim [\overline{x}, \underline{x} \| \alpha, 1 - \alpha] \succ [\overline{x}, \underline{x} \| 0, \ 1] \sim z_2$, und wegen des Transitivitätsaxioms muss wieder $z_1 \succ z_2$ sein.*

4. *$1 > U(z_1) = \alpha_1 > U(z_2) = \alpha_2 > 0$. Aufgrund der Definition der Nutzenfunktion muss zunächst $z_1 \sim [\overline{x}, \underline{x} \| \alpha_1, 1 - \alpha_1]$ und $z_2 \sim [\overline{x}, \underline{x} \| \alpha_2, 1 - \alpha_2]$ gelten. Weil $\alpha_1 > \alpha_2$ vorausgesetzt ist, folgt aus dem Dominanzaxiom $z_1 \sim [\overline{x}, \underline{x} \| \alpha_1, 1 - \alpha_1] \succ [\overline{x}, \underline{x} \| \alpha_2, 1 - \alpha_2] \sim z_2$ und aus dem Transitivitätsaxiom $z_1 \succ z_2$.*

Auf ganz analoge Weise kann man beweisen, dass die Nutzenfunktion auch die Eigenschaft (2.2) erfüllt. ∎

2.1.4 Weitere Axiome

Um *Fishers* Separationstheorem abzuleiten, hatten wir mit Indifferenzkurven gearbeitet. Dahinter standen Präferenzvorstellungen, die mit der Existenz irgendeiner ordinalen Nutzenfunktion des in Gleichung (2.3) angegebenen Typs noch nicht ausreichend charakterisiert sind. Vielmehr brauchen wir noch drei weitere Axiome.

Um diese in verständlicher Form schreiben zu können, müssen wir jedoch unsere bisherige Notation ein wenig verfeinern. Bisher hatten wir über Güter gesprochen, ohne deren Zeitbezug näher zu kennzeichnen. Damit sind wir auch ganz gut zurecht gekommen. Aber jetzt nehmen wir ganz bestimmte Güter ins Visier, bei denen wir präziser werden müssen. Im Folgenden wird nur noch über Güter gesprochen, die Konsumpläne darstellen; und diese haben – jedenfalls in unserem einfachen Modellrahmen – einen mindestens zweifachen Zeitbezug, nämlich $t = 0$ und $t = 1$. Wenn wir jetzt sagen, dass $(x_0, x_1) \succ (y_0, y_1)$, dann bringen wir damit zum Ausdruck, dass der Konsumplan (x_0, x_1) dem Konsumplan (y_0, y_1) vorgezogen wird. Und entsprechend bedeutet $(x_0, x_1) \sim (y_0, y_1)$, dass beide Konsumpläne als gleich gut eingeschätzt werden. Wenn Sie sich die Konsumpläne (x_0, x_1) und (y_0, y_1) anschaulich vorstellen wollen, denken Sie beispielsweise im ersten Fall an „3 Äpfel heute und 4 Birnen morgen" und im zweiten Fall an „5 Birnen heute und 2 Äpfel morgen" oder im ersten Fall an „40.000€ heute und 60.000€ in einem Jahr" und im zweiten Fall an „70.000€ sofort und 25.000€ in einem Jahr".

Monotonie Ein Konsumplan, der sich nur dadurch von einem anderen unterscheidet, dass er zu irgendeinem Zeitpunkt mehr Konsum verspricht, wird diesem stets vorgezogen.[6] Das heißt in formaler Schreibweise

$$\Delta > 0 \implies (x_0 + \Delta, x_1) \succ (x_0, x_1) \text{ und } (x_0, x_1 + \Delta) \succ (x_0, x_1).$$

Wer dieses Axiom anerkennt, zieht aus jedem zusätzlichen Konsum einen zusätzlichen Nutzen, gleichgültig, wie hoch das Niveau seines Konsums bereits ist. Menschen, die in dieser Weise empfinden, bezeichnet man als nicht gesättigt. Bei grafischer Veranschaulichung mit Hilfe von Indifferenzkurven führt das Monotonieaxiom zu der uns bereits bekannten Tatsache, dass das Nutzenniveau in einem C_0-C_1-Koordinatensystem um so höher ist, je weiter man nach oben oder rechts geht, vgl. Abbildung 1.3.

Konvexität Wenn ein Konsumplan eine Mischung aus zwei anderen Konsumplänen (x_0, x_1) und (y_0, y_1) darstellt und diese beiden Konsumpläne als gleichwertig empfunden werden, so wird die Mischung in jedem Falle vorgezogen.

---

[6]Das Monotonieaxiom impliziert nicht strikte Gegenwartspräferenz, worunter zu verstehen wäre, dass Entscheider grundsätzlich lieber jetzt als später konsumieren. In formaler Darstellung käme strikte Gegenwartspräferenz durch die Relation

$$\Delta > 0 \implies (x_0 + \Delta, x_1) \succ (x_0, x_1 + \Delta)$$

zum Ausdruck.

Das heißt für alle α mit $0 < \alpha < 1$

$$(x_0,x_1) \sim (y_0,y_1) \Rightarrow \left\{ \begin{array}{l} [\{x_0,y_0 \parallel \alpha, 1-\alpha\}, \{x_1,y_1 \parallel \alpha, 1-\alpha\}] \succ (x_0,x_1) \\ [\{x_0,y_0 \parallel \alpha, 1-\alpha\}, \{x_1,y_1 \parallel \alpha, 1-\alpha\}] \succ (y_0,y_1) \end{array} \right\}.$$

Inhaltlich kann man das Konvexitätsaxiom im hier diskutierten Zusammenhang gut mit dem Gesetz vom abnehmenden Grenznutzen in Verbindung bringen. Wer seinen heutigen Konsum einschränken muss, möchte dafür einen Ausgleich in Form erhöhten späteren Konsums haben. Dieser Ausgleich kann jedoch um so geringer ausfallen, je höher das Niveau des heutigen Konsums ist.

Das Axiom lässt sich auch grafisch gut veranschaulichen. Betrachten Sie dazu Abbildung 2.1. Dort sieht man zwei Konsumpläne (x_0,x_1) und (y_0,y_1) auf einer Indifferenzkurve, woraus folgt, dass beide als äquivalent angesehen werden. Bilden wir nun Portfolios des Typs

$$(z_0,z_1) \equiv [\{x_0, y_0 \parallel \alpha, 1-\alpha\}, \{x_1, y_1 \parallel \alpha, 1-\alpha\}],$$

so entstehen Konsumpläne, die allesamt auf der Sehne liegen, die die Indifferenzkurve in Abbildung 2.1 schneidet.

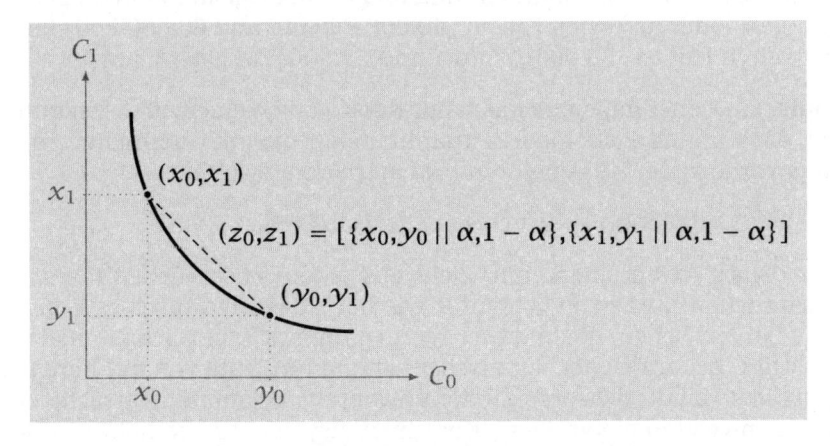

Abbildung 2.1: Konvexität der Präferenzen

Da das Nutzenniveau wegen des Monotonieaxioms um so höher ist, je weiter die Indifferenzkurve, auf der ein Konsumplan liegt, vom Koordinatenursprung entfernt ist, sind alle Konsumpläne auf dieser Sehne attraktiver als Konsumpläne, die auf der betreffenden Indifferenzkurve liegen. Diese Konstellation kann sich aber nur unter der Voraussetzung ergeben, dass die Indifferenzlinie konvex zum Ursprung verläuft. Genau das stellt also unser Axiom sicher. Es sorgt damit zugleich für die Eindeutigkeit des optimalen Konsumplans. Grafisch kommt diese Tatsache dadurch zum Ausdruck, dass eine konvexe Indifferenzkurve nur einen einzigen Tangentialpunkt mit einer Transaktionsgeraden haben kann.[7]

Regularität Dieses Axiom besagt, dass die Nutzenfunktion zweimal differenzierbar sein soll. Würden wir das Axiom nicht verwenden, so könnten wir das im Einführungskapitel aufgeworfene Entscheidungsproblem

$$\max_{C_0,C_1} U(C_0,C_1)$$

u.d.N.
$$\psi C_0 + M_0 = \psi \bar{C}_0 + \bar{M}_0$$
$$\psi C_1 = \psi \bar{C}_1 + M_0(1+r)$$

nicht mit Hilfe der Differentialrechnung lösen. So aber waren wir dazu in der Lage, den optimalen Konsumplan leicht und sicher zu bestimmen.[8]

2.2 Nutzentheorie unter Unsicherheit

In allen folgenden Abschnitten dieses Kapitels verlassen wir die allzu stark vereinfachende Annahme, dass der Entscheider mit Sicherheit voraussagen kann, welche Folgen es hat, wenn er eine bestimmte Handlungsalternative wählt. Von Unsicherheit werden wir sprechen, wenn in der Zukunft Entwicklungen eintreten können, die man nicht genau vorhersagen kann. Das setzt voraus, dass künftig mindestens zwei verschiedene Zustände eintreten können, zum Beispiel positives oder negatives Wirtschaftswachstum, hohe oder niedrige Zinssätze. Um nun wenigstens anzudeuten, wie unterschiedlich das Thema Unsicherheit diskutiert werden kann, geben wir ein paar Beispiele, ohne Vollständigkeit anzustreben.

Zunächst könnte man die Frage stellen, wer dafür verantwortlich ist, dass verschiedene Zustände eintreten können. Dabei ließe sich entweder an rational handelnde Gegenspieler (wie beispielsweise beim Schach) oder aber auch an ein unpersönliches „Schicksal" denken. Unsicherheit des ersten Typs verlangt nach anderen Lösungen als Unsicherheit des zweiten Typs, weil im ersten Fall strategisches Denken gefragt ist. Schließlich geht es darum, einen Gegner zu überlisten, der genau dasselbe mit uns vorhat. Wir konzentrieren uns im Folgenden auf Unsicherheit, die nicht von strategisch handelnden Gegenspielern gesteuert wird. Denken Sie beispielsweise an das Wetter in den nächsten Tagen und Wochen oder – um ein klassisches Beispiel zu verwenden – an das Ergebnis eines Münzwurfs.

Als nächstes könnte man die Frage stellen, ob der Entscheider dazu in der Lage ist, die denkbaren künftigen Zustände vollständig aufzuzählen. Beim Münzwurf

---
[7]Siehe beispielsweise Abbildung 1.5 auf Seite 15.
[8]Siehe Seite 16.

ist es – scheinbar – sehr einfach, eine vollständige Aufzählung vorzunehmen: Kopf oder Zahl. Tatsächlich gibt es aber weitere Möglichkeiten. So könnte die Münze auf der Kante stehen bleiben, unauffindbar in einer Ritze verschwinden, im Flug von einer diebischen Elster mitgenommen werden und so weiter. Die zuletzt genannten Entwicklungen mögen alle extrem unwahrscheinlich sein. Das ändert aber nichts daran, dass sie möglich sind.

Schließlich könnte man fragen, ob der Entscheider den möglichen künftigen Zuständen Wahrscheinlichkeiten zuordnen kann oder nicht. Vertieft man dieses letzte Thema weiter, so wäre zu klären, ob sich diese Wahrscheinlichkeiten quantifizieren lassen oder nicht. So macht es einen Unterschied, ob jemand im Zusammenhang mit dem Münzwurf dem Ereignis „Kopf" eine Wahrscheinlichkeit von 60% und dem Ereignis „Zahl" eine Restwahrscheinlichkeut von 40% zumisst oder nur mitteilen kann, dass er „Kopf" für wahrscheinlicher hält als „Zahl".

Wenn die künftigen möglichen Zustände nicht von einem rational handelnden Gegenspieler gesteuert werden, wenn diese Zustände vollständig aufgezählt werden können und wenn sich ihnen quantitative Wahrscheinlichkeiten zuordnen lassen, spricht man von Entscheidungen unter Risiko. Genau mit dieser Art von Entscheidungssituationen werden wir uns im Folgenden befassen.

Im Mittelpunkt aller Überlegungen zur Lösung solcher Entscheidungsprobleme unter Unsicherheit steht heute das Bernoulliprinzip. Es wurde im Jahre 1738 von *Daniel Bernoulli* formuliert, der sich mit der Beurteilung von Glücksspielen beschäftigte. Im Jahre 1944 wurde Bernoullis Idee von *John von Neumann* und *Oskar Morgenstern* wiederentdeckt und axiomatisch begründet. Heute gilt das Bernoulliprinzip als eines der besten Instrumente, das wir zur rationalen Lösung von Entscheidungsproblemen bei Risiko besitzen.

2.2.1 Ergebnismatrizen und Lotterien

In Tabelle 2.1 ist die Entscheidungssituation eines Individuums dargestellt, das nicht mit Sicherheit sagen kann, welche Zukunftsentwicklung eintreten wird. Der Entscheider muss eine von mehreren sich gegenseitig ausschließenden Handlungsalternativen A_i mit $i = 1, \ldots, I$ auswählen. Die Zahl der Alternativen sei endlich. Welche Folgen eine Entscheidung hat, hängt nicht nur von der gewählten Alternative ab, sondern auch davon, welchen Zustand die Welt künftig annehmen wird. Die möglichen relevanten Umweltzustände (auch: Zukunftslagen) können vom Entscheider vollständig aufgezählt werden. Sie werden durch die Symbole Z_s mit $s = 1, \ldots, S$ repräsentiert. Auch ihre Anzahl sei endlich. Die Eintrittswahrscheinlichkeiten der Zustände q_s mit $s = 1, \ldots, S$ werden als bekannt angenommen. Für sie gilt $0 < q_s < 1$ und $\sum_{s=1}^{S} q_s = 1$. Wenn die i-te Alternative ergriffen wird und die s-te Zukunftslage eintritt, so sind die Folgen eindeutig. Man kann dann sicher mit dem Ergebnis x_{is} rechnen. Ein solches x_{is} bezeichnen wir als Konsequenz oder auch als Resultat beziehungsweise Ergebnis der i-ten Alternative bei Eintritt des s-ten Zustandes. Hinsichtlich der im Folgenden darzustellenden Nutzentheo-

2.2. Nutzentheorie unter Unsicherheit

Bernoulli    *von Neumann*    *Morgenstern*

Daniel Bernoulli (1700-1782) stammt aus einer schweizerischen Gelehrtenfamilie niederländischer Herkunft. Er war ein Sohn des auf Seite 453 abgebildeten Johann Bernoulli. Gegen den Willen seines Vaters, der selbst Mathematikprofessor war, studierte er Mathematik. Daniel Bernoulli wurde 1725 Professor für Mechanik an der Akademie der Wissenschaften in Petersburg, 1733 für Astronomie und Botanik und 1750 für Physik in Basel. Er ist der Begründer der Hydrodynamik. In seiner Petersburger Zeit beschäftigte er sich unter anderem mit der Theorie des Glücksspiels. Sein Beitrag „Specimen theoriae novae de mensura sortis" aus dem Jahre 1738 kann als Fundament der normativen Entscheidungstheorie angesehen werden.

John von Neumann (1903-1957) war ein amerikanischer Mathematiker österreichisch-ungarischer Herkunft. Er wirkte in Berlin, Hamburg und ab 1933 in Princeton. Mit seinen Arbeiten zur Wahrscheinlichkeitstheorie begründete und förderte er die Spieltheorie. Er war maßgeblich an der Entwicklung elektronischer Rechenanlagen beteiligt. (Foto mit freundlicher Genehmigung der Archives of the Institute for Advanced Study, Princeton.)

Oskar Morgenstern (1902-1977) war ein amerikanischer Nationalökonom deutscher Herkunft. Er lehrte an der Universität Wien und ab 1938 an der Princeton University. Gemeinsam mit John von Neumann veröffentlichte er 1944 die „Theory of Games and Economic Behavior", die als bedeutende Grundlage der axiomatisch fundierten Entscheidungstheorie und der Spieltheorie gilt. (Foto mit freundlicher Genehmigung von Fritz Klein und dem Institut für höhere Studien, Wien.)

rie werden einige weitere Anwendungsvoraussetzungen getroffen. Die wichtigsten sind folgende:

1. Die Entscheidung wird von einem Individuum getroffen, das sich mit anderen Personen nicht abstimmen oder einigen muss. Die Frage, welcher Umweltzustand eintreten wird, hängt vom Zufall ab. Hinter dem Zufall verbirgt sich kein rational handelnder Gegenspieler (wie etwa beim Schachspiel oder beim Konkurrenzkampf zwischen zwei marktbeherrschenden Firmen).

2. Die Konsequenzen x_{is} haben keine mehrperiodige Dimension. Sie treten zu einem nicht näher gekennzeichneten, aber in jedem Fall einheitlichen Zeitpunkt in der Zukunft auf. Es gibt keine späteren oder früheren Ergebnisse

Tabelle 2.1: Ergebnismatrix

	Z_1 q_1	Z_2 q_2	...	Z_s q_s	...	Z_S q_S
A_1	x_{11}	x_{12}	...	x_{1s}	...	x_{1S}
A_2	x_{21}	x_{22}	...	x_{2s}	...	x_{2S}
...	....	....	....	....	....	....
A_i	x_{i1}	x_{i2}	...	x_{is}	...	x_{iS}
...	....	....	....	....	....	....
A_I	x_{I1}	x_{I2}	...	x_{Is}	...	x_{IS}

der Alternativen, die für die Entscheidung in irgendeiner Weise von Belang sind. Wir gehen daher im Folgenden davon aus, dass die Gewinne an den Lotteriespieler ausgezahlt werden, sobald das Resultat feststeht.

3. Inhaltlich kann es sich bei den Resultaten x_{is} um alles handeln, was Menschen als Folgen ihrer Handlungen wahrnehmen können. Aus Gründen der Bequemlichkeit konzentriert man sich meistens auf Geldbeträge. Das Resultat x_{is} gibt in diesem Fall die künftige Zahlung an den Entscheider für den Fall an, dass er sich für die i-te Alternative entscheidet und der Zufall den s-ten Zustand eintreten lässt. Jedoch ist eine solche Beschränkung nicht erforderlich. Die im Folgenden darzustellende Nutzentheorie lässt sich auch unter der Voraussetzung entwickeln, dass die Resultate nicht in Geldbeträgen angegeben werden können. Zu diesem Zweck betrachte man das in Tabelle 2.2 dargestellte Entscheidungsproblem.

4. Es wird nicht angenommen, dass die Entscheidung in gleicher oder ähnlicher Weise wiederholt zu treffen ist. Vielmehr wird unterstellt, dass es sich um einen einmaligen Akt handelt.

Tabelle 2.2: Exemplarische Ergebnismatrix

	Z_1 $q_1 = 0{,}3$	Z_2 $q_2 = 0{,}5$	Z_3 $q_3 = 0{,}2$
A_1	Mountainbike	Waschmaschine	Laptop
A_2	Smartphone	Digitalkamera	Londonreise

Zum Schluss sei noch eine sprachliche Vereinbarung getroffen. Anstelle von Handlungsalternativen wollen wir auch von *Lotterien* sprechen. Jede Lotterie lässt

2.2. Nutzentheorie unter Unsicherheit

sich durch die mit ihr verknüpften Resultate sowie deren Eintrittswahrscheinlichkeiten vollständig beschreiben,

$$A_i := [x_{i1}, \ldots, x_{iS} \| q_1, \ldots, q_S].$$

Es geht nun darum, diejenige Lotterie zu finden, die die Präferenzen des Entscheiders am besten befriedigt. Vor dem Hintergrund der Tabelle 2.2 lauten die beiden Lotterien

$A_1 := [\text{Mountainbike}, \text{Waschmaschine}, \text{Laptop} \| 0{,}3, \quad 0{,}5, \quad 0{,}2]$

$A_2 := [\text{Smartphone}, \text{Digitalkamera}, \text{Londonreise} \| 0{,}3, \quad 0{,}5, \quad 0{,}2].$

Wenn man in der Umgangssprache von Lotterie spricht, stellt man sich regelmäßig vor, dass man einen Preis zahlen muss, um daran teilnehmen zu dürfen. Die Frage, ob man sich für die eine oder andere Lotterie entscheidet, wird dann nicht nur davon abhängen, was man mit welchen Wahrscheinlichkeiten gewinnen kann, sondern auch davon, was ein Los kostet. In dieser Weise darf man das vorstehende Beispiel nicht betrachten. Die Teilnahme ist kostenlos, und Sie müssen sich für eine der beiden Alternativen entscheiden. Für welche der beiden Lotterien würden Sie sich unter diesen Umständen entscheiden? Um die Situation besser zu begreifen, können Sie sich auch vorstellen, erfolgreich in einer jener Fernseh-Shows mitgewirkt zu haben, bei der man durch Teilnahme an einem Spiel, das die Intelligenz eher unterfordert, Sieger werden kann. Den unangenehmen Teil, das Beantworten der albernen Fragen, haben Sie gerade hinter sich gebracht, so dass die folgende Lotterie nun für Sie kostenlos ist. Der Quizmaster nimmt Sie bei der Hand und fordert Sie auf, sich zwischen zwei Urnen zu entscheiden, in der sich jeweils 100 Kugeln befinden, von denen 30 schwarz, 50 rot und 20 weiß sind. Der Quizmaster erklärt Ihnen weiter, dass Sie später aus der Urne Ihrer Wahl eine Kugel ziehen sollen und folgendes Geschenk erhalten.

Erste Urne	schwarz	Mountainbike
	rot	Waschmaschine
	weiß	Laptop
Zweite Urne	schwarz	Smartphone
	rot	Digitalkamera
	weiß	Londonreise

Welche der beiden Urnen wäre Ihnen in einer solchen Situation lieber?

Zum besseren Verständnis der folgenden Überlegungen ist noch die Kenntnis dreier Begriffe und einer Rechenregel wichtig.

1. Unter einer *reduzierten Lotterie* wollen wir eine Lotterie mit $S \geq 2$ Resultaten verstehen, wobei jedes Resultat ein Gut beziehungsweise Güterbündel

darstellt. Wir können solche Lotterien durch

$$[x_1,\ldots,x_S \| q_1,\ldots,q_S] \quad \text{mit} \quad \sum_{s=1}^{S} q_s = 1$$

beschreiben.

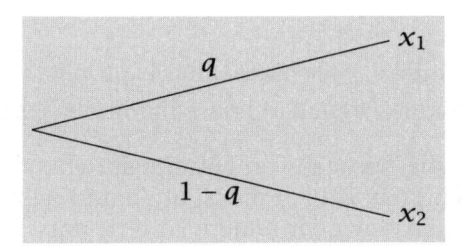

Abbildung 2.2: Einfache Lotterie

2. Die *einfache Lotterie* ist ein Spezialfall der reduzierten Lotterie mit $S = 2$. Es handelt sich also um eine Lotterie mit nur zwei möglichen Resultaten, was man beispielsweise durch

$$[x_1, x_2 \| q, 1 - q]$$

oder grafisch so wie in Abbildung 2.2 darstellen kann. Die Resultate sind immer Güter oder Güterbündel, niemals Lotterien.

3. Eine *zusammengesetzte Lotterie* ist eine Lotterie, bei der mindestens ein Resultat seinerseits eine Lotterie ist. Abbildung 2.3 zeigt eine solche Situation grafisch. Schreiben kann man das in der Form

$$\Big[x_1, [x_2, x_3 \| q_2, 1 - q_2] \| q_1, 1 - q_1\Big]$$
$$= \Big[x_1, x_2, x_3 \| q_1, (1 - q_1)q_2, (1 - q_1)(1 - q_2)\Big], \quad (2.4)$$

was wir uns als Rechenregel für zusammengesetzte Lotterien einprägen wollen. Man erhält also die Wahrscheinlichkeiten der Lotterieergebnisse x_2 und x_3, indem man an den relevanten Zweigen des Baumes entlang multipliziert.

2.2.2 Bernoullis Prinzip

Wer das Bernoulliprinzip akzeptiert, der muss die optimale Alternative mit Hilfe der folgenden drei Schritte bestimmen:

2.2. Nutzentheorie unter Unsicherheit

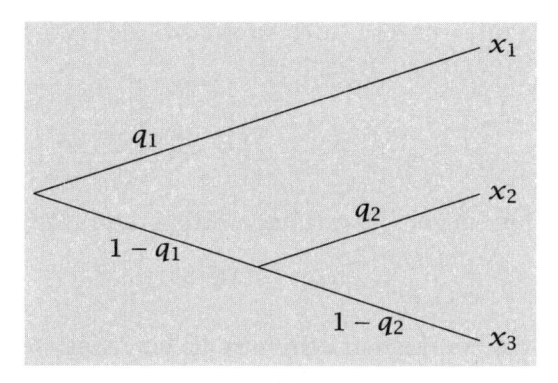

Abbildung 2.3: Zusammengesetzte Lotterie

1. Zunächst ist die Ergebnismatrix in eine Nutzenmatrix zu transformieren. Dies geschieht mit einer individuell zu bestimmenden und zeitlich nicht notwendigerweise konstanten *Nutzenfunktion*

$$U(x),$$

auf die später noch ausführlich einzugehen sein wird. Ist die Nutzenfunktion gegeben, so lässt sich jedem Lotterie-Resultat x_{is} ein eindeutiger Nutzenwert $U(x_{is})$ zuordnen, siehe Tabelle 2.3. Jede Alternative lässt sich nunmehr

Tabelle 2.3: Nutzenmatrix

| | Z_1 | Z_2 | ... | Z_s | ... | Z_S |
	q_1	q_2	...	q_s	...	q_S
A_1	$U(x_{11})$	$U(x_{12})$	...	$U(x_{1s})$	...	$U(x_{1S})$
A_2	$U(x_{21})$	$U(x_{22})$	...	$U(x_{2s})$	...	$U(x_{2S})$
.	....	....	.....	....	.....	....
A_i	$U(x_{i1})$	$U(x_{i2})$	...	$U(x_{is})$	...	$U(x_{iS})$
.	....	....	.....	....	.....	....
A_I	$U(x_{I1})$	$U(x_{I2})$	...	$U(x_{Is})$	...	$U(x_{IS})$

durch die durch sie ermöglichten Nutzenwerte sowie die zugehörigen Eintrittswahrscheinlichkeiten beschreiben,

$$A_i \Rightarrow \bigl(U(x_{i1}), \ldots, U(x_{iS}) \| q_1, \ldots, q_S\bigr).$$

2. Sodann ist der Präferenzwert jeder Alternative als Erwartungswert der jeweiligen Nutzenverteilung zu berechnen,

$$U(A_i) = \sum_{s=1}^{S} U(x_{is})\, q_s,$$

oder unter Benutzung des Erwartungswertoperators kürzer

$$U(A_i) = \mathrm{E}[U(\tilde{x}_i)].$$

3. Schließlich ist die Lotterie mit dem maximalen erwarteten Nutzen (auch: Erwartungsnutzen oder *Neumann-Morgenstern-Nutzen*) als optimal auszuwählen,

$$\max \mathrm{E}[U(\tilde{x}_i)].$$

Um das Prinzip am Beispiel zu veranschaulichen, gehen wir davon aus, dass ein Entscheider den in Tabelle 2.2 aufgeführten Konsequenzen die nachfolgenden Nutzenwerte zuweist, vgl. Tabelle 2.4. Nimmt man diese – hier willkürlich gewählten

Tabelle 2.4: Nutzenwerte exemplarischer Ergebnisse

x	$U(x)$
Digitalkamera	0,00
Smartphone	0,30
Waschmaschine	0,40
Mountainbike	0,75
Laptop	0,80
Londonreise	1,00

– Werte einmal als gegeben, so lässt sich damit die in Tabelle 2.5 wiedergegebene Nutzenmatrix aufstellen. Dabei erweist sich die erste Alternative als überlegen.

Tabelle 2.5: Exemplarische Nutzenmatrix

	Z_1 $q_1 = 0{,}3$	Z_2 $q_2 = 0{,}5$	Z_3 $q_3 = 0{,}2$	$\mathrm{E}[U(\tilde{x}_i)]$
A_1	0,75	0,40	0,80	0,585
A_2	0,30	0,00	1,00	0,290

Mit dieser Darstellung der formalen Vorgehensweise verfolgten wir noch nicht die

2.2. Nutzentheorie unter Unsicherheit

Absicht, Sie von der Zweckmäßigkeit des Bernoulliprinzips für die Reihung von Entscheidungsalternativen zu überzeugen. Wir wollten Sie zunächst nur mit dem technischen Ablauf vertraut machen. Was die Eignung des Prinzips betrifft, so ist insbesondere auf zwei Fragen einzugehen:

1. Wie kann man die Nutzenfunktion eines Entscheiders konkret bestimmen? Und an welche Voraussetzungen ist das geknüpft?

2. Wie kann man die Verwendung von Erwartungswerten rechtfertigen, wenn es sich doch um einmalige Entscheidungsakte handelt, der Erwartungswert also gar nicht – durch ständige Wiederholung ein und derselben Entscheidung – realisiert werden kann?

2.2.3 Hinreichende Axiome

Präferenzrelationen Im Rahmen der Nutzentheorie unter Sicherheit hatten wir Präferenzrelationen des Typs

$x_1 \succ x_2$ x_1 ist besser als x_2
$x_1 \sim x_2$ x_1 ist ebenso gut wie x_2
$x_1 \succeq x_2$ x_1 ist mindestens so gut wie x_2

benutzt. x_1 und x_2 standen dort für die Ergebnisse von Handlungsalternativen des Entscheiders. Darunter hatten wir uns Güter beziehungsweise Güterbündel vorgestellt. Diese Interpretation reicht jetzt nicht mehr aus, denn im Falle der Unsicherheit sind die Ergebnisse einer Handlung nicht eindeutig. Vielmehr ist je nach Zukunftsentwicklung mit unterschiedlichen Resultaten zu rechnen. Wenn wir jetzt mit Präferenzrelationen arbeiten, so sind deren Objekte

- entweder die Resultate von Lotterien, also Güter beziehungsweise Güterbündel,

  > In diesem Sinne wird „Waschmaschine $\succ$ Digitalkamera" zum Ausdruck bringen, dass man lieber eine Waschmaschine als eine Digitalkamera gewinnt, während „Weißwein $\sim$ Rotwein" bedeutet, dass diese beiden Weine gleich geschätzt werden.

- oder aber auch Lotterien selbst.

  > So kann man mit [100 €, 0 €||0,01, 0,99] $\succ$ [10 €, 0 €||0,5, 0,5] zum Ausdruck bringen, dass man lieber an einer Lotterie teilnimmt, bei der man mit 1% Wahrscheinlichkeit 100€ gewinnt, als an einer Lotterie, bei der man eine fifty-fifty-Chance auf einen Gewinn von 10€ hat.

Portfolios und Lotterien Als wir im Abschnitt 2.1 die Nutzentheorie unter Sicherheit diskutierten, haben wir mit Ergebnissen von Handlungsalternativen x und y gearbeitet und außerdem so genannte Portfolios $[x, y \| \alpha, 1 - \alpha]$ mit $0 < \alpha < 1$ betrachtet. Jetzt beschäftigen wir uns mit Ergebnissen von Handlungsalternativen $x_1, \ldots, x_S$ und betrachten außerdem Lotterien $[x_1, \ldots, x_S \| q_1, \ldots, q_S]$ mit $0 < q_s < 1$ und $\sum_{s=1}^{S} q_s = 1$. Die Ähnlichkeiten von Portfolios und Lotterien sind recht groß, und dennoch darf man nicht den Fehler machen, Portfolios und Lotterien miteinander zu verwechseln. Betrachten wir eine Kiste mit 6 Flaschen Wein, von denen 2 Weißwein und 4 Rotwein enthalten. Dann können wir diese Kiste als Portfolio aus Weißwein und Rotwein in der Form

$$\text{Wein-Portfolio} \equiv [\text{Weißwein, Rotwein} \| 0{,}333,\ 0{,}667]$$

schreiben. Denken wir an eine Lotterie, bei der man mit einer Wahrscheinlichkeit von $\frac{1}{3}$ Weißwein und einer Wahrscheinlichkeit von $\frac{2}{3}$ Rotwein gewinnt, so schreiben wir ebenfalls

$$\text{Wein-Lotterie} \equiv [\text{Weißwein, Rotwein} \| 0{,}333,\ 0{,}667].$$

Obwohl rechts des Äquivalenzsymbols $\equiv$ formal dasselbe zu finden ist, liegt sachlich keine Identität vor. Im ersten Fall bekommt man mit Sicherheit „Weißwein und Rotwein", Weißwein allerdings in kleinerer *Menge*; im zweiten Fall dagegen erhält man „entweder Weißwein oder Rotwein", Weißwein jedoch mit geringerer *Wahrscheinlichkeit*.

Axiome rationalen Verhaltens Die Axiome, welche man braucht, um die Existenz einer *von Neumann-Morgenstern*-Nutzenfunktion zu beweisen, sind mit den sechs Axiomen identisch, die wir im Rahmen der Nutzentheorie unter Sicherheit bereits kennen gelernt haben.[9] Hinzu treten jetzt allerdings zwei weitere Axiome.[10]

Reflexivitätsaxiom Wenn ein Entscheider es mit zwei identischen Gütern zu tun hat, so gilt

$$x_k \sim x_k \qquad (k = 1, 2, \ldots) \quad .$$

Dasselbe Prinzip ist auch für identische Lotterien relevant, im Falle einer einfachen Lotterie also

$$[x_1, x_2 \| q, 1 - q] \sim [x_1, x_2 \| q, 1 - q].$$

Sicherheitsaxiom Dieses Axiom kennen Sie noch nicht. Es besagt, dass ein Entscheider gleichgültig ist, ob er das Gut x_1 bekommt oder ein Lotterielos mit mehreren denkbaren Ergebnissen $x_1, x_2, \ldots$, bei dem sich die Wahrscheinlichkeit für x_1 auf 100% beläuft. In formaler Schreibweise

$$[x_1, x_2, \ldots \| 1,\ 0,\ \ldots] \sim x_1.$$

---

[9] Siehe Seite 27 ff.
[10] Wieder gilt, dass wir mit weniger Axiomen auskommen könnten, wenn es sein müsste.

2.2. Nutzentheorie unter Unsicherheit

Das Axiom mag Ihnen trivial vorkommen. Es ist aber wichtig, weil wir zwar annehmen können, dass Entscheider dazu in der Lage sind, einerseits Güter mit Gütern und andererseits Lotterien mit Lotterien zu vergleichen. Wir können aber nicht ohne Weiteres unterstellen, dass Entscheider Lotterien direkt mit Gütern vergleichen können. Um diese Schwierigkeit in den Griff zu bekommen, brauchen wir das Sicherheitsaxiom.

Vergleichbarkeitsaxiom Dieses Axiom verlangt von Ihnen, dass Sie bezüglich der Ergebnisse von Lotterien paarweise Urteile des Typs

$$x_1 \succeq x_2 \quad \text{oder} \quad x_1 \sim x_2 \quad \text{oder} \quad x_1 \preceq x_2$$

abgeben können. Das Vergleichbarkeitsaxiom gilt jetzt aber nicht nur für Lotterieergebnisse, sondern auch für Lotterien selbst, also im Falle des Vergleichs von zwei einfachen Lotterien

$$[x_1, x_2 \| q_x, 1 - q_x] \succeq [y_1, y_2 \| q_y, 1 - q_y] \quad \text{oder}$$
$$[x_1, x_2 \| q_x, 1 - q_x] \sim [y_1, y_2 \| q_y, 1 - q_y] \quad \text{oder}$$
$$[x_1, x_2 \| q_x, 1 - q_x] \preceq [y_1, y_2 \| q_y, 1 - q_y].$$

Transitivitätsaxiom Wenn Sie das Resultat x_1 mindestens so gut wie das Ergebnis x_2 finden und Ihnen außerdem x_2 mindestens so angenehm wie x_3 ist, dann sollten Sie auch x_1 mindestens so hoch schätzen wie x_3. Oder

$$x_1 \succeq x_2 \text{ und } x_2 \succeq x_3 \implies x_1 \succeq x_3.$$

Das Transitivitätsaxiom soll ebenfalls nicht nur für die Ergebnisse von Lotterien, sondern auch für Lotterien selbst gelten, also beispielsweise

$$[x_1, x_2 \| q_x, 1 - q_x] \succeq [y_1, y_2 \| q_y, 1 - q_y]$$
$$\text{und } [y_1, y_2 \| q_y, 1 - q_y] \succeq [z_1, z_2 \| q_z, 1 - q_z]$$
$$\implies [x_1, x_2 \| q_x, 1 - q_x] \succeq [z_1, z_2 \| q_z, 1 - q_z].$$

Stetigkeitsaxiom Dieses Axiom hatten wir oben mit Bezug auf Portfolios definiert. Jetzt lassen wir nur Lotterien an die Stelle von Portfolios treten. Das Axiom lautet dann so:

Wenn $x_1 \succ x_2 \succ x_3$,
dann gibt es ein q mit $0 < q < 1$, so dass
$$[x_1, x_3 \| q, 1 - q] \sim [x_2, x_* \| 1, \ 0].$$

Welche Präferenzrelationen zwischen den Gütern x_1, x_2, x_3 und x_* bestehen, ist hier ganz gleichgültig. Das Stetigkeitsaxiom macht eine Aussage über die

Existenz einer Wahrscheinlichkeit q, so dass Indifferenz zwischen zwei Lotterien gegeben ist. Verbinden wir das Stetigkeitsaxiom mit dem Sicherheitsaxiom, so können wir feststellen:

Wenn $x_1 \succ x_2 \succ x_3$,

dann gibt es ein q mit $0 < q < 1$, so dass

$$[x_1, x_3 \| q, 1-q] \sim [x_2, x_* \| 1, \ 0] \text{ und } [x_2, x_* \| 1, \ 0] \sim x_2.$$

Mit dem Transitivitätsaxiom folgt daraus, dass es unter der angegebenen Bedingung ein q mit $0 < q < 1$ gibt, so dass $[x_1, x_3 \| q, 1-q] \sim x_2$ gilt. Ein Beispiel mag das illustrieren. Nehmen wir an, dass Sie Rotwein lieber als Weißwein trinken, aber Wein – in welcher Form auch immer – vorziehen, wenn man Sie vor die Alternative Wein oder Bier stellt. Für Sie gilt also

$$\text{Rotwein} \succ \text{Weißwein} \succ \text{Bier}.$$

Dann sollte es eine Wahrscheinlichkeit q mit $0 < q < 1$ geben, bei der Sie eine „Rotwein-Bier-Lotterie" ebenso interessant finden wie eine „sichere Flasche Weißwein". Oder: Es gibt eine Wahrscheinlichkeit q zwischen null und hundert Prozent, so dass

$$[\text{Rotwein, Bier} \| q, 1-q] \sim \text{Weißwein}$$

gilt.

Beschränkungsaxiom Wenn Sie mehrere Güter $x_1, x_2, \ldots$ miteinander vergleichen, die mit den Sie interessierenden Handlungsalternativen verbunden sind, so können Sie angeben, welches Gut Sie am schlechtesten und welches am günstigsten finden. Bezeichnet man das schlechteste Gut mit $\underline{x}$ und das beste mit $\overline{x}$, so gilt für jedes weitere Gut x_k die Präferenzrelation $\overline{x} \succeq x_k \succeq \underline{x}$.

Dominanzaxiom Dieses Axiom hatten wir unter Sicherheit im Hinblick auf Portfolios definiert. Nun setzen wir Lotterien an die Stelle von Portfolios. Das Axiom lautet dann: Wenn Sie die Präferenzrelation $\overline{x} \succ \underline{x}$ besitzen, so sollten Sie beim Vergleich zweier Lotterien diejenige vorziehen, bei der das Ergebnis $\overline{x}$ mit höherer Wahrscheinlichkeit zu erwarten ist,

$$\overline{x} \succ \underline{x} \text{ und } q_1 > q_2 \Rightarrow [\overline{x}, \underline{x} \| q_1, 1-q_1] \succ [\overline{x}, \underline{x} \| q_2, 1-q_2].$$

Beispiel: Wenn Sie von verschiedenen Eissorten am liebsten Schokolade und am wenigsten gern Erdbeere mögen, dann sollten Sie eine Lotterie, bei der Sie mit 80% Wahrscheinlichkeit Schokoladeneis gewinnen, einer Lotterie vorziehen, bei der die Wahrscheinlichkeit, Schokoladeneis zu erhalten, nur 60% beträgt.

2.2. Nutzentheorie unter Unsicherheit

Unabhängigkeitsaxiom Das Unabhängigkeits- oder Substitutionsaxiom ist für alles, was folgt, von erheblicher Bedeutung. Es fordert vom Entscheider folgendes Verhalten: Wenn zwischen zwei Ergebnissen eine bestimmte Präferenzrelation herrscht (beispielsweise $x_1 \succ x_2$), so muss die gleiche Relation auch zwischen zwei Lotterien herrschen, die sich nur dadurch unterscheiden, dass x_1 an die Stelle von x_2 tritt. Formal könnte man also schreiben:

$$x_1 \succ x_2 \Rightarrow [x_1, x_3 \| q, 1 - q] \succ [x_2, x_3 \| q, 1 - q]$$

oder auch

$$x_1 \sim x_2 \Rightarrow [x_1, x_3 \| q, 1 - q] \sim [x_2, x_3 \| q, 1 - q].$$

Eine etwas allgemeinere Formulierung des Unabhängigkeitsaxioms lautet so: Wenn jemand eine (einfache) Lotterie $[x_1, x_2 \| q_x, 1 - q_x]$ höher schätzt als eine andere (einfache) Lotterie $[y_1, y_2 \| q_y, 1 - q_y]$, dann soll dieselbe Relation auch zwischen zwei zusammengesetzten Lotterien gelten, die sich nur dadurch unterscheiden, dass an die Stelle der ersten (einfachen) Lotterie die zweite (einfache) Lotterie tritt. Formal ausgeführt bedeutet das

$$[x_1, x_2 \| q_x, 1 - q_x] \succ [y_1, y_2 \| q_y, 1 - q_y] \Rightarrow$$
$$\Big[[x_1, x_2 \| q_x, 1 - q_x], z_2 \| q_z, 1 - q_z\Big]$$
$$\succ \Big[[y_1, y_2 \| q_y, 1 - q_y], z_2 \| q_z, 1 - q_z\Big]$$

oder wegen der Rechenregel für zusammengesetzte Lotterien

$$[x_1, x_2 \| q_x, 1 - q_x] \succ [y_1, y_2 \| q_y, 1 - q_y] \Rightarrow$$
$$\Big[x_1, x_2, z_2 \| q_x q_z, (1 - q_x) q_z, 1 - q_z\Big]$$
$$\succ \Big[y_1, y_2, z_2 \| q_y q_z, (1 - q_y) q_z, 1 - q_z\Big]$$

und analog bei Indifferenz zwischen den beiden einfachen Lotterien

$$[x_1, x_2 \| q_x, 1 - q_x] \sim [y_1, y_2 \| q_y, 1 - q_y] \Rightarrow$$
$$\Big[x_1, x_2, z_2 \| q_x q_z, (1 - q_x) q_z, 1 - q_z\Big]$$
$$\sim \Big[y_1, y_2, z_2 \| q_y q_z, (1 - q_y) q_z, 1 - q_z\Big].$$

Kritische Überlegungen zu zwei ausgewählten Axiomen Bevor wir daran gehen, die Existenz einer kardinalen Nutzenfunktion zu beweisen, und damit das Bernoulli-Prinzip rechtfertigen,[11] wollen wir betonen, dass wir dazu alle hier beschriebenen Axiome benötigen. Wenn Sie sich die Axiome noch einmal ins Gedächtnis rufen, werden Sie vermutlich zu dem Ergebnis kommen, dass „vernünftige" Menschen diese Grundsätze ohne Weiteres akzeptieren können. Beobachtet

---
[11] Siehe Seite 48 ff.

man das tatsächliche Entscheidungsverhalten von Personen empirisch, so muss man jedoch zur Kenntnis nehmen, dass häufig gegen die Axiome verstoßen wird. Wir wollen auf die damit verbundenen Probleme hier nicht systematisch eingehen, aber vor dem Hintergrund konkreter Beispiele zumindest in Bezug auf zwei Axiome kritische Überlegungen anstellen.

Transitivitätsaxiom Stellen Sie sich vor, dass Sie auf einer abgelegenen Insel leben. Ihr Haus liegt an einer der zahlreichen Buchten der Insel. Jeden zweiten Tag können Sie mit dem Postschiff zur Hafenstadt am Festland übersetzen und bei Bedarf auch mit der Eisenbahn weiter in die Hauptstadt im Landesinneren fahren. Leider gibt es nur eine Zugverbindung am Tag. Um Ihre Mobilität zu verbessern überlegen Sie, ob Sie sich ein Motorboot, ein gebrauchtes Sportflugzeug oder einen Geländewagen kaufen sollten. Ihre Ersparnisse reichen gerade aus, um sich eines dieser drei Transportmittel zu leisten. Nun möchten Sie Ihre Präferenzordnung durch paarweise Vergleiche bestimmen:

- Das Boot ziehen Sie dem Flugzeug vor, da Sie mit dem Boot die Bewohner der anderen Buchten und auch die Hafenstadt am Festland jederzeit erreichen können, während das Flugzeug nur Vorteile bringt, wenn Sie ans Festland wollen. Auf der Insel gibt es nämlich nur einen einzigen Flugplatz.

- Das Flugzeug finden Sie nützlicher als den Geländewagen, weil der Geländewagen zwar bestens geeignet ist, die anderen Bewohner der Insel zu besuchen, jedoch für eine Nutzung am Festland mit dem Postschiff übergesetzt werden muss. Das ist aber nur alle zwei Tage möglich.

- Der Geländewagen scheint Ihnen zweckmäßiger zu sein als das Boot, weil Sie mit dem Geländewagen zwar vom Postschiff abhängig sind, sich dafür aber auf der Insel am schnellsten bewegen können und am Festland unabhängig von den Zugverbindungen sind.

Offensichtlich dreht sich Ihre Entscheidungsfindung im Kreis, solange Sie bei diesen Einschätzungen bleiben. Sie können sich (bei nicht-transitiven Präferenzen) auf Ihr Bauchgefühl verlassen, die Entscheidung hinauszögern oder eine Münze werfen. Solange Ihre Präferenzordnung nicht transitiv ist, werden Sie Ihr Entscheidungsproblem jedenfalls nicht mit dem Bernoulliprinzip lösen können.

Unabhängigkeitsaxiom Um die Problematik des Unabhängigkeitsaxioms zu veranschaulichen, wollen wir Sie dazu einladen, an einem kleinen Experiment teilzunehmen, bei dem Sie sich gern auf Ihre Intuition verlassen können. Bitte beantworten Sie die beiden nachstehenden Fragen.

Erste Frage: Welche der folgenden beiden Lotterien bevorzugen Sie?

A: Sie erhalten mit Sicherheit 3.000€.

2.2. Nutzentheorie unter Unsicherheit

B: Sie gewinnen 4.000€ mit einer Wahrscheinlichkeit von 80%. Mit einer Wahrscheinlichkeit von 20% gehen Sie leer aus.

Zweite Frage: Welche der beiden folgenden Lotterien ist für Sie attraktiver?

C: Sie gewinnen 3.000€ mit 25%-iger Wahrscheinlichkeit. Mit der Restwahrscheinlichkeit von 75% gibt es nichts.

D: Sie gewinnen 4.000€ mit 20%-iger Wahrscheinlichkeit. Mit einer Wahrscheinlichkeit von 80% ziehen Sie eine Niete.

Bitte lesen Sie erst weiter, wenn Sie die beiden Fragen für sich beantwortet haben. Vielleicht gehören Sie zu den vielen Lesern, die sich bei der ersten Frage für Lotterie A entscheiden und bei der zweiten Frage zu Gunsten von Lotterie D. Gegen eine solche Präferenzordnung ist grundsätzlich nichts einzuwenden, allerdings hätten Sie damit gegen das Unabhängigkeitsaxiom verstoßen, wie die folgende Überlegung zeigt: Wenn Ihr Urteil tatsächlich $A \succ B$ lautet, so folgt aus dem Unabhängigkeitsaxiom

$$\Big[\underbrace{[3.000,\ 0 \parallel 1{,}00,\ 0{,}00]}_{A},\ 0 \parallel 0{,}25,\ 0{,}75 \Big]$$
$$\succ \Big[\underbrace{[4.000,\ 0 \parallel 0{,}80,\ 0{,}20]}_{B},\ 0 \parallel 0{,}25,\ 0{,}75 \Big]$$

und mit der Rechenregel für zusammengesetzte Lotterien weiter

$$\underbrace{[3.000,\ 0 \parallel 0{,}25,\ 0{,}75]}_{C} \succ \underbrace{[4.000,\ 0 \parallel 0{,}20,\ 0{,}80]}_{D}.$$

Offensichtlich ist das ein Widerspruch zur Wahl von Lotterie D bei der zweiten Frage. Auch wenn das Unabhängigkeitsaxiom auf den ersten Blick plausibel erscheint, ist es ebenso wie das Transitivitätsaxiom nicht trivial. Es sind immer wieder Entscheider zu beobachten, die in gewissen Situationen das Unabhängigkeitsaxiom verletzen.

Wie solche Personen reagieren, wenn sie darauf aufmerksam gemacht werden, dass sie anders vorgehen als das von irgendwelchen Axiomen „vorgeschrieben" wird, muss man ganz gewiss ihnen überlassen. Manche revidieren ihre Präferenzen, andere nicht. Die nicht revisionswilligen Personen als irrational zu bezeichnen, ist jedenfalls absolut unangemessen. Allerdings gilt für diesen Personenkreis, dass er keine kardinalen Nutzenfunktionen besitzt.

2.2.4 Existenz einer kardinalen Nutzenfunktion

Wer die in Abschnitt 2.2.3 beschriebenen acht Axiome akzeptiert, der besitzt eine kardinale Nutzenfunktion. Das bedeutet

$$x_1 \succ x_2 \iff U(x_1) > U(x_2) \quad (2.5)$$
$$x_1 \sim x_2 \iff U(x_1) = U(x_2) \quad (2.6)$$
$$U([x_1,\ldots,x_S \| q_1,\ldots,q_S]) = \sum_{s=1}^{S} U(x_s)\, q_s. \quad (2.7)$$

Die ersten beiden Eigenschaften sind bereits bekannt. Sie gelten auch für ordinale Nutzenfunktionen. Entscheidend ist der dritte Teil, also Gleichung (2.7). Da wir nur zwei zusätzliche Annahmen, nämlich das Sicherheits- und das Unabhängigkeitsaxiom, eingeführt haben, müssen diese Axiome für den Beweis von (2.7) von besonderer Bedeutung sein. Entscheidend ist das Unabhängigkeitsaxiom.

Gleichung (2.7) hat weitreichende Bedeutung, weil sie die Bewertung von Lotterien und nicht nur von Lotterieresultaten erlaubt, und man kann sie wie folgt interpretieren. Man betrachte die einfache Lotterie $[x_1, x_2 \| q, 1-q]$. Der Nutzen dieser Lotterie beläuft sich auf $U([x_1, x_2 \| q, 1-q])$. Das ist die linke Seite von Gleichung (2.7). Die rechte Seite derselben Gleichung besagt, dass man den Nutzen dieser Lotterie auch berechnen kann, indem man zunächst die Nutzenwerte der einzelnen Lotterieresultate ermittelt und diese anschließend mit den Eintrittswahrscheinlichkeiten gewichtet. Man nennt eine Nutzenfunktion, die nicht nur (2.5) und (2.6), sondern auch (2.7) erfüllt, *kardinal*, weil sich aus (2.7) noch eine weitere wichtige Eigenschaft ergibt. Nehmen Sie an, es gibt drei Ergebnisse mit $x_1 \succ x_2 \succ x_3$. Wegen des Stetigkeitsaxioms existiert im Zusammenhang mit dem Sicherheits- und dem Transitivitätsaxiom eine Lotterie mit $[x_1, x_3 \| q, 1-q] \sim x_2$, woraus wegen der Definition der Nutzenfunktion $U([x_1, x_3 \| q, 1-q]) = U(x_2)$ folgt. Wegen (2.7) muss dann auch $U(x_2) = q U(x_1) + (1-q) U(x_3)$ sein. Die Nutzenrelation zwischen x_1, x_2 und x_3 drückt also nicht nur eine (ordinale) Rangfolge aus. Vielmehr wird sie quantitativ durch die Zahl q gemessen. Diese Eigenschaft wird als *kardinal* bezeichnet. Wir beweisen die Existenz einer kardinalen Nutzenfunktion auf dem gleichen Wege, den wir auf Seite 29 bereits einmal benutzt haben. Wir definieren eine Nutzenfunktion und zeigen anschließend, dass sie die behaupteten Eigenschaften besitzt. Zu diesem Zweck setzen wir dem Beschränkungsaxiom folgend voraus, dass es eine Menge von Lotterieergebnissen z gibt, für die $\overline{x} \succeq z \succeq \underline{x}$ gilt. Dann sind drei Fälle zu unterscheiden:

$\overline{x} \sim z$ z ist ebenso gut wie das beste Ergebnis.
$\overline{x} \succ z \succ \underline{x}$ z ist besser als die schlechteste, aber schlechter als das beste Ergebnis.
$z \sim \underline{x}$ z ist ebenso gut wie das schlechteste Ergebnis.

2.2. Nutzentheorie unter Unsicherheit

Vollkommen analog zu unserer auf Seite 29 erprobten Vorgehensweise verwenden wir nun folgende Nutzenfunktion,

$$U(z) = \begin{cases} 1, & \text{wenn } \overline{x} \sim z \\ q, & \text{wenn } \overline{x} \succ z \succ \underline{x} \text{ mit } 0 < q < 1 \text{ und } z \sim [\overline{x}, \underline{x} \| q, 1-q] \\ 0, & \text{wenn } z \sim \underline{x} \end{cases} \quad (2.8)$$

Der Nutzen des besten Resultats aller Handlungsalternativen beträgt eins; der Nutzen des schlechtesten Ergebnisses ist null. In Bezug auf alle anderen Ergebnisse wird der Entscheider mit einer Referenz-Lotterie konfrontiert, die entweder das beste Ergebnis $\overline{x}$ oder das schlechteste Resultat $\underline{x}$ verspricht. Sodann fragt man den Entscheider nach der Wahrscheinlichkeit q (Gegenwahrscheinlichkeit $(1-q)$), mit der man ihm das beste (schlechteste) Ergebnis in Aussicht stellen müsste, damit es ihm gerade gleichgültig ist, ob er die Referenz-Lotterie oder das Ergebnis z besitzt. Diese Wahrscheinlichkeit entspricht dem Nutzen des Ergebnisses z. Wenn der Entscheider das Stetigkeitsaxiom anerkennt, dann muss er eine solche Wahrscheinlichkeit nennen.

Wem der nachfolgende förmliche Beweis der Existenz einer kardinalen Nutzenfunktion jetzt nicht wichtig ist, der möge die nachstehenden Ausführungen überspringen.

Beweis *Um zu zeigen, dass die Nutzenfunktion die Eigenschaften (2.5) und (2.6) erfüllt, können wir auf den Beweis der Existenz einer ordinalen Nutzenfunktion verweisen.*[12] *Man braucht nur Lotterien an die Stelle von Portfolios treten zu lassen. Infolgedessen konzentrieren wir uns hier auf den Beweis der Eigenschaft (2.7), beschränken uns allerdings aus Gründen der Bequemlichkeit auf einfache Lotterien. Dabei empfiehlt es sich, zwei Fälle zu unterscheiden:*

1. *$z_1 \sim z_2$: Hier gilt wegen des Unabhängigkeitsaxioms $[z_1, z_2 \| q, 1-q] \sim [z_1, z_1 \| q, 1-q] = z_1$. Aus diesem Grunde erhalten wir $U([z_1, z_2 \| q, 1-q]) = U(z_1)$, wofür man auch $q U(z_1) + (1-q) U(z_1)$ schreiben kann. Da wegen (2.6) aus der Voraussetzung sofort $U(z_1) = U(z_2)$ folgt, muss $U([z_1, z_2 \| q, 1-q]) = q U(z_1) + (1-q) U(z_2)$ sein.*

2. *$z_1 \succ z_2$: Für diese Konstellation sind vier Unterfälle zu unterscheiden.*

   (a) *$\overline{x} \sim z_1 \succ z_2 \succ \underline{x}$: Wegen des Unabhängigkeitsaxioms gilt $[z_1, z_2 \| q, 1-q] \sim [\overline{x}, z_2 \| q, 1-q]$. Aufgrund des Stetigkeitsaxioms muss es in Verbindung mit dem Sicherheits- und dem Transitivitätsaxiom ein q_2 mit $0 < q_2 < 1$ geben, so dass $z_2 \sim [\overline{x}, \underline{x} \| q_2, 1-q_2]$ ist. Erneute Anwendung des Unabhängigkeitsaxioms liefert*

   $$[z_1, z_2 \| q, 1-q] \sim \left[\overline{x}, [\overline{x}, \underline{x} \| q_2, 1-q_2] \| q, 1-q\right]$$

   oder wegen der Rechenregel für zusammengesetzte Lotterien

   $$[z_1, z_2 \| q, 1-q] \sim [\overline{x}, \underline{x} \| q + (1-q) q_2, 1 - (q + (1-q) q_2)].$$

   Aus der Definition der Nutzenfunktion gemäß (2.8) folgt sofort

   $$U([\overline{x}, \underline{x} \| q + (1-q) q_2, 1 - (q + (1-q) q_2)]) = q + (1-q) q_2.$$

---
[12]Siehe Seite 30.

Voraussetzungsgemäß muss aber $U(z_1) = 1$ und $U(z_2) = q_2$ sein. Infolgedessen erhalten wir
$$U([z_1, z_2 \| q, 1-q]) = q\, U(z_1) + (1-q)\, U(z_2).$$

(b) $\overline{x} \sim z_1 \succ z_2 \sim \underline{x}$: Anwendung des Unabhängigkeitsaxioms liefert unmittelbar
$$[z_1, z_2 \| q, 1-q] \sim [\overline{x}, \underline{x} \| q, 1-q].$$
Und aus der Definition der Nutzenfunktion gemäß (2.8) folgt
$$U([\overline{x}, \underline{x} \| q, 1-q]) = q.$$
Da $U(z_1) = 1$ und $U(z_2) = 0$ ist, erweist sich auch in diesem Fall
$$U([z_1, z_2 \| q, 1-q]) = q\, U(z_1) + (1-q)\, U(z_2)$$
als richtig.

(c) $\overline{x} \succ z_1 \succ z_2 \succ \underline{x}$: Aufgrund des Stetigkeitsaxioms müssen in Verbindung mit dem Sicherheits- und dem Transitivitätsaxiom eindeutige Wahrscheinlichkeiten q_1 und q_2 existieren, so dass $z_1 \sim [\overline{x}, \underline{x} \| q_1, 1-q_1]$ und $z_2 \sim [\overline{x}, \underline{x} \| q_2, 1-q_2]$. Betrachten wir eine Lotterie $[z_1, z_2 \| q, 1-q]$, so muss wegen des Unabhängigkeitsaxioms
$$[z_1, z_2 \| q, 1-q] \sim \big[[\overline{x}, \underline{x} \| q_1, 1-q_1], [\overline{x}, \underline{x} \| q_2, 1-q_2] \| q, 1-q\big]$$
gelten, was sich wegen der Rechenregel für zusammengesetzte Lotterien zu
$$[z_1, z_2 \| q, 1-q] \sim \big[\overline{x}, \underline{x} \| qq_1 + (1-q)q_2, 1 - (qq_1 + (1-q)q_2)\big]$$
umformen lässt. Aus der Definition der Nutzenfunktion gemäß (2.8) folgt
$$U([\overline{x}, \underline{x} \| qq_1 + (1-q)q_2, 1 - (qq_1 + (1-q)q_2)]) = qq_1 + (1-q)q_2.$$
Berücksichtigt man nun noch $U(z_1) = q_1$ und $U(z_2) = q_2$, so hat man wieder das Ergebnis
$$U([z_1, z_2 \| q, 1-q]) = q\, U(z_1) + (1-q)\, U(z_2).$$

(d) $\overline{x} \succ z_1 \succ z_2 \sim \underline{x}$: Wegen des Stetigkeitsaxioms existiert in Verbindung mit dem Sicherheits- und dem Transitivitätsaxiom ein q_1 mit $0 < q_1 < 1$, so dass $z_1 \sim [\overline{x}, \underline{x} \| q_1, 1-q_1]$. Aufgrund des Unabhängigkeitsaxioms muss daher
$$[z_1, z_2 \| q, 1-q] \sim \big[[\overline{x}, \underline{x} \| q_1, 1-q_1], \underline{x} \| q, 1-q\big]$$
gelten, was sich wegen der Rechenregel für zusammengesetzte Lotterien zu
$$[z_1, z_2 \| q, 1-q] \sim \big[\overline{x}, \underline{x} \| qq_1, 1-qq_1\big]$$
umschreiben lässt. Der Nutzen der Lotterie $[\overline{x}, \underline{x} \| qq_1, 1-qq_1]$ beläuft sich definitionsgemäß auf qq_1, weswegen wir
$$U([z_1, z_2 \| q, 1-q]) = qq_1$$
schreiben können. Da nun ferner $U(z_1) = q_1$ und $U(z_2) = 0$ ist, folgt wieder
$$U([z_1, z_2 \| q, 1-q]) = q\, U(z_1) + (1-q)\, U(z_2).$$

∎

2.2.5 Eine ganz und gar nicht finanzwirtschaftliche Anwendung

Betrachten Sie nochmals Tabelle 2.2 auf Seite 36. Dieses Beispiel hat so gut wie nichts mit einem Investitions- oder Finanzierungsproblem zu tun. Würden wir ein finanzwirtschaftliches Entscheidungsproblem betrachten, so läge es nahe, mit Handlungskonsequenzen zu arbeiten, die Cashflows darstellen. Das hätte den Vorteil, dass man die Ergebnisse auf einer kardinalen Skala messen könnte. Indessen bestünde aber auch die Gefahr, dass man die Leistungsfähigkeit der Nutzentheorie unter Unsicherheit unterschätzt, denn das Bernoulliprinzip setzt keineswegs voraus, dass wir es mit Handlungskonsequenzen zu tun haben, die in Form von Geldbeträgen angegeben werden können. Wenn ein Individuum das in Tabelle 2.2 beschriebene Entscheidungsproblem zu lösen hat und dem *Vergleichbarkeitsaxiom* folgt, so ist es dazu imstande, alle Resultate paarweise miteinander zu vergleichen und Präferenzrelationen zu nennen. Nehmen wir an, der Entscheider käme zu der nachstehenden Rangordnung

Londonreise $\succ$ Laptop $\succ$ Mountainbike $\succ$
$\qquad$ Waschmaschine $\succ$ Smartphone $\succ$ Digitalkamera .

Akzeptiert der Entscheider auch das *Transitivitätsaxiom*, so ist ausgeschlossen, dass er uns mitteilt, er würde die Digitalkamera lieber besitzen als an einer Reise nach London teilzunehmen, und damit könnten wir

$$\overline{x} \equiv \text{Londonreise}$$
$$\underline{x} \equiv \text{Digitalkamera}$$

notieren. Gleichzeitig könnten wir feststellen, dass das *Beschränkungsaxiom* erfüllt ist. Die Referenz-Lotterie hat nun die Struktur

[Londonreise, Digitalkamera$\|q, 1 - q]$,

und wir hätten den Entscheider jetzt nach den Wahrscheinlichkeiten q zu fragen, die gegeben sein müssen, damit er die Referenz-Lotterie genauso attraktiv findet wie diejenigen Ergebnisse, welche er besser als die Digitalkamera und zugleich schlechter als die Londonreise findet, vgl. für das Mountainbike Abbildung 2.4.

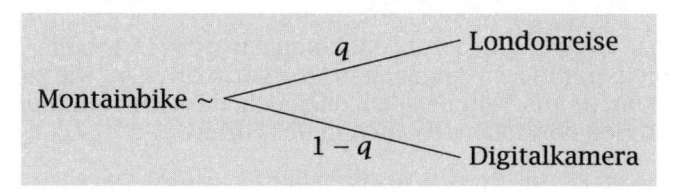

Abbildung 2.4: Vergleich eines sicheren Resultats mit einer Referenzlotterie

Um diese vom Entscheider *gewünschten Wahrscheinlichkeiten* von den durch ihn *geschätzten Eintrittswahrscheinlichkeiten* der alternativen Zukunftsentwicklungen unterscheiden zu können, wollen wir sie *Indifferenz-Wahrscheinlichkeiten* nennen. Tatsächlich handelt es sich dabei natürlich um nichts anderes als die aus Tabelle 2.4 bereits bekannten Nutzenziffern. Akzeptiert unser Entscheider das *Stetigkeitsaxiom* sowie das *Sicherheits-* und das *Transitivitätsaxiom*, so muss er uns seine Indifferenz-Wahrscheinlichkeiten offenbaren. Das könnte beispielsweise so aussehen:

Ergebnis	Indifferenz-Wahrscheinlichkeit (q)
Mountainbike	0,75
Laptop	0,60
Smartphone	0,30
Waschmaschine	0,40

Hinsichtlich des Laptops hätte sich der Entscheider allerdings in einen Widerspruch verwickelt, denn vorstehende Tabelle lässt sich hinsichtlich des Mountainbikes und des Laptops in die Form

$$[\text{Londonreise, Digitalkamera} \| 0{,}75,\ 0{,}25] \sim \text{Mountainbike}$$
$$[\text{Londonreise, Digitalkamera} \| 0{,}60,\ 0{,}40] \sim \text{Laptop}$$

bringen. Hieraus folgt aber wegen des *Dominanzaxioms*, dass

$$\text{Mountainbike} \succ \text{Laptop}$$

sein muss, was im Widerspruch zu der auf Seite 51 angegebenen Rangfolge des Entscheiders steht. Diesen Widerspruch kann er nur vermeiden, indem er für den Laptop eine Indifferenz-Wahrscheinlichkeit nennt, die größer als 0,75 ist. Die Korrektur soll so aussehen, wie nachstehend gezeigt.

Ergebnis	Indifferenz-Wahrscheinlichkeit (q)
Mountainbike	0,75
Laptop	0,80
Smartphone	0,30
Waschmaschine	0,40

Gestützt auf das *Unabhängigkeitsaxiom* können wir das in Tabelle 2.2 dargestellte Ausgangsproblem mit diesen Angaben in eine Form bringen, wie sie in Tabelle 2.6 wiedergegeben ist. In unserem Beispiel zeigt sich, dass die Handlungsalternativen A_1 und A_2 Lotterien darstellen, die sich in der Form

$$A_1 = \Big[[\overline{x},\underline{x}\|0{,}75,\ 0{,}25], [\overline{x},\underline{x}\|0{,}40,\ 0{,}60], [\overline{x},\underline{x}\|0{,}80,\ 0{,}20] \| 0{,}3,\ 0{,}5,\ 0{,}2\Big]$$
$$A_2 = \Big[[\overline{x},\underline{x}\|0{,}30,\ 0{,}70], [\overline{x},\underline{x}\|0{,}00,\ 1{,}00], [\overline{x},\underline{x}\|1{,}00,\ 0{,}00] \| 0{,}3,\ 0{,}5,\ 0{,}2\Big]$$

2.2. Nutzentheorie unter Unsicherheit

Tabelle 2.6: Transformierte Ergebnismatrix

	Z_1 $q_1 = 0{,}3$	Z_2 $q_2 = 0{,}5$	Z_3 $q_3 = 0{,}2$
A_1	$[\overline{x}, \underline{x} \| 0{,}75,\ 0{,}25]$	$[\overline{x}, \underline{x} \| 0{,}40,\ 0{,}60]$	$[\overline{x}, \underline{x} \| 0{,}80,\ 0{,}20]$
A_2	$[\overline{x}, \underline{x} \| 0{,}30,\ 0{,}70]$	$[\overline{x}, \underline{x} \| 0{,}00,\ 1{,}00]$	$[\overline{x}, \underline{x} \| 1{,}00,\ 0{,}00]$

schreiben lassen. Das wiederum lässt sich mit der Rechenregel für zusammengesetzte Lotterien in die Form

$$
\begin{aligned}
A_1 &= [\overline{x}, \underline{x} \| 0{,}3 \cdot 0{,}75 + 0{,}5 \cdot 0{,}40 + 0{,}2 \cdot 0{,}80, \\
& \qquad 0{,}3 \cdot 0{,}25 + 0{,}5 \cdot 0{,}60 + 0{,}2 \cdot 0{,}20] \\
&= [\overline{x}, \underline{x} \| 0{,}585,\ 0{,}415] \\
A_2 &= [\overline{x}, \underline{x} \| 0{,}3 \cdot 0{,}30 + 0{,}5 \cdot 0{,}00 + 0{,}2 \cdot 1{,}00, \\
& \qquad 0{,}3 \cdot 0{,}70 + 0{,}5 \cdot 1{,}00 + 0{,}2 \cdot 0{,}00] \\
&= [\overline{x}, \underline{x} \| 0{,}290,\ 0{,}710]
\end{aligned}
$$

bringen. Aufgrund des *Dominanzaxioms* bleibt keine andere Wahl, als sich zu Gunsten von A_1 zu entscheiden. Aus der Definition der Nutzenfunktion gemäß (2.8) folgt schließlich

$$U(A_1) = 0{,}585 > U(A_2) = 0{,}290 \iff A_1 \succ A_2,$$

womit wir am Ziel sind.

2.2.6 Weitere Axiome

In ökonomischen und speziell in finanzwirtschaftlichen Modellen hat man es ziemlich regelmäßig mit Konsequenzen zu tun, die in Form von Geldbeträgen gemessen werden können. Zu betrachten wären also beispielsweise zwei Investitionen mit gleichen Auszahlungen in Höhe von $I_0 = 50.000\text{€}$, die sich hinsichtlich der Verteilung ihrer Cashflows in einem Jahr so beschreiben lassen wie in Tabelle 2.7 angegeben. Die Entscheidung über die optimale Investition ließe sich jetzt selbstverständlich mit demselben Prinzip gewinnen, das wir eben auf den Seiten 51 ff. dargestellt haben. Mit anderen Worten: Wir müssten alle Cashflows paarweise miteinander vergleichen und Präferenzrelationen zwischen den Cashflows ermitteln. Dabei ergäbe sich *natürlich* die Rangfolge

$$66.500 \succ 63.000 \succ 62.000 \succ \cdots \succ 49.000 \succ 48.000 \succ 45.000.$$

Und *natürlich* würde kein Entscheider, der das Transitivitätsaxiom anerkennt, die Relation $45.000 \succ 66.500$ nennen. Ferner kämen wir zu dem Ergebnis $\overline{x} =$

Tabelle 2.7: Zustandsabhängige Cashflows zweier Investitionen

	Z_1 $q_1 = 0{,}05$	Z_2 $q_2 = 0{,}05$	Z_3 $q_3 = 0{,}10$	Z_4 $q_4 = 0{,}50$	Z_5 $q_5 = 0{,}20$	Z_6 $q_6 = 0{,}10$
A_1	49.000	52.500	56.000	57.500	63.000	66.500
A_2	61.000	48.000	58.000	62.000	60.000	45.000

66.500 und $\underline{x} = 45.000$ und hätten damit eine Referenz-Lotterie mit der Struktur [66.500, 45.000$\|q, 1-q$]. Nun käme es darauf an, welche *Indifferenzwahrscheinlichkeiten* uns der Investor für alle Resultate $66.500 \succeq x \succeq 45.000$ nennt. Und genau an dieser Stelle verweigert der Entscheider die Mitarbeit im Detail und nennt uns statt dessen die Funktion

$$U(x) = -27{,}4349 + 2{,}56056 \ln x \quad \text{mit } x > 0. \tag{2.9}$$

Abbildung 2.5 zeigt den Verlauf der Nutzenfunktion (2.9) grafisch. Unter Beachtung der Tatsache, dass die gepunktete Hilfslinie eine Gerade darstellt, erkennt man, dass es sich um eine konkave Funktion handelt, die bei $\underline{x} = 45.000$ den Wert 0 und bei $\overline{x} = 66.500$ den Wert 1 annimmt.

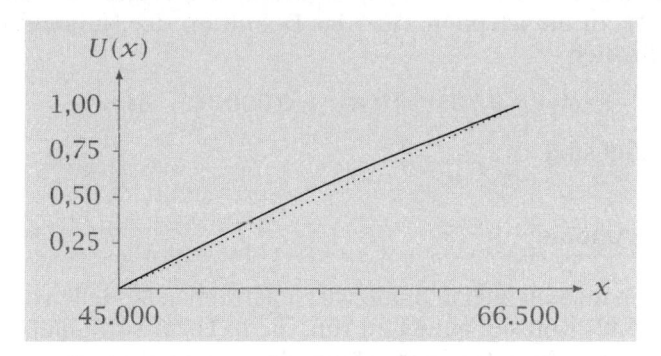

Abbildung 2.5: Logarithmische Nutzenfunktion

Wir geben uns - etwas irritiert - mit dieser Information zunächst zufrieden und transformieren mit ihrer Hilfe die Ergebnismatrix in die Nutzenmatrix 2.8. Dabei stellen wir - zu unserer Beruhigung - fest, dass $U(\overline{x}) = 1$ und $U(\underline{x}) = 0$ ist. Ferner ermitteln wir den Erwartungsnutzen der beiden Alternativen mit

$$U(A_1) = 0{,}6728$$
$$U(A_2) = 0{,}6698,$$

indem wir die Nutzenziffern aus Tabelle 2.8 mit den Eintrittswahrscheinlichkeiten gewichten und über alle Zustände summieren. Dabei erweist sich die erste In-

Tabelle 2.8: Nutzen der zustandsabhängigen Cashflows zweier Investitionen

	Z_1 $q_1 = 0{,}05$	Z_2 $q_2 = 0{,}05$	Z_3 $q_3 = 0{,}10$	Z_4 $q_4 = 0{,}50$	Z_5 $q_5 = 0{,}20$	Z_6 $q_6 = 0{,}10$
A_1	0,2181	0,3947	0,5600	0,6277	0,8616	1,0000
A_2	0,7790	0,1653	0,6498	0,8206	0,7366	0,0000

vestition als überlegen. Angemerkt sei noch, das die Nutzenziffern in Tabelle 2.8 denselben Informationsgehalt besitzen wie Indifferenzwahrscheinlichkeiten.

Unsere zunächst skeptische Haltung gegenüber der Nutzenfunktion (2.9) hat sich also als unnötig erwiesen. Wie die folgende Überlegung zeigt, stecken in dieser Nutzenfunktionen sogar wesentlich mehr Informationen als in den aus ihr abgeleiteten Indifferenzwahrscheinlichkeiten der Tabelle 2.8. Um das zu erkennen, greifen wir auf das Beispiel von Seite 54 zurück, wandeln es aber ein wenig ab. Die beiden Investitionen A_1 und A_2 sollen sich nicht mehr gegenseitig ausschließen, sondern gemeinsam realisierbar und darüber hinaus beliebig teilbar sein. Der Investor besitze ein Budget von 50.000€ und habe darüber zu entscheiden, wie er dieses Budget auf die beiden Projekte aufteilen soll. Wenn α der Anteil ist, den er in das Projekt A_1 investiert, und $1 - \alpha$ den Anteil darstellt, der für Projekt A_2 verbleibt, so ist das Optimierungsproblem

$$\max_{\alpha} \sum_{s=1}^{6} \left(-27{,}4349 + 2{,}56056 \ln \left(\alpha x_{1s} + (1 - \alpha) x_{2s} \right) \right) q_s$$

zu lösen, wobei x_{1s} und x_{2s} für die zustandsabhängigen Cashflows der Projekte A_1 und A_2 stehen. Auf numerischem Weg lässt sich die optimale Lösung mit $\alpha^* = 0{,}53$ leicht ermitteln.[13] Da die erste Ableitung der Nutzenfunktion (2.9) strikt positiv ist, während die zweite Ableitung strikt negativ ausfällt, kann sich der Investor sicher sein, ein eindeutiges Maximum seines Erwartungsnutzens gefunden zu haben.

Um das optimale Investitionsprogramm ohne die Nutzenfunktion (2.9) zu finden, hätte der Investor für jeden zustandsabhängigen Rückfluss der unzähligen Kombinationsmöglichkeiten seine Indifferenzwahrscheinlichkeit nennen müssen. Das ist zwar prinzipiell möglich, aber doch ein recht mühseliges Unterfangen, das sich mit Hilfe der Nutzenfunktion (2.9) umgehen lässt. Implizit hat der Investor mit der Preisgabe seiner Nutzenfunktion folgenden drei Axiomen zugestimmt.

Monotonieaxiom Investoren sind ungesättigt. Aus diesem Grunde gilt:

$$\Delta > 0 \Longrightarrow (x_1 + \Delta, x_2) \succ (x_1, x_2) \text{ und } (x_1, x_2 + \Delta) \succ (x_1, x_2).$$

---

[13] Zum Beispiel mit der EXCEL-Funktion Solver.

Konvexität Als wir im ersten Abschnitt dieses Kapitels das hier zu diskutierende Entscheidungsproblem unter Sicherheit analysierten, haben wir mit der Annahme gearbeitet, dass die Indifferenzlinien der Entscheider konvex zum Ursprung verlaufen.[14] Diese Annahme hat zusammen mit einer geeigneten Prämisse über die Budgetrestriktionen dafür gesorgt, dass der optimale Konsumplan eines Investors *eindeutig* ist. Um das gleiche Ziel – nämlich Eindeutigkeit der optimalen Konsumpläne – auch bei Unsicherheit zu erreichen, unterstellen wir jetzt, dass die Nutzenfunktion *konkav* ist. Damit wird ebenfalls Eindeutigkeit der optimalen Lösungen sichergestellt. Wir nennen eine Nutzenfunktion dann strikt konkav, wenn für alle α mit $0 < \alpha < 1$

$$U\big(\alpha x_1 + (1-\alpha) x_2\big) > \alpha U(x_1) + (1-\alpha) U(x_2) \quad \forall \quad x_1, x_2$$

gilt. Konkave Nutzenfunktionen implizieren abnehmenden Grenznutzen sowie konvexe Indifferenzkurven.[15]

Regularitätaxiom Nutzenfunktionen sind stetig und zweimal differenzierbar. Das setzt natürlich voraus, dass in Ergebnismatrizen die zahlenmäßigen Werte von Gütern oder Güterbündeln stehen und nicht – wie in unserem einführenden Beispiel – Mountainbikes, Waschmaschinen und andere Güter.

Wenn der Investor neben den in Abschnitt 2.2.3 beschriebenen acht Axiomen auch diese drei Axiome akzeptiert, besitzt er eine stetige, zweimal differenzierbare *Bernoulli*-Nutzenfunktion und kann seinen Konsumplan grundsätzlich bequem mit Hilfe der Differentialrechnung optimieren. Indifferenzwahrscheinlichkeiten muss er nicht explizit nennen. Zu beachten ist allerdings, dass zwar jede Nutzenfunktion, die die drei gerade genannten Axiome erfüllt, durch positive Lineartransformation in entsprechende Indifferenzwahrscheinlichkeiten überführt werden, die Umkehrung jedoch nicht gilt. Indifferenzwahrscheinlichkeiten sind also die allgemeinere Art, die Risikopräferenzen eines Investors zu beschreiben, da die zuletzt genannten drei Axiom dabei nicht erfüllt sein müssen.

---

[14] Siehe Seite 31.

[15] Den Beweis dafür wollen wir hier nicht führen, aber in seiner Struktur zumindest andeuten. Eine Nutzenfunktion vom Typ $U = U(C_0, C_1)$ stellt eine Funktion mit zwei Veränderlichen (C_0 und C_1) dar. Hätte man eine Funktion mit nur einer Veränderlichen vor sich, so würde man von Konkavität sprechen, wenn die zweite Ableitung negativ wäre. Im Falle zweier Veränderlicher definiert man Konkavität über das negative Vorzeichen des totalen Differentials bei zweimaliger Ableitung. Von konvexen Indifferenzkurven spricht man dann, wenn die erste Ableitung der Grenzrate der Substitution $(\partial U/\partial C_0)/(\partial U/\partial C_1)$ nach dem heutigen Konsum negativ ist. Vergleicht man die jeweiligen Eigenschaften im Detail, so kann man nachweisen, dass konkave Nutzenfunktionen konvexe Indifferenzkurven implizieren.

2.2.7 Mehr über Nutzenfunktionen

Positiv lineare Transformation von Nutzenfunktionen Betrachten Sie noch einmal die Nutzenfunktion (2.9), und vergleichen Sie sie mit der Alternative

$$U^*(x) = \ln x. \tag{2.10}$$

Hätte der Entscheider bekannt gegeben, dass das seine Nutzenfunktion sei, so wären wir nicht zu dem Ergebnis gekommen, dass $U^*(\overline{x}) = 1$ und $U^*(\underline{x}) = 0$ ist; denn $U^*(66.500) = 11{,}105$ und $U^*(45.000) = 10{,}714$. Trotzdem würden wir mit der Nutzenfunktion (2.10) immer zum selben Entscheidungsergebnis wie mit der Nutzenfunktion (2.9) kommen, und zwar ganz gleichgültig, wie die Resultate der Lotterien (hier: die Cashflows der Investitionen) aussehen. Beide Nutzenfunktionen sind im Ergebnis vollkommen äquivalent. Um das zu beweisen, stellen wir folgenden Satz auf:

$$U(A_1) > U(A_2) \text{ und } U^*(z) = \alpha + \beta U(z) \text{ mit } \alpha \in \mathbb{R}, \beta > 0 \Rightarrow$$

$$U^*(A_1) > U^*(A_2).$$

Beweis *Aufgrund von (2.7) und der getroffenen Voraussetzung gilt*

$$E[U(\tilde{z}_1)] > E[U(\tilde{z}_2)]$$

$$\sum_{s=1}^{S} U(z_{1s}) q_s > \sum_{s=1}^{S} U(z_{2s}) q_s.$$

Multipliziert man auf beiden Seiten mit $\beta > 0$ und addiert anschließend $\alpha \in \mathbb{R}$, so entsteht

$$\alpha + \beta \sum_{s=1}^{S} U(z_{1s}) q_s > \alpha + \beta \sum_{s=1}^{S} U(z_{2s}) q_s.$$

Wegen $\sum_{s=1}^{S} q_s = 1$ kann man dafür auch

$$\alpha \sum_{s=1}^{S} q_s + \sum_{s=1}^{S} \beta U(z_{1s}) q_s > \alpha \sum_{s=1}^{S} q_s + \sum_{s=1}^{S} \beta U(z_{2s}) q_s$$

schreiben, was sich zu

$$\sum_{s=1}^{S} \left(\alpha + \beta U(z_{1s})\right) q_s > \sum_{s=1}^{S} \left(\alpha + \beta U(z_{2s})\right) q_s$$

$$\sum_{s=1}^{S} U^*(z_{1s}) q_s > \sum_{s=1}^{S} U^*(z_{2s}) q_s$$

$$E[U^*(\tilde{z}_1)] > E[U^*(\tilde{z}_2)]$$

umformen lässt. Damit ist die Behauptung bewiesen. ∎

Ohne Beweis sei hinzugefügt, dass jede andere Transformation einer kardinalen Nutzenfunktion *nicht* zu einer äquivalenten Nutzenfunktion führt. Aus dem Beweis lässt sich der Schluss ziehen, dass es für die Rangordnung unsicherer Alternativen gleichgültig ist, ob man die Nutzenfunktion des Entscheiders oder eine beliebige positive Lineartransformation dieser Nutzenfunktion verwendet. Diese Tatsache erlaubt uns, die Skala, auf der wir den Nutzen messen, bis zu einem gewissen Grade willkürlich zu normieren. Eine vollkommen analoge Situation, die unser Ergebnis verdeutlichen mag, haben wir vor uns, wenn wir die Temperatur messen wollen. Bekanntlich können wir das entweder in Celsius- oder in Fahrenheit-Graden machen, um nur zwei herauszugreifen. Und es ist ohne Weiteres möglich, die eine Skala in die andere umzurechnen. Für die Umrechnung von Celsiusgraden in Fahrenheitgrade gilt die Beziehung

$$F = \alpha + \beta C \qquad (2.11)$$
$$\text{mit } \alpha = 32$$
$$\beta = 1,8.$$

Da der Parameter β in (2.11) positiv ist, sagt man, dass es sich bei (2.11) um eine positive Lineartransformation der Celsiusskala handelt. Um die Parameter α und β zu bestimmen, genügt es, zwei fixe Temperaturen zu wählen (beispielsweise den Gefrierpunkt und den Siedepunkt reinen Wassers) und ihnen willkürlich Temperaturgrade zuzuweisen (beispielsweise 0° C beziehungsweise 32° F für den Gefrierpunkt und 100° C beziehungsweise 212° F für den Siedepunkt).

Intertemporale Nutzenfunktionen Bisher haben wir entscheidungstheoretische Probleme unter Unsicherheit diskutiert, ohne dem Zeitaspekt von Entscheidungen die erforderliche Aufmerksamkeit zu schenken. Das ist bei finanzwirtschaftlichen Fragestellungen allerdings unangemessen, weil es sowohl bei Investitions- als auch bei Finanzierungsentscheidungen immer um unsichere Zahlungen geht, die in der Zukunft stattfinden. Um die damit zusammenhängenden Probleme zu diskutieren, kommen wir noch einmal auf unser einführendes Beispiel von Seite 36 zurück. Vielleicht erinnern Sie sich noch, dass Sie als Teilnehmer einer Fernseh-Show vom Quizmaster aufgefordert wurden, sich zwischen zwei Urnen mit jeweils 100 Kugeln zu entscheiden, von denen 30 schwarz, 50 rot und 20 weiß waren. Je nach Farbe der gezogenen Kugel, versprach der Griff in die erste Urne ein Mountainbike, eine Waschmaschine oder einen Laptop und der Griff in die zweite Urne ein Smartphone, eine Digitalkamera oder eine Londonreise. Mit dem Bernoulliprinzip konnte eine Entscheidung zugunsten der ersten Urne getroffen werden. Allerdings hatten wir – ohne es ausdrücklich zu betonen – vorausgesetzt, dass Sie die genannten Gewinne sofort erhalten. Genau das wollen wir nun ändern.

Stellen Sie sich daher vor, dass Sie dem Quiz-Master aufgrund Ihrer Aufregung nicht ganz aufmerksam zugehört hätten und Ihnen entgangen wäre, dass sich die beiden Urnen in einem Punkt unterscheiden, der für die Entscheidung alles andere als unwichtig ist. Die mit der zweiten Urne verbundenen Gewinne sind tatsächlich sofort fällig. Wenn Sie sich aber für die erste Urne entscheiden, so werden die

2.2. Nutzentheorie unter Unsicherheit

versprochenen Gewinne erst in einem Jahr fällig. Leider haben Sie sich in Unkenntnis dieses Details für die erste Urne entschieden. Sie haben bereits eine schwarze Kugel gezogen und freuen sich auf das Mountainbike. Bedauerlicherweise ist es jetzt zu spät für eine Revision Ihrer Entscheidung. Der Quizmaster ist nicht dazu bereit, Ihnen entgegen zu kommen. Nun muss man Tatsachen so nehmen wie sie sind, aber Sie möchten sich trotzdem vergewissern, ob Sie in Kenntnis der unangenehmen Wartefrist anders entschieden hätten. Nachträglich überdenken Sie daher Ihre Indifferenzwahrscheinlichkeiten für die Geschenke der ersten Urne und kommen zu den in Tabelle 2.9 angegebenen revidierten Ergebnissen.

Tabelle 2.9: Zeitpräferenzen bei Entscheidungen unter Unsicherheit

		Z_1 $q_1 = 0{,}3$	Z_2 $q_2 = 0{,}5$	Z_3 $q_3 = 0{,}2$
$t=0$	x_{0s}	Mountainbike	Waschmaschine	Laptop
	$U_0(x_{0s})$	0,75	0,40	0,80
$t=1$	x_{1s}	Mountainbike	Waschmaschine	Laptop
	$U_1(x_{1s})$	0,70	0,35	0,60

Man erkennt, dass sich der Abschlag für die verzögerte Übergabe der Geschenke unterschiedlich stark auf die Indifferenzwahrscheinlichkeiten auswirkt. Für das Mountainbike und die Waschmaschine fällt er geringer aus als für den Laptop. Die Nachkalkulation des Erwartungsnutzen mit den neuen Indifferenzwahrscheinlichkeiten ergibt, dass die erste Urne nach wie vor die bessere Wahl darstellt,

$$U(A_1^*) = 0{,}505 > U(A_2) = 0{,}290 \iff A_1^* \succ A_2.$$

Die Indifferenzwahrscheinlichkeiten in Tabelle 2.9 sind zwar dazu geeignet, auf die Bedeutung von Zeitpräferenzen für Entscheidungen unter Unsicherheit aufmerksam zu machen. Die dort wiedergegebene Situation beschreibt aber nicht etwa ein typisches finanzwirtschaftliches Entscheidungsproblem. Solche Probleme zeichnen sich nämlich dadurch aus, dass Alternativen zu bewerten sind, die zu mehr als einem Zeitpunkt – zum Beispiel in den Zeitpunkten $t = 0$ und $t = 1$ – Konsequenzen nach sich ziehen. Betrachten Sie zu diesem Zweck Tabelle 2.10, in der es um eine einzelne Handlungsmöglichkeit ohne Alternative geht. Stellen Sie sich bitte vor, dass Sie in eine Urne mit 30 schwarzen, 50 roten und weißen Kugeln zu greifen hätten. Wenn Sie eine schwarze Kugel ziehen, erhalten Sie jetzt (in $t = 0$) ein Smartphone und später (in $t = 1$) zusätzlich noch ein Mountainbike. Sollten Sie eine rote Kugel erwischen, gibt es jetzt eine Digitalkamera und später die Waschmaschine. Falls Sie schließlich eine weiße Kugel ziehen, nehmen Sie jetzt an der Londonreise teil und bekommen später außerdem noch den Laptop. Eine zweite Urne mit anderen Ergebnissen gibt es hier nicht. Sie müssen sich also nicht

Tabelle 2.10: Intertemporale Ergebnisse und Nutzenfunktionen

		Z_1 $q_1 = 0{,}3$	Z_2 $q_2 = 0{,}5$	Z_3 $q_3 = 0{,}2$
$t = 0$	x_{0s} $U_0(x_{0s})$	Smartphone 0,30	Digitalkamera 0,00	Londonreise 1,00
$t = 1$	x_{1s} $U_1(x_{1s})$	Mountainbike 0,70	Waschmaschine 0,35	Laptop 0,60
	$U(x_{0s},x_{1s})$	1,00	0,35	1,60

entscheiden, sollen aber trotzdem die Frage beantworten, welchen Nutzen Sie der Möglichkeit zumessen, eine Kugel aus der vor Ihnen stehenden Urne zu ziehen. Zwar kennen Sie bereits die Nutzenwerte $U_0(x_{0s})$ und $U_1(x_{1s})$ für die Geschenke in einzelnen Zeitpunkten; wie Sie aber vorgehen sollen, um den Nutzen einer auf mehrere Zeitpunkte verteilten Geschenk-Kombination $U(x_{0s},x_{1s})$ zu bestimmen, wissen Sie nicht.

Eine nahe liegende und recht anspruchslose Möglichkeit besteht darin, die für einzelne Zeitpunkte geltenden Nutzenwerte schlicht zu addieren, also

$$U(x_{0s},x_{1s}) = U_0(x_{0s}) + U_1(x_{1s})$$

beziehungsweise in allgemeinerer Form

$$U(x_{0s},\ldots,x_{Ts}) = \sum_{t=0}^{T} U_t(x_{ts}) \tag{2.12}$$

zu verwenden. Nutzenfunktionen gemäß Gleichung (2.12) nennt man additiv-separabel. In der einschlägigen Literatur ist dieser einfache Funktionstyp sehr beliebt.[16] Es ist allerdings nicht selbstverständlich, dass der Nutzen von Ergebnissen stets unabhängig von den Ergebnissen der Vorperioden ist. Möglicherweise macht eine Fahrt mit dem Mountainbike mehr Spaß, wenn man dabei gleichzeitig mit einem Smartphone das bewältigte Streckenprofil aufzeichnen kann.

Allgemein können wir für den Erwartungsnutzen einer Alternative mit mehrperiodigen Konsequenzen im Falle eines diskreten Zustandsraums

$$\mathrm{E}\left[U(\tilde{x}_0,\ldots,\tilde{x}_T)\right] = \sum_{s=1}^{S} U(x_{0s},\ldots,x_{Ts})\, q_s$$

---

[16] Mit der positiven Lineartransformation $U^*(x_{0s},x_{1s}) = -0{,}28 + 0{,}8\, U(x_{0s},x_{1s})$ könnte man die Nutzenwerte aus Tabelle 2.10 wieder in entsprechende Indifferenzwahrscheinlichkeiten überführen.

2.3. Formen der Risikoeinstellung

notieren, was sich im Fall einer additiv-separablen Nutzenfunktion in die Form

$$E[U(\tilde{x}_0,\ldots,\tilde{x}_T)] = \sum_{s=1}^{S} \sum_{t=0}^{T} U_t(x_{ts})\, q_s$$

überführen lässt. Die Summenzeichen dürfen selbstverständlich vertauscht werden. Es ist also gleichgültig, ob man zuerst über die Zeitpunkte und anschließend über die Zustände addiert oder umgekehrt. Daher kann man sagen, dass sich bei additiv-separablen Nutzenfunktionen der Erwartungsnutzen einer Alternative additiv aus den Erwartungsnutzenwerten der relevanten Zeitpunkte zusammensetzt. Für das in Tabelle 2.10 wiedergegebene Beispiel erhalten wir

$$E[U(\tilde{x}_0,\tilde{x}_1)] = \sum_{s=1}^{3} U_t(x_{0s})\, q_s + \sum_{s=1}^{3} U_t(x_{1s})\, q_s = 0{,}505 + 0{,}29 = 0{,}795\,.$$

Zusammenfassend können wir festhalten, das sich die Erwartungsnutzentheorie auch auf intertemporale Ergebnisse anwenden lässt. Es tritt lediglich der Nutzen intertemporaler Ergebnisse an die Stelle des Nutzens singulärer Ergebnisse.

2.3 Formen der Risikoeinstellung

2.3.1 Risikoaversion, Risikoneutralität und Risikosympathie

Nachdem wir die Nutzentheorie unter Unsicherheit grundsätzlich kennen gelernt haben, wollen wir die Begriffe *Risikoscheu* (= Risikoaversion) und *Risikofreude* (= Risikosympathie) definieren. In der Umgangssprache haben beide Begriffe keine besonders präzise Bedeutung. Man denke etwa an einen Lotteriespieler, der 5€ im Zahlenlotto riskiert. Wer die Gewinn- und Verlustaussichten beim Lotto kennt, dem ist klar, dass der Einsatz so gut wie verloren ist. Es liegt daher nahe, den Lottospieler als risikofreudig zu bezeichnen. Noch risikofreudiger müsste man ihn aber wohl nennen, wenn er nicht nur bescheidene 5€, sondern sagen wir 500€ einsetzen würde. Der Verlust kleiner Beträge tut nicht so weh. Nun stelle man sich jemanden vor, der seinen Hausrat gegen Diebstahl versichert. Die weitaus meisten Leute, die für eine solche Versicherung Jahr für Jahr Prämien an Versicherungsfirmen zahlen, werden niemals in ihrem Leben von Einbrechern heimgesucht. Wenn sie trotzdem zahlen, so liegt es nahe, sie als risikoscheu zu bezeichnen. Viele Menschen, die an Glücksspielen teilnehmen, schließen auch Versicherungsverträge ab. Kann aber nun jemand zugleich risikofreudig und risikoscheu sein? Spielt uns das Verständnis unserer Umgangssprache Streiche, oder handeln Leute, die sowohl Versicherungsverträge schließen als sich auch an Glücksspielen beteiligen, unvernünftig?

Risikoneutralität Um solche Fragen beantworten zu können, muss man zunächst einmal festlegen, wo die Grenze zwischen Risikoaversion und Risikosympathie liegen soll. Man braucht sozusagen einen Nullpunkt auf der Skala unterschiedlicher Risikoeinstellungen. Diesen bezeichnen wir als Risikoneutralität und definieren: Risikoneutral ist, wer an *fairen Spielen* teilnimmt. Damit diese Definition nicht inhaltsleer bleibt, müssen wir noch vereinbaren, unter welchen Bedingungen ein Spiel fair genannt wird. Zu diesem Zweck gehen wir davon aus, dass man den Preis Π bezahlen muss, um an der Lotterie $[x_1, \ldots, x_S \| q_1, \ldots, q_S]$ teilnehmen zu dürfen, wobei die Lotterieresultate $x_1, \ldots, x_S$ Einzahlungen darstellen sollen.[17] Fair ist die Lotterie genau dann, wenn der Preis dem Erwartungswert der Lotterieresultate entspricht, wenn also

$$\Pi = \mathrm{E}[\tilde{x}] = \sum_{s=1}^{S} x_s q_s \qquad (2.13)$$

gilt. Ist nun jemand im Sinne der Risikonutzentheorie risikoneutral, so sind der Nutzen des dem Preis entsprechenden Geldbetrages und der erwartete Nutzen der Lotteriegewinne eines fairen Spiels gerade gleich,

$$U(\Pi) = \mathrm{E}[U(\tilde{x})],$$

oder unter Benutzung von (2.13)

$$U(\mathrm{E}[\tilde{x}]) = \mathrm{E}[U(\tilde{x})]. \qquad (2.14)$$

Für den Risikoneutralen gilt also: Der Nutzen des Erwartungswerts der Lotterieresultate ist ebenso groß wie der Erwartungswert des Nutzens der Lotterieergebnisse. An (2.14) erkennt man auch, weshalb diese Einstellung als risikoneutral bezeichnet wird. Der Erwartungsnutzen der Lotterie, $\mathrm{E}[U(\tilde{x})]$, hängt ausschließlich vom Erwartungswert der Lotterieergebnisse ab. Die Streuung der Lotterieergebnisse um den Erwartungswert (als Indiz für die Existenz von Risiken) hat keinerlei Auswirkungen auf den Erwartungsnutzen.

Risikoscheu und Risikofreude Risikoaverse nehmen nun auch dann noch nicht (unbedingt) an einer Lotterie teil, wenn man ihnen für die Teilnahme an der Lotterie einen geringeren als den fairen Preis abverlangt. Anders gesagt: Der Nutzen des dem fairen Preis entsprechenden Geldbetrages bedeutet ihnen mehr als der erwartete Nutzen der Lotterieergebnisse,

$$U(\mathrm{E}[\tilde{x}]) > \mathrm{E}[U(\tilde{x})]. \qquad (2.15)$$

Risikofreude liegt dagegen vor, wenn jemand bereit ist, das Lotterielos auch zu einem Preis zu kaufen, der über dem fairen Preis liegt. Für einen solchen Entscheider gilt offensichtlich

$$U(\mathrm{E}[\tilde{x}]) < \mathrm{E}[U(\tilde{x})].$$

---

[17] Man beachte, dass wir bisher unterstellt haben, dass die Teilnahme an Lotterien kostenlos ist.

2.3. Formen der Risikoeinstellung

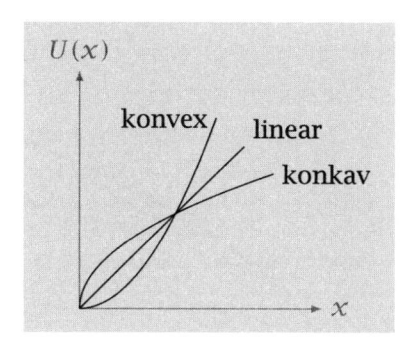

Abbildung 2.6: Idealtypische Nutzenfunktionen

Idealtypisch lassen sich nun drei Verlaufstypen von Risikonutzenfunktionen unterscheiden, vgl. Abbildung 2.6, nämlich konkave, lineare und konvexe Funktionen. Wenn ein Entscheider durchgehend (d.h. im gesamten Intervall möglicher Lotterieergebnisse) risikoavers ist, so ist seine Risikonutzenfunktion konkav. Die zweite Ableitung einer solchen Funktion ist stets negativ. Ist der Entscheider dagegen strikt risikofreudig, so ist die Risikonutzenfunktion konvex. Unter der bequemen Voraussetzung, dass die Risikonutzenfunktion zweimal differenziert werden kann, gelten die in Tabelle 2.11 dargestellten Zusammenhänge.

Tabelle 2.11: Eigenschaften idealtypischer Nutzenfunktionen

$U(x)$	$U'(x)$	$U''(x)$	implizierte Risikoeinstellung
konkav	positiv	negativ	strikte Risikoscheu
linear	positiv	null	Risikoneutralität
konvex	positiv	positiv	strikte Risikofreude

Um nachzuvollziehen, dass konkave Nutzenfunktionen strikte Risikoscheu implizieren, betrachten Sie Abbildung 2.7. Stellen Sie sich eine Lotterie vor, bei der die beiden Ergebnisse x_1 und x_2 eine fifty-fifty-Chance haben, $[x_1, x_2 \| 0{,}5,\ 0{,}5]$. Der faire Preis dieser Lotterie ist $\Pi = E[\tilde{x}] = 0{,}5x_1 + 0{,}5x_2$. In Abbildung 2.7 finden Sie ihn auf der x-Achse genau in der Mitte zwischen x_1 und x_2. Um den Nutzen der Lotterie zu berechnen, ist der Erwartungswert des Nutzens der beiden Resultate zu ermitteln. Dieser liegt natürlich auf der Ordinate ebenfalls genau in der Mitte zwischen $U(x_1)$ und $U(x_2)$, und man macht sich leicht klar, dass die Sehne $\overline{AB}$ den Punkt $E[\tilde{x}]$ gerade auf $E[U(\tilde{x})]$ abbildet. Eine strikt konkave Nutzenfunktion mit $U''(x) < 0$ zeichnet sich nun gerade dadurch aus, dass sie in jedem Intervall $[x_1, x_2]$ oberhalb der entsprechenden Sehne $\overline{AB}$ liegt. Infolgedessen muss auch $U(E[\tilde{x}])$ größer sein als $E[U(\tilde{x})]$. Genau dies aber war nach (2.15) die Definition

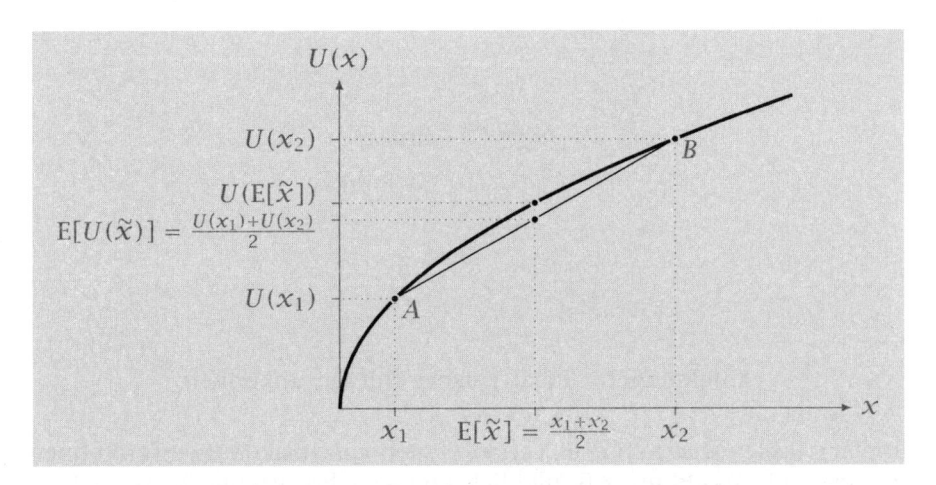

Abbildung 2.7: Nutzenfunktion bei strikter Risikoaversion

der Risikoaversion. Die erste Ableitung einer Risikonutzenfunktion ist immer positiv. Anders gesagt: Es handelt sich stets um streng monoton wachsende Funktionen. Wäre das nicht der Fall, so läge ein Widerspruch zum Monotonieaxiom vor. Die zweite Ableitung kann positiv, null oder negativ sein, je nach Einstellung zum Risiko. Sie muss aber nicht an allen Stellen das gleiche Vorzeichen besitzen. Vielmehr ist vorstellbar, dass das Vorzeichen der zweiten Ableitung mit zunehmendem x wechselt.

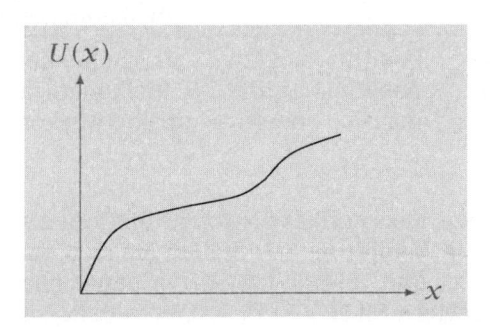

Abbildung 2.8: *Savage-Friedman*-Funktion

So wäre beispielsweise denkbar, dass Individuen bei geringem und bei relativ hohem Vermögen Risikoaversion an den Tag legen, aber dennoch zur Teilnahme an Glücksspielen neigen, wenn diese genügend große Gewinnchancen versprechen. *Friedman* und *Savage* haben etwa eine derartige Nutzenfunktion vorgeschlagen, vgl. Abbildung 2.8.

2.3.2 Intensität der Risikoaversion

Risikofreude und Risikoscheu können unterschiedlich stark ausgeprägt sein. Aus diesem Grunde ist es sinnvoll, Kennzahlen zur Messung der Intensität der Risikoeinstellung zu entwickeln. Wir beschränken uns dabei im Folgenden auf den Fall der Risikoaversion, da dieser in der ökonomischen Theorie eine ungleich größere Rolle spielt als die Risikofreude.

Zweite Ableitung der Nutzenfunktion Unter der Voraussetzung, dass die Nutzenfunktion differenzierbar ist, zeichnet sich durchgehende Risikoscheu dadurch aus, dass die zweite Ableitung der Nutzenfunktion negativ ist, vgl. Tabelle 2.11 auf Seite 63. Daher ist es naheliegend, den Wert der zweiten Ableitung als Maß für den Grad der Risikoabneigung zu verwenden. So wäre ein Entscheider um so risikoscheuer, je größer der Wert der zweiten Ableitung absolut gesehen ist. Bei näherem Hinsehen erweist sich eine solche Messzahl jedoch als unzweckmäßig. Man erinnere sich daran, dass es gleichgültig ist, ob Entscheidungen auf der Grundlage der Nutzenfunktion $U(x)$ oder auf der Grundlage der positiven Lineartransformation $U^*(x) = \alpha + \beta U(x)$ getroffen werden.[18] Beide Funktionen implizieren ein und dieselbe Risikoeinstellung. Ihre beiden zweiten Ableitungen sind jedoch nicht identisch. Sie unterscheiden sich um den Faktor β.

Friedman

Milton Friedman (1912-2006) studierte an der Rutgers University und an der University of Chicago. Nach seiner Promotion an der Columbia University im Jahre 1946 nahm er einen Ruf nach Chicago an und blieb dort bis zu seiner Emeritierung im Jahre 1977. Friedman war einer der führenden Vertreter der monetaristischen Schule, welche die These vertritt, dass die konjunkturelle Entwicklung in erster Linie vom Geldangebot und der Zinspolitik abhängt. Im Jahre 1976 wurde er mit dem Nobelpreis für Wirtschaftswissenschaften ausgezeichnet. (Foto mit freundlicher Genehmigung von Milton Friedman)

---

[18] Siehe Seite 57.

Absolute Risikoaversion Man geht daher einen anderen Weg, um den Grad der Risikoabneigung mit Hilfe einer Kennzahl zu messen. Zu diesem Zweck betrachtet man einen Investor, der sein Vermögen in einer bestimmten Weise auf riskante und sichere Anlagen verteilt, und fragt: „Wie ändert ein rational handelnder Anleger den Anteil riskanter Investitionen, wenn sein Vermögen steigt?"

Ein Beispiel soll die Fragestellung verdeutlichen. Angenommen jemand besitzt einen bestimmten Geldbetrag in Höhe von, sagen wir, $W_0 = 100.000$€. Er kann sein Geld entweder „sicher" in Form einer Sparbucheinlage investieren oder „riskant" anlegen, indem er Aktien kauft. Angenommen, er erwirbt für $R = 40.000$€ Aktien bringt den Rest $W_0 - R = 60.000$€ auf die Sparkasse, so bringt diese Aufteilungsregel seine Risikoneigung zum Ausdruck. Die Frage, die wir uns nun stellen wollen, lautet, wie dieser Investor sein Anlageverhalten ändert, wenn er plötzlich über mehr als 100.000€ verfügt, etwa weil er $dW_0 = 25.000$€ erbt oder im Lotto gewinnt. Drei Fälle sind denkbar. Kauft er keine einzige zusätzliche Aktie, so soll von *konstanter absoluter Risikoabneigung* (englisch: constant absolute risk aversion (CARA)) die Rede sein. Erhöht er dagegen seinen Aktienbestand, legt also nur einen Teil seiner Erbschaft oder seines Lottogewinns auf dem Sparbuch an, so wird von *abnehmender absoluter Risikoaversion* (englisch: decreasing absolute risk aversion (DARA)) gesprochen werden. Reduziert er gar den bisher in Aktien gehaltenen Teil seines Vermögens, liegt *zunehmende absolute Risikoaversion* (englisch: increasing absolute risk aversion (IARA)) vor. Intuitiv ist es am plausibelsten anzunehmen, dass normale Kapitalanleger sich durch abnehmende absolute Risikoaversion (DARA) auszeichnen. Schließlich kann es sich ein Millionär viel eher leisten, Aktien für 1.000€ zu kaufen, die plötzlich unter Kursdruck geraten können, als jemand, der eben seine Lehre abgeschlossen hat und bei weitem nicht so wohlhabend ist wie ein Millionär.

Die Antwort auf unsere Frage hängt vom Ausmaß der Risikoscheu ab. Der Einfluss der Risikoscheu kann mit der so genannten absoluten Risikoaversion (ARA) untersucht werden,[19]

$$ARA(x) = -\frac{U''(x)}{U'(x)}, \qquad (2.16)$$

wobei x für die Konsummöglichkeiten des Investors steht und für die erste und die zweite Ableitung der Nutzenfunktion nach dem Konsum die üblichen Kurzschreibweisen

$$U'(x) := \frac{dU(x)}{dx} \quad \text{und} \quad U''(x) := \frac{d^2 U(x)}{dx^2} \qquad (2.17)$$

benutzt werden. Die absolute Risikoaversion wird auch als *Arrow-Pratt*-Maß bezeichnet. Mit der ersten Ableitung der Kennzahl $ARA(x)$ nach x kann eine Aussage darüber gemacht werden, ob der riskant investierte Vermögensanteil R bei einer Änderung des Anfangsvermögens W_0 steigt, gleich bleibt oder fällt. Man kann näm-

---

[19]Die absolute Risikoaversion ist eine Abbildung von den nicht-negativen reellen in die positiven reellen Zahlen, Definitionsbereich $\{x \in \mathbb{R}_0^+\}$, Wertebereich $ARA(x) \in \mathbb{R}^+$.

2.3. Formen der Risikoeinstellung

lich zeigen, dass

$$\text{IARA:} \quad \frac{d\,ARA(x)}{dx} > 0 \Rightarrow \frac{dR}{dW_0} < 0 \quad (2.18)$$

$$\text{CARA:} \quad \frac{d\,ARA(x)}{dx} = 0 \Rightarrow \frac{dR}{dW_0} = 0 \quad (2.19)$$

$$\text{DARA:} \quad \frac{d\,ARA(x)}{dx} < 0 \Rightarrow \frac{dR}{dW_0} > 0 \quad (2.20)$$

gilt. Wir wollen die hier aufgeführten Zusammenhänge nun beweisen und betrachten zu diesem Zweck folgende Entscheidungssituation:

- Ein Investor verfügt über ein sicheres Anfangsvermögen W_0. Er hat die Möglichkeit, einen Teil R dieses Vermögens in eine Lotterie zu investieren, $0 \leq R \leq W_0$. Der Investor kann höchstens den riskant eingesetzten Betrag R verlieren. Unmittelbar nach der Investition von R erhält der Investor eines der S möglichen Resultate $R\,e^{r_s}$, mit $s = 1, \ldots, S$. Die Eintrittswahrscheinlichkeiten betragen $q_1, \ldots, q_S$.

- Der zustandsabhängige Konsum des Investors nach Öffnung der Lotterielose beläuft sich auf

$$\begin{aligned} x_s &= (W_0 - R) + R\,e^{r_s} \\ &= W_0 + R\,(e^{r_s} - 1) \quad \forall\, s\,. \end{aligned} \quad (2.21)$$

Falls nicht in die Lotterie investiert wird ($R = 0$), ergibt sich $x_s = W_0$. Der zustandsabhängige Konsum kann wegen $0 \leq R \leq W_0$ nicht negativ sein. Der Investor maximiert den Erwartungsnutzen seines Konsums, indem er den Betrag R in die Lotterie investiert,

$$\max_R \sum_{s=1}^{S} U(x_s)\,q_s\,. \quad (2.22)$$

Die Bedingung erster Ordnung erhält man, indem man den Erwartungsnutzen (2.22) unter Beachtung der Budgetrestriktion (2.21) maximiert. Da der zustandsabhängige Konsum eine Funktion von R ist, wird zunächst nach x_s abgeleitet und anschließend mit der inneren Ableitung nach R multipliziert. Unter Verwendung der Kurzschreibweise (2.17) ergibt sich

$$\sum_{s=1}^{S} U'(x_s)\,(e^{r_s} - 1)\,q_s = 0\,. \quad (2.23)$$

Die linke Seite von (2.23) lässt sich als Erwartungswert von mit dem Grenznutzen gewichteten Renditen interpretieren. Da die Nutzenfunktion eines risikoaversen

Investors strikt konkav ist, werden positive Realisationen der Renditen schwächer gewichtet als negative. Geht man davon aus, dass die erwartete Rendite positiv ist, erreicht der Investor sein Nutzenmaximum durch einen hinreichend hohen Anteil riskanter Investitionen.[20]

Wenden wir uns nach diesen Vorbereitungen der Frage zu, welchen Einfluss eine Änderung des Anfangsvermögens W_0 auf die optimale Höhe des riskant angelegten Vermögens R hat. Mit einer Änderung von W_0 ändert sich auch der Wert der linken Seite von (2.23), da x_s gemäß (2.21) eine Funktion von W_0 ist. Um nach einer Veränderung von W_0 wieder ins Optimum zu kommen, muss der Investor sein riskant investiertes Vermögen R so anpassen, dass (2.23) erfüllt bleibt. Formal lassen sich die Zusammenhänge aufdecken, indem man für die linke Seite von (2.23) das totale Differential bestimmt und null setzt.[21] Mit der Kurzschreibweise (2.17) für die zweite Ableitung der Nutzenfunktion erhalten wir

$$\left[\sum_{s=1}^{S} U''(x_s)(e^{r_s} - 1)^2 q_s\right] dR + \left[\sum_{s=1}^{S} U''(x_s)(e^{r_s} - 1) q_s\right] dW_0 = 0. \quad (2.24)$$

Wir gehen also der Frage nach, wie die Änderung einer exogenen Modell-Variablen (hier: W_0) im Optimum auf eine Entscheidungsvariable (hier: R) wirkt. Das nennt man auch komparativ-statische Analyse. Um zu erkennen, wie Risikopräferenzen und Entscheidungen über riskante Investitionen bei Änderungen des Anfangsvermögens zusammenhängen, ist es zweckmäßig, (2.24) zunächst zu

$$\frac{dR}{dW_0} = -\frac{\sum_{s=1}^{S} U''(x_s)(e^{r_s} - 1) q_s}{\sum_{s=1}^{S} U''(x_s)(e^{r_s} - 1)^2 q_s}$$

---

[20] Die Bedingung zweiter Ordnung ist bei strikter Konkavität der Nutzenfunktion erfüllt. Randlösungen betrachten wir im Folgenden nicht. Sie ergeben sich wegen des positiven Grenznutzen insbesondere dann, wenn nur positive Realisationen möglich sind oder wenn die erwartete Rendite kleiner oder gleich null ist. In diesen Fällen legt der Investor sein gesamtes Vermögen entweder riskant oder sicher an.

[21] Allgemein ergibt sich das totale Differential einer Funktion $y = f(x_1, x_2, \ldots, x_n)$ zu

$$dy = \frac{\partial y}{\partial x_1} \cdot dx_1 + \frac{\partial y}{\partial x_2} \cdot dx_2 + \ldots + \frac{\partial y}{\partial x_n} \cdot dx_n,$$

wobei vorausgesetzt wird, dass die partiellen Ableitungen der Funktion existieren und stetig sind. Die Differentiale $dx_1, dx_2, \ldots, dx_n$ stehen für beliebige Zuwächse der unabhängigen Variablen. Für den linken Term in (2.23) notieren wir unter Verwendung von (2.21) in ausführlicher Schreibweise

$$d\left(\sum_{s=1}^{S} U'\big(W_0 + R(e^{r_s} - 1)\big)(e^{r_s} - 1) q_s\right) =$$

$$\frac{\partial \sum_{s=1}^{S} U'\big(W_0 + R(e^{r_s} - 1)\big)(e^{r_s} - 1) q_s}{\partial R} \cdot dR + \frac{\partial \sum_{s=1}^{S} U'\big(W_0 + R(e^{r_s} - 1)\big)(e^{r_s} - 1) q_s}{\partial W_0} \cdot dW_0.$$

Um die erste beziehungsweise zweite partielle Ableitung zu erhalten, wird erst nach x_s abgeleitet und anschließend noch die innere Ableitung nach R beziehungsweise nach W_0 vorgenommen. Das führt schließlich auf Gleichung (2.24).

2.3. Formen der Risikoeinstellung

umzustellen und anschließend mit Hilfe der Definition (2.16) in die Form

$$\frac{dR}{dW_0} = \frac{\sum_{s=1}^{S} ARA(x_s)\, U'(x_s)\, (e^{r_s} - 1)\, q_s}{\sum_{s=1}^{S} U''(x_s)\, (e^{r_s} - 1)^2\, q_s} \qquad (2.25)$$

zu bringen. Blickt man auf die oben aufgestellten Behauptungen (2.18) bis (2.20) zurück, erkennt man, dass nun untersucht werden muss, welches Vorzeichen der Term auf der rechten Seite von (2.25) besitzt, wenn das *Arrow-Pratt*-Maß positiv oder negativ ist beziehungsweise verschwindet. Der Nenner ist bei strikter Konkavität der Nutzenfunktion stets negativ. Beim Vorzeichen des Zählers gibt es drei Möglichkeiten:

- Bei konstanter absoluter Risikoaversion ist das *Arrow-Pratt*-Maß unabhängig vom Zustandsindex s und lässt sich daher vor das Summenzeichen ziehen. Wegen der Bedingung erster Ordnung (2.23) gilt in diesem Fall $dR/dW_0 = 0$. Der riskant investierte Betrag ist infolgedessen unabhängig von der Höhe des Anfangsvermögens.

- Im Falle zunehmender absoluter Risikoaversion ist folgende Überlegung nützlich: Im Zähler von (2.25) steht der Erwartungswert der mit dem *Arrow-Pratt*-Maß und dem Grenznutzen gewichteten Realisationen der Renditen. Wenn dieser Erwartungswert bei konstanter absoluter Risikoaversion den Wert null annimmt, muss er bei zunehmender absoluter Risikoaversion positiv sein, da die positiven Realisation in diesem Fall stärker gewichtet werden als die negativen.[22] Folglich ist das Vorzeichen von (2.25) wegen des negativen Nenners insgesamt negativ. Bei zunehmender absoluter Risikoaversion nimmt also der Betrag riskanter Investitionen mit zunehmendem Vermögen ab, $dR/dW_0 < 0$.

- Vollkommen analog können wir zeigen, dass der Betrag des riskant angelegten Vermögens bei abnehmender absoluter Risikoaversion zunimmt, $dR/dW_0 > 0$.

---

[22]Etwas rigoroser ist folgende Argumentation: Für eine Rendite $r_s = 0$ gilt $x_s = W_0$ und bei zunehmender absoluter Risikoaversion für alle positiven Realisationen der Renditen daher

$$ARA(x_s) > ARA(W_0)$$
$$ARA(x_s)\, U'(x_s)\, (e^{r_s} - 1) > ARA(W_0)\, U'(x_s)\, (e^{r_s} - 1) \qquad \forall\, r_s > 0$$

und für alle nicht-positiven Realisationen der Renditen

$$ARA(x_s) \leq ARA(W_0)$$
$$ARA(x_s)\, U'(x_s)\, (e^{r_s} - 1) \geq ARA(W_0)\, U'(x_s)\, (e^{r_s} - 1) \qquad \forall\, r_s \leq 0\,.$$

Gewichtet man alle Ungleichungen mit den entsprechenden Eintrittswahrscheinlichkeiten, so erhält man durch Summation der Ungleichungen

$$\sum_{s=1}^{S} ARA(x_s)\, U'(x_s)\, (e^{r_s} - 1)\, q_s \;>\; ARA(W_0) \sum_{s=1}^{S} U'(x_s)\, (e^{r_s} - 1)\, q_s \;=\; 0,$$

wobei die rechte Seite wegen der Bedingung erster Ordnung (2.23) den Wert null annimmt.

Die von *Arrow* und *Pratt* entwickelte Kennzahl der absoluten Risikoaversion gestattet uns nun, Risikonutzenfunktionen daraufhin zu untersuchen, ob sie plausibles Risikoverhalten implizieren oder nicht. Wir brauchen nur zu berechnen, ob die erste Ableitung der Kennzahl $ARA(x)$ nach x positiv, negativ oder null ist. Betrachten wir beispielsweise die Nutzenfunktion $U(x) = \sqrt{x}$. Mit den Ableitungen $U'(x) = \frac{1}{2}x^{-\frac{1}{2}}$ und $U''(x) = -\frac{1}{4}x^{-\frac{3}{2}}$ erhalten wir

$$ARA(x) = \frac{1}{2x} \quad \text{und} \quad \frac{dARA(x)}{dx} = -\frac{1}{2x^2} < 0 \; .$$

Das negative Vorzeichen zeigt an, dass die absolute Risikoaversion um so kleiner ist, je reicher der Entscheider ist (abnehmende absolute Risikoaversion). Das kann als plausibel bezeichnet werden.

Für quadratische Nutzenfunktionen $U(x) = x - \frac{1}{2b}x^2$ mit dem Definitionsbereich $b > x \geq 0$ ergibt sich ein ganz anderes Bild. Die Ableitungen belaufen sich auf $U'(x) = 1 - \frac{1}{b}x$ beziehungsweise $U''(x) = -\frac{1}{b}$, woraus man

$$ARA(x) = \frac{1}{b - x} \quad \text{und} \quad \frac{dARA(x)}{dx} = \frac{1}{(b - x)^2} > 0$$

gewinnt. Demnach implizieren quadratische Nutzenfunktionen zunehmende absolute Risikoaversion und dürfen als unplausibel bezeichnet werden.

Wieder anders sieht es mit der exponentiellen Nutzenfunktion $U(x) = -e^{-x/b}$ aus, deren Ableitungen sich zu $U'(x) = b^{-1}e^{-x/b}$ und $U''(x) = -b^{-2}e^{-x/b}$ ergeben. Daraus folgt $ARA(x) = b^{-1}$, was konstante absolute Risikoaversion bedeutet. Auch ein solches Verhalten ist nicht allzu plausibel.

Relative Risikoaversion Die relative Risikoaversion ist eine zweite Kennzahl der Risikoaversion, mit der das Verhalten eines Investors bei Änderungen des Anfangsvermögens charakterisiert werden kann. Im Unterschied zur absoluten Risikoaversion interessiert man sich jetzt jedoch nicht für den Änderung des riskant angelegten Betrags, sondern für die Änderung des relativen Anteils riskanter Investitionen.

Um diese Sichtweise zu veranschaulichen, setzen wir die Betrachtung des Beispiels von Seite 66 fort. Dort ging es um einen Anleger, der sein ursprüngliches Vermögen in Höhe von $W_0 = 100.000$€ im Verhältnis $\alpha = 4:6$ auf Aktie und Sparbuch aufteilte und plötzlich über die Verwendung weiterer 25.000€ zu disponieren hatte. Wenn das zusätzliche Vermögen von 25.000€ nun ebenfalls wieder im Verhältnis $\alpha = 4:6$ aufgeteilt wird, so spricht man von *konstanter relativer Risikoaversion* (englisch: constant relative risk aversion (CRRA)). Sinkt das Verhältnis auf beispielsweise $\alpha = 3:7$, dann wird weniger Geld für die riskante Anlageform ausgegeben, und es ist von *zunehmender relativer Risikoaversion* (englisch: increasing relative risk aversion (IRRA)) die Rede. Wenn die Erhöhung des Reichtums den Investor schließlich dazu veranlassen sollte, den zusätzlich verfügbaren Betrag im

2.3. Formen der Risikoeinstellung

Verhältnis $\alpha = 5 : 5$ auf Aktien und Sparbuch aufzuteilen, würde man von *abnehmender relativer Risikoscheu* (englisch: decreasing relative risk aversion (DRRA)) sprechen.

Will man analysieren, wie sich eine Veränderung des Wohlstands dW_0 auf das Aufteilungsverhältnis α auswirkt, verwendet man zweckmäßigerweise die relative Risikoaversion (RRA)

$$RRA(x) = -\frac{U''(x)}{U'(x)} x \qquad (2.26)$$
$$= ARA(x)\, x\,.$$

Mit der ersten Ableitung der Kennzahl $RRA(x)$ nach x kann eine Aussage darüber gemacht werden, ob der riskant investierte relative Anteil α bei einer Änderung des Anfangsvermögens W_0 fällt, gleich bleibt oder steigt. Man kann nämlich zeigen, dass

$$\text{IRRA:} \quad \frac{d\,RRA(x)}{dx} > 0 \Longrightarrow \frac{d\alpha}{dW_0} < 0$$

$$\text{CRRA:} \quad \frac{d\,RRA(x)}{dx} = 0 \Longrightarrow \frac{d\alpha}{dW_0} = 0$$

$$\text{DRRA:} \quad \frac{d\,RRA(x)}{dx} < 0 \Longrightarrow \frac{d\alpha}{dW_0} > 0$$

gilt. Der Nachweis für die Richtigkeit dieser Behauptungen lässt sich führen, indem man ganz ähnlich vorgeht wie bei der absoluten Risikoaversion. Wir können uns daher im Folgenden etwas kürzer fassen.

Statt des absoluten Betrages R legt der Investor jetzt einen relativen Anteil α riskant an, $0 \leq \alpha \leq 1$. Unter ansonsten gleichen Bedingungen lautet das Maximierungsproblem des Investors

$$\max_{\alpha} \sum_{s=1}^{S} U(x_s)\, q_s\,,$$

mit der Budgetrestriktion

$$\begin{aligned} x_s &= (1-\alpha)\,W_0 + \alpha\,W_0\,e^{r_s} \\ &= W_0\,(1+\alpha\,(e^{r_s}-1)) \qquad \forall\, s\,. \end{aligned} \qquad (2.27)$$

Die Bedingung erster Ordnung ergibt sich unter Verwendung der Kurzschreibweise (2.17) zu

$$\sum_{s=1}^{S} U'(x_s)\,W_0\,(e^{r_s}-1)\,q_s = 0\,. \qquad (2.28)$$

Der Einfluss einer Änderung des Anfangsvermögens W_0 auf den relativen Anteil riskant angelegten Vermögens α kann mit dem totalen Differential der Optimalitätsbedingung (2.28) untersucht werden,

$$\left[\sum_{s=1}^{S} U''(x_s)\, W_0^2\, (e^{r_s}-1)^2\, q_s\right] d\alpha$$

$$+ \left[\sum_{s=1}^{S} U''(x_s)\, W_0\, (e^{r_s}-1)\, (1+\alpha\,(e^{r_s}-1))\, q_s\right] dW_0 = 0. \qquad (2.29)$$

Wegen der Budgetrestriktion (2.27) können wir in der zweiten Zeile von (2.29) den Term $W_0\,(1+\alpha\,(e^{r_s}-1))$ durch x_s ersetzen. Elementare Umformung ergibt

$$\frac{d\alpha}{dW_0} = -\frac{\sum_{s=1}^{S} U''(x_s)\, x_s\, (e^{r_s}-1)\, q_s}{\sum_{s=1}^{S} U''(x_s)\, W_0^2\, (e^{r_s}-1)^2\, q_s}$$

und mit der Definition der relativen Risikoaversion (2.26) endlich

$$\frac{d\alpha}{dW_0} = \frac{\sum_{s=1}^{S} RRA(x_s)\, U'(x_s)\, (e^{r_s}-1)\, q_s}{\sum_{s=1}^{S} U''(x_s)\, W_0^2\, (e^{r_s}-1)^2\, q_s}. \qquad (2.30)$$

Wegen der Konkavität der Nutzenfunktion ist der Nenner des rechten Terms von (2.30) negativ. Das Vorzeichen des Zählers ist unbestimmt, kann aber analog zur absoluten Risikoaversion untersucht werden. Wir fassen uns im Folgenden daher kurz und verzichten auf Formalitäten.

- Bei konstanter relativer Risikoaversion lässt sich das *Arrow-Pratt*-Maß im Zähler von (2.30) vor das Summenzeichen ziehen. Wegen der Bedingung erster Ordnung (2.28) ist in diesem Fall der riskant angelegte relative Anteil des Vermögens unabhängig von der Höhe des gesamten Vermögens, $d\alpha/dW_0 = 0$.

- Im Vergleich zur konstanten relativen Risikoaversion werden bei zunehmender relativer Risikoaversion positive Realisationen der Renditen stärker gewichtet als negative. Wegen des negativen Nenners ist das Vorzeichen von (2.30) daher insgesamt negativ. Der Anteil des riskant angelegten Vermögens nimmt bei zunehmender relativer Risikoaversion ab, $d\alpha/dW_0 < 0$.

- Umgekehrt nimmt der Anteil des riskant angelegten Vermögens bei abnehmender relativer Risikoaversion zu, $d\alpha/dW_0 > 0$.

Will man untersuchen, welche Eigenschaften die Nutzenfunktion $U(x) = \ln x$ besitzt, so ist es hilfreich, zunächst die ersten beiden Ableitungen zu bilden. Man erhält

$$U'(x) = x^{-1} \quad \text{und} \quad U''(x) = -x^{-2}.$$

2.3. Formen der Risikoeinstellung

Für die absolute Risikoaversion und ihre Veränderung auf Grund einer Erhöhung der Konsummöglichkeiten ergibt sich mit $x > 0$

$$ARA(x) = \frac{1}{x} \quad \text{und} \quad \frac{dARA(x)}{dx} = -\frac{1}{x^2} < 0,$$

während man für die relative Risikoaversion und ihre Veränderung

$$RRA(x) = 1 \quad \text{und} \quad \frac{dRRA(x)}{dx} = 0$$

erhält. Die Nutzenfunktion $U(x) = \ln x$ impliziert also abnehmende absolute und konstante relative Risikoscheu, eine Einstellung, die man als recht plausibel akzeptieren kann.

Ein ganz ähnliches Ergebnis erhält man für die Wurzelfunktion $U(x) = \sqrt{x}$, für die wir auf Seite 70 bereits $ARA(x) = \frac{1}{2x}$ berechneten, woraus sich abnehmende absolute Risikoaversion ergeben hatte. Für die relative Risikoaversion erhalten wir hier $RRA(x) = \frac{1}{2}$, was ebenso wie bei der Logarithmusfunktion konstante relative Risikoaversion bedeutet.

2.3.3 Risikoprämien

Um das Konzept der Risikoprämie zu verstehen, stellt man sich zweckmäßigerweise vor, dass ein Entscheider sowohl sicheres Vermögen in Höhe von W_0 als auch die riskante Lotterie $[x_1, \ldots, x_S \| q_1, \ldots, q_S]$ besitzt. Bei den Lotterieresultaten x_s soll es sich ohne Ausnahme um Zahlungen handeln, die sofort fällig sind.

Lotteriepreis Wenn der Entscheider risikoscheu ist, so ist er bereit, diese Lotterie zu einem Preis zu verkaufen, der kleiner als der Erwartungswert der Lotterieergebnisse $E[\tilde{x}]$ ist. Er gewährt einen Preisnachlass in Höhe von π, den wir Risikoprämie nennen. Für die Risikoprämie, die man einem Entscheider mit einem sicheren Vermögen W_0 und der Nutzenfunktion $U(\cdot)$ mindestens bieten muss, gilt nun offensichtlich

$$E\left[U(W_0 + \tilde{x})\right] = U\Big(W_0 + \underbrace{E[\tilde{x}] - \pi}_{\text{Lotteriepreis}}\Big). \tag{2.31}$$

Der Erwartungsnutzen aus dem Besitz von Anfangsvermögen und Lotterie muss gerade so groß sein wie der Nutzen aus Anfangsvermögen und Lotteriepreis. Dabei ist der *Lotteriepreis* die Differenz zwischen dem (objektiven) Erwartungswert der Lotterieergebnisse und der (subjektiven) Risikoprämie. Das Individuum wird daher die Lotterie verkaufen, wenn es mindestens $E[\tilde{x}] - \pi$ erhält, und sonst nicht. In unserer bisherigen Sprache ist also $E[\tilde{x}] - \pi$ der *faire Preis* oder auch Barwert[23]

---

[23]Es sei daran erinnert, dass die Lotterie nach unserer Annahme sofort stattfinden wird. Deshalb spielt die Zeitpräferenz des Entscheiders hier bei der Barwertbestimmung keine Rolle.

der Lotterie für das Individuum. Für einen Risikoneutralen ist die Risikoprämie natürlich $\pi = 0$, gleichgültig wie groß sein sicheres Vermögen W_0 ist. Für ihn ist daher $E[\tilde{x}]$ der faire Preis der Lotterie. Und so hatten wir ihn auch auf Seite 62 definiert. Risikoneutral hatten wir eine Person genannt, die ein Spiel mit dem Preis $E[\tilde{x}]$ akzeptiert.

Markowitz-Risikoprämie Da alle von uns betrachteten Nutzenfunktionen strikt monoton steigen,[24] existieren immer auch die Umkehrfunktionen der Nutzenfunktionen. Mit Hilfe der Umkehrfunktion, die wir als $U^{-1}(\cdot)$ schreiben wollen, kann man die Risikoprämie π stets explizit berechnen. Es ist nämlich

$$U^{-1}\Big(E[U(W_0 + \tilde{x})]\Big) = W_0 + E[\tilde{x}] - \pi$$

oder nach geeigneter Umformung

$$\pi = W_0 + E[\tilde{x}] - U^{-1}\Big(E[U(W_0 + \tilde{x})]\Big). \tag{2.32}$$

Den Ausdruck $U^{-1}(E[U(W_0 + \tilde{x})])$ nennt man auch das *Sicherheitsäquivalent*. Gleichung (2.32) sagt also: Risikoprämie ist die Differenz zwischen erwartetem Endvermögen und Sicherheitsäquivalent. Diese Definition geht auf *Markowitz* zurück. Zur Veranschaulichung der Berechnung von Risikoprämien untersuchen wir zwei Beispiele. Das sichere Vermögen eines Individuums betrage $W_0 = 50$, und seine Nutzenfunktion sei $U(x) = \sqrt{x}$. Vor diesem Hintergrund wollen wir die Risikoprämien für zwei in ihrer Struktur sehr verschiedene Lotterien ermitteln.

1. Betrachten Sie zunächst die Lotterie [100, −20∥0,5, 0,5]. Hier haben Sie die 50:50-Chance, entweder 100 zu gewinnen oder 20 zu verlieren. Für diese Lotterie beläuft sich der Erwartungswert der Lotterieresultate auf

$$E[\tilde{x}] = 0{,}5 \cdot 100 + 0{,}5 \cdot (-20) = 40\,.$$

Der Erwartungsnutzen aus dem Besitz der Lotterie und des sicheren Anfangsvermögens beträgt für unser Individuum

$$E[U(W_0 + \tilde{x})] = 0{,}5 \cdot \sqrt{150} + 0{,}5 \cdot \sqrt{30} = 8{,}862\,.$$

Das Sicherheitsäquivalent dieser Position ist dasjenige sichere Vermögen W^*, das ebenfalls den Nutzen 8,862 stiftet,

$$U(W^*) = \sqrt{W^*} = 8{,}862 \quad \Longrightarrow \quad W^* = 8{,}862^2 = 78{,}54\,.$$

Da wir die Abbildungsvorschrift von einem gegebenen Nutzenniveau U auf den dazugehörigen Wert der Variablen x mit U^{-1} bezeichneten, gilt $x =$

---

[24]Vgl. Tabelle 2.11, aus der folgt, dass stets $U'(x) > 0$ gilt.

2.3. Formen der Risikoeinstellung

$U^{-1}(U) = U^2$. Und wir können die beiden oberen Zeilen auch in der kompakten Form

$$U^{-1}\Big(\mathrm{E}[U(W_0 + \tilde{x})]\Big) = \Big(0{,}5 \cdot \sqrt{150} + 0{,}5 \cdot \sqrt{30}\Big)^2 = 78{,}54$$

schreiben. Daraus ergibt sich gemäß (2.32) eine Risikoprämie in Höhe von

$$\pi = 50 + 40 - 78{,}54 = 11{,}46.$$

Der Entscheider würde diese Lotterie also bereits verkaufen, wenn man ihm dafür mindestens den Preis

$$\Pi = \mathrm{E}[\tilde{x}] - \pi = 40 - 11{,}46 = 28{,}54$$

bietet.

2. Jetzt betrachten Sie die Lotterie [3, −2∥0,4, 0,6], bei der man mit 40 % Wahrscheinlichkeit 3 gewinnt und mit 60 % Wahrscheinlichkeit 2 verliert. Das ist eine so genannte *neutrale Lotterie,* weil der Erwartungswert der Lotterieresultate null ist,

$$\mathrm{E}[\tilde{x}] = 0{,}4 \cdot 3 + 0{,}6 \cdot (-2) = 0.$$

Gegenüber der vorher betrachteten Lotterie ist das in ihr enthaltene Risiko darüber hinaus „klein". Für das Sicherheitsäquivalent erhält man

$$U^{-1}\Big(\mathrm{E}[U(W_0 + \tilde{x})]\Big) = \Big(0{,}4 \cdot \sqrt{53} + 0{,}6 \cdot \sqrt{48}\Big)^2 = 49{,}97,$$

woraus sich die Risikoprämie sofort mit

$$\pi = 50 + 0 - 49{,}97 = 0{,}03$$

ergibt. Der Entscheider würde die zweite Lotterie also zum Preis von

$$\Pi = \mathrm{E}[\tilde{x}] - \pi = 0 - 0{,}03 = -0{,}03$$

verkaufen. Anders formuliert: Er würde für die Versicherung gegen dieses Risiko eine Prämie von 0,03 zahlen.

Approximation der Risikoprämie mit dem Arrow-Pratt-Maß *Arrow* und *Pratt* haben gezeigt, wie man die Risikoprämie in zwei Komponenten zerlegen kann, von denen die eine die Intensität der Risikoabneigung und die andere das Gewicht des in der Lotterie verkörperten Risikos ist. Um das *Arrow-Pratt*-Maß abzuleiten, erinnern wir uns an Gleichung (2.31) von Seite 73,

$$\mathrm{E}\Big[U(W_0 + \tilde{x})\Big] = U\Big(W_0 + \mathrm{E}[\tilde{x}] - \pi\Big) \tag{2.33}$$

Arrow

Kenneth J. Arrow (1921-) studierte Mathematik und Volkswirtschaftslehre und wurde anschließend Forschungsassistent bei der Cowles Commission. Dort prägten ihn vor allem Tjalling Koopmans und Jacob Marschak. Von 1949 bis 1968 war er an der Stanford University als Professor für Ökonomie, Statistik und Operations Research tätig. Von 1969 bis 1979 lehrte Arrow an der Harvard University, um anschließend wieder nach Stanford zurückzukehren. Im Zentrum seiner inzwischen zu einem Klassiker avancierten Doktorarbeit steht die Erkenntnis, dass aus individuellen Entscheidungen auf soziale Entscheidungen geschlossen werden kann. Arrows verblüffende Schlussfolgerung war das so genannte Unmöglichkeitstheorem, wonach individuelle und soziale Präferenzrelationen unter bestimmten Bedingungen nicht identisch sein können. 1965 führte er das Arrow-Pratt-Maß als Maß für die Intensität der Risikoaversion ein. Arrow ist einer der renommiertesten Wirtschaftswissenschaftler unserer Zeit. 1972 wurde er zusammen mit John Hicks mit dem Nobelpreis für Wirtschaftswissenschaften ausgezeichnet. (Foto mit freundlicher Genehmigung von Kenneth Arrow)

und approximieren beide Seiten dieser Gleichung durch *Taylor*-Reihenentwicklungen.

Mit *Arrow* und *Pratt* setzen wir voraus, dass die Differenzen zwischen den Realisationen der Zufallsvariablen und ihrem Erwartungswert „klein" sind, dass also das in der Lotterie enthaltene Risiko bescheiden ist. Wir wenden uns zunächst der rechten Seite von (2.33) zu und entwickeln die *Taylor*-Reihe der Funktion $U(W_0 + \mathrm{E}[\tilde{x}] - \pi)$ an der Stelle $W_0 + \mathrm{E}[\tilde{x}]$ bis zur ersten Ableitung. Das ergibt

$$U\left(W_0 + \mathrm{E}[\tilde{x}] - \pi\right) \approx U\left(W_0 + \mathrm{E}[\tilde{x}]\right) + U'\left(W_0 + \mathrm{E}[\tilde{x}]\right) \cdot (-\pi). \qquad (2.34)$$

Entsprechend entwickeln wir auch die linke Seite von (2.33) bis zum ersten Reihenglied. Betrachten wir die *Taylor*-Reihe der Funktion $U(W_0 + x)$ für eine Zufallsvariable $\tilde{x}$ an der Stelle $W_0 + \mathrm{E}[\tilde{x}]$, so erhalten wir

$$U\left(W_0 + \tilde{x}\right) \approx U\left(W_0 + \mathrm{E}[\tilde{x}]\right) + U'\left(W_0 + \mathrm{E}[\tilde{x}]\right) \cdot (\tilde{x} - \mathrm{E}[\tilde{x}]).$$

2.3. Formen der Risikoeinstellung

Bildet man hiervon den Erwartungswert, so verschwindet der zweite Term, denn

$$\begin{aligned} \mathrm{E}\left[U(W_0+\tilde{x})\right] &\approx \mathrm{E}\left[U\left(W_0+\mathrm{E}[\tilde{x}]\right)+U'\left(W_0+\mathrm{E}[\tilde{x}]\right)\cdot(\tilde{x}-\mathrm{E}[\tilde{x}])\right] \\ &\approx U\left(W_0+\mathrm{E}[\tilde{x}]\right)+U'\left(W_0+\mathrm{E}[\tilde{x}]\right)\cdot\mathrm{E}\left[(\tilde{x}-\mathrm{E}[\tilde{x}])\right] \\ &\approx U(W_0+\mathrm{E}[\tilde{x}])+0. \end{aligned} \quad (2.35)$$

Würden wir jetzt (2.35) und (2.34) in Gleichung (2.31) einsetzen, so erhielten wir ein Ergebnis, das bei Risikoabneigung nicht hingenommen werden kann, nämlich

$$\begin{aligned} U(W_0+\mathrm{E}[\tilde{x}]) &\approx U(W_0+\mathrm{E}[\tilde{x}])+U'(W_0+\mathrm{E}[\tilde{x}])\cdot(-\pi) \\ 0 &\approx U'(W_0+\mathrm{E}[\tilde{x}])\cdot(-\pi). \end{aligned}$$

Unterstellt man nun vernünftigerweise positiven Grenznutzen, so wäre

$$\pi \approx 0$$

die unausweichliche Folge. Das ist bei Risikoabneigung nicht akzeptabel. Daher sind wir gezwungen, die Reihenentwicklung der linken Seite von (2.33) bis zur zweiten Ableitung voranzutreiben, was

$$\begin{aligned} U(W_0+\tilde{x}) \approx\; & U(W_0+\mathrm{E}[\tilde{x}])+U'(W_0+\mathrm{E}[\tilde{x}])\cdot(\tilde{x}-\mathrm{E}[\tilde{x}]) \\ & +\frac{1}{2}U''(W_0+\mathrm{E}[\tilde{x}])\cdot(\tilde{x}-\mathrm{E}[\tilde{x}])^2 \end{aligned}$$

ergibt. Bildet man auch hier wieder die Erwartungswerte und beachtet die Tatsache, dass $U(W_0+\mathrm{E}[\tilde{x}])$ sowie die Ableitungen Konstante sind, so kann man für die linke Seite von (2.33)

$$\begin{aligned} \mathrm{E}\left[U(W_0+\tilde{x})\right] &\approx U\left(W_0+\mathrm{E}[\tilde{x}]\right)+U'\left(W_0+\mathrm{E}[\tilde{x}]\right)\cdot\mathrm{E}\left[\tilde{x}-\mathrm{E}[\tilde{x}]\right] \\ &\quad +\frac{1}{2}U''\left(W_0+\mathrm{E}[\tilde{x}]\right)\cdot\mathrm{E}\left[(\tilde{x}-\mathrm{E}[\tilde{x}])^2\right] \\ &\approx U\left(W_0+\mathrm{E}[\tilde{x}]\right)+\frac{1}{2}U''\left(W_0+\mathrm{E}[\tilde{x}]\right)\cdot\mathrm{Var}[\tilde{x}] \end{aligned} \quad (2.36)$$

schreiben. Setzen wir (2.34) und (2.36) in Gleichung (2.31) ein und lösen nach π auf, so erhalten wir

$$\pi \approx \frac{1}{2}\mathrm{Var}[\tilde{x}]\cdot\left(-\frac{U''(W_0+\mathrm{E}[\tilde{x}])}{U'(W_0+\mathrm{E}[\tilde{x}])}\right),$$

eine Gleichung zur approximativen Berechnung von Risikoprämien mit „kleinem" Risiko. Im von *Arrow* und *Pratt* speziell analysierten Fall neutraler Lotterien ($\mathrm{E}[\tilde{x}]=0$) vereinfacht sich diese Gleichung zu

$$\pi \approx \frac{1}{2}\mathrm{Var}[\tilde{x}]\cdot\left(-\frac{U''(W_0)}{U'(W_0)}\right). \quad (2.37)$$

Wir stellen fest: Die Risikoprämie π ist näherungsweise die Hälfte des Produkts aus dem „objektiv in der Lotterie enthaltenen Risiko", gemessen an der Varianz der Ergebnisse, und dem „subjektiven Grad der Risikoabneigung", gemessen durch die Kennzahl der absoluten Risikoaversion. Rechnen wir mit den neu gewonnenen Formeln die Risikoprämie für unser obiges Beispiel mit der neutralen Lotterie [3, −2∥0,4, 0,6] noch einmal nach.[25] Bereits auf Seite 70 hatten wir uns klargemacht, dass für eine Nutzenfunktion $U(\sqrt{W_0})$

$$ARA(W_0) = \frac{1}{2W_0}$$

gilt, woraus sich mit $W_0 = 50$ ein *Arrow-Pratt*-Maß von $ARA(50) = 0,01$ ergibt. Die Varianz der Lotterie beträgt

$$\text{Var}[\tilde{x}] = 0,4 \cdot 3^2 + 0,6 \cdot (-2)^2 = 6\,.$$

Für die Risikoprämie erhält man daher aus Gleichung (2.37)

$$\pi \approx \frac{1}{2} \cdot \text{Var}[\tilde{x}] \cdot ARA(W_0) = 0,5 \cdot 6 \cdot 0,01 = 0,03\,,$$

das gleiche Ergebnis wie oben.[26]

2.3.4 Ausgewählte Nutzenfunktionen und ihre Beurteilung

Tabelle 2.12 fasst zusammen, zu welchen Ergebnissen wir in Bezug auf die absolute und relative Risikoaversion für bestimmte Nutzenfunktionen gekommen sind, die man in der Literatur gerne benutzt.[27] Man entnimmt der Tabelle, dass quadratische Nutzenfunktionen kaum als besonders einleuchtend anzusehen sind, da sie zunehmende absolute Risikoabneigung implizieren. Etwas plausibler sind dagegen exponentielle Nutzenfunktionen, weil sie mit der Annahme einhergehen, dass die absolute Risikoaversion mit sich veränderndem Wohlstand wenigstens gleich bleibt. Am plausibelsten sind aber offensichtlich die Wurzel- und die Logarithmusfunktion.

---

[25] Siehe Seite 75. Die Rechnung verdeutlicht, dass es sich beim *Arrow-Pratt*-Maß, ähnlich wie bei einer Elastizität, um ein lokales Maß handelt.
[26] Siehe Seite 75.
[27] Siehe dazu Seite 70 und Seite 72.

2.3. Formen der Risikoeinstellung

Tabelle 2.12: Ausgewählte Nutzenfunktionen und absolute sowie relative Risikoabneigung

Nutzenfunktion	ARA	RRA
$U(x) = x - \frac{1}{2b}x^2$	IARA	IRRA
$U(x) = -e^{-x/b}$	CARA	IRRA
$U(x) = \sqrt{x}$	DARA	CRRA
$U(x) = \ln x$	DARA	CRRA

HARA-Funktionen Als HARA-Funktionen (hyperbolic absolute risk aversion) bezeichnet man eine Klasse von Nutzenfunktionen des Typs[28]

$$U(x) = \frac{1}{a-1}\left(ax + b\right)^{\frac{a-1}{a}} \quad \text{mit } ax + b > 0, \quad (2.38)$$

die sich als sehr reichhaltig erweist. Durch geeignete Wahl der Parameter a und b lassen sich mit diesem Funktionstyp die Risikopräferenzen eines Entscheiders leicht abbilden.

Das Vorzeichen von a charakterisiert die Art der absoluten Risikoaversion, das Vorzeichen von b bestimmt die relative Risikoaversion. Einzelheiten sind in Tabelle 2.13 dargestellt. Negative Werte für a und b gelten empirisch als wenig plausibel. Positive Werte von a kennzeichnen einen Investor mit abnehmender absoluter Risikoaversion (DARA), also einer Risikoeinstellung, die allgemein als plausibel angesehen wird. Nimmt a den Wert null oder einen negativen Wert an, sprechen

Tabelle 2.13: HARA-Nutzenfunktionen und Risikoaversion

	DRRA	CRRA	IRRA
DARA	$a > 0$ und $b < 0$	$a > 0$ und $b = 0$	$a > 0$ und $b > 0$
CARA			$a \to 0$ und $b > 0$
IARA			$a < 0$ und $b > 0$

---

[28] In der Literatur findet man die HARA-Funktion auch in der Form

$$U(x) = \frac{1-c}{c}\left(\frac{\alpha x}{1-c} + b\right)^c \quad \text{mit } \frac{\alpha x}{1-c} + b > 0.$$

Es kann gezeigt werden, dass diese Darstellung mit (2.38) äquivalent ist, wenn man den Niveauparameter $\alpha = 1$ setzt und $a = \frac{1}{1-c}$ wählt.

wir von konstanter (CARA) beziehungsweise zunehmender absoluter Risikoaversion (IARA). Positive Werte von b stehen für zunehmende relative Risikoaversion (IRRA), negative für abnehmende relative Risikoaversion (DRRA) und der Wert $b = 0$ für konstante relative Risikoaversion (CRRA). Vier der Kombinationen von absoluter und relativer Risikoaversion sind aufgrund der allgemeinen Definitionen dieser Risikoaversionsmaße ausgeschlossen.

Der Zusammenhang zwischen absoluter und relativer Risikoaversion folgt aus der ersten Ableitung der relativen Risikoaversion gemäß Definition (2.26) nach x,

$$\frac{d\,RRA(x)}{dx} = \frac{d\,ARA(x)}{dx} x + ARA(x).$$

Wenn CARA oder IARA gegeben sind, muss also die relative Risikoaversion zwangsläufig zunehmen (IRRA). Das leuchtet auch unmittelbar ein, wenn man sich noch einmal klar macht, welches Investitionsverhalten absolute und relative Risikoaversion implizieren.

Um die Richtigkeit der in Tabelle 2.13 gemachten Angaben zu prüfen, betrachten wir die absolute und die relative Risikoaversion für den hier diskutierten Funktionstyp genauer. Dafür bilden wir zunächst die erste und zweite Ableitung der HARA-Funktion (2.38),

$$U'(x) = \left(ax + b\right)^{-\frac{1}{a}} > 0,$$

$$U''(x) = -\left(ax + b\right)^{-\frac{a+1}{a}} < 0.$$

Für die Risikoaversionsmaße (2.16) und (2.26) erhalten wir daraus

$$ARA(x) = \frac{1}{ax+b} \quad \text{und} \quad RRA(x) = \frac{x}{ax+b}$$

und für die ersten Ableitungen nach x

$$\frac{d\,ARA(x)}{dx} = \frac{-a}{(ax+b)^2} \quad \text{und} \quad \frac{d\,RRA(x)}{dx} = \frac{b}{(ax+b)^2}.$$

Die Angaben in Tabelle 2.13 erweisen sich also als korrekt. Angemerkt sei noch, dass der Kehrwert der absoluten Risikoaversion als Risikotoleranz bezeichnet wird. Dementsprechend zeichnen sich HARA-Funktionen durch eine lineare Risikotoleranz aus.

Im Folgenden wenden wir uns noch einigen gerne verwendeten Spezialfällen der HARA-Funktion zu. Dabei gehen wir auf die Grenzwerte von (2.38) für $a \to 0$, $a \to 1$ und $a \to \infty$ sowie $a = -1$ und $a = 2$ ein.

Quadratische Funktion Mit $a = -1$ erhält man eine quadratische Nutzenfunktion. Einsetzen von $a = -1$ in die HARA-Funktion (2.38) führt zu

$$U(x) = -\frac{1}{2}\left(b - x\right)^2 \quad \text{mit } b > x,$$

2.3. Formen der Risikoeinstellung

oder nach positiver Lineartransformation so wie in Tabelle 2.12 zu

$$U^*(x) = x - \frac{1}{2b}x^2.$$

Exponentialfunktion Eine derartige Nutzenfunktion gewinnt man mit $a \to 0$. Um das zu erkennen, empfiehlt es sich, zunächst eine positive Lineartransformation der HARA-Funktion (2.38) vorzunehmen. Mit $b > 0$ entsteht die gleichwertige Nutzenfunktion

$$U^*(X) = \frac{1}{a-1}\left(ax+b\right)^{\frac{a-1}{a}} b^{-\frac{a-1}{a}} = \frac{1}{a-1}\left(\frac{ax}{b}+1\right)^{\frac{a-1}{a}}.$$

Daraus gewinnen wir

$$U^*(x) = \frac{1}{a-1}\left(\frac{ax}{b}+1\right)^{\frac{b}{ax}\cdot\frac{ax}{b}\cdot\frac{a-1}{a}} = \frac{1}{a-1}\left(\left(\frac{ax}{b}+1\right)^{\frac{b}{ax}}\right)^{\frac{(a-1)x}{b}},$$

was sich mit $n = \frac{b}{ax}$ zu

$$U^*(x) = \frac{1}{a-1}\left(\left(1+\frac{1}{n}\right)^n\right)^{\frac{(a-1)x}{b}}$$

umformen lässt. Nun betrachten wir den Grenzwert dieser Funktion für $a \to 0$ und beobachten, dass für die Hilfsvariable n

$$\lim_{a \to 0} n = \lim_{a \to 0} \frac{b}{ax} \to \infty$$

gilt. Infolgedessen erhalten wir für den Grenzwert der Nutzenfunktion

$$\lim_{a \to 0} U^*(x) = \lim_{a \to 0} \frac{1}{a-1}\left(\lim_{n \to \infty}\left(1+\frac{1}{n}\right)^n\right)^{\lim_{a \to 0} \frac{(a-1)x}{b}}$$

und das ist tatsächlich die angekündigte Funktion

$$U^*(x) = -e^{-x/b}. \tag{2.39}$$

Potenzfunktion Die Potenzfunktion (englisch: power function) wird in ökonomischen Modellen häufig verwendet.[29] Sie entsteht, wenn man in der HARA-Funktion (2.38) die Parameter $b = 0$ und $a = 1/y$ setzt,

$$U(x) = \frac{y}{1-y}\left(\frac{x}{y}\right)^{1-y}.$$

---

[29] Man spricht auch von Power Utility.

Nach positiver Lineartransformation erhält man die in der Literatur übliche Schreibweise

$$U^*(x) = \frac{1}{1-\gamma} x^{1-\gamma} \quad \text{mit } \gamma > 0 \text{ und } \gamma \neq 1. \tag{2.40}$$

Die Potenzfunktion zeichnet sich durch konstante relative Risikoaversion aus. Es lässt sich leicht zeigen, dass der Parameter γ in der Nutzenfuntion (2.40) dem Grad der konstanten relativen Risikoaversion entspricht. Es gilt also $RRA(x) = \gamma$.

Logarithmusfunktion Die Logarithmusfunktion wird gewonnen, indem man für die Potenzfunktion (2.40) den Grenzfall $\gamma \to 1$ betrachtet. Um das zu zeigen, setzen wir $\gamma = 1 - c$, nehmen mit Hilfe der Subtraktion von $1/c$ eine weitere positive Lineartransformation vor und untersuchen den Grenzübergang für $c \to 0$,[30]

$$\lim_{c \to 0} U^*(x) = \lim_{c \to 0} \left(\frac{x^c - 1}{c} \right).$$

Das ist ein unbestimmter Ausdruck, der mit der Regel von *de L'Hospital* und der Ableitungsregel für Exponentialfunktionen ausgewertet werden kann,[31]

$$\lim_{\alpha \to 0} U^*(x) = \lim_{c \to 0} \frac{d(x^c - 1)}{dc} = \lim_{c \to 0} (\ln x \cdot x^c) = \ln x.$$

Wurzelfunktion Mit $\gamma = 1/2$ nimmt die Potenzfunktion (2.40) die Form $U(x) = 2\sqrt{x}$ an, woraus sich nach positiver Lineartransformation

$$U^*(x) = \sqrt{x}$$

ergibt. Wegen $a = 1/\gamma$ kann die Wurzelfunktion auch als Spezialfall HARA-Funktion mit $a = 2$ und $b = 0$ aufgefasst werden.

Lineare Funktion Abschließend betrachten wir noch einen Grenzfall für risikoaverse Investoren. Für $a \to \infty$ und $b = 0$ nimmt die HARA-Funktion die Gestalt einer linearen Funktion an. Um den Nachweis zu führen, können wir wegen $b = 0$ statt der HARA-Funktion vereinfachend wieder die Potenzfunktion (2.40) betrachten. Wegen $a = 1/\gamma$ gilt $\lim_{a \to \infty} \gamma = 0$. Die Potenzfunktion vereinfacht sich in diesem Grenzfall zu

$$U^*(x) = x.$$

Investoren mit linearer Nutzenfunktion sind risikoneutral. Je größer man den Parameter a für die HARA-Funktion (2.38) wählt, desto stärker nähert man sich diesem Grenzfall an.

Tabelle 2.14 fasst die sechs Spezialfälle der HARA-Funktion noch einmal übersichtlich zusammen.

---

[30] Aus $c \to 0$ folgt $\gamma \to 1$ und damit auch $a \to 1$, da $a = 1/\gamma$ ist.
[31] Siehe mathematischer Anhang Seite 513 und Seite 510.

2.3. Formen der Risikoeinstellung

Tabelle 2.14: Parameterwahl für spezielle Nutzenfunktionen der HARA-Klasse

Parameterwahl		Nutzenfunktion	Funktionstyp
$a = -1$	$b > 0$	$U^*(x) = x - \frac{1}{2b}x^2$	Quadratische Funktion
$a \to 0$	$b > 0$	$U^*(x) = -e^{-x/b}$	Exponentialfunktion
$a = \frac{1}{\gamma}$	$b = 0$	$U^*(x) = \frac{1}{1-\gamma} x^{1-\gamma}$	Potenzfunktion
$a \to 1$	$b = 0$	$U^*(x) = \ln x$	Logarithmusfunktion
$a = 2$	$b = 0$	$U^*(x) = \sqrt{x}$	Wurzelfunktion
$a \to \infty$	$b = 0$	$U^*(x) = x$	Lineare Funktion

Nutzenfunktionen bei konstanter Risikoaversion Häufig wird in ökonomischen Modellen mit Nutzenfunktionen gearbeitet, die Exponential- oder aber auch Potenzfunktionen sind. Das ist nicht zufällig so. Abgesehen davon, dass Exponentialfunktionen sehr angenehm sind, wenn man sie zu differenzieren hat, gibt es auch sachliche Gründe, die man für die genannten Funktionstypen ins Feld führen kann. Darauf gehen wir im Folgenden genauer ein.

Konstante absolute Risikoaversion In der Exponentialfunktion (2.39) entspricht $1/b$ dem Grad der konstanten absoluten Risikoaversion. Jetzt wollen wir zeigen, dass umgekehrt aus konstanter absoluter Risikoaversion vom Grad β die Exponentialfunktion folgt. Wir beginnen mit der Voraussetzung

$$-\frac{U''(x)}{U'(x)} = \beta$$

und erhalten mittels Integration

$$\int -\frac{U''(x)}{U'(x)} dx = \int \beta \, dx$$
$$-\ln U'(x) = x\beta + c_1$$
$$U'(x) = e^{-(x\beta + c_1)}.$$

Nochmaliges Integrieren führt auf

$$\int U'(x) \, dx = \int e^{-(x\beta + c_1)} \, dx,$$
$$U(x) = -\frac{1}{\beta} e^{-(x\beta + c_1)} + c_2.$$

Mit $\beta = 1/b$ folgt nach positiver Lineartransformation schließlich die bereits bekannte Form der Exponentialfunktion

$$U^*(x) = -e^{-x/b}.$$

Nur mit dieser Funktion (und ihren positiven Lineartransformationen) kann konstante absolute Risikoaversion abgebildet werden.

Konstante relative Risikoaversion Der Parameter γ in der Potenzfunktion (2.40) entspricht dem Grad der konstanten relativen Risikoaversion. Umgekehrt folgt aus konstanter relativer Risikoaversion vom Grad γ die Potenzfunktion. Um das zu zeigen, beginnen wir wieder mit der Voraussetzung

$$-\frac{U''(x)}{U'(x)} x = \gamma.$$

Teilt man beide Seiten der Gleichung durch x, ergibt Integrieren und elementare Umformung

$$-\int \frac{U''(x)}{U'(x)} dx = \int \frac{1}{x} \gamma \, dx$$
$$-\ln U'(x) = \ln(x) \gamma + c_1$$
$$U'(x) = x^{-\gamma} + e^{-c_1}.$$

Nochmaliges Integrieren führt zu

$$\int U'(x) \, dx = \int x^{-\gamma} e^{-c_1} \, dx,$$
$$U(x) = \frac{1}{1-\gamma} x^{1-\gamma} e^{-c_1} + c_2$$

und geeignete positive Lineartransformation schließlich zur Potenzfunktion (2.40),

$$U^*(x) = \frac{1}{1-\gamma} x^{1-\gamma}.$$

Damit haben wir nachgewiesen, dass Investoren mit konstanter relativer Risikoaversion nur durch die Potenzfunktion (und ihre positiven Lineartransformationen) charakterisiert werden können.

Zusammenfassend lässt sich Folgendes festhalten: Offenbart ein Investor den Grad seiner konstanten absoluten oder konstanten relativen Risikoaversion, dann kann für jede Entscheidungsalternative der Erwartungsnutzen mit Hilfe einer expliziten Nutzenfunktion berechnet werden. Um diese Erkenntnis praktisch anwenden zu können, sind wir auf empirische Studien angewiesen, weil anders keine Informationen über die Risikoaversion von Entscheidern erlangt werden können. Auf Details solcher Studien wollen wir hier nicht eingehen. Angemerkt sei lediglich, dass man häufig zu dem Ergebnis kommt, dass Individuen eine annähernd konstante relative Risikoaversion aufweisen und der Grad der relativen Risikoaversion nicht sehr weit von $\gamma = 1$ entfernt liegt und selten größer als $\gamma = 3$ ist. Vor diesem Hintergrund lässt sich die Entscheidungsfindung im Beispiel des Abschnitts 2.2.6 auf Seite 53 ff. aus empirischer Sicht zumindest solange rechtfertigen, bis bessere

2.3. Formen der Risikoeinstellung

Informationen über die individuellen Risikopräferenzen des Investors vorliegen. Wem diese Hinweise zu vage sind, dem kann eventuell mit dem Konzept der stochastischen Dominanz geholfen werden, das wir im folgenden Abschnitt erläutern werden.

Marschak

Jacob Marschak (1898–1977) war ein amerikanischer Wirtschaftstheoretiker und Ökonometriker ukrainischer Herkunft. Nach politischem Engagement bei den Menschewiki (unter anderem als Arbeitsminister der Kosaken-Republik Terek im Nord-Kaukasus) und dem Beginn des Studiums der Statistik in seiner Heimatstadt Kiew emigrierte er 1919 nach Deutschland, studierte bei Bortkiewicz in Berlin Ökonomie, promovierte 1922 in Heidelberg und wurde 1930 dort auch Privatdozent. Er arbeitete an verschiedenen Universitäten und Forschungseinrichtungen in Deutschland und war darüber hinaus ein gefragter Autor wirtschaftspolitischer Beiträge für die Frankfurter Allgemeine Zeitung. 1933 emigrierte er zum zweiten Mal, und zwar nach Großbritannien. Von 1935 bis 1939 war er Direktor des Instituts für Statistik an der Oxford University. 1940 wanderte er in die Vereinigten Staaten von Amerika aus. Zunächst arbeitete er mit Emil Lederer und Adolph Lowe an der New School for Social Research in New York, die zahlreiche Flüchtlinge aus dem inzwischen nationalsozialistischen Deutschland berufen hatte, wechselte dann aber im Jahre 1943 an die University of Chicago. Bis 1948 war er Direktor der Cowles Commission for Research in Economics. Als die Cowles Commission nach Yale verlegt wurde, folgte ihr Marschak und blieb dort bis 1960. Schließlich wurde er an die University of California at Los Angeles berufen und hatte dort eine Doppelprofessur an der Graduate School of Management und dem Department of Economics inne. Marschak war auf vielen Forschungsfeldern tätig. Besonders bemerkenswert sind seine Beiträge zur Ökonometrie, zur Entscheidungstheorie unter Unsicherheit, zur Portfoliotheorie und zur Organisationstheorie. Er prägte zahlreiche bedeutende Wissenschaftler, unter anderen Kenneth J. Arrow, Franco Modigliani und Harry M. Markowitz. Als er im Alter von 79 Jahren starb, war er der designierte Präsident der American Economic Association. (Foto mit freundlicher Genehmigung von Manuscripts and Archives, Yale University Library)

2.4 Stochastische Dominanz

Um Entscheidungen über risikobehaftete Alternativen zu treffen, kann man die in Abschnitt 2.2 dargestellte Erwartungsnutzentheorie benutzen. Eine wesentliche Anwendungsvoraussetzung dieses Konzeptes bestand darin, dass der Entscheider seine Nutzenfunktion entdecken beziehungsweise offenbaren muss. Nur dann ist es möglich, die Alternative zu bestimmen, welche den Erwartungsnutzen maximiert. Fehlt es an der Bereitschaft, die Nutzenfunktion oder zumindest geeignete Informationen über den Grad der konstanten Risikoaversion zu offenbaren, so kommt man unter gewissen Umständen mit dem Konzept der stochastischen Dominanz weiter. Das ist ein Ansatz, der wesentlich weniger Kenntnisse über die Eigenschaften der Nutzenfunktion des Entscheiders erfordert. Wir werden sehen, dass es verschiedene Grade von stochastischer Dominanz gibt. In der folgenden Diskussion konzentrieren wir uns auf die ersten zwei Grade stochastischer Dominanz, obwohl unter bestimmten Bedingungen auch höhere Grade Sinn machen. Immer aber muss beachtet werden, dass das Konzept nur für ganz bestimmte Klassen von Nutzenfunktionen gilt.

2.4.1 Stochastische Dominanz erster Ordnung

Einführendes Beispiel Um das Prinzip der stochastischen Dominanz verstehen zu lernen, werfen Sie einen Blick auf Tabelle 2.15. Sie sehen dort die Gewinne, mit denen ein Investor rechnen kann, wenn er die Lotterie F oder die Lotterie G wählt. Diese Gewinne hängen nicht nur davon ab, welche der beiden Alternativen er wählt, sondern sie werden auch von der konjunkturellen Entwicklung bestimmt, die sich in der Zukunft einstellt.

Tabelle 2.15: Zustandsdominanz

Lotterie	Konjunktur				
	(1) Boom	(2) Aufschwung	(3) keine Veränderung	(4) Abschwung	(5) Depression
F	900	700	500	300	100
G	800	600	400	200	0

Unabhängig aber davon, für welche der beiden Alternativen sich unser Investor entscheidet, sind die Gewinne bei der Lotterie F höher als bei der Lotterie G. Zwar kann der Entscheider nicht wissen, welchen Verlauf die konjunkturelle Entwicklung nimmt. Aber das ist im vorliegenden Fall auch ganz gleichgültig, denn man fährt mit Lotterie F immer besser als mit Lotterie G. Es kommt offensichtlich

2.4. Stochastische Dominanz

nicht einmal auf die Eintrittswahrscheinlichkeiten der künftigen Zustände an. Man muss lediglich voraussetzen, dass der Investor höhere Gewinne attraktiver findet als niedrige, und das ist nicht gerade viel.

Wir ändern nun unser Beispiel etwas ab. Betrachten Sie Tabelle 2.16 und schauen Sie, was sich gegenüber Tabelle 2.15 geändert hat. Es geht wieder um die Gewinne der Lotterien F und G bei fünf für denkbar gehaltenen konjunkturellen Entwicklungen. Lotterie F ist aber nicht mehr bei jedem denkbaren Zustand günstiger

Tabelle 2.16: Ausgangsbeispiel für stochastische Dominanz erster Ordnung

Lotterie	Konjunktur				
	(1) Boom $q_1 = 0{,}2$	(2) Aufschwung $q_2 = 0{,}2$	(3) keine Veränderung $q_3 = 0{,}2$	(4) Abschwung $q_4 = 0{,}2$	(5) Depression $q_5 = 0{,}2$
F	900	300	500	700	100
G	800	600	400	200	0

als Lotterie G. Vielmehr würde man beispielsweise eine Entscheidung zu Gunsten von F bedauern, wenn später ein kunjunktureller Aufschwung stattfindet. Dabei haben wir nur die zustandsabhängigen Gewinne der Lotterie für den Aufschwung mit denjenigen des konjunkturellen Abschwungs vertauscht. Eine Entscheidung nach dem Kriterium der Zustandsdominanz ist nicht mehr möglich. Der Investor weiß natürlich heute nicht, welcher Zustand später eintreten wird. Er hält aber alle denkbaren Entwicklungen für gleich wahrscheinlich und verfügt damit gegenüber dem in Tabelle 2.15 behandelten Fall über mehr Information. Wir können daher die mit den Lotterien verbundenen zustandsabhängigen Gewinne der Größe nach ordnen und ihnen in Bezug auf die miteinander konkurrierenden Lotterien ihre Wahrscheinlichkeiten zuordnen. Außerdem können wir danach fragen, wie groß bei einer Lotterie die Wahrscheinlichkeit ist, höchstens einen bestimmten Gewinn zu erzielen. Die entsprechenden Informationen lassen sich leicht aus Tabelle 2.16 ableiten und sind in Tabelle 2.17 zusammengestellt. Konzentrieren wir uns beispielsweise auf Zeile $s = 7$ der Tabelle, so können wir ablesen, dass ein Gewinn von höchstens 600 € durch Lotterie F mit einer Wahrscheinlichkeit von 60%, durch Lotterie G dagegen mit einer Wahrscheinlichkeit von 80% erzielt wird. Abbildung 2.9 beschreibt die Eigenschaften dieser Entscheidungssituation grafisch.

Dort ist die Verteilung der Gewinne von Lotterie F durchgezogen, die Verteilung der Gewinne von Lotterie G dagegen gestrichelt wiedergegeben. Man erkennt, dass die Funktionswerte von Lotterie F stets kleiner oder höchstens so groß, niemals aber größer als die Funktionswerte von Lotterie G sind. Die Chancen, mindestens einen bestimmten Gewinn zu erzielen, sind bei F also nie geringer als bei G. Daher

Tabelle 2.17: Beispiel für stochastische Dominanz erster Ordnung

s	x_s	Wahrscheinlichkeit Lotterie F q_s^F	Wahrscheinlichkeit Lotterie G q_s^G	kumulierte Wahrscheinlichkeit Lotterie F $F(x_s)$	kumulierte Wahrscheinlichkeit Lotterie G $G(x_s)$	Differenz der kum. Wahrsch. $G(x_s) - F(x_s)$
1	0	0,00	0,20	0,00	0,20	0,20
2	100	0,20	0,00	0,20	0,20	0,00
3	200	0,00	0,20	0,20	0,40	0,20
4	300	0,20	0,00	0,40	0,40	0,00
5	400	0,00	0,20	0,40	0,60	0,20
6	500	0,20	0,00	0,60	0,60	0,00
7	600	0,00	0,20	0,60	0,80	0,20
8	700	0,20	0,00	0,80	0,80	0,00
9	800	0,00	0,20	0,80	1,00	0,20
10	900	0,20	0,00	1,00	1,00	0,00

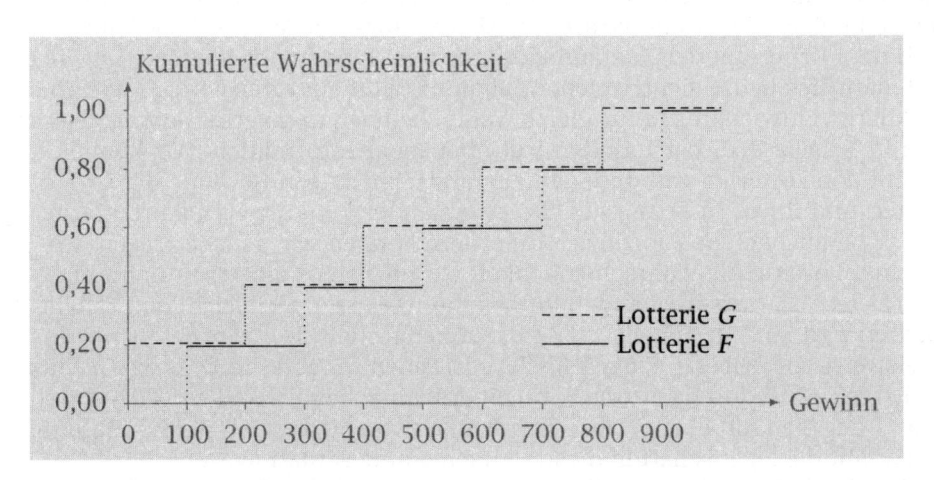

Abbildung 2.9: Verteilungsfunktionen der Gewinne zweier Lotterien bei stochastischer Dominanz erster Ordnung

2.4. Stochastische Dominanz

sollte ein Entscheider, der höhere Gewinne besser findet als niedrige Gewinne, die Lotterie F der Lotterie G vorziehen.

Voraussetzungen In ökonomischen Modellen wird in der Regel vorausgesetzt, dass Entscheider nicht gesättigt sind. Mitunter reicht diese Voraussetzung, um riskante Alternativen in eine Rangordnung zu bringen. Will man die Nichtsättigung mit Bezug auf ein Ergebnis x formalisieren, das als Gewinn, Cashflow, Einkommen, Rendite oder ähnlich interpretiert werden kann, so könnte man

$$\delta \geq 0 \Longrightarrow U(x + \delta) \geq U(x)$$

schreiben. Für den Fall, dass die Nutzenfunktion stetig differenzierbar ist, ließe sich das auch in der Form

$$U'(x) \geq 0 \qquad (2.41)$$

ausdrücken. Die Nutzenfunktion wächst monoton. Der Grenznutzen ist positiv. Wir bezeichnen die stochastische Dominanz erster Ordnung (englisch: first degree stochastic dominance) mit $\succ_{FSD}$.

Geht man davon aus, dass die Gewinne der beiden Lotterien, zwischen denen hier zu entscheiden ist, kontinuierlich verteilt sind, so haben wir es mit einer Situation wie in Abbildung 2.10 zu tun. Offensichtlich liegt die Wahrscheinlichkeitsverteilung $F(x)$ niemals über der entsprechenden Funktion $G(x)$.

Um Ihnen das Verständnis des FSD-Theorems intuitiv noch mehr zu erleichtern, hilft ein Blick auf Abbildung 2.10. Dort ist auf der x-Achse ein Gewinn in Höhe von x' abgetragen. Man kann aus der Grafik ablesen, dass sich die Werte der Verteilungsfunktionen etwa auf $F(x') = 0{,}40$ und $G(x') = 0{,}75$ belaufen. Das kann man wie folgt interpretieren:

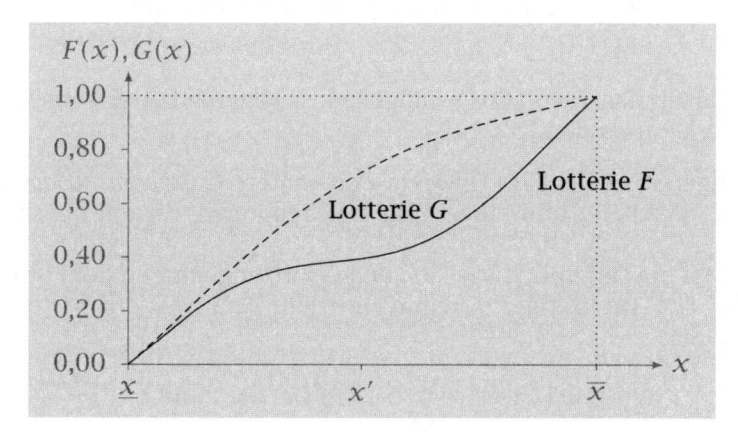

Abbildung 2.10: Stochastische Dominanz erster Ordnung (Wahrscheinlichkeitsverteilungen)

1. Einen Gewinn von höchstens x' erreicht man mit Lotterie F mit einer Wahrscheinlichkeit von etwa 40%. Anders gesagt: Einen Gewinn von mindestens x' verspricht diese Lotterie mit einer Wahrscheinlichkeit von $1 - F(x') = 60\%$.

2. Lotterie G erlaubt einen Gewinn von höchstens x' mit einer Wahrscheinlichkeit von ungefähr 75%. Mit anderen Worten: Die Wahrscheinlichkeit, einen Gewinn von mindestens x' zu erzielen, beläuft sich nur auf $1 - G(x') = 25\%$.

Die Überlegenheit der Lotterie F gegenüber der Lotterie G lässt sich also für einen ungesättigten Entscheider mit der Tatsache begründen, dass die Wahrscheinlichkeit, einen Gewinn von mindestens x' zu realisieren, größer ist. Und diese Aussage gilt für alle x' im Intervall $(\underline{x},\overline{x})$. Damit wollen wir die intuitive Betrachtung beenden.

FSD-Theorem Man sagt, dass die Lotterie F der Lotterie G nach dem Kriterium der stochastischen Dominanz erster Ordnung vorgezogen wird (kurz: dass $F \succ_{FSD} G$ gilt), wenn die zu den beiden Lotterien gehörenden Verteilungsfunktionen $F(x)$ und $G(x)$ die Bedingung $F(x) \leq G(x)$ für alle x und $F(x) < G(x)$ für mindestens ein x erfüllen. Um das Theorem präzise zu formulieren, stellen wir die Behauptung auf, dass die folgenden beiden Sätze äquivalent sind.

1. Es gilt

$$F(x) \leq G(x) \quad \text{für alle } x \text{ und} \qquad (2.42a)$$
$$F(x) < G(x) \quad \text{für mindestens ein } x \qquad (2.42b)$$

und somit $F \succ_{FSD} G$.

2. Wenn die Nutzenfunktion monoton wächst, also $U'(x) \geq 0$ ist, dann gilt für die Erwartungsnutzen der Lotterien F und G

$$E_F[U(\tilde{x})] \geq E_G[U(\tilde{x})] \quad \text{für alle } U(x) \text{ und} \qquad (2.43a)$$
$$E_F[U(\tilde{x})] > E_G[U(\tilde{x})] \quad \text{für mindestens ein } U(x). \qquad (2.43b)$$

Es wird grundsätzlich davon ausgegangen, dass sich die Lotterieergebnisse im Intervall $x \in [\underline{x},\overline{x}]$ befinden.

Vorbereitungen Um das FSD-Theorem und weitere Aussagen zu beweisen, werden wir eine Gleichung und einen Hilfssatz benötigen, die wir vorab behandeln wollen.

Wie groß ist die Differenz zwischen den Erwartungsnutzen der Lotterien F und G? Das lässt sich für stetige Verteilungen leicht beantworten. Wir beginnen mit den Definitionen

$$E_F[U(\tilde{x})] = \int_{\underline{x}}^{\overline{x}} U(x) f(x)\, dx \quad \text{und}$$

$$E_G[U(\tilde{x})] = \int_{\underline{x}}^{\overline{x}} U(x) g(x)\, dx,$$

2.4. Stochastische Dominanz

wobei $f(x)$ und $g(x)$ die Dichtefunktionen der beiden Lotterien sind. Die Erwartungsnutzendifferenz schreiben wir nun in der Form

$$E_F[U(\tilde{x})] - E_G[U(\tilde{x})] = \int_{\underline{x}}^{\overline{x}} U(x)\,(f(x) - g(x))\,dx.$$

Partielles Integrieren führt uns auf

$$E_F[U(\tilde{x})] - E_G[U(\tilde{x})] = \left[U(x)\,(F(x) - G(x))\right]_{\underline{x}}^{\overline{x}}$$
$$- \int_{\underline{x}}^{\overline{x}} U'(x)\,(F(x) - G(x))\,dx,$$

was wir wegen $F(\overline{x}) = G(\overline{x}) = 1$ und $F(\underline{x}) = G(\underline{x}) = 0$ zu

$$E_F[U(\tilde{x})] - E_G[U(\tilde{x})] = \int_{\underline{x}}^{\overline{x}} U'(x)\,(G(x) - F(x))\,dx \qquad (2.44)$$

vereinfachen können. Diese Gleichung werden wir wiederholt benutzen.

Der angekündigte Hilfssatz beruht auf der Voraussetzung, dass Bedingung (2.42b) für mindestens ein $x = x_0$ gilt. Weil die Verteilungsfunktionen rechtsseitig stetig sind, muss ein $\varepsilon > 0$ existieren, so dass $F(x) < G(x)$ für alle $x \in [x_0, x_0 + \varepsilon]$ erfüllt ist. Integration über alle x in dem betreffenden Intervall führt auf

$$F(x) < G(x) \text{ für mindestens ein } x = x_0$$
$$\Rightarrow \exists\, \varepsilon > 0,\text{ so dass } \int_{x_0}^{x_0+\varepsilon} (G(x) - F(x))\,dx > 0. \qquad (2.45)$$

Das ist ein nützlicher Hilfssatz. Nach diesen Vorbereitungen können wir uns dem Beweis des FSD-Theorems zuwenden.

Beweis *Um zu beweisen, dass (2.43a) aus (2.42a) folgt, nutzen wir die Bedingung, dass $F(x) \leq G(x)$ für alle x gilt und $U'(x) \geq 0$ ist. In Verbindung mit Gleichung (2.44) folgt daraus unmittelbar*

$$E_F[U(\tilde{x})] - E_G[U(\tilde{x})] \geq 0,$$

womit (2.43a) bereits bewiesen ist.

Für den Nachweis, dass (2.43b) aus (2.42) folgt, betrachten wir die Nutzenfunktion $U_0(x) = x$. Für diese Funktion gilt $U_0'(x) = 1$, womit die Voraussetzung $U'(x) \geq 0$ erfüllt ist. Setzen wir dies in Gleichung (2.44) ein, bekommen wir

$$E_F[U_0(\tilde{x})] - E_G[U_0(\tilde{x})] = \int_{\underline{x}}^{\overline{x}} (G(x) - F(x))\,dx. \qquad (2.46)$$

Aus Bedingung (2.42a) folgt mittels Integrieren über alle $x \in [\underline{x}, x_0]$ und $x \in [x_0 + \varepsilon, \overline{x}]$

$$\int_{\underline{x}}^{x_0} (G(x) - F(x))\,dx \geq 0 \quad \text{und} \quad \int_{x_0+\varepsilon}^{\overline{x}} (G(x) - F(x))\,dx \geq 0.$$

Weil weiterhin Bedingung (2.42b) gilt, können wir auf den Hilfssatz gemäß (2.45) zurückgreifen. Folglich lässt sich für das Integral aus Gleichung (2.46)

$$\int_{\underline{x}}^{\overline{x}} (G(x) - F(x))\, dx = \int_{\underline{x}}^{x_0} (G(x) - F(x))\, dx \\ + \int_{x_0}^{x_0+\varepsilon} (G(x) - F(x))\, dx + \int_{x_0+\varepsilon}^{\overline{x}} (G(x) - F(x))\, dx > 0$$

festhalten. Setzen wir dies in Gleichung (2.46) ein, bekommen wir

$$E_F[U_0(\tilde{x})] - E_G[U_0(\tilde{x})] > 0,$$

womit (2.43b) bewiesen ist.

Um umgekehrt zu beweisen, dass (2.42) aus (2.43) folgt, nehmen wir an, dass der Erwartungsnutzen die Bedingungen (2.43a) und (2.43b) erfüllt, aber die Verteilungsfunktionen nicht die Bedingungen (2.42a) und (2.42b) erfüllen. Dann muss $F(x) > G(x)$ für mindestens ein $x = x_0$ gelten und wegen des Hilfssatzes (2.45)

$$\int_{x_0}^{x_0+\varepsilon} (F(x) - G(x))\, dx > 0 \tag{2.47}$$

sein. Nun betrachten wir die Nutzenfunktion

$$U_0(x) = \begin{cases} x_0, & \text{wenn } x < x_0 \text{ oder } x > x_0 + \varepsilon; \\ x, & \text{wenn } x_0 \leq x \leq x_0 + \varepsilon. \end{cases}$$

Der Grenznutzen ergibt sich zu

$$U_0'(x) = \begin{cases} 0, & \text{wenn } x < x_0 \text{ oder } x > x_0 + \varepsilon; \\ 1, & \text{wenn } x_0 \leq x \leq x_0 + \varepsilon, \end{cases}$$

womit die Voraussetzung $U'(x) \geq 0$ erfüllt ist. Unter Rückgriff auf Gleichung (2.44) können wir die Differenz der Erwartungsnutzen jetzt in der Form

$$E_F[U(\tilde{x})] - E_G[U(\tilde{x})] = \int_{x_0}^{x_0+\varepsilon} (G(x) - F(x))\, dx$$

darstellen, woraus in Verbindung mit Gleichung (2.47)

$$E_F[U(\tilde{x})] - E_G[U(\tilde{x})] < 0$$

folgt. Das aber steht im Widerspruch zu den Bedingungen (2.43a) und (2.43b). Daher kann ein $x = x_0$ mit der Eigenschaft $F(x) > G(x)$ nicht existieren. Vielmehr muss $F(x) \leq G(x)$ für alle x gelten. ∎

Tabelle 2.18: Ausgangsbeispiel für stochastische Dominanz zweiter Ordnung

Lotterie	(1) schlecht $q_1 = 1/3$	(2) mittel $q_2 = 1/3$	(3) gut $q_3 = 1/3$
F	100	300	300
G	100	200	400

2.4.2 Stochastische Dominanz zweiter Ordnung

Einführendes Beispiel Es gibt Situationen, in denen das Konzept der stochastischen Dominanz erster Ordnung nicht dabei hilft, eine Entscheidung zwischen zwei Lotterien zu treffen. Betrachten Sie zu diesem Zweck den in Tabelle 2.18 dargestellten Fall. Wieder kann zwischen zwei Lotterien F und G gewählt werden. Jetzt hängen die für beide Alternativen charakteristischen Gewinne aber davon ab, ob die Konkurrenz ein Produkt auf den Markt bringen wird, dessen Qualität von der Kundschaft als schlecht, mittelmäßig oder gut wahrgenommen wird. Jede dieser drei Zukunftslagen wird für gleich wahrscheinlich gehalten, $q_1 = q_2 = q_3 = 1/3$. Berechnet man wieder die kumulierten Wahrscheinlichkeiten, um festzustellen,

Tabelle 2.19: Beispiel für stochastische Dominanz zweiter Ordnung

	Gewinn	kumulierte Wahrscheinlichkeit		Differenz der kum. Wahrsch.
s	x_s	Lotterie F $F(x_s)$	Lotterie G $G(x_s)$	$G(x_s) - F(x_s)$
1	100	1/3	1/3	0
2	200	1/3	2/3	1/3
3	300	3/3	2/3	−1/3
4	400	3/3	3/3	0

wie groß die Chancen sind, höchstens einen bestimmten Gewinn zu erzielen, so stellt man fest: Die Wahrscheinlichkeit, höchstens 200€ zu verdienen, ist mit Lotterie G größer als mit Lotterie F; die Wahrscheinlichkeit höchstens 300€ zu bekommen, ist dagegen bei F größer als bei G. Eine Entscheidung mit Hilfe des Konzepts der stochastischen Dominanz erster Ordnung ist nicht möglich, weil die Verteilungsfunktionen der beiden Lotterien sich schneiden, vgl. Abbildung 2.11.

Um weiterzukommen, müssen wir mehr über die Nutzenfunktion des Entscheiders wissen. Wir müssen insbesondere erfahren, ob die höhere Wahrscheinlichkeit für niedrige Gewinne im Intervall zwischen 200 und 300 bei Lotterie G als wichtiger

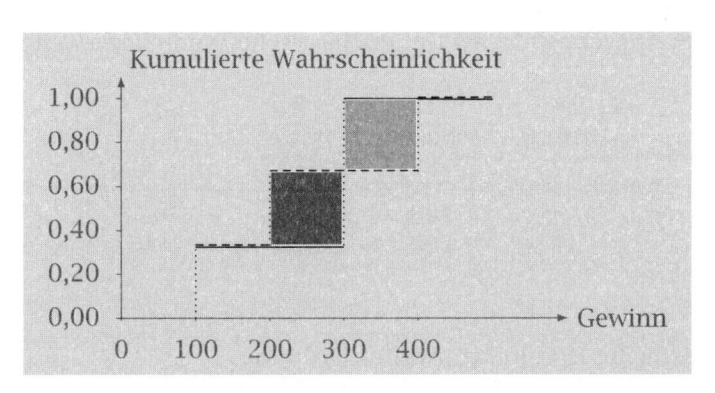

Abbildung 2.11: Verteilungsfunktionen der Gewinne zweier Investitionsprojekte zur Veranschaulichung der stochastischen Dominanz zweiter Ordnung

empfunden wird als die geringere Wahrscheinlichkeit für hohe Gewinne im Intervall zwischen 300 und 400 bei Lotterie F. Gehen wir davon aus, dass der Entscheider nicht nur höhere Gewinne besser findet als niedrige, sondern unterstellen wir außerdem, dass er risikoscheu ist, so können wir die Frage beantworten. Schätzt der Investor höhere Gewinne mehr als niedrige Gewinne, so muss $400 \succ 300 \succ 200$ gelten. Ist er aber darüber hinaus risikoavers, so ist ihm die Gewinnsteigerung von 200 auf 300 wichtiger als eine gleich große Gewinnsteigerung von 300 auf 400. Infolgedessen wird bei unterstellter Risikoabneigung der Vorteil der Lotterie G für Gewinne zwischen 300 und 400 als weniger attraktiv empfunden wie der (gleich große) Vorteil der Lotterie F zwischen 200 und 300. Der dunkler eingefärbte Bereich in Abbildung 2.11 ist für einen risikoaversen Entscheider wichtiger als der weniger dunkel eingefärbte Bereich. Da sich die beiden Verteilungsfunktionen nur im Gewinnintervall zwischen 200 und 400 voneinander unterscheiden und im Übrigen vollkommen übereinstimmen, muss jede Form der Risikoaversion auf die Präferenzrelation $F \succeq G$ führen. Eine einfache Technik, dies für das vorliegende Beispiel rechnerisch abzusichern, finden wir in Tabelle 2.20. Sie unterscheidet sich von Tabelle 2.18 nur durch die letzte Spalte, in der die Produkte aus den Differenzen der kumulierten Wahrscheinlichkeiten $(G(x_i) - F(x_i))$ und den Gewinndifferenzen (Δx_i) für die beiden Lotterien aufsummiert sind.[32] Solange die Zahlen in dieser Spalte durchgängig nicht-negativ sind, ist Lotterie F gegenüber Lotterie G vorzuziehen.

Voraussetzungen Während bisher nur vorausgesetzt wurde, dass der Entscheider nicht gesättigt werden kann, gehen wir jetzt einen Schritt weiter. Wir unterstellen, dass er darüber hinaus risikoavers ist. Man erinnere sich daran, dass in diesem Fall

---

[32] Für die Gewinndifferenzen gilt $\Delta x_i = x_{i+1} - x_i$.

2.4. Stochastische Dominanz

Tabelle 2.20: Beispiel für stochastische Dominanz zweiter Ordnung (Fortsetzung)

s	x_s	\multicolumn{2}{c}{kumulierte Wahrscheinlichkeit}	Differenz der kum. Wahrsch.	kumulierte Produkte aus Diff. der kum. Wahrsch. und Gewinndifferenzen
		$F(x_s)$	$G(x_s)$	$G(x_s) - F(x_s)$	$\sum_{i=1}^{s} (G(x_i) - F(x_i))\Delta x_i$
1	100	1/3	1/3	0	0
2	200	1/3	2/3	1/3	100/3
3	300	3/3	2/3	−1/3	0
4	400	3/3	3/3	0	0

die zweite Ableitung der Nutzenfunktion nicht positiv sein darf.[33] Das bedeutet

$$U'(x) \geq 0 \quad \text{und} \quad U''(x) \leq 0. \tag{2.48}$$

Weitere Einschränkungen, beispielsweise hinsichtlich des Ausmaßes der Risikoabneigung oder in Bezug auf die Veränderung von absoluter oder relativer Risikoaversion bei steigendem Wohlstand, werden nicht vorgenommen. In vielen Fällen reicht diese Voraussetzung aber, um unsichere Alternativen in eine Rangfolge zu bringen. Wir bezeichnen die stochastische Dominanz zweiter Ordnung (englisch: second degree stochastic dominance) mit $\succ_{SSD}$. Gehen wir wieder von stetigen Wahrscheinlichkeitsverteilungen aus, so betrachten wir nun Situationen wie solche, die in Abbildung 2.12 dargestellt sind.

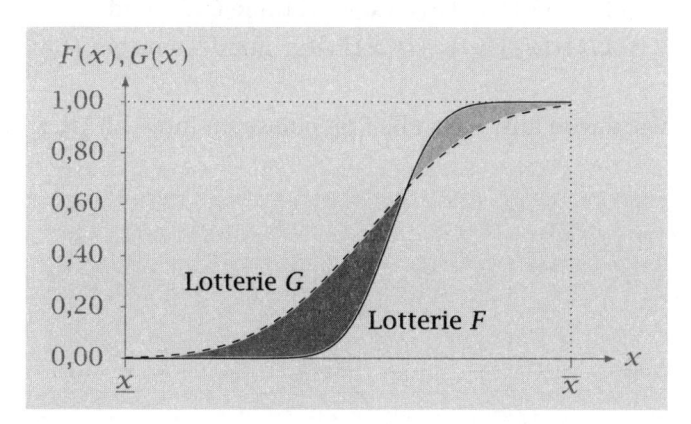

Abbildung 2.12: Stochastische Dominanz zweiter Ordnung (Wahrscheinlichkeitsverteilungen)

---
[33]Siehe Seite 63.

Die dunkler eingefärbte Fläche ist deutlich größer als die weniger dunkel eingefärbte Fläche rechts des Schnittpunktes beider Verteilungsfunktionen. Bildet man das Integral über die Differenz zwischen $G(x)$ und $F(x)$, gewinnt man eine Funktion, die an keiner Stelle negative Werte annimmt, vgl. Abbildung 2.13.

SSD-Theorem Wir sagen, dass die Lotterie F der Lotterie G nach dem Kriterium der stochastischen Dominanz zweiter Ordnung vorzuziehen ist (kurz: dass $F \succ_{SSD} G$ gilt), wenn die zu den beiden Lotterien gehörenden Verteilungsfunktionen $F(x)$ und $G(x)$ die Bedingungen $\int_{\underline{x}}^{x} (G(t) - F(t))\,dt \geq 0$ für alle x und $\int_{\underline{x}}^{x} (G(t) - F(t))\,dt > 0$ für mindestens ein x erfüllen. Insbesondere behaupten wir, dass die beiden folgenden Sätze äquivalent sind.

1. Es gilt

$$\int_{\underline{x}}^{x} (G(t) - F(t))\,dt \geq 0 \quad \text{für alle } x \text{ und} \tag{2.49a}$$

$$\int_{\underline{x}}^{x} (G(t) - F(t))\,dt > 0 \quad \text{für mindestens ein } x \tag{2.49b}$$

und somit $F \succ_{SSD} G$.

2. Wenn die Nutzenfunktion monoton wächst, also $U'(x) \geq 0$ ist, und die Nutzenfunktion darüber hinaus konkav ist, also $U''(x) \leq 0$ ist, dann gilt für die Erwartungsnutzen der Lotterien F und G

$$E_F[U(\tilde{x})] \geq E_G[U(\tilde{x})] \quad \text{für alle } U(x) \text{ und} \tag{2.50a}$$

$$E_F[U(\tilde{x})] > E_G[U(\tilde{x})] \quad \text{für mindestens ein } U(x). \tag{2.50b}$$

Wieder gehen wir davon aus, dass alle Ergebnisse im Intervall $[\underline{x}, \overline{x}]$ liegen.

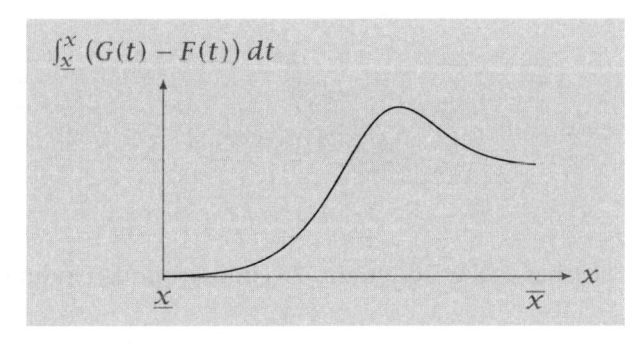

Abbildung 2.13: Stochastische Dominanz zweiter Ordnung

2.4. Stochastische Dominanz

Beweis Wir beweisen zunächst, dass (2.50a) aus (2.49a) folgt. Dazu greifen wir auf Gleichung (2.44) zurück, die

$$E_F[U(\tilde{x})] - E_G[U(\tilde{x})] = \int_{\underline{x}}^{\overline{x}} U'(x)\,(G(x) - F(x))\,dx$$

lautete. Mit partieller Integration gewinnen wir daraus

$$E_F[U(\tilde{x})] - E_G[U(\tilde{x})] = \left[U'(x)\int_{\underline{x}}^{x}(G(t) - F(t))\,dt\right]_{\underline{x}}^{\overline{x}}$$
$$- \int_{\underline{x}}^{\overline{x}} U''(x)\,dx \int_{\underline{x}}^{x}(G(t) - F(t))\,dt.$$

Den ersten Summanden auf der rechten Seite vereinfachen wir zu

$$\left[U'(x)\int_{\underline{x}}^{x}(G(t) - F(t))\,dt\right]_{\underline{x}}^{\overline{x}} = U'(\overline{x})\int_{\underline{x}}^{\overline{x}}(G(t) - F(t))\,dt$$

und bekommen damit für die Differenz der Erwartungsnutzen

$$E_F[U(\tilde{x})] - E_G[U(\tilde{x})] = U'(\overline{x})\int_{\underline{x}}^{\overline{x}}(G(t) - F(t))\,dt$$
$$- \int_{\underline{x}}^{\overline{x}} U''(x)\int_{\underline{x}}^{x}(G(t) - F(t))\,dt\,dx. \quad (2.51)$$

Wenn die Verteilungsfunktionen der Lotterien der Bedingung (2.49a) genügen und für die Ableitungen der Nutzenfunktion $U'(x) \geq 0$ und $U''(x) \leq 0$ gilt, so folgen unmittelbar

$$U'(\overline{x})\int_{\underline{x}}^{\overline{x}}(G(t) - F(t))\,dt \geq 0$$

sowie

$$\int_{\underline{x}}^{\overline{x}} U''(x)\int_{\underline{x}}^{x}(G(t) - F(t))\,dt\,dx \leq 0$$

und deshalb wegen (2.51)

$$E_F[U(\tilde{x})] - E_G[U(\tilde{x})] \geq 0,$$

womit (2.50a) bewiesen ist.

Nun betrachten wir die spezielle Nutzenfunktion $U_0(x) = -e^{-x}$. Für deren Ableitungen gilt $U_0'(x) = e^{-x} > 0$ und $U_0''(x) = -e^{-x} < 0$, womit die Voraussetzungen $U'(x) \geq 0$ und $U''(x) \leq 0$ erfüllt sind. Für die Darstellung der Erwartungsnutzendifferenz gemäß Gleichung (2.51) hatten wir bereits gezeigt, dass der erste Term auf der rechten Seite nicht negativ ist. Infolgedessen gilt für jede Nutzenfunktion

$$E_F[U(\tilde{x})] - E_G[U(\tilde{x})] \geq -\int_{\underline{x}}^{\overline{x}} U''(x)\int_{\underline{x}}^{x}(G(t) - F(t))\,dt\,dx. \quad (2.52)$$

Weil die Verteilungsfunktionen rechtsseitig stetig sind und Bedingung (2.49b) für mindestens ein $x = x_0$ gilt, existiert ein $\varepsilon > 0$, so dass für alle $x \in [x_0, x_0 + \varepsilon]$

$$\int_{\underline{x}}^{x}(G(t) - F(t))\,dt > 0$$

und weiter
$$\int_{x_0}^{x_0+\varepsilon} U_0''(x) \int_{\underline{x}}^{x} (G(t) - F(t))\, dt\, dx < 0$$
erfüllt ist. Weil wegen Bedingung (2.49a) außerdem
$$\int_{\underline{x}}^{x_0} U_0''(x) \int_{\underline{x}}^{x} (G(t) - F(t))\, dt\, dx \le 0$$
und
$$\int_{x_0+\varepsilon}^{\overline{x}} U_0''(x) \int_{\underline{x}}^{x} (G(t) - F(t))\, dt\, dx \le 0$$
ist, ergibt sich schließlich durch Bildung der Summe aus den drei Integralen
$$\int_{\underline{x}}^{\overline{x}} U_0''(x) \int_{\underline{x}}^{x} (G(t) - F(t))\, dt\, dx < 0.$$

Dies in Gleichung (2.52) eingesetzt, führt für die spezielle Nutzenfunktion $U_0(x) = -e^{-x}$ auf
$$E_F[U(\tilde{x})] - E_G[U(\tilde{x})] > 0,$$
womit der Beweis von (2.50b) erbracht ist.

Nun müssen wir bloß noch zeigen, dass (2.49) aus (2.50) folgt. Zu diesem Zweck gehen wir davon aus, dass die Erwartungsnutzen der Lotterien F und G die Bedingungen (2.50a) und (2.50b) erfüllen, wobei $U'(x) \ge 0$ und $U''(x) \le 0$ gelten soll. Des Weiteren nehmen wir aber an, dass die Bedingungen (2.49a) und (2.49b) nicht erfüllt sind. Dann muss

$$\int_{\underline{x}}^{x} (G(t) - F(t))\, dt < 0 \quad \text{für ein } x = x_0 \tag{2.53}$$

gelten. Man betrachte nun die Nutzenfunktion

$$U_0(x) = \begin{cases} x, & \text{wenn } x \le x_0; \\ x_0, & \text{wenn } x > x_0. \end{cases}$$

Für diese Nutzenfunktion ist

$$U_0'(x) = \begin{cases} 1, & \text{wenn } x \le x_0; \\ 0, & \text{wenn } x > x_0 \end{cases}$$

und
$$U_0''(x) = 0, \quad \text{wenn } x \ne x_0,$$

so dass die Anforderungen an die Ableitungen der Funktion erfüllt sind. Die Differenz der Erwartungsnutzen gemäß Gleichung (2.44) nimmt bei dieser speziellen Nutzenfunktion die Form

$$E_F[U(\tilde{x})] - E_G[U(\tilde{x})] = \int_{\underline{x}}^{x_0} (G(x) - F(x))\, dx$$

an. Wenn nun tatsächlich Gleichung (2.53) gilt, dann folgt unmittelbar

$$E_F[U(\tilde{x})] - E_G[U(\tilde{x})] < 0.$$

Das aber steht im Widerspruch zu der Annahme, dass die Bedingungen (2.50a) und (2.50b) erfüllt sind. Infolgedessen kann Gleichung (2.53) nicht gelten. Vielmehr müssen die Bedingungen (2.49a) und (2.49b) gelten. Das war zu beweisen. ■

2.4.3 Stochastische Dominanz dritter und höherer Ordnung

Wir wollen uns nun dafür interessieren, ob sich das Konzept der stochastischen Dominanz über die zweite Ordnung hinaus entwickeln lässt und welchem Muster eine solche Entwicklung folgen müsste.

Anwendungsvoraussetzungen Um in allgemeiner Weise die Bedingungen herauszustellen, welche gegeben sein müssen, damit das Konzept der stochastischen Dominanz angewandt werden kann, betrachten wir zunächst das Vorzeichen der k-ten Ableitung der Nutzenfunktion. Dabei beobachten wir nachstehende Systematik: Bei der stochastischen Dominanz *erster Ordnung* musste die *erste Ableitung* der Nutzenfunktion *nicht-negativ* sein, bei der stochastischen Dominanz *zweiter Ordnung* hatte die *zweite Ableitung* der Nutzenfunktion *nicht-positiv* zu sein. Das scheint einer Gesetzmäßigkeit zu gehorchen, die mit $U^{(k)}(x)$ als k-ter Ableitung der Nutzenfunktion durch die Regel

$$U^{(k)}(x) = \frac{d^k U(x)}{dx^k} = \left\{ \begin{array}{ll} \geq 0 & \text{wenn } k \text{ ungerade} \\ \leq 0 & \text{wenn } k \text{ gerade} \end{array} \right\}$$

beschrieben wird. Diese Regel ist einfach, aber nicht unbedingt einer ökonomischen Intuition zugänglich, wenn wir uns mit der dritten oder höheren Ableitung einer Nutzenfunktion auseinandersetzen müssen.

Es fällt nicht besonders schwer, sich die Präferenzen eines Entscheiders vorzustellen, dessen Nutzenfunktion eine positive erste Ableitung besitzt. Ein derartiger Entscheider findet einfach nur mehr besser als weniger, ist also *ungesättigt*. Es ist verhältnismäßig leicht zu zeigen, dass ein Entscheider, dessen Nutzenfunktion eine negative zweite Ableitung hat, *risikoavers* ist. Aber wie lassen sich die Präferenzen eines Entscheiders interpretieren, von dem wir sagen, dass die k-te Ableitung nicht-negativ (nicht-positiv) ist, wenn $k \geq 3$ ist? Für eine positive dritte Ableitung wird mitunter behauptet, dass eine Nutzenfunktion mit *abnehmender absoluter Risikoaversion* vorliegt.[34] Interpretationen, die sich auf noch höhere Ableitungen beziehen, sind jedoch problematisch oder sogar unmöglich. Insofern

---

[34] Diese Formulierung ist mindestens präzisierungsbedürftig. Abnehmende absolute Risikoaversion liegt vor, wenn

$$\frac{dARA(x)}{dx} < 0$$

ist. Mit der Definition

$$ARA(x) = \frac{-U''(x)}{U'(x)}$$

ergibt sich unter Beachtung der Quotientenregel

$$\frac{dARA(x)}{dx} = \frac{-U'''(x) \cdot U'(x) + U''(x) \cdot U''(x)}{(U'(x))^2} = -\frac{U'''(x)}{U'(x)} + \left(\frac{U''(x)}{U'(x)}\right)^2.$$

Unter der Voraussetzung, dass $U'(x) > 0$ ist, muss also offensichtlich auch $U'''(x) > 0$ sein, damit $\frac{dARA(x)}{dx}$ negativ werden kann. Für einen Entscheider mit abnehmender absoluter Risikoaversion gilt demnach unbedingt $U'''(x) > 0$. Aber umgekehrt kann aus $U'''(x) > 0$ nicht auf abnehmende absolute Risikoaversion geschlossen werden.

bleibt dunkel, welche Anforderungen an die Präferenzen des Entscheiders gestellt werden, wenn man auf höhere Ableitungen angewiesen ist.

Systematik der Dominanzkriterien Wir hatten gesehen, dass die Lotterie F die Lotterie G nach dem Kriterium der stochastischen Dominanz *erster Ordnung* dominiert, wenn $U'(x) \geq 0$ gilt und $G(x) - F(x) \geq 0$ für alle x ist. Unter der Voraussetzung, dass wir es mit diskreten Verteilungen zu tun haben wie im Beispiel der Tabelle 2.16 auf Seite 87, haben wir

$$F(x_s) = \sum_{i=1}^{s} q_i^F \quad \text{und} \quad G(x_s) = \sum_{i=1}^{s} q_i^G$$

mit q_i als Wahrscheinlichkeit, mit der eine Lotterie einen Gewinn in Höhe von x_i verspricht. Das Kriterium würde damit die Form

$$D_1(x_s) = G(x_s) - F(x_s) \geq 0 \,\forall s \implies F \succ G$$

annehmen, siehe Tabelle 2.17.

Im Falle stochastischer Dominanz *zweiter Ordnung* fällt die Entscheidung zu Gunsten von Lotterie F, wenn sowohl $U'(x) \geq 0$ als auch $U''(x) \leq 0$ gilt und das Kriterium $\int_{\underline{x}}^{x} (G(t) - F(t))\, dt \geq 0$ erfüllt ist. Überträgt man auch das wieder auf den Fall diskreter Verteilungen, erhält man

$$\begin{aligned} D_s(x_s) &= \sum_{i=1}^{s} \big(G(x_i) - F(x_i)\big) \Delta x_i \geq 0 \,\forall s \implies F \succ G \\ &= \sum_{i=1}^{s} D_1(x_i) \Delta x_i \geq 0 \,\forall s \implies F \succ G, \end{aligned}$$

wobei

$$\Delta x_i = \begin{cases} x_{i+1} - x_i, & \text{für } i = 1,\ldots,s-1; \\ 0, & \text{für } i = s. \end{cases}$$

gilt. Entsprechend sind wir in Tabelle 2.20 auf Seite 95 vorgegangen. Daraus folgt bei konsequenter Fortsetzung für die stochastische Dominanz k-ter Ordnung

$$D_k(x_s) = \sum_{i=1}^{s} D_{k-1}(x_i) \Delta x_i \geq 0 \,\forall s \implies F \succ G,$$

womit wir unsere Überlegungen abschließen wollen.

2.5 Klassische Entscheidungsregeln

Bevor das Bernoulliprinzip von *von Neumann* und *Morgenstern* wiederentdeckt wurde, versuchte man, Entscheidungsprobleme unter Unsicherheit mit anderen

2.5. Klassische Entscheidungsregeln

Methoden zu lösen. Diese Konzepte zeichnen sich nicht dadurch aus, dass sie sich axiomatisch begründen lassen. Vielmehr gehen sie eher intuitiv an die Problemlösung heran. Grundsätzlich kann man die Vorgehensweise klassischer Regeln zur Lösung von Entscheidungsproblemen bei Unsicherheit als zweistufig bezeichnen.

1. *Berechnung charakteristischer Kennzahlen:* Es bieten sich Erwartungswerte und Streuungsmaße an. Jedoch können beispielsweise auch Semivarianzen[35] oder Verlustwahrscheinlichkeiten[36] herangezogen werden.

2. *Ermittlung von Präferenzwerten für die miteinander konkurrierenden Lotterien:* Um die optimale Alternative bestimmen zu können, wird für jede Lotterie ein Präferenzwert berechnet, in den die zuvor ermittelten Kennzahlen „in plausibel erscheinender Weise" einfließen. Als besonders vorteilhaft gilt die Lotterie mit dem höchsten Präferenzwert.

2.5.1 μ-Regel und μ-σ-Prinzip

Entscheidung nach dem Erwartungswert Zur Lösung eines Entscheidungsproblems unter Risiko liegt es am nächsten, die Erwartungswerte der Lotterieresultate zu berechnen und diese ohne Weiteres als Präferenzwerte zu benutzen. Dieses Konzept nennt man Erwartungswertprinzip oder auch μ-Regel. Seine Anwendung setzt natürlich voraus, dass die Konsequenzen der Entscheidungsalternativen kardinal gemessen werden können, so wie das beispielsweise bei den Cashflows von unsicheren Investitionen der Fall ist. Der Präferenzwert einer Lotterie $[x_1\ldots,x_S\|q_1,\ldots,q_S]$ ergibt sich in diesem Fall zu

$$\Phi([x_1,\ldots,x_S\|q_1,\ldots,q_S]) = \sum_{s=1}^{S} x_s q_s$$

oder in etwas kürzerer Schreibweise

$$\Phi([x_1,\ldots,x_S\|q_1,\ldots,q_S]) = \mathrm{E}[\tilde{x}]. \tag{2.54}$$

---

[35] Die Varianz ist eine Kennzahl, welche positive Abweichungen vom Erwartungswert ebenso behandelt wie negative. Viele risikoscheue Investoren würdigen aber negative Abweichungen ganz anders als positive. Um diesem Umstand Rechnung zu tragen, kann man die Semivarianz verwenden. Will man sie berechnen, so definiert man

$$h_s = \left\{ \begin{array}{ll} x_s - \mathrm{E}[\tilde{x}] & \text{wenn } x_s < \mathrm{E}[\tilde{x}] \\ 0 & \text{wenn } x_s \geq \mathrm{E}[\tilde{x}] \end{array} \right\}$$

und

$$\mathrm{Semivar}[\tilde{x}] = \sum_{s=1}^{S} h_s^2 q_s.$$

Es handelt sich also um den Erwartungswert der quadrierten negativen Abweichungen vom Mittelwert.

[36] Hierunter ist die Wahrscheinlichkeit zu verstehen, in der Zukunft Verluste in bestimmter Höhe hinnehmen zu müssen.

Um die Arbeitsweise dieser Regel zu veranschaulichen, betrachten wir Tabelle 2.21. Hier werden die zustandsabhängigen Cashflows zweier miteinander in Konkurrenz stehenden Investitionen gezeigt. Die erwarteten Cashflows beider Investitionen

Tabelle 2.21: Zustandsabhängige Cashflows zweier Investitionen

	Z_1 $q_1 = 0{,}1$	Z_2 $q_2 = 0{,}2$	Z_3 $q_3 = 0{,}3$	Z_4 $q_4 = 0{,}4$
A_1	50	40	90	30
A_2	50	60	30	80

belaufen sich auf

$$E[\tilde{x}_1] = 50 \cdot 0{,}1 + 40 \cdot 0{,}2 + 90 \cdot 0{,}3 + 30 \cdot 0{,}4 = 52$$
$$E[\tilde{x}_2] = 50 \cdot 0{,}1 + 60 \cdot 0{,}2 + 30 \cdot 0{,}3 + 80 \cdot 0{,}4 = 58\,.$$

Da der Erwartungswert der Cashflows bei der zweiten Alternative größer als der der ersten ist, hat die zweite Alternative den höheren Präferenzwert und verdient den Vorzug. Die Vorgehensweise ist zwar sehr simpel, aber dennoch kaum zu empfehlen, es sei denn, man hätte es mit regelmäßig wiederkehrenden Entscheidungen zu tun, bei denen ständig mit den gleichen Wahrscheinlichkeitsverteilungen zu rechnen ist. Hier ließe sich das Erwartungswertprinzip vielleicht rechtfertigen, weil man „auf lange Sicht" tatsächlich den Erwartungswert der Lotterieresultate erzielen würde.[37] Die Brauchbarkeit des Erwartungswertprinzips lässt sich schön mit der Feststellung in Zweifel ziehen, dass kaum jemand bereit ist, mehr als etwa 10 oder 20€ zu riskieren, um am so genannten *Petersburger Spiel* teilnehmen zu dürfen.[38] Dieses Spiel wird nach folgender Regel gespielt: Nachdem der Einsatz geleistet worden ist, wird eine Münze so lange geworfen, bis zum ersten Mal „Kopf" erscheint. Geschieht das beim s-ten Wurf, so erhält der Spieler 2^s € ausgezahlt. Beschreibt man das *Petersburger Spiel* in der uns vertrauten Schreibweise, so handelt es sich um eine Lotterie mit der Struktur

$$\left[2^1, 2^2, \ldots, 2^S \| 2^{-1}, 2^{-2}, \ldots, 2^{-S}\right]\,.$$

Die Wahrscheinlichkeit, dass das Spiel gleich beim ersten Wurf sein Ende findet, beträgt 50% (oder 2^{-1}). Die Wahrscheinlichkeit, dass das Ereignis „Kopf" beim zweiten Wurf eintritt, ist 25% (oder 2^{-2}) und so weiter. Da nicht ausgeschlossen ist, dass

---

[37]Bevor man sich bei regelmäßig wiederkehrenden Entscheidungen auf das Erwartungswertprinzip einlässt, sollte man bedenken, dass die Lotterien wiederholt mit sehr negativen Ergebnissen enden können und den Entscheider womöglich ruinieren.
[38]Nach einer überzeugenden Erklärung dieses Phänomens hat wohl als erster der schweizerische Mathematiker und Jurist *Nikolaus Bernoulli* (1687-1759) gefragt. Er war ein Cousin *Daniel Bernoullis*.

2.5. Klassische Entscheidungsregeln

es unendlich lange dauert, bis zum ersten Male „Kopf" erscheint, beläuft sich der Erwartungswert der Lotterieergebnisse auf

$$E[\tilde{x}] = \lim_{S \to \infty} \sum_{s=1}^{S} 2^s \cdot 2^{-s} = \lim_{S \to \infty} S = \infty.$$

Infolgedessen müsste ein Anhänger des Erwartungswertprinzips bereit sein, praktisch jeden beliebigen Preis zu zahlen, um an diesem Spiel teilnehmen zu dürfen.[39] Wenn sich niemand findet, scheint es zumindest keine strikten Anhänger dieser Regel zu geben.

Entscheidungen nach Erwartungswert und Streuung Dieses Prinzip spielt in der Investitions- und Finanzierungstheorie eine bedeutende Rolle. Die Präferenzwerte der Lotterien werden dabei auf der Grundlage von Erwartungswerten und Varianzen (oder Standardabweichungen) ermittelt. Man bezeichnet das Grundkonzept auch als μ-σ-Prinzip. Versucht man, dieses Konzept auf das in Tabelle 2.21 gegebene Beispiel anzuwenden, so muss man zunächst die Varianzen der Cashflows berechnen. Diese ergeben sich zu

$$\begin{aligned}
\text{Var}[\tilde{x}_1] &= 0{,}1 \cdot (50 - 52)^2 + 0{,}2 \cdot (40 - 52)^2 \\
&\quad + 0{,}3 \cdot (90 - 52)^2 + 0{,}4 \cdot (30 - 52)^2 \\
&= 656 \\
\text{Var}[\tilde{x}_2] &= 0{,}1 \cdot (50 - 58)^2 + 0{,}1 \cdot (60 - 58)^2 \\
&\quad + 0{,}3 \cdot (30 - 58)^2 + 0{,}4 \cdot (80 - 58)^2 \\
&= 436.
\end{aligned}$$

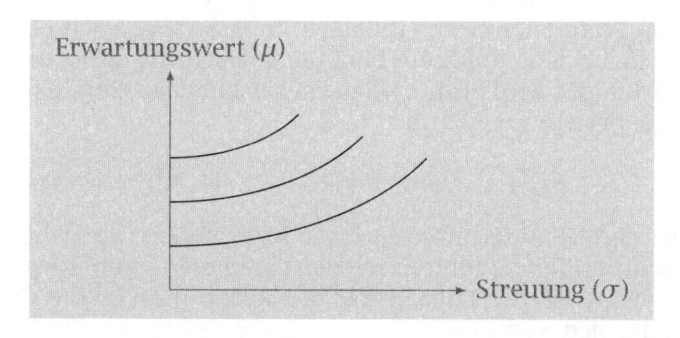

Abbildung 2.14: Iso-Präferenzkurven bei Risikoscheu

Welche Alternative nun im Einzelfall als optimal angesehen wird, wird von der Risikoeinstellung des Entscheiders bestimmt, die man unter Verwendung von Erwartungswerten und Streuungsmaßen mit Hilfe der Abbildungen 2.14 und 2.15

---
[39] Verteilungen, bei denen die Zufallsvariable keinen endlichen Erwartungswert besitzt, treten häufiger auf. Wir führen das Petersburger Spiel hier nur als ein in der historischen Diskussion nennenswertes Exempel auf.

näher charakterisieren kann. Ein risikoscheuer Investor wird nur dann zur Übernahme eines höheren Risikos bereit sein, wenn er dafür durch die Aussicht auf höhere erwartete Cashflows entschädigt wird. Die Iso-Präferenzkurven eines risikoaversen Entscheiders haben daher regelmäßig die in Abbildung 2.14 angegebene Form. Je weiter man sich im ersten Quadranten vom Ursprung entfernt, um so höher ist der Präferenzwert. Auf der anderen Seite verzichtet ein risikofreudiger Entscheider auf ein gewisses Maß an erwarteten Cashflows, wenn ihm dafür eine höhere Einkommenschance in Aussicht gestellt wird. Streuungsmaße signalisieren ja Abweichungen vom Mittelwert in beide Richtungen, und daher haben die Iso-Präferenzkurven eines das Risiko liebenden Investors im μ-σ-Koordinatensystem den in Abbildung 2.15 gezeigten Verlauf.

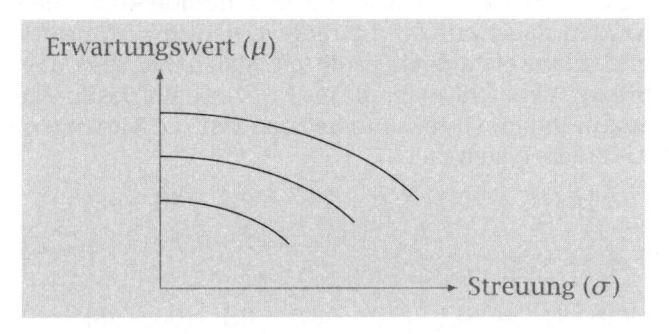

Abbildung 2.15: Iso-Präferenzkurven bei Risikofreude

Das μ-σ-Prinzip besagt an sich nur, dass Erwartungswert und Streuung in die Berechnung von Präferenzwerten einfließen. Es lässt aber noch offen, in welcher Weise das geschieht. Eine konkrete Funktionsvorschrift, die μ und σ eindeutig miteinander verknüpft, wird als μ-σ-*Regel* bezeichnet. Sie könnte für einen risikoscheuen Entscheider etwa die Form

$$\Phi([x_1,\ldots,x_S \| q_1,\ldots,q_S]) = E[\tilde{x}] - \alpha\, \text{Var}[\tilde{x}] \quad \text{mit } \alpha > 0$$

haben. Je höher die Streuung, um so geringer der Präferenzwert, wobei das Gewicht des Risikos für die Präferenzziffer durch den Parameter α zum Ausdruck gebracht wird. Für den Fall, dass der Entscheider das Risiko (besser: die Chance) positiv einschätzt, eignet sich womöglich

$$\Phi([x_1,\ldots,x_S \| q_1,\ldots,q_S]) = E[\tilde{x}] + \alpha\, \text{Var}[\tilde{x}] \quad \text{mit } \alpha > 0.$$

2.5.2 Verträglichkeit mit dem Bernoulliprinzip

In der Investitions- und Finanzierungstheorie spielt das μ-σ-Prinzip eine beachtliche Rolle, weil beispielsweise die Portfoliotheorie von *Markowitz* sowie die hierauf

2.5. Klassische Entscheidungsregeln

aufbauende Kapitalmarkttheorie in Gestalt des Capital Asset Pricing Models auf diesem Konzept beruht. Die klassischen Regeln mögen intuitiv einleuchten. Allerdings bietet sich die Frage an, ob sie mit der Nutzentheorie in der Tradition von *von Neumann* und *Morgenstern* verträglich sind.

Es gibt zwei Möglichkeiten, das klassische μ-σ-Prinzip mit der Erwartungsnutzentheorie in Einklang zu bringen. Entweder verlangt man, dass der Entscheider eine lineare oder eine quadratische Nutzenfunktion besitzt, oder man setzt voraus, dass die Ergebnisse normalverteilt sind.

Lineare Nutzenfunktion Zunächst betrachten wir einen Entscheider mit der Nutzenfunktion

$$U(x) = a\,x \quad \text{mit } a > 0.$$

Hinter einer solchen Nutzenfunktion verbirgt sich ein *risikoneutraler* Entscheider, da die zweite Ableitung der Funktion null ist.[40] Abbildung 2.16 zeigt das Aussehen einer derartigen Funktion.

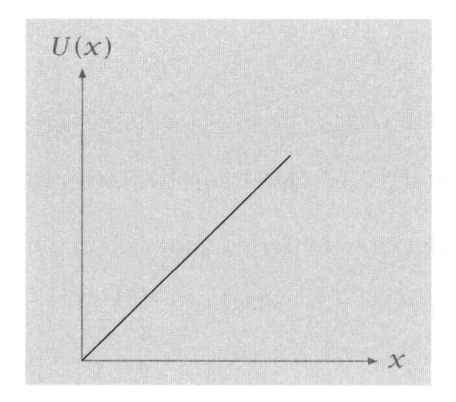

Abbildung 2.16: Lineare Nutzenfunktion

Für den Erwartungsnutzen einer Lotterie $[x_1,\ldots,x_S \| q_1,\ldots,q_S]$ erhält man

$$\begin{aligned} U([x_1,\ldots,x_S \| q_1,\ldots,q_S]) &= \mathrm{E}[U(\tilde{x})] \\ &= \mathrm{E}[a\tilde{x}] \\ &= a\,\mathrm{E}[\tilde{x}]. \end{aligned}$$

Man erkennt sofort, dass das nichts anderes ist als die positive Lineartransformation der Erwartungswertregel gemäß Gleichung (2.54). Daher können wir feststellen: Erwartungswertprinzip und von Neumann-Morgenstern-Nutzentheorie sind dann miteinander in Einklang, wenn der Entscheider risikoneutral ist.

---

[40] Siehe Tabelle 2.11 auf Seite 63.

Quadratische Nutzenfunktion Jetzt analysieren wir eine quadratische Nutzenfunktion des Typs

$$U(x) = a x - b x^2.$$

Das ist eine parabelförmige Nutzenfunktion, die je nach Vorzeichen von b sowohl Risikofreude als auch Risikoscheu repräsentieren kann. Wir konzentrieren uns hier aber auf den Fall der Risikoaversion, und in diesem Fall müssen wir $b > 0$ wählen. Dadurch erhalten wir nämlich eine nach unten offene Parabel wie in Abbildung 2.17.[41]

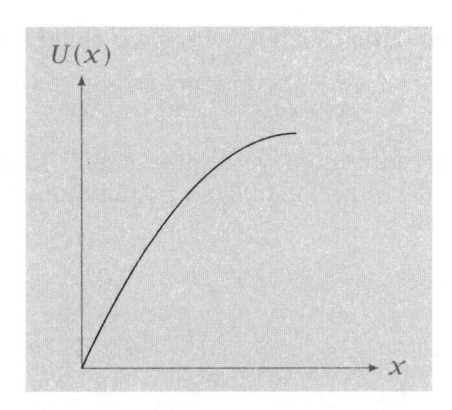

Abbildung 2.17: Quadratische Nutzenfunktion

Der Erwartungsnutzen einer Lotterie ergibt sich in diesem Fall zu

$$\begin{aligned} U([x_1,\ldots,x_S\|q_1,\ldots,q_S]) &= \mathrm{E}[U(\tilde{x})] \\ &= \mathrm{E}[a\tilde{x} - b\tilde{x}^2] \\ &= \mathrm{E}[a\tilde{x}] - \mathrm{E}[b\tilde{x}^2] \\ &= a\,\mathrm{E}[\tilde{x}] - b\,\mathrm{E}[\tilde{x}^2]. \end{aligned} \quad (2.55)$$

Für die Varianz gilt der Zerlegungssatz

$$\mathrm{Var}[\tilde{x}] = \mathrm{E}[\tilde{x}^2] - (\mathrm{E}[\tilde{x}])^2.$$

Auflösen nach $\mathrm{E}[\tilde{x}^2]$ und Einsetzen in (2.55) liefert

$$U([x_1,\ldots,x_S\|q_1,\ldots,q_S]) = a\,\mathrm{E}[\tilde{x}] - b\left((\mathrm{E}[\tilde{x}])^2 + \mathrm{Var}[\tilde{x}]\right). \quad (2.56)$$

Das ist eine μ-σ-Regel, die bei gegebener Nutzenfunktion auch hinsichtlich ihrer Parameter a und b eindeutig bestimmt ist, und wir können feststellen, dass das μ-σ-Prinzip mit der Erwartungsnutzentheorie verträglich ist, wenn der Entscheider

---

[41] Wir müssen aber aufpassen, dass wir nicht in den fallenden Bereich der Parabel hineingeraten, denn sonst wäre eine unserer fundamentalen Annahmen verletzt. Das Monotonieaxiom verlangt, dass $U'(x) > 0$ ist. Aus diesem Grunde können nur Cashflows bis zur Höhe von $\frac{a}{2b}$ zugelassen werden.

2.5. Klassische Entscheidungsregeln

eine quadratische Nutzenfunktion besitzt.[42] Leider müssen wir daran erinnern, dass solche Nutzenfunktionen ein nicht sehr plausibles Risikoverhalten implizieren, nämlich zunehmende absolute Risikoaversion.[43]

Normalverteilte Ergebnisse Bisher haben wir in Bezug auf die Form der Wahrscheinlichkeitsverteilung keinerlei spezielle Annahmen getroffen. Sowohl das Bernoulliprinzip als auch die klassischen Entscheidungsregeln sind vor dem Hintergrund beliebiger Wahrscheinlichkeitsverteilungen dargestellt worden. Die Tatsache, dass wir uns auf diskrete Verteilungen beschränkt haben, hatte ausschließlich didaktische Gründe. Jetzt wollen wir davon ausgehen, dass die Ergebnisse der Lotterien normalverteilt sind. In Bezug auf die Nutzenfunktion des Entscheiders nehmen wir aber zunächst so gut wie keine Einschränkungen vor. Wir wollen lediglich verlangen, dass die Nutzenfunktion $U(x)$ beliebig oft nach x differenzierbar ist. Unter dieser Voraussetzung lässt sich der Nutzen eines Ergebnisses x mit Hilfe einer *Taylor*-Reihe an der Stelle μ in der Form

$$U(x) = U(\mu) + U'(\mu)\frac{(x-\mu)^1}{1!} + U''(\mu)\frac{(x-\mu)^2}{2!} + U'''(\mu)\frac{(x-\mu)^3}{3!} + \ldots$$

darstellen. Berücksichtigt man, dass x eine Zufallsvariable ist, und bildet den Erwartungswert, so entsteht

$$E[U(\tilde{x})] = U(\mu) + U'(\mu)\frac{E[(\tilde{x}-\mu)^1]}{1!}$$
$$+ U''(\mu)\frac{E[(\tilde{x}-\mu)^2]}{2!} + U'''(\mu)\frac{E[(\tilde{x}-\mu)^3]}{3!} + \ldots .$$

Machen wir nun von der Annahme Gebrauch, dass die Zufallsvariable normalverteilt ist, so können wir nutzen, dass in diesem Fall

$$E\left[(\tilde{x}-\mu)^k\right] = \left\{\begin{array}{ll} 0 & ,\text{ wenn } k \text{ ungerade} \\ 1\cdot 3\cdot 5\cdot\ldots\cdot(k-1)\cdot\sigma^k & ,\text{ wenn } k \text{ gerade} \end{array}\right\}$$

gilt. Aufgrund dieser nützlichen Regel fällt jedes zweite Reihenglied fort, und wir haben nur noch

$$E[U(\tilde{x})] = U(\mu) + U''(\mu)\frac{E[(\tilde{x}-\mu)^2]}{2!} + U''''(\mu)\frac{E[(\tilde{x}-\mu)^4]}{4!} + \ldots$$

oder nach Einsetzen

$$E[U(\tilde{x})] = U(\mu) + U''(\mu)\frac{1\cdot\sigma^2}{2!} + U''''(\mu)\frac{1\cdot 3\cdot\sigma^4}{4!} + \ldots .$$

---

[42] Die Nutzenfunktion (2.56) ist fallend in der Varianz, wie man sofort erkennen kann. Also ist ein Individuum mit dieser Nutzenfunktion risikoavers. Damit die Funktion nicht vollkommen unplausibel ist, müssen wir außerdem verlangen, dass sie im Erwartungswert steigend ist. Die Ableitung nach $E[\tilde{x}]$ ist $a - 2b\,E[\tilde{x}]$. Wir hatten bereits darauf hingewiesen, dass $x < \frac{a}{2b}$ gelten muss. Daraus folgt, dass dann auch $E[\tilde{x}] < \frac{a}{2b}$ ist, so dass $a - 2b\,E[\tilde{x}] > 0$ erfüllt ist.
[43] Siehe Seite 79.

Diese Darstellung macht deutlich, dass der Erwartungsnutzen bei gegebener Nutzenfunktion ausschließlich von den Parametern μ und σ abhängt, wenn die Ergebnisse normalverteilt sind. Das gilt für jede Nutzenfunktion.

Ein interessanter Spezialfall ergibt sich für Investoren mit konstanter absoluter Risikoaversion. Wir haben auf Seite 83 bereits gezeigt, dass deren Risikopräferenzen nur mit Nutzenfunktionen des Typs

$$U(x) = -e^{-\beta x}$$

abgebildet werden können, wobei der Parameter β dem Grad der konstanten Risikoaversion entspricht. Sind die Ergebnisse mit dem Erwartungswert μ und der Varianz σ^2 normalverteilt, gilt also $\tilde{x} \sim N(\mu, \sigma^2)$, beläuft sich der Erwartungsnutzen solcher Entscheidungsalternativen auf[44]

$$E[U(\tilde{x})] = \int_{-\infty}^{\infty} -e^{-\beta x} \cdot \frac{1}{\sigma\sqrt{2\pi}} e^{-\frac{(x-\mu)^2}{2\sigma^2}} dx = -e^{-\beta\left(\mu - \frac{1}{2}\sigma^2\beta\right)}.$$

Das Ergebnis ist sehr interessant. Entscheider mit konstanter absoluter Risikoaversion maximieren den Erwartungsnutzen normalverteilter Lotterieergebnisse, indem sie das Sicherheitsäquivalent $\beta(\mu - \frac{1}{2}\sigma^2\beta)$ oder entsprechend dem μ-σ-Prinzip die Nutzenfunktion

$$U(\mu, \sigma) = \mu - \frac{1}{2}\sigma^2 \beta \qquad (2.57)$$

maximieren. Aufgrund ihrer einfachen Struktur wird diese Funktion in vielen ökonomischen Modellen verwendet. Vergleicht man die Risikoprämie in Gleichung (2.57) mit der Approximation der Risikoprämie nach *Arrow* und *Pratt*,[45] so stellt man fest, dass diese einander für den Fall konstanter absoluter Risikoaversion und normalverteilter Ergebnisse entsprechen.

2.5.3 Klassische Entscheidungsregeln und stochastische Dominanz

FSD-Theorem und μ-Regel Das Kriterium der stochastischen Dominanz erster Ordnung impliziert, dass der Erwartungswert einer mit F verteilten Zufallsvariablen größer ist als der Erwartungswert einer mit G verteilten Zufallsvariablen,

$$F \succ_{FSD} G \implies E_F[\tilde{x}] > E_G[\tilde{x}]. \qquad (2.58)$$

Allerdings gilt die Umkehrung nicht. Aus $E_F[\tilde{x}] \geq E_G[\tilde{x}]$ folgt also nicht $F \succ_{FSD} G$. Anders formuliert: Der höhere Erwartungswert von Lotterie F ist eine notwendige, aber keine hinreichende Bedingung für stochastische Dominanz erster Ordnung. Das Konzept der stochastischen Dominanz erster Ordnung ist daher im Vergleich

---
[44] Wer das im Detail nachvollziehen will, sei auf Seite 473 ff. verwiesen.
[45] Siehe Gleichung (2.37) auf Seite 77.

2.5. Klassische Entscheidungsregeln

mit der μ-Regel das vorsichtigere Prinzip. Es ist allgemeingültiger, da es im Einklang mit jeder vernünftigen Nutzenfunktion steht. Gleichzeitig ist es nur sehr beschränkt anwendbar, da in den meisten Fällen weder $G(x) - F(x) \geq 0$ noch $F(x) - G(x) \geq 0$ für *alle* x gilt.

Beweis Um (2.58) zu beweisen, beginnen wir mit den Definitionen

$$E_F[\tilde{x}] = \int_{\underline{x}}^{\overline{x}} x f(x)\,dx \qquad \text{und}$$

$$E_G[\tilde{x}] = \int_{\underline{x}}^{\overline{x}} x g(x)\,dx,$$

woraus wir für die Differenz der Erwartungswerte

$$E_F[\tilde{x}] - E_G[\tilde{x}] = \int_{\underline{x}}^{\overline{x}} x\,(f(x) - g(x))\,dx$$

gewinnen. Partielle Integration liefert

$$E_F[\tilde{x}] - E_G[\tilde{x}] = \Big[x\,(F(x) - G(x))\Big]_{\underline{x}}^{\overline{x}} - \int_{\underline{x}}^{\overline{x}} (F(x) - G(x))\,dx,$$

was sich wegen $F(\overline{x}) = G(\overline{x}) = 1$ und $F(\underline{x}) = G(\underline{x}) = 0$ zu

$$E_F[\tilde{x}] - E_G[\tilde{x}] = \int_{\underline{x}}^{\overline{x}} (G(x) - F(x))\,dx \qquad (2.59)$$

vereinfachen lässt. $F \succ_{\text{FSD}} G$ bedeutet nun, dass die Bedingungen (2.42a) und (2.42b) gelten. Wegen (2.42b) können wir den Hilfssatz (2.45) für ein $x = x_0$ verwenden, und wegen (2.42a) muss zugleich

$$\int_{\underline{x}}^{x_0} (G(x) - F(x))\,dx \geq 0 \quad \text{und} \quad \int_{x_0+\varepsilon}^{\overline{x}} (G(x) - F(x))\,dx \geq 0$$

erfüllt sein. Alles in allem können wir für das Integral aus Gleichung (2.59)

$$\int_{\underline{x}}^{\overline{x}} (G(x) - F(x))\,dx = \int_{\underline{x}}^{x_0} (G(x) - F(x))\,dx$$
$$+ \int_{x_0}^{x_0+\varepsilon} (G(x) - F(x))\,dx + \int_{x_0+\varepsilon}^{\overline{x}} (G(x) - F(x))\,dx > 0$$

feststellen. Eingesetzt in Gleichung (2.59) ergibt das

$$E_F[\tilde{x}] - E_G[\tilde{x}] > 0,$$

und das war zu zeigen.

Um zu beweisen, dass die μ-Regel umgekehrt nicht das FSD-Theorem impliziert, unterstellen wir $E_F[\tilde{x}] > E_G[\tilde{x}]$, was wegen Gleichung (2.59)

$$\int_{\underline{x}}^{\overline{x}} (G(x) - F(x))\,dx > 0 \qquad (2.60)$$

bedeutet. Nehmen wir nun an, dass $F \succ_{FSD} G$ *nicht gilt, weil es ein* $x = x_0$ *gibt, für das* $F(x) > G(x)$ *ist. Analog zu unserem Hilfssatz (2.45) muss dann ein* $\varepsilon > 0$ *existieren, so dass*

$$\int_{x_0}^{x_0+\varepsilon} (G(x) - F(x)) \, dx < 0$$

erfüllt ist. Nehmen wir ferner an, dass

$$\int_{\underline{x}}^{x_0} (G(x) - F(x)) \, dx + \int_{x_0+\varepsilon}^{\overline{x}} (G(x) - F(x)) \, dx > -\int_{x_0}^{x_0+\varepsilon} (G(x) - F(x)) \, dx$$

ist, dann gilt die Relation (2.60), ohne dass die Bedingungen des FSD-Theorems erfüllt sind, und das sollte bewiesen werden. ∎

Für diskrete Verteilungsfunktionen kann die Implikation (2.58) auch grafisch veranschaulicht werden. Blättern Sie zu diesem Zweck noch einmal zur Seite 87 zurück und betrachten die in Tabelle 2.16 beschriebenen Lotterien F und G. Die Erwartungswerte der Lotterieergebnisse ergeben sich zu

$$E[F] = 900 \cdot 0{,}2 + 300 \cdot 0{,}2 + 500 \cdot 0{,}2 + 700 \cdot 0{,}2 + 100 \cdot 0{,}2 = 500,$$
$$E[G] = 800 \cdot 0{,}2 + 600 \cdot 0{,}2 + 400 \cdot 0{,}2 + 200 \cdot 0{,}2 + 0 \cdot 0{,}2 = 400.$$

Mit diesem Wissen wenden wir uns der Abbildung 2.9 auf Seite 88 zu und konzentrieren uns auf die beiden Flächen oberhalb der Verteilungsfunktionen, wobei wir jede der beiden Flächen nach oben auf dem Niveau von 1,00 begrenzen wollen. Um die Größe einer Fläche zu berechnen, müssen wir die Flächen aller gedachten Rechtecke oberhalb der entsprechenden Verteilungsfunktion addieren, führen also genau dieselben Rechenschritte durch wie bei der Bestimmung eines Erwartungswertes. Da die Verteilungsfunktion von Lotterie F wegen der stochastischen Dominanz erster Ordnung unterhalb der Verteilungsfunktion von Lotterie G liegen muss, folgt aus einem Vergleich der Flächen oberhalb der Verteilungsfunktionen, dass der Erwartungswert von Lotterie F größer sein muss als der von Lotterie G.

3 Arbitragetheorie

Fragt man nach den Grundlagen, auf denen die Aussagen der neoklassischen Finanzierungstheorie beruhen, so findet man regelmäßig zwei Säulen. Zum einen handelt es sich um Annahmen über das rationale Verhalten von Entscheidern, zum anderen um Annahmen über die Funktionsweise von Märkten. Das erste Thema haben wir im vorigen Kapitel intensiv diskutiert. Jetzt wenden wir uns dem Kapitalmarkt zu. Unsere zentrale Annahme wird darauf hinauslaufen, dass kein Marktteilnehmer dazu in der Lage sein soll, durch bloße Umschichtung seiner Wertpapierbestände beliebig reich zu werden. Kurz gesagt: Am Markt bekommt man nichts geschenkt. Einen solchen Markt nennt man arbitragefrei.

Fast alle bedeutenden Modelle der Finanzierungstheorie bauen auf der Annahme auf, dass die Märkte arbitragefrei sind. Deshalb werden wir uns in diesem Kapitel sorgfältig mit der Arbitragetheorie auseinandersetzen. Um unsere Gedankenführung übersichtlich zu halten, konzentrieren wir uns zunächst auf Kapitalmärkte unter Sicherheit. Bei der Lektüre werden Sie möglicherweise den Eindruck gewinnen, dass wir mit Kanonen auf Spatzen schießen. Wir stellen die Arbitragetheorie unter Sicherheit jedoch bewusst in dieser Form dar, weil dies eine gute Grundlage abgibt, wenn wir uns anschließend mit Kapitalmärkten unter Unsicherheit zu beschäftigen haben. Man wird dann nämlich erstaunlich viele Parallelen zu den Überlegungen entdecken, die wir zunächst unter dem beruhigenden Schutzschild der Sicherheit anstellen konnten. In diesem Sinne mag man das Folgende auch als Übung im Umgang mit ökonomischen Marktmodellen ansehen.

3.1 Arbitragefreie Kapitalmärkte unter Sicherheit

Um in unserem einführenden Kapitel eine erste Barwertregel sowie *Fishers* Separationstheorem zu gewinnen, hatten wir nicht nur unterstellt, dass Entscheider zeitliche Nutzenvorstellungen mit bestimmten Eigenschaften haben, sondern wir haben darüber hinaus angenommen, dass es einen Kapitalmarkt gibt, auf dem man zu einem Einheitszinssatz Geld anlegen und Kredit aufnehmen kann.[1] Auch

---
[1] Siehe dazu Seite 7 ff., insbesondere Seite 21 ff.

die Erweiterung der Barwertregel auf mehrere Perioden erfolgte unter dieser Voraussetzung. Auf den folgenden Seiten werden wir ein Kapitalmarktmodell unter Sicherheit präsentieren, das genau dieselbe Eigenschaft besitzt. Allerdings wird die Identität von Soll- und Haben-Zinssatz hier nicht einfach a priori angenommen. Vielmehr formulieren wir eine Reihe von grundlegenden Annahmen in Bezug auf die Funktionsweise eines Kapitalmarkts, aus der die Identität beider Zinssätze logisch unausweichlich folgt.

Alle Modelle sind Abbildungen der Wirklichkeit und zeichnen sich dadurch aus, dass sie mit vereinfachenden Annahmen arbeiten. Würde man nicht vereinfachen und von Aspekten abstrahieren, die nebensächlich sind, hätte man Schwierigkeiten, allgemeine Erkenntnisse zu sammeln. Allerdings ist es eine wissenschaftliche Tugend, die Annahmen, von denen man ausgehen möchte, mit aller Deutlichkeit zu beschreiben. Auf diese Weise sorgt man zunächst dafür, nicht missverstanden zu werden.

Das Beschreiben der Modellannahmen hat jedoch häufig auch den Effekt, dass ein Modell als ernsthafte Methode der Erkenntnisgewinnung nicht akzeptiert wird. So ist es beliebt und auch nicht besonders schwer, ein Modell als realitätsfern abzutun, indem man darauf verweist, dass die Annahmen mit der Wirklichkeit nicht oder nur bedingt übereinstimmen. Das ist zwar eine nahe liegende Methode, sich mit Modellen auseinanderzusetzen, aber keine zweckmäßige. Modelle bleiben der Natur der Sache nach realitätsfern, weil es zu ihren Wesensmerkmalen zählt, die Welt zu vereinfachen. Gerecht wird man einem Modell hingegen dadurch, dass man die Schlussfolgerungen, welche sich aus ihm ergeben, auf Plausibilität und praktische Brauchbarkeit hin prüft.

Nach diesen grundsätzlichen Vorbemerkungen könnten wir damit beginnen, die Annahmen unseres Kapitalmarktmodells zu entwickeln. Bevor wir das tun, sind jedoch noch einige Vorbereitungen zu treffen, die sich auf die Notation von im Folgenden häufig wiederkehrenden Begriffen beziehen.

Als zeitlichen Bezugsrahmen für unser Modell benutzen wir die Zeitpunkte $t = 0$ bis $t = T$. Auf dem Kapitalmarkt werden Finanztitel gehandelt, die ihren Inhabern das Recht geben, zu den Zeitpunkten $t = 1, \ldots, T$ Geldbeträge einzunehmen, die wir X_t nennen wollen. Die Einzahlungen aus einem Finanztitel lassen sich also durch den Vektor $(X_1, \ldots, X_T)$ beschreiben. Wir gehen davon aus, dass an dem Kapitalmarkt $j = 1, \ldots, J$ verschiedene Finanztitel gehandelt werden. Wenn wir die Zahlungsansprüche meinen, die der Erwerber des j-ten Finanztitels besitzt, so wollen wir die Schreibweise $(X_{j1}, \ldots, X_{jT})$ benutzen. X_{jt} ist also die Einzahlung, die der j-te Titel im t-ten Zeitpunkt verspricht. Wer einen solchen Titel im Zeitpunkt $t = 0$ kauft, zahlt einen Preis, den wir mit $p(X_{j1}, \ldots, X_{jT})$ bezeichnen werden.

Wer n_j Einheiten des Wertpapiers $(X_{j1}, \ldots, X_{jT})$ kauft, hat im Zeitpunkt t Anspruch auf Einzahlungen in Höhe des n_j-fachen von X_{jt}, also $n_j X_{jt}$. Die Zahlungsansprüche belaufen sich folglich auf $(n_j X_{j1}, \ldots, n_j X_{jT})$. Erwirbt jemand eine Menge verschiedener Finanztitel, so können wir seine Handlungsweise durch das Portfolio $(n_1, \ldots, n_J)$ eindeutig beschreiben. Und die Einzahlungen im Zeitpunkt

3.1. Arbitragefreie Kapitalmärkte unter Sicherheit

t belaufen sich auf $n_1 X_{1t} + \ldots + n_J X_{Jt} = \sum_{j=1}^{J} n_j X_{jt}$. Der Kauf einer solchen, aus verschiedenen Wertpapierarten zusammengesetzten Menge von Finanztiteln führt also zu einer Folge von Einzahlungen, die wir entweder als $\sum_{j=1}^{J} n_j \cdot (X_{j1}, \ldots, X_{jT})$ oder aber auch als $\left(\sum_{j=1}^{J} n_j X_{j1}, \ldots, \sum_{j=1}^{J} n_j X_{jT}\right)$ schreiben können. Unsere Notation mag den einen oder anderen Leser auf Grund ihrer Kompliziertheit erschrecken. Es verbirgt sich nichts hinter ihr, was besonders schwierig wäre, wie wir an nachfolgendem Beispiel demonstrieren wollen.

Betrachten Sie Tabelle 3.1. Sie sehen dort die Preise und Rückflüsse von drei Anleihen, die sämtlich eine Restlaufzeit von maximal zwei Jahren haben. Als Nr. 1 ist eine 10%-Anleihe mit zweijähriger Restlaufzeit angegeben, die heute zum Preis von 97€ je 100€ nominal gehandelt wird. Nr. 2 ist eine 7%-Anleihe, die in einem Jahr fällig ist und heute 96,30€ je 100€ nominal kostet. Nr. 3 schließlich repräsentiert eine 5%-Kuponanleihe mit zweijähriger Restlaufzeit, deren Preis je 100€ nominal heute bei 89,50€ liegt.

Tabelle 3.1: Rückflüsse und Preise dreier Finanztitel

Titel Nr.	Einzahlung		Preis
	in $t = 1$	in $t = 2$	in $t = 0$
j	X_{j1}	X_{j2}	$p(X_{j1}, X_{j2})$
1	10,00	110,00	97,00
2	107,00		96,30
3	5,00	105,00	89,50

Um unsere Notation zu verstehen, übersetzen wir die Tabelle in die oben eingeführte Schreibweise. Es gibt $J = 3$ Finanztitel. Für diese gilt

$$
\begin{aligned}
j = 1 : \quad (X_{11}, X_{12}) &= (10, \ 110) \\
j = 2 : \quad (X_{21}, X_{22}) &= (107, \ 0) \\
j = 3 : \quad (X_{31}, X_{32}) &= (5, \ 105).
\end{aligned}
$$

Kauft man 7 Einheiten des dritten Finanztitels, so ist $n_3 = 7$, und man hat Anspruch auf

$$j = 3 : \quad (n_3 X_{31}, n_3 X_{32}) = (7 \cdot 5, \ 7 \cdot 105) = (35, \ 735)$$

Geldeinheiten in den Zeitpunkten $t = 1$ und $t = 2$. Erwirbt man dagegen 3 Einheiten des ersten Finanztitels, 15 Einheiten des zweiten und 7 Einheiten des dritten, so kauft man das Portfolio $(n_1, n_2, n_3) = (3, 15, 7)$ und hat in den beiden Zeitpunkten folgende Einzahlungen:

$$
\begin{aligned}
t = 1 : \ \sum_{j=1}^{3} n_j X_{j1} &= 3 \cdot 10 \ + 15 \cdot 107 + 7 \cdot 5 \ = 1.670 \\
t = 2 : \ \sum_{j=1}^{3} n_j X_{j2} &= 3 \cdot 110 + 15 \cdot 0 \ \ + 7 \cdot 105 = 1.065.
\end{aligned}
$$

Wir sehen also, dass sich die Zahlungsansprüche aus dem Portfolio tatsächlich auf

$$\left(\sum_{j=1}^{J} n_j X_{j1}, \sum_{j=1}^{J} n_j X_{j2}\right) = (1.670, \quad 1.065)$$

belaufen. Wenden wir uns nun der Schreibweise für die im Zeitpunkt $t = 0$ zu bezahlenden Preise zu. Wir wollen die Notation davon abhängig machen, ob man die Finanztitel *einzeln* oder als *Paket* kauft. Bei einer Summe von Einzelkäufen beläuft sich der Gesamtpreis auf $\sum_{j=1}^{J} n_j p(X_{j1}, \ldots, X_{jT})$. Davon sind wir in unserem Beispiel ausgegangen, weil wir dort nur die Stückpreise genannt hatten. Das Portfolio (3, 15, 7) kostet

$$\sum_{j=1}^{3} n_j\, p(X_{j1}, X_{j2}) = 3 \cdot 97{,}00 + 15 \cdot 96{,}30 + 7 \cdot 89{,}50 = 2.362{,}00\,.$$

Wird das Portfolio dagegen als Paket gehandelt, so schreiben wir den Preis des Bündels in der Form $p\left(\sum_{j=1}^{J} n_j \cdot (X_{j1}, \ldots, X_{jT})\right)$. Ob der Preis dieses Bündels dem Gesamtpreis der Einzelkäufe gleicht, müssen wir an dieser Stelle noch offen lassen.

3.1.1 Annahmen

Damit haben wir alle Symbole beschrieben, die wir für die Darstellung des Kapitalmarktmodells brauchen, und können nun zu den Modellannahmen kommen.

Homogene Erwartungen Alle Marktteilnehmer haben übereinstimmende Vorstellungen davon, welche Rückflüsse der j-te Finanztitel in den Zeitpunkten $t = 1, \ldots, T$ verspricht. Das heißt: Die Rückflüsse aus einem Finanztitel im Zeitpunkt t belaufen sich auf X_{jt}. Dabei gibt es keinerlei Risiken. Der Betrag X_{jt} wird mit Sicherheit gezahlt. Zwischen den Marktteilnehmern gibt es aber darüber hinaus keinerlei Dissens über die Höhe dieser Zahlungen.

Reibungsloser Markt Der Handel mit Finanztiteln erfolgt vollkommen reibungslos. Das bedeutet: Die Finanztitel sind beliebig teilbar. Es gibt weder Transaktionskosten, wie beispielsweise Maklergebühren oder Bankspesen im Zusammenhang mit der Beschaffung oder Veräußerung von Wertpapieren, noch Steuern. Niemand ist vom freien Handel mit Finanztiteln ausgeschlossen. Es gibt keine mengenmäßigen Handelsbeschränkungen und auch keine Verpflichtung zur Hinterlegung von Sicherheiten. Ausdrücklich sei erwähnt, dass Leerverkäufe zulässig sind.[2]

---

[2]Bei einem Leerverkauf borgt man sich Waren (Güter, Devisen oder Wertpapiere) und verpflichtet sich zugleich, Waren gleicher Art und Qualität zu einem späteren Zeitpunkt wieder zurückzugeben. Das Borgen der Ware geschieht in der Absicht, sie heute (teuer) zu verkaufen, um sie später (billig) wieder zurückzukaufen. Daher eignen sich Leerverkäufe in hervorragender Weise für Marktteilnehmer, die auf Baisse spekulieren wollen.

3.1. Arbitragefreie Kapitalmärkte unter Sicherheit

Kompetitiver Markt Am Markt herrscht vollkommener Wettbewerb. Damit soll gesagt sein, dass die Struktur des Marktes atomistisch ist. Niemand, der mit Wertpapieren handelt, besitzt eine Stellung, die ihm monopolistische Stärke verleiht. Die Marktanteile der Beteiligten sind so gering, dass sie keinen individuellen Einfluss auf die Preise haben. Die Marktteilnehmer müssen sich wie Mengenanpasser verhalten.

Keine Arbitragegelegenheiten Kein Marktteilnehmer besitzt die Möglichkeit, durch bloße Umschichtung seines in Finanztiteln gebundenen Vermögens beliebig reich zu werden. Was das im Detail bedeutet, können wir uns erst klarmachen, wenn wir den Begriff der Arbitragegelegenheit präzise definiert haben. Das wird gleich geschehen. Ohne solche definitorische Klarheit können wir das, was hier gemeint ist, höchstens wie folgt umschreiben: Niemand ist dazu in der Lage, sich durch bloßen Handel mit Wertpapieren in eine Lage zu bringen, die der Inbetriebnahme einer Notenpresse gleicht.

3.1.2 Arbitragegelegenheiten

Um eine Vorstellung davon zu entwickeln, was eine Arbitragegelegenheit ist, begleiten Sie uns auf einem Spaziergang über den Wochenmarkt. Wir interessieren uns heute für das Obstangebot, und zwar besonders für Äpfel und Birnen. Bald stellen wir fest, dass die Markthändler, mit denen wir es zu tun haben, eine etwas ungewöhnliche Form des Obstverkaufs praktizieren. Man kann bei ihnen Äpfel und Birnen nicht getrennt kaufen. Vielmehr ist man gezwungen, Obstkörbe zu nehmen, in denen sich sowohl Äpfel als auch Birnen befinden. Um es den Kunden nicht allzu leicht zu machen, die Angebote miteinander zu vergleichen, wählt jeder Markthändler eine andere Struktur bei der Zusammenstellung des Obstkorbes; und auch die Preise der Körbe weichen voneinander ab. Nach einem längeren Rundgang über den Markt befinden sich die Angebote von drei Händlern in der engeren Wahl, vgl. Tabelle 3.2.

Tabelle 3.2: Warenangebot auf einem Obstmarkt

Händler	Äpfel	Birnen	Preis je Korb
Nr. 1	8	2	8,70€
Nr. 2	2	8	8,30€
Nr. 3	5	5	8,00€

Denken Sie beim Betrachten der Tabelle möglichst nicht an Ihren Appetit auf Obst, sondern versuchen Sie, die Welt mit den Augen eines nüchternen Geschäftsmannes zu sehen, dem es nur ums Geld geht. Möglicherweise wird Ihnen dann rasch klar, dass auf dem Wochenmarkt noch mehr zu finden ist als Obst. Wenn Sie nämlich scharf hinsehen, so entdecken Sie eine Geldquelle, die man leicht anzapfen kann. Das Geld liegt sozusagen auf der Straße. Sie brauchen es nur aufzuheben.

Dazu müssen Sie Folgendes unternehmen: Gehen Sie zum Händler Nr. 3 und verlangen zwei seiner Obstkörbe. Das macht Sie um 16,00€ ärmer und bringt Sie in den Besitz von 10 Äpfeln sowie 10 Birnen. Sodann schlüpfen Sie in die Rolle des Händlers Nr. 1 und verkaufen 8 Äpfel und 2 Birnen. Das bringt Ihnen einen Erlös in Höhe von 8,70€. Das übrig bleibende Obst, nämlich 2 Äpfel und 8 Birnen, verkaufen Sie zu den gleichen Bedingungen wie der Händler Nr. 2, womit Sie noch einmal 8,30€ einnehmen. Insgesamt haben Sie nunmehr einen Erlös von 17,00€ erzielt, während Ihre Auszahlungen nur 16,00€ betrugen. Sieht man von Ihrer Arbeit ab, so ist das ebenso, als hätte man Ihnen 1,00€ geschenkt, vgl. Tabelle 3.3. Im Englischen nennt man ein solches Geschenk „free lunch", also ein Essen, zu dem Sie eingeladen werden, ohne eine Gegenleistung erbringen zu müssen. Wir bezeichnen die 1,00€ als einen Arbitragegewinn.

Tabelle 3.3: Arbitrage mit verschieden zusammengesetzten Obstkörben

Aktion	Menge	Zahlung	Äpfel	Birnen
Kauf bei Nr. 3	2 Körbe	−16,00	10	10
Verkauf wie Nr. 1	1 Korb	8,70	−8	−2
Verkauf wie Nr. 2	1 Korb	8,30	−2	−8
Summe		1,00	0	0

Versuchen wir, Lehren aus diesem Beispiel zu ziehen und es sinngemäß auf unseren Finanztitelmarkt zu übertragen. Wir haben einige Typen von Obstkörben gekauft und andere verkauft. Wählen wir für Käufe positives und für Verkäufe negatives Vorzeichen, so war die Mengenstruktur unserer Wochenmarktaktion $(n_1 = -1, n_2 = -1, n_3 = +2)$. Wir bezeichnen den Vektor $(n_1, \ldots, n_J)$ im Folgenden als *Portfolio* und werden von einer Arbitragegelegenheit dann sprechen, wenn ein solches Portfolio bestimmte Eigenschaften hat. In unserem Beispiel waren das zwei Eigenschaften zugleich: Erstens war die Summe der Produkte aus Handelsmengen und Einzelpreisen negativ, denn

$$\sum_{j=1}^{J} n_j p(X_j) < 0 \qquad \text{weil} - 1 \cdot 8{,}70 - 1 \cdot 8{,}30 + 2 \cdot 8{,}00 = -1{,}00 \quad ,$$

und zweitens belief sich die Summe der Produkte aus Handelsmengen und „Rückflüssen" auf null, denn es gilt

$$\sum_{j=1}^{J} n_j X_j = 0, \qquad \begin{array}{l}\text{weil (in Bezug auf Äpfel)} -1 \cdot 8 - 1 \cdot 2 + 2 \cdot 5 = 0 \\ \text{weil (in Bezug auf Birnen)} -1 \cdot 2 - 1 \cdot 8 + 2 \cdot 5 = 0.\end{array}$$

3.1. Arbitragefreie Kapitalmärkte unter Sicherheit

Arbitragegelegenheit vom Typ 1 Vergleichen wir einmal Tabelle 3.1 mit Tabelle 3.2, so zeigen sich bemerkenswerte Parallelen. Zwar handelt es sich bei den Objekten, mit denen wir es in Tabelle 3.1 zu tun haben, nicht um Obstkörbe, in denen Äpfel und Birnen liegen, sondern um Finanztitel. Aber sonst ist das Bild ganz ähnlich. Eigentlich brauchen wir uns die Finanztitel nur als Obstkörbe vorzustellen, in denen statt verschiedener Sorten Obst Zahlungsansprüche liegen, die zu verschiedenen Zeiten fällig werden. Man könnte quasi von Obstkörben sprechen, in denen sich Äpfel aus laufender Ernte ($t = 1$) und Äpfel aus der kommenden Saison ($t = 2$) befinden.

Und schon fangen wir natürlich wieder an, darüber nachzudenken, ob wir nicht auch in der durch Tabelle 3.1 beschriebenen Situation eine Geldquelle vor uns haben, die wir zu unserem Vorteil nutzen können. In Bezug auf die Obstkörbe aus Tabelle 3.2 konnte man sofort sehen, dass man im Besitz von 10 Äpfeln und 10 Birnen war, wenn man entweder je einen Korb vom Typ Nr. 1 und Nr. 2 kaufte oder zwei Körbe vom Typ Nr. 3 erwarb. Und daraus ließ sich schnell ableiten, was zu tun war, um den Arbitragegewinn zu erzielen.

Tabelle 3.4: Arbitrage mit mehrperiodigen Finanztiteln ohne Überschüsse in späteren Zeitpunkten

Aktion	Menge	Zahlung im Zeitpunkt $t = 0$	Ansprüche in den Zeitpunkten	
	n_j	$n_j p(X_{j1}, X_{j2})$	$t = 1$ $n_j X_{j1}$	$t = 2$ $n_j X_{j2}$
Kauf Titel 1	$+\frac{21}{22}$	−92,59	9,55	105,00
Verkauf Titel 2	$-\frac{50}{1.177}$	4,09	−4,55	
Verkauf Titel 3	−1	89,50	−5,00	−105,00
Summe		1,00	0,00	0,00

Die Struktur der in Tabelle 3.1 beschriebenen Finanztitel ist leider nicht so übersichtlich, dass das ebenfalls sofort ins Auge fällt. Kauft man aber $\frac{21}{22}$ Stück des Titels Nr. 1 und verkauft zugleich $\frac{50}{1.177}$ Stück des Titels Nr. 2 sowie 1 Stück des Titels Nr. 3, so erzielt man im Zeitpunkt $t = 0$ einen Überschuss in Höhe von 1,00€, ohne irgendwelche Verpflichtungen in den darauf folgenden Zeitpunkten $t = 1$ und $t = 2$ eingehen zu müssen. Tabelle 3.4 zeigt im Detail, wie der „free lunch" zustande kommt. Wer das Portfolio $(n_1, n_2, n_3) = \left(\frac{21}{22}, -\frac{50}{1.177}, -1\right)$ kauft, setzt praktisch eine Notenpresse in Betrieb. Gleiches gilt, wenn man beispielsweise das Portfolio $(n_1, n_2, n_3) = \left(\frac{569}{220}, -\frac{125}{1.177}, -\frac{27}{10}\right)$ wählt. Hier gelingt es sogar, in allen drei Zeitpunkten $t = 0, 1, 2$ Einzahlungsüberschüsse zu erzielen, vgl. Tabelle 3.5.

Tabelle 3.5: Arbitrage mit mehrperiodigen Finanztiteln und Überschüssen in späteren Zeitpunkten

Aktion	Menge	Zahlung im Zeitpunkt $t = 0$	Ansprüche in den Zeitpunkten	
			$t = 1$	$t = 2$
	n_j	$n_j p(X_{j1}, X_{j2})$	$n_j X_{j1}$	$n_j X_{j2}$
Kauf Titel 1	$+\frac{569}{220}$	−250,88	25,86	284,50
Verkauf Titel 2	$-\frac{125}{1.177}$	10,23	−11,36	
Verkauf Titel 3	$-\frac{27}{10}$	241,65	−13,50	−283,50
Summe		1,00	1,00	1,00

In unserem Beispiel ist eine Arbitragegelegenheit also dann gegeben, wenn ein Portfolio $(n_1, \ldots, n_J)$ zwei Eigenschaften zugleich hat, und zwar

$$\sum_{j=1}^{J} n_j p(X_{j1}, \ldots, X_{jT}) < 0 \quad \text{und} \quad \sum_{j=1}^{J} n_j X_{jt} \geq 0 \quad \forall \quad t = 1, \ldots, T.$$

In Worten: Für ein Portfolio, das in allen künftigen Zeitpunkten positive Rückflüsse oder Rückflüsse in Höhe von null verspricht, zahlt man im Falle des Erwerbs einen negativen Preis. Wer solch ein Portfolio erwirbt, bekommt eine Prämie dafür, dass er keinerlei Verpflichtungen eingeht.

Ohne dass es der Veranschaulichung durch ein Beispiel bedarf, dürfte auf der Hand liegen, dass wir es auch dann mit einer Arbitragegelegenheit zu tun haben, wenn das Portfolio $(n_1, \ldots, n_J)$ die Eigenschaften

$$\sum_{j=1}^{J} n_j p(X_{j1}, \ldots, X_{jT}) > 0 \quad \text{und} \quad \sum_{j=1}^{J} n_j X_{jt} \leq 0 \quad \forall \quad t = 1, \ldots, T$$

besitzt. Will man unter diesen Bedingungen heute Prämien kassieren, ohne später Verpflichtungen einzugehen, so muss man das Portfolio verkaufen.

Arbitragegelegenheit vom Typ 2 Betrachten Sie jetzt Tabelle 3.6. Dort sehen Sie wieder drei Wertpapiere mit ihren Rückflüssen und Preisen. Bei den Titeln Nr. 1

3.1. Arbitragefreie Kapitalmärkte unter Sicherheit

Tabelle 3.6: Rückflüsse und Preise zweier reiner Wertpapiere und eines Marktwertpapiers

Titel Nr.	Einzahlung		Preis
	in $t=1$	in $t=2$	in $t=0$
j	X_{j1}	X_{j2}	$p(X_{j1}, X_{j2})$
1	1,00		0,90
2		1,00	0,80
3	5,00	105,00	89,50

und Nr. 2 handelt es sich um reine Diskontpapiere, die sich dadurch auszeichnen, dass ihr Inhaber im Zeitpunkt der Fälligkeit genau 1€ erhält. Beim ersten Finanztitel handelt es sich also um den Anspruch auf 1€ im Zeitpunkt $t=1$, beim zweiten Titel um den Anspruch auf 1€ im Zeitpunkt $t=2$. Titel dieses Typs werden wir fortan als primitive oder auch *reine Wertpapiere* (englisch: pure securities) bezeichnen. Nr. 3 ist dagegen ein Finanztitel, der sowohl im Zeitpunkt $t=1$ als auch im Zeitpunkt $t=2$ Rückflüsse verspricht, die sich nicht genau auf 1€ belaufen. Solche Wertpapiere werden wir ab jetzt als *Marktwertpapiere* (englisch: market securities) bezeichnen.

Wenn die in der Tabelle beschriebenen Wertpapiere gehandelt werden, so gibt es ganz offenbar zwei Möglichkeiten, Anspruch auf 5€ im Zeitpunkt $t=1$ und auf 105€ im Zeitpunkt $t=2$ zu erwerben. Entweder kauft man 5 Stück des Titels Nr. 1 und 105 Stück des Titels Nr. 2, oder man erwirbt 1 Stück des Marktwertpapiers Nr. 3. Geht man den ersten Weg, so kostet das $5 \cdot 0{,}90 + 105 \cdot 0{,}80 = 88{,}50$€. Kauft man das äquivalente Marktwertpapier, so bezahlt man 89,50€. Und schon tritt die Arbitragegelegenheit klar zu Tage. Man braucht die Ansprüche nur einzeln zu kaufen, zusammenzubündeln und als Paket wieder zu verkaufen, vgl. Tabelle 3.7.

Man mache sich klar, dass die Rückflüsse der beiden reinen Wertpapiere sich auf

$$j=1: \quad (X_{11}, X_{12}) = (1, \ 0)$$
$$j=2: \quad (X_{21}, X_{22}) = (0, \ 1)$$

belaufen. Gleichzeitig sind die Rückflüsse des Marktwertpapiers

$$j=3: \quad (X_{31}, X_{32}) = (5, \ 105)$$

identisch mit denen des Portfolios $(n_1, n_2) = (5, \ 105)$, nämlich

$$\sum_{j=1}^{2} n_j \cdot (X_{j1}, X_{j2}) = (5 \cdot 1 + 105 \cdot 0 \ , \ 5 \cdot 0 + 105 \cdot 1) = (5, \ 105).$$

Tabelle 3.7: Arbitrage mit mehrperiodigen Finanztiteln auf Grund einer Abweichung des Paketpreises von der Summe der Einzelpreise

Aktion	Menge	Zahlung im Zeitpunkt	Ansprüche in den Zeitpunkten	
		$t=0$	$t=1$	$t=2$
	n_j	$n_j p(X_{j1}, X_{j2})$	$n_j X_{j1}$	$n_j X_{j2}$
Kauf Titel 1	+5	−4,50	5,00	
Kauf Titel 2	+105	−84,00		105,00
Verkauf Titel 3	−1	89,50	−5,00	−105,00
Summe		1,00	0,00	0,00

Wir können die hier beschriebene Arbitrage allein deswegen durchführen, weil die Summe der reinen Wertpapiere billiger ist als das äquivalente Marktwertpapier. Das heißt unter Benutzung unserer formalen Schreibweise

$$\sum_{j=1}^{2} n_j \cdot p(X_{j1}, X_{j2}) < p\left(\sum_{j=1}^{2} n_j \cdot (X_{j1}, X_{j2})\right)$$

oder in allgemeiner Darstellung

$$\sum_{j=1}^{J} n_j \cdot p(X_{j1}, \ldots, X_{jT}) < p\left(\sum_{j=1}^{J} n_j \cdot (X_{j1}, \ldots, X_{jT})\right).$$

Es bedarf nur einer sehr einfachen Überlegung, um sich klarzumachen, dass auch ein Portfolio $(n_1, \ldots, n_J)$, für das umgekehrt

$$\sum_{j=1}^{J} n_j \cdot p(X_{j1}, \ldots, X_{jT}) > p\left(\sum_{j=1}^{J} n_j \cdot (X_{j1}, \ldots, X_{jT})\right)$$

gilt, eine Arbitragegelegenheit darstellt. Um diese Chance zu nutzen, müsste man das Portfolio kaufen, es in seine Teile zerlegen und dieselben anschließend einzeln verkaufen. Wir können daher allgemein festhalten, dass jedes Portfolio $(n_1, \ldots, n_J)$, das die Eigenschaft

$$\sum_{j=1}^{J} n_j \cdot p(X_{j1}, \ldots, X_{jT}) \neq p\left(\sum_{j=1}^{J} n_j \cdot (X_{j1}, \ldots, X_{jT})\right) \tag{3.1}$$

erfüllt, eine Arbitragegelegenheit darstellt.

Auf dieses Ergebnis sind wir gekommen, indem wir uns klargemacht haben, dass ein Marktwertpapier, welches in den Zeitpunkten $t = 1,\ldots,T$ Rückflüsse verspricht, nichts anderes ist als ein Portfolio, das aus reinen Wertpapieren besteht, die zu den Zeitpunkten $t = 1,\ldots,T$ fällig sind. Das entsprechend zusammengesetzte Portfolio aus reinen Wertpapieren dupliziert somit das Marktwertpapier und ist, was die künftigen finanziellen Ansprüche betrifft, nicht von ihm zu unterscheiden. Wir können es als *äquivalentes Portfolio* bezeichnen und halten fest: *Wenn der Preis eines Marktwertpapiers sich vom Preis seines äquivalenten Portfolios unterscheidet, so gibt es eine Arbitragegelegenheit.* In Anlehnung an die Sprache der Chemiker könnten wir auch sagen, dass es sich bei dem äquivalenten Portfolio um ein künstlich hergestelltes oder *synthetisches Marktwertpapier* handelt.

Nun existieren an einem Kapitalmarkt aber auch Situationen, in denen man die Rückflüsse eines Marktwertpapiers dadurch duplizieren kann, dass man ein Portfolio aus einer Reihe anderer Marktwertpapiere zusammenstellt. Um die Richtigkeit dieser Behauptung zu belegen, greifen wir auf Tabelle 3.1 zurück. Dort gab es die beiden Titel

$$j = 1: \quad (X_{11}, X_{12}) = (10, \ 110)$$
$$j = 2: \quad (X_{21}, X_{22}) = (107, \ 0)$$

sowie den Titel

$$j = 3: \quad (X_{31}, X_{32}) = (5, \ 105).$$

Kaufen wir nun das Portfolio $(n_1, n_2) = \left(\frac{21}{22}, -\frac{50}{1.177}\right)$, so erhalten wir Rückflüsse in Höhe von

$$\left(\sum_{j=1}^{2} n_j \cdot (X_{j1}, X_{j2})\right) = \left(\frac{21}{22} \cdot 10 - \frac{50}{1.177} \cdot 107, \frac{21}{22} \cdot 110 - \frac{50}{1.177} \cdot 0\right) = (5, \ 105),$$

und infolgedessen können wir sagen, dass es sich um ein zum Titel Nr. 3 äquivalentes Portfolio handelt. Sein Preis beläuft sich auf

$$\sum_{j=1}^{2} n_j \cdot p(X_{j1}, X_{j2}) = \frac{21}{22} \cdot 97{,}00 - \frac{50}{1.177} \cdot 96{,}30 = 88{,}50 \ \euro,$$

und damit haben wir erneut die durch Bedingung (3.1) beschriebene Arbitragegelegenheit, denn der Preis des dritten Wertpapiers war ja $89{,}50 \neq 88{,}50\euro$. Jetzt haben wir allerdings gezeigt, dass Arbitragegelegenheiten dieses Typs nicht an die Voraussetzung gebunden sind, dass reine Wertpapiere gehandelt werden.

3.1.3 Dominanz- und Wertadditivitätstheorem

Im Rahmen des Abschnitts 2.1 hatten wir die nutzentheoretischen Grundlagen unserer Überlegungen ausgebreitet. Dort hatten wir unterstellt, dass kein Individuum gesättigt ist. Das bedeutet, dass jeder Marktteilnehmer einem zusätzlich verdienten Euro zusätzlichen Nutzen abgewinnen kann. Wenn das so ist, so gibt es keinen Grund, eine Arbitragegelegenheit auszulassen. Vielmehr ist anzunehmen, dass hemmungslose Arbitragen stattfinden, wenn sich dazu die Gelegenheit bietet. Wenn die Arbitragegelegenheiten auf Dauer existieren würden, so könnte jedermann beliebig seinen Reichtum vermehren, indem er nichts anderes tut, als sein Vermögen umzuschichten. Da ungehemmte Reichtumsanhäufungen dieser Art empirisch nicht beobachtet werden können, ist es plausibel anzunehmen, dass der Kapitalmarkt arbitragefrei ist.

Hieraus ergeben sich zwei wichtige Theoreme. Das erste ist das *Dominanztheorem*. Es besagt: Wenn ein Portfolio in den Zeitpunkten $t = 1, \ldots, T$ positive Rückflüsse verspricht, so muss es einen positiven Wert haben; belaufen sich seine Rückflüsse auf null, so muss es auch einen Preis von null haben:

$$\text{wenn} \sum_{j=1}^{J} n_j X_{jt} > 0 \ \forall t \in [1,T], \quad \text{dann} \sum_{j=1}^{J} n_j p(X_{j1}, \ldots, X_{jT}) > 0,$$

$$\text{wenn} \sum_{j=1}^{J} n_j X_{jt} = 0 \ \forall t \in [1,T], \quad \text{dann} \sum_{j=1}^{J} n_j p(X_{j1}, \ldots, X_{jT}) = 0.$$

(3.2)

Rufen wir uns in Erinnerung, dass eine Arbitragegelegenheit auch immer dann existiert, wenn der Preis eines Finanztitels nicht mit dem Preis seines äquivalenten Portfolios übereinstimmt, so gewinnen wir aus der Arbitragefreiheitsbedingung das *Wertadditivitätstheorem*

$$p\left(\sum_{j=1}^{J} n_j \cdot (X_{j1}, \ldots, X_{jT})\right) = \sum_{j=1}^{J} n_j \cdot p(X_{j1}, \ldots, X_{jT}).$$

Oder: *Der Marktpreis eines Finanztitel-Portfolios muss ebenso groß sein wie die Summe der Einzelpreise aller in diesem Portfolio enthaltenen Titel.* Wäre es anders, ließen sich auf reibungslos funktionierenden Kapitalmärkten Arbitragegelegenheiten wahrnehmen. Mit Hilfe dieses Theorems wird es uns bald gelingen, unsere Überlegungen zur Berechnung des Barwerts einer Investition, die Rückflüsse über einen längeren Zeitraum verspricht, auf eine überzeugende Grundlage zu stellen.

3.1.4 Arbitragefreie Bewertung unter Sicherheit

Nachdem wir klare Vorstellungen davon entwickelt haben, was auf mehrperiodigen Kapitalmärkten unter Arbitragegelegenheiten zu verstehen ist, können wir uns der Frage zuwenden, wie Finanztitel unter der Bedingung zu bewerten sind, dass der Markt arbitragefrei ist. Zunächst betrachten wir reine Diskontpapiere, anschließend Marktwertpapiere.

3.1. Arbitragefreie Kapitalmärkte unter Sicherheit

Reine Diskonttitel Ein Diskontpapier mit der Laufzeit t wirft im Zeitpunkt t und nur in diesem Zeitpunkt Rückflüsse in Höhe von X_{jt} ab. Wenn wir davon ausgehen, dass an einem Kapitalmarkt mehrere, nämlich $j = 1, \ldots, J$, solche Titel gehandelt werden, so greifen wir einen, beispielsweise den ersten, willkürlich heraus und vereinbaren, dass sich sein Rückfluss auf genau einen Euro belaufen soll. Damit stellt er ein reines Wertpapier dar. Außerdem bezeichnen wir als Kassazinssatz bezüglich der Laufzeit t jenen Satz, mit dem man 1€ über die entsprechende Laufzeit diskontieren muss, damit man gerade den Preis dieses reinen Wertpapiers erhält. Wenn wir für den Kassazinssatz bezüglich der Laufzeit t das Symbol $r_{0,t}$ schreiben, so lauten unsere Konventionen

$$X_{1t} = 1 \quad \text{und} \quad p(X_{1t}) = \frac{1}{(1 + r_{0,t})^t}.$$

Nun können wir nachweisen, dass folgendes Bewertungsprinzip gelten muss: *Der Preis eines beliebigen Diskontpapiers mit der Laufzeit t ergibt sich stets dadurch, dass man den Rückfluss dieses Titels mit dem für diese Laufzeit charakteristischen Kassazinssatz diskontiert.* Mithin muss für alle $j = 2, \ldots, J$ Finanztitel

$$p(X_{jt}) = \frac{X_{jt}}{(1 + r_{0,t})^t} \tag{3.3}$$

gelten. Löst man diese Gleichung nach $r_{0,t}$, dem Kassazinssatz, auf, so erhält man

$$r_{0,t} = \sqrt[t]{\frac{X_{jt}}{p(X_{jt})}} - 1 \quad \forall \quad j = 2, \ldots, J.$$

Das bedeutet: *Auf einem arbitragefreien Markt müssen sich alle Diskonttitel mit gleicher Laufzeit zu ein und demselben Kassazinssatz verzinsen.*

Um die Richtigkeit des Bewertungsprinzips zu beweisen, zeigen wir, dass andernfalls eine Arbitragegelegenheit besteht: Zu diesem Zweck kaufen wir ein Stück des j-ten Titels und verkaufen zugleich X_{jt} Einheiten des ersten Titels. Die Rückflüsse dieses Portfolios $\left(n_j = 1, n_1 = -X_{jt}\right)$ belaufen sich im Zeitpunkt t auf null, denn

$$n_j \cdot X_{jt} + n_1 \cdot X_{1t} = 1 \cdot X_{jt} - X_{jt} \cdot 1 = 0.$$

Der Preis dieses Portfolios muss wegen des Dominanztheorems ebenfalls null sein,

$$p(n_j X_{jt} + n_1 X_{1t}) = 0.$$

Daraus folgt wegen des Wertadditivitätstheorems

$$n_j \cdot p(X_{jt}) + n_1 \cdot p(X_{1t}) = 0,$$

und hieraus entsteht mit der Portfoliostruktur $(n_j = 1, n_1 = -X_{jt})$

$$p(X_{jt}) - X_{jt} \cdot p(X_{1t}) = 0.$$

Nun braucht man sich nur noch daran zu erinnern, dass wir den Preis des ersten Titels soeben in der Form $p(X_{1t}) = \frac{1}{(1+r_{0,t})^t}$ definiert hatten. Einsetzen dieser Definition führt auf

$$p(X_{jt}) - X_{jt} \cdot \frac{1}{(1 + r_{0,t})^t} = 0.$$

Das ist die Bewertungsgleichung (3.3).

Marktwertpapiere Ein Marktwertpapier zeichnet sich dadurch aus, dass es, bezogen auf die Zeitpunkte $t = 1, \ldots, T$, in mehr als einem Zeitpunkt Rückflüsse abwirft. Betrachten wir das k-te Marktwertpapier, so belaufen sich die für diesen Titel charakteristischen Einzahlungen auf $(X_{k1}, \ldots, X_{kT})$. Wenn wir wieder davon ausgehen, dass am Kapitalmarkt auch reine Wertpapiere mit den Laufzeiten $t = 1, \ldots, T$ gehandelt werden, so können wir nachweisen, dass folgendes Bewertungsprinzip gelten muss,

$$p(X_{k1}, \ldots, X_{kT}) = \sum_{t=1}^{T} \frac{X_{kt}}{(1 + r_{0,t})^t}. \qquad (3.4)$$

In Worten: *Der Preis eines Marktwertpapiers ergibt sich dadurch, dass man die Rückflüsse mit dem für die jeweilige Rückflussdauer charakteristischen Kassazinssatz diskontiert und anschließend alle Barwerte der Rückflüsse addiert.*

Um den Beweis zu führen, dass dies das Prinzip arbitragefreier Bewertung von Marktwertpapieren sein muss, betrachten wir folgendes Portfolio: Wir kaufen eine Einheit des Titels $(X_{k1}, \ldots, X_{kT})$ und verkaufen je X_{kt} Einheiten der reinen Wertpapiere mit den Laufzeiten $t = 1, \ldots, T$. Die Rückflüsse belaufen sich in jedem einzelnen Zeitpunkt dann notwendigerweise auf null, denn

$$
\begin{aligned}
t = 1: & \quad 1 \cdot X_{k1} - X_{k1} \cdot 1 &= 0 \\
t = 2: & \quad 1 \cdot X_{k2} - X_{k2} \cdot 1 &= 0 \\
& \quad \vdots & \\
t = T: & \quad 1 \cdot X_{kT} - X_{kT} \cdot 1 &= 0.
\end{aligned}
$$

Ein Portfolio, das keine Rückflüsse besitzt, darf wegen des Dominanztheorems auch nur einen Preis in Höhe von null haben, also

$$p((X_{k1}, \ldots, X_{kT}) - X_{k1} - \ldots X_{kT}) = 0.$$

Hierfür können wir wegen des Wertadditivitätstheorems aber auch

$$p(X_{k1}, \ldots, X_{kT}) - p(X_{k1}) - \ldots - p(X_{kT}) = 0$$

oder

$$p(X_{k1}, \ldots, X_{kT}) - \sum_{t=1}^{T} p(X_{kt}) = 0$$

3.1. Arbitragefreie Kapitalmärkte unter Sicherheit

schreiben, was sich unter Verwendung von (3.3) in die Form

$$p(X_{k1},\ldots,X_{kT}) - \sum_{t=1}^{T} \frac{X_{kt}}{(1+r_{0,t})^t} = 0$$

bringen lässt. Das entspricht einer elementaren Umformung unserer Bewertungsgleichung (3.4).

3.1.5 Vollständigkeit eines mehrperiodigen Kapitalmarktes

Um unsere bisherigen Erkenntnisse zusammenzufassen und sie anschließend zu erweitern, ist es nützlich, den Preis eines reinen Wertpapiers in bequemerer Form zu schreiben. Zu diesem Zweck erinnern wir uns daran, dass ein reines Wertpapier, das im Zeitpunkt t fällig ist, den Anspruch auf 1 € in diesem Zeitpunkt verkörpert. Für seinen Preis wollen wir künftig einfach nur π_t schreiben. Demnach ist π_1 der Preis eines Euro, der im Zeitpunkt $t = 1$ fällig ist, während π_2 den Preis eines Euro repräsentiert, der im Zeitpunkt $t = 2$ fällig ist, und so weiter. Im Anschluss an unsere bisherigen Überlegungen können wir nun Folgendes feststellen:

1. Alle Diskontpapiere mit der gleichen Laufzeit müssen sich zu ein und demselben Zinssatz verzinsen. Anderenfalls könnten Arbitrageure beliebig reich werden. Darum reicht es aus, wenn bezüglich einer bestimmten Laufzeit ein einziger Titel gehandelt wird. Jeder weitere Titel ist überflüssig, weil er nur ein Vielfaches dieses Titels darstellt. Für alle Diskontpapiere mit der Laufzeit t muss

    $$p(X_{jt}) = X_{jt}\pi_t$$

    gelten.

2. Wenn an einem Kapitalmarkt T laufzeitverschiedene reine Wertpapiere gehandelt werden und es einen Zeithorizont mit ebenso vielen Perioden gibt, so lässt sich jedes Marktwertpapier, das zu den Zeitpunkten $t = 1,\ldots, T$ Rückflüsse verspricht, synthetisch herstellen. Man braucht nur die entsprechende Menge reiner Wertpapiere zu kaufen oder zu verkaufen. Ist der Markt reibungslos, kompetitiv und arbitragefrei, so darf dieses Marktwertpapier keinen anderen Preis als sein synthetisches Äquivalent haben. Es muss also

    $$p(X_{j1},\ldots,X_{jT}) = X_{j1}\pi_1 + \ldots + X_{jT}\pi_T = \sum_{t=1}^{T} X_{jt}\pi_t$$

    gelten. Und daher können wir behaupten: Werden an einem Kapitalmarkt T laufzeitverschiedene reine Wertpapiere gehandelt, so ist jeder weitere Finanztitel überflüssig, weil er kostenlos synthetisch hergestellt werden kann.

Nun ist die Vorstellung, dass reine Wertpapiere gehandelt werden, natürlich ziemlich künstlich. Wir kommen aber zu einem gleichwertigen Resultat auch dann, wenn an einem Kapitalmarkt nur T Marktwertpapiere gehandelt werden, deren Rückflüsse linear unabhängig sind. Was darunter zu verstehen ist, werden wir gleich noch präzisieren. Zunächst gehen wir davon aus, dass die Rückflüsse von T Wertpapieren gegeben und die Preise dieser Wertpapiere bekannt sind. Dann können wir für jedes Marktwertpapier die Gleichung

$$p(X_{j1}, \ldots, X_{jT}) = X_{j1}\pi_1 + \ldots + X_{jT}\pi_T$$

formulieren. Und für T Wertpapiere lässt sich das lineare Gleichungssystem

$$\begin{array}{rcl}
p(X_{11}, \ldots, X_{1T}) &=& X_{11}\pi_1 + X_{12}\pi_2 + \ldots + X_{1T}\pi_T \\
p(X_{21}, \ldots, X_{2T}) &=& X_{21}\pi_1 + X_{22}\pi_2 + \ldots + X_{2T}\pi_T \\
\ldots &=& \ldots \\
p(X_{T1}, \ldots, X_{TT}) &=& X_{T1}\pi_1 + X_{T2}\pi_2 + \ldots + X_{TT}\pi_T
\end{array}$$

aufstellen. Das sind T lineare Gleichungen mit T Unbekannten. Wir kennen die Preise der Marktwertpapiere und deren Rückflüsse, nicht aber die Preise der reinen Wertpapiere. Nun wissen wir aus der linearen Algebra, dass sich ein solches Gleichungssystem immer dann eindeutig lösen lässt, wenn die Rückflussmatrix

$$X = \begin{pmatrix} X_{11} & X_{12} & \ldots & X_{1T} \\ X_{21} & X_{22} & \ldots & X_{2T} \\ \vdots & & \ddots & \vdots \\ X_{T1} & X_{T2} & \ldots & X_{TT} \end{pmatrix}$$

invertiert werden kann. Ist das der Fall, so sind die Preise der reinen Wertpapiere eindeutig bestimmt, wie wir gleich am Beispiel veranschaulichen werden. Zunächst wollen wir aber noch mitteilen, unter welchen Bedingungen man eine Matrix invertieren kann. Das sind die beiden folgenden:

1. Die Matrix muss *quadratisch* sein, also ebenso viele Zeilen wie Spalten besitzen. Ökonomisch bedeutet das: Die Anzahl der Marktwertpapiere muss genauso groß sein wie die Zahl der relevanten Zeitpunkte.

2. Ihre Determinante darf nicht null sein. Die Matrix muss also *regulär* sein. Dieser Fall träte ein, wenn die Rückflüsse eines Wertpapiers nichts anderes als das Vielfache eines (oder mehrerer) anderer darstellen würden. Ein solches Wertpapier wäre nutzlos, weil all seine finanziellen Eigenschaften unter Verwendung der übrigen Wertpapiere rekonstruiert werden könnten. Damit haben wir zugleich eine Erklärung für unsere Forderung, dass die Rückflüsse der Marktwertpapiere nicht linear abhängig sein dürfen. Sind sie das nämlich, so wird die Matrix singulär; und wir können das Gleichungssystem nicht lösen.

3.2. Arbitragefreie Kapitalmärkte unter Unsicherheit

Betrachten Sie abschließend noch einmal Tabelle 3.1. Dort wurden an einem Kapitalmarkt mit zwei Zeitpunkten drei Marktwertpapiere gehandelt. Eins muss also überflüssig sein, wenn das System arbitragefrei ist. Konzentrieren wir uns auf die ersten beiden, so können wir das Gleichungssystem

$$10 \cdot \pi_1 + 110 \cdot \pi_2 = 97{,}00$$
$$107 \cdot \pi_1 + 0 \cdot \pi_2 = 96{,}30$$

aufstellen. Die zweite Gleichung lässt sich sofort nach π_1 auflösen, und man erhält für den Preis des reinen Wertpapiers, das eine Laufzeit von einem Jahr hat, $\pi_1 = 0{,}90$€. Setzt man das in die erste Gleichung ein und löst nach π_2 auf, so ergibt sich der Preis für das reine Wertpapier mit einer Laufzeit von zwei Jahren zu $\pi_2 = 0{,}80$€. Relativ zu den beiden ersten Marktwertpapieren müsste das dritte zum Preise von

$$\begin{aligned} p(X_{31}, X_{32}) &= X_{31} \cdot \pi_1 + X_{32} \cdot \pi_2 \\ &= 5 \cdot 0{,}90 + 105 \cdot 0{,}80 = 88{,}50 \text{ €} \end{aligned}$$

gehandelt werden. Bei diesem Preis wäre das dritte Wertpapier überflüssig, und bei jedem anderen Preis könnten Arbitragegewinne erzielt werden, wie wir uns bereits ausführlich klargemacht haben.

3.2 Arbitragefreie Kapitalmärkte unter Unsicherheit

Häufig wird gesagt, dass sich die Akteure an einem Kapitalmarkt in drei Kategorien einteilen lassen. Man spricht von Spekulanten, Hedgern und Arbitrageuren. Wir geben für jede Kategorie ein Beispiel: Wer davon überzeugt ist, dass der Kurs eines Wertpapiers kräftig steigen wird und kein Geld besitzt, um das zurzeit noch preisgünstige Papier zu erwerben, könnte heute Kredit aufnehmen, um den Kauf des Papiers zu finanzieren. Sollte sich seine Prognose bewahrheiten, könnte er es später zum stark gestiegenen Preis veräußern, den Kredit zurückzahlen und sich über seinen Spekulationsgewinn freuen. Wenn ein Landwirt Getreide angebaut hat, kann er vor der Erntezeit nicht wissen, zu welchem Preis er das Korn später verkaufen kann und ist einem entsprechenden Risiko ausgesetzt. Um sich dieser Gefahr zu entledigen, könnte er eine Option erwerben, die ihm das Recht gibt, eine bestimmte Menge Getreide an einem bestimmten künftigen Termin zu einem bestimmten Preis zu verkaufen. Damit hätte der Landwirt das Preisrisiko unter Kontrolle. Man würde ihn als Hedger bezeichnen. Wer schließlich beobachtet, dass eine bestimmte Aktie an der Frankfurter Börse zu einem anderen Kurs als an der Londoner Börse notiert, könnte durch einen Kauf am günstigen Ort und einen gleichzeitigen Verkauf an der Börse mit dem höheren Preis die Preisdifferenz als sicheren Arbitragegewinn verbuchen. Im jetzt beginnenden Abschnitt befassen wir uns ausschließlich mit solchen (und ähnlichen) Arbitragegeschäften.

Ebenso wie bei der Arbitragetheorie unter Sicherheit gilt auch unter Unsicherheit, dass dieser Ansatz nicht dazu in der Lage ist, *alle* Preise zu bestimmen. Die Arbitragetheorie macht nur Aussagen über die Konsistenz eines Preissystems. Betrachtet man die Preise gewisser Finanztitel aber als Bewertungsbasis, so müssen die Preise anderer Wertpapiere zu diesen Basispreisen in ganz bestimmten Relationen stehen, die man aus Arbitragefreiheitsbedingungen ableiten kann. Diese Bedingungen sind von den Zeit- und Risikopräferenzen der handelnden Individuen ganz unabhängig. Es wird lediglich vorausgesetzt, dass die Marktteilnehmer ungesättigt sind.

Unsicherheit bedeutet im jetzt interessierenden Zusammenhang, dass der Investor nicht genau vorhersagen kann, wie groß die Rückflüsse sind, die die Investitionen in der Zukunft abwerfen werden. Der einfachste Fall, an den man dabei denken kann, wird durch ein *Zwei-Zeitpunkte-Zwei-Zustände-Problem* beschrieben.

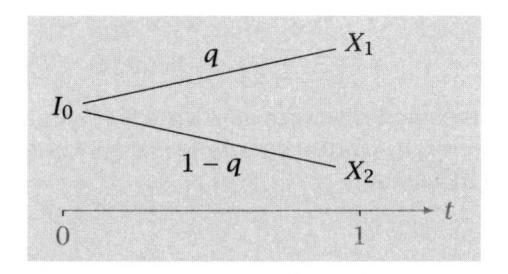

Abbildung 3.1: Unsichere Investition

Betrachten wir beispielsweise einen Menschen, der in der Lotterie 50.000€ gewonnen hat und mit dem Gedanken spielt, sich für diesen Betrag ein Grundstück zu kaufen, um es nach einem Jahr wieder zu verkaufen. Er wird von zwei Bekannten beraten, von denen der eine als Optimist und der andere als Pessimist bekannt ist. Der Optimist schätzt, dass man das Grundstück in einem Jahr für 60.000€ veräußern kann; der Pessimist ist dagegen davon überzeugt, dass der Wert des Grundstücks auf 45.000€ fallen wird. Welchen Preis sollte man unter diesen Umständen für das Grundstück höchstens bezahlen?

Abbildung 3.1 beschreibt die Entscheidungssituation grafisch. Der Investor erwartet für den Zeitpunkt $t = 1$ mit Wahrscheinlichkeit q einen Rückfluss in Höhe von X_1 und mit Wahrscheinlichkeit $(1-q)$ einen Rückfluss in Höhe von X_2. Ist der Preis I_0 für eine solche Wahrscheinlichkeitsverteilung der Rückflüsse angemessen oder nicht? Um die Antwort geben zu können, müsste man den fairen Preis P_0 kennen. Wäre dieser nämlich bekannt, so könnte man eine einfache Entscheidungsregel benutzen,

$$P_0 > I_0 \Rightarrow \text{Investition durchführen}$$
$$P_0 \leq I_0 \Rightarrow \text{Investition ablehnen.}$$

3.2. Arbitragefreie Kapitalmärkte unter Unsicherheit

Die Regel bedient sich eines Preisvergleichs. Von zwei Alternativen entscheidet man sich für die preisgünstigere. Die Aufgabe, die wir lösen müssen, ist damit klar umrissen. Sie lautet: Wie ermittelt man den fairen Preis einer Investition mit unsicheren Rückflüssen?

Methodisch gibt es verschiedene Wege, die man gehen kann, um den fairen Preis für Ansprüche auf künftige Zahlungen zu berechnen. In diesem Kapitel konzentrieren wir uns auf die so genannte arbitragefreie Bewertung. Sie werden feststellen, dass sich erstaunlich viele Parallelen zur Diskussion unter Sicherheit ziehen lassen.

Fast noch erstaunlicher ist die Tatsache, dass man sich mit Hilfe der Arbitragetheorie unter Unsicherheit wesentliche Ergebnisse der Finanzierungstheorie mühelos erschließen kann. Wir werden uns auf die Diskussion um die optimale Kapitalstruktur[3] und die Optionspreistheorie[4] konzentrieren. Ohne im Rahmen dieses Buches die Möglichkeit zu haben, diese Themen wirklich erschöpfend zu behandeln, werden wir uns den jeweiligen Kern der Überlegungen mit Hilfe der Arbitragetheorie erarbeiten können.

3.2.1 Annahmen

Als zeitlichen Bezugsrahmen für unser Modell benutzen wir die Zeitpunkte $t = 0$ (heute) und $t = 1$ (in einem Jahr). Wir gehen davon aus, dass an einem Kapitalmarkt Finanztitel gehandelt werden, für die man heute Preise zu zahlen hat und die ihren Inhabern das Recht verleihen, in einem Jahr Zahlungen zu empfangen, deren Höhe vom Eintritt eines Zustandes abhängt. Wir werden davon sprechen, dass die Finanztitel Ansprüche auf zustandsabhängige Zahlungen darstellen. Im Zeitpunkt $t = 1$ können genau S Zustände $Z_1, \ldots, Z_S$ eintreten. Die Zahl der Zustände, welche die Welt im Zeitpunkt $t = 1$ annehmen kann, lässt sich abzählen. Der Zustandsraum ist also diskret und endlich.

Wer den Finanztitel j erwirbt, bekommt in einem Jahr einen Betrag in Höhe von $X_{j1}, \ldots, X_{jS}$, je nachdem welcher Zustand eintritt. Wir werden die unsicheren Rückflüsse eines Finanztitels im Folgenden der Einfachheit wegen mit $\widetilde{X}_j$ bezeichnen. Der Käufer des Finanztitels muss an den Veräußerer heute einen Preis bezahlen, den wir in der Form $p(\widetilde{X}_j)$ notieren werden.

Kauft jemand vom Finanztitel j nicht bloß ein einziges Stück, sondern n_j Einheiten, so besitzt er zustandsabhängige Ansprüche in Höhe von $n_j \widetilde{X}_j$. Dafür muss er das entsprechende Vielfache des Preises zahlen, d.h. $n_j p(\widetilde{X}_j)$. Diese Notierung verwenden wir, wenn der Erwerber die Finanztitel *einzeln* kauft. Erwirbt er sie dagegen als Paket oder *Portfolio*, so hat er ebenfalls Anspruch auf $n_j \widetilde{X}_j$. Den Preis, den er dann zahlt, wollen wir jedoch in der Form $p(n_j \widetilde{X}_j)$ schreiben.

---

[3] Siehe unten Seite 395 ff.
[4] Siehe Seite 279 ff.

Um unsere Notationsvereinbarungen abzuschließen, ist noch der Fall zu besprechen, dass es unterschiedliche Finanztitel j mit $j = 1, \ldots, J$ gibt. Kauft jemand jeweils mehrere Titel der Art j, so lässt sich ein solches Portfolio durch den Vektor $(n_1, \ldots, n_J)$ eindeutig charakterisieren. Die Ansprüche aus einem derartigen Portfolio belaufen sich auf $\sum_{j=1}^{J} n_j \widetilde{X}_j$. Der Betrag, den der Investor bezahlen muss, hängt wieder davon ab, ob er die Titel einzeln oder als Paket erwirbt. Im ersten Fall schreiben wir $\sum_{j=1}^{J} n_j p(\widetilde{X}_j)$, im zweiten $p\left(\sum_{j=1}^{J} n_j \widetilde{X}_j\right)$.

Nach der Beschreibung der Notation, die wir im Folgenden benutzen werden, können wir uns den Annahmen zuwenden, auf denen unser Marktmodell beruht. Wir empfehlen unserem Leser, diese Annahmen mit den entsprechenden Prämissen zu vergleichen, die wir unter Sicherheit eingeführt hatten.[5]

Tabelle 3.8: Finanztitel und Zustände

Titel	Zustand		
	1	2	3
1	100€	100€	105€
2	107€	100€	107€

Bedingte homogene Erwartungen Alle Marktteilnehmer sind sich darüber einig, welche Zahlung der j-te Titel seinem Inhaber verspricht, wenn der s-te Zustand eintritt.

Betrachten Sie in diesem Zusammenhang Tabelle 3.8. Dort sehen Sie eine Welt mit drei möglichen Zuständen und zwei Finanztiteln. Versetzen Sie sich in den Zeitpunkt $t = 1$ und konzentrieren Sie sich auf den ersten Titel. Wenn Sie nur diesen im Blick haben, so können Sie den ersten vom zweiten Zustand nicht unterscheiden, denn als Besitzer des ersten Titels bekommen Sie in jedem der beiden Zustände 100€. Ähnlich ist es beim zweiten Titel. Hier bekommen Sie 107€, gleichgültig ob der erste oder der dritte Zustand eintritt. Welcher der drei Zustände Wirklichkeit geworden ist, kann man nur entscheiden, wenn man die Rückflüsse beider Titel anschaut.

Unbedingte homogene Erwartungen Alle Marktteilnehmer sind sich vollkommen darüber einig, welche Zustände die Welt im Zeitpunkt $t = 1$ nicht annehmen wird.

Werfen Sie jetzt einen Blick auf Tabelle 3.9. Dort sehen Sie auch eine Welt mit drei möglichen Zuständen. Die Tabelle informiert aber nicht über die Zahlungen, die einzelne Titel beim Eintritt der Zustände versprechen. Viel-

---
[5] Siehe Seite 114 f.

mehr enthält sie Informationen über die Eintrittswahrscheinlichkeiten der Zustände aus der Sicht von zwei Investoren.

Tabelle 3.9: Zustände und Eintrittswahrscheinlichkeiten

Investor	Zustand		
	1	2	3
1	0,40	0,25	0,35
2	0,10	0,80	0,10

Bei Gültigkeit der Annahme darf es keinen Investor geben, der einen der drei Zustände für unmöglich hält, ihm also eine Wahrscheinlichkeit von null zumisst. Was dagegen sehr wohl auftreten darf, zeigt die Tabelle 3.9 ganz deutlich. Jeder Marktteilnehmer kann das Eintreten eines künftigen Zustandes für unterschiedlich wahrscheinlich halten. Infolgedessen gibt es auch nicht notwendigerweise übereinstimmende Vorstellungen von den Erwartungswerten und Varianzen künftiger Einzahlungen aus Finanztiteln.

Reibungsloser Markt Die Finanztitel sind beliebig teilbar. Es gibt weder Transaktionskosten noch Steuern noch irgendwelche Marktzutrittsbeschränkungen. Auch Leerverkäufe sind ohne Weiteres zulässig.

Kompetitiver Markt Die Struktur des Marktes ist atomistisch. Es gibt sehr viele Anbieter und Nachfrager. Aufgrund ihrer großen Zahl verhalten sie sich wie Mengenanpasser und nehmen die Marktpreise der Finanztitel als gegeben.

Keine Arbitragegelegenheiten Kein einziger Marktteilnehmer besitzt die Möglichkeit, durch bloße Umschichtung seines in Finanztiteln gebundenen Vermögens beliebig reich zu werden. Um zu begreifen, was das genau bedeutet, müssen wir den Begriff der Arbitragegelegenheit neu definieren, da wir jetzt der Unsicherheit Rechnung tragen müssen.

3.2.2 Arbitragegelegenheiten

In den ersten beiden Kapiteln dieses Buches haben Sie bereits Arbitragegelegenheiten unter Sicherheit kennen gelernt. Jetzt wenden wir uns ganz ähnlichen Bedingungen unter Unsicherheit zu. Betrachten Sie dazu Tabelle 3.10. Sie sehen dort einen Kapitalmarkt mit vier Finanztiteln, die zustandsabhängige Zahlungen für drei verschiedene Situationen vorsehen, die im Zeitpunkt $t = 1$ eintreten können.

In diesem Beispiel gibt es zwei verschiedene Typen von Arbitragegelegenheiten, die wir im Folgenden kennen lernen wollen.

Tabelle 3.10: Ein Kapitalmarkt voller Arbitragegelegenheiten

Titel	Zustand			Preis
	Z_1	Z_2	Z_3	
1	200	50	100	92,50
2	100	200	50	125,00
3	50	100	100	77,50
4	50	50	200	76,00

Arbitragegelegenheit vom Typ 1 Wir betrachten zunächst Portfolios, die im Zeitpunkt $t = 1$ mit Sicherheit keine Auszahlungen verursachen und mit positiver Wahrscheinlichkeit Einzahlungen einbringen. Solche Portfolios wollen wir dann als Arbitragegelegenheiten bezeichnen, wenn sie einen negativen Preis besitzen. In formaler Schreibweise bezeichnen wir also Portfolios $(n_1, \ldots, n_J)$ als Arbitragegelegenheiten, wenn gilt

$$\sum_{j=1}^{J} n_j X_{js} \geq 0 \quad \forall \ s, \tag{3.5}$$

$$\sum_{j=1}^{J} n_j X_{js} > 0 \quad \text{für mindestens ein } s \text{ und} \tag{3.6}$$

$$\sum_{j=1}^{J} n_j p(\tilde{X}_j) < 0. \tag{3.7}$$

Sichere Einzahlungen, die weniger als nichts kosten. Zunächst wollen wir versuchen, ein Portfolio zu konstruieren, das im Zeitpunkt $t = 1$ mit Sicherheit Einzahlungen in Höhe von 100€ einbringt und im Zeitpunkt $t = 0$ negative Kosten in Höhe von 10€ verursacht. Für ein solches Portfolio gilt mit den Daten aus Tabelle 3.10

$$92{,}50 \cdot n_1 + 125{,}00 \cdot n_2 + 77{,}50 \cdot n_3 + 76{,}00 \cdot n_4 = -10.$$

Hinsichtlich des Zeitpunktes $t = 1$ muss für die drei Zustände gelten

$$\begin{array}{rcrcrcrcr}
200 \cdot n_1 & + & 100 \cdot n_2 & + & 50 \cdot n_3 & + & 50 \cdot n_4 & = & 100 \\
50 \cdot n_1 & + & 200 \cdot n_2 & + & 100 \cdot n_3 & + & 50 \cdot n_4 & = & 100 \\
100 \cdot n_1 & + & 50 \cdot n_2 & + & 100 \cdot n_3 & + & 200 \cdot n_4 & = & 100
\end{array}.$$

Kombiniert man das mit der ersten Gleichung, so entsteht ein lineares inhomogenes Gleichungssystem, das eine eindeutige Lösung besitzt. Damit gelingt die Konstruktion des gewünschten Arbitrageportfolios. Es besitzt die Struktur

$$(n_1, n_2, n_3, n_4) = \left(\frac{102}{7}, \ -\frac{666}{7}, \ 234, \ -100\right).$$

3.2. Arbitragefreie Kapitalmärkte unter Unsicherheit

Dass das Portfolio tatsächlich die gewünschten Eigenschaften besitzt, zeigt Tabelle 3.11.

Tabelle 3.11: Sichere Einzahlungen mit negativem Preis

Titel	Menge	Zahlung im Zustand			Preis
		1	2	3	
1	$\frac{102}{7}$	2.914,29	728,57	1.457,14	1.347,86
2	$-\frac{666}{7}$	−9.514,29	−19.028,57	−4.757,14	−11.892,86
3	234	11.700,00	23.400,00	23.400,00	18.135,00
4	−100	−5.000,00	−5.000,00	−20.000,00	−7.600,00
Summe		100,00	100,00	100,00	−10,00

Wahrscheinliche Einzahlungen, die weniger als nichts kosten. Als nächstes wollen wir den Versuch unternehmen, ein Portfolio zu finden, das hinsichtlich des Zeitpunktes $t = 1$ mit positiver Wahrscheinlichkeit bei genau einem Zustand Einzahlungen verspricht und auf keinen Fall Auszahlungen verursacht. Auch dieses Portfolio soll heute negative Kosten in Höhe von 10€ verursachen. Die Einzahlungen sollen sich für den Fall, dass der erste Zustand eintritt, auf 100€ belaufen.

Wegen der Forderung, dass das Portfolio kostenlos sein soll, gilt wieder

$$92{,}50 \cdot n_1 + 125{,}00 \cdot n_2 + 77{,}50 \cdot n_3 + 76{,}00 \cdot n_4 = -10.$$

Will man im Zeitpunkt $t = 1$ bei Eintritt des Zustandes $s = 1$ 100€ und sonst nichts haben, so muss

$$\begin{aligned} 200 \cdot n_1 + 100 \cdot n_2 + 50 \cdot n_3 + 50 \cdot n_4 &= 100 \\ 50 \cdot n_1 + 200 \cdot n_2 + 100 \cdot n_3 + 50 \cdot n_4 &= 0 \\ 100 \cdot n_1 + 50 \cdot n_2 + 100 \cdot n_3 + 200 \cdot n_4 &= 0 \end{aligned}$$

erfüllt sein. Auch das ergibt in Verbindung mit der Preisgleichung ein lineares inhomogenes Gleichungssystem, das eine eindeutige Lösung hat. Wir erhalten dieses Mal

$$(n_1, n_2, n_3, n_4) = \left(\frac{39}{7},\ -\frac{232}{7},\ 81,\ -35\right).$$

Die entsprechende Proberechnung findet man in Tabelle 3.12.

Positive Mindesteinzahlungen mit negativem Preis. Abschließend suchen wir mit der nun bereits bekannten Methode nach einem Portfolio, das im Zeitpunkt

Tabelle 3.12: Wahrscheinliche Einzahlungen mit negativem Preis

Titel	Menge	Zahlung im Zustand			Preis
		1	2	3	
1	$\frac{39}{7}$	1.114,29	278,57	557,14	515,36
2	$-\frac{232}{7}$	−3.314,29	−6.628,57	−1.657,14	−4.142,86
3	81	4.050,00	8.100,00	8.100,00	6.277,50
4	−35	−1.750,00	−1.750,00	−7.000,00	−2.660,00
Summe		100,00	0,00	0,00	−10,00

$t = 1$ zustandsabhängige Einzahlungen in Höhe von 20€, 30€ oder 40€ verspricht und im Zeitpunkt $t = 0$ einen Preis in Höhe von −10 € besitzt. Der Erwerber dieses Portfolios erhält für die Übernahme des „Risikos", das ihm Mindesteinzahlungen von 20€ beschert, eine Prämie in Höhe von 10€.

Daher muss für den Zeitpunkt $t = 0$ die Gleichung

$$92{,}50 \cdot n_1 + 125{,}00 \cdot n_2 + 77{,}50 \cdot n_3 + 76{,}00 \cdot n_4 = -10$$

erfüllt sein, während für den Zeitpunkt $t = 1$ die Bedingungen

$$\begin{aligned} 200 \cdot n_1 + 100 \cdot n_2 + 50 \cdot n_3 + 50 \cdot n_4 &= 20 \\ 50 \cdot n_1 + 200 \cdot n_2 + 100 \cdot n_3 + 50 \cdot n_4 &= 30 \\ 100 \cdot n_1 + 50 \cdot n_2 + 100 \cdot n_3 + 200 \cdot n_4 &= 40 \end{aligned}$$

gelten müssen. Das jetzt relevante Gleichungssystem hat die Lösung

$$(n_1, n_2, n_3, n_4) = \left(\frac{367}{70},\ -\frac{3.656}{105},\ \frac{2.567}{30},\ -\frac{73}{2}\right),$$

wie die Proberechnung gemäß Tabelle 3.13 beweist.

Arbitragegelegenheit vom Typ 2 Jetzt wollen wir Portfolios betrachten, die sich hinsichtlich der Cashflows, die sie im Zeitpunkt $t = 1$ versprechen, nicht voneinander unterscheiden. Von einer Arbitragegelegenheit wollen wir dann sprechen, wenn der Preis des duplizierenden Portfolios vom Preis des duplizierten Portfolios abweicht, wenn also gilt

$$\sum_{j=1}^{J} n_j p(\tilde{X}_j) \neq p\left(\sum_{j=1}^{J} n_j \tilde{X}_j\right). \tag{3.8}$$

Wählen wir beispielsweise in Tabelle 3.10 willkürlich den vierten Titel aus und erklären ihn zum „Portfolio", das mit Hilfe des ersten bis dritten Titels rekonstruiert werden soll. Dann lauten die Duplikationsbedingungen für die drei in $t = 1$ zu

3.2. Arbitragefreie Kapitalmärkte unter Unsicherheit

Tabelle 3.13: Positive Mindesteinzahlungen mit negativem Preis

Titel	Menge	Zahlung im Zustand			Preis
		1	2	3	
1	$\frac{367}{70}$	1.048,57	262,14	524,29	484,96
2	$-\frac{3.656}{105}$	−3.481,90	−6.963,81	−1.740,96	−4.352,38
3	$\frac{2.567}{30}$	4.278,33	8.556,67	8.556,67	6.631,42
4	$-\frac{73}{2}$	−1.825,00	−1.825,00	−7.300,00	−2.774,00
Summe		20,00	30,00	40,00	−10,00

erwartenden Zustände

$$\begin{array}{rcl} 200 \cdot n_1 + 100 \cdot n_2 + 50 \cdot n_3 &=& 50 \\ 50 \cdot n_1 + 200 \cdot n_2 + 100 \cdot n_3 &=& 50 \\ 100 \cdot n_1 + 50 \cdot n_2 + 100 \cdot n_3 &=& 200 \end{array}.$$

Wieder haben wir ein lineares inhomogenes Gleichungssystem erhalten, das mit

$$(n_1, n_2, n_3) = \left(\frac{1}{7}, -\frac{20}{21}, \frac{7}{3}\right)$$

eine eindeutige Lösung besitzt. Der Preis für das duplizierende Portfolio beläuft sich auf

$$\begin{array}{rcl} \sum_{j=1}^{3} n_j p(\tilde{X}_j) &=& \frac{1}{7} \cdot 92{,}50 - \frac{20}{21} \cdot 125{,}00 + \frac{7}{3} \cdot 77{,}50 \\ &=& 75{,}00 \text{ €}. \end{array}$$

Das ist genau ein Euro weniger als der Preis, zu dem der vierte Titel tatsächlich gehandelt wird. Die Richtigkeit dieses Ergebnisses lässt sich in Tabelle 3.14 nachrechnen.

Durch Kauf des „zu billigen" äquivalenten Portfolios und gleichzeitigen Verkauf des „zu teuren" duplizierten Titels könnte man für sichere Einzahlungen im Zeitpunkt $t = 0$ sorgen, die keinerlei Auszahlungen im Zeitpunkt $t = 1$ nach sich zögen. Auch das wäre eine sichere Arbitragemöglichkeit.

Man käme zu keinem wesentlich anderen Ergebnis, wenn man sich entschlösse, den ersten Titel mit Hilfe der Titel Nr. zwei bis vier zu rekonstruieren.[6] Daraus

---

[6] Das Gleichungssystem würde die Form

$$\begin{array}{rcl} 100 \cdot n_2 + 50 \cdot n_3 + 50 \cdot n_4 &=& 200 \\ 200 \cdot n_2 + 100 \cdot n_3 + 50 \cdot n_4 &=& 50 \\ 50 \cdot n_2 + 100 \cdot n_3 + 200 \cdot n_4 &=& 100 \end{array}$$

Tabelle 3.14: Duplikation eines Finanztitels zu einem abweichenden Preis

Titel	Menge	Zahlung im Zustand			Preis
		1	2	3	
1	$\frac{1}{7}$	28,57	7,14	14,29	13,21
2	$-\frac{20}{21}$	−95,24	−190,47	−47,62	−119,04
3	$\frac{7}{3}$	116,67	233,33	233,33	180,83
Summe		50,00	50,00	200,00	75,00

lässt sich die Erkenntnis ziehen, dass es auf die Wahl der Bewertungsbasis nicht ankommt. Welche Basis man aussucht, um einen Titel zu duplizieren, bleibt willkürlich.

3.2.3 Dominanz- und Wertadditivitätstheorem

Wenn wir unterstellen, dass alle Individuen ungesättigt sind, so gibt es niemanden, der eine Arbitragegelegenheit ungenutzt ließe. Wer eine solche Chance entdeckt, der bedient sich ihrer und vermehrt auf diese Weise seinen Wohlstand. Rationales Verhalten unterstellt, würden Arbitragegeschäfte ohne jede Hemmung vorgenommen werden. Und der Reichtum der Arbitrageure würde nur dann aufhören zu wachsen, wenn die Arbitragegelegenheiten verschwinden.

Die Tätigkeit der Arbitrageure bestünde darin, ständig und hemmungslos die *zu billigen* Titel zu kaufen und gleichzeitig die *zu teuren* Titel zu verkaufen. Dabei entstünde ein doppelter Druck auf die Preise, der die *zu billigen* Titel teurer und die *zu teuren* Titel billiger werden ließe. Dieser Prozess hielte solange an, bis es keine zu teuren oder zu billigen Titel mehr gäbe.

Das führt uns ebenso wie unter Sicherheit zu zwei wichtigen Ergebnissen. Das erste, welches wir *Dominanztheorem* nennen, besagt: Wenn ein Portfolio im Zeitpunkt $t = 1$ mit Sicherheit keine Auszahlungen und mit positiver Wahrscheinlich-

---

annehmen und auf die Lösung

$$(n_2, n_3, n_4) = \left(\frac{20}{3}, -\frac{49}{3}, 7\right)$$

führen. Der Preis des den ersten Titel duplizierenden Portfolios beliefe sich auf

$$\sum_{j=2}^{4} n_j p(\widetilde{X}_j) = \frac{20}{3} \cdot 125,00 - \frac{49}{3} \cdot 77,50 + 7 \cdot 76,00 = 99,50 \, €.$$

Das äquivalente Portfolio wäre deutlich teurer als der duplizierte Titel. Also läge es nahe, den ersten Titel zum Preise von 92,50€ zu kaufen und das duplizierende Portfolio zu verkaufen.

3.2. Arbitragefreie Kapitalmärkte unter Unsicherheit

keit Einzahlungen verspricht, dann muss es einen positiven Preis haben. Oder

$$q\left(\sum_{j=1}^{J} n_j \tilde{X}_j \geq 0\right) = 1 \text{ und } q\left(\sum_{j=1}^{J} n_j \tilde{X}_j > 0\right) > 0 \Longrightarrow \sum_{j=1}^{J} n_j p(\tilde{X}_j) > 0.$$

Das zweite Ergebnis ist uns aus der Analyse von Arbitragegelegenheiten unter Sicherheit ebenfalls bekannt. Wir nennen es *Wertadditivitätstheorem* und schreiben es in der Form

$$p\left(\sum_{j=1}^{J} n_j \tilde{X}_j\right) = \sum_{j=1}^{J} n_j p(\tilde{X}_j). \tag{3.9}$$

Es besagt: Der Preis eines Portfolios muss ebenso groß sein wie die Summe der Preise aller Titel, die in ihm enthalten sind. Das bedeutet zugleich, dass die Preisfunktion linear ist. Das Theorem ist von extremer Bedeutung für grundlegende Resultate der Investitions- und Finanzierungstheorie.

3.2.4 Arbitragevoraussetzungen

Reine Wertpapiere und Marktwertpapiere

Im Folgenden wollen wir klären, wie man feststellen kann, ob ein Kapitalmarkt arbitragefrei ist. Zu diesem Zweck führen wir den Begriff des *reinen Wertpapiers* ein, den wir im Zusammenhang mit mehrperiodigen Entscheidungen unter Sicherheit bereits einmal benutzt haben.[7]

Solche Wertpapiere sind Modellkonstruktionen, die sich im Zwei-Zeitpunkt-Fall dadurch auszeichnen, dass sie für ihren Inhaber eine Einzahlung in Höhe von 1€ bedeuten, falls der Zustand s eintritt, während bei anderen Zukunftsentwicklungen nichts gezahlt wird. Formal ist also ein reines Wertpapier durch

$$X_{js} = \left\{ \begin{array}{ll} 1 & \text{für genau ein } s \\ 0 & \text{sonst} \end{array} \right\}$$

gekennzeichnet. Demgegenüber stellen *Marktwertpapiere* Ansprüche auf Zahlungen bei mehr als einem Zustand dar. Indessen lassen sich Marktwertpapiere immer als Portfolios interpretieren, die aus einer geeigneten Mischung reiner Wertpapiere bestehen. Ob man den in Tabelle 3.10 aufgeführten Titel Nr. 1 oder

200 Stück	reine Wertpapiere vom Typ	(1, 0, 0) und
50 Stück	reine Wertpapiere vom Typ	(0, 1, 0) und
100 Stück	reine Wertpapiere vom Typ	(0, 0, 1)

---
[7] Die Idee des reinen Wertpapiers geht auf *Debreu* und *Arrow* zurück, weswegen man diese Titel auch als *Arrow-Debreu*-Papiere bezeichnet.

Debreu

Gérard Debreu (1921-2004) war ein amerikanischer Wirtschaftstheoretiker französischer Herkunft, der sich besonders mit Problemen der Nutzentheorie auseinandergesetzt und wesentliche Beiträge zur axiomatischen Fundierung der Gleichgewichtstheorie geleistet hat. Debreu studierte zunächst Mathematik. Er begann, sich für die mathematische Theorie eines allgemeinen ökonomischen Gleichgewichts in der Tradition von Léon Walras zu interessieren, als er kurz nach dem zweiten Weltkrieg Wassily Leontief in Salzburg kennen lernte, der ihm dazu riet, seine Forschungstätigkeit in den USA fortzusetzen. Er besuchte im Jahre 1949 verschiedene amerikanische Universitäten. Während seines Aufenthalts an der University of Chicago wurde ihm die Stelle eines Forschungsassistenten bei der Cowles Commission angeboten, wo er insgesamt elf Jahre blieb, die er selbst für die wissenschaftlich interessantesten Jahre seines Lebens hielt. In dieser Zeit entstand auch seine Monographie „Theory of Value", mit der er eine axiomatische Grundlage für die allgemeine Theorie des ökonomischen Gleichgewichts schuf. 1962 wurde Debreu zum Professor für mathematische Wirtschaftstheorie an die University of California at Berkeley berufen. Im Jahre 1983 wurde er mit dem Nobelpreis für Wirtschaftswissenschaften ausgezeichnet. (Foto mit freundlicher Genehmigung von G. Paul Bishop, Berkeley)

kauft, ist im Ergebnis genau dasselbe. Mit dem Symbol π_s bezeichnen wir den Preis eines reinen Wertpapiers. Das ist jener Preis, den man heute zu zahlen hat, um Anspruch auf Einzahlungen in Höhe von 1€ im Zeitpunkt $t = 1$ zu erwerben, falls der Zustand s eintritt. Aus dem Dominanztheorem folgt ohne Weiteres, dass die Preise reiner Wertpapiere positiv sein müssen. Anderenfalls existieren Arbitragegelegenheiten.

In Bezug auf einen Kapitalmarkt, an dem J verschiedene Marktwertpapiere gehandelt werden, die zustandsabhängige Einzahlungen für S verschiedene Zukunftslagen versprechen, sagen wir nun, dass dieser Markt arbitragefrei ist, wenn es einen Preisvektor $(\pi_1, \ldots, \pi_S)$ mit $\pi_s \geq 0 \quad \forall \quad s$ gibt, so dass

$$\sum_{s=1}^{S} X_{js} \pi_s = p(\widetilde{X}_j) \quad \forall \quad j \tag{3.10}$$

3.2. Arbitragefreie Kapitalmärkte unter Unsicherheit

erfüllt ist. Eine solche Situation ist beispielsweise in Tabelle 3.15 gegeben. Diese unterscheidet sich von Tabelle 3.10 nur an einer einzigen Stelle. Der Preis des vierten Titels ist 1€ kleiner als zuvor. Wir können aber den Preisvektor

Tabelle 3.15: Ein Kapitalmarkt ohne Arbitragegelegenheiten

Titel	Z_1	Z_2	Z_3	Preis
1	200	50	100	92,50
2	100	200	50	125,00
3	50	100	100	77,50
4	50	50	200	75,00

$(\pi_1, \pi_2, \pi_3) = (0{,}25,\ 0{,}45,\ 0{,}20)$ angeben, der die in Bedingung (3.10) genannte Eigenschaft erfüllt. Es gilt nämlich in der Tat

$$
\begin{aligned}
200 \cdot 0{,}25 &+ 50 \cdot 0{,}45 &+ 100 \cdot 0{,}20 &= 92{,}50 \\
100 \cdot 0{,}25 &+ 200 \cdot 0{,}45 &+ 50 \cdot 0{,}20 &= 125{,}00 \\
50 \cdot 0{,}25 &+ 100 \cdot 0{,}45 &+ 100 \cdot 0{,}20 &= 77{,}50 \\
50 \cdot 0{,}25 &+ 50 \cdot 0{,}45 &+ 200 \cdot 0{,}20 &= 75{,}00 \ .
\end{aligned}
$$

Wie können wir nun sicher sein, dass es genau dann keine Arbitragegelegenheiten gibt, wenn (3.10) erfüllt ist? Ein Weg, um solche Sicherheit zu gewinnen, würde darin bestehen, dass wir mit den Daten aus Tabelle 3.15 den Versuch machen, Arbitrageportfolios zu konstruieren, und feststellen, dass alle diese Versuche scheitern. Damit hätten wir die ökonomische Intuition gewonnen, dass die Preise der Marktwertpapiere sich entweder zueinander im Gleichgewicht befinden oder nicht. Für einen strengen Beweis indessen müssen wir nachweisen, dass es entweder einen Preisvektor $(\pi_1, \ldots, \pi_S)$ gibt, der Gleichung (3.10) erfüllt, oder ein Vektor $(n_1, \ldots, n_J)$ existiert, für den gilt

$$\sum_{j=1}^{J} n_j X_{js} \geq 0 \quad \forall \ s \quad \text{und} \tag{3.11}$$

$$\sum_{j=1}^{J} n_j p(\tilde{X}_j) < 0. \tag{3.12}$$

Die vorstehenden Relationen beschreiben ein Arbitrageportfolio, das in jedem denkbaren Zustand, der im Zeitpunkt $t = 1$ eintreten kann, nicht-negative Rückflüsse einbringt, und im Zeitpunkt $t = 0$ einen negativen Preis besitzt. Tatsächlich lässt sich ein solcher Beweis führen.

Minkowski   *Farkas*

Der deutsche Mathematiker Hermann Minkowski (1864-1909) lehrte als Professor in Bonn, Zürich, Königsberg und Göttingen. Sein Hauptarbeitsgebiet war die Zahlentheorie. Darüber hinaus setzte er sich mit den mathematischen Grundlagen der speziellen Relativitätstheorie auseinander. Seit seiner Studienzeit war er eng mit David Hilbert befreundet, der anlässlich des frühen Tods von Minkowski in einem Nachruf schrieb: „Unsere Wissenschaft, die uns das liebste war, hatte uns zusammengeführt; sie erschien uns wie ein blühender Garten. Gern suchten wir dort auch verborgene Pfade auf und entdeckten manche neue, uns schön dünkende Aussicht, und wenn der eine dem andern sie zeigte und wir sie gemeinsam bewunderten, war unsere Freude vollkommen." (Foto mit freundlicher Genehmigung der Staats- und Universitätsbibliothek Göttingen)

Gyula Farkas (1847-1930) war ein ungarischer Mathematiker. Er studierte in Budapest zunächst Rechtswissenschaft und Musik, wandte sich aber später den Fächern Physik und Chemie zu. Der ungarische Graf Batthyány stellte Farkas nach Abschluss seines Studiums als Privatlehrer für seine hochtalentierten Kinder an. Batthyáni förderte Farkas in sehr großzügiger Weise und ermöglichte ihm die Promotion und Habilitation in Mathematik an der Universität Budapest, wo er ab 1881 als Privatdozent tätig war. Im Jahre 1987 wurde Farkas Professor für mathematische Physik an der Universität Klausenburg. Sein Interesse galt den mathematischen Grundlagen der Physik und der Vektoralgebra. (Abbildung mit freundlicher Genehmigung der Schule Farkas Gyula in Sárosd)

Minkowski-Farkas-Lemma In der Funktionalanalysis gibt es einen Trennungssatz, der zu Ehren der Mathematiker Hermann Minkowski und Gyula Farkas als Minkowski-Farkas-Lemma bezeichnet wird. Dieser Satz besagt: Ist eine Matrix

$$X = \begin{pmatrix} X_{11} & \ldots & X_{1s} & \ldots & X_{1S} \\ \ldots\ldots\ldots\ldots\ldots\ldots\ldots\ldots\ldots \\ X_{j1} & \ldots & X_{js} & \ldots & X_{jS} \\ \ldots\ldots\ldots\ldots\ldots\ldots\ldots\ldots\ldots \\ X_{J1} & \ldots & X_{Js} & \ldots & X_{JS} \end{pmatrix}$$

3.2. Arbitragefreie Kapitalmärkte unter Unsicherheit

und ein Vektor

$$p = \begin{pmatrix} p_1 \\ \vdots \\ p_J \end{pmatrix}$$

gegeben, so gibt es genau zwei Möglichkeiten. Entweder existiert ein Vektor

$$\boldsymbol{\pi} = \begin{pmatrix} \pi_1 \\ \vdots \\ \pi_S \end{pmatrix}$$

mit $\boldsymbol{\pi} \geq 0$, so dass $X\boldsymbol{\pi} = p$ gilt. Dann sprechen Ökonomen von Arbitragefreiheit. Oder es existiert ein Vektor

$$n = \begin{pmatrix} n_1 \\ \vdots \\ n_J \end{pmatrix},$$

so dass sowohl $p^T n < 0$ als auch $X^T n \geq 0$ erfüllt ist. In diesem Fall ist aus ökonomischer Sicht eine Arbitragegelegenheit gegeben.

Eindeutigkeit des Preissystems

Die Annahme, dass es keine Arbitragegelegenheiten gibt, ist mit der Existenz eines Systems nicht-negativer Preise für reine Wertpapiere identisch. Wir müssen nun noch klären, unter welchen Bedingungen dieses Preissystem eindeutig ist. Es empfiehlt sich, drei Fälle zu unterscheiden.

Unvollständiger Kapitalmarkt Zunächst betrachten wir Situationen, in denen die Zahl der am Markt gehandelten Titel kleiner ist als die Zahl der relevanten Zustände, $J < S$. Schauen Sie zu diesem Zweck Tabelle 3.16 an. Hier ist das Preissystem

Tabelle 3.16: Ein unvollständiger Kapitalmarkt ohne Arbitragegelegenheiten

	\multicolumn{3}{c}{Zustand}		
Titel	Z_1	Z_2	Z_3	Preis
1	200	50	100	92,50
2	100	200	50	125,00

nicht eindeutig, weil wir unter Verwendung von (3.10) auf nur zwei Gleichungen mit drei Unbekannten kommen,

$$\begin{aligned} 200 \cdot \pi_1 + 50 \cdot \pi_2 + 100 \cdot \pi_3 &= 92{,}50 \\ 100 \cdot \pi_1 + 200 \cdot \pi_2 + 50 \cdot \pi_3 &= 125{,}00 \ . \end{aligned}$$

Man kann beliebig viele Preisvektoren (π_1, π_2, π_3) finden, die vorstehendes Gleichungssystem befriedigen, beispielsweise (0,25, 0,45, 0,20) oder aber auch (0,30, 0,45, 0,10), um nur zwei zu nennen. Dieser Markt bietet zwar keine Arbitragegelegenheit, aber trotzdem ist das Preissystem der reinen Wertpapiere grundsätzlich nicht eindeutig.

Tabelle 3.17: Ein unvollständiger Kapitalmarkt mit Arbitragegelegenheiten

Titel	Zustand			Preis
	Z_1	Z_2	Z_3	
1	200	50	100	92,50
2	200	50	100	93,50

Eine ganz andere Situation haben wir in Tabelle 3.17 vor uns. Es handelt sich um einen unvollständigen Kapitalmarkt mit Arbitragegelegenheit. Diese ist so offenkundig, dass Erläuterungen überflüssig sind. Das Gleichungssystem

$$200 \cdot \pi_1 + 50 \cdot \pi_2 + 100 \cdot \pi_3 = 92{,}50$$
$$200 \cdot \pi_1 + 50 \cdot \pi_2 + 100 \cdot \pi_3 = 93{,}50$$

ist nicht lösbar, weil sich beide Gleichungen widersprechen. Anders gesagt: Der Vektor (π_1, π_2, π_3) mit $\pi_s \geq 0 \quad \forall \quad s$ existiert nicht.

Vollständiger Kapitalmarkt Jetzt betrachten wir Situationen, in denen die Zahl der am Markt gehandelten Titel ebenso groß ist wie die Zahl der relevanten Zustände, $J = S$. Ein Beispiel ist in Tabelle 3.18 gegeben.

Tabelle 3.18: Ein vollständiger Kapitalmarkt ohne Arbitragegelegenheiten

Titel	Zustand			Preis
	Z_1	Z_2	Z_3	
1	200	50	100	92,50
2	100	200	50	125,00
3	50	100	100	77,50

Man bezeichnet einen solchen Kapitalmarkt als vollständig, wenn erstens $J = S$ und zweitens $|X| \neq 0$. Die quadratische Matrix der Cashflows muss also regulär sein. In diesem Fall können wir nämlich das Gleichungssystem

$$X\pi = p$$

3.2. Arbitragefreie Kapitalmärkte unter Unsicherheit

eindeutig nach $\boldsymbol{\pi}$ auflösen, weil die Inverse der Cashflow-Matrix X^{-1} existiert. Man erhält auf diese Weise

$$X^{-1}X\boldsymbol{\pi} = X^{-1}\boldsymbol{p}$$
$$\boldsymbol{\pi} = X^{-1}\boldsymbol{p}.$$

Mit den Zahlen aus Tabelle 3.18 ergibt das

$$\begin{pmatrix} \pi_1 \\ \pi_2 \\ \pi_3 \end{pmatrix} = \begin{pmatrix} 200 & 50 & 100 \\ 100 & 200 & 50 \\ 50 & 100 & 100 \end{pmatrix}^{-1} \cdot \begin{pmatrix} 92{,}50 \\ 125{,}00 \\ 77{,}50 \end{pmatrix}$$

$$= \begin{pmatrix} \frac{1}{175} & \frac{1}{525} & -\frac{1}{150} \\ -\frac{1}{350} & \frac{1}{175} & 0 \\ 0 & -\frac{1}{150} & \frac{1}{75} \end{pmatrix} \cdot \begin{pmatrix} 92{,}50 \\ 125{,}00 \\ 77{,}50 \end{pmatrix}$$

$$= \begin{pmatrix} 0{,}25 \\ 0{,}45 \\ 0{,}20 \end{pmatrix}.$$

Man mache sich aber klar, dass die Existenz der Inversen noch nicht dafür garantiert, dass der Kapitalmarkt arbitragefrei ist. Denn es kann durchaus der Fall eintreten, dass einzelne Elemente des π-Vektors negativ sind. In diesem Fall hätten wir eine Verletzung des Dominanztheorems, und es gäbe eine Arbitragegelegenheit. Ein Beispiel liefert Tabelle 3.19. Die Preise der Marktwertpapiere sind zwar

Tabelle 3.19: Ein vollständiger Kapitalmarkt mit Arbitragegelegenheiten

Titel	Zustand			Preis
	Z_1	Z_2	Z_3	
1	200	50	100	190,00
2	100	200	50	60,00
3	50	100	100	90,00

sämtlich positiv. Für die reinen Wertpapiere ermittelt man aber das Preissystem

$$\begin{pmatrix} \pi_1 \\ \pi_2 \\ \pi_3 \end{pmatrix} = \begin{pmatrix} \frac{1}{175} & \frac{1}{525} & -\frac{1}{150} \\ -\frac{1}{350} & \frac{1}{175} & 0 \\ 0 & -\frac{1}{150} & \frac{1}{75} \end{pmatrix} \cdot \begin{pmatrix} 190{,}00 \\ 60{,}00 \\ 90{,}00 \end{pmatrix}$$

$$= \begin{pmatrix} 0{,}60 \\ -0{,}20 \\ 0{,}80 \end{pmatrix}$$

und hat tatsächlich eine Arbitragegelegenheit. Würde das reine Wertpapier gehandelt werden, welches im Zustand $s = 2$ einen Euro verspricht, so wäre sein Preis negativ. Aus den Marktwertpapieren der Tabelle 3.19 kann man aber ohne Weiteres ein Portfolio konstruieren, das sich nach außen nicht von diesem reinen Wertpapier unterscheiden lässt.

Sucht man vor dem gleichen Hintergrund nach weiteren Arbitragegelegenheiten, so findet man etwa das Portfolio $(n_1, n_2, n_3) = \left(-\frac{8}{35}, \frac{11}{21}, \frac{1}{15}\right)$. Wer dieses Portfolio „kauft", dem winken mit Eintritt des zweiten Zustandes 100€ und mit Eintritt der beiden anderen Zustände 10€. Der Erwerb dieser „Lotterie", bei der man nichts verlieren, sondern nur gewinnen kann, ist nicht bloß kostenlos. Vielmehr erhält man sogar noch eine Prämie in Höhe von 6€, wie Tabelle 3.20 zeigt.

Tabelle 3.20: Mindesteinzahlungen mit negativem Preis

Titel	Menge	Zahlung im Zustand			Preis
		1	2	3	
1	$-\frac{8}{35}$	−45,71	−11,43	−22,86	−43,43
2	$\frac{11}{21}$	52,38	104,76	26,19	31,43
3	$\frac{1}{15}$	3,33	6,67	6,67	6,00
Summe		10,00	100,00	10,00	−6,00

Schließlich wollen wir noch darauf hinweisen, dass die Summe der Preise aller reinen Wertpapiere dem Preis für einen sichere Euro in diesem Zustand entspricht. An einem vollständigen und arbitragefreien Kapitalmarkt muss der sichere Zinssatz r_f im Zeitpunkt t daher die Bedingung

$$\frac{1}{1 + r_f} = \sum_{s=1}^{S} \pi_s \qquad (3.13)$$

erfüllen, wenn die Rückflüsse der Finanztitel im Zeitpunkt $t + 1$ erfolgen.

Übervollständiger Kapitalmarkt Von einem übervollständigen Kapitalmarkt wird gesprochen, wenn mehr Titel gehandelt werden als relevante Zustände zu unterscheiden sind, $J > S$. Unter der Voraussetzung, dass Cashflows und Preise von S Titeln linear unabhängig sind, gibt es auf einem solchen Kapitalmarkt $J - S$ redundante Finanztitel. Diese sind insoweit überflüssig, als ihre Cashflows mit einem Portfolio rekonstruiert werden können, das aus einer Menge von S beliebig ausgewählten Titeln besteht.

3.2. Arbitragefreie Kapitalmärkte unter Unsicherheit

Ist der Markt arbitragefrei, so wählt man beliebige S Titel aus und ermittelt das System der Preise der reinen Wertpapiere ebenso wie unter den Bedingungen eines vollständigen Kapitalmarktes ohne Arbitragegelegenheiten.

Falls man dagegen nicht sicher ist, ob ein Markt arbitragefrei ist, so empfiehlt sich folgendes Vorgehen: Zunächst wählt man S beliebige Marktwertpapiere aus, deren Cashflows linear unabhängig sind. Aus dieser willkürlich gewählten *Basis* berechnet man ein System von Preisen für reine Wertpapiere. Anschließend prüft man, ob

1. alle Elemente des Vektors $(\pi_1, \ldots, \pi_S)$ nicht-negativ sind und

2. die Preise aller nicht zur Basis gehörenden, redundanten Marktwertpapiere der Bedingung
$$\sum_{s=1}^{S} X_{js}\pi_s = p(\tilde{X}_j)$$
gehorchen.

Sollte auch nur eine der beiden Bedingungen verletzt sein, so existieren Arbitragegelegenheiten. Anderenfalls ist der Markt arbitragefrei.

4 Bewertungstheorie unter Sicherheit

Das folgende Kapitel ist wie folgt aufgebaut: Wir erweitern zunächst das im einführenden Kapitel vorgestellte Barwertmodell auf mehrere Perioden und zeigen in diesem Zusammenhang, dass es sinnvoll ist, zwischen Kassa-, Termin- und Effektivzinssätzen zu unterscheiden. Als theoretisches Fundament dient das Modell arbitragefreier Kapitalmärkte unter Sicherheit. Darauf aufbauend werden wir zeigen, dass man die Barwerte von Investitionsprojekten auf drei unterschiedliche Arten berechnen kann. Gerüstet mit diesem Wissen demonstrieren wir anschließend, wie man aus konkreten Kapitalmarktdaten die aktuelle Zinsstruktur ableiten kann. Damit sind die wesentlichen Voraussetzungen für die Bewertung von Investitionsprojekten unter Sicherheit geschaffen. Abschließend kommen wir noch einmal das Fisher-Modell aus dem einführenden Kapitel zurück, diesmal allerdings für einen arbitragefreien Kapitalmarkt im Mehrperiodenfall. Mit dem Fisher-Modell werden die Investitionsentscheidungen von Investoren im Zusammenhang mit ihren Konsumentscheidungen und auch mit den Konsumentscheidungen anderer Investoren betrachtet.

4.1 Barwerte bei mehreren Perioden

Bereits zu Beginn des einführenden Kapitels haben wir einen ersten Blick auf Barwerte geworfen.[1] Dabei setzten wir allerdings voraus, dass es nur die beiden Zeitpunkte $t = 0$ und $t = 1$ gibt. Alles, was zeitlich nach $t = 1$ liegt, blieb außerhalb unseres Interesses. Zwar hat diese einschränkende Annahme unsere theoretischen Überlegungen ungemein erleichtert; jedoch müssen wir zugeben, dass sie äußerst unrealistisch ist. Aber man pflegt mit einfachen Problemstellungen zu beginnen, weil sie übersichtlich sind und die Konzentration auf das Wesentliche erleichtern, und geht erst dann zu schwierigeren Fragen über, wenn die ersten Gehversuche geglückt sind.

Jetzt wollen wir die restriktive Annahme lockern und Investitionen betrachten, die sich über mehrere Jahre erstrecken. Das zwingt uns selbstverständlich dazu,

---
[1] Siehe Seite 1.

unsere Notation dieser Fragestellung anzupassen. Bislang haben wir eine Investition als eine Maßnahme definiert, mit der man (sichere) Ansprüche auf einen Zahlungsmittelrückfluss erwirbt, der in einem Jahr fällig ist. Diesen Rückfluss hatten wir mit X_1 bezeichnet. Wenn wir jetzt dazu übergehen, Investitionen mit längerer Laufzeit zu bewerten, so müssen wir sie als Maßnahmen interpretieren, mit denen man Ansprüche auf Rückflüsse erwirbt, die in einem, zwei, drei ... Jahren fällig sind. Um diese Rückflüsse zu notieren, verwenden wir die Schreibweise $X_1, \ldots, X_T$, wobei T das Ende der Laufzeit repräsentiert.

Veranschaulichen wir das durch ein einfaches Beispiel: Sie erinnern sich vermutlich an Ihren Bekannten, der Ihnen den Tipp gegeben hatte, ein Baugrundstück im künftigen Gewerbegebiet von Neustadt zu kaufen, weil dort die Bodenpreise steigen würden. Dieser Bekannte ist Architekt. Er zeigt Ihnen Baupläne für ein Bürogebäude, das er projektiert hat. Die Bausumme beläuft sich einschließlich aller Nebenkosten auf 2 Millionen€. Das Gebäude lässt sich auf lange Sicht voraussichtlich gut vermieten. Dabei würden sich die Mieteinzahlungen nach Abzug aller laufenden Aufwendungen im ersten Jahr auf 75.000€ und im darauf folgenden Jahr auf 150.000€ belaufen. Sie könnten weiter davon ausgehen, dass man das vermietete Objekt am Ende des zweiten Jahres für 2,2 Millionen€ verkaufen kann. Die künftigen Rückflüsse der gesamten Maßnahme betragen daher $X_1 = 75.000$€ und $X_2 = 2.350.000$€, und es geht um die Frage, ob man für die Summe dieser Ansprüche im Zeitpunkt $t = 0$ einen Preis in Höhe von $I_0 = 2.000.000$€ bezahlen sollte. Wie hoch also ist der faire Preis oder der Barwert des Anspruchsbündels (X_1 und X_2)?

4.1.1 Barwerte bei zwei Perioden

Um den Barwert eines Zahlungsanspruchs zu berechnen, der in einem Jahr fällig ist, hatten wir die Bewertungsformel

$$PV = \frac{X_1}{1+r} \tag{4.1}$$

benutzt. Versuchen wir, uns daran zu erinnern, wie wir auf diese Gleichung bei unseren ursprünglichen und von wenig Theorie geleiteten Überlegungen gekommen waren. Wir hatten unterstellt, dass man bei einer Bank Geld zum Zinssatz r anlegen kann. Sodann hatten wir die Methode des *pricing by duplication* angewendet und uns Folgendes klargemacht: Es gibt zwei Wege, die man beschreiten kann, um Ansprüche auf Einzahlungen in Höhe von X_1 zu erwerben. Entweder führt man die Investition durch, oder man lässt eine ausreichende Menge Geld bei der Bank zum Zinssatz r arbeiten. Entscheiden wird man sich danach für den Weg, mit dem man das Ziel billiger erreicht.

Aus einem Anfangskapital von $K_0 = 100$€ wird bei einem Zinssatz von $r = 8\%$ nach einem Jahr ein Endkapital von 108€, d.h.

$$K_0(1+r) = K_1$$

4.1. Barwerte bei mehreren Perioden

oder $100 \cdot 1{,}08 = 108$. Wer heute K_0 bei einer Bank einzahlt, die eine Verzinsung in Höhe von r verspricht, hat nach einem Jahr Anspruch auf K_1. Auflösen vorstehender Gleichung nach K_0 führt auf

$$K_0 = \frac{K_1}{1+r}$$

oder $100 = \frac{108}{1{,}08}$. Und nun braucht man das bei der Bank entstehende Endkapital K_1 nur noch mit dem Rückfluss aus der Investition X_1 zu identifizieren, um zur Barwertformel (4.1) zu kommen. In Kurzform lautet die ökonomische Begründung für diesen Ansatz: Man sollte für einen Anspruch auf Rückflüsse in Höhe von X_1 nicht mehr bezahlen, als man woanders für den gleichen Anspruch auch bezahlen müsste.

Erneut wollen wir davon ausgehen, dass man bei einer Bank Geld zum Zinssatz r anlegen kann, und zwar sowohl im ersten als auch im zweiten Jahr. Wieder wollen wir den Versuch unternehmen, die Methode des *pricing by duplication* anzuwenden. Wir müssen also die Frage beantworten, welchen Betrag man heute bei einer Bank einzahlen muss, um nach einem Jahr den Betrag $K_1 = X_1$ und nach einem weiteren Jahr den Betrag $K_2 = X_2$ abheben zu können. Um die Gedankenführung durchsichtiger zu machen, wollen wir unterstellen, dass wir bei der Bank zwei Konten unterhalten, das „Ein-Jahres-Konto" (Konto Nr. 1) und das „Zwei-Jahres-Konto" (Konto Nr. 2). Das erste Konto soll nach einem Jahr auf den Betrag gewachsen sein, den wir im Zeitpunkt $t = 1$ haben wollen; das zweite Konto nach zwei Jahren auf den Anspruch, den wir im Zeitpunkt $t = 2$ benötigen. Diese doppelte Kontenführung hat für uns den Vorteil, dass wir unsere Frage sozusagen in zwei unabhängige Teile zerlegen können. Bezeichnen wir mit $K_{0,1}$ den Geldbetrag, den wir auf dem „Ein-Jahres-Konto" anlegen, und mit $K_{0,2}$ den entsprechenden Betrag auf dem „Zwei-Jahres-Konto", so entwickeln sich die beiden Konten unter Berücksichtigung der Zinszuschläge nach einem Jahr wie folgt,

$$K_{1,1} = K_{0,1}(1+r)$$
$$K_{1,2} = K_{0,2}(1+r).$$

Das „Zwei-Jahres-Konto" wird jedoch von der Bank ein weiteres Jahr verzinst, so dass wir im Zeitpunkt $t = 2$ über

$$K_{2,2} = K_{1,2}(1+r) = K_{0,2}(1+r)^2$$

verfügen können. Wir müssen daher bei der Bank insgesamt den Betrag

$$K_0 = K_{0,1} + K_{0,2} = \frac{K_{1,1}}{(1+r)^1} + \frac{K_{2,2}}{(1+r)^2}$$

einzahlen. An unserem Beispiel mit dem Bürogebäude wollen wir überprüfen, ob die Rechnung stimmt. Der Investitionsrückfluss im ersten Jahr betrug $X_1 =$

75.000€, der Rückfluss im zweiten Jahr X_2 = 2.350.000€. Also müssten wir bei der Bank

$$K_0 = \frac{75.000}{1{,}08} + \frac{2.350.000}{1{,}08^2} = 2.084.190{,}67 \; €$$

einzahlen, wenn wir wiederum mit 8% rechnen. Auf die Richtigkeit unserer Überlegungen vertrauend verzichten wir auf die Einrichtung von zwei getrennten Konten und zahlen diesen Betrag auf ein Einheitskonto ein. Dann wird dieses Konto bei einem Zinssatz von 8% die in Tabelle (4.1) angegebene Entwicklung zeigen.

Tabelle 4.1: Entwicklung eines Bankkontos über zwei Jahre bei 8% Zins

Jahr	Kapital am Jahresanfang	Zinsen 8%	Abhebung	Kapital am Jahresende
1. Jahr	2.084.190,67	166.735,25	75.000,00	2.175.925,92
2. Jahr	2.175.925,92	174.074,08	2.350.000,00	0,00

Unsere Kalkulation geht offensichtlich auf. Daher können wir den Barwert von künftigen Investitionsrückflüssen im Zwei-Perioden-Fall stets aus

$$PV = \frac{X_1}{(1+r)^1} + \frac{X_2}{(1+r)^2}$$

berechnen. Und der Nettobarwert ergibt sich aus

$$NPV = -I_0 + PV = -I_0 + \frac{X_1}{(1+r)^1} + \frac{X_2}{(1+r)^2}.$$

Wenden wir diese Bewertungsgleichung auf unser Bürogebäude an, so erhalten wir

$$NPV = -2.000.000 + \frac{75.000}{1{,}08} + \frac{2.350.000}{1{,}08^2} = 84.190{,}67 \; €$$

und sehen sofort, dass sich die Durchführung dieses Projektes lohnt. Man kommt an die Ansprüche auf die Rückflüsse um 84.190,67€ billiger heran, als würde man sie am Kapitalmarkt kaufen.

4.1.2 Verallgemeinerung auf mehr als zwei Perioden

Um eine Barwertformel für den Fall zu entwickeln, dass eine Investition in den Zeitpunkten $t = 1, \ldots, T$ Rückflüsse verspricht, gehen wir in der gleichen Weise vor, wie bereits gewohnt. Wir verwenden das Verfahren des *pricing by duplication*, fragen also nach dem Betrag, den man bei einer Bank einzahlen müsste, so dass man während der Laufzeit Abhebungen vornehmen kann, die den Investitionsrückflüssen genau entsprechen. Bei paralleler Gedankenführung zum Fall mit

4.1. Barwerte bei mehreren Perioden

zwei Perioden müssten wir ein „Ein-Jahres-Konto", ein „Zwei-Jahres-Konto" und so weiter sowie abschließend ein „T-Jahres-Konto" einrichten. Dort wären die Beträge $K_{0,1}, K_{0,2}, \ldots, K_{0,T}$ einzuzahlen. Diese würden sich auf

$$K_{0,1} = \frac{K_{1,1}}{(1+r)^1}$$

$$K_{0,2} = \frac{K_{2,2}}{(1+r)^2}$$

$$\vdots$$

$$K_{0,T} = \frac{K_{T,T}}{(1+r)^T}$$

belaufen. Entsprechend ergibt sich der Barwert der Investitionsrückflüsse aus

$$PV = \frac{X_1}{(1+r)^1} + \frac{X_2}{(1+r)^2} + \ldots + \frac{X_T}{(1+r)^T},$$

wofür man unter Verwendung des Summenzeichens kürzer

$$PV = \sum_{t=1}^{T} \frac{X_t}{(1+r)^t} \qquad (4.2)$$

schreibt.

Um die Arbeitsweise mit dieser Formel zu veranschaulichen, betrachten wir eine Investition mit einer Laufzeit von fünf Jahren, die die folgenden Rückflüsse verspricht: $X_1 = 300, X_2 = 400, X_3 = 500, X_4 = 100$ und $X_5 = 700$. Der Marktzinssatz beträgt $r = 7\%$, und die Investitionsauszahlungen belaufen sich auf $I_0 = 1.700$. Der Barwert der Rückflüsse ergibt sich zu

$$\begin{aligned} PV &= \frac{300}{1{,}07^1} + \frac{400}{1{,}07^2} + \frac{500}{1{,}07^3} + \frac{100}{1{,}07^4} + \frac{700}{1{,}07^5} \\ &= \frac{300}{1{,}070} + \frac{400}{1{,}145} + \frac{500}{1{,}225} + \frac{100}{1{,}311} + \frac{700}{1{,}403} \\ &= 1.613{,}28\,\text{€}. \end{aligned}$$

Das ist weniger als der Betrag, den man bei Durchführung der Investition zu zahlen hätte. Also ist die Investition abzulehnen. Tabelle (4.2) zeigt, wie sich ein Bankkonto bei einer Verzinsung von 7% entwickeln würde, wenn man im Zeitpunkt $t = 0$ den Betrag von 1.613,28€ einzahlen und in den Jahren $t = 1, \ldots, 5$ die bei der Investition erzielbaren Rückflüsse abheben würde. Das zeigt deutlich, dass man mit dieser Geldanlage am Kapitalmarkt tatsächlich billiger davon käme. Da der Nettobarwert mit $NPV = -1.700 + 1.613{,}28 = -86{,}72\,\text{€}$ negativ ist, zeigt auch er korrekt an, dass man von dieser Investition die Finger lassen sollte.

Tabelle 4.2: Entwicklung eines Bankkontos über fünf Jahre bei 7% Zins

Jahr	Kapital am Jahresanfang	Zinsen 7%	Abhebung	Kapital am Jahresende
1. Jahr	1.613,28	112,93	300,00	1.426,21
2. Jahr	1.426,21	99,83	400,00	1.126,04
3. Jahr	1.126,04	78,82	500,00	704,87
4. Jahr	704,87	49,34	100,00	654,21
5. Jahr	654,21	45,79	700,00	0,00

4.1.3 Gleichbleibende Rückflüsse

Häufig hat man es in der Praxis mit Investitionen zu tun, bei denen die Rückflüsse eine regelmäßige Struktur besitzen. Die einfachste Form einer solchen Regelmäßigkeit liegt vor, wenn die Rückflüsse im Zeitablauf konstant sind, also

$$X_1 = X_2 = \ldots = X_T = X.$$

Der technische Aufwand zur Berechnung des Barwerts kann unter diesen Bedingungen beträchtlich vereinfacht werden, weil man anstelle der Bewertungsgleichung (4.2)

$$PV = X \cdot \frac{(1+r)^T - 1}{r \cdot (1+r)^T} \qquad (4.3)$$

benutzen kann. Wer nachvollziehen will, wie man auf diese Darstellung kommt, mag sich in die Fußnote vertiefen.[2] Wer sich dagegen klarmachen möchte, worin die praktischen Vorteile von Gleichung (4.3) liegen, der konzentriere sich auf das nachfolgende Beispiel: Zu beurteilen ist eine Investition, die während einer Laufzeit

---

[2] Bei der Summe

$$S = \frac{1}{(1+r)^1} + \frac{1}{(1+r)^2} + \ldots + \frac{1}{(1+r)^T}$$

handelt es sich um eine endliche geometrische Reihe. Multipliziert man vorstehende Gleichung mit $(1+r)$, so erhält man

$$(1+r)S = 1 + \frac{1}{(1+r)^1} + \ldots + \frac{1}{(1+r)^{T-1}}.$$

Zieht man von dieser Gleichung die vorhergehende ab, so entsteht

$$rS = 1 - \frac{1}{(1+r)^T}.$$

Dividiert man abschließend durch r, so erhält man nach geringfügiger Umformung

$$S = \frac{(1+r)^T - 1}{r \cdot (1+r)^T}.$$

von 20 Jahren gleichbleibende Rückflüsse von $X = 250\text{€}$ verspricht. Als Marktzinssatz benutzen wir $r = 10\%$. Würde man den Barwert der Rückflüsse nun mit Hilfe von Gleichung (4.2) ermitteln, so hätte man

$$PV = \frac{250}{(1+r)^1} + \frac{250}{(1+r)^2} + \cdots + \frac{250}{(1+r)^{20}} = 2.128{,}39 \text{ €}$$

zu kalkulieren. Man müsste also zunächst 20 Divisionen vornehmen und anschließend alle 20 Divisionsresultate addieren. Verwendet man dagegen Gleichung (4.3), so rechnet man

$$PV = 250 \cdot \frac{1{,}1^{20} - 1}{0{,}1 \cdot 1{,}1^{20}} = 250 \cdot 8{,}51356 = 2.128{,}39 \text{ €}$$

und ist viel rascher fertig.

Für theoretische Zwecke ist es mitunter notwendig, den Barwert einer Reihe von gleichbleibenden Rückflüssen zu berechnen, die niemals endet. Die Barwertermittlung ist mit Hilfe von Gleichung (4.2) nicht durchführbar, weil die Addition niemals abgebrochen werden dürfte. Aber wenn wir eine Grenzwertbetrachtung für die dazu ganz äquivalente Bewertungsgleichung (4.3) vornehmen,[3] kommen wir zu

$$PV = \frac{X}{r},$$

einer Formel, die an Einfachheit kaum zu überbieten ist. Will man also feststellen, welchen Preis jemand zu zahlen hätte, wenn man ihm verspricht, bei einem Marktzinssatz von 10% auf ewig eine Rente in Höhe von 250€ zu zahlen, so würden wir zu dem Ergebnis

$$PV = \frac{250}{0{,}1} = 2.500 \text{ €}$$

gelangen. Der Preis beträgt 2.500€. Und man braucht nicht gerade ein Rechengenie zu sein, um sich davon zu überzeugen, dass aus einem solchen Kapital bei 10% Zinsen tatsächlich auf ewig eine jährliche Rente von 250€ gezahlt werden kann.

4.2 Verschiedene Zinssätze

Bei der Erweiterung des Barwertkonzepts auf mehrere Perioden haben wir uns die Argumentation mit Hilfe eines Tricks sehr erleichtert, ohne Sie ausdrücklich darauf

---

[3]Man hat den Grenzwert

$$\lim_{T \to \infty} \frac{(1+r)^T - 1}{r \cdot (1+r)^T} = \lim_{T \to \infty} \left(\frac{1}{r} - \frac{1}{r \cdot (1+r)^T} \right)$$

zu betrachten. Berücksichtigt man, dass der Zinssatz r stets positiv ist, so folgt sofort, dass $(1+r)^T$ über alle Grenzen wächst, wenn T gegen unendlich geht. Dann aber strebt der zweite Term in der Klammer gegen null und kann vernachlässigt werden. Infolgedessen ist $\frac{1}{r}$ der gesuchte Grenzwert.

aufmerksam zu machen. Unser Kunstgriff bestand darin, dass wir mit einem einzigen Marktzinssatz gearbeitet haben, obwohl es an einem Kapitalmarkt, auf dem Finanztitel mit unterschiedlichen Laufzeiten gehandelt werden, mehr als einen Marktzinssatz geben kann und in aller Regel auch gibt. Tatsächlich ist die Barwertberechnung bei mehreren Perioden vor diesem Hintergrund dann doch etwas komplizierter als bisher beschrieben. Wir müssen das Thema daher noch einmal mit etwas größerer Sorgfalt aufrollen, und hierfür werden wir in diesem Abschnitt wichtige Vorbereitungen treffen. Dabei ist es erforderlich, drei verschiedene Arten von Zinssätzen begrifflich auseinanderzuhalten, die wir als Kassazinssatz, Terminzinssatz und Effektivzinssatz bezeichnen werden.

4.2.1 Kassazinssatz und Terminzinssatz

Stellen Sie sich vor, Sie hätten die Absicht, einen gewöhnlichen Kaufvertrag abzuschließen. Sie wollen 100 Doppelzentner Speisekartoffeln kaufen, die man Ihnen zum Preis von 10€ je Doppelzentner anbietet. Sie einigen sich mit dem Lieferanten, dass dieser die Kartoffeln sofort liefert und Sie dann auch sofort (Zug um Zug) bezahlen. In diesem Fall spricht man von einem *Kassageschäft*.

Stellen Sie sich nun vor, Sie wären ein Landwirt, der Speisekartoffeln anbaut. Sie befürchten, dass die Kartoffelpreise sinken könnten und suchen nach einem Weg, sich gegen dieses Risiko abzusichern. Nun stoßen Sie auf einen Großhändler, der seinerseits auf steigende Preise setzt, und können sich mit diesem darauf einigen, in drei Monaten 100 Doppelzentner Kartoffeln zu einem Preis von 10€ je Doppelzentner zu liefern. Dann haben sowohl Sie als auch der Großhändler ein Vierteljahr vor Vertragsabwicklung sichere Kalkulationsgrundlagen. In dem hier beschriebenen Fall spricht man von einem *Termingeschäft*, das Zug um Zug abgewickelt wird.

Um das, worauf wir hinaus wollen, deutlich herausarbeiten zu können, betrachten wir zwei weitere Beispiele. Jemand will einen Kredit über 100.000€ aufnehmen, diesen zu 10% verzinsen und innerhalb von 10 Jahren zurückzahlen. Der Kredit soll unmittelbar nach Vertragsabschluss ausgezahlt werden. Wenn dies tatsächlich so gehandhabt wird, so würden wir von einem *Kassa(kredit)geschäft* sprechen.

Anders dagegen, wenn Kreditgeber und Kreditnehmer sich heute einigen, dass in einem Jahr ein Kredit über 100.000€ gewährt wird, der bei einem Zinssatz von 10% eine Laufzeit von 10 Jahren haben soll. Das würden wir ein *Termin(kredit)geschäft* nennen.

Um Kassa- und Termingeschäfte klar voneinander abgrenzen zu können, unterscheiden wir drei verschiedene Zeitpunkte:

t_0 Zeitpunkt, in dem der Vertrag geschlossen wird,

t_1 Zeitpunkt, in dem der eine Vertragspartner seine Leistung erbringt (Lieferung von Waren beziehungsweise Auszahlung des Kreditbetrages),

4.2. Verschiedene Zinssätze

t_2 Zeitpunkt, in dem der andere Vertragspartner seine Leistung erbringt (Bezahlung von Waren beziehungsweise Rückzahlung des Kredits).

Von einem *Kassageschäft* sprechen wir immer dann, wenn die beiden Zeitpunkte t_0 und t_1 zusammenfallen, von einem *Termingeschäft* dann, wenn t_1 zeitlich auf t_0 folgt. Ob t_1 und t_2 zusammenfallen oder nicht, ist für die Unterscheidung von Kassa- und Termingeschäft dagegen bedeutungslos.

Charakteristisches Merkmal eines *Kreditgeschäftes* gegenüber den zuvor beschriebenen *Zug-um-Zug-Geschäften* ist nun, dass die Zeitpunkte t_1 und t_2 auseinanderfallen und t_2 mit deutlichem Abstand auf t_1 folgt. Natürlich gilt für alle Kapitalanlagegeschäfte das gleiche wie für Kreditgeschäfte. Einen Kredit zu vergeben ist ja eine Form der Kapitalanlage. Der Kapitalanleger (Kreditgeber) erhält im Zeitpunkt t_1 Ansprüche auf Einzahlungen im Zeitpunkt t_2. Den Abstand zwischen den beiden Zeitpunkten nennen wir die Laufzeit des Engagements. Tabelle 4.3 fasst die Unterscheidungen zwischen den verschiedenen Arten von Geschäften zusammen.

Tabelle 4.3: Abgrenzung von Kassa- und Termingeschäften sowie Zug-um-Zug- und Kreditgeschäften

	Zug-um-Zug-Geschäft	Kredit-Geschäft
Kassageschäft	$t_0 = t_1 = t_2$	$t_0 = t_1 < t_2$
Termingeschäft	$t_0 < t_1 = t_2$	$t_0 < t_1 < t_2$

Um unsere Vorbereitungen abzuschließen, müssen wir nun die Begriffe Kredit und Kapitalanlage noch mit dem Begriff des *Finanztitels* in Zusammenhang bringen. Dabei stellen wir uns einen Finanztitel als Anspruch auf Einzahlungen im Zeitpunkt t_2 vor, für dessen Erwerb man im Zeitpunkt t_1 einen Preis zu zahlen hat. Wer Kapital anlegen will, muss solche Finanztitel kaufen; wer dagegen Kredit aufnehmen will, muss Finanztitel verkaufen. Dieser Verkauf findet im Zeitpunkt t_0 statt, und durch diesen Akt wird der Finanztitel selbst erst geschaffen, was bedeutet, dass die Urkunde geschrieben, die Aktie gedruckt oder die Anleihe aus dem Tresor geholt wird. Durch den Verkauf eines Finanztitels erzielt man im Zeitpunkt t_1 Einzahlungen und verpflichtet sich gegenüber dem Erwerber des Titels zu Auszahlungen im Zeitpunkt t_2. Jeder Finanztitel ist durch

$p(X_{t_2})$ Preis im Zeitpunkt t_1,
X_{t_2} Zahlungsanspruch im Zeitpunkt t_2 und
$t_2 - t_1$ Laufzeit

eindeutig beschrieben. Preise und Zahlungsansprüche werden in Geldeinheiten, Laufzeiten in Jahren gemessen.

Unter dem *Zinssatz* eines solchen, durch zwei Zahlungen eindeutig charakterisierten Finanztitels versteht man nun jenen Satz r_{t_1,t_2}, für den die Gleichung

$$p(X_{t_2}) = \frac{X_{t_2}}{(1 + r_{t_1,t_2})^{t_2-t_1}} \qquad (4.4)$$

gilt. Es handelt sich also um jene *jahresbezogene* Größe, mit der man den im Zeitpunkt t_2 fälligen Zahlungsanspruch zu diskontieren hat, so dass man den im Zeitpunkt t_1 fälligen Preis erhält.

Wird der Finanztitel im Kassageschäft gehandelt, so fallen t_0 und t_1 zusammen. Wir erhalten daher durch Substitution von t_1 durch t_0 für den *Kassazinssatz* (englisch: spot rate) r_{t_0,t_2}

$$p(X_{t_2}) = \frac{X_{t_2}}{(1 + r_{t_0,t_2})^{t_2-t_0}}.$$

Setzt man aus Gründen der Bequemlichkeit t_0 gleich null und löst anschließend nach dem Kassazinssatz auf, so erhält man

$$r_{t_0,t_2} = \sqrt[t_2]{\frac{X_{t_2}}{p(X_{t_2})}} - 1.$$

Betrachten wir zur Veranschaulichung ein Kreditinstitut, das sich mit folgenden Sparbriefen finanzieren will: Der Anleger zahlt heute 696,56 € und erhält dafür in fünf Jahren 1.000 € (und nichts zwischendurch). Finanztitel mit einer derartigen Zahlungsstruktur (genau eine Auszahlung und genau eine Einzahlung) bezeichnet man als abgezinste Sparbriefe oder als Zero Bonds (Nullkuponanleihen). In unserem Beispiel beläuft sich die spot rate für ein fünfjähriges Engagement auf

$$r_{0,5} = \sqrt[5]{\frac{1.000}{696,56}} - 1 = 7,5\,\%.$$

Wenn ein Finanztitel im Termingeschäft gehandelt wird, so bedeutet das: Käufer und Verkäufer verständigen sich im Zeitpunkt t_0 darauf, dass der Erwerber im Zeitpunkt t_1 den Preis $p(X_{t_2})$ an den Veräußerer zahlen wird, während im Zeitpunkt t_2 der Betrag X_{t_2} in die umgekehrte Richtung fließen wird. Auflösen von Gleichung (4.4) nach dem *Terminzinssatz* (englisch: forward rate) r_{t_1,t_2} führt auf

$$r_{t_1,t_2} = \sqrt[t_2-t_1]{\frac{X_{t_2}}{p(X_{t_2})}} - 1.$$

Verabredet beispielsweise eine Bank mit ihrem Kunden, dass dieser in drei Jahren einen Kredit über 12.000 € erhalten soll, der nach einer Laufzeit von 2 Jahren durch Zahlung von 13.800 € getilgt werden soll, so entspricht das einem Terminzinssatz von

$$r_{3,5} = \sqrt[5-3]{\frac{13.800}{12.000}} - 1 = \sqrt[2]{\frac{13.800}{12.000}} - 1 = 7,24\,\%.$$

4.2.2 Impliziter Terminzinssatz

Werden zwei Finanztitel mit unterschiedlichen Laufzeiten im Kassageschäft gehandelt, so lässt sich eine Situation erzeugen, die ebenso aussieht, als wenn man einen Finanztitel im Termingeschäft handelt. Um eine solche Position einzunehmen, muss man den einen Titel kaufen und den anderen verkaufen.

Gehen wir beispielsweise von folgender Situation aus: Finanztitel Nr. 1 ist ein Zero Bond, der in einem Jahr mit 10.000€ fällig ist und heute 9.000€ kostet. Finanztitel Nr. 2 ist ebenfalls ein Zero Bond über 10.000€. Dieser ist jedoch erst in 2 Jahren fällig und wird heute zum Preis von 8.000€ gehandelt. Die beiden Kassazinssätze belaufen sich auf

$$r_{0,1} = \frac{10.000}{9.000} - 1 = 11{,}1\,\%$$

$$r_{0,2} = \sqrt[2]{\frac{10.000}{8.000}} - 1 = 11{,}8\,\%.$$

Würden wir nun 8 Stück des ersten Titels kaufen und 9 Stück des zweiten Titels verkaufen, so könnten wir mit den in Tabelle 4.4 dargestellten Zahlungen rechnen.

Tabelle 4.4: Kauf und Verkauf zweier Finanztitel mit unterschiedlicher Laufzeit

Aktion	$t = 0$	$t = 1$	$t = 2$
Kauf Titel Nr. 1	−72.000	80.000	
Verkauf Titel Nr. 2	72.000		−90.000
Summe	0	80.000	−90.000

Wie man leicht erkennt, entspricht das der Aufnahme eines Terminkredits über 80.000€ im Zeitpunkt $t = 1$ und einer Rückzahlung des Kredits in Höhe von 90.000€ im Zeitpunkt $t = 2$. Der *implizite Terminzinssatz* (englisch: implied forward rate) beläuft sich daher auf

$$r_{1,2} = \frac{90.000}{80.000} - 1 = 12{,}5\,\%.$$

Mit vorstehendem Beispiel kann man sich auch rasch klarmachen, dass zwischen den beiden Kassazinssätzen und dem impliziten Terminzinssatz die Beziehung

$$(1 + r_{0,1})^1 \cdot (1 + r_{1,2})^1 = (1 + r_{0,2})^2$$

gelten muss. Und eine Überprüfung ergibt tatsächlich

$$1{,}111 \cdot 1{,}125 = 1{,}118^2.$$

Wir hätten den impliziten Terminzinssatz $r_{1,2}$ in unserem Beispiel auch aus

$$(1 + r_{1,2})^1 = \frac{(1 + r_{0,2})^2}{(1 + r_{0,1})^1}$$

oder allgemein

$$(1 + r_{t_1,t_2})^{t_2-t_1} = \frac{(1 + r_{t_0,t_2})^{t_2}}{(1 + r_{t_0,t_1})^{t_1}}$$

berechnen können.

4.2.3 Effektivzinssatz

Bisher haben wir uns ausschließlich mit Finanztiteln beschäftigt, die eine sehr einfache Struktur haben. Der Erwerber hatte Anspruch auf Zahlungen zu einem einzigen zukünftigen Zeitpunkt. In der Finanzierungspraxis sind solche Titel – man bezeichnet sie gern auch als Diskontpapiere – eher die Ausnahme. Wesentlich häufiger findet man Finanztitel, die ihrem Inhaber Anspruch auf eine Reihe von zeitlich aufeinander folgenden Zahlungen verleihen.

Gehen wir davon aus, dass die erste Zahlung im Zeitpunkt $t_2 = 1$ und die letzte Zahlung im Zeitpunkt $t_2 = T$ erfolgt, so stellt sich ein solcher Titel als Anspruch auf die Zahlungen $(X_1, \ldots, X_T)$ dar. Wer einen solchen Titel im Kassageschäft erwirbt, der zahlt dafür heute den Preis $p(X_1, \ldots, X_T)$.

Man stelle sich etwa vor, dass jemand eine 6,5%-Kuponanleihe im Nennwert von 1.000€ mit einer Restlaufzeit von 3 Jahren kauft. Der Inhaber einer solchen Anleihe hat zu den Zeitpunkten $t_2 = 1, 2, 3$ Anspruch auf Zinsen in Höhe von $0{,}065 \cdot 1.000 = 65$€ und kann im Zeitpunkt $t_2 = 3$ außerdem Rückzahlung des Nennwerts verlangen. Die Reihe der Zahlungen beträgt daher im konkreten Fall $(X_1, X_2, X_3) = (65, 65, 1.065)$; und wir wollen annehmen, dass man am Kapitalmarkt dafür heute einen Preis von $p(X_1, X_2, X_3) = 961{,}30$€ je 1.000€ Nennwert bezahlen muss.

Dann nennt man *Effektivzinssatz* (englisch: yield to maturity) jenen einheitlichen jahresbezogenen Satz, mit dem man jede einzelne zukünftige Zahlung ihrem zeitlichen Abstand von heute entsprechend diskontieren muss, damit man den gegenwärtigen Marktpreis erhält. Wir können also für den Effektivzinssatz r allgemein

$$p(X_1, \ldots, X_T) = \frac{X_1}{(1+r)^1} + \frac{X_2}{(1+r)^2} + \cdots + \frac{X_T}{(1+r)^T}$$

oder kürzer unter Verwendung des Summenzeichens

$$p(X_1, \ldots, X_T) = \sum_{t=1}^{T} \frac{X_t}{(1+r)^t}$$

4.2. Verschiedene Zinssätze

schreiben, wobei sich für unser Zahlenbeispiel

$$961{,}30 = \frac{65}{(1+r)^1} + \frac{65}{(1+r)^2} + \frac{1.065}{(1+r)^3}$$

ergibt. Bedauerlicherweise kann man Gleichungen des vorstehenden Typs in der Regel nicht nach r auflösen. Daher können wir keine explizite Formel zur Berechnung des Effektivzinssatzes angeben. Vielmehr bleibt keine andere Möglichkeit, als bei Näherungsverfahren Zuflucht zu nehmen.[4] Als geeignet erweist sich beispielsweise *Newtons* Tangentenmethode. Damit würden wir im Beispielsfall auf eine Effektivrendite von $r = 8\%$ kommen; und die Richtigkeit dieses Ergebnisses ließe sich mit

$$961{,}30 = \frac{65}{1{,}08^1} + \frac{65}{1{,}08^2} + \frac{1.065}{1{,}08^3}$$

überprüfen.

Mitunter muss man den Effektivzinssatz von Finanztiteln ausrechnen, bei denen die Zahlungen nicht in jährlichen, sondern in halbjährlichen Abständen erfolgen. So hat man in Deutschland Hypothekenpfandbriefe früher gern mit Halbjahreskupons ausgestattet, und in den Vereinigten Staaten werden auch heutzutage häufig Anleihen begeben, bei denen der Schuldner in Abständen von halben Jahren Zinsen zahlt. Unterstellen wir, dass die erste Zahlung nach einem halben, die zweite Zahlung nach zwei halben und die letzte Zahlung nach T halben Jahren erfolgt, so berechnet man den Effektivzinssatz aus

$$p(X_1, \ldots, X_T) = \frac{X_1}{(1+r)^{\frac{1}{2}}} + \frac{X_2}{(1+r)^{\frac{2}{2}}} + \cdots + \frac{X_T}{(1+r)^{\frac{T}{2}}}$$

oder

$$p(X_1, \ldots, X_T) = \sum_{t=1}^{T} \frac{X_t}{(1+r)^{\frac{t}{2}}}.$$

Angenommen, ein 7,5%-Pfandbrief im Nennwert von 1.000€ ist mit Halbjahreskupon ausgestattet, hat eine Restlaufzeit von 2 Jahren und wird zum Kurs von 976,50€ je 1.000€ nominal gehandelt. Dann erhält der Pfandbriefgläubiger am Ende eines jeden Halbjahres $0{,}0375 \cdot 1.000 = 37{,}50$€ und am Ende der Laufzeit 1.000€. Für die Effektivrendite muss dann

$$976{,}50 = \frac{37{,}50}{(1+r)^{0{,}5}} + \frac{37{,}50}{(1+r)^{1{,}0}} + \frac{37{,}50}{(1+r)^{1{,}5}} + \frac{1.037{,}50}{(1+r)^{2{,}0}}$$

gelten. Als Lösung erhält man hier $r = 9\%$, da

$$976{,}50 = \frac{37{,}50}{1{,}09^{0{,}5}} + \frac{37{,}50}{1{,}09^{1{,}0}} + \frac{37{,}50}{1{,}09^{1{,}5}} + \frac{1.037{,}50}{1{,}09^{2{,}0}}$$

ist.

---
[4] Man weiß aber und kann sich leicht klarmachen, dass der Effektivzinssatz eindeutig ist, sofern es keine negativen Rückflüsse gibt, d.h. wenn $X_t \geq 0$ für alle t gilt.

4.2.4 Zur Anzahl der Zinssätze im Mehrperiodenfall

Wenn an einem Kapitalmarkt mit den Laufzeiten $t = 1, \ldots, T$ genau T Marktwertpapiere gehandelt werden, deren Rückflüsse linear unabhängig sind, so lässt sich jedes weitere Marktwertpapier als Portfolio aus diesen T Marktwertpapieren rekonstruieren. Also können wir einen Kapitalmarkt mit dieser Eigenschaft als vollständig bezeichnen und die Preise von T laufzeitverschiedenen reinen Wertpapiere eindeutig bestimmen.[5] Da die Preise dieser Titel in der Form

$$\pi_1 = \frac{1}{(1 + r_{0,1})^1}$$

$$\pi_2 = \frac{1}{(1 + r_{0,2})^2}$$

$$\vdots$$

$$\pi_T = \frac{1}{(1 + r_{0,T})^T}$$

definiert sind, kann es auf einem mehrperiodigen Kapitalmarkt auch nur T verschiedene Kassazinssätze $r_{0,1}, \ldots, r_{0,T}$ geben. Für einen Kapitalmarkt mit den Laufzeiten $t = 1, \ldots, T$, an dem T Marktwertpapiere mit linear unabhängigen Rückflüssen gehandelt werden, gilt dasselbe. Alle Terminzinssätze sind durch die Kassazinssätze eindeutig bestimmt. Sie müssen mit den impliziten Terminzinssätzen übereinstimmen, wobei es bei T Kassazinssätzen insgesamt $1+2+3+\ldots+(T-1) = T(T-1)/2$ implizite Terminzinssätze gibt.

4.3 Noch einmal: Barwerte bei mehreren Perioden

In Abschnitt 4.1 hatten wir uns klargemacht, wie man den Barwert einer Investition, die sich über mehrere Perioden erstreckt, ermitteln könnte, wenn es nur einen einzigen Zinssatz gäbe. Als Formel zur Berechnung des Barwerts hatten wir

$$PV = \sum_{t=1}^{T} \frac{X_t}{(1 + r)^t} \qquad (4.5)$$

gefunden. Inzwischen aber wissen wir, dass es auf einem mehrperiodigen Kapitalmarkt mehrere (Kassa-)Zinssätze geben kann, und dieser Tatsache müssen wir Rechnung tragen, denn unsere Formel ist alles andere als allgemein verwendbar.

Stellen wir uns vor, der Kapitalmarkt sei vollständig. Das bedeutet, dass ebenso viele Marktwertpapiere mit linear unabhängigen Rückflüssen gehandelt werden

---

[5] Siehe auch Seite 125 ff.

4.3. Noch einmal: Barwerte bei mehreren Perioden

wie in Bezug auf die zu bewertende Investition zu unterscheiden sind. Wenn wir beispielsweise eine Investition zu beurteilen haben, die am Ende der nächsten zwei Jahre Rückflüsse in Höhe von X_1 und X_2 abwirft, so wäre der Markt vollständig, falls zwei Marktwertpapiere gehandelt werden, die zu den gleichen Zeitpunkten (linear unabhängige) Rückflüsse versprechen. Ginge es dagegen um die Entscheidung über eine Investition mit einer Nutzungsdauer von drei Jahren, so wäre der Markt unvollständig. Zur Vollständigkeit fehlte ein drittes Marktwertpapier.

Wir wollen von Vollständigkeit des Kapitalmarktes in Bezug auf eine Investition mit den Rückflüssen $(X_1, \ldots, X_T)$ genau dann sprechen, wenn $j = 1, \ldots, T$ Marktwertpapiere gehandelt werden, deren Rückflüsse $(X_{j1}, \ldots, X_{jT})$ linear unabhängig sind. Dann kann auch vorausgesetzt werden, dass die Preise dieser Papiere $p(X_{j1}, \ldots, X_{jT})$ bekannt sind.

4.3.1 Barwerte als Preise äquivalenter Portfolios

Ist nun Vollständigkeit in dem hier beschriebenen Sinne gegeben, so existieren genau zwei Möglichkeiten, Ansprüche in Höhe der Investitionsrückflüsse $(X_1, \ldots, X_T)$ zu erwerben. Entweder führt man die Investition durch, wobei man den Preis I_0 zu zahlen hätte. Oder man verzichtet darauf und erwirbt statt dessen ein Portfolio $(n_1, \ldots, n_T)$ aus Marktwertpapieren, das so konstruiert wird, dass es die gleichen Rückflüsse erzeugt. Wir bezeichnen eine solche Mischung aus Wertpapieren als *äquivalentes Portfolio* und verlangen von ihm, dass es das Gleichungssystem

$$n_1 X_{11} + n_2 X_{21} + \cdots + n_T X_{T1} = X_1$$
$$n_1 X_{12} + n_2 X_{22} + \cdots + n_T X_{T2} = X_2$$
$$\ldots\ldots\ldots\ldots\ldots\ldots\ldots\ldots\ldots\ldots\ldots\ldots\ldots$$
$$n_1 X_{1T} + n_2 X_{2T} + \cdots + n_T X_{TT} = X_T$$

erfüllt. Dieses inhomogene lineare Gleichungssystem hat genau dann eine eindeutige Lösung, wenn die Inverse der Matrix

$$X = \begin{pmatrix} X_{11} & X_{21} & \ldots & X_{T1} \\ X_{12} & X_{22} & \ldots & X_{T2} \\ \vdots & & \ddots & \vdots \\ X_{1T} & X_{2T} & \ldots & X_{TT} \end{pmatrix}$$

existiert. Hiervon können wir ausgehen, wenn der Kapitalmarkt vollständig ist. Der Preis des Portfolios beläuft sich auf $\sum_{j=1}^{j} n_j \cdot p(X_{j1}, \ldots, X_{jT})$.

Wir wollen versuchen, die Vorgehensweise mit Hilfe eines Beispiels zu veranschaulichen. Gehen Sie davon aus, dass an einem Kapitalmarkt die in Tabelle 4.5 beschriebenen Wertpapiere gehandelt werden.

Zum Preis von 100,10€ je 100€ nominal notiert eine 8%-Kuponanleihe mit zweijähriger Restlaufzeit. Ihr mit einem 9%-Kupon ausgestattetes Pendant kostet

Tabelle 4.5: Rückflüsse und Preise dreier Marktwertpapiere

Titel Nr.	Einzahlung			Preis
	in $t=1$	in $t=2$	in $t=3$	in $t=0$
j	X_{j1}	X_{j2}	X_{j3}	$p(X_{j1}\ldots X_{j3})$
1	8,00	108,00		100,10
2	7,00	7,00	107,00	93,00
3	9,00	109,00		101,90

101,90 € je 100 € nominal, und für einen 7-Prozenter mit dreijähriger Restlaufzeit zahlt man 93,00 € je 100 € Nennwert. Vor diesem Hintergrund soll darüber entschieden werden, ob es sich lohnt, die in Tabelle 4.6 beschriebene Sachinvestition durchzuführen.

Tabelle 4.6: Rückflüsse und Preis einer Sachinvestition

Rückfluss im Zeitpunkt			Investitions-auszahlung
$t=1$	$t=2$	$t=3$	
X_1	X_2	X_3	I_0
570	2.570	5.350	6.500

Für das äquivalente Portfolio (n_1, n_2, n_3) muss mit diesen Zahlen das Gleichungssystem

$$
\begin{aligned}
8 \cdot n_1 + 7 \cdot n_2 + 9 \cdot n_3 &= 570 \\
108 \cdot n_1 + 7 \cdot n_2 + 109 \cdot n_3 &= 2.570 \\
0 \cdot n_1 + 107 \cdot n_2 + 0 \cdot n_3 &= 5.350
\end{aligned}
$$

aufgestellt werden. Es hat die Lösung $(n_1, n_2, n_3) = (-40, 50, 60)$, vgl. Tabelle 4.7.

Da die Anschaffungsauszahlungen des äquivalenten Portfolios mit 6.760 € höher als die Investitionsauszahlungen $I_0 = 6.500$ € sind, empfiehlt sich die Durchführung der Investition.

4.3.2 Barwertberechnung mit den Preisen reiner Wertpapiere

Zum gleichen Resultat gelangt man, wenn man zunächst die Preise reiner Wertpapiere berechnet. Man fasst die in Tabelle 4.5 angegebenen Marktwertpapiere dabei

4.3. Noch einmal: Barwerte bei mehreren Perioden

Tabelle 4.7: Rückflüsse und Preise des äquivalenten Portfolios

Titel Nr.	Menge	Zahlung in			Preis in
		$t=1$	$t=2$	$t=3$	$t=0$
j	n_j	$n_j X_{j1}$	$n_j X_{j2}$	$n_j X_{j3}$	$n_j p(X_{j1}, X_{j2}, X_{j3})$
1	−40	−320	−4.320		−4.004
2	50	350	350	5.350	4.650
3	60	540	6.540		6.114
Summen		570	2.570	5.350	6.760

als Bündel dreier reiner Papiere auf, die in $t = 1$, $t = 2$ beziehungsweise in $t = 3$ fällig sind und zu Preisen in Höhe von π_1, π_2 beziehungsweise π_3 gehandelt werden. Zwischen dem Preis eines im Zeitpunkt t fälligen reinen Wertpapiers und dem Kassazinssatz für diese Laufzeit herrscht, wie wir wissen, die Beziehung

$$\pi_t = \frac{1}{(1+r_{0,t})^t}, \qquad (4.6)$$

und das Prinzip arbitragefreier Bewertung für Marktwertpapiere lautet, wie wir ebenfalls wissen,

$$p(X_{k1},\ldots,X_{kT}) = \sum_{t=1}^{T} X_{kt}\pi_t = \sum_{t=1}^{T} \frac{X_{kt}}{(1+r_{0,t})^t}.$$

Wendet man das auf die in Tabelle 4.5 angegebenen Zahlen an, so lässt sich das Gleichungssystem

$$\begin{aligned}
8\cdot\pi_1 + 108\cdot\pi_2 + 0\cdot\pi_3 &= 100{,}10 \\
7\cdot\pi_1 + 7\cdot\pi_2 + 107\cdot\pi_3 &= 93{,}00 \\
9\cdot\pi_1 + 109\cdot\pi_2 + 0\cdot\pi_3 &= 101{,}90
\end{aligned}$$

aufstellen. Die Lösung ergibt für die Preise der reinen Wertpapiere

$$\pi_1 = 0{,}943 \qquad \pi_2 = 0{,}857 \qquad \pi_3 = 0{,}751,$$

und damit lässt sich leicht und bequem ermitteln, dass die Rückflussreihe der Investition am Kapitalmarkt

$$\begin{aligned}
PV &= X_1\cdot\pi_1 + X_2\cdot\pi_2 + X_3\cdot\pi_3 \\
&= 570\cdot 0{,}943 + 2.570\cdot 0{,}857 + 5.350\cdot 0{,}751 = 6.760
\end{aligned}$$

kostet. Wir ermitteln also den Barwert einer mehrperiodigen Investition, indem wir die im Zeitpunkt t fälligen Rückflüsse mit den entsprechenden Preisen reiner Wertpapiere multiplizieren und anschließend über alle Zeitpunkte addieren,

$$PV = \sum_{t=1}^{T} X_t \pi_t \, . \tag{4.7}$$

4.3.3 Barwertberechnung mit Hilfe von Kassazinssätzen

Eine vollkommen analoge Vorgehensweise liegt vor, wenn die Investitionsrückflüsse mittels der Kassazinssätze diskontiert werden, die der jeweiligen Laufzeit entsprechen. Um die entsprechende Bewertungsformel zu erhalten, brauchen wir nur Gleichung (4.6) in Gleichung (4.7) einzusetzen. Das Ergebnis lautet

$$PV = \sum_{t=1}^{T} \frac{X_t}{(1 + r_{0,t})^t} \, , \tag{4.8}$$

und man kann jetzt auch klar sehen, dass die in Abschnitt 4.1 entwickelte Formel zur Berechnung des Barwerts von mehrperiodigen Investitionen (Gleichung (4.2)) nichts anderes als ein Spezialfall unserer neuen Bewertungsgleichung war. Sie eignet sich, wenn die Kassazinssätze für verschiedene Laufzeiten sämtlich miteinander identisch sind, wenn also $r_{0,1} = \ldots r_{0,T} = r$ ist. Man spricht in dieser besonderen Situation von einer *flachen Zinskurve* (englisch: flat yield curve).

Im Beispiel unserer Tabelle 4.5 haben wir es aber nicht mit einer solchen flachen Zinskurve zu tun. Um uns ein Bild zu verschaffen, rechnen wir die Preise der reinen Wertpapiere unter Verwendung von Gleichung (4.6) in Kassazinssätze um. Löst man nach $r_{0,t}$ auf, so heißt es

$$r_{0,t} = \sqrt[t]{\frac{1}{\pi_t}} - 1,$$

und mit unseren Zahlen ergibt sich

$$r_{0,1} = \sqrt[1]{\frac{1}{0{,}943}} - 1 \; = \; 6{,}04\,\%$$

$$r_{0,2} = \sqrt[2]{\frac{1}{0{,}857}} - 1 \; = \; 8{,}02\,\%$$

$$r_{0,3} = \sqrt[3]{\frac{1}{0{,}751}} - 1 \; = \; 10{,}00\,\%.$$

Die Kassazinssätze steigen mit zunehmender Laufzeit, eine – wenn auch nicht in dieser Intensität – in der Realität sehr häufig zu beobachtende Zinsstruktur, weswegen man von einer *normalen Zinskurve* (englisch: normal yield curve) spricht.

4.3. Noch einmal: Barwerte bei mehreren Perioden

Sind die Kassazinssätze erst einmal bekannt, so lässt sich der Barwert der Investitionsrückflüsse mit ihnen auch aus Gleichung (4.8) berechnen. Man erhält auch hier wieder

$$PV = \frac{570}{1{,}0604^1} + \frac{2.570}{1{,}0802^2} + \frac{5.350}{1{,}1000^3} = 6.760,$$

so dass wir festhalten können, dass alle drei hier beschriebenen Wege der Barwertberechnung vollkommen gleichwertig sind.

4.3.4 Exkurs: Schätzung der Zinsstruktur

Von den drei gerade beschriebenen Möglichkeiten der Barwertberechnung nutzen Investoren besonders häufig den Weg über Kassazinssätze. Um die Barwertberechnung auf diesem Weg praktisch vornehmen zu können, sind zunächst risikofreie Zinssätze für alle relevanten Zeitpunkte zu schätzen. Dazu zieht man Preise von Marktwertpapieren heran, deren Rückflüsse als sicher gelten, zum Beispiel die Börsenkurse deutscher Staatsanleihen. Grundsätzlich gibt es drei Möglichkeiten, die Zinskurve aus den Preisen und versprochenen Rückflüssen solcher Anleihen abzuleiten:

- Approximation der Zinskurve durch Effektivzinssätze von Anleihen,

- Gewinnung der Zinskurve aus den Preisen und versprochenen Rückflüssen von Anleihen mit Hilfe von Arbitrageüberlegungen,

- Verwendung spezieller Informationen der Bundesbank zur Zinskurve.

Im Folgenden werden wir darauf genauer eingehen und die drei Verfahren exemplarisch für die Zinskurve vom 4. Juli 2011 miteinander vergleichen.

Tabelle 4.8: Ausgewählte Bundesanleihen am 4. Juli 2011

WKN	Fälligkeit	Kurs	Kupon	Preis	Effektivzinssatz
113520	04.07.12	103,42%	5,00%	103,42	1,52%
113523	04.07.13	104,09%	3,75%	104,09	1,65%
113525	04.07.14	106,88%	4,25%	106,88	1,87%
113528	04.07.15	104,33%	3,25%	104,33	2,11%
113530	04.07.16	107,74%	4,00%	107,74	2,34%
113533	04.07.17	109,58%	4,25%	109,58	2,51%
113535	04.07.18	109,98%	4,25%	109,98	2,67%

Approximation durch Effektivzinssätze Tabelle 4.8 enthält Informationen über sieben ausgewählte deutsche Bundesanleihen zum Stichtag 4. Juli 2011. Jede Anleihe lässt sich über ihre Wertpapierkennnummer (WKN) eindeutig identifizieren. Die Anleihe mit der WKN 113528 beispielsweise ist am 04.07.2015 zum Nennwert fällig, wird am Stichtag zu einem Kurs von 104,33% des Nennwerts gehandelt und trägt einen jährlichen Kupon in Höhe von 3,25% des Nennwerts, der jeweils am 4. Juli fällig ist. In dieser oder einer ähnlichen Form informieren auch die Medien über Anleihen, so dass sich potentielle Investoren die entsprechenden Daten ohne großen Aufwand beschaffen können.

Geht man von einem Nennwert von 100,00€ aus, so verspricht die Bundesrepublik Deutschland als Emittentin dem Erwerber der Anleihe mit der WKN 113528 Rückflüsse in nachstehender Höhe.

04.07.2012	04.07.2013	04.07.2014	04.07.2015
3,25€	3,25€	3,25€	103,25€

Der Preis, den man am 4. Juli 2011 bezahlen musste, um Anspruch auf diese Rückflüsse zu erwerben, setzt sich aus mehreren Komponenten zusammen, und zwar aus dem Börsenkurs, den so genannten Stückzinsen und Gebühren für die das Geschäft ausführende Bank. Erwirbt jemand die Anleihe zwischen zwei Zinsterminen, so wird ihm der Kupon für das gesamte letzte Jahr überlassen. Daher muss er dem Verkäufer denjenigen Teil des Zinsbetrages ersetzen, der auf den bereits zurückgelegten Teil des Jahres entfällt. Diesen Betrag nennt man Stückzinsen. Da der Beobachtungszeit in unserem Beispiel genau dem Zinstermin entspricht, fallen keine Stückzinsen an. Vernachlässigt man außerdem die Bankspesen, so belaufen sich die für den Kauf von Anleihen zu entrichtenden Beträge lediglich auf die in Tabelle 4.8 genannten Preise. Die Effektivzinssätze dieser Anleihen kann man mit der in Abschnitt 4.2.3 beschriebene Ermittlungsmethodik berechnen. Für die Anleihe mit der WKN 113528 erhält man einen Effektivzinssatz von 2,11%, weil

$$104,33 = \frac{3,25}{1,0211^1} + \frac{3,25}{1,0211^2} + \frac{3,25}{1,0211^3} + \frac{103,25}{1,0211^4}$$

gilt. Die letzte Spalte der Tabelle 4.8 informiert über die Effektivzinssätze aller dort aufgeführten Anleihen.

Wir müssen allerdings darauf hinweisen, dass die Effektivzinssätze die Zinskurve nur näherungsweise beschreiben, weil es eigentlich um die Bestimmung von Kassazinssätzen geht und beide nur dann übereinstimmen, wenn man es entweder mit einer flachen Zinskurve zu tun hat oder die für die Berechnung herangezogenen Anleihen Zero Bonds darstellen. Die Approximiation der Zinskurve mit Hilfe von Effektivzinssätzen ist mithin umso besser,

- je niedriger die Kuponzahlungen von Anleihen ausfallen,
- je kürzer die Laufzeiten der Anleihen sind und
- je weniger die Zinskurve von einem flachen Verlauf abweicht.

4.3. Noch einmal: Barwerte bei mehreren Perioden

Die Tatsache, dass Effektivzinssätze im Regelfall von laufzeitäquivalenten Kassazinssätzen abweichen, bezeichnet man als Kuponeffekt. Leider werden Staatsanleihen nur selten ohne Kupon gehandelt und Zinskurven verlaufen kaum jemals flach. Investoren haben daher den durch den Kuponeffekt verursachten Approximationsfehler entweder hinzunehmen oder müssen sich einer anspruchsvolleren Methode zur Ermittlung der Zinskurve zuwenden.

Arbitrageüberlegungen Mit den Daten aus Tabelle 4.8 können die laufzeitäquivalenten Kassazinssätze für die Jahre $t = 1,\ldots,7$ präzise berechnet werden, indem man ein Arbitrageargument nutzt. Zum besseren Verständnis bilden wir die Zahlungsstruktur der Anleihen aus Tabelle 4.8 in Tabelle 4.9 explizit ab, wobei wir Nennwerte von jeweils 100,00€ unterstellen. Es ist ohne Weiteres zu erkennen,

Tabelle 4.9: Zinskurve am 4. Juli 2011

WKN	Laufzeit in Jahren						
	1	2	3	4	5	6	7
113520	105,00						
113523	3,75	103,75					
113525	4,25	4,25	104,25				
113528	3,25	3,25	3,25	103,25			
113530	4,00	4,00	4,00	4,00	104,00		
113533	4,25	4,25	4,25	4,25	4,25	104,25	
113535	4,25	4,25	4,25	4,25	4,25	4,25	104,25
Kassazinssatz	1,52%	1,66%	1,88%	2,13%	2,38%	2,56%	2,73%
Effektivzinssatz	1,52%	1,65%	1,87%	2,11%	2,34%	2,51%	2,67%
Bundesbank	1,43%	1,68%	1,92%	2,15%	2,36%	2,56%	2,75%

dass der Kapitalmarkt bezüglich der sieben künftigen Zeitpunkte vollständig ist und die Preise reiner Wertpapiere eindeutig bestimmt werden können,[6]

$$\begin{pmatrix} \pi_1 \\ \pi_2 \\ \pi_3 \\ \pi_4 \\ \pi_5 \\ \pi_6 \\ \pi_7 \end{pmatrix} = \begin{pmatrix} 105,00 & 0,00 & 0,00 & 0,00 & 0,00 & 0,00 & 0,00 \\ 3,75 & 103,75 & 0,00 & 0,00 & 0,00 & 0,00 & 0,00 \\ 4,25 & 4,25 & 104,25 & 0,00 & 0,00 & 0,00 & 0,00 \\ 3,25 & 3,25 & 3,25 & 103,25 & 0,00 & 0,00 & 0,00 \\ 4,00 & 4,00 & 4,00 & 4,00 & 104,00 & 0,00 & 0,00 \\ 4,25 & 4,25 & 4,25 & 4,25 & 4,25 & 104,25 & 0,00 \\ 4,25 & 4,25 & 4,25 & 4,25 & 4,25 & 4,25 & 104,25 \end{pmatrix}^{-1} \begin{pmatrix} 103,42 \\ 104,09 \\ 106,88 \\ 104,33 \\ 107,74 \\ 109,58 \\ 109,98 \end{pmatrix}$$

---

[6] Die Lösung eines linearen Gleichungssystems ist eindeutig, wenn die Determinante der Koeffizientenmatrix von null verschieden ist. Man kann beweisen, dass die Determinante einer Dreiecksmatrix dem Produkt ihrer Hauptdiagonalelemente entspricht.

Aus den Preisen der reinen Wertpapiere folgen die Kassazinssätze,

$$r_{0,t} = \sqrt[t]{\frac{1}{\pi_t}} - 1.$$

In Tabelle 4.9 sind neben den Kassazinssätzen zum Vergleich auch noch einmal die Effektivzinssätze der Bundesanleihen angegeben. Man erkennt, dass sich die Approximation der Zinskurve durch Renditen mit zunehmender Laufzeit der Anleihen verschlechtert. Allerdings halten sich die Abweichungen in diesem Beispiel in erträglichen Grenzen.

Informationen der Bundesbank Seit 1997 schätzt die Bundesbank die aktuelle Zinsstruktur börsentäglich mit einem von Nelson und Siegel (1987) entworfenen und von Svensson (1991) verbesserten Modell (NSS-Modell). Dabei werden die Parameter $\beta_0, \beta_1, \beta_2, \beta_3, \tau_1$ und τ_2 einer Zinsstrukturfunktion mit statistischen Methoden geschätzt, auf deren Details wir hier nicht weiter eingehen. Der zeitstetige Kassazinssatz i_t^* für eine Laufzeit von t Jahren kann daraus mit der Gleichung

$$i_t^* = \beta_0 + \beta_1 \left(\frac{1 - e^{-\frac{t}{\tau_1}}}{\frac{t}{\tau_1}} \right) + \beta_2 \left(\frac{1 - e^{-\frac{t}{\tau_1}}}{\frac{t}{\tau_1}} - e^{-\frac{t}{\tau_1}} \right) + \beta_3 \left(\frac{1 - e^{-\frac{t}{\tau_2}}}{\frac{t}{\tau_2}} - e^{-\frac{t}{\tau_2}} \right)$$

berechnet werden. Für den 04.07.2011 schätzte die Deutsche Bundesbank $\beta_0 = 1{,}68329, \beta_1 = -0{,}51558, \beta_2 = -22{,}64879, \beta_3 = 29{,}97441, \tau_1 = 7{,}63743$ und $\tau_2 = 8{,}80897$. Die entsprechenden diskreten Zinssätze i_t erhält man mit $i_t = e^{i_t^*} - 1$. Sie sind zum Vergleich in Tabelle 4.9 angegeben. Abbildung 4.1 veranschaulicht, dass das NSS-Modell (durchgezogene Linie) fast zur selben Zinskurve führt, wie die Bestimmung von Kassazinssätzen auf der Grundlage von Arbitrageüberlegungen (einzelne Punkte).

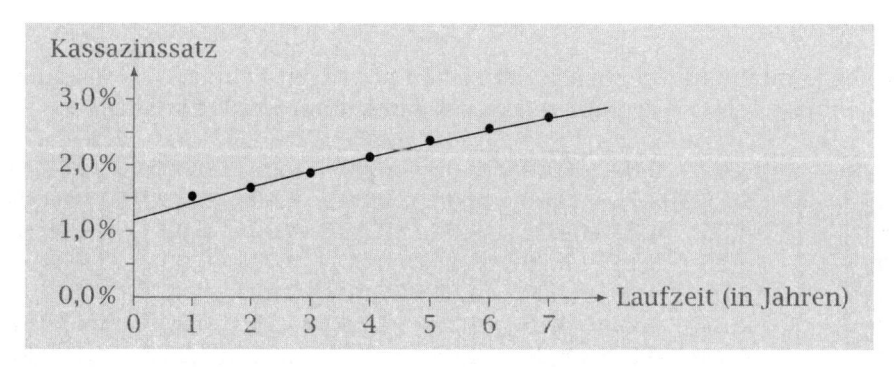

Abbildung 4.1: Zinskurve börsennotierter Bundeswertpapiere am 4. Juli 2011 (Quelle: www.bundesbank.de/statistik/statistik_zeitreihen, eigene Berechnungen)

4.4 Fisher-Modell mit Realinvestitionen bei mehreren Perioden

In den vergangenen Abschnitten haben wir gezeigt, wie man Investitionsprojekte unter der Voraussetzung arbitragefreier und vollständiger Kapitalmärkte bewerten kann, wenn die künftigen Cashflows sicher sind. Im jetzt folgenden Abschnitt werden keine prinzipiell neuen Erkenntnisse über die Bewertung von Investitionsprojekten unter Sicherheit vermittelt. Allerdings werden wir mit dem Fisher-Modell zeigen, wie Investitions- und Konsumentscheidungen zusammenhängen. Darüber hinaus wollen wir untersuchen, wie die Konsum- und Investitionsentscheidungen aller Marktteilnehmer auf das Zinsniveau wirken. Damit verlassen wir die rein individuelle Betrachtungsweise und nehmen eine gesamtwirtschaftliche Analyse vor.

Die Grundidee des Fisher-Modells haben wir bereits in unserem einführenden Kapitel vorgestellt.[7] Die theoretischen Grundlagen für eine vertiefte Betrachtung von Konsum- und Investitionsentscheidungen wurden in diesem Kapitel sowie im Kapitel *Nutzentheorie unter Sicherheit* gelegt.[8] Das Studium des folgenden Abschnitts ist nützlich, wenn man die wesentlichen Ergebnisse der Nutzentheorie unter Sicherheit und der Bewertungstheorie unter Sicherheit rekapitulieren und anwenden möchte.

4.4.1 Annahmen und Notation

Erinnern wir uns daran, worum es bei einer Entscheidung über den optimalen Konsumplan geht. Von einem gegebenen Vermögen ausgehend muss festgelegt werden, welcher Anteil konsumiert und welcher Anteil investiert werden soll. Bei den Investitionen kann es sich entweder um Finanzinvestitionen (Geldanlagen) oder um Realinvestitionen beziehungsweise um eine Mischung aus Finanz- und Realinvestitionen handeln. Im Gegensatz zu unserem einführenden Kapitel soll das Entscheidungsproblem jetzt aber mehrperiodig analysiert werden.

Zunächst ist zu klären, was wir überhaupt unter einem mehrperiodigen Entscheidungsproblem verstehen wollen. Es gibt hier nämlich verschiedene Interpretationsmöglichkeiten. Der Entscheider befindet sich jetzt im Zeitpunkt $t = 0$ und hat einen Planungszeitraum, der das Intervall $t = 1, \ldots, T$ umfasst. Sein Konsumplan betrifft jeden zukünftigen Zeitpunkt. Entschieden wird aber nur einmal, und zwar im Zeitpunkt $t = 0$. Wir betrachten also keine Folge von aufeinander aufbauenden Entscheidungen. Vielmehr wird der Plan jetzt ein für alle Mal festgelegt und später nur noch ausgeführt.

Im Wesentlichen gehen wir wieder von denselben Annahmen aus wie bei der Nutzentheorie unter Sicherheit und dem Modell arbitragefreier Kapitalmärkte. Die schon bekannten Annahmen werden wir deshalb nur kurz darstellen, während wir auf neue Modellannahmen ausführlicher eingehen.

---
[7] Siehe Kapitel 1.2 auf Seite 7 ff.
[8] Siehe Kapitel 2.1 auf Seite 25 ff.

Kapitalmarkt Die Marktannahmen des Fisher-Modells entsprechen denen des Modells arbitragefreier Kapitalmärkte.[9] Alle Marktteilnehmer haben homogene Erwartungen. Der Handel mit Finanztiteln erfolgt reibungslos. Die Struktur des Marktes ist atomistisch. Es gibt keine Arbitragegelegenheiten. Darüber hinaus sei der Kapitalmarkt vollständig. In einem Modell mit den Zahlungszeitpunkten $t = 1, \ldots, T$ werden also T Marktwertpapiere gehandelt werden, deren Rückflüsse linear unabhängig sind, so dass die Preise von T laufzeitverschiedenen reinen Wertpapieren eindeutig bestimmt sind. Auf einem solchen Kapitalmarkt existieren T Kassazinssätze und $T(T-1)/2$ Terminzinssätze. Die Marktteilnehmer gehen nicht davon aus, dass ihre eigene Nachfrage nach Wertpapieren die Zinssätze beeinflussen wird. Sie betrachten die Zinssätze also als exogen gegeben. Erst wenn wir Gleichgewichte auf den Märkten untersuchen, werden die Zinssätze zu endogenen Modellparametern. Dann suchen wir nach Zinssätzen, die mögliche Überschussnachfragen oder Überschussangebote auf einzelnen Märkten beseitigen.

In jedem Zeitpunkt $t = 0, \ldots, T - 1$ kann zum Zinssatz $r_{t,t+1}$ für eine Periode Geld angelegt beziehungsweise Kredit aufgenommen werden. Für den entsprechenden Betrag notieren wir M_t, wobei das Vorzeichen die Frage beantwortet, ob es sich um eine Kapitalanlage oder um eine Kreditaufnahme im Zeitpunkt t handelt. Wenn $t > 0$ ist, handelt es sich bei $r_{t,t+1}$ um einen im Zeitpunkt $t = 0$ gültigen Terminzinssatz; $r_{0,1}$ ist folgerichtig ein Kassazinssatz. Für alle übrigen Kassazinssätze $r_{0,t}$ gilt

$$(1 + r_{0,t})^t = (1 + r_{0,1})(1 + r_{1,2}) \ldots (1 + r_{t-1,t}), \tag{4.9}$$

da wir einen arbitragefreien Kapitalmarkt vorausgesetzt haben.

Nutzenfunktion Alle Marktteilnehmer akzeptieren die neun Axiome der Nutzentheorie unter Sicherheit.[10] Sie suchen nach Konsumplänen, mit denen sie ihren individuellen Nutzen maximieren. Ihre konkaven Nutzenfunktionen

$$U(C_0, \ldots, C_T)$$

steigen monoton mit zunehmendem Konsum und sind zweimal differenzierbar, so dass sich die optimalen Lösungen grundsätzlich mit Hilfe der Differentialrechnung bestimmen lassen.

Budgetrestriktionen Niemand kann auf Dauer mehr ausgeben als er hat. Diese ökonomische Binsenweisheit wird im Modell mit Hilfe von Budgetrestriktionen erfasst. Formal handelt es sich um Gleichungen, die für jeden Zeitpunkt des Planungszeitraums aufzustellen sind und die sicherstellen, dass die Einzahlungen immer genau so groß sind wie die Auszahlungen. Aus der Perspektive des Investors gibt es in unserem Modell Auszahlungen für Konsumgüter, für Real- und Finanzinvestitionen sowie für Kredittilgungen und -zinsen; bei den Einzahlungen ist an

---
[9] Siehe Seite 114 f.
[10] Siehe Seite 27 ff.

4.4. Fisher-Modell mit Realinvestitionen bei mehreren Perioden

Rückflüsse aus Real- und Finanzinvestitionen sowie Kreditaufnahmen zu denken. Um die Budgetbedingungen in Geldeinheiten notieren zu können, müssen die Gütermengen mit ihren Preisen multipliziert werden. Dabei bedienen wir uns eines Tricks, um die Schreibweise der Budgetrestriktionen zu vereinfachen. Der Trick besteht darin, dass wir die Mengeneinheiten von Konsum- und Realinvestitionsgütern so normieren, dass sich ihr Preis jeweils gerade auf 1€ beläuft. Sie müssen sich also unter einer Mengeneinheit an Konsumgütern beispielsweise drei Äpfel oder einen Kilometer Taxifahrt vorstellen. Mit Blick auf Investitionsgüter könnte man etwa an den hundertsten Teil einer Bohrmaschine oder 50 Quadratzentimeter eines Grundstücks denken. Bei Beachtung dieser Konvention entsprechen die Gütermengen immer den entsprechenden Geldbeträgen, was die Formulierung der Budgetbedingungen sehr erleichtert. Natürlich ist dieser Vorteil nicht kostenlos zu haben. Wir blenden mit unserem Trick die staatliche Geldpolitik ebenso aus wie denkbare Geldentwertungen. Mithin konzentrieren wir uns ausschließlich auf realwirtschaftliche Vorgänge in einer geschlossenen Volkswirtschaft.

Um die Budgetrestriktionen unseres Modells zu notieren, gehen wir davon aus, dass folgende Zahlungen abzubilden sind:

I_0 Auszahlungen für eine Realinvestition im Zeitpunkt $t = 0$,

$X_1, \ldots, X_T$ Einzahlungen aufgrund von Rückflüssen einer Realinvestition, die im Zeitpunkt $t = 0$ durchgeführt wurde,

$\bar{X}_0$ Einzahlungen aufgrund von Rückflüssen, die auf Realinvestitionen zurückzuführen sind, welche vor dem Zeitpunkt $t = 0$ in Gang gesetzt wurden,

$C_0, \ldots, C_T$ Auszahlungen für Konsumzwecke,

$M_0, \ldots, M_{T-1}$ Auszahlungen für einperiodige Finanzinvestitionen (wenn $M_t > 0$) oder Einzahlungen aufgrund von einperiodigen Kreditaufnahmen (wenn $M_t < 0$).

Mit diesen Symbolen können die Budgetbedingungen der Zeitpunkte $t = 0, \ldots, T$ wie folgt aufgeschrieben werden:

$$t = 0: \qquad \bar{X}_0 = C_0 + I_0 + M_0 \qquad (4.10a)$$

$$0 < t < T: \qquad M_{t-1}(1 + r_{t-1,t}) + X_t = C_t + M_t \qquad (4.10b)$$

$$t = T: \qquad M_{T-1}(1 + r_{T-1,T}) + X_T = C_T \qquad (4.10c)$$

Gleichung (4.10a) repräsentiert die Budgetrestriktion für den Zeitpunkt $t = 0$. Der Investor erhält Einzahlungen in Höhe von $\bar{X}_0$, welche aus Realinvestitionen generiert werden, die irgendwann in der Vergangenheit vom Investors selbst oder oder seinem Rechtsvorgänger realisiert wurden. Wir versehen dieses Symbol mit einem Querstrich, um zum Ausdruck zu bringen, dass es sich um eine exogene Modellgröße handelt, die durch jetzt anstehende Entscheidungen nicht mehr beeinflusst werden kann. Die Rückflüsse $\bar{X}_0$ können entweder konsumiert oder investiert werden. Unter $C_0 = 3$ können Sie sich aufgrund der oben eingeführten Normierung der Gütermengen beispielsweise den Preis eines Konsumgüterbündels aus drei Äpfeln und zwei Kilometern Taxifahrt vorstellen. Bei den Investitionen kommen Realinvestitionen und Finanzinvestitionen in Frage. Die Interpretation von M_0 als Finanzinvestition ist allerdings nur dann zutreffend, wenn $M_0 > 0$ gilt. Werden der heutige Konsum und die Auszahlung für die Realinvestition hinreichend groß gewählt, so wird M_0 bei gegebenem $\bar{X}_0$ zwangsläufig negativ. In diesem Fall handelt es sich um einen Kreditbetrag. An der Struktur der Budgetrestriktion ändert sich dadurch aber nichts. Die Investitionsauszahlung eines Investors notieren wir mit I_0, die späteren Rückflüsse mit $X_1,\ldots,X_T$. Die Investitionsmöglichkeiten sind exogen gegeben. Attraktive Projekte können nicht beliebig oft realisiert werden.

In allen Zeitpunkten $0 < t \leq T$ bekommt der Investor zweierlei Typen von Einzahlungen. Zum einen sind es Rückflüsse aus der Finanzinvestition der jeweiligen Vorperiode in Höhe von $M_{t-1}(1 + r_{t-1,t})$; zum anderen handelt es sich um Rückflüsse aus der in $t = 0$ durchgeführten Realinvestition in Höhe von X_t. Da wir Realinvestitionen in späteren Zeitpunkten ausschließen, können diese Zahlungsmittel nur für Konsumzwecke oder neuerliche Finanzinvestitionen verausgabt werden.[11] Gleichung (4.10b) unterscheidet sich von Gleichung (4.10c) nur dadurch, dass im Zeitpunkt $t = T$ keine neuen Finanzinvestitionen durchgeführt oder Kredite aufgenommen werden ($M_T = 0$), weil deren finanzielle Folgen jenseits des Planungshorizonts liegen würden.

Wenn Sie die Budgetrestriktionen (4.10) aufmerksam betrachten, erkennen Sie leicht, dass es sich um ein rekursives Gleichungssystem handelt. Daher können alle T Restriktionen auf eine einzige Gleichung reduziert werden. Wie das gelingt, zeigen wir exemplarisch für $T = 2$. Anschließend verallgemeinern wir das dabei gewonnene Resultat auf den Fall $T > 2$. Bei zwei Perioden haben wir die drei Budgetrestriktionen

$$\bar{X}_0 = C_0 + I_0 + M_0 \qquad (4.11a)$$
$$M_0(1 + r_{0,1}) + X_1 = C_1 + M_1 \qquad (4.11b)$$
$$M_1(1 + r_{1,2}) + X_2 = C_2. \qquad (4.11c)$$

Auflösen von (4.11c) nach M_1 ergibt

$$M_1 = \frac{C_2 - X_2}{1 + r_{1,2}}.$$

Setzt man M_1 in Gleichung (4.11b) ein und löst nach M_0 auf, gewinnt man

$$M_0 = \frac{C_1 - X_1}{1 + r_{0,1}} + \frac{C_2 - X_2}{(1 + r_{0,1})(1 + r_{1,2})},$$

---

[11] Der Leser mache sich selbst klar, dass die Interpretation der Gleichungen (4.10b) und (4.10c) verändert werden müsste, wenn es sich bei M_{t-1} oder M_t um Kreditbeträge handeln sollte.

4.4. Fisher-Modell mit Realinvestitionen bei mehreren Perioden

was sich wegen des Zusammenhangs (4.9) in die Form

$$M_0 = \frac{C_1 - X_1}{1 + r_{0,1}} + \frac{C_2 - X_2}{(1 + r_{0,2})^2} = \sum_{t=1}^{2} \frac{C_t}{(1 + r_{0,t})^t} - \sum_{t=1}^{2} \frac{X_t}{(1 + r_{0,t})^t}$$

bringen lässt. Einsetzen in die Restriktion (4.11a) führt nach geringfügiger Umformung schließlich auf

$$C_0 + \sum_{t=1}^{2} \frac{C_t}{(1 + r_{0,t})^t} = \bar{X}_0 - I_0 + \sum_{t=1}^{2} \frac{X_t}{(1 + r_{0,t})^t}. \tag{4.12}$$

Damit sind wir schon am Ziel, denn wir können ohne Weiteres feststellen, dass sich das System der Budgetrestriktionen im mehrperiodigen Fisher-Modell durch die reduzierte Gleichung

$$C_0 + \sum_{t=1}^{T} \frac{C_t}{(1 + r_{0,t})^t} = \bar{X}_0 + \overbrace{\left(-I_0 + \underbrace{\sum_{t=1}^{T} \frac{X_t}{(1 + r_{0,t})^t}}_{PV \text{ gemäß Gleichung (4.8)}}\right)}^{NPV} \tag{4.13}$$

beschreiben lässt. Wir sprechen deswegen von einer reduzierten Budgetrestriktion, weil die Finanzinvestitionen M_t im Unterschied zu der Darstellung (4.10) nicht mehr explizit erfasst werden. Diese Reduktion ist zweckmäßig, weil wir uns im Folgenden auf den Zusammenhang zwischen Realinvestitionen und Konsum konzentrieren und die Lösung dieses Entscheidungsproblems formal deutlich einfacher ist, wenn wir dabei (4.13) an Stelle von (4.10) verwenden. Ist das reduzierte Entscheidungsproblem erst einmal gelöst, so folgen aus den Budgetrestriktionen (4.10) die zur Realisation der geplanten Realinvestitionen und des gewünschten Konsumplans notwendigen Finanzinvestitionen. Unter der Bedingung eines arbitragefreien und vollständigen Kapitalmarktes haben die Finanzinvestitionen keinerlei Rückwirkungen auf die Investitions- und Konsumentscheidungen.

Produktion von Gütern Wir stellen uns eine Volkswirtschaft mit Unternehmen vor, die Güter produzieren und verkaufen. Der Produktionsprozess wird nicht genauer modelliert. Aber die Unternehmen sind auf Realinvestitionen angewiesen, die von den Marktteilnehmern ermöglicht werden, indem diese die entsprechenden Zahlungsmittel zur Verfügung stellen. Als Gegenleistung nehmen die Unternehmen Ausschüttungen an die Investoren vor, die bei diesen in Form von Rückflüssen vereinnahmt werden. Da die Ausschüttungen durch das Angebot und den Verkauf von Gütern erwirtschaftet werden, müssen die über alle Investoren aggregierten Rückflüsse dem Preis des aggregierten Güterangebots entsprechen.[12]

---

[12]Natürlich könnten wir den Produktionsprozess detaillierter modellieren und Löhne, Mieten sowie andere Auszahlungen von den Umsätzen abziehen, bevor der verbleibende Betrag an die An-

4.4.2 Fishers Separationstheorem

Man sieht anhand der reduzierten Budgetrestriktion (4.13) sofort, dass Fishers Separationstheorem auch bei mehreren Perioden gilt. Unabhängig von ihren konkreten Konsumentscheidungen sollten Investoren alle Realinvestitionen durchführen beziehungsweise von ihren Managern durchführen lassen, deren Nettobarwerte positiv sind. Weder die Investoren selbst noch ihre Manager müssen bei Entscheidungen über Realinvestitionen detaillierte Kenntnisse in Bezug auf die intertemporale Nutzenfunktion haben. Es reicht aus, wenn man weiß, dass die Investoren ungesättigt sind und mehr Konsum attraktiver finden als weniger Konsum. Dies und arbitragefreie sowie vollständige Kapitalmärkte vorausgesetzt, können Investoren ihre Entscheidungen nacheinander in einem dreistufigen Prozess treffen:

1. Entscheidung über Realinvestitionen I_0,

2. Entscheidung über den intertemporalen Konsumplan $C_0,\ldots,C_T$ und

3. Entscheidung über Finanzinvestitionen $M_0,\ldots,M_{T-1}$.

Rückwirkungen auf die jeweils vorgelagerte Entscheidungsstufe gibt es nicht. Im Folgenden konzentrieren wir uns insbesondere auf die zweite Stufe dieses Entscheidungsprozesses und gehen dabei von gegebenen Realinvestitionen aus.

4.4.3 Entscheidung über Konsum und Investition

Formalisierung des Entscheidungsproblems Nach den Vorbereitungen, die wir jetzt getroffen haben, ist es sehr einfach, das Entscheidungsproblem formal zu notieren. Wenn ein Investor, seinen intertemporalen Konsumplan optimieren möchte, muss er seine Nutzenfunktion maximieren und die Budgetrestriktionen beachten. Verwendet man dabei die reduzierte Budgetbedingung (4.13), so geht es um die Optimierungsaufgabe

$$\max_{C_0,\ldots,C_T} U(C_0,\ldots,C_T) \quad (4.14)$$

$$\text{u.d.N.} \quad C_0 + \sum_{t=1}^{T} \frac{C_t}{(1+r_{0,t})^t} = \bar{X}_0 + NPV. \quad (4.15)$$

Lagrangeansatz Für die Maximierung des Nutzens (4.14) unter Beachtung der reduzierten Budgetrestriktion (4.15) formulieren wir zunächst die entsprechende

---

teilseigner ausgeschüttet wird. Diese Auszahlungen würden den Marktteilnehmern dann aber als Einkommen in anderer Form wieder zufließen. An den Ergebnissen würde das nichts ändern, weil die Nutzenfunktionen im Fisher-Modell nicht von der Art des Einkommens, sondern nur von der Höhe des gesamten Einkommens und dem damit möglichen Konsum abhängen.

4.4. Fisher-Modell mit Realinvestitionen bei mehreren Perioden

Lagrangefunktion, wobei wir für die Nutzenfunktion $U(C_0,\ldots,C_T)$ kurz U schreiben,

$$\mathcal{L} = U + \kappa \left(\bar{X}_0 + NPV - C_0 - \sum_{t=1}^{T} \frac{C_t}{(1+r_{0,t})^t} \right).$$

Die ersten partiellen Ableitungen der Lagrangefunktion nach C_t und κ lauten

$$\frac{\partial \mathcal{L}}{\partial C_0} = \frac{\partial U}{\partial C_0} + \kappa \qquad (4.16)$$

$$\frac{\partial \mathcal{L}}{\partial C_t} = \frac{\partial U}{\partial C_t} + \kappa \frac{1}{(1+r_{0,t})^t} \qquad \forall\, t \geq 1 \qquad (4.17)$$

$$\frac{\partial \mathcal{L}}{\partial \kappa} = C_0 + \sum_{t=1}^{T} \frac{C_t}{(1+r_{0,t})^t} - \bar{X}_0 - NPV. \qquad (4.18)$$

Kassazinssätze und Grenznutzen Setzt man die Ableitungen gleich null, so kann man κ in den Bedingungen erster Ordnung (4.17) durch die Bedingung erster Ordnung (4.16) ersetzen und erhält nach elementarer Umformung

$$\frac{1}{(1+r_{0,t})^t} = \frac{\partial U/\partial C_t}{\partial U/\partial C_0} \qquad \forall\, t > 0 \qquad (4.19)$$

und aus der Bedingung erster Ordnung (4.18) wieder die reduzierte Budgetrestriktion (4.15). Der Diskontierungsfaktor entspricht dem Verhältnis vom Grenznutzen des Konsums im Zeitpunkt t zum Grenznutzen des Gegenwartskonsums.

Mit diesen T Optimalitätsbedingungen und der Budgetrestriktion (4.15) können die $T+1$ Elemente des Konsumplans eindeutig ermittelt werden, womit zugleich die Grenzraten der Substitution bestimmt sind,

$$\frac{\partial U/\partial C_t}{\partial U/\partial C_0} = -\frac{dC_0}{dC_t}.$$

In diesem Verhältnis sind die Marktteilnehmer bereit, Gegenwartskonsum zugunsten von Zukunftskonsum aufzugeben, bei einem Zinssatz von 20% beispielsweise fünf Einheiten Gegenwartskonsum zugunsten von sechs Einheiten Zukunftskonsum.[13]

Hyperbolic Discounting Model Nicht immer halten sich die Marktteilnehmer an das aus Gleichung (4.19) folgende Prinzp. Danach müssten sie den Kapitalwert einer Investition mit

$$NPV = -I_0 + \sum_{t=0}^{T} \frac{X_t}{(1+r_{0,t})^t} = -I_0 + \sum_{t=0}^{T} X_t \cdot \frac{\partial U/\partial C_0}{\partial U/\partial C_t} \qquad (4.20)$$

---

[13]Vollkommen äquivalent hatten wir im einführenden Kapitel gezeigt, dass im Optimum $1 + r = (\partial U/\partial C_0)/(\partial U/\partial C_1) = -dC_1/dC_0$ gelten muss, siehe Seite 17.

berechnen und sich zugunsten solcher Projekte entscheiden, für die $NPV > 0$ gilt. Wir bezeichnen das hier und im Folgenden als gewöhnliche Barwertregel.

Reale Entscheider handeln oft so, als ob ihre Grenzrate der Substitution größer sei als der Diskontierungsfaktor; sie neigen zu enormer Ungeduld. Hier eine typische Situation: Gewöhnliche Glühlampen werden zu einem Stückpreis von einem Euro angeboten, vergleichbare Energiesparlampen für sieben Euro, wobei die potentielle Stromkostenersparnis rund zwei Euro pro Jahr betragen soll und die erwartete Lebensdauer beider Lampen bei sechs Jahren liegt. Wie entscheiden Sie sich? Wenn Sie die gewöhnlichen Glühlampen kaufen, offenbaren Sie eine Substitutionsrate, die größer ist als der auf dem tatsächlichen Zinssatz beruhende Diskontierungsfaktor.[14] Sie handeln damit allerdings ähnlich wie viele andere Marktteilnehmer auch.[15] Für Investitionsentscheidungen folgt daraus, dass die Marktteilnehmer nicht alle Projekte mit positivem NPV gemäß Gleichung (4.20) realisieren. Möchte man ein solches Entscheidungsverhalten abbilden, kann man mit dem Hyperbolic Discounting Model arbeiten,

$$\delta(t) \;=\; \frac{1}{(1+at)^{b/a}} \;=\; \frac{\partial U/\partial C_t}{\partial U/\partial C_0} \quad \forall\, a,b,t > 0, \qquad (4.21)$$

und annehmen, dass der NPV nicht mit Hilfe von (4.20), sondern mit Hilfe von

$$NPV \;=\; -I_0 + \frac{X_t}{\delta(t)}$$

ermittelt wird. Dabei steht $\delta(t)$ für einen hyperbolischen Diskontierungsfaktor. Die Parameter a und b erfassen das Ausmaß der Ungeduld, die die Marktteilnehmer zum Abweichen von Gleichung (4.20) veranlasst. Halten sich die Marktteilnehmer genau an die gewöhnliche Barwertregel, gilt

$$\lim_{a \to 0} \delta(t) \;=\; \lim_{a \to 0} \frac{1}{(1+at)^{b/a}} \;=\; e^{-bt} \quad \forall\, b,t > 0, \qquad (4.22)$$

wobei b als stetiger Zinssatz interpretiert werden kann. Bei realen Entscheidern ist b jedoch häufig größer als der stetige Zinssatz. Stellt man sie beispielsweise vor die Wahl zwischen „100€ heute" oder „105€ in drei Monaten", entscheiden sie sich in der Regel für „100€ heute", was mit realitätsnahen Zinssätzen nicht zu vereinbaren ist. Stellt man dieselben Entscheider vor die Wahl zwischen „100€ in drei Jahren" oder „105€ in drei Jahren und drei Monaten", entscheiden sie sich typischerweise

---

[14]Selbst dann nämlich, wenn Sie mit einem einheitlichen Zinssatz von 20% rechnen, ist der Barwert der jährlichen Stromersparnis mit

$$2€ \cdot \frac{1{,}2^6 - 1}{0{,}2 \cdot 1{,}2^6} \approx 6{,}65€$$

immer noch größer als die zusätzlichen gegenwärtigen Kosten beim Erwerb einer Energiesparlampe.

[15]Übrigens beobachtet man bei realen Entscheidern häufig ein Verhalten, das ebenfalls nicht mit Gleichung (4.19) erklärt werden kann: Negative Zahlungsströme werden weniger stark diskontiert als positive.

4.4. Fisher-Modell mit Realinvestitionen bei mehreren Perioden

für „105€ in drei Jahren und drei Monaten". Mit dem Hyperbolic Discounting Modell kann ein derartiges Verhalten bei geeigneter Wahl des Parameters a abgebildet werden: Für $a > 0$ nehmen die hyperbolischen Diskontierungsfaktoren mit zunehmender Laufzeit weniger stark ab als die gewöhnlichen Diskontierungsfaktoren. Im Folgenden wollen wir jedoch trotzdem wieder davon ausgehen, dass sich die Marktteilnehmer an die gewöhnliche Barwertregel halten.

Terminzinssätze und Grenznutzen Die Optimalitätsbedingungen (4.19) lassen sich mit (4.17) noch allgemeiner formulieren, indem man die Grenznutzenverhältnisse zweier beliebiger Zeitpunkte t_1 und t_2 mit in die Betrachtung aufnimmt,[16]

$$\frac{\partial U/\partial C_{t_2}}{\partial U/\partial C_{t_1}} = \frac{(1 + r_{t_0,t_1})^{t_1}}{(1 + r_{t_0,t_2})^{t_2}} \quad \text{mit } 1 \leq t_1 < t_2 \leq T. \tag{4.23}$$

Der Zusammenhang zwischen Kassa- und Terminzinssätzen lautete allgemein,[17]

$$\frac{(1 + r_{t_0,t_1})^{t_1}}{(1 + r_{t_0,t_2})^{t_2}} = \frac{1}{(1 + r_{t_1,t_2})^{t_2 - t_1}}.$$

Nutzt man diesen Zusammenhang, dann lassen sich die Optimalitätsbedingungen (4.19) und (4.23) zu

$$\frac{1}{(1 + r_{t_1,t_2})^{t_2 - t_1}} = \frac{\partial U/\partial C_{t_2}}{\partial U/\partial C_{t_1}} = -\frac{dC_{t_1}}{dC_{t_2}} \quad \text{mit } 0 \leq t_1 < t_2 \leq T \tag{4.24}$$

zusammenfassen. Bei einem Terminzinssatz von $r_{3,5} = 10\%$ wäre der ein Marktteilnehmer beispielsweise dazu bereit, auf 100 Konsumgüter in $t = 3$ zu verzichten, wenn er dafür 121 Konsumgüter in $t = 5$ zusätzlich erhält. Man erkennt, dass sich alle Grenzraten der Substitution unter der Bedingung eines arbitragefreien Kapitalmarkts aus den Zinssätzen ableiten lassen, wenn sämtliche Investoren das hier beschriebene Optimierungskalkül verwenden.[18] Dann aber sind diese Grenzraten auch für alle Marktteilnehmer identisch.

Beispiel Wir wollen die Optimierung eines Konsumplans mit einem Beispiel veranschaulichen. Ein Investor verfüge über liquide Mittel in Höhe von $\bar{X}_0 = 1.000$. Er hat die Möglichkeit, eine Investition in Höhe von $I_0 = 600$ zu realisieren, die Rückflüsse von $X_1 = X_2 = 400$ verspricht. Die relevanten Kassazinssätze belaufen sich auf $r_{0,1} = 0,03$ und $r_{0,2} = 0,04$, so dass sich die Realinvestition durch einen Nettobarwert von $NPV = 158,17$ auszeichnet. Folglich kann der Investor die erste

---
[16] Die Anzahl dieser ergänzenden Optimalitätsbedingungen entspricht der Anzahl der impliziten Terminzinssätze, $1 + 2 + 3 + \ldots + (T - 1) = T(T - 1)/2$, siehe Seite 160.
[17] Siehe Seite 158.
[18] Diese Erkenntnis haben wir prinzipiell auch schon in der Einführung gewonnen, siehe Seite 17.

Stufe seines Planungsprozesses abschließen, indem er sich für die Durchführung des Realprojektes entscheidet.

In einem zweiten Schritt wird der Konsumplan optimiert. Der Entscheider besitze die Nutzenfunktion $U(C_0, C_1, C_2) = C_0^{0,5} C_1^{0,3} C_2^{0,2}$.[19] Die Grenznutzenverhältnisse ergeben sich daher zu

$$\frac{\partial U/\partial C_0}{\partial U/\partial C_1} = \frac{0,5 C_0^{-0,5} C_1^{0,3} C_2^{0,2}}{0,3 C_0^{0,5} C_1^{-0,7} C_2^{0,2}} = \frac{0,5 C_1}{0,3 C_0} \quad \text{und}$$

$$\frac{\partial U/\partial C_0}{\partial U/\partial C_2} = \frac{0,5 C_0^{-0,5} C_1^{0,3} C_2^{0,2}}{0,2 C_0^{0,5} C_1^{0,3} C_2^{-0,8}} = \frac{0,5 C_2}{0,2 C_0},$$

woraus sich mit den Optimalitätsbedingungen (4.19)

$$0,6 C_0 = \frac{C_1}{1 + r_{0,1}} \quad \text{und} \quad 0,4 C_0 = \frac{C_2}{(1 + r_{0,2})^2} \tag{4.25}$$

ableiten lässt. Setzt man das in die reduzierte Budgetrestriktion (4.15) ein, bekommt man für den optimalen Konsum in $t = 0$

$$C_0 + \frac{C_1}{1 + r_{0,1}} + \frac{C_2}{(1 + r_{0,2})^2} = \bar{X}_0 + NPV$$

$$C_0 + 0,6 C_0 + 0,4 C_0 = 1.158,17$$

$$C_0 = 579,09.$$

Unter Verwendung von (4.25) und mit den exogen gegebenen Kassazinssätzen berechnet man daraus die optimalen Konsumbeträge in den folgenden Zeitpunkten zu

$$C_1 = 0,6 \cdot 579,09 \cdot 1,03 = 357,88 \quad \text{und}$$
$$C_2 = 0,4 \cdot 579,09 \cdot 1,04^2 = 250,54.$$

Nachdem über die Realinvestition und die Konsumbeträge entschieden ist, kann sich der Investor in einem dritten Schritt den daraus resultierenden Finanzinvestitionen beziehungsweise Kreditaufnahmen zuwenden. Dabei ist zu beachten, dass die in $t = 1$ erforderlichen Finanztransaktionen bereits in $t = 0$ vertraglich zu vereinbaren sind. Bei Kassazinssätzen von $r_{0,1} = 0,03$ und $r_{0,2} = 0,04$ beträgt der implizite Terminzinssatz näherungsweise $r_{1,2} = 0,0501$. Die Budgetrestriktionen (4.11) lauten für unser Beispiel daher

$$1.000,00 = 579,09 + 600,00 + M_0 \tag{4.26a}$$
$$M_0(1 + 0,03) + 400,00 = 357,88 + M_1$$
$$M_1(1 + 0,0501) + 400,00 = 250,54. \tag{4.26b}$$

Aus Gleichung (4.26a) ergibt sich $M_0 = -179,09$, was bedeutet, dass im Zeitpunkt $t = 0$ Kredit aufzunehmen ist, der in $t = 1$ einschließlich Zinsen zurückgezahlt

---

[19]Nutzenfunktionen dieses Typs bezeichnet man als Cobb-Douglas-Funktionen.

4.4. Fisher-Modell mit Realinvestitionen bei mehreren Perioden

werden muss. Berücksichtigt man außerdem die geplanten Konsumausgaben, ist in $t = 1$ ein Anschlusskredit in Höhe von $M_1 = -142{,}33$ erforderlich, womit auch die für den Zeitpunkt $t = 2$ relevante Budgetrestriktion (4.26b) erfüllt ist. Das ist kein Zufall, denn die den Entscheidungen zugrunde liegende reduzierte Budgetrestriktion (4.15) wurde unter der Bedingung entwickelt, dass im letzten Zeitpunkt des Planungshorizontes weder ein Kredit aufgenommen noch in sichere Finanztitel investiert wird ($M_T = 0$).

4.4.4 Gleichgewichte auf Güter- und Kapitalmärkten

Für die individuellen Entscheidungsprozesse von Investoren haben wir oben ein gegebenes Preissystem und eine gegebene Zinsstruktur vorausgesetzt.[20] Unsere Theorie besagt, dass die Investoren auf dieser Informationsgrundlage in drei aufeinander folgenden Schritten ihre Nachfrage nach Investitionsgütern, Konsumgütern und sicheren Finanztiteln festlegen. Wie aber kommt es zu einem Ausgleich von Angebot und Nachfrage auf den Güter- und Finanzmärkten? Wenn jeder Entscheider sein persönliches Nutzenmaximum bestimmt und entsprechend handelt, so muss die Rechnung noch lange nicht für alle Beteiligten aufgehen. Es kann sein, dass alle Marktteilnehmer zusammen im Zeitpunkt $t = 0$ mehr Konsumgüter verbrauchen wollen als insgesamt angeboten wird. Auch wäre denkbar, dass der Konsumgütermarkt zwar im Zeitpunkt $t = 0$ im Gleichgewicht ist, dafür aber in Zukunft mehr angeboten als nachgefragt wird. Oder es könnte der Fall eintreten, dass der Kapitalmarkt im Ungleichgewicht ist, weil die Marktteilnehmer sich entschließen, mehr Finanztitel nachzufragen als insgesamt vorhanden sind. Von einem Gleichgewicht in dem Sinne, dass wirklich alle Pläne realisierbar sind, könnte keine Rede sein.

Um das Problem zu veranschaulichen, betrachten wir eine Volkswirtschaft mit mehr als einem Investor und greifen in diesem Zusammenhang noch einmal das Beispiel aus Abschnitt 4.4.3 auf.[21] Dabei beschränken wir uns vereinfachend auf genau zwei Investoren, deren Eigenschaften in Tabelle 4.10 zusammengefasst sind.

Der zweite Investor geht bei seiner Entscheidungsfindung ebenso vor wie der erste, entscheidet sich daher zugunsten seiner Realinvestition und wählt den Konsumplan $C_0^2 = 872{,}60$, $C_1^2 = 848{,}85$ und $C_2^2 = 786{,}50$. Im Optimum ergeben sich für ihn daraus Finanzinvestitionen in Höhe von $M_0^2 = 127{,}40$, $M_1^2 = 82{,}38$ und $M_2^2 = 0{,}00$.

Es zeigt sich, dass eine Volkswirtschaft, in der es nur diese beiden Marktteilnehmer gibt, nicht im Gleichgewicht ist. Um das zu erkennen, betrachten Sie Tabelle 4.11 und konzentrieren Sie sich auf den Zeitpunkt $t = 0$. Die aggregierte Nachfrage auf den Gütermärkten in diesem Zeitpunkt ergibt sich, indem man für

---
[20]Zinssätze sind letztlich auch nur eine besondere Erscheinungsform von Preisen. Der Kassazinssatz $r_{0,t}$ besagt bekanntlich, dass man heute für einen Zahlungsanspruch in Höhe von 1€, der in t Jahren fällig ist, einen Preis in Höhe von $(1 + r_{0,t})^{-t}$ zu zahlen hat.
[21]Siehe Seite 177.

Tabelle 4.10: Eigenschaften zweier Investoren

	Investor 1	Investor 2
Nutzenfunktion	$U^1(C_0,C_1,C_2) = C_0^{0,5} C_1^{0,3} C_2^{0,2}$	$U^2(C_0,C_1,C_2) = C_0^{0,36} C_1^{0,34} C_2^{0,30}$
Realinvestition	$I_0^1 = 600$	$I_0^2 = 1.000$
Rückflüsse	$(\bar{X}_0^1, X_1^1, X_2^1) = (1.000, 400, 400)$	$(\bar{X}_0^2, X_1^2, X_2^2) = (2.000, 800, 700)$

beiden Investoren sowohl die Nachfrage nach Investitionsgütern als auch die Nachfrage nach Konsumgütern in den Blick nimmt, also

$$I_0^1 + I_0^2 + C_0^1 + C_0^2 = 600,00 + 1.000,00 + 579,09 + 872,60 = 3.051,69.$$

Fragt man nach dem aggregierten Güterangebot, so muss man sich klarmachen, dass die Marktteilnehmer ihre Investitionsrückflüsse nur erhalten, weil die Unternehmen Güter produzieren und verkaufen. Mithin ergibt sich der Preis des gesamten Güterangebots aus der Summe der Rückflüsse des Zeitpunktes $t = 0$

$$\bar{X}_0^1 + \bar{X}_0^2 = 1.000,00 + 2.000,00 = 3.000,00.$$

Daraus folgt aber, dass die aggregierte Güternachfrage das aggregierte Güterangebot um einen Betrag von 51,69 übersteigt. Ein Ungleichgewicht in entsprechender Höhe beobachtet man auf dem Finanzmarkt, weil der erste Investor Kredit in Höhe von 179,09 aufnehmen will, während der zweite Marktteilnehmer nur 127,40 anlegen möchte. Es gibt in der hier modellierten Volkswirtschaft niemanden, der die fehlenden 51,69 bereitstellen würde. Der Leser möge sich anhand von Tabelle 4.11 selbst klar machen, dass es auch in den späteren Zeitpunkten des Planungszeitraums Ungleichgewichte auf beiden Märkten gibt.

Da sowohl die Nachfrage als auch das Angebot an Investitions- und Konsumgütern von den Zinssätzen abhängen, spielt der Kapitalmarkt im Gleichgewichtsprozess eine besondere Rolle. Mit Hilfe des Instrumentariums, das wir uns bisher erarbeitet haben, können wir allerdings nichts darüber sagen, nach welchen Gesetzmäßigkeiten sich Zinssätze im Zeitablauf ändern, damit Gleichgewichtssituationen entstehen. Das bleibt uns verborgen. Aber wir können durchaus Aussagen darüber machen, welche Funktion Gleichgewichtszinssätze besitzen. Um das zu entdecken, ist das Modell des *Walrasianischen Auktionators* hilfreich.

Walrasianischer Auktionator Bei diesem Konzept handelt es sich um ein Gedankenexperiment. Stellen Sie sich einen Auktionator vor, der bestimmte Zinssätze sowie ein bestimmtes Preissystem für Investitions- und Konsumgüter ausruft. Anschließend fordert er alle Marktteilnehmer auf, sich zu überlegen, welche Investitions- und Konsumpläne sie unter diesen Bedingungen realisieren würden.

4.4. Fisher-Modell mit Realinvestitionen bei mehreren Perioden

Tabelle 4.11: Fisher-Modell mit zwei Investoren: Kein Gleichgewicht

Zeitpunkt	t	0	1	2
Kassazinssatz	$r_{0,t}$		3,00%	4,00%
Terminzinsatz	$r_{1,t}$			5,01%
Investor 1				
Nachfrage nach Investitionsgütern	I_0^1	600,00		
Güterangebot	X_t^1	1000,00	400,00	400,00
Nachfrage nach Konsumgütern	C_t^1	579,09	357,88	250,54
Nachfrage nach sicheren Finanztiteln	M_t^1	−179,09	−142,33	0,00
Investor 2				
Nachfrage nach Investitionsgütern	I_0^2	1000,00		
Güterangebot	X_t^2	2000,00	800,00	700,00
Nachfrage nach Konsumgütern	C_t^2	872,60	848,85	786,50
Nachfrage nach sicheren Finanztiteln	M_t^2	127,40	82,38	0,00
Überschussnachfrage nach Gütern		51,69	6,72	−62,96
Überschussnachfrage nach Finanztiteln		−51,69	−59,96	0,00

Haben die Marktteilnehmer ihre Planungen abgeschlossen, so teilen sie dem Auktionator die Entscheidungen mit. Ob die nachgefragten Mengen dann auch den angebotenen Mengen entsprechen, sich die Märkte also im Gleichgewicht befinden, prüft der Auktionator in folgenden zwei Schritten:[22]

1. Entspricht die aggregierte Nachfrage nach Investitions- und Konsumgütern dem aggregierten Güterangebot? Falls nicht, müssen andere Zinssätze ausgerufen werden. Unten werden wir zeigen, dass ein Gleichgewicht auf dem Gütermarkt notwendigerweise ein Gleichgewicht auf dem Kapitalmarkt nach sich zieht. Der Auktionator braucht daher nicht gesondert zu prüfen, ob auch alle angebotenen Finanztitel nachgefragt werden.

2. Entspricht die aggregierte Nachfrage nach Investitions- und Konsumgütern auch auf jedem einzelnen der Gütermärkte dem aggregierten Angebot? Falls nicht, ist das Preissystem anzupassen. So ist es beispielsweise möglich, dass zwar die aggregierte Güternachfrage dem aggregierten Güterangebot entspricht, jedoch auf den Märkten für Äpfel und Bohrmaschinen eine Überschussnachfrage besteht, während auf den Märkten für Grundstücke und Taxifahrten ein Überschussangebot herrscht. Der Auktionator müsste in diesen

---

[22] Bei dieser Prüfung erweist es sich als nützlich, dass wir die Mengeneinheiten aller Güter so normiert hatten, dass eine Mengeneinheit 1 € kostet.

Walras

Der französische Nationalökonom Léon Walras (1834–1910) war einer der ersten mathematischen Wirtschaftstheoretiker. Er gilt als Begründer der modernen allgemeinen Gleichgewichtstheorie. Es wird berichtet, dass Walras als Kind ganze Nächte damit verbrachte, seinem Vater, dem mathematisch orientierten Ökonomen Auguste Walras, zuzuhören, wenn der einem Freund seine Manuskripte vorlas. Bereits damals soll er den Plan gefasst haben, später einmal Professor für Ökonomie zu werden. Jedoch hatte er erhebliche Startschwierigkeiten. Walras wurde nämlich – übrigens wegen mangelnder Mathematikkenntnisse – nicht zum Studium an der renommierten École polytechnique in Paris zugelassen. Nach diesem anfänglichen Misserfolg studierte Walras zunächst Literatur und war als Journalist und Kunstkritiker tätig. Im Alter von 36 Jahren erfüllte sich endlich sein Traum: Die Universität Lausanne berief ihn 1870 auf den neuen Lehrstuhl für Politische Ökonomie. Den Ausschlag für die Entscheidung zugunsten des bis dahin Unbekannten gab ein Referat über Steuerfragen, das Walras zehn Jahre zuvor gehalten hatte. Innerhalb von sieben Jahren verfasste Walras sein Hauptwerk, die drei Bände der „Éléments d'économie politique pure, ou théorie de la richesse sociale". Er nutzte den Auktionator als Metapher für die Berechnung des Grenznutzens, womit es ihm gelang, eine formale Vorstellung davon zu vermitteln, wie Adam Smiths „unsichtbare Hand" wirkt. Über den Kreis der Fachleute hinaus blieb der Name Léon Walras bis zum Schluss fast unbekannt. Sein Ziel, Anerkennung für seine und die Ideen seines Vaters, erreichte Walras erst lange nach seinem Tod. Nach dem Urteil seines österreichischen Bewunderers Joseph Schumpeter war er aber der größte aller Ökonomen.

Fall festlegen, dass es für 1€ weniger Äpfel und Bohrmaschinen, dafür aber ein größeres Grundstück und längere Taxifahrten gibt.

Natürlich beeinflusst die mögliche Änderung des Preissystems in der Regel die Entscheidungen der Investoren, weswegen der Auktionator gegebenenfalls erneut zu prüfen hätte, ob die Zinssätze noch einmal anzupassen sind. Die Zinsen und das Preissystem für Güter sind also nicht unabhängig voneinander. Im Fisher-Modell steht jedoch die Bedeutung der Zinsen für Investitions- und Konsumscheidungen im Vordergrund, so dass wir uns im Folgenden auf den ersten der beiden Schritte konzentrieren wollen. Prinzipiell gibt es zwei Möglichkeiten: Entweder

4.4. Fisher-Modell mit Realinvestitionen bei mehreren Perioden

entsprechen die insgesamt nachgefragten Mengen in allen Zeitpunkten den angebotenen Mengen oder sie weichen – wie in unserem Beispiel – voneinander ab. Im ersten Fall gibt der Auktionator den Handel frei, im zweiten ruft er andere Zinssätze aus und fordert die Marktteilnehmer anschließend zu Planrevisionen auf. In Bezug auf unser Beispiel würde der Auktionator mit den Zinssätzen $r_{0,1} = 6{,}15\%$ und $r_{0,2} = 9{,}02\%$ eine markträumende Zinsstruktur finden, siehe Tabelle 4.12. Weder am Gütermarkt noch am Kapitalmarkt gibt es bei diesen Zinssätzen in irgendeinem Zeitpunkt eine Überschussnachfrage oder ein Überschussangebot.

Tabelle 4.12: Fisher-Modell mit zwei Investoren: Gleichgewicht

Zeitpunkt	t	0	1	2
Kassazinssatz	$r_{0,t}$		6,15%	9,02%
Terminzinsatz	$r_{1,t}$			11,98%
Investor 1				
Nachfrage nach Investitionsgütern	I_0^1	600,00		
Güterangebot	X_t^1	1000,00	400,00	400,00
Nachfrage nach Konsumgütern	C_t^1	556,68	354,55	264,67
Nachfrage nach sicheren Finanztiteln	M_t^1	−156,68	−120,86	0,00
Investor 2				
Nachfrage nach Investitionsgütern	I_0^2	1000,00		
Güterangebot	X_t^2	2000,00	800,00	700,00
Nachfrage nach Konsumgütern	C_t^2	843,32	845,45	835,33
Nachfrage nach sicheren Finanztiteln	M_t^2	156,68	120,86	0,00
Überschussnachfrage nach Gütern		0,00	0,00	0,00
Überschussnachfrage nach Finanztiteln		0,00	0,00	0,00

Gleichgewichtsbedingungen Im Folgenden werden wir das Gleichgewicht etwas genauer beschreiben. Dabei erweitern wir unsere Analyse auf $T > 2$ Perioden und betrachten eine Volkswirtschaft mit $J \geq 2$ Marktteilnehmern. Zentral für die Gleichgewichtsbedingungen sind die aggregierten Budgetrestriktionen der Investoren. Sie nehmen für J Investoren die Form

$$t = 0: \quad \sum_{i=1}^{J} \bar{X}_0^i = \sum_{i=1}^{J} \left(C_0^i + I_0^i\right) + \sum_{i=1}^{J} M_0^i \qquad (4.27a)$$

$$0 < t < T: \quad \sum_{i=1}^{J} M_{t-1}^i (1 + r_{t-1,t}) + \sum_{i=1}^{J} X_t^i = \sum_{i=1}^{J} C_t^i + \sum_{i=1}^{J} M_t^i \qquad (4.27b)$$

$$t = T: \quad \sum_{i=1}^{J} M_{t-1}^i (1 + r_{t-1,t}) + \sum_{i=1}^{J} X_t^i = \sum_{i=1}^{J} C_t^i \qquad (4.27c)$$

an.[23] Konzentrieren wir uns auf den Zeitpunkt $t = 0$, also die Restriktion (4.27a). Von einem Gleichgewicht auf den Märkten für Konsum- und Investitionsgüter sprechen wir genau dann, wenn die Bedingung

$$\sum_{i=1}^{J} \left(C_0^i + I_0^i\right) - \sum_{i=1}^{J} \bar{X}_0^i = 0$$

erfüllt ist, es also weder eine Überschussnachfrage noch ein Überschussangebot gibt. Ein solches Gleichgewicht erzwingt in $t = 0$ offensichtlich Gleichgewicht auf dem Finanzmarkt, also[24]

$$\sum_{i=1}^{J} M_0^i = 0.$$

Mit dieser Erkenntnis wenden wir uns dem Zeitpunkt $t = 1$ zu und betrachten die Restriktion (4.27b). Wir können sie wegen vorstehender Gleichung vereinfachen und in der Form

$$\sum_{i=1}^{J} X_1^i = \sum_{i=1}^{J} C_1^i + \sum_{i=1}^{J} M_1^i$$

notieren. Setzen wir voraus, dass auch der Gütermarkt in $t = 1$ im Gleichgewicht ist, unterstellen wir also

$$\sum_{i=1}^{J} C_1^i - \sum_{i=1}^{J} X_1^i = 0,$$

so folgt für den Kapitalmarkt im selben Zeitpunkt

$$\sum_{i=1}^{J} M_1^i = 0.$$

---

[23] Siehe dazu das Gleichungssystem (4.10) auf Seite 171.
[24] Wenn es auf dem hier modellierten Finanzmarkt weder eine Überschussnachfrage noch ein Überschussangebot gibt, spricht man auch davon, dass sich der risikolose Finanztitel in „zero net supply" befindet.

4.4. Fisher-Modell mit Realinvestitionen bei mehreren Perioden

Diese Argumentation können wir mit wiederholter Anwendung von Gleichung (4.27b) für $t = 2, \ldots, T - 1$ fortsetzen und erhalten auf diese Weise das Resultat

$$\sum_{i=1}^{J} M_0^i = \sum_{i=1}^{J} M_1^i = \ldots = \sum_{i=1}^{J} M_{T-1}^i = 0.$$

Setzt man also für die Zeitpunkte $t = 0, \ldots, T - 1$ voraus, dass die Gütermärkte im Gleichgewicht sind, so müssen es in den entsprechenden Zeitpunkten zwangsläufig auch die Kapitalmärkte sein.

Da das Güterangebot in $t = 0$ durch die Realinvestitionen aus den Vorperioden exogen gegeben ist und sowohl die Konsumgüternachfrage wie auch die Investitionsgüternachfrage negativ vom Zinssatz abhängen, kann der Auktionator eine Überschussnachfrage auf dem Gütermarkt in $t = 0$ durch eine Erhöhung des Zinssatzes $r_{0,1}$ beseitigen beziehungsweise auf ein Überschussangebot mit einer Zinssenkung reagieren. Grundsätzlich kann der Auktionator auf dieselbe Weise auch noch die Gütermärkte in den Zeitpunkten $t = 1, \ldots, T-1$ ins Gleichgewicht bringen, da ihm insgesamt T Kassazinssätze zur Verfügung stehen. Es stellt sich daher die Frage, ob und wie der Gütermarkt auch im Zeitpunkt T ins Gleichgewicht gebracht werden kann. Um das zu beantworten erinnern wir uns an die reduzierte Budgetrestriktion (4.13) von Seite 173. Aggregieren wir sie über alle Marktteilnehmer, so nimmt sie die Gestalt

$$\sum_{i=1}^{J} C_0^i + \sum_{t=1}^{T} \frac{\sum_{i=1}^{J} C_t^i}{(1 + r_{0,t})^t} = \sum_{i=1}^{J} \bar{X}_0^i - \sum_{i=1}^{J} I_0^i + \sum_{t=1}^{T} \frac{\sum_{i=1}^{J} X_t^i}{(1 + r_{0,t})^t}$$

an, was sich in die Form

$$\underbrace{\sum_{i=1}^{J} \left(C_0^i + I_0^i \right) - \sum_{i=1}^{J} \bar{X}_0^i}_{=0}$$

$$+ \underbrace{\frac{\sum_{i=1}^{J} C_1^i - \sum_{i=1}^{J} X_1^i}{1 + r_{0,1}}}_{=0} + \ldots + \underbrace{\frac{\sum_{i=1}^{J} C_{T-1}^i - \sum_{i=1}^{J} X_{T-1}^i}{(1 + r_{0,T-1})^{T-1}}}_{=0} = \frac{\sum_{i=1}^{J} X_T^i - \sum_{i=1}^{J} C_T^i}{(1 + r_{0,T})^T}$$

bringen lässt. Das aber bedeutet, dass der Gütermarkt des Zeitpunktes T im Gleichgewicht sein muss, wenn die Gütermärkte in allen vorhergehenden Zeitpunkten geräumt werden. Diesen Zusammenhang bezeichnet man als Walrasianisches Gesetz: Sind $n-1$ Märkte im Gleichgewicht, dann ist auch der n-te Markt im Gleichgewicht. Das Gesetz ergibt sich zwangsläufig aus den Budgetrestriktionen.

Ob es dem Walrasianischen Auktionator allerdings in jeder Situation gelingen muss, markträumende Zinssätze zu finden, bleibt offen. Ebenso unbeantwortet bleibt die Frage, ob diese Zinssätze eindeutig sind. Allgemeine Bedingungen für die Existenz und Eindeutigkeit von Gleichgewichten haben wir nicht untersucht.

5 Capital Asset Pricing Model

Im Kapitel über Arbitragetheorie[1] ging es um die Frage, ob und wie man Investitionen oder Finanztitel, die in der Zukunft unsichere Rückflüsse versprechen, bewerten kann, indem man auf die Preise von anderen Finanztiteln zurückgreift, die an einem perfekt funktionierenden Kapitalmarkt gehandelt werden. Im Zentrum dieser Analyse stand die Frage, ob ein bestimmter Finanztitel in Relation zu anderen am Kapitalmarkt gehandelten Titeln ökonomisch „vernünftig" bewertet ist oder nicht.

Die Arbitragetheorie interessiert sich jedoch nicht für den gesamten Kapitalmarkt. Sie richtet ihr Augenmerk vielmehr auf eine verhältnismäßig kleine Zahl von Finanztiteln und untersucht, ob deren Preise relativ zueinander im Gleichgewicht sind oder nicht. Im Gegensatz dazu geht es jetzt um die Frage, wie man die Preise für alle Ansprüche auf unsichere Rückflüsse erklären kann, die an einem Kapitalmarkt gehandelt werden. Das bekannteste Modell mit dieser Zwecksetzung ist das „Capital Asset Pricing Model" (CAPM). Es wurde in den 60er Jahren von *William F. Sharpe*, *John Lintner*, *Jan Mossin* und *Jack L. Treynor* entwickelt.

Eine für das CAPM entscheidende Grundlage war die Theorie der Portefeuille-Auswahl, die *Harry M. Markowitz* in den 50er Jahren entworfen hatte. Dieses Konzept versetzte Investoren in den Stand, unsicherheitsbehaftete Wertpapiere („Aktien") so auszuwählen, dass für ein gegebenes Risikoniveau die zu erwartenden Gewinne maximiert werden.

Die Grundidee bestand darin, Risikomischung (Diversifikation) zu betreiben, also Wertpapiere auszuwählen, die sich hinsichtlich ihrer Kursentwicklung nicht gleich verhalten. Bekanntlich soll man nicht alle Eier in einen Korb legen. Auf Aktien übertragen, heißt das, dass man ein großes Risiko eingeht, wenn man sein Vermögen für einen einzigen Titel ausgibt. Denn geht es mit dieser Branche bergab, so sind Verluste unausweichlich. Der Investor trägt ein weitaus geringeres Risiko, wenn er die Hälfte seines Geldes in der einen und die andere Hälfte seines Vermögens in der anderen Branche anlegt. Denn Verlustsituationen in der einen Branche sind nicht notwendigerweise mit roten Zahlen in dem anderen Geschäftszweig gekoppelt. *Dieter Schneider* hat in diesem Zusammenhang das etwas drastische Bei-

---

[1] Siehe Seite 127 ff.

spiel eines Familienvaters angeführt, der die Hälfte seines Geldes für Aktien einer Luxuspolstermöbelfabrik ausgibt und die andere Hälfte in Aktien einer Munitionsfabrik steckt. Ein solcher Investor mag sich nicht besonders moralisch verhalten, wenn er darauf setzt, dass entweder Frieden oder Krieg herrscht. Aber er betreibt eine nicht ganz unintelligente Form der Risikodiversifikation.

In der Literatur pflegt man das CAPM in der Weise zu entwickeln, dass man zunächst die Theorie der Portefeuille-Auswahl darstellt und daraus das Capital Asset Pricing Model herleitet. Dieser Weg wurde erstmals von *William F. Sharpe* gegangen und ist didaktisch durchaus bewährt. Vor dem Hintergrund des in dem vorliegenden Buch benutzten Konzeptes liegt er jedoch nicht sehr nahe. Das ist der Grund, warum wir uns von den im Schrifttum üblichen Leitlinien zunächst fernhalten werden. Wir werden statt dessen einen methodischen Ansatz benutzen, der allen Lesern, die dieses Buch systematisch durchgearbeitet haben, bereits bestens bekannt ist. Diesen Weg hat erstmals *Jan Mossin* beschritten.

Die Herleitung des Capital Asset Pricing Models auf dem hier bevorzugten Wege hat Vor- und Nachteile zugleich. Sie entspricht ihrer Struktur nach einem Konzept, das in der mikroökonomischen Theorie üblich ist. Das sehen wir als Vorteil, zumal man ziemlich sicheren Boden unter den Füßen behält, wenn man sich die Aufgabe stellen würde, das Modell in seinen Details zu verändern. Der Nachteil besteht darin, dass die Herleitung im Einzelnen etwas aufwendig ist.

Wir wollen unseren Lesern aus diesem Grunde den „bequemeren" Weg zum CAPM nicht ganz vorenthalten und werden ihn im Anschluss als Exkurs darstellen. Wer sofort dort weiterlesen will, muss Seite 218 aufschlagen. Der Leser wird dort eine eingängige Skizze finden, wie man das CAPM auch herleiten könnte. Eine vollständige Herleitung wird dort jedoch ebenso wenig gebracht, wie in den meisten Lehrbüchern zum CAPM, die diesen Weg gehen. Wer an einer rigorosen Herleitung interessiert ist, muss hier weiterlesen.

5.1 Annahmen

Wir beginnen – wie üblich – mit den Annahmen und werden daran anschließend ein Entscheidungsproblem analysieren, das Sie in seiner Grundstruktur bereits im ersten Kapitel kennen gelernt haben. Und zwar wird es um die Frage gehen, wie viel ein Entscheider heute und wie viel er später konsumieren sollte. Tatsächlich ist die zu lösende Optimierungsaufgabe jetzt allerdings komplizierter, weil nicht nur entschieden werden muss, *wie viel* man heute spart, sondern *in welcher Form* man die Ersparnisse am besten anlegt. Dabei wird sich zeigen, dass die für das CAPM charakteristische Bewertungsgleichung nichts anderes als eine logische Schlussfolgerung aus den Optimalitätsbedingungen dieses Entscheidungsproblems darstellt.

Im Rahmen der nachfolgenden Modellbetrachtungen gehen wir im Wesentlichen wieder von denselben Annahmen aus wie bereits vorher bei der Arbitragetheorie. Deshalb werden wir die schon bekannten Annahmen verhältnismäßig kurz

5.1. Annahmen

Sharpe    *Lintner*    *Mossin*

William F. Sharpe (1934-) studierte an der University of California at Los Angeles und promovierte dort im Jahre 1961. Während seiner Tätigkeit bei der RAND Corporation lernte er Harry M. Markowitz kennen, der seine Dissertation maßgeblich förderte. Sharpe übernahm unmittelbar nach seiner Promotion die Stelle eines Professors an der University of Washington in Seattle, wechselte dann aber 1970 nach Stanford, wo er bis zu seiner Emeritierung blieb. Bereits 1964 veröffentlichte er seinen Epoche machenden Aufsatz über „Capital asset prices: a theory of market equilibrium under conditions of risk". Im Jahre 1990 wurde er für seine Arbeiten über das CAPM mit dem Nobelpreis für Wirtschaftswissenschaften ausgezeichnet. Heute leitet er ein Beratungsunternehmen für Kapitalanleger. (Foto mit freundlicher Genehmigung von William Sharpe)

John Lintner (1916-1983) studierte Wirtschaftswissenschaften an der Harvard Business School, promovierte dort im Jahre 1946 und war ab 1964 an derselben Universität Professor sowohl für Volks- als auch für Betriebswirtschaftslehre. 1965 veröffentlichte er seinen Aufsatz „The valuation of risky assets and the selection of risky investments in stock portfolios and capital budgets", in dem er zu sehr ähnlichen Ergebnissen kam wie Sharpe ein Jahr zuvor. Im Gegensatz zu Sharpe war er jedoch nicht der Meinung, dass das CAPM nennenswerten praktischen Nutzen haben würde. Vielmehr schreibt man ihm den Satz zu: „It's just theory". (Foto mit freundlicher Genehmigung der Harvard Business School)

Jan Mossin (1936-1987) begann sein Studium an der Norwegischen Handelshochschule in Bergen, ging dann aber in die USA und promovierte 1968 an der Carnegie Mellon University mit einer Arbeit über „Studies in the Theory of Risk-Bearing". Noch im selben Jahr erhielt er eine Professur für Betriebswirtschaftslehre an der Norwegischen Handelshochschule, die er bis zu seinem Tode innehatte. Sein im Jahre 1966 publizierter Beitrag „Equilibrium in a capital asset market" stellt das CAPM in einer stark verallgemeinerten Weise dar. (Foto mit freundlicher Genehmigung der Norges Handelshøyskole, Bergen)

darstellen und uns nur mit den zusätzlichen oder verschärften Annahmen ausführlicher auseinandersetzen. Unser Modell ist wie gewohnt einperiodig. Im Zeitpunkt $t = 0$ werden alle Entscheidungen getroffen, im Zeitpunkt $t = 1$ werden die „Früchte" der Entscheidungen geerntet und konsumiert.

Anfangsausstattung Es wird davon ausgegangen, dass es in einer Volkswirtschaft I Individuen gibt, die im Zeitpunkt $t = 0$ Entscheidungen über ihre Konsumpläne

Treynor

Jack L. Treynor (1930–) widmete seine Studien zunächst der Mathematik und Physik. Nach Teilnahme am Koreakrieg machte er jedoch seinen Abschluss in Betriebswirtschaftslehre an der Harvard Business School. 1956 nahm Treynor eine Stelle bei Arthur D. Little an. Im Urlaub begann er 1959, sich mit Immobilienpreisen und der Entwicklung eines Bewertungsmodells zu beschäftigen. Treynor schrieb dazu im Jahre 1961 einen vierundvierzigseitigen Entwurf, mit dem er das Fundament für eine Theorie der Marktpreise unter Risiko legen wollte. Dieser Beitrag wurde von Treynor jahrzehntelang nicht veröffentlicht, war Sharpe und Lintner allerdings bekannt, als diese ihre Arbeiten über das CAPM verfassten. Von 1969 bis 1981 war Treynor Herausgeber des Financial Analysts Journal. Seit 1985 ist er Präsident seiner eigenen Firma zur Beratung von Kapitalanlegern. (Foto mit freundlicher Genehmigung von Jack Treynor)

zu treffen haben. Jede Person besitzt eine Anfangsausstattung mit Konsumgütern und Finanzmitteln, die wie folgt spezifiziert wird.

$\bar{C}_0^i \geq 0$ ist die Ausstattung mit Konsumgütern, welche die i-te Person im Zeitpunkt $t = 0$ besitzt, $i = 1, \ldots, I$. Die Menge aller Konsumgüter, die in der Volkswirtschaft insgesamt vorhanden ist, stellt das heutige Angebot an Konsumgütern dar und beläuft sich auf $\sum_{i=1}^{I} \bar{C}_0^i$.

Keine Person ist dazu verpflichtet, genau ihre persönliche Ausstattung mit Konsumgütern auch tatsächlich zu verbrauchen. Vielmehr kann man Konsumgüter dazukaufen oder auch verkaufen. Die Menge der Konsumgüter, die das i-te Individuum im Zeitpunkt $t = 0$ wirklich verbraucht, bezeichnen wir mit C_0^i, so dass sich die gesamte Nachfrage nach Konsumgütern in der Form $\sum_{i=1}^{I} C_0^i$ schreiben lässt.

Der Handel mit Konsumgütern im Zeitpunkt $t = 0$ findet zum Preis ψ_0 statt. Im Zeitpunkt $t = 1$ beläuft sich der Güterpreis auf ψ_1. Wir unterstellen, dass es keine Inflation gibt, und können daher den Zeitindex fortlassen. Aus Gründen der Bequemlichkeit unterstellen wir $\psi_0 = \psi_1 = 1$. Infolgedessen steht C_0^i sowohl für die Menge der Konsumgüter, die der i-te Marktteilnehmer erwirbt, als auch für den Preis, den er dafür zu bezahlen hat. Entsprechendes gilt für $\bar{C}_0^i$.

5.1. Annahmen

Die Individuen der Volkswirtschaft besitzen im Zeitpunkt $t = 0$ nicht nur Konsumgüter, sondern auch Finanzmittel in Form von Wertpapieren. Es gibt insgesamt $J + 1$ verschiedene Finanztitel mit noch näher zu charakterisierenden Eigenschaften.

Der nullte Finanztitel stellt ein risikoloses Wertpapier dar, das seinem Inhaber im Zeitpunkt $t = 1$ sichere Einzahlungen in Höhe von $X_0 = 1 \in$ verspricht und im Zeitpunkt $t = 0$ zum Preise $p(X_0) = \frac{1}{1+r_f}$ gehandelt wird. r_f heißt risikoloser Zins. Die Anzahl sicherer Finanztitel, welche der i-te Marktteilnehmer als Anfangsausstattung besitzt, wird mit $\bar{n}_0^i$ bezeichnet.

Bei allen anderen Wertpapieren handelt es sich um riskante Finanztitel, und zwar insoweit, als ihre Inhaber Ansprüche auf Zahlungen haben, die ihrer Höhe nach unsicher sind. Der j-te Titel mit $j = 1, \ldots, J$ verspricht im Zeitpunkt $t = 1$ Zahlungen in Höhe $X_{j1}, \ldots, X_{jS}$, je nachdem welcher Zustand eintritt. Falls im Zeitpunkt $t = 1$ der s-te Zustand realisiert wird, so erhält man aus dem Besitz einer Einheit des j-ten Titels Cashflows in Höhe von X_{js}. Der Erwartungswert des Cashflows des j-ten Finanztitels wird mit $E[\widetilde{X}_j]$ bezeichnet. Die Kovarianz zwischen den Cashflows der beiden Wertpapiere j und k wird ganz entsprechend mit $\text{Cov}[\widetilde{X}_j, \widetilde{X}_k]$ bezeichnet.

Der für alle Marktteilnehmer identische Preis dieses Finanztitels beläuft sich auf $p(\widetilde{X}_j)$, und $\bar{n}_j^i$ steht für die Menge des j-ten Finanztitels, mit denen der i-te Marktteilnehmer im Zeitpunkt $t = 0$ ausgestattet ist. Wir lassen den Querstrich über dem Symbol fort, wenn wir die Menge des j-ten Finanztitels ansprechen wollen, die das Individuum tatsächlich bis zum Zeitpunkt $t = 1$ hält.

Unter Verwendung der angegebenen Symbole beläuft sich die *Konsumgüterausstattung* der i-ten Person im Zeitpunkt $t = 0$ auf

$$\bar{C}_0^i,$$

während die *Finanzmittelausstattung*

$$\bar{n}_0^i \frac{1}{1+r_f} + \sum_{j=1}^{J} \bar{n}_j^i \, p(\widetilde{X}_j)$$

beträgt. Für die *Gesamtausstattung eines Individuums* ergibt sich unter Berücksichtigung von $\psi_0 = 1$

$$\bar{X}_0 = \bar{C}_0^i + \bar{n}_0^i \frac{1}{1+r_f} + \sum_{j=1}^{J} \bar{n}_j^i \, p(\widetilde{X}_j). \tag{5.1}$$

Ein Individuum, das keinerlei Ersparnis bilden will, kann im Zeitpunkt $t = 0$ nach dem Verkauf aller seiner Finanztitel Konsumgüterauszahlungen in Höhe des durch den Ausdruck (5.1) beschriebenen Betrages tätigen. Sind die Konsumgüterauszahlungen für $t = 0$ dagegen kleiner als dieser Betrag, so ist das Individuum Sparer und Investor zugleich. Die Ersparnisse werden in Finanztitel investiert. Personen mit relativ geringer Zeitpräferenzrate werden nicht nur ihre Erstausstattung an

Finanztiteln halten, sondern einen Teil ihrer Konsumgüterausstattung verkaufen und dafür weitere Finanztitel erwerben, um später mehr konsumieren zu können. Individuen mit hohen Zeitpräferenzraten werden hingegen einen Teil ihrer Finanztitelausstattung veräußern, um für die Gegenwerte Konsumgüter einzutauschen, die sie jetzt konsumieren können.

Unsere Symbolik eignet sich auch dafür, das in der Volkswirtschaft vorhandene *Angebot an riskanten Finanztiteln vom Typ j* formal zu beschreiben. In mengenmäßiger Schreibweise hieße es

$$\sum_{i=1}^{I} \bar{n}_j^i,$$

während man bei wertmäßiger Darstellung mit dem Preis $p(\widetilde{X}_j)$ zu multiplizieren hätte,

$$\sum_{i=1}^{I} \bar{n}_j^i \, p(\widetilde{X}_j).$$

Zustandsabhängiger künftiger Konsum Das Konsumniveau, welches sich eine Person im Zeitpunkt $t = 1$ leisten kann, hängt davon ab, welche Finanztitel sie im Zeitpunkt $t = 0$ gehalten hat und welcher Zustand im Zeitpunkt $t = 1$ eintritt. Die Finanztitel eines Investors werfen im Zeitpunkt $t = 1$ zustandsabhängige Rückflüsse in Höhe von

$$n_0^i X_0 + \sum_{j=1}^{J} n_j^i X_{js}$$

ab und sind damit ihrer Höhe nach unsicher, solange man nicht weiß, welcher Zustand s im Zeitpunkt $t = 1$ eintreten wird. Das gleiche gilt für den Betrag, den der i-te Marktteilnehmer auf Grund dieser Einzahlungen aus Finanztiteln für Konsumgüter ausgeben kann. Er ist zustandsabhängig und beläuft sich unter Berücksichtigung von $\psi_1 = 1$ auf

$$C_{1s}^i = n_0^i + \sum_{j=1}^{J} n_j^i X_{js}. \tag{5.2}$$

Hierbei haben wir die Tatsache benutzt, dass $X_0 = 1\,\text{\euro}$ ist.

Nutzenfunktionen Es wird davon ausgegangen, dass alle Marktteilnehmer Konsumpläne realisieren wollen, mit denen sie ihren individuellen Nutzen maximieren. Die Nutzenvorstellungen der Individuen sind nicht identisch, folgen aber denselben Grundsätzen. Sie richten sich nach klassischen Entscheidungsregeln.[2] Konkret wollen wir davon ausgehen, dass alle Personen ihre Entscheidungen bezüglich des unsicheren Konsums auf der Grundlage von Erwartungswerten und Varianzen treffen, also intertemporale Nutzenfunktionen des Typs

$$U^i\left(C_0^i, \mathrm{E}[\widetilde{C}_1^i], \mathrm{Var}[\widetilde{C}_1^i]\right) \tag{5.3}$$

---

[2] Siehe hierzu Seite 100 ff.

5.1. Annahmen

verwenden.³ Der funktionale Zusammenhang zwischen Nutzen und Erwartungswerten sowie Varianzen in (5.3) ist nicht genau festgelegt. Allerdings gehen wir davon aus, dass die Investoren ungesättigt sind und zunehmender erwarteter Konsum zunehmenden Nutzen stiftet,

$$\frac{\partial U^i}{\partial \mathrm{E}[\tilde{C}_1^i]} > 0 \:. \tag{5.4}$$

Ferner unterstellen wir, dass die Entscheider varianzavers sind. Je größer die Varianz des künftigen Konsums, um so kleiner ist also ceteris paribus der Nutzen,

$$\frac{\partial U^i}{\partial \mathrm{Var}[\tilde{C}_1^i]} < 0 \:. \tag{5.5}$$

Homogene Erwartungen Alle Marktteilnehmer sind sich darüber einig, welche Zahlungen der j-te Titel seinem Inhaber verspricht, wenn die s-te Zukunftslage eintritt. Ferner herrscht Einigkeit darüber, welche Zustände die Welt im Zeitpunkt $t = 1$ mit Sicherheit nicht einnehmen wird. Insoweit handelt es sich bezüglich des Informationsstandes der in der Volkswirtschaft agierenden Personen um genau dieselben Annahmen wie diejenigen, die wir im Rahmen der Arbitragetheorie getroffen hatten.⁴

Jetzt gehen wir aber bezüglich der Homogenität noch einen wesentlichen Schritt weiter, indem wir annehmen, dass die Eintrittswahrscheinlichkeiten der möglichen Zustände von allen Marktteilnehmern gleich eingeschätzt werden. Das bedeutet im Gegensatz zur Arbitragetheorie, dass alle handelnden Personen mit identischen Erwartungswerten und Varianzen rechnen.⁵ Wenn man eine derart starke Annahme verwendet, so empfiehlt es sich, darüber nachzudenken, ob sie wenigstens im Kern plausibel gemacht werden kann. Das gelingt möglicherweise

---

³Wie wir uns ab Seite 106 ff. klargemacht haben, ist eine solche Spezialisierung mit dem Bernoulliprinzip unter zwei alternativen Voraussetzungen verträglich:

1. Entweder wird davon ausgegangen, dass die Entscheider quadratische Risikonutzenfunktionen besitzen. Solche Nutzenfunktionen gelten als wenig plausibel, da sie zunehmende absolute Risikoabneigung implizieren, vgl. Seite 79.

2. Oder man unterstellt, dass die unsicheren Konsumgütermengen im Zeitpunkt $t = 1$ normalverteilt sind. Dann müssten in unserem Fall auch die Rückflüsse der Finanztitel-Portfolios normalverteilt sein. Unter dieser Bedingung könnte man in Verbindung mit konstanter absoluter Risikoaversion sogar eine explizite Erwartungswert-Varianzfunktion bestimmen, siehe Seite 108. Ob die Normalverteilungshypothese akzeptiert werden kann, ist eine empirische Frage und muss mit geeigneten statistischen Methoden geklärt werden, vgl. dazu Seite 485 ff. Die meisten bekannten Tests führen allerdings zu dem Ergebnis, dass die Hypothese abgelehnt werden muss. Die empirischen Verteilungen weisen mit großer Regelmäßigkeit zu viel Wahrscheinlichkeitsmasse an den Rändern auf.

⁴Siehe Seite 130.

⁵Am Rande sei darauf aufmerksam gemacht, dass wir diese Annahme in versteckter Form schon bei der Diskussion der Nutzenfunktionen eingeführt haben. Sonst hätten wir eigentlich sowohl beim Erwartungswert- als auch beim Varianzoperator den Index i anbringen müssen.

dann, wenn man darauf vertraut, dass Informationen, die für die Bewertung von Finanztiteln relevant sind, schnell durch den Markt diffundieren und die Marktteilnehmer (auf die es ankommt) annähernd gleiche intellektuelle und technische Fähigkeiten besitzen, diese Informationen zu verarbeiten.

Marktannahmen Wir unterstellen ebenso wie in der Arbitragetheorie, dass das Marktgeschehen reibungslos abläuft und dass an kompetitiven Märkten gehandelt wird. Finanztitel und Konsumgüter sind also beliebig teilbar. Es gibt weder Transaktionskosten noch Steuern und auch keine Marktzutrittsbeschränkungen. Leerverkäufe sind zulässig. Aufgrund der atomistischen Struktur des Marktes verhalten sich alle Personen wie Mengenanpasser und nehmen die Marktpreise als gegeben.

Schließlich wird angenommen, dass der Finanztitelmarkt sich im Gleichgewicht befindet. Diese Annahme impliziert zugleich, dass es dort keinerlei Arbitragegelegenheiten gibt. Wenn es nämlich Arbitragegelegenheiten gäbe, so hätten ungesättigte Marktteilnehmer Anlass, diese Möglichkeiten auch zu nutzen und ihre finanziellen Engagements zu revidieren. Derartige Planrevisionen wären aber mit der Gleichgewichtsannahme nicht zu vereinbaren.

5.2 Entscheidung über Konsum und Investition

5.2.1 Lagrangeansatz und Bedingungen erster Ordnung

Ausgangsproblem Nach all diesen Vorbereitungen können wir das Entscheidungsproblem eines einzelnen Marktteilnehmers formal beschreiben. Jedes Individuum hat das Ziel, einen Konsumplan so zu bestimmen, dass seine Nutzenfunktion maximiert wird. Dieser Konsumplan ist hinsichtlich des Zeitpunktes $t = 0$ sicher und in Bezug auf den Zeitpunkt $t = 1$ unsicher. Bei der Wahl des Konsumplans müssen Budgetbeschränkungen für die Zeitpunkte $t = 0$ und $t = 1$ beachtet werden. Verwenden wir die im Zusammenhang mit der Prämissenbeschreibung bereits eingeführten Symbole und lassen dabei den einen bestimmten Investor kennzeichnenden Index i fort, so können wir das Entscheidungsproblem unter Verwendung von (5.1) und (5.2) in der Form

$$\max_{n_0,\ldots,n_J} U(C_0, \mathrm{E}[\tilde{C}_1], \mathrm{Var}[\tilde{C}_1]) \tag{5.6}$$

u.d.N.
$$\bar{X}_0 = C_0 + \frac{n_0}{1+r_f} + \sum_{j=1}^{J} n_j p(\tilde{X}_j) \tag{5.7}$$

$$n_0 + \sum_{j=1}^{J} n_j X_{js} = C_{1s} \quad \forall \; s \tag{5.8}$$

5.2. Entscheidung über Konsum und Investition

darstellen. Die Finanztitelmengen $n_0, n_1, \ldots, n_J$ sowie der heutige Konsum C_0 und der künftige zustandsabhängige Konsum C_{1s} sind endogene Variablen des Modells. Unabhängige Entscheidungsvariablen des Investors sind jedoch nur die $J + 1$ Finanztitelmengen, mit denen wegen der beiden Nebenbedingungen (5.7) und (5.8) gleichzeitig auch der heutige und der zukünftige Konsum festgelegt werden. Die Nebenbedingung (5.7) besagt, dass das Budget im Zeitpunkt $t = 0$ ausgeglichen sein muss. Die Auszahlungen für Finanztitelkäufe und das Konsumgut müssen dem Vermögen entsprechen, das das Individuum als Grundausstattung mitbringt. Bedingung (5.8) stellt Äquivalenz zwischen den zustandsabhängigen Konsumauszahlungen im Zeitpunkt $t = 1$ und den unsicheren Rückflüssen aus dem Finanztitelbestand her.

Entwicklung des Lagrangeansatzes Auf dem Wege zu dem dieser Optimierungsaufgabe entsprechenden Lagrangeansatz können wir noch eine weitere Vereinfachung vornehmen. Wir formulieren den Erwartungswert und die Varianz des künftigen Konsums entsprechend der Nebenbedingung (5.8) und integrieren die so gewonnenen Ausdrücke in die Nutzenfunktion. Das hat den Vorteil, dass man nur noch die Nebenbedingung (5.7) in die Lagrangefunktion aufnehmen muss. Der künftige Konsum ist eine Zufallsvariable, die wir gemäß Gleichung (5.8) in der Form

$$\tilde{C}_1 = n_0 + \sum_{j=1}^{J} n_j \tilde{X}_j$$

darstellen können. Für Erwartungswert und Varianz gelten dann die Regeln für Linearkombinationen von Zufallsvariablen,[6] womit wir

$$\mathrm{E}[\tilde{C}_1] \;=\; n_0 + \sum_{j=1}^{J} n_j \, \mathrm{E}[\tilde{X}_j] \tag{5.9}$$

$$\mathrm{Var}[\tilde{C}_1] \;=\; \sum_{j=1}^{J} \sum_{k=1}^{J} n_j n_k \, \mathrm{Cov}[\tilde{X}_j, \tilde{X}_k] \tag{5.10}$$

erhalten. Die Nebenbedingung (5.8) kann damit in die Zielfunktion (5.6) aufgenommen werden. Die Lagrangefunktion mit nur einer einzigen Nebenbedingung lautet dann

$$\mathcal{L} = U(C_0, \mathrm{E}[\tilde{C}_1], \mathrm{Var}[\tilde{C}_1]) + \kappa \left(C_0 + \frac{n_0}{1 + r_f} + \sum_{j=1}^{J} n_j p(\tilde{X}_j) - \bar{X}_0 \right),$$

wobei $\mathrm{E}[\tilde{C}_1]$ und $\mathrm{Var}[\tilde{C}_1]$ jetzt nur noch Platzhalter im Sinne von (5.9) und (5.10) sind.

---

[6] Siehe Tabelle 10.12 auf Seite 472.

Bedingungen erster Ordnung Bildet man die partiellen Ableitungen nach den verbleibenden endogenen Variablen $C_0, n_0, \ldots, n_J$ und κ und setzt diese null, so erhält man das nachstehende Gleichungssystem

$$\frac{\partial \mathcal{L}}{\partial C_0} = \frac{\partial U}{\partial C_0} + \kappa = 0 \tag{5.11}$$

$$\frac{\partial \mathcal{L}}{\partial n_0} = \frac{\partial U}{\partial \mathrm{E}[\tilde{C}_1]} + \frac{\kappa}{1 + r_f} = 0 \tag{5.12}$$

$$\frac{\partial \mathcal{L}}{\partial n_j} = \frac{\partial U}{\partial \mathrm{E}[\tilde{C}_1]} \mathrm{E}[\tilde{X}_j] + \frac{\partial U}{\partial \mathrm{Var}[\tilde{C}_1]} \left(2 \sum_{k=1}^{J} n_k \mathrm{Cov}[\tilde{X}_j, \tilde{X}_k] \right)$$
$$+ \kappa p(\tilde{X}_j) = 0 \qquad j = 1, \ldots, J \tag{5.13}$$

$$\frac{\partial \mathcal{L}}{\partial \kappa} = \left(C_0 + \frac{n_0}{1 + r_f} + \sum_{j=1}^{J} n_j p(\tilde{X}_j) - \bar{X}_0 \right) = 0. \tag{5.14}$$

Vermutlich ist es hilfreich, zur Entstehungsweise der Gleichungen (5.12) und (5.13) noch einige Hinweise zu geben. Will man die Nutzenfunktion nach n_0 differenzieren, so muss man sich klarmachen, dass n_0 im Erwartungswert der künftigen Cashflows $\mathrm{E}[\tilde{C}_1]$ enthalten ist, siehe Gleichung (5.9). Aus diesem Grunde leitet man zunächst nach $\mathrm{E}[\tilde{C}_1]$ ab und multipliziert anschließend noch mit der inneren Ableitung des Erwartungswertes nach n_0. Diese beträgt eins.

Entsprechend ist vorzugehen, wenn man die Nutzenfunktion nach n_j zu differenzieren hat. Hier ist zu beachten, dass n_j sowohl im Erwartungswert der künftigen Cashflows als auch in der Varianz der künftigen Cashflows enthalten ist, vgl. Gleichungen (5.9) und (5.10). Die innere Ableitung des Erwartungswertes nach n_j beträgt $\mathrm{E}[\tilde{X}_j]$. Die innere Ableitung der Varianz nach n_j erfordert etwas mehr Aufmerksamkeit. Um das Ergebnis in (5.13) nachzuvollziehen, betrachte man Tabelle 5.1.

Tabelle 5.1: Kovarianz-Matrix

	1	$\cdots$	j	$\cdots$	J
1			$n_1 n_j \mathrm{Cov}[\tilde{X}_1, \tilde{X}_j]$		
$\vdots$			$\vdots$		
j	$n_j n_1 \mathrm{Cov}[\tilde{X}_j, \tilde{X}_1]$	$\cdots$	$n_j n_j \mathrm{Cov}[\tilde{X}_j, \tilde{X}_j]$	$\cdots$	$n_j n_J \mathrm{Cov}[\tilde{X}_j, \tilde{X}_J]$
$\vdots$			$\vdots$		
J			$n_J n_j \mathrm{Cov}[\tilde{X}_J, \tilde{X}_j]$		

5.2. Entscheidung über Konsum und Investition

Das ist eine Matrix, deren Elemente vom Typ $n_j n_k \text{Cov}[\tilde{X}_j, \tilde{X}_k]$ sind. Aus (5.10) folgt: Summiert man zeilen- und spaltenweise über sämtliche Elemente der Matrix, so ergibt das genau $\text{Var}[\tilde{C}_1]$, die Varianz des künftigen Konsums. Wir haben in der Tabelle nun ausschließlich die Elemente hervorgehoben, die den Term n_j enthalten, weil alle anderen Elemente beim Differenzieren nach n_j wegfallen. Im „Kreuzungsbereich" der j-ten Zeile mit der j-ten Spalte steht ein Element, das wir auch in der Form $n_j^2 \text{Cov}[\tilde{X}_j, \tilde{X}_j]$ schreiben können,[7] während alle anderen Elemente, die uns interessieren, doppelt vorkommen, wenn man berücksichtigt, dass $\text{Cov}[\tilde{X}_j, \tilde{X}_k] = \text{Cov}[\tilde{X}_k, \tilde{X}_j]$ ist. Infolgedessen können wir die Summe der für das Differenzieren relevanten Matrixelemente in der Form der Hilfsgröße

$$A = n_j^2 \text{Cov}[\tilde{X}_j, \tilde{X}_j] + 2 \sum_{\substack{k=1 \\ k \neq j}}^{J} n_k n_j \text{Cov}[\tilde{X}_j, \tilde{X}_k]$$

schreiben. Differenziert man diese Hilfsgröße nun nach n_j, so erhält man

$$\frac{\partial A}{\partial n_j} = \frac{\partial \text{Var}[\tilde{C}_1]}{\partial n_j} = 2 n_j \text{Cov}[\tilde{X}_j, \tilde{X}_j] + 2 \sum_{\substack{k=1 \\ k \neq j}}^{J} n_k \text{Cov}[\tilde{X}_j, \tilde{X}_k]$$

$$= 2 \sum_{k=1}^{J} n_k \text{Cov}[\tilde{X}_j, \tilde{X}_k].$$

Damit schließen wir die Erläuterungen zur Entstehungsweise der partiellen Ableitungen der Lagrangefunktion ab.

Die Bedingungen erster Ordnung (5.11) bis (5.14) beschreiben die optimalen Handlungen des i-ten Individuums vollständig. Im Marktgleichgewicht müssen die Handlungen sämtlicher Individuen miteinander kompatibel sein. Das ist dann der Fall, wenn die nachgefragten Mengen genau den angebotenen Mengen entsprechen, wenn also für die Finanztitel

$$\sum_{i=1}^{I} n_j^i = \sum_{i=1}^{I} \bar{n}_j^i \quad \forall \quad j \tag{5.15}$$

gilt.[8] Natürlich sind es die Preise $p(X_0), p(\tilde{X}_1), \ldots, p(\tilde{X}_J)$, die sich so einstellen, dass ein Marktgleichgewicht herrscht.[9]

Machen Sie sich zunächst mit dem Gedanken vertraut, dass *alle* Aussagen des CAPM in den Ausdrücken (5.11) bis (5.14) (für alle Individuen $i = 1, \ldots, I$) sowie

---

[7]Die Kovarianz $\text{Cov}[\tilde{X}_j, \tilde{X}_j]$ ist nichts anderes als die Varianz $\text{Var}[\tilde{X}_j]$. Jedoch machen wir hiervon im Folgenden keinen Gebrauch.

[8]Auf Seite 205 wird erklärt, weshalb die entsprechende Gleichgewichtsbedingung für die Konsumgüter unter den Tisch fallen kann.

[9]Es sei daran erinnert, dass der Preis des nullten Finanztitels mit $p(X_0) = p(1) = \frac{1}{1+r_f}$ definiert ist.

in (5.15) enthalten sind! Alles, was zum CAPM noch zu sagen ist, entsteht durch Einsetzungen und Umformungen dieser Gleichungen. Und die Herleitung dieser Bedingungen war keineswegs schwierig, sondern bloß die Anwendung des üblichen Lagrange-Ansatzes. Auf diesem sicheren Boden werden wir nun weitergehen.

5.2.2 Sicherer Zins und Zeitpräferenz

Löst man Gleichung (5.11) nach κ auf und setzt das Ergebnis in Gleichung (5.12) ein, so erhält man bei Rückkehr zur investorspezifischen Schreibweise nach geringfügiger Umformung

$$\frac{1}{1+r_f} = \frac{\partial U^i/\partial \mathrm{E}[\widetilde{C}_1^i]}{\partial U^i/\partial C_0^i} \quad \forall \ i, \tag{5.16}$$

ein Ergebnis, das wir in sehr ähnlicher Form auch unter der Voraussetzung sicherer Zukunftserwartungen bekommen hatten. Im Optimum entspricht der Diskontierungsfaktor für risikolose Rückflüsse dem Verhältnis vom Grenznutzen des *erwarteten* Konsums zum Grenznutzen des Gegenwartskonsums.[10] Das intertemporale Konsum-Investitionskalkül des Investors bleibt somit auch unter der Bedingung unsicherer Rückflüsse erhalten. Konsumverzicht im Zeitpunkt $t = 0$ wird solange geleistet, bis die persönliche Zeitpräferenzrate mit dem risikolosen Zins übereinstimmt.

5.2.3 Individuelle Nachfragefunktionen

Jetzt wollen wir ermitteln, von welchen Einflussgrößen der Preis eines unsicheren Finanztitels bestimmt wird, wenn der Investor sein Konsum-Investitions-Entscheidungsproblem optimal gelöst hat.

Um diese Analyse vorzunehmen, ist es zweckmäßig, einige Vorbereitungen treffen. Wir werden zunächst individuelle Nachfragefunktionen entwickeln, die für die weiteren Analysen hilfreich sind. Man unterscheidet direkte und indirekte Nachfragefunktionen. Im ersten Fall geht es um die Frage, in welcher Weise die Nachfrage des i-ten Investors nach dem j-ten Finanztitel von den Preisen der Finanztitel $j = 1, \ldots, J$ abhängt. Im zweiten Fall wird gefragt, welcher funktionale Zusammenhang zwischen dem Preis des j-ten Finanztitels und den nachgefragten Mengen der Finanztitel $j = 1, \ldots, J$ besteht.

---

[10]Unter der Voraussetzung sicherer Zukunftserwartungen lautete das entsprechende Resultat

$$\frac{1}{1+r_f} = \frac{\partial U/\partial C_1}{\partial U/\partial C_0},$$

siehe Seite 175.

5.2. Entscheidung über Konsum und Investition

Wir kehren jetzt im Übrigen zu der investorspezifischen Schreibweise zurück. Ferner werden wir zunächst keinen Gebrauch von der Annahme machen, dass die Marktteilnehmer homogene Zukunftserwartungen besitzen. Um das deutlich zum Ausdruck zu bringen, werden wir Erwartungswerte, Varianzen und Kovarianzen mit dem investorspezifischen Superskript i versehen. Wenn nämlich heterogene Erwartungen zugelassen sind, die Marktteilnehmer also voneinander abweichende Wahrscheinlichkeitsurteile über das Eintreten künftiger Zustände bilden können, so werden ihre Erwartungswerte, Varianzen und Kovarianzen selbst dann nicht notwendigerweise übereinstimmen, wenn sie identische Vorstellungen von den zustandsabhängigen Cashflows der Finanztitel haben.

Indirekte Nachfragefunktionen Wenden wir uns zunächst den indirekten Nachfragefunktionen

$$p(\widetilde{X}_j) = f(n_1^i, n_2^i, \ldots, n_J^i)$$

zu. Auflösen von (5.12) nach κ und Einsetzen in (5.13) ergibt nach Rückkehr zur investorspezifischen Schreibweise und elementarer Umformung

$$\mathrm{E}^i[\widetilde{X}_j] - (1 + r_f)\, p(\widetilde{X}_j) = -2 \underbrace{\frac{\partial U^i/\partial \operatorname{Var}^i[\widetilde{C}_1^i]}{\partial U^i/\partial \mathrm{E}^i[\widetilde{C}_1^i]}}_{:=h^i} \cdot \sum_{k=1}^{J} n_k^i \operatorname{Cov}^i[\widetilde{X}_j, \widetilde{X}_k] \quad \forall \quad i,j. \quad (5.17)$$

Umstellen vorstehender Gleichung nach dem Preis des riskanten Finanztitels führt zu den indirekten Nachfragefunktionen

$$p(\widetilde{X}_j) = \frac{\mathrm{E}^i[\widetilde{X}_j] - h^i \cdot \sum_{k=1}^{J} n_k^i \operatorname{Cov}^i[\widetilde{X}_j, \widetilde{X}_k]}{1 + r_f} \quad \forall \quad i,j. \quad (5.18)$$

Mathematisch wird hier der Preis des j-ten Finanztitels als Funktion von den Mengen der vom i-ten Investor nachgefragten Finanztitel, vom erwarteten Rückfluss des betreffenden Titels, von den Kovarianzen dieses Titels mit allen anderen Titeln,[11] dem risikolosen Zins sowie dem Nutzenterm h^i dargestellt. Ökonomisch liegt natürlich eine solche Abhängigkeit gar nicht vor. Der modellierte Investor ist ein Mengenanpasser, für den der Preis ein unbeeinflussbares Datum darstellt. Aus der Sicht des Individuums sind die nachgefragten Mengen nach riskanten Finanztiteln n_j^i von den Preisen $p(\widetilde{X}_j)$ abhängig und nicht umgekehrt.

Gleichung (5.18) ist auch nützlich, wenn man den Entscheidungsprozess des Investors veranschaulichen will. Der linke Term von Gleichung (5.18) ist der Angebotspreis $p(\widetilde{X}_j)$, für kleine Investoren ein unverrückbares Datum. Auf der rechten Seite der Gleichung steht die Zahlungsbereitschaft des Investors für den j-ten riskanten Finanztitel. Diese hängt von drei individuellen Einflussgrößen ab, nämlich

---

[11] Gemeint ist auch die Kovarianz der Rückflüsse des j-ten Titels mit sich selbst, also die Varianz $\operatorname{Var}^i[\widetilde{X}_j] = \operatorname{Cov}^i[\widetilde{X}_j, \widetilde{X}_j]$.

der Nutzenfunktion, den Erwartungen des Investors bezüglich künftiger Rückflüsse sowie der Anzahl der Finanztitel in seinem Portfolio. Die Anzahl der Finanztitel versucht der Investor so zu wählen, dass sein Nutzen maximal wird. Für ein willkürlich gewähltes Portfolio wird die Zahlungsbereitschaft des Investors bei einigen Titeln über den Angebotspreisen liegen, bei anderen hingegen darunter. Optimal kann eine solche Situation gemäß Gleichung (5.18) nicht sein. Also wird der Investor den Bestand eines Finanztitels erhöhen, solange seine Zahlungsbereitschaft für diesen Finanztitel über dem Angebotspreis liegt, und umgekehrt den Bestand eines Finanztitels verringern, wenn seine Zahlungsbereitschaft unter dem Angebotspreis liegt. Erst wenn der Investor die Mengen $n_1,\ldots,n_J$ so adjustiert hat, dass seine Zahlungsbereitschaften für alle Finanztitel den Angebotspreisen gleichen, hat er sein Portfolio optimal strukturiert.

Direkte Nachfragefunktionen Die direkten Nachfragefunktionen haben die Form

$$n_j^i = f\big(p(\tilde{X}_1), p(\tilde{X}_2), \ldots, p(\tilde{X}_J)\big).$$

Ebenso wie die indirekten Nachfragefunktionen können wir sie aus den Gleichungen (5.17) gewinnen. Wir müssen sie nur für alle Finanztitel aufschreiben. In Matrixschreibweise sieht das so aus:

$$\begin{pmatrix} E^i[\tilde{X}_1] - (1+r_f)\,p(\tilde{X}_1) \\ E^i[\tilde{X}_2] - (1+r_f)\,p(\tilde{X}_2) \\ \ldots \\ E^i[\tilde{X}_J] - (1+r_f)\,p(\tilde{X}_J) \end{pmatrix} = \begin{pmatrix} \mathrm{Cov}^i[\tilde{X}_1,\tilde{X}_1] & \ldots & \mathrm{Cov}^i[\tilde{X}_1,\tilde{X}_J] \\ \mathrm{Cov}^i[\tilde{X}_2,\tilde{X}_1] & \ldots & \mathrm{Cov}^i[\tilde{X}_2,\tilde{X}_J] \\ \ldots \\ \mathrm{Cov}^i[\tilde{X}_J,\tilde{X}_1] & \ldots & \mathrm{Cov}^i[\tilde{X}_J,\tilde{X}_J] \end{pmatrix} \cdot \begin{pmatrix} h^i\,n_1^i \\ h^i\,n_2^i \\ \ldots \\ h^i\,n_J^i \end{pmatrix}.$$

Geht man davon aus, dass die Kovarianzmatrix regulär ist, so gilt

$$\begin{pmatrix} \mathrm{Cov}^i[\tilde{X}_1,\tilde{X}_1] \ldots \mathrm{Cov}^i[\tilde{X}_1,\tilde{X}_J] \\ \mathrm{Cov}^i[\tilde{X}_2,\tilde{X}_1] \ldots \mathrm{Cov}^i[\tilde{X}_2,\tilde{X}_J] \\ \ldots \\ \mathrm{Cov}^i[\tilde{X}_J,\tilde{X}_1] \ldots \mathrm{Cov}^i[\tilde{X}_J,\tilde{X}_J] \end{pmatrix}^{-1} \cdot \begin{pmatrix} E^i[\tilde{X}_1] - (1+r_f)\,p(\tilde{X}_1) \\ E^i[\tilde{X}_2] - (1+r_f)\,p(\tilde{X}_2) \\ \ldots \\ E^i[\tilde{X}_J] - (1+r_f)\,p(\tilde{X}_J) \end{pmatrix} = \begin{pmatrix} h^i\,n_1^i \\ h^i\,n_2^i \\ \ldots \\ h^i\,n_J^i \end{pmatrix}.$$

Mit der Definition des Theta-Vektors

$$\begin{pmatrix} \mathrm{Cov}^i[\tilde{X}_1,\tilde{X}_1] \ldots \mathrm{Cov}^i[\tilde{X}_1,\tilde{X}_J] \\ \mathrm{Cov}^i[\tilde{X}_2,\tilde{X}_1] \ldots \mathrm{Cov}^i[\tilde{X}_2,\tilde{X}_J] \\ \ldots \\ \mathrm{Cov}^i[\tilde{X}_J,\tilde{X}_1] \ldots \mathrm{Cov}^i[\tilde{X}_J,\tilde{X}_J] \end{pmatrix}^{-1} \cdot \begin{pmatrix} E^i[\tilde{X}_1] - (1+r_f)\,p(\tilde{X}_1) \\ E^i[\tilde{X}_2] - (1+r_f)\,p(\tilde{X}_2) \\ \ldots \\ E^i[\tilde{X}_J] - (1+r_f)\,p(\tilde{X}_J) \end{pmatrix} := \begin{pmatrix} \Theta_1^i \\ \Theta_2^i \\ .. \\ \Theta_J^i \end{pmatrix} \quad (5.19)$$

schreiben wir dafür kurz

$$\begin{pmatrix} \Theta_1^i \\ \Theta_2^i \\ .. \\ \Theta_J^i \end{pmatrix} = \begin{pmatrix} h^i\,n_1^i \\ h^i\,n_2^i \\ \ldots \\ h^i\,n_J^i \end{pmatrix}.$$

5.2. Entscheidung über Konsum und Investition

Auflösen nach der Menge der vom i-ten Marktteilnehmer nachgefragten Wertpapiere vom Typ j ergibt die direkten Nachfragefunktionen

$$n_j^i = \frac{\Theta_j^i}{h^i} \quad \forall \quad i,j. \tag{5.20}$$

Es ist zu erkennen, dass die Nachfrage, welche der i-te Investor nach dem j-ten Finanztitel entfaltet, nicht nur von den Preisen aller riskanten Finanztitel abhängt, sondern auch von deren erwarteten Rückflüssen, der kompletten Kovarianzmatrix, dem risikolosen Zinssatz sowie dem Nutzenterm h^i.

Numerische Lösung der Entscheidungsprobleme Wenn ein Computer die Nutzenfunktionen und Anfangsausstattungen aller Marktteilnehmer sowie die stochastischen Eigenschaften der Finanztitel kennen würde, so könnte er uns unmittelbar aus den Bedingungen (5.16) und (5.18) das Marktresultat ausrechnen: Jeder der I Investoren bestimmt mit den $J + 1$ Bedingungen (5.16) und (5.18) für ein exogen gegebenen Preissystem seine individuelle Nachfrage nach den $J + 1$ Finanztiteln. Der Computer müsste auf dieser Grundlage „nur noch" ein Preissystem finden, bei dem die aggregierten Nachfragen nach den einzelnen Finanztiteln den aggregierten Angeboten gleichen.[12]

Weshalb kümmern wir uns noch weiter um das CAPM und überlassen den Rest nicht dem Computer? Zum einen, weil wir die Nutzenfunktionen und Erstausstattungen der Marktteilnehmer nicht kennen, und zum anderen (und das ist das entscheidende), weil wir auch ohne dieses Wissen allgemeine Aussagen über das Marktgleichgewicht aus unserem Gleichungssystem gewinnen können. Allerdings müssen wir noch einigen Schweiß aufwenden, um zu diesen Resultaten zu kommen.[13]

5.2.4 Tobin-Separation

Wir wenden uns nun der Investitionsentscheidung des i-ten Marktteilnehmers im Detail zu. Betrachten wir seine Erstausstattung als gegeben, so wird er einen Teil davon konsumieren und den anderen sparen. Die gesamte Ersparnis oder Investition wird in zwei Komponenten aufgespalten, von denen die eine risikolos und die andere riskant angelegt wird. Wir konzentrieren uns hier ausschließlich auf die riskante Investition. Nennen wir den Betrag, den der i-te Marktteilnehmer in den j-ten Finanztitel investiert,

$$n_j^i p(\tilde{X}_j)$$

---

[12] Wenn die Investoren ihre Budgetrestriktionen beachten, ist damit auch der Markt für Konsumgüter im Gleichgewicht.

[13] Offen ist auch die Frage, ob der Computer tatsächlich ein markträumendes Preissystem finden kann und ob dieses Preissystem gegebenenfalls eindeutig ist. Die Anzahl der unabhängigen Entscheidungsvariablen stimmt zwar mit der Anzahl der individuellen Gleichgewichtsbedingungen (5.16) und (5.18) überein, jedoch sind diese Bedingungen nicht-linear. Die damit verbundenen Probleme sind nicht unerheblich. Wir greifen sie deshalb im Abschnitt 5.3 nochmals auf.

und bezeichnen wir den Gesamtbetrag der vom i-ten Investor unsicher angelegten Ersparnis mit

$$\sum_{k=1}^{J} n_k^i p(\widetilde{X}_k),$$

so beläuft sich der relative Anteil des j-ten Finanztitels im Portfolio des i-ten Marktteilnehmers auf

$$\omega_j^i = \frac{n_j^i p(\widetilde{X}_j)}{\sum_{k=1}^{J} n_k^i p(\widetilde{X}_k)}. \tag{5.21}$$

Setzen wir die Nachfragefunktion (5.20) in diese Definitionsgleichung ein, so erhalten wir

$$\omega_j^i = \frac{\dfrac{\Theta_j^i}{h^i} p(\widetilde{X}_j)}{\sum_{k=1}^{J} \dfrac{\Theta_k^i}{h^i} p(\widetilde{X}_k)}.$$

Offensichtlich lässt sich der investorspezifische Nutzenterm h^i herauskürzen, womit

$$\omega_j^i = \frac{\Theta_j^i p(\widetilde{X}_j)}{\sum_{k=1}^{J} \Theta_k^i p(\widetilde{X}_k)} \quad \forall \ i,j \tag{5.22}$$

übrig bleibt. Schauen wir uns die rechte Seite der vorstehenden Gleichung in Ruhe an, so machen wir eine erstaunliche Entdeckung. Dort stehen die Preise der riskanten Finanztitel sowie – man vergleiche die Definition des Θ-Vektors gemäß (5.19) – die erwarteten Rückflüsse, die Kovarianzen zwischen den Rückflüssen der Finanztitel und der risikolose Zins. Der investorspezifische Nutzenterm h^i aber ist verschwunden! Das bemerkenswerte Ergebnis, dass die Struktur des riskanten Wertpapierportfolios eines Investors unabhängig vom Ausmaß der Risikoaversion ist, wird als Portfolio- oder auch als *Tobin*-Separation bezeichnet. Die Zusammensetzung des Portfolios aus riskanten Finanztiteln kann unabhängig von individuellen Präferenzen der Kapitalanleger bestimmt werden.

Um Missverständnisse zu vermeiden, sei darauf hingewiesen, dass diese Aussage nur für einen – allerdings wesentlichen – Teil der hier zu treffenden Investitions- oder Sparentscheidung zutrifft. Die Investoren legen im hier analysierten Modell ihr Geld zum Teil sicher und zum Teil riskant an. Welchen Anteil sie risikolos investieren, ist sehr wohl von ihrer Risikoeinstellung abhängig. Dabei gilt: Je größer das Ausmaß der Risikoaversion, um so mehr wird zum sicheren Zinssatz angelegt.

Dass diese Behauptung richtig ist, lässt sich zeigen, indem man sich die bislang vernachlässigte Bedingung erster Ordnung (5.14)

$$\left(C_0^i + \frac{n_0^i}{1 + r_f} + \sum_{j=1}^{J} n_j^i p(\widetilde{X}_j) - X_0^{*i} \right) = 0$$

5.2. Entscheidung über Konsum und Investition

Tobin

James Tobin (1918–2002) studierte Wirtschaftswissenschaften an der Harvard University. Er lernte dort die damals ganz neuen Theorien des britischen Ökonomen John Maynard Keynes kennen, die sein Denken lebenslang bestimmen sollten. Zu seinen Lehrern in Harvard gehörten Joseph A. Schumpeter, Alvin Hansen und Wassily Leontief. Nach seiner Promotion im Jahre 1947 blieb er als Junior Fellow in Harvard, bis er 1950 einem Ruf an die Yale University folgte, der er bis zu seiner Emeritierung im Jahre 1988 treu geblieben ist. Als besonders fruchtbar bezeichnete Tobin seine fast zehnjährige Zeit als Direktor der Cowles Foundation for Research in Economics. Sein Ruf als hervorragender Wissenschaftler führte Anfang der sechziger Jahre zur Berufung in das Beratergremium von Präsident John F. Kennedy. Gemeinsam mit Walter Heller und Kermit Gordon verfasste er den Economic Report von 1962, der durch seine Vorschläge zur Steuersenkung als Lehrstück keynesianischer Wirtschaftspolitik in die Geschichte eingegangen ist. Tobins Glaube an die Nützlichkeit lenkender Eingriffe des Staats in das Wirtschaftsleben machte ihn dabei zum Gegenspieler der Monetaristen, vor allem Milton Friedmans. Weltruf erwarb sich Tobin durch seine zahlreichen Veröffentlichungen über Finanzmärkte. 1981 wurde er mit dem Nobelpreis ausgezeichnet. (Foto mit freundlicher Genehmigung von Michael Marsland, Yale University)

für einen konkreten Entscheider anschaut. Löst man nach der Anfangsausstattung auf, die dem Investor im Zeitpunkt $t = 0$ zur Verfügung steht, so entsteht

$$C_0^i + \frac{n_0^i}{1 + r_f} + \sum_{j=1}^{J} n_j^i p(\widetilde{X}_j) = X_0^{*i}. \tag{5.23}$$

Setzen wir (5.16) und (5.20) in (5.23) ein, und erinnern wir uns außerdem an die Definition von h^i, erhalten wir für die gesamte Investitionssumme des i-ten Marktteilnehmers

$$\underbrace{\left(n_0^i \cdot \frac{\partial U^i / \partial \mathrm{E}^i[\widetilde{C}_1^i]}{\partial U^i / \partial C_0^i} \right)}_{\text{sichere Investition}} + \underbrace{\left(-\frac{1}{2} \cdot \frac{\partial U^i / \partial \mathrm{E}^i[\widetilde{C}_1^i]}{\partial U^i / \partial \mathrm{Var}^i[\widetilde{C}_1^i]} \cdot \sum_{j=1}^{J} \Theta_j^i \, p(\widetilde{X}_j) \right)}_{\text{riskante Investition}} = X_0^{*i} - C_0^i.$$

Betrachten wir für einen Moment die gesamte Investitionssumme als gegeben,[14] und unterstellen wir ferner, dass sowohl Θ_j^i als auch $p(\widetilde{X}_j)$ positiv sind.[15] Offensichtlich hängt unter diesen Voraussetzungen der Betrag, welcher riskant angelegt wird, von der individuellen Grenzrate der Substitution

$$\frac{\partial U^i / \partial \, \mathrm{E}^i[\widetilde{C}_1^i]}{\partial U^i / \partial \, \mathrm{Var}^i[\widetilde{C}_1^i]}$$

ab. Mit Hilfe von (5.4) und (5.5) kann man sich leicht klarmachen, dass dieser Ausdruck für jeden ungesättigten und risikoscheuen Investor negativ sein muss und dem Betrag nach um so kleiner ist, je größer die Risikoaversion ist. Daraus folgt aber sofort, dass auch die riskante Investitionssumme um so kleiner ist, je stärker die Risikoabneigung ist. Entsprechend wird bei gegebener Gesamtersparnis um so mehr in den sicheren Finanztitel investiert.

5.2.5 Gemeinsamer Fonds

Bisher haben wir die Annahme, dass die Marktteilnehmer homogene Zukunftserwartungen besitzen, vollkommen ungenutzt gelassen. Diese Abstinenz wollen wir jetzt aufgeben. Unter der Voraussetzung, dass die Investoren den Finanztiteln nicht nur identische zustandsabhängige Cashflows zuordnen, sondern auch übereinstimmende Wahrscheinlichkeitsurteile hinsichtlich der für möglich gehaltenen Zustände besitzen, können wir das Superskript i beim Erwartungswert-, beim Varianz- und beim Kovarianzoperator der Cashflows fortlassen. Ein Blick zurück auf Seite 200 zeigt, dass dann für die Definition des Θ-Vektors auch

$$\Theta_j^i = \Theta_j \quad \forall \ i,j \tag{5.24}$$

gilt. In Verbindung mit *Tobins* Separationstheorem (5.22) folgt unmittelbar

$$\omega_j^i = \omega_j \quad \forall \ i,j. \tag{5.25}$$

Damit ist ω_j der Anteil, den das j-te Wertpapier im riskanten Teilportfolio *eines jeden Investors* ausmacht. Diese Einheitlichkeit in der Struktur der riskanten Teilportfolios ist sehr bemerkenswert. Es ist so, als befänden sich alle riskanten Finanztitel in einem einheitlichen Wertpapierfonds (und zwar mit den Anteilen ω_j), von dem die einzelnen Investoren dann einen bestimmten Bruchteil erwerben. Dieser Teil des Wertpapierfonds ist dann aber auch schon das gesamte riskante Teilportfolio der Investoren. Sie kaufen keinen einzigen riskanten Finanztitel mehr dazu. Daher sprechen wir in Bezug auf Gleichung (5.25) vom Theorem über den

---

[14] Natürlich wird die Investitionssumme nicht ganz unabhängig vom Grad der Risikoabneigung sein.
[15] Wir werden weiter unten zeigen, dass die Nachfrage nach jedem riskanten Titel im Gleichgewicht bei jedem Investor positiv ist.

gemeinsamen Fonds (englisch: mutual fund theorem). Gleichung (5.25) liefert zusammen mit den Gleichungen (5.22) und (5.24) die Grundlage zur Berechnung der Strukturkoeffizienten des gemeinsamen Fonds. Wir können zu diesem Zweck

$$\omega_j = \frac{\Theta_j\, p(\widetilde{X}_j)}{\sum_{k=1}^{J} \Theta_k\, p(\widetilde{X}_k)} \tag{5.26}$$

benutzen.

5.3 Gleichgewichtsanalyse

Eben haben wir gezeigt, dass alle Marktteilnehmer unabhängig vom Ausmaß ihrer Risikoaversion identische Strukturen wählen, wenn es um die Zusammensetzung ihrer risikobehafteten Investitionen geht. Dieses Investitionsverhalten wollen wir nun noch detaillierter untersuchen. Dabei werden wir zwei Theoreme gewinnen, und zwar

- das Diversifikationstheorem
- und das Theorem vom Marktportfolio.

Abschließend, und hierin sehen viele den eigentlichen Kern des CAPM, wollen wir eine Aussage darüber erarbeiten, welche Information im Preis eines riskanten Finanztitels enthalten ist. Um das bewerkstelligen zu können, setzen wir die Existenz eines Marktgleichgewichts voraus. Das Gleichgewicht am Wertpapiermarkt wird durch

1. das Preissystem $p(X_0), p(\widetilde{X}_1), \ldots, p(\widetilde{X}_J)$ sowie
2. die von den Investoren bei Realisierung ihrer optimalen Pläne nachgefragten Mengen an Finanztiteln $n_0^i, n_1^i, \ldots, n_J^i$

beschrieben. Damit von einem Gleichgewicht gesprochen werden kann, müssen die nachgefragten Mengen genau den angebotenen Mengen entsprechen, also

$$\sum_{i=1}^{I} n_j^i = \sum_{i=1}^{I} \bar{n}_j^i \quad \forall\ j. \tag{5.27}$$

Es lässt sich leicht zeigen, dass die Existenz eines Gleichgewichts auf den Finanztitelmärkten wegen des *Walrasianischen* Gesetzes immer auch Gleichgewicht auf dem Konsumgütermarkt bedeutet. Zu diesem Zweck greifen wir auf (5.7) zurück und berücksichtigen (5.1),

$$C_0^i + \frac{n_0^i}{1+r_f} + \sum_{j=1}^{J} n_j^i\, p(\widetilde{X}_j) = \bar{X}_0 = \bar{C}_0^i + \frac{\bar{n}_0^i}{1+r_f} + \sum_{j=1}^{J} \bar{n}_j^i\, p(\widetilde{X}_j).$$

Anschließend summieren wir über alle Investoren. Bezeichnet man den Preis für einen sicheren Cashflow in Höhe von $X_0 = 1$ mit $p(X_0) = p(1) = \frac{1}{1+r_f}$ und sortiert die Terme neu, so entsteht

$$\sum_{i=1}^{I} C_0^i - \sum_{i=1}^{I} \bar{C}_0^i = \sum_{i=1}^{I} \sum_{j=0}^{J} \bar{n}_j^i \, p(\widetilde{X}_j) - \sum_{i=1}^{I} \sum_{j=0}^{J} n_j^i \, p(\widetilde{X}_j).$$

Gleichgewicht auf den Finanztitelmärkten bedeutet, dass die rechte Seite vorstehender Gleichung den Wert null annimmt. Das aber impliziert sofort, dass das Angebot an Konsumgütern im Zeitpunkt $t = 0$ der Nachfrage entsprechen muss. Sonst würde die linke Seite der Gleichung nicht den Wert null annehmen. Für den Konsumgütermarkt des Zeitpunktes $t = 1$ kann man unter Rückgriff auf (5.8) ganz entsprechend argumentieren.[16]

5.3.1 Diversifikation

Mit dem Theorem vom gemeinsamen Fonds wäre durchaus vereinbar, dass einzelne Investoren auf Grund hinreichend großer Risikoaversion ihre gesamte Ersparnis in sichere Kapitalanlagen investieren und überhaupt keine riskanten Titel halten. Der Anteil, den solche Individuen am gemeinsamen Fonds hielten, wäre nicht nur „verschwindend gering", sondern null. Es wäre sogar denkbar, dass für den einen oder anderen Marktteilnehmer Leerverkäufe optimal sind, was auf negative Nachfragemengen führen würde.

Tatsächlich fragt in der Modellwelt des CAPM jeder Marktteilnehmer jedes riskante Wertpapier nach. Wir behaupten also

$$n_j^i > 0 \quad \forall \quad i,j. \tag{5.28}$$

Die Nachfrage jedes Individuums nach riskanten Finanztiteln ist im Gleichgewicht positiv. Und präziser: Jeder Investor hält jeden riskanten Finanztitel. Es gibt kein einziges riskantes Wertpapier, das von irgendeinem Individuum verschmäht wird. Daher können wir sagen, dass jeder eine Strategie der Risikomischung oder Diversifikation betreibt.

Beweis *Aufgrund der Annahme, dass alle Marktteilnehmer homogene Zukunftserwartungen besitzen, gilt zunächst*

$$\Theta_j^1 = \Theta_j^2 = \ldots = \Theta_j^I = \Theta_j \quad \forall \quad j.$$

Unter Verwendung der direkten Nachfragefunktionen (5.20) *folgt daraus*

$$h^1 n_j^1 = h^2 n_j^2 = \ldots = h^I n_j^I \quad \forall \quad j. \tag{5.29}$$

---

[16]Hier spielt herein, dass der relative Preis zwischen gegenwärtigen und zukünftigen Konsumgütern willkürlich auf eins gesetzt wurde. Normalerweise kann man mit dem Gesetz von *Walras* nur einen einzigen Markt eliminieren.

5.3. Gleichgewichtsanalyse

Nun erinnere man sich daran, dass wir von der Annahme ausgingen, jeder Investor sei ungesättigt und risikoscheu. Das bedeutet

$$\frac{\partial U^i}{\partial \mathrm{E}[\widetilde{C}_1^i]} > 0 \quad \forall \quad i$$

und

$$\frac{\partial U^i}{\partial \mathrm{Var}[\widetilde{C}_1^i]} < 0 \quad \forall \quad i,$$

woraus

$$h^i = -2\,\frac{\partial U^i/\partial \mathrm{Var}[\widetilde{C}_1^i]}{\partial U^i/\partial \mathrm{E}[\widetilde{C}_1^i]} > 0 \quad \forall \quad i$$

folgt. Gleichgewicht auf dem Wertpapiermarkt erfordert, dass das Angebot an Finanztiteln eines bestimmten Typs $\sum_{i=1}^{I} \bar{n}_j^i$ auch nachgefragt wird. Mindestens ein Investor i muss deshalb eine positive Nachfrage nach dem Titel j entfalten. Wegen (5.29) und $h^i > 0$ folgt aber aus der positiven Nachfrage eines einzigen Investors für alle Investoren $n_j^i > 0$. Damit ist der Beweis des Theorems erbracht. ∎

5.3.2 Marktportfolio

Das zweite Theorem bringt zum Ausdruck, dass es sich bei dem gemeinsamen Fonds (mutual fund), in den alle Marktteilnehmer investieren, um das so genannte Marktportfolio handeln muss. Unter dem Marktportfolio ist die Summe aller am Markt vorhandenen riskanten Finanztitel zu verstehen. Sein Wert ist $\sum_{k=1}^{J} \sum_{i=1}^{I} \bar{n}_k^i\, p(\widetilde{X}_k)$. Definieren wir den relativen Anteil, der insgesamt vom j-ten Wertpapier vorhanden ist, mit

$$\Omega_j = \frac{\sum_{i=1}^{I} \bar{n}_j^i\, p(\widetilde{X}_j)}{\sum_{k=1}^{J} \sum_{i=1}^{I} \bar{n}_k^i\, p(\widetilde{X}_k)} \tag{5.30}$$

und berücksichtigen wir ferner, dass die relativen Anteile am gemeinsamen Fonds riskanter Wertpapiere für alle Investoren gleich groß sind, so lautet das Theorem in formaler Schreibweise

$$\Omega_j = \omega_j \quad \forall \quad j.$$

Beweis *Wegen der Markträumungsbedingung (5.27) wird aus Gleichung (5.30)*

$$\Omega_j = \frac{p(\widetilde{X}_j)\sum_{i=1}^{I}\bar{n}_j^i}{\sum_{k=1}^{J} p(\widetilde{X}_k)\sum_{i=1}^{I}\bar{n}_k^i} = \frac{p(\widetilde{X}_j)\sum_{i=1}^{I} n_j^i}{\sum_{k=1}^{J} p(\widetilde{X}_k)\sum_{i=1}^{I} n_k^i} = \frac{\sum_{i=1}^{I} n_j^i\, p(\widetilde{X}_j)}{\sum_{k=1}^{J}\sum_{i=1}^{I} n_k^i\, p(\widetilde{X}_k)}.$$

Der relative Anteil, den der i-te Anleger für Papiere vom Typ j ausgibt, ist wegen des Theorems über den gemeinsamen Fonds mit

$$\omega_j = \frac{n_j^i \, p(\widetilde{X}_j)}{\sum_{k=1}^{J} n_k^i \, p(\widetilde{X}_k)}$$

bestimmt. Der Betrag, den der i-te Investor für Titel vom Typ j ausgibt, beläuft sich demnach auf

$$n_j^i \, p(\widetilde{X}_j) = \omega_j \sum_{k=1}^{J} n_k^i \, p(\widetilde{X}_k),$$

und Einsetzen führt auf

$$\Omega_j = \frac{\sum_{i=1}^{I} \omega_j \sum_{k=1}^{J} n_k^i \, p(\widetilde{X}_k)}{\sum_{k=1}^{J} \sum_{i=1}^{I} n_k^i \, p(\widetilde{X}_k)} = \frac{\omega_j \sum_{i=1}^{I} \sum_{k=1}^{J} n_k^i \, p(\widetilde{X}_k)}{\sum_{k=1}^{J} \sum_{i=1}^{I} n_k^i \, p(\widetilde{X}_k)} = \omega_j,$$

womit unsere Behauptung bewiesen ist. ∎

5.3.3 CAPM-Preisgleichung

Wenn Sie sich durch Lektüre anderer Schriften bereits mit dem CAPM vertraut gemacht haben, so werden Sie sich vielleicht wundern, warum wir immer noch nicht zum „Kern des Modells" vorgestoßen sind. Diesen Kern sehen viele in einer Gleichung, die – je nachdem, wie man sie schreibt – entweder eine Aussage über den Preis oder aber über die erwartete Rendite eines riskanten Finanztitels macht.

Aggregierte Nachfragefunktion Seien Sie unbesorgt. Wir stehen unmittelbar davor, diese Gleichung zu gewinnen. Zu diesem Zweck erinnern wir uns an die individuellen, indirekten Nachfragefunktionen (5.18) von Seite 199 und aggregieren diese über alle Marktteilnehmer. Lösen wir die individuellen Nachfragefunktionen (5.18) zunächst nach dem investorspezifischen Nutzenterm h^i auf und bilden den Kehrwert. Das ergibt

$$\frac{1}{h^i} = \frac{\sum_{k=1}^{J} n_k^i \, \text{Cov}^i[\widetilde{X}_j, \widetilde{X}_k]}{\text{E}^i[\widetilde{X}_j] - (1 + r_f) \, p(\widetilde{X}_j)}.$$

Anschließendes Summieren über alle Investoren ergibt unter der Annahme homogener Erwartungen

$$\frac{1}{H} = \sum_{i=1}^{I} \frac{1}{h^i} = \frac{\sum_{i=1}^{I} \sum_{k=1}^{J} n_k^i \, \text{Cov}[\widetilde{X}_j, \widetilde{X}_k]}{\text{E}[\widetilde{X}_j] - (1 + r_f) \, p(\widetilde{X}_j)}. \tag{5.31}$$

Konzentrieren wir uns auf den Zähler der rechten Seite. Nach den Rechenregeln für Linearkombinationen von Zufallsvariablen[17] können wir diesen auch in der Form

$$\sum_{i=1}^{I} \sum_{k=1}^{J} n_k^i \, \text{Cov}[\widetilde{X}_j, \widetilde{X}_k] = \text{Cov}\left[\widetilde{X}_j, \sum_{i=1}^{I} \sum_{k=1}^{J} n_k^i \widetilde{X}_k\right]$$

---
[17] Siehe Tabelle 10.12 auf Seite 472.

5.3. Gleichgewichtsanalyse

schreiben. Einsetzen in (5.31) und Auflösen nach $p(\tilde{X}_j)$ liefert die aggregierte indirekte Nachfragefunktion

$$p(\tilde{X}_j) = \frac{\mathrm{E}[\tilde{X}_j] - H \cdot \mathrm{Cov}\left[\tilde{X}_j, \sum_{i=1}^{I}\sum_{k=1}^{J} n_k^i \tilde{X}_k\right]}{1 + r_f}. \qquad (5.32)$$

Bevor wir daran gehen, diese Darstellung noch stärker zu vereinfachen, wollen wir das Zwischenergebnis interpretieren. Aus der Sicht eines einzelnen Marktteilnehmers ist der Preis eines riskanten Titels ein Datum. Die Marktteilnehmer entscheiden auf Grund der aus ihrer Perspektive gegebenen Preise darüber, wie viele riskante Titel sie nachfragen wollen. Es wäre nun ein purer Zufall, wenn die aggregierte Nachfrage dann auch genauso groß wäre wie das aggregierte Angebot. Sind die Preise nicht markträumend, so werden sie sich selbstverständlich anpassen und zwar dergestalt, dass die Märkte geräumt werden.[18] Der sich dabei endlich einstellende Gleichgewichtspreis wird durch Gleichung (5.32) beschrieben.

Wir wollen diese Gleichung nun noch stärker vereinfachen. Zu diesem Zweck bezeichnen wir die zustandsabhängigen Rückflüsse des insgesamt nachgefragten Portfolios aus riskanten Finanztiteln mit

$$\tilde{X}_m := \sum_{k=1}^{J} \sum_{i=1}^{I} n_k^i \tilde{X}_k \qquad (5.33)$$

und stellen fest, dass diese mit den zustandsabhängigen Cashflows des Marktportfolios übereinstimmen, weil wegen (5.27)

$$\sum_{k=1}^{J}\sum_{i=1}^{I} n_k^i \tilde{X}_k = \sum_{k=1}^{J} \tilde{X}_k \sum_{i=1}^{I} n_k^i = \sum_{k=1}^{J} \tilde{X}_k \sum_{i=1}^{I} \bar{n}_k^i = \sum_{k=1}^{J}\sum_{i=1}^{I} \bar{n}_k^i \tilde{X}_k$$

gilt. Einsetzen von (5.33) in Gleichung (5.32) liefert

$$p(\tilde{X}_j) = \frac{\mathrm{E}[\tilde{X}_j] - H \cdot \mathrm{Cov}[\tilde{X}_j, \tilde{X}_m]}{1 + r_f}, \qquad (5.34)$$

womit wir unserem Ziel schon ziemlich nahe sind. Würden wir die Bewertungsgleichung so stehen lassen, wie sie ist, könnten wir den Gleichgewichtspreis $p(\tilde{X}_j)$ des j-ten Finanztitels berechnen, wenn wir den erwarteten Rückfluss dieses Titels, die Kovarianz der Rückflüsse mit den Cashflows des Marktportfolios, den risikolosen Zinssatz und – last, but not least – die Nutzenfunktionen aller Marktteilnehmer kennen würden. Ohne die Kenntnis aller Nutzenfunktionen ließe sich der aggregierte Term H nicht bestimmen.

---

[18]Dieser Anpassungsprozess wird gern mit Rückgriff auf den *Walrasianischen* Auktionator beschrieben. Siehe dazu Seite 180.

Wir ziehen es aber vor, die aggregierte Nutzengröße H mit Hilfe eines Kunstgriffs aus Gleichung (5.34) zu eliminieren. Zu diesem Zweck stellen wir (5.34) um und multiplizieren auf beiden Seiten mit n_j^i. Das führt uns zu

$$n_j^i H \, \text{Cov}[\tilde{X}_j, \tilde{X}_m] = n_j^i \, \text{E}[\tilde{X}_j] - (1 + r_f) \, n_j^i \, p(\tilde{X}_j) \, .$$

Wenn wir über alle Finanztitel und Investoren summieren, erhalten wir

$$\sum_{i=1}^{I} \sum_{j=1}^{J} n_j^i H \, \text{Cov}[\tilde{X}_j, \tilde{X}_m] = \sum_{i=1}^{I} \sum_{j=1}^{J} n_j^i \, \text{E}[\tilde{X}_j] - (1 + r_f) \sum_{i=1}^{I} \sum_{j=1}^{J} n_j^i \, p(\tilde{X}_j)$$

$$H \, \text{Cov}\left[\sum_{i=1}^{I} \sum_{j=1}^{J} n_j^i \tilde{X}_j, \tilde{X}_m\right] = \text{E}\left[\sum_{i=1}^{I} \sum_{j=1}^{J} n_j^i \tilde{X}_j\right] - (1 + r_f) \sum_{i=1}^{I} \sum_{j=1}^{J} n_j^i \, p(\tilde{X}_j)$$

$$H \, \text{Cov}[\tilde{X}_m, \tilde{X}_m] = \text{E}[\tilde{X}_m] - (1 + r_f) \, p(\tilde{X}_m)$$

$$H = \frac{\text{E}[\tilde{X}_m] - (1 + r_f) \, p(\tilde{X}_m)}{\text{Var}[\tilde{X}_m]} \, .$$

Nun können wir den Ausdruck H in Gleichung (5.34) ersetzen. Wir erhalten

$$p(\tilde{X}_j) = \frac{\text{E}[\tilde{X}_j] - \dfrac{\text{E}[\tilde{X}_m] - (1 + r_f) \, p(\tilde{X}_m)}{\text{Var}[\tilde{X}_m]} \cdot \text{Cov}\left[\tilde{X}_j, \tilde{X}_m\right]}{1 + r_f} \, . \tag{5.35}$$

Damit haben wir die gesuchte Gleichung endlich als aggregierte indirekte Nachfragefunktion bestimmt. Eine Interpretation werden wir anschließend geben. Bevor wir fortfahren, sei aber darauf aufmerksam gemacht, dass die erfolgreiche Eliminierung der Nutzengröße H nicht kostenlos zu haben war. Der Gleichgewichtspreis eines riskanten Finanztitels hängt jetzt vom Preis des Marktportfolios ab. Klarer gesprochen: Der Preis des j-ten Titels hängt von den Preisen aller J Wertpapiere und damit offensichtlich auch von sich selbst ab.[19] Wir haben also nur eine relative Bewertungsgleichung gefunden.

5.3.4 Probleme der Gleichgewichtsanalyse

In unserer bisherigen Analyse haben wir vorausgesetzt, dass die nachgefragten Mengen den angebotenen Mengen entsprechen,[20] und wir haben die Eigenschaften eines solchen Gleichgewichts bestimmt. Wenn nun alle Investoren ihre Nutzenfunktionen maximieren und sich dann tatsächlich ein Preissystem einspielt, bei dem alle Märkte geräumt werden, dann haben wir

---

[19] Für den Preis des Marktportfolios gilt $p(\tilde{X}_m) = \sum_{i=1}^{I} \sum_{k=1}^{J} n_k^i p(\tilde{X}_k)$.
[20] Siehe Gleichung (5.27).

5.3. Gleichgewichtsanalyse

1. nachgewiesen, dass alle Marktteilnehmer perfekte Diversifikation betreiben,

2. nachgewiesen, dass der gemeinsame Fonds dem Marktportfolio entspricht,

3. und die Gleichgewichtspreise der riskanten Finanztitel charakterisiert. Diese Charakterisierung hat in der Preisgleichung (5.35) ihren vorläufigen Höhepunkt gefunden.

Nach den in der ökonomischen Theorie üblichen methodischen Regeln dürfen wir so eigentlich nicht vorgehen,[21] oder wir dürfen uns zumindest nicht hierauf beschränken. Statt dessen müssen wir die Existenz des Gleichgewichts und seine Eindeutigkeit zu beweisen versuchen. Sollte sich herausstellen, dass das Gleichgewicht unter den getroffenen Annahmen gar nicht entsteht, dann war unsere Arbeit im Grunde vergeblich.

Existenz des Gleichgewichts Es ist alles andere als einfach, die Existenz eines Gleichgewichts im CAPM zu beweisen. Betrachten wir beispielsweise eine Situation, in der zwar alle Investoren ihr nutzenmaximales Portfolio gewählt haben, in der aber die Nachfrage nach dem ersten Wertpapier kleiner ist als das Angebot. Offensichtlich ist der Markt nicht im Gleichgewicht; und wir müssen die Preise so anpassen, dass die Märkte geräumt werden. Es ist klar, dass der Preis des ersten Wertpapiers sinken muss, wenn mehr Nachfrage entstehen soll. Man könnte nun denken, es würde ausreichen, ausschließlich den Preis des ersten Wertpapiers um einen geeigneten Betrag zu senken. Leider trifft das nicht zu. Machen Sie sich klar, dass die Preissenkung beim ersten Wertpapier bei unveränderter Nachfrage nach allen Titeln wie eine Budgeterhöhung wirkt. Wie werden die Investoren diese zusätzlichen Mittel einsetzen? Sie werden bestimmt die Nachfrage nach dem ersten Wertpapier erhöhen, und bei geeigneter Preissenkung kommt dieser Markt womöglich auch ins Gleichgewicht. Es ist aber nicht auszuschließen, dass die Investoren auch ihre Nachfrage nach den anderen Wertpapieren und ihre Nachfrage nach dem risikolosen Titel verändern. Und dadurch würden diese Märkte notwendigerweise ins Ungleichgewicht geraten. Um die Antwort auf die Frage zu finden, welche Nachfrage die Investoren auf Grund der hier betrachteten Preisänderung entwickeln, können wir nicht auf das Theorem zurückgreifen, dass alle Investoren das gleiche Portfolio aus riskanten Wertpapieren halten.[22] Dieses Theorem gilt im Gleichgewicht. Wir befinden uns aber noch im Ungleichgewicht. Eben weil die Veränderung der Nachfrage der Investoren bei der von uns betrachteten Preisänderung im Allgemeinen nicht kontrolliert werden kann, ist die Existenz eines Gleichgewichts im CAPM schwer zu beweisen.

Existenzbeweise können gegenwärtig nur unter Zuhilfenahme anspruchsvoller mathematischer Methoden vorgenommen werden, die über den Standard dieses

---

[21] Zu unserer Rechtfertigung können wir aber darauf hinweisen, dass *Sharpe* im Jahre 1964 das CAPM vorstellte, ohne Existenz- und Eindeutigkeitsfragen zu klären.
[22] Siehe Seite 207.

Lehrbuchs weit hinausgehen. Wir sehen keinen zumutbaren Weg, auf diese Techniken hier in angemessener Form einzugehen. Daher beschränken wir uns darauf zu berichten, unter welchen Annahmen man die Existenz eines Gleichgewichts beweisen kann. Die ersten Existenzbeweise für das CAPM gehen auf Arbeiten von Hart (1974) zurück.[23] Derzeit ist man dazu in der Lage, die Existenz eines Gleichgewichts im CAPM für beliebige Nutzenfunktionen und für beliebige Anfangsausstattungen zu zeigen, wenn ein risikoloser Titel gehandelt wird.[24]

Welche Bedeutung hat es, wenn man zu der Annahme gezwungen zu sein scheint, dass ein risikoloses Wertpapier gehandelt wird? Immerhin gibt es Staatsanleihen, und da der Staat jederzeit die Möglichkeit besitzt, die Notenpresse in Gang zu setzen, kann er die fälligen Zinsen und Tilgungen auch unter allen Umständen zahlen. Wer so argumentiert, verkennt allerdings, dass dieser Weg gegebenenfalls mit dem Inflationsrisiko gepflastert ist. Ist man daher der Meinung, dass selbst Staatsanleihen nicht vollkommen risikolos sind, dann gewinnen die hier beschriebenen Zusammenhänge erhebliches Gewicht. Bis heute existieren nur rudimentäre Ansätze für einen Existenzbeweis, der ohne einen risikolosen Titel auskommt. Die Ursache für die besonderen Schwierigkeiten, in die man ohne risikoloses Wertpapier gerät, ist darin zu suchen, dass die Nutzenfunktionen unter Umständen Sättigungspunkte aufweisen. In diesem Fall gibt es Portfolios, die für die Investoren bei jedem Einkommensniveau nutzenmaximal sind. Wer mehr über dieses merkwürdige Resultat wissen möchte, muss bei Nielsen (1987) nachlesen.

Eindeutigkeit des Gleichgewichts Selbst wenn wir die Existenz eines Gleichgewichts beweisen können, haben wir noch nicht alle Probleme im Griff. Wir wollen ja mit unserer Theorie nicht nur eine Bewertungsgleichung herleiten. Wir wollen darüber hinaus charakterisieren, wie sich Investoren am Kapitalmarkt verhalten. Nun ist immerhin denkbar (und nichts weist auf das Gegenteil hin), dass wir nicht nur ein, sondern mehrere Gleichgewichte herleiten können. Und in der Tat ist schon gezeigt worden, dass bei geschickter Wahl der Nutzenfunktionen und der Anfangsausstattungen beliebig viele Gleichgewichte existieren können.[25]

Wenn aber mehrere Gleichgewichte an einem Kapitalmarkt existieren, welches ist dann das richtige? In unserer nutzentheoretischen Analyse konnten wir zeigen, dass es für jeden Investor genau ein optimales Portfolio gibt. Wenn die Investoren aber wissen, dass mehrere Gleichgewichte am Kapitalmarkt existieren, dann können sie ihre Portfoliowahl nicht mehr koordinieren. Von welchen gültigen Preissystemen sollen sie denn auch ausgehen, wenn es mehrere gibt? Eine Gleichgewichtsanalyse, bei der man die Eindeutigkeit des CAPM nicht beweisen kann, ist mit einiger Skepsis zu beurteilen. Die Wissenschaft steht (auch) hier erst am Anfang.

---

[23] Die Schwierigkeiten mit den Existenzbeweisen werden deutlich, wenn man sich klarmacht, dass seit der „Erfindung" des CAPM schon zehn Jahre vergangen waren.
[24] Siehe beispielsweise Nielsen (1989).
[25] Siehe Bottazzi, Hens und Löffler (1998).

5.4 Die CAPM-Gleichung und ihre Varianten

Unser Ziel bestand darin, Klarheit darüber zu gewinnen, welche Information im Preis eines riskanten Finanztitels steckt, wenn die Voraussetzungen des CAPM gegeben sind und der Markt sich im Gleichgewicht befindet. Auf diese Frage haben wir mit Gleichung (5.35) die Antwort gefunden.

In der Literatur wird das gleiche Resultat oft in anderer Weise dargestellt, wobei man seltener Preisgleichungen und wesentlich häufiger Renditegleichungen schreibt. Das Erscheinungsbild dieser Gleichungen ist nicht immer einheitlich.

5.4.1 Preisgleichungen

Wenn wir ad hoc eine Gleichung entwerfen müssten, mit der man die Bewertung einer riskanten Investition vornehmen kann, so wäre es wohl sinnvoll, an eine Formel anzuknüpfen, die das gleiche Problem unter Sicherheit löst, und darauf aufbauend geeignete Modifikationen vorzunehmen. Zu diesem Zweck erinnern wir uns daran, dass wir im ersten Kapitel dieses Buches für einen sicheren Cashflow, den ein Finanztitel in einem Jahr abwirft, die Preisgleichung

$$p(X_j) = \frac{X_j}{1 + r_f}$$

gefunden hatten. Wenn nun die Rückflüsse nicht mehr sicher sind, so wird ein risikoscheuer Investor dazu neigen, einen geringeren Preis zu zahlen. Riskante Cashflows sind weniger attraktiv als sichere.

Die erforderliche Anpassung der Preisgleichung könnte grundsätzlich entweder im Zähler oder im Nenner der rechten Seite erfolgen. Im ersten Fall würde man die erwarteten Rückflüsse um einen Risikoabschlag reduzieren, also

$$p(\widetilde{X}_j) = \frac{E[\widetilde{X}_j] - \text{Risikoabschlag}}{1 + r_f}.$$

Bei dieser Lösung wählt man als Diskontierungszinssatz nach wie vor den Zinssatz für risikolose Kapitalanlagen, diskontiert aber nicht die erwarteten Rückflüsse, sondern vermindert diese zuvor um einen „geeigneten Risikoabschlag". Nimmt man dagegen die erforderliche Modifikation im Nenner vor, so würde man mit

$$p(\widetilde{X}_j) = \frac{E[\widetilde{X}_j]}{1 + r_f + \text{Risikoprämie}}$$

arbeiten wollen. Dabei würde man die erwarteten Cashflows nicht mit dem sicheren Zins, sondern mit einem um eine „geeignete Risikoprämie" erhöhten Zins diskontieren. Ohne Kapitalmarktmodell könnten wir aber nun keine Präzisierungen vornehmen, die den Risikoabschlag beziehungsweise die Risikoprämie betreffen.

Risikoadjustierung der Rückflüsse

Im Rahmen des Capital Asset Pricing Models jedoch gelingt diese Präzisierung. Schauen Sie zurück auf Seite 210, um sich das Ergebnis in Erinnerung zu rufen. Es lautete

$$p(\tilde{X}_j) = \frac{E[\tilde{X}_j] - \dfrac{E[\tilde{X}_m] - (1+r_f)\,p(\tilde{X}_m)}{\text{Var}[\tilde{X}_m]} \cdot \text{Cov}\left[\tilde{X}_j, \tilde{X}_m\right]}{1 + r_f}. \qquad (5.36)$$

Marktrendite und Preisgleichung Diese Gleichung wird in der Literatur regelmäßig etwas anders geschrieben, indem man die zustandsabhängige Rendite des Marktportfolios

$$\tilde{r}_m = \frac{\tilde{X}_m}{p(\tilde{X}_m)} - 1$$

einführt. Man macht sich leicht klar, dass unter Verwendung der Marktrendite und bekannter Eigenschaften von Varianz und Kovarianz

$$\begin{aligned}
\tilde{X}_m &= (1 + \tilde{r}_m) \cdot p(\tilde{X}_m) \\
E[\tilde{X}_m] &= (1 + E[\tilde{r}_m]) \cdot p(\tilde{X}_m) \\
\text{Var}[\tilde{X}_m] &= \text{Var}[(1 + \tilde{r}_m) \cdot p(\tilde{X}_m)] = \text{Var}[\tilde{r}_m] \cdot \left(p(\tilde{X}_m)\right)^2 \quad \text{und} \\
\text{Cov}[\tilde{X}_j, \tilde{X}_m] &= \text{Cov}[\tilde{X}_j, (1 + \tilde{r}_m) \cdot p(\tilde{X}_m)] = \text{Cov}[\tilde{X}_j, \tilde{r}_m] \cdot p(\tilde{X}_m)
\end{aligned}$$

geschrieben werden kann. Einsetzen in (5.36) führt nach Kürzung von $p(\tilde{X}_m)$ zu

$$p(\tilde{X}_j) = \frac{E[\tilde{X}_j] - \dfrac{E[\tilde{r}_m] - r_f}{\text{Var}[\tilde{r}_m]} \cdot \text{Cov}\left[\tilde{X}_j, \tilde{r}_m\right]}{1 + r_f}. \qquad (5.37)$$

Lambda-Schreibweise Um den angemessenen Risikoabschlag beim j-ten Wertpapier vorzunehmen, multipliziere man eine Größe, die für alle Finanztitel identisch ist und deswegen als

$$\text{Marktpreis pro Risikoeinheit (Lambda)} = \lambda = \frac{E[\tilde{r}_m] - r_f}{\text{Var}[\tilde{r}_m]} \qquad (5.38)$$

bezeichnet wird, mit der für diesen Titel typischen

$$\text{Menge des Risikos} = \text{Cov}[\tilde{X}_j, \tilde{r}_m]. \qquad (5.39)$$

Bemerkenswert ist, dass man die Menge des Risikos nicht über die Varianz der Cashflows $\text{Var}[\tilde{X}_j]$, sondern über deren Kovarianz mit dem Marktportfolio misst. Es zählt also nicht das Risiko eines Wertpapiers in isolierter Sichtweise. Vielmehr

5.4. Die CAPM-Gleichung und ihre Varianten

kommt es auf den Risikobeitrag des Papiers zum Gesamtportfolio der riskanten Kapitalanlagen an, also $\text{Cov}[\widetilde{X}_j, \widetilde{r}_m]$. Einsetzen von (5.38) in (5.37) liefert

$$p(\widetilde{X}_j) = \frac{\text{E}[\widetilde{X}_j] - \lambda \cdot \text{Cov}[\widetilde{X}_j, \widetilde{r}_m]}{1 + r_f} \quad . \tag{5.40}$$

Dazu können wir feststellen: Um den Preis des j-ten Finanztitels zu ermitteln, nimmt man eine Risikoadjustierung der erwarteten Rückflüsse dieses Wertpapiers vor, indem man diese um das Produkt aus Marktpreis pro Risikoeinheit und Kovarianz zwischen den Rückflüssen dieses Titels und der Marktrendite vermindert. Das Ergebnis, welches man als *Sicherheitsäquivalent* für die zu erwartenden Rückflüsse des j-ten Titels interpretieren kann, ist mit dem risikolosen Zinssatz zu diskontieren.

Risikoadjustierung des Zinssatzes

Um eine Preisgleichung zu gewinnen, die die Risikoadjustierung nicht bei den Rückflüssen, sondern beim Diskontierungssatz vornimmt, konzentrieren wir uns auf den Kovarianzterm in Gleichung (5.40). Mit der Definition der Rendite des j-ten Finanztitels

$$\widetilde{r}_j = \frac{\widetilde{X}_j}{p(\widetilde{X}_j)} - 1 \tag{5.41}$$

schreiben wir dafür unter Ausnutzung bekannter Eigenschaften der Kovarianz

$$\begin{aligned}\text{Cov}[\widetilde{X}_j, \widetilde{r}_m] &= \text{Cov}[p(\widetilde{X}_j) \cdot (1 + \widetilde{r}_j), \widetilde{r}_m] \\ &= p(\widetilde{X}_j) \cdot \text{Cov}[1 + \widetilde{r}_j, \widetilde{r}_m] \\ &= p(\widetilde{X}_j) \cdot \text{Cov}[\widetilde{r}_j, \widetilde{r}_m] \, .\end{aligned}$$

Einsetzen in Gleichung (5.40) führt nach elementarer Umformung auf die Darstellung

$$p(\widetilde{X}_j) = \frac{\text{E}[\widetilde{X}_j]}{1 + r_f + \lambda \cdot \text{Cov}[\widetilde{r}_j, \widetilde{r}_m]} \quad . \tag{5.42}$$

Die im Nenner anzusetzende Risikoprämie ergibt sich also bei dieser Form der Risikoadjustierung unter den Bedingungen des CAPM, indem man den Marktpreis pro Risikoeinheit mit der (gegenüber Gleichung (5.39) etwas anders definierten)

$$\text{Menge des Risikos} = \text{Cov}[\widetilde{r}_j, \widetilde{r}_m] \tag{5.43}$$

multipliziert. Wieder wird die Menge des einzubeziehenden Risikos nicht isoliert über die Varianz der Rendite des interessierenden Titels $\text{Var}[\widetilde{r}_j]$ gemessen. Stattdessen wird der Risikobeitrag des j-ten Wertpapiers über die Kovarianz seiner Rendite zur Rendite des Marktportfolios $\text{Cov}[\widetilde{r}_j, \widetilde{r}_m]$ erfasst.

5.4.2 Renditegleichung

Am häufigsten wird die CAPM-Gleichung in Form der Rendite geschrieben, die ein Investor im Gleichgewicht erwarten darf, wenn er den j-ten Titel hält. Um eine solche Gleichung zu erhalten, greifen wir auf (5.41) zurück und bilden den Erwartungswert. Anschließend setzen wir für den Preis des Wertpapiers gemäß (5.42) ein. Das ergibt nach geringfügiger Umformung

$$E[\tilde{r}_j] = r_f + \lambda \cdot \mathrm{Cov}[\tilde{r}_j, \tilde{r}_m], \qquad (5.44)$$

und wir sind schon fertig. Es hat sich eingebürgert, diese Gleichung als *Wertpapiermarktlinie* zu bezeichnen.

Die Rendite, welche ein Anleger erwarten darf, der riskant investiert, setzt sich aus dem Zinssatz für risikolose Kapitalanlagen und einer Risikoprämie zusammen. Die Risikoprämie ist das Produkt aus dem Marktpreis pro Risikoeinheit und der Menge des dem betreffenden Engagement innewohnenden Risikos. Diese wird über die Kovarianz der Rendite dieser Anlage mit der Rendite des Marktportfolios $\mathrm{Cov}[\tilde{r}_j, \tilde{r}_m]$ gemessen.

Beta-Schreibweise Leser, die mit dem CAPM bereits vertraut sind, werden sich fragen, warum weder in der Preisgleichung (5.42) noch in der Renditegleichung (5.44) ein Faktor auftritt, den man als

$$\text{systematisches Risiko (Beta)} = \beta_j = \frac{\mathrm{Cov}[\tilde{r}_j, \tilde{r}_m]}{\mathrm{Var}[\tilde{r}_m]} \qquad (5.45)$$

bezeichnet. Einsetzen in die Renditegleichung (5.44) führt unmittelbar auf

$$E[\tilde{r}_j] = r_f + \left(E[\tilde{r}_m] - r_f\right) \cdot \beta_j, \qquad (5.46)$$

die Beta-Form der CAPM-Renditegleichung. Man erkennt, dass Beta zum Ausdruck bringt, wie die Rendite des j-ten Finanztitels auf Veränderungen der Rendite des gesamten Finanztitelmarktes $E[\tilde{r}_m]$ reagiert. Ein Beta von 0,9 bringt beispielsweise zum Ausdruck: Falls die erwartete Rendite des Marktportfolios um 1 Prozentpunkt steigt, so steigt die erwartete Rendite des j-ten Titels nur um 0,9 Prozentpunkte. Das Beta wird in (5.46) nicht nur mit der erwarteten Rendite des Marktportfolios, sondern auch mit dem negativen risikolosen Zins multipliziert. Die Differenz $(E[\tilde{r}_m] - r_f)$ bezeichnet man als *Marktrisikoprämie* (englisch: market risk premium).

Beta hat eine Eigenschaft, die bei der Zusammenstellung von risikobehafteten Finanztiteln zu Wertpapierportfolios außerordentlich nützlich ist. Bezeichnet man mit β_p das Beta eines Portfolios und mit β_j das Beta eines riskanten Finanztitels, so gilt immer

$$\beta_p = \sum_{j=1}^{J} \omega_j \beta_j, \qquad (5.47)$$

wobei ω_j hier der Anteil des j-ten Titels im Portfolio p ist. Das Portfolio-Beta ist stets eine Linearkombination der Wertpapier-Betas, wobei man mit den relativen Portfolioanteilen zu gewichten hat.

Beweis *Dass Gleichung (5.47) richtig ist, lässt sich rasch zeigen. Zu diesem Zweck beginnen wir mit der Definition*

$$\beta_p = \frac{\text{Cov}[\tilde{r}_p, \tilde{r}_m]}{\text{Var}[\tilde{r}_m]}.$$

Machen wir uns klar, dass die Zufallsvariable $\tilde{r}_p$ eine Linearkombination ist, die wir in der Form

$$\tilde{r}_p = \sum_{j=1}^{J} \omega_j \tilde{r}_j$$

darstellen können, so gilt

$$\begin{aligned}
\beta_p &= \frac{\sum_{j=1}^{J} \omega_j \, \text{Cov}[\tilde{r}_j, \tilde{r}_m]}{\text{Var}[\tilde{r}_m]} \\
&= \frac{\omega_1 \, \text{Cov}[\tilde{r}_1, \tilde{r}_m]}{\text{Var}[\tilde{r}_m]} + \ldots + \frac{\omega_J \, \text{Cov}[\tilde{r}_J, \tilde{r}_m]}{\text{Var}[\tilde{r}_m]} \\
&= \omega_1 \beta_1 + \ldots + \omega_J \beta_J,
\end{aligned}$$

was bereits Gleichung (5.47) entspricht. ∎

5.5 Ein Resümee

Es lohnt sich, die bisherigen Überlegungen und Ergebnisse in bündiger Form zusammenzufassen.

1. Wir haben im Rahmen eines Marktmodells unter Unsicherheit eine Reihe von *Annahmen* getroffen, die sich auf die Nutzenvorstellungen und den Informationsstand von Marktteilnehmern einerseits und die Funktionsweise von Güter- und Finanztitelmärkten andererseits beziehen.

   Hinsichtlich der Nutzenfunktionen der Marktteilnehmer haben wir im Wesentlichen unterstellt, dass diese ungesättigt und risikoscheu sind. Außerdem sind wir davon ausgegangen, dass alle Personen gleich gut informiert sind und übereinstimmende Vorstellungen von den Erwartungswerten und Varianzen der Cashflows haben, die die an den Kapitalmärkten gehandelten Finanztitel versprechen.

   In Bezug auf die Funktionsweise der Märkte haben wir angenommen, dass diese reibungslos und atomistisch sind. Der Deutlichkeit wegen sei daran erinnert, dass wir in einem einperiodigen Modellrahmen geblieben sind und Inflation ausgeschlossen haben.

2. Vor diesem Hintergrund haben wir einen Entscheider analysiert, der sein Budget auf Konsumgüter sowie verschiedene Finanztitel aufzuteilen hat. Der Wert seiner Finanztitel ist seine Ersparnis, und die Früchte der Ersparnisse wird er am Ende der Periode konsumieren. Das Ausmaß des künftigen Konsums ist sicher, soweit Vermögen zum risikolosen Zins angelegt wird, und unsicher, soweit Ersparnisse in Form von risikobehafteten Finanztiteln angelegt werden.

Eine Analyse der individuellen Optimalitätsbedingungen führte uns zu dem interessanten Ergebnis, dass alle Marktteilnehmer sich bei ihren Investitionsentscheidungen an die gleiche Richtschnur halten. Bei der Aufteilung desjenigen Betrages, den sie riskant anlegen, wird von jedem Investor für jeden riskanten Titel derselbe prozentuale Anteil gewählt.

3. Nun könnte man immer noch denken, dass es Investoren gibt, die derart risikoscheu sind, dass sie all ihre Ersparnisse sicher anlegen wollen. Im Rahmen einer Gleichgewichtsanalyse ließ sich jedoch beweisen, dass alle Investoren Bruchteile des so genannten Marktportfolios erwerben. Darunter ist die Gesamtmasse aller riskanten Finanztitel zu verstehen, die auf dem betrachteten Kapitalmarkt angeboten werden.

Die Folge ist, dass für den Preis des Finanztitels j die Gleichung

$$p(\widetilde{X}_j) = \frac{E[\widetilde{X}_j] - \dfrac{E[\widetilde{r}_m - r_f]}{\text{Var}[\widetilde{r}_m]} \cdot \text{Cov}[\widetilde{X}_j, \widetilde{r}_m]}{1 + r_f}$$

gelten muss. Das ist die grundlegende Bewertungsgleichung des Capital Asset Pricing Models.

Leser, die der Herleitung des CAPM bis hierher gefolgt sind, ohne den im folgenden Abschnitt angebotenen „bequemeren" Weg zu nutzen, können auf Seite 230 weiterlesen. Vielleicht wollen sie jedoch das Folgende auch als Illustration kennen lernen.

5.6 Exkurs: Andere Wege zum CAPM

Man kann einen Zugang zum CAPM finden, der in Bezug auf die Herleitung des Ergebnisses anschaulicher ist als das Konzept, welches hier ab Seite 188 verwendet wurde. Zu diesem Zweck geht man in folgenden Schritten vor.

1. Zunächst muss man sich die wichtigsten Resultate der Portfolio-Theorie aneignen. Dabei geht es um die Frage, mit welcher Rendite und mit welchem Risiko jemand rechnen kann, der sein Vermögen nicht in einen einzigen Finanztitel, sondern in eine Mischung aus (riskanten) Finanztiteln investiert.

5.6. Exkurs: Andere Wege zum CAPM

Die Resultate der Portfolio-Theorie sind leicht eingängig und auch plausibel, wenn man sie sich zunächst an einfachen Beispielen klarmacht. Allerdings ist eine exakte Herleitung der Ergebnisse nicht so einfach und wird hier auch nicht geleistet.

2. Daran anschließend wenden wir uns der Frage zu, welche Rendite-Risiko-Positionen jemand erreichen kann, der einen Teil seines Vermögens riskant und den anderen Teil seines Vermögens sicher anlegt.

3. Nach diesen Vorbereitungen fragen wir, ob es bestimmte Mischungen aus riskanten und sicheren Kapitalanlagen gibt, die für risikoscheue Investoren besonders attraktiv sind, und zwar unabhängig vom Ausmaß ihrer Risikoaversion. Das führt auf die so genannte *Kapitalmarktlinie*.

4. Um die im Falle der Risikoaversion optimale Form der Kapitalanlage zu realisieren, muss man den Teil seines Geldes, den man riskant anlegt, in einer ganz bestimmten Weise investieren. Die Analyse dieses Optimums führt direkt auf die CAPM-Gleichungen.

5.6.1 Einige wichtige Resultate der Portfolio-Theorie

Ein riskanter Finanztitel j verspricht eine Rendite mit dem Erwartungswert $E[\tilde{r}_j]$ bei einem Risiko in Höhe von $\text{Var}[\tilde{r}_j]$. Wenn an einem Kapitalmarkt mehrere unsichere Finanztitel gehandelt werden, so stellt sich die Frage, mit welcher Rendite und mit welchem Risiko jemand rechnen darf, der sein Vermögen in irgendeiner Weise auf diese riskanten Titel aufteilt. Wir bezeichnen solche Wertpapiermischungen als Portfolios und interessieren uns dafür, wovon die zu erwartende Rendite $E[\tilde{r}_p]$ und das Risiko der Rendite dieses Portfolios $\text{Var}[\tilde{r}_p]$ abhängen.

Erwartungswert und Varianz unsicherer Portfoliorenditen Wir beginnen mit der unsicheren Rendite eines Portfolios, in dem der j-te Titel mit dem Anteil ω_j enthalten ist. Verspricht dieser Titel eine unsichere Rendite in Höhe von $\tilde{r}_j$, so lässt sich die Portfoliorendite als Linearkombination darstellen,

$$\tilde{r}_p = \sum_{j=1}^{J} \omega_j \tilde{r}_j. \tag{5.48}$$

Der Erwartungswert ergibt sich zu

$$E[\tilde{r}_p] = \sum_{j=1}^{J} \omega_j E[\tilde{r}_j], \tag{5.49}$$

während für die Varianz

$$\text{Var}[\tilde{r}_p] = \sum_{j=1}^{J} \sum_{k=1}^{J} \omega_j \omega_k \text{Cov}[\tilde{r}_j, \tilde{r}_k], \tag{5.50}$$

Markowitz

Harry M. Markowitz (1927-) ist ein amerikanischer Finanzierungstheoretiker, der vor allem mit seinen Beiträgen zur Portfoliotheorie bekannt geworden ist. Er studierte Wirtschaftswissenschaft an der University of Chicago und konzentrierte sich unter der Anleitung von Milton Friedman, Jacob Marschak und Leonard J. Savage bereits sehr früh auf wirtschaftliche Entscheidungen unter Unsicherheit. Marschak war es auch, der ihn ermutigte, mathematische Methoden zur Gestaltung riskanter Kapitalanlagen zum Gegenstand seiner Doktorarbeit zu machen. Die grundlegende Idee zu seiner Portfoliotheorie entwickelte Markowitz eines Nachmittags bei der Lektüre eines damals verbreiteten Buches über Aktien als Kapitalanlage von John B. Williams. Er las dort, dass der Kurs einer Aktie dem Erwartungswert der künftigen Dividenden entspräche. Wäre diese Aussage korrekt, so gäbe es Sinn, sein gesamtes Kapital in eine einzige Aktie zu stecken, nämlich die Aktie mit der höchsten erwarteten Dividende. Wenn man in Wirklichkeit jedoch Investoren beobachten kann, die Wert auf ein breit gefächertes Aktienportfolio legen, so musste die Behauptung von Williams falsch sein. Vernünftige Kapitalanleger, so die Schlussfolgerung, orientieren sich nicht nur an der erwarteten Rendite, sondern auch am Risiko. Im Alter von nur 25 Jahren veröffentlichte Markowitz seinen Aufsatz über „Portfolio selection". Er folgte dann der Einladung von James Tobin an die Yale University und veröffentlichte dort sieben Jahre später seine berühmte Monographie über dasselbe Thema. Gemeinsam mit Merton H. Miller und William F. Sharpe erhielt er im Jahre 1990 den Nobelpreis für Wirtschaftswissenschaften. (Foto mit freundlicher Genehmigung von Harry Markowitz)

gilt.[26] Nach diesen Vorbereitungen werden wir zunächst eine Spezialisierung vornehmen.

Zwei riskante Finanztitel Im einfachsten Fall besteht ein Wertpapierportfolio nur aus zwei riskanten Finanztiteln, $J = 2$. Für den Erwartungswert der Portfoliorendite gilt dann

$$E[\tilde{r}_p] = \omega_1 E[\tilde{r}_1] + \omega_2 E[\tilde{r}_2], \tag{5.51}$$

---

[26]Siehe Tabelle 10.12 auf Seite 472.

5.6. Exkurs: Andere Wege zum CAPM

während man für die Varianz der Portfoliorendite

$$\begin{aligned}\text{Var}[\tilde{r}_p] &= \omega_1\omega_1\,\text{Cov}[\tilde{r}_1,\tilde{r}_1] + \omega_1\omega_2\,\text{Cov}[\tilde{r}_1,\tilde{r}_2]\\ &\quad + \omega_2\omega_1\,\text{Cov}[\tilde{r}_2,\tilde{r}_1] + \omega_2\omega_2\,\text{Cov}[\tilde{r}_2,\tilde{r}_2]\\ &= \omega_1^2\,\text{Var}[\tilde{r}_1] + \omega_2^2\,\text{Var}[\tilde{r}_2] + 2\,\omega_1\omega_2\,\text{Cov}[\tilde{r}_1,\tilde{r}_2] \end{aligned} \qquad (5.52)$$

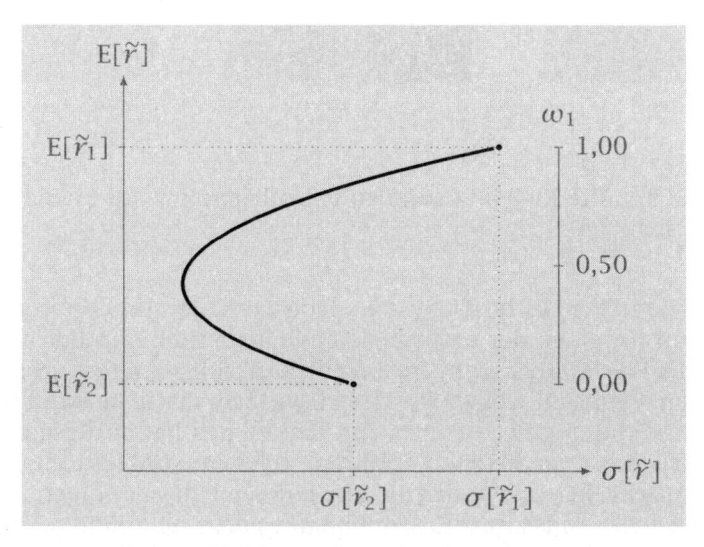

erhält. Dabei haben wir uns der Tatsache bedient, dass $\text{Cov}[\tilde{r}_j,\tilde{r}_k] = \text{Cov}[\tilde{r}_k,\tilde{r}_j]$ und $\text{Cov}[\tilde{r}_j,\tilde{r}_j] = \text{Var}[\tilde{r}_j]$ ist.

Abbildung 5.1: Rendite-Risiko-Positionen eines Portfolios aus zwei riskanten Finanztiteln

Abbildung 5.1 zeigt, welche Rendite-Risiko-Positionen ein Investor einnehmen kann, wenn er zwei Finanztitel in unterschiedlichen Relationen in ein Portfolio aufnimmt. Das dort gezeichnete Bild ergibt sich typischerweise immer dann, wenn die Renditen der beiden beteiligten Papiere weder positiv noch negativ perfekt miteinander korrelieren. Die Risiken werden in der Abbildung nicht in Form der Varianz, sondern in Form der Standardabweichung $\sigma[\tilde{r}] = \sqrt{\text{Var}[\tilde{r}]}$ gemessen.

Mehr als zwei riskante Finanztitel Von größerer praktischer Bedeutung ist natürlich der Fall, in dem man es mit Portfolios zu tun hat, die aus mehr als zwei riskanten Wertpapieren bestehen. Unter gewöhnlichen Umständen liegen die Rendite-Risiko-Positionen, die ein Investor erreichen kann, der Portfolios aus mehr als zwei Wertpapieren bildet, auf einer Fläche mit eierschalenförmiger Gestalt. Einen Eindruck vom typischen Aussehen einer solchen Fläche vermittelt Abbildung 5.2. Jede Position auf der dargestellten Fläche lässt sich verwirklichen, wenn man den Anteilsvektor $(\omega_1,\ldots,\omega_J)$ in geeigneter Weise wählt.

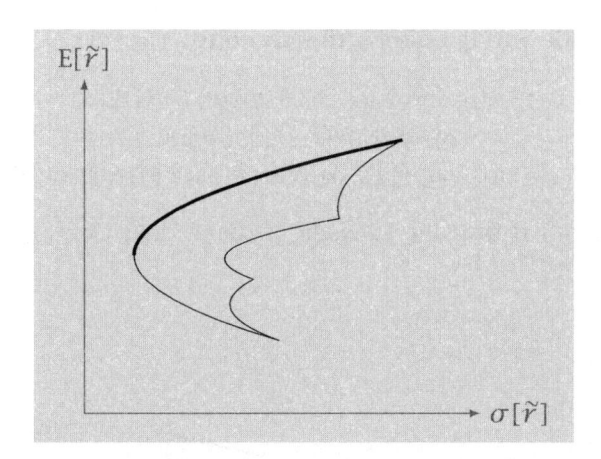

Abbildung 5.2: Rendite-Risiko-Positionen eines Portfolios aus vielen riskanten Finanztiteln (Eierschale)

Der rechte Rand der Fläche ist gezackt. Jede der in der Abbildung gezeigten vier Eckstellen steht für einen der ursprünglichen Finanztitel. Darüber hinaus könnte es innerhalb der Fläche (aber nicht am linken Rand) einige weitere ursprüngliche Finanztitel geben. Vielleicht wollen Sie wissen, weshalb der linke Rand der Fläche so schön stetig und differenzierbar aussieht. Tatsächlich hat er diese Eigenschaften sogar. Vielleicht möchten Sie auch erfahren, welchem Punkte der Fläche welches Portfolio entspricht. Jedoch werden Sie hier auf keine dieser Fragen Antworten erhalten, da es reichen muss, das CAPM *einmal* rigoros herzuleiten.[27] Statt dessen sei der interessierte Leser aufgefordert, *Harry M. Markowitz* zu lesen, der diese Fragen als erster gelöst hat. Diejenigen unserer Leser, welche sich durch die Abschnitte 5.2 bis 5.5 durchgearbeitet haben, seien getröstet. *Markowitz* zu lesen, wäre nicht einfacher gewesen.

Der nördliche Rand der Eierschale ist in Form einer dicken Linie ausgezogen. Die auf dieser Linie befindlichen Portfolios sind besonders attraktiv, und zwar deswegen, weil sie für ein gegebenes Risiko $\sigma[\tilde{r}_p]$ die jeweils größte erwartete Rendite $E[\tilde{r}_p]$ versprechen. Man nennt die dicke Begrenzungslinie der Eierschale ihren *effizienten Rand*. Und wir können feststellen, dass alle „guten" Portfolios auf dem effizienten Rand liegen.

Welches der guten Portfolios für einen Investor optimal ist, hängt von der konkreten Gestalt seiner Rendite-Risiko-Indifferenzkurven ab. Sehr risikoscheue Personen werden eine Position mit geringerem Risiko und gleichzeitig bescheidener Renditeerwartung einnehmen. Weniger risikoscheue Investoren wählen dagegen eine weiter östlich liegende Position mit höherer Renditeerwartung und größerer Varianz.

---

[27] Siehe hierzu die Abschnitte 5.2 bis 5.5.

5.6.2 Portfolios aus sicheren und riskanten Finanztiteln

Bisher haben wir nur Wertpapiermischungen betrachtet, die ausschließlich riskante Finanztitel enthalten. Jetzt gehen wir dazu über, eine risikolose Kapitalanlage einzubeziehen. Wir konstruieren ein Portfolio p dergestalt, dass es eine riskante Position[28] mit dem Anteil w und eine sichere Position mit dem Anteil $1-w$ enthält. Den sicheren Zinssatz bezeichnen wir mit r_f, und die riskante Position möge eine zustandsabhängige Rendite in Höhe von $\tilde{r}_j$ versprechen. Die Rendite des neuen Portfolios ergibt sich dann aus

$$\tilde{r}_p = w\,\tilde{r}_j + (1-w)\,r_f.$$

Wegen $\mathrm{E}[r_f] = r_f$, $\mathrm{Var}[r_f] = 0$ und $\mathrm{Cov}[\tilde{r}_j, r_f] = 0$ erhalten wir dann

$$\mathrm{E}[\tilde{r}_p] = r_f + \left(\mathrm{E}[\tilde{r}_j] - r_f\right) w \qquad (5.53)$$
$$\mathrm{Var}[\tilde{r}_p] = w^2\,\mathrm{Var}[\tilde{r}_j]. \qquad (5.54)$$

Auflösen von Gleichung (5.54) nach w und Einsetzen in Gleichung (5.53) führt auf

$$\mathrm{E}[\tilde{r}_p] = r_f + \frac{\mathrm{E}[\tilde{r}_j] - r_f}{\sigma[\tilde{r}_j]} \cdot \sigma[\tilde{r}_p]. \qquad (5.55)$$

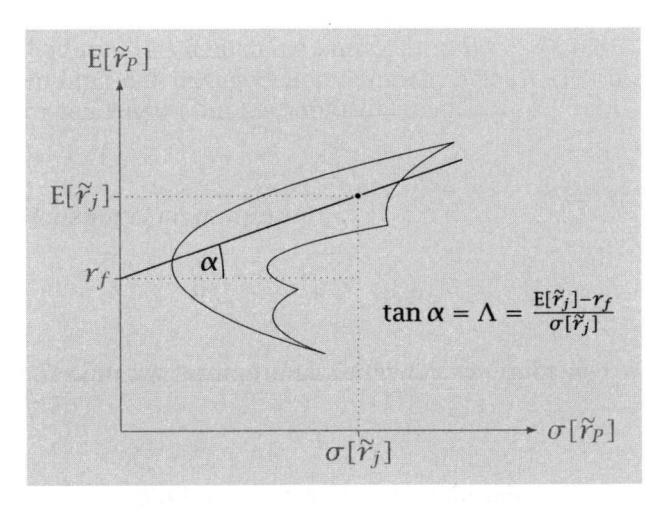

Abbildung 5.3: Linearer Rendite-Risiko-Zusammenhang bei Portfolios aus sicheren und riskanten Titeln

Das ist ein interessantes Ergebnis: Wenn jemand einen Teil seines Geldes sicher und den Rest seines Vermögens riskant anlegt, so herrscht zwischen der zu

---

[28] Das kann entweder ein riskanter Finanztitel oder ein Portfolio aus riskanten Finanztiteln sein.

erwartenden Rendite $E[\tilde{r}_p]$ und dem übernommenen Risiko eine strikt *lineare Beziehung*, sofern man das Risiko über die Standardabweichung der Portfoliorendite $\sigma[\tilde{r}_p]$ misst. Abbildung 5.3 veranschaulicht diesen Zusammenhang.

5.6.3 Kapitalmarktlinie

Betrachten Sie nun Abbildung 5.4. In dieser Zeichnung vereinigen sich der effiziente Rand der Eierschale und zwei Rendite-Risiko-Geraden, die man erreichen kann, wenn man riskante Positionen mit sicheren Positionen mischt. Konzentrieren Sie Ihre Aufmerksamkeit auf die gestrichelte Gerade und vergleichen Sie diese mit der durchgezogenen Geraden.

Jede Rendite-Risiko-Position auf der durchgezogenen Geraden ist für rational handelnde Investoren günstiger als irgendeine Rendite-Risiko-Position auf der gestrichelten Geraden. Denn bei vorgegebenem Risiko $\sigma[\tilde{r}]$ versprechen alle Portfolios, die auf der durchgezogenen Geraden liegen, einen höheren Erwartungswert für die Renditen $E[\tilde{r}]$. Portfolios auf der durchgezogenen Geraden dominieren alle Portfolios auf der gestrichelten Geraden. Deswegen wird jeder Investor versuchen, sich so zu verhalten, dass er eine Position auf der durchgezogenen Geraden erreichen kann.

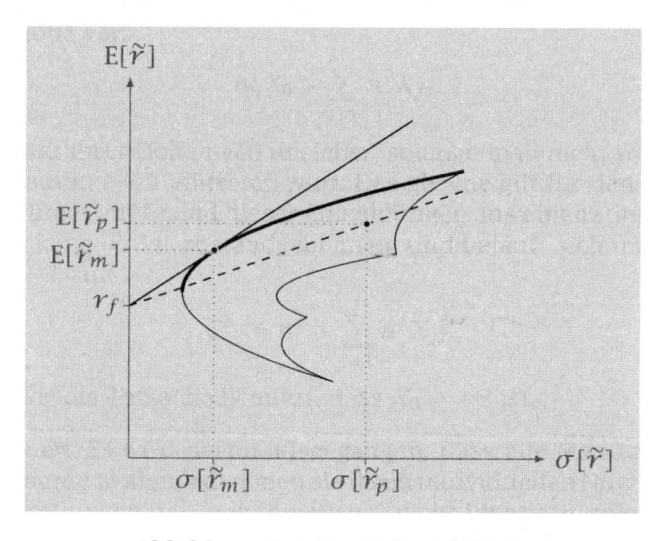

Abbildung 5.4: Kapitalmarktlinie

Wenn wir von der Annahme ausgehen, dass alle Mitglieder der Volkswirtschaft homogene Erwartungen in Bezug auf die für die Finanztitel relevanten Daten haben, so sieht der effiziente Rand der Eierschale für alle Investoren identisch aus. Falls weiter davon ausgegangen wird, dass auch der risikolose Zins für alle Personen gleich ist, so muss jeder Marktteilnehmer eine Rendite-Risiko-Position auf

5.6. Exkurs: Andere Wege zum CAPM

derselben Tangente an die Eierschale anstreben. Welche Position auf der Tangente für einen Investor optimal ist, hängt zwar vom Ausmaß seiner Risikoabneigung ab. Entscheidend ist aber, dass die Optimallösungen sämtlicher Mitglieder der Volkswirtschaft auf derselben Tangente liegen. Diese so ausgezeichnete Tangente bezeichnet man als *Kapitalmarktlinie*.

Jenes riskante Portfolio, mit dem man die sichere Kapitalanlageform kombinieren muss, um auf die Kapitalmarktlinie zu kommen, ist also für alle Individuen identisch. Es ist so, als würden alle Investoren den riskanten Teil ihrer Wertpapierportfolios in einem einheitlichen Fonds (englisch: mutual fund) anlegen. Wir wollen dieses besondere Portfolio mit dem Index m kenntlich machen, seine erwartete Rendite mit $\mathrm{E}[\tilde{r}_m]$ und sein Risiko mit $\mathrm{Var}[\tilde{r}_m]$ beziehungsweise $\sigma[\tilde{r}_m]$ bezeichnen. Wenn der Tangentialpunkt das individuell optimale Portfolio ist, werden alle Marktteilnehmer genau dieses Portfolio nachfragen. Sollte die aggregierte Nachfrage zufällig dem aggregierten Angebot entsprechen, also dem Marktportfolio, dann ist das Preissystem im Gleichgewicht. Ansonsten muss das Preissystem (und mit ihm die Renditen) solange angepasst werden, bis Nachfrage (optimales Portfolio) und Angebot (Marktportfolio) übereinstimmen.

5.6.4 Wertpapiermarktlinie

Um die Kapitalmarktlinie zu erreichen, muss man die risikolose Geldanlage offensichtlich mit einer riskanten Position derart mischen, dass die Steigung der Rendite-Risiko-Geraden maximiert wird. Die riskante Position stellt ihrerseits ein Portfolio dar, das ausschließlich aus riskanten Finanztiteln besteht, deren Anteile wir mit $\omega_1, \ldots, \omega_J$ bezeichnen. Diese Anteile sind nun genau so zu bestimmen, dass die Steigung der Rendite-Risiko-Geraden

$$\Lambda(\omega) = \frac{\mathrm{E}[\tilde{r}_p] - r_f}{\sigma[\tilde{r}_p]} = \frac{\mathrm{E}\left[\sum_{j=1}^{J} \omega_j \tilde{r}_j\right] - r_f}{\sqrt{\sum_{j=1}^{J} \sum_{k=1}^{J} \omega_j \omega_k \mathrm{Cov}[\tilde{r}_j, \tilde{r}_k]}}$$

möglichst groß wird. Um die Nebenbedingung

$$\sum_{j=1}^{J} \omega_j = 1 \qquad (5.56)$$

zu berücksichtigen, verwenden wir die Lagrangefunktion

$$\mathcal{L} = \frac{\mathrm{E}\left[\sum_{j=1}^{J} \omega_j \tilde{r}_j\right] - r_f}{\sqrt{\sum_{j=1}^{J} \sum_{k=1}^{J} \omega_j \omega_k \mathrm{Cov}[\tilde{r}_j, \tilde{r}_k]}} + \kappa \left(\sum_{j=1}^{J} \omega_j - 1\right).$$

Um diese Funktion zu maximieren, differenzieren wir sie partiell nach den Variablen $\omega_1, \ldots, \omega_J$ sowie κ und setzen die partiellen Ableitungen null. Die Struktur des Portfolios, welches genau auf die Tangente der Eierschale (Kapitalmarktlinie) führt, ist dann durch den Lösungsvektor $\omega_1, \ldots, \omega_J$ eines Gleichungssystems aus J Gleichungen der Form

$$\frac{\partial \mathcal{L}(\omega, \kappa)}{\partial \omega_j} = 0 \quad \forall \quad j = 1, \ldots, J$$

festgelegt. Die Ableitungen erfordern einige Aufmerksamkeit. Wir schreiben zu diesem Zweck das Problem zunächst in der Form

$$\max_{\omega_1,\ldots,\omega_J,\kappa} \mathcal{L} = \frac{Z(\omega)}{N(\omega)} + \kappa \left(\sum_{j=1}^{J} \omega_j - 1 \right)$$

und definieren

$$Z(\omega) = \mathrm{E}[\tilde{r}_p] - r_f = \sum_{j=1}^{J} \omega_j \mathrm{E}[\tilde{r}_j] - r_f$$

als den Zähler und

$$N(\omega) = \sigma[\tilde{r}_p] = \sqrt{\mathrm{Var}[\tilde{r}_p]} = \sqrt{\sum_{j=1}^{J} \sum_{k=1}^{J} \omega_j \omega_k \mathrm{Cov}[\tilde{r}_j, \tilde{r}_k]}$$

als den Nenner. Sodann leiten wir Zähler und Nenner getrennt nach der Variablen ω_j ab. Das ergibt für den Zähler

$$\frac{\partial Z(\omega)}{\partial \omega_j} = \mathrm{E}[\tilde{r}_j]$$

und für den Nenner

$$\begin{aligned}
\frac{\partial N(\omega)}{\partial \omega_j} &= 0{,}5 \left(\mathrm{Var}[\tilde{r}_p] \right)^{-0{,}5} \cdot 2 \sum_{k=1}^{J} \omega_k \mathrm{Cov}[\tilde{r}_k, \tilde{r}_j] \\
&= \frac{1}{\sigma[\tilde{r}_p]} \sum_{k=1}^{J} \omega_k \mathrm{Cov}[\tilde{r}_k, \tilde{r}_j] \\
&= \frac{1}{\sigma[\tilde{r}_p]} \mathrm{Cov}\left[\sum_{k=1}^{J} \omega_k \tilde{r}_k, \tilde{r}_j \right].
\end{aligned}$$

Mit der Portfoliorendite

$$\tilde{r}_p = \sum_{k=1}^{J} \omega_k \tilde{r}_k$$

erhalten wir für die erste Ableitung des Nenners den Ausdruck

$$\frac{\partial N(\omega)}{\partial \omega_j} = \frac{1}{\sigma[\tilde{r}_p]} \mathrm{Cov}[\tilde{r}_j, \tilde{r}_p].$$

5.6. Exkurs: Andere Wege zum CAPM

Mit Hilfe der Quotientenregel lautet die partielle Ableitung der Lagrangefunktion nach ω_j endlich

$$\frac{\partial \mathcal{L}(\omega, \kappa)}{\partial \omega_j} = \left(N(\omega) \frac{\partial Z(\omega)}{\partial \omega_j} - Z(\omega) \frac{\partial N(\omega)}{\partial \omega_j} \right) \Big/ N^2(\omega) + \kappa$$

$$= \frac{\sigma[\tilde{r}_p] \, \mathrm{E}[\tilde{r}_j] - \left(\mathrm{E}[\tilde{r}_p] - r_f \right) \frac{1}{\sigma[\tilde{r}_p]} \mathrm{Cov}[\tilde{r}_j, \tilde{r}_p]}{\mathrm{Var}[\tilde{r}_p]} + \kappa.$$

Nullsetzen führt nach einigen Umstellungen auf

$$\mathrm{E}[\tilde{r}_j] = -\kappa \, \sigma[\tilde{r}_p] + \frac{\mathrm{E}[\tilde{r}_p] - r_f}{\mathrm{Var}[\tilde{r}_p]} \mathrm{Cov}[\tilde{r}_j, \tilde{r}_p] \,, \qquad (5.57)$$

womit wir dem Ergebnis schon ziemlich nahe sind. Um den Lagrangemultiplikator aus der Gleichung zu entfernen, multiplizieren wir sie mit ω_j und addieren anschließend über alle J Wertpapiere. Das ergibt

$$\omega_j \mathrm{E}[\tilde{r}_j] = \omega_j \left(-\kappa \, \sigma[\tilde{r}_p] + \frac{\mathrm{E}[\tilde{r}_p] - r_f}{\mathrm{Var}[\tilde{r}_p]} \mathrm{Cov}[\tilde{r}_j, \tilde{r}_p] \right)$$

$$\sum_{j=1}^{J} \omega_j \mathrm{E}[\tilde{r}_j] = \sum_{j=1}^{J} \omega_j \left(-\kappa \, \sigma[\tilde{r}_p] + \frac{\mathrm{E}[\tilde{r}_p] - r_f}{\mathrm{Var}[\tilde{r}_p]} \mathrm{Cov}[\tilde{r}_j, \tilde{r}_p] \right)$$

$$\sum_{j=1}^{J} \omega_j \mathrm{E}[\tilde{r}_j] = -\kappa \, \sigma[\tilde{r}_p] \sum_{j=1}^{J} \omega_j + \frac{\mathrm{E}[\tilde{r}_p] - r_f}{\mathrm{Var}[\tilde{r}_p]} \sum_{j=1}^{J} \omega_j \mathrm{Cov}[\tilde{r}_j, \tilde{r}_p].$$

Umformen führt unter Beachtung der Nebenbedingung (5.56) sowie der Rechenregel für die Kovarianz einer Linearkombination von Zufallsvariablen auf

$$\mathrm{E}[\tilde{r}_p] = -\kappa \, \sigma[\tilde{r}_p] + \frac{\mathrm{E}[\tilde{r}_p] - r_f}{\mathrm{Var}[\tilde{r}_p]} \mathrm{Cov}\left[\sum_{j=1}^{J} \omega_j \tilde{r}_j, \tilde{r}_p \right]$$

$$= -\kappa \, \sigma[\tilde{r}_p] + \frac{\mathrm{E}[\tilde{r}_p] - r_f}{\mathrm{Var}[\tilde{r}_p]} \mathrm{Cov}[\tilde{r}_p, \tilde{r}_p]$$

$$= -\kappa \, \sigma[\tilde{r}_p] + \frac{\mathrm{E}[\tilde{r}_p] - r_f}{\mathrm{Var}[\tilde{r}_p]} \mathrm{Var}[\tilde{r}_p],$$

was sich massiv vereinfachen lässt, so dass nur noch

$$-\kappa \, \sigma[\tilde{r}_p] = r_f$$

übrig bleibt. Einsetzen dieses Resultats in Gleichung (5.57) liefert

$$\mathrm{E}[\tilde{r}_j] = r_f + \frac{\mathrm{E}[\tilde{r}_p] - r_f}{\mathrm{Var}[\tilde{r}_p]} \mathrm{Cov}[\tilde{r}_j, \tilde{r}_p] \,.$$

Schließlich hatten wir uns dazu entschieden, das gesuchte Tangentialportfolio mit dem Index m zu bezeichnen. Deshalb:

$$E[\tilde{r}_j] = r_f + \frac{E[\tilde{r}_m] - r_f}{\text{Var}[\tilde{r}_m]} \text{Cov}[\tilde{r}_j, \tilde{r}_m].$$

Das aber ist die Grundform der CAPM-Renditegleichung.

5.6.5 Ein weiterer Zugang zum CAPM

Betrachten Sie Abbildung 5.5, und konzentrieren Sie Ihre Aufmerksamkeit auf die Position M, die das Marktportfolio repräsentiert. Wer in dieses Portfolio investiert, darf eine Rendite in Höhe von $E[\tilde{r}_m]$ bei einem Risiko in Höhe von $\sigma[\tilde{r}_m]$ erwarten. Der effiziente Rand der Eierschale und die Kapitalmarktlinie berühren sich genau im Punkte M, und aus diesem Grunde müssen die Steigungen der beiden Funktionen an dieser Stelle gleich groß sein. Ein Blick auf Gleichung (5.55) zeigt, dass die Steigung der Kapitalmarktlinie überall gleich ist und

$$s_1 = \frac{E[\tilde{r}_m] - r_f}{\sigma[\tilde{r}_m]} \tag{5.58}$$

beträgt.

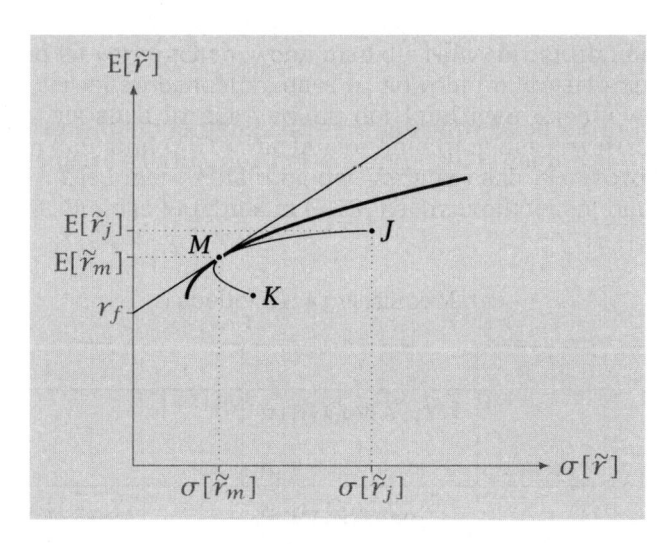

Abbildung 5.5: Mischung des Marktportfolios mit einem riskanten Titel

Bedauerlicherweise kennen wir für den effizienten Rand der Eierschale keine differenzierbare Funktionsvorschrift vom Typ $E[\tilde{r}_p] = f(\sigma[\tilde{r}_p])$. Sonst könnten

5.6. Exkurs: Andere Wege zum CAPM

wir die Steigung des effizienten Randes an einem beliebigen Punkt leicht ermitteln. Um die Steigung am Tangentialpunkt dennoch zu berechnen, können wir uns jedoch eines Kunstgriffes bedienen.

Zu diesem Zweck untersuchen wir ein Portfolio P, welches den j-ten Finanztitel mit dem Anteil α und das Marktportfolio mit dem Anteil $(1-\alpha)$ enthält. Die Rendite-Risiko-Positionen, welche man mit dem Portfolio P einnehmen kann, wenn man den Anteil α variiert, liegen auf der Kurve JMK in Abbildung 5.5. Eine Bewegung auf dieser Kurve von der Position M in Richtung auf die Position J wird dadurch erreicht, dass man $\alpha > 0$ wählt. An der Stelle M, deren Steigung uns interessiert, ist $\alpha = 0$. Man mache sich klar, dass der j-te Titel aus dem riskanten Portfolio P an dieser Stelle durchaus nicht vollkommen verschwunden ist, weil man dort das Marktportfolio hält und der j-te Titel darin natürlich enthalten ist. Lässt man die Position J nun aber allmählich aus dem Portfolio verschwinden, indem man $\alpha < 0$ wählt, so bewegt man sich von der Position M in Richtung auf die Position K. Genau an der Position M muss die Steigung des effizienten Randes der Eierschale mit der Steigung der Kurve JMK vollkommen übereinstimmen und

$$s_2 = \frac{d\,\mathrm{E}[\tilde{r}_p]}{d\,\sigma[\tilde{r}_p]} = \frac{d\,\mathrm{E}[\tilde{r}_p]/d\alpha}{d\,\sigma[\tilde{r}_p]/d\alpha}\bigg|_{\alpha=0} \qquad (5.59)$$

betragen.

Wir berechnen nun zunächst die zu erwartende Rendite des Portfolios P. Diese beläuft sich unter Verwendung von (5.51) auf

$$\mathrm{E}[\tilde{r}_p] = \alpha\,\mathrm{E}[\tilde{r}_j] + (1-\alpha)\,\mathrm{E}[\tilde{r}_m],$$

und für die Standardabweichung der Rendite dieses Portfolios bekommt man unter Rückgriff auf (5.52)

$$\sigma[\tilde{r}_p] = (\mathrm{Var}[\tilde{r}_p])^{0{,}5}$$
$$= \sqrt{\alpha^2\,\mathrm{Var}[\tilde{r}_j] + 2\alpha(1-\alpha)\,\mathrm{Cov}[\tilde{r}_j,\tilde{r}_m] + (1-\alpha)^2\,\mathrm{Var}[\tilde{r}_m]}. \qquad (5.60)$$

Bildet man die ersten Ableitungen beider Funktionen nach α, so erhält man

$$\frac{d\,\mathrm{E}[\tilde{r}_p]}{d\alpha} = \mathrm{E}[\tilde{r}_j] - \mathrm{E}[\tilde{r}_m]$$
$$\frac{d\,\sigma[\tilde{r}_p]}{d\alpha} = 0{,}5\,(\mathrm{Var}[\tilde{r}_p])^{-0{,}5} \cdot \big(2\alpha\,\mathrm{Var}[\tilde{r}_j] + 2\,\mathrm{Cov}[\tilde{r}_j,\tilde{r}_m] -$$
$$4\alpha\,\mathrm{Cov}[\tilde{r}_j,\tilde{r}_m] - 2\,\mathrm{Var}[\tilde{r}_m] + 2\alpha\,\mathrm{Var}[\tilde{r}_m]\big).$$

Nun interessieren wir uns ausschließlich für die Verhältnisse an der Stelle $\alpha = 0$. Da dort das Portfolio P dem Marktportfolio entspricht, muss

$$\frac{d\,E[\tilde{r}_p]}{d\alpha}\bigg|_{\alpha=0} = E[\tilde{r}_j] - E[\tilde{r}_m] \tag{5.61}$$

$$\frac{d\,\sigma[\tilde{r}_p]}{d\alpha}\bigg|_{\alpha=0} = (\text{Var}[\tilde{r}_p])^{-0,5} \cdot (\text{Cov}[\tilde{r}_j,\tilde{r}_m] - \text{Var}[\tilde{r}_m])$$

$$= \frac{\text{Cov}[\tilde{r}_j,\tilde{r}_m] - \text{Var}[\tilde{r}_m]}{\sigma[\tilde{r}_m]} \tag{5.62}$$

gelten. Jetzt kann man beide Ergebnisse in (5.59) einsetzen und erhält dadurch einen Ausdruck für s_2. Berücksichtigt man ferner, dass im Tangentialpunkt s_1 und s_2 übereinstimmen müssen, so entsteht mit (5.58)

$$\frac{E[\tilde{r}_m] - r_f}{\sigma[\tilde{r}_m]} = \frac{E[\tilde{r}_j] - E[\tilde{r}_m]}{(\text{Cov}[\tilde{r}_j,\tilde{r}_m] - \text{Var}[\tilde{r}_m])/\sigma[\tilde{r}_m]},$$

was man nach der erwarteten Rendite des j-ten riskanten Finanztitels auflöst,

$$E[\tilde{r}_j] = r_f + \frac{E[\tilde{r}_m] - r_f}{\text{Var}[\tilde{r}_m]} \cdot \text{Cov}[\tilde{r}_j,\tilde{r}_m].$$

Das ist wieder die Grundform der CAPM-Renditegleichung.

5.7 CAPM ohne risikolosen Zins

Das Capital Asset Pricing Model beruht in seiner hier dargestellten Form auf ziemlich rigiden Annahmen. Beispielsweise wird unterstellt, dass ein risikoloser Zinssatz existiert, dass es keine Steuern gibt und dass alle riskanten Kapitalanlagen an perfekt funktionierenden Märkten gehandelt werden. Ferner wird davon ausgegangen, dass alle Marktteilnehmer homogene Zukunftserwartungen besitzen. Das sind recht rigorose Voraussetzungen, so dass es nahe liegt, die Annahmen zu lockern, um zu sehen, was sich an den Resultaten ändert. Wir konzentrieren uns hier nur auf den an erster Stelle genannten Aspekt.

Was wird aus der CAPM-Renditegleichung, wenn wir die Annahme aufgeben, dass man zum risikolosen Zinssatz Geld anlegen und Kredit aufnehmen kann? Um die Antwort auf diese Frage zu finden, betrachten Sie Abbildung 5.6. Dort sehen Sie die typische Eierschale und ihren effizienten Rand.[29]

Wir gehen nun davon aus, dass der Punkt M das Marktportfolio repräsentiert. Wer in dieses Portfolio investiert, darf eine Rendite in Höhe von $E[\tilde{r}_m]$ bei einem Risiko von $\sigma[\tilde{r}_m]$ erwarten. Wir unterstellen, dass es Portfolios Z gibt, für die

$$\text{Cov}[\tilde{r}_z,\tilde{r}_m] = 0 \tag{5.63}$$

---
[29]Zum Verständnis dieser Abbildung siehe Seite 219 ff.

5.7. CAPM ohne risikolosen Zins

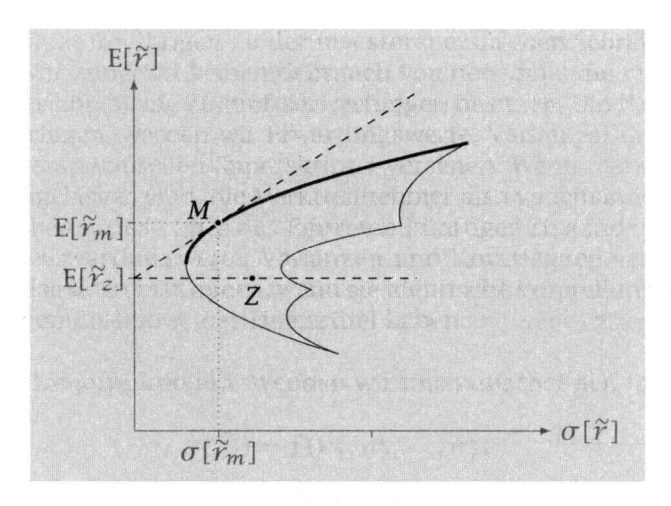

Abbildung 5.6: Zero-Beta-CAPM

gilt, und nennen solche Positionen Zero-Beta-Positionen, gleichgültig ob es sich um einzelne Finanztitel oder um Portfolios handelt. Wenn mehrere Zero-Beta-Positionen existieren, so wählen wir diejenige mit dem geringsten Risiko $\sigma[\tilde{r}_z]$ aus, also beispielsweise die Position Z in Abbildung 5.6. Im Übrigen lässt sich zeigen, dass alle Zero-Beta-Positionen unabhängig von ihrem Risiko dieselbe erwartete Rendite $E[\tilde{r}_z]$ aufweisen.

Die Herleitung der CAPM-Renditegleichung folgt nun den gleichen Leitlinien, die wir auf Seite 228 f. benutzt haben. Wir haben dort zum einen die Steigung der *Kapitalmarktlinie* und zum anderen die Steigung des *effizienten Randes* der Eierschale bestimmt. In der Position M müssen beide Steigungen gleich sein. Gleichsetzen der Steigungen lieferte die CAPM-Gleichung. Die Steigung des effizienten Randes der Eierschale hatten wir dadurch gewonnen, dass wir ein Portfolio P aus dem riskanten Titel j und dem Marktportfolio gebildet hatten und uns für die Verhältnisse an der Stelle interessiert hatten, an der der riskante Titel gerade aus dem Portfolio P verschwindet.

Da eine Kapitalmarktlinie aber unter den nun angenommenen Bedingungen nicht mehr existiert, müssen wir diesen Weg jetzt zweimal gehen. Zum einen werden wir ein Portfolio P_1 betrachten, das aus dem Marktportfolio und der Position Z besteht, wobei wir uns auf die Verhältnisse an der Stelle konzentrieren werden, wo die Position Z gerade aus dem Portfolio P_1 verschwindet. Zum anderen werden wir ein Portfolio P_2 analysieren, das aus dem Marktportfolio und dem riskanten Titel j besteht, wobei wir uns lediglich für die Zusammenhänge an der Stelle interessieren, wo der j-te Titel aus dem Portfolio P_2 dergestalt verschwindet, dass genau das Marktportfolio übrig bleibt. Da das in beiden Fällen die Position M ist, müssen die Steigungen

$$s_1 = \left. \frac{d\,E[\tilde{r}_{p_1}]/dy}{d\,\sigma[\tilde{r}_{p_1}]/dy} \right|_{y=0} \qquad (5.64)$$

und

$$s_2 = \left. \frac{d\,E[\tilde{r}_{p_2}]/d\alpha}{d\,\sigma[\tilde{r}_{p_2}]/d\alpha} \right|_{\alpha=0} \qquad (5.65)$$

übereinstimmen. Wir untersuchen nun zunächst das Portfolio P_1, welches y Anteile der Zero-Beta-Position und $(1-y)$ Anteile des Marktportfolios enthält. Die zu erwartende Rendite dieses Portfolios beträgt unter Verwendung von (5.51)

$$E[\tilde{r}_{p_1}] = y\,E[\tilde{r}_z] + (1-y)\,E[\tilde{r}_m],$$

während man für das Risiko wegen (5.52)

$$\begin{aligned}\sigma[\tilde{r}_{p_1}] &= \sqrt{y^2\,\mathrm{Var}[\tilde{r}_z] + 2y(1-y)\,\mathrm{Cov}[\tilde{r}_z,\tilde{r}_m] + (1-y)^2\,\mathrm{Var}[\tilde{r}_m]} \\ &= \sqrt{y^2\,\mathrm{Var}[\tilde{r}_z] + (1-y)^2\,\mathrm{Var}[\tilde{r}_m]} \end{aligned} \qquad (5.66)$$

erhält. Um diese Vereinfachung vornehmen zu können, haben wir (5.63) benutzt. Jetzt bilden wir die ersten Ableitungen der beiden vorstehenden Funktionen nach y,

$$\begin{aligned}\frac{d\,E[\tilde{r}_{p_1}]}{dy} &= E[\tilde{r}_z] - E[\tilde{r}_m] \\ \frac{d\,\sigma[\tilde{r}_{p_1}]}{dy} &= 0{,}5\,(\mathrm{Var}[\tilde{r}_{p_1}])^{-0{,}5} \cdot (2y\,\mathrm{Var}[\tilde{r}_z] - 2\,\mathrm{Var}[\tilde{r}_m] + 2y\,\mathrm{Var}[\tilde{r}_m]) \\ &= \frac{y\,\mathrm{Var}[\tilde{r}_z] - \mathrm{Var}[\tilde{r}_m] + y\,\mathrm{Var}[\tilde{r}_m]}{\sigma[\tilde{r}_{p_1}]}.\end{aligned}$$

Wir betrachten nun beide Ergebnisse unter der Voraussetzung, dass $y=0$ ist, und berücksichtigen, dass P_1 dann exakt dem Marktportfolio entspricht, und daher $\sigma[\tilde{r}_{p_1}] = \sigma[\tilde{r}_m]$. Das ergibt

$$\begin{aligned}\left.\frac{d\,E[\tilde{r}_{p_1}]}{dy}\right|_{y=0} &= E[\tilde{r}_z] - E[\tilde{r}_m] \\ \left.\frac{d\,\sigma[\tilde{r}_{p_1}]}{dy}\right|_{y=0} &= \frac{-\mathrm{Var}[\tilde{r}_m]}{\sigma[\tilde{r}_m]} \\ &= -\sigma[\tilde{r}_m].\end{aligned}$$

Setzt man diese Resultate in (5.64) ein, so bekommt man

$$s_1 = \frac{E[\tilde{r}_m] - E[\tilde{r}_z]}{\sigma[\tilde{r}_m]}.$$

5.8. Empirische Befunde

Als nächstes untersuchen wir ein Portfolio P_2, das den j-ten Finanztitel mit dem Anteil α und das Marktportfolio mit dem Anteil $(1 - \alpha)$ enthält. Anschließend berechnen wir die zu erwartende Rendite $E[\tilde{r}_{p_2}]$ sowie deren Risiko $\sigma[\tilde{r}_{p_2}]$. Sodann bilden wir die ersten Ableitungen der entstehenden Funktionen nach α und konzentrieren uns auf die Resultate für den Fall $\alpha = 0$. Das führt uns, wie wir bereits wissen,[30] auf

$$s_2 = \frac{E[\tilde{r}_j] - E[\tilde{r}_m]}{(\mathrm{Cov}[\tilde{r}_j,\tilde{r}_m] - \mathrm{Var}[\tilde{r}_m])/\sigma[\tilde{r}_m]}.$$

Endlich müssen wir noch beide Steigungen gleichsetzen und nach $E[\tilde{r}_j]$ auflösen. Auf diese Weise bekommen wir

$$E[\tilde{r}_j] = E[\tilde{r}_z] + \frac{E[\tilde{r}_m] - E[\tilde{r}_z]}{\mathrm{Var}[\tilde{r}_m]}\,\mathrm{Cov}[\tilde{r}_j,\tilde{r}_m]\,, \tag{5.67}$$

ein Ergebnis, das sich von der Grundform der CAPM-Gleichung einzig und allein dadurch unterscheidet, dass die erwartete Rendite der Zero-Beta-Position an die Stelle des risikolosen Zinssatzes tritt. Es ist üblich, mit Bezug auf Gleichung (5.67) vom *Zwei-Faktoren-Modell* zu sprechen.

5.8 Empirische Befunde

Wir kehren jetzt zur Grundversion des CAPM zurück und stellen die Frage nach den wichtigsten Implikationen des Modells. Es wäre wünschenswert, wenn diese sich in der Empirie bewähren. Hiervon würden wir sprechen, wenn die Implikationen des CAPM durch empirische Beobachtungen weitgehend bestätigt werden. Sollten wir dagegen feststellen müssen, dass Modellkonsequenzen und empirische Befunde drastisch voneinander abweichen, so müsste man das Modell verwerfen und nach Verbesserungen suchen. Daraus ergibt sich die Struktur der nun folgenden Darstellungen.

Implikationen des CAPM Aus dem Capital Asset Pricing Model lassen sich drei Arten von Schlussfolgerungen ableiten. Diese betreffen zum einen das Verhalten von Investoren und zum anderen das Verhalten der Renditen von risikobehafteten Finanztiteln. In etwas plakativer Form kann man diese Modellimplikationen wie folgt zusammenfassen:

1. Alle Investoren betreiben perfekte Diversifikation.

2. Je höher das Marktrisiko (Beta) eines Finanztitels ist, um so größer sollte die Rendite sein, die man mit diesem Titel erzielt. Der Zusammenhang zwischen

---
[30]Siehe Seite 228 f.

zu erwartender Rendite und dem Marktrisiko (Beta) ist linear und eindeutig bestimmt. Die Wertpapiermarktlinie hat bei Gültigkeit des Grundmodells einen Ordinatenabschnitt von r_f und eine Steigung von $(E[\tilde{r}_m] - r_f)$.

3. Die Übernahme von Risiko, das *nicht* Marktrisiko darstellt, wird nicht mit einem zusätzlichen Ertrag belohnt.

Man sollte sich an einem kleinen Beispiel klarmachen, was der letzte Punkt bedeutet. Nehmen wir an, dass Firma A typischerweise ein höheres Risiko repräsentiert als Firma B, und zwar dergestalt, dass für die Renditen der Aktien $\text{Var}[\tilde{r}_A] > \text{Var}[\tilde{r}_B]$ gilt. Bevor Sie das CAPM kennen gelernt haben, dachten Sie vermutlich, dass risikoaverse Investoren dann in Bezug auf Aktien der Firma A eine höhere Rendite verlangen als in Bezug auf Firma B. Inzwischen wissen wir aber, dass es nicht auf die Varianz der Renditen eines Unternehmens ankommt, sondern auf das Kovarianzrisiko beziehungsweise Beta. Wenn beispielsweise die Erträge der Firma B mit denen des Marktportfolios hoch korreliert sind, dann ist die B-Aktie im Rahmen einer Politik der Risikomischung nicht so gut zu gebrauchen. Wir haben dann den Fall, dass $\text{Cov}[\tilde{r}_B, \tilde{r}_m]$ groß ist, so dass auch β_B groß ist. Wenn dagegen die Erträge der Firma A sehr unabhängig von denen des Marktportfolios sind, dann muss β_A entsprechend klein sein. Angesichts der ganz unterschiedlichen Diversifizierungsmöglichkeiten, die beide Titel nun eröffnen, zeigt es sich, dass Firma A eine geringere Risikoprämie hat als Firma B, obwohl die Varianz der Rendite von A-Aktien größer ist.

5.8.1 Diversifikationsverhalten von Investoren

Offenkundig betreiben nicht alle Investoren perfekte Diversifikation. Vermutlich gibt es auf der Welt nicht einmal einen einzigen Investor, der das Marktportfolio hält. Daraus könnte man den Schluss ziehen, dass das CAPM widerlegt sei. Jedoch ist eine solche Schlussfolgerung vermutlich etwas voreilig.

Zunächst müsste man sich auf die Feststellung beschränken, dass *eine* Modellimplikation sich empirisch nicht bestätigen lässt. Das muss nicht zugleich auch bedeuten, dass alle weiteren Modellimplikationen zum Scheitern verurteilt sind. Darüber hinaus könnte man argumentieren, dass zahlreiche Investoren ziemlich perfekt diversifiziert seien, dass es sich dabei um die auf den Kapitalmärkten ausschlaggebenden Investoren handele und dass das CAPM daher das Investorenverhalten auf den Kapitalmärkten nicht sehr schlecht beschreibt. Das alles wirft natürlich die Frage auf, ob solch eine weiche Formulierung überhaupt noch eine testbare Hypothese darstellt.

Naive Diversifikation Es lässt sich allerdings zeigen, dass man nicht perfekt diversifiziert sein muss, um wesentliche Teile des Risikos zu vernichten. Um das zu sehen, beschäftigt man sich am besten mit naiver Diversifikation. Zu diesem

5.8. Empirische Befunde

Zweck betrachtet man das Entscheidungsproblem eines Investors, der ein Portfolio aus riskanten Kapitalanlagen zusammenzustellen hat, unter den folgenden stark vereinfachenden Bedingungen:

1. Die Renditen aller riskanten Finanztitel besitzen die gleiche Varianz, die mit $\overline{\text{Var}}$ gekennzeichnet sei.
2. Die Kovarianzen zwischen den Renditen der riskanten Finanztitel sollen ebenfalls alle gleich groß sein und mit $\overline{\text{Cov}}$ bezeichnet werden.
3. Der Investor betreibt eine außerordentlich einfache Politik. Bei der Aufteilung seines Vermögen auf insgesamt J Finanztitel wählt er für jedes Wertpapier den gleichen Anteil $\omega_j = \frac{1}{J}$.

Um die Varianz der Rendite eines Portfolios zu berechnen, das unter diesen Bedingungen gebildet wird, erinnern wir uns an (5.50) auf Seite 219 und bringen diese Gleichung zunächst in eine Form, die für unsere jetzigen Ziele etwas zweckmäßiger ist. Sie lautet dann

$$\text{Var}[\tilde{r}_p] = \sum_{j=1}^{J} \sum_{k=1}^{J} \omega_j \omega_k \, \text{Cov}[\tilde{r}_j, \tilde{r}_k]$$
$$= \sum_{j=1}^{J} \omega_j^2 \, \text{Var}[\tilde{r}_j] + \sum_{j=1}^{J} \sum_{\substack{k=1 \\ k \neq j}}^{J} \omega_j \omega_k \, \text{Cov}[\tilde{r}_j, \tilde{r}_k]. \tag{5.68}$$

Die Ermittlung der Varianz der Portfoliorendite wird also in zwei Schritten durchgeführt. Zunächst berücksichtigt man nur die Varianzen, indem man die Tatsache nutzt, dass $\text{Cov}[\tilde{r}_j, \tilde{r}_j] = \text{Var}[\tilde{r}_j]$ ist. Anschließend bezieht man die Kovarianzen ein. Setzt man nun in Gleichung (5.68) entsprechend den hier getroffenen vereinfachenden Voraussetzungen ein, so ergibt sich

$$\text{Var}[\tilde{r}_p] = J \left(\frac{1}{J}\right)^2 \overline{\text{Var}} + J(J-1) \left(\frac{1}{J}\right)^2 \overline{\text{Cov}},$$

was man leicht in die Form

$$\text{Var}[\tilde{r}_p] = \left(\frac{1}{J}\right) \overline{\text{Var}} + \left(1 - \frac{1}{J}\right) \overline{\text{Cov}}$$

überführt.

Systematisches und unsystematisches Risiko Auch dann, wenn die Dinge bei nicht-naiver Anlagestrategie anders laufen, verdient die letzte Gleichung unsere Aufmerksamkeit, weil sie einen interessanten Zusammenhang sehr deutlich macht: Wer „alles auf eine Karte setzt", also sein Vermögen in ein einziges Wertpapier steckt, trägt ein großes Risiko, denn

$$\lim_{J \to 1} \text{Var}[\tilde{r}_p] = \overline{\text{Var}}.$$

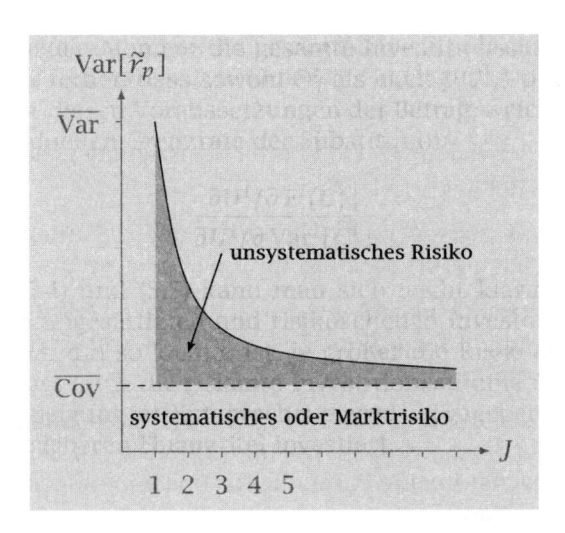

Abbildung 5.7: Risikoverminderung bei naiver Diversifikation

Wer dagegen eine Politik der Risikomischung betreibt, kann die Gefahren seiner Anlagepolitik mit verhältnismäßig wenig Aufwand drastisch reduzieren. Für den Fall der „perfekten Diversifikation" kann er einen großen Teil des Risikos völlig vernichten,[31] denn

$$\lim_{J \to \infty} \mathrm{Var}[\tilde{r}_p] = \overline{\mathrm{Cov}}.$$

Man nennt denjenigen Teil des Risikos, welchen der Investor auch bei noch so perfekter Diversifizierung übernehmen muss, systematisches oder Marktrisiko. Den Teil, welchen er durch intelligente Anlagepolitik vernichten kann, bezeichnet man dagegen als unsystematisches oder auch diversifizierbares Risiko, vgl. Abbildung 5.7. Die grundlegende Idee des CAPM ist, dass man nur für die Übernahme des systematischen Risikos eine Risikoprämie erwarten darf. Ein perfekter Kapitalmarkt entschädigt die Investoren nur für denjenigen Teil des Risikos, den sie bei intelligentem Anlageverhalten nicht selbst unter Kontrolle bringen können. Abbildung 5.7 zeigt, dass ein nennenswerter Teil des unsystematischen Risikos schon bei verhältnismäßig schwacher Risikomischung „weg-diversifiziert" werden kann.

In Fußnote 31 hatten wir bereits betont, dass unsere Überlegungen nur dann gelten, wenn die Relation

$$\overline{\mathrm{Var}} \geq \overline{\mathrm{Cov}} \qquad (5.69)$$

erfüllt ist. Dass dies tatsächlich der Fall sein muss, lässt sich jedoch allgemein beweisen.

---

[31]Das gilt nur, wenn die durchschnittliche Varianz nicht kleiner ist als die durchschnittliche Kovarianz, was wir in Abbildung 5.7 schlicht vorausgesetzt haben. Ob diese Voraussetzung als erfüllt angesehen werden darf, wird wenige Zeilen später diskutiert.

5.8. Empirische Befunde

Beweis *Wir beginnen damit, dass wir die durchschnittliche Varianz und die durchschnittliche Kovarianz für ein Portfolio mit $J \geq 2$ Wertpapieren definieren. Für die durchschnittliche Varianz verwenden wir*

$$\overline{\text{Var}} = \frac{\sum_{j=1}^{J} \text{Var}[\tilde{r}_j]}{J}. \tag{5.70}$$

Um die durchschnittliche Kovarianz zu berechnen, macht man sich klar, dass es in einem Portfolio mit J Finanztiteln insgesamt $J(J-1)$ Kovarianzen gibt. Ihre Summe beläuft sich auf $2\sum_{j=1}^{J}\sum_{k>j}^{J} \text{Cov}[\tilde{r}_j, \tilde{r}_k]$, so dass sich die durchschnittliche Kovarianz zu

$$\overline{\text{Cov}} = \frac{2\sum_{j=1}^{J}\sum_{k>j}^{J} \text{Cov}[\tilde{r}_j, \tilde{r}_k]}{J(J-1)} \tag{5.71}$$

ergibt. Auf dieser Grundlage betrachten wir ein Portfolio mit $J = 2$ Wertpapieren und zeigen für diesen speziellen Fall, dass die durchschnittliche Varianz nicht kleiner sein kann als die durchschnittliche Kovarianz. Unter Verwendung der Symbole j und k für die beiden Titel behaupten wir also, dass

$$\frac{\text{Var}[\tilde{r}_j] + \text{Var}[\tilde{r}_k]}{2} \geq \frac{\text{Cov}[\tilde{r}_j, \tilde{r}_k] + \text{Cov}[\tilde{r}_k, \tilde{r}_j]}{2}$$

oder

$$\text{Var}[\tilde{r}_j] + \text{Var}[\tilde{r}_k] \geq 2\,\text{Cov}[\tilde{r}_j, \tilde{r}_k] \tag{5.72}$$

zutrifft. Vorstehende Ungleichung lässt sich zu

$$\text{Var}[\tilde{r}_j] - 2\,\text{Cov}[\tilde{r}_j, \tilde{r}_k] + \text{Var}[\tilde{r}_k] \geq 0$$
$$\text{Var}[\tilde{r}_j - \tilde{r}_k] \geq 0$$

umformen.[32] Die Varianz einer Differenz zweier Zufallsvariablen stellt die Varianz einer neuen Zufallsvariablen dar. Varianzen können nicht negativ sein. Daher ist Ungleichung (5.72) korrekt. Um nun zu zeigen, dass (5.69) aus (5.72) folgt, summieren wir über alle j und $k > j$. Das ergibt

$$\sum_{j=1}^{J}\sum_{k>j}^{J} \left(\text{Var}[\tilde{r}_j] + \text{Var}[\tilde{r}_k]\right) \geq 2 \sum_{j=1}^{J}\sum_{k>j}^{J} \text{Cov}[\tilde{r}_j, \tilde{r}_k].$$

---

[32]Dass es sich bei den letzten beiden Ungleichungen um äquivalente Darstellungen handelt, folgt aus

$$\begin{aligned}
\text{Var}[\tilde{r}_j - \tilde{r}_k] &= \text{E}\left[\left[\tilde{r}_j - \tilde{r}_k - (\text{E}[\tilde{r}_j] - \text{E}[\tilde{r}_k])\right]^2\right] \\
&= \text{E}\left[\left[(\tilde{r}_j - \text{E}[\tilde{r}_j]) - (\tilde{r}_k - \text{E}[\tilde{r}_k])\right]^2\right] \\
&= \text{E}\left[(\tilde{r}_j - \text{E}[\tilde{r}_j])^2 - 2(\tilde{r}_j - \text{E}[\tilde{r}_j])(\tilde{r}_k - \text{E}[\tilde{r}_k]) + (\tilde{r}_k - \text{E}[\tilde{r}_k])^2\right] \\
&= \text{E}\left[(\tilde{r}_j - \text{E}[\tilde{r}_j])^2\right] - 2\,\text{E}\left[(\tilde{r}_j - \text{E}[\tilde{r}_j])(\tilde{r}_k - \text{E}[\tilde{r}_k])\right] + \text{E}\left[(\tilde{r}_k - \text{E}[\tilde{r}_k])^2\right].
\end{aligned}$$

Wir konzentrieren uns auf die linke Seite der Ungleichung und erkennen, dass

$$\sum_{j=1}^{J} \sum_{k>j}^{J} \left(\text{Var}[\tilde{r}_j] + \text{Var}[\tilde{r}_k] \right) =$$

$$\begin{aligned}
&\text{Var}[\tilde{r}_1] + \text{Var}[\tilde{r}_2] \\
&+ \text{Var}[\tilde{r}_1] + \text{Var}[\tilde{r}_3] &&+ \text{Var}[\tilde{r}_2] + \text{Var}[\tilde{r}_3] \\
&\quad \vdots &&\quad \vdots &&\quad \vdots \\
&+ \text{Var}[\tilde{r}_1] + \text{Var}[\tilde{r}_{J-1}] &&+ \text{Var}[\tilde{r}_2] + \text{Var}[\tilde{r}_{J-1}] \\
&+ \text{Var}[\tilde{r}_1] + \text{Var}[\tilde{r}_J] &&+ \text{Var}[\tilde{r}_2] + \text{Var}[\tilde{r}_J] &&+ \ldots + \text{Var}[\tilde{r}_{J-1}] + \text{Var}[\tilde{r}_J]
\end{aligned}$$

ist. Offensichtlich tritt jeder Varianzterm genau ($J - 1$) mal als Summand in Erscheinung. Mithin können wir feststellen, dass

$$(J - 1) \sum_{j=1}^{J} \text{Var}[\tilde{r}_j] \geq 2 \sum_{j=1}^{J} \sum_{k>j}^{J} \text{Cov}[\tilde{r}_j, \tilde{r}_k]$$

gilt. Dividieren durch $J(J - 1)$ führt unter Verwendung der Definitionen (5.70) und (5.71) ohne Weiteres zu dem Ergebnis, dass die Behauptung (5.69) wahr ist. ∎

5.8.2 Empirische Überprüfung des CAPM

Im Folgenden gehen wir auf die Frage ein, inwieweit das CAPM das Verhalten der Renditen riskanter Finanztitel auf den Kapitalmärkten tatsächlich wiedergibt. Nach einigen methodischen Vorbemerkungen werden wir zunächst auf empirische Studien eingehen, die bereits zu Beginn der 70er Jahre durchgeführt worden sind. Anschließend werden wir ein grundsätzliches methodisches Problem ansprechen, das bei der empirischen Überprüfung des CAPM auftritt, und endlich werden wir uns mit jüngeren empirischen Studien auseinandersetzen. Der Zweck dieses Abschnittes besteht aber auch darin, Ihnen einen gewissen Einblick in die Probleme des empirischen Arbeitens zu geben.

Hypothesen Als Ausgangspunkt für die empirische Überprüfung des CAPM dient in der Regel die Renditegleichung in der Beta-Form. Sie finden diese Darstellung auf Seite 216. Geringfügige Umstellung der dort angegebenen Gleichung (5.46) ergibt

$$E[\tilde{r}_j] - r_f = (E[\tilde{r}_m] - r_f) \cdot \beta_j. \tag{5.73}$$

Danach entspricht die erwartete Rendite eines riskanten Finanztitels der Rendite eines risikolosen Finanztitels zuzüglich dem Produkt aus Marktrisikoprämie ($E[\tilde{r}_m] - r_f$) und systematischem Risiko β_j. Beta wird als das Risiko des j-ten Titels im Marktportfolio im Verhältnis zum Risiko des Marktportfolios interpretiert. Es stellt somit ein Sensitivitätsmaß für die Veränderung der erwarteten Rendite des j-ten Titels in Bezug auf die Veränderung der Marktrendite dar. Aus Gleichung (5.73) lassen sich drei Hypothesen ableiten:

5.8. Empirische Befunde

1. Die erwartete Rendite eines unsicheren Finanztitels ist eine lineare Funktion des dazugehörigen Beta.

2. Mit Beta ist das Risiko eines riskanten Finanztitels vollständig beschrieben. Für die Übernahme von Nicht-Marktrisiken kann kein zusätzlicher Ertrag erwartet werden.

3. Höhere Risiken führen zu höheren erwarteten Renditen. Die Marktrisikoprämie ist positiv.[33]

Ex-ante- und Ex-post-Version Gleichung (5.73) ist die so genannte Ex-ante-Version der Renditegleichung. Sie enthält neben dem sicheren Zinssatz r_f Erwartungsgrößen der Wirtschaftssubjekte über zukünftige Renditen einzelner Titel beziehungsweise des Marktportfolios. Da regelmäßig keine ausreichenden Daten über die Erwartungen der Marktteilnehmer zur Verfügung stehen, kann das CAPM in dieser Ex-ante-Form nicht getestet werden. Für die empirische Überprüfung des Zusammenhangs von Rendite und Risiko muss stattdessen auf realisierte Größen zurückgegriffen werden. Vor dem Hintergrund der Hypothese rationaler Erwartungen wird bei Gültigkeit des Modells argumentiert, dass die Erwartungsbildung der Marktteilnehmer lediglich zufälligen Fehlern unterliegt, die sich über einen längeren Zeitraum im Durchschnitt ausgleichen. Akzeptiert man diese Hypothese, so können die tatsächlich beobachteten Renditen anstatt der Erwartungsgrößen verwendet werden. Die Ex-post-Version der CAPM-Renditegleichung lautet dann

$$r_{jt} - r_{ft} = (r_{mt} - r_{ft}) \cdot \beta_j + \varepsilon_{jt} \qquad (5.74)$$

mit

r_{jt} Rendite des j-ten Titels im Zeitintervall von $t-1$ bis t,
r_{ft} risikoloser Zins im Zeitintervall von $t-1$ bis t,
r_{mt} Rendite des Marktportfolios im Zeitintervall von $t-1$ bis t,
β_j Beta des j-ten Titels, $\text{Cov}[\tilde{r}_j, \tilde{r}_m]/\text{Var}[\tilde{r}_m]$,
ε_{jt} Störterm.

Ältere Studien

Methodische Vorbemerkungen Wichtige und häufig zitierte Studien stammen von Black, Jensen und Scholes (1972) und Fama und MacBeth (1973).

Beide Tests waren zweistufig angelegt. Um die beschriebenen Hypothesen testen zu können, muss gemäß der CAPM-Renditegleichung das wahre β_j bekannt sein. Da sich aber die theoretischen Momente der Verteilungen nicht beobachten lassen, müssen in empirischen Studien Schätzer $\hat{\beta}_j$ benutzt werden. Unter Verwendung von Zeitreihendaten der Renditen werden daher in einer so genannten

---

[33]Negative Kovarianzen zwischen der Rendite einzelner Finanztitel und der Marktrendite beobachtet man fast nie. Daher darf vorausgesetzt werden, dass Beta positiv ist.

Längsschnittregression zunächst Schätzer für das systematische Risiko jedes Wertpapiers bestimmt. Anschließend können dann die Renditen der Finanztitel in einer *Querschnittsregression* auf die $\hat{\beta}_j$ regressiert werden, um so die Anpassung der Renditen an das Modell zu überprüfen.

Durch Hinzufügen eines Absolutgliedes α_j zur Ex-post-Renditegleichung (5.74) und unter der Annahme der Stationarität der Betas[34] erhalten wir das klassische lineare Regressionsmodell

$$r_{jt} - r_{ft} = \alpha_j + (r_{mt} - r_{ft}) \cdot \beta_j + \varepsilon_{jt}. \tag{5.75}$$

Erklärt wird die Rendite der einzelnen Finanztitel, die ihrerseits Zufallsvariablen sind. Entsprechend den Annahmen des linearen Regressionsmodells ist die beobachtete Rendite des Marktportfolios eine feste Größe. Hinsichtlich der Residuen ε_{jt} des Modells wird unterstellt, dass diese white-noise-verteilt sind.[35] Um Testentscheidungen hinsichtlich der einzelnen Parameter treffen zu können, muss eine Verteilungsannahme über die Störterme getroffen werden. In der Regel wird angenommen, dass die Residuen normalverteilt sind.

Ein großes Problem bei der empirischen Arbeit besteht darin, dass das Marktportfolio nicht ohne Weiteres identifiziert werden kann und stattdessen auf einen Stellvertreter zurückgegriffen werden muss. Fama und MacBeth verwendeten als Proxy für das Marktportfolio beispielsweise „Fisher's Arithmetic Index". Das ist ein gleichgewichteter Durchschnitt der Renditen aller Aktien, die in New York notiert werden. Auf das Problem des Stellvertreterportfolios gehen wir später noch ausführlicher ein.[36]

Bei Gültigkeit des CAPM ist zu erwarten, dass die geschätzten Absolutglieder der Regressionsgleichung α_j für alle $j = 1, \ldots, J$ Titel nicht signifikant von null verschieden sind. Neben diesen Koeffizienten erhalten wir in der *Längsschnittregression* gemäß Gleichung (5.75) die Kleinst-Quadrate-Schätzer für das wahre β_j der verschiedenen Finanztitel. Es kann nicht ausgeschlossen werden, dass die Regressionsvariablen Messfehler enthalten.[37] Weil sich auf Grund des Messfehlers in der zweiten Stufe verzerrte Schätzer ergeben, spricht man hier vom so genannten „Errors-in-Variables-Problem".[38] Um dieses ökonometrische Problem zu vermeiden, wird häufig eine so genannte Instrumentenvariable eingeführt.[39] Black, Jensen und Scholes haben vorgeschlagen, die Betas in Gleichung (5.75) nicht für einzelne Titel, sondern für Portfolios zu schätzen.[40] Sie haben als Instrumenten-

---
[34]Damit wird unterstellt, dass die Verteilungsfunktion der Renditen in der betrachteten Untersuchungsperiode konstant ist.

[35]Eine white-noise-verteilte Zufallsvariable hat die folgenden stochastischen Eigenschaften: $E[\tilde{\varepsilon}_j] = 0$, $Var[\tilde{\varepsilon}_j] = \sigma^2$ und $Cov[\tilde{\varepsilon}_j, \tilde{\varepsilon}_i] = 0$ für alle $j \neq i$.

[36]Siehe hierzu Seite 245.

[37]Der Messfehler entspricht der Differenz zwischen $\hat{\beta}_j$ und β_j.

[38]Vgl. hierzu Elton und Gruber (1995) 348 ff.

[39]Eine solche Variable ist dadurch gekennzeichnet, dass sie mit dem wahren Beta hoch korreliert ist und keine Korrelation mit dem Störterm aufweist.

[40]Allerdings ist dabei darauf zu achten, dass der eben beschriebene Fehler bei der Portfoliobildung nicht wiederholt wird. Die Portfoliobildung darf nicht auf der Grundlage der beobachteten Betas

5.8. Empirische Befunde

variable zur Portfolioeinteilung der einzelnen Titel die $\hat{\beta}_j$ der früheren Zeitperiode gewählt und anschließend mit den Renditen der späteren Periode die Betas für die verschiedenen Portfolios geschätzt. Innerhalb der Portfolios sind die Messfehler der einzelnen Wertpapiere in der Regel rein zufällig, so dass $\hat{\beta}_j$ das „Errors-in-Variables-Problem" minimiert.[41]

Black-Jensen-Scholes Der Studie von Black, Jensen und Scholes (1972) liegen monatliche Aktienrenditen des Zeitraums von 1926 bis 1966 zugrunde. Zunächst werden aus den Daten für jeweils fünf Jahre die Betas aller Wertpapiere geschätzt. Diese werden der Größe nach sortiert und in zehn Klassen eingeteilt. Jede der zehn Klassen bildet ein Portfolio. Nachdem für die Jahre 1931 bis 1966 nach diesem Muster jeweils zehn Aktienportfolios definiert sind, werden deren monatliche Überschussrenditen $r_{jt} - r_{ft}$ auf die Marktüberschussrendite $r_{mt} - r_{ft}$ regressiert.[42]

Die resultierenden Testergebnisse sprechen für eine gute Anpassung der Daten an das Modell, denn die Korrelation zwischen Portfoliorendite und Marktrendite ist hoch. Allerdings ergeben sich für die Absolutglieder α_j negative (positive) Werte, wenn Beta größer (kleiner) als eins war. Finanztitel mit verhältnismäßig kleinem Beta versprachen im Durchschnitt der untersuchten 35 Jahre also höhere Renditen als man nach dem CAPM erwarten konnte, und Finanztitel mit verhältnismäßig großem Beta rentierten sich nicht so stark wie man auf der Grundlage des CAPM annehmen musste. Eine Übereinstimmung der Schätzergebnisse mit dem Standard-CAPM konnte von Black, Jensen und Scholes damit nicht nachgewiesen werden. Die empirischen Ergebnisse stimmen vielmehr mit dem Zero-Beta-CAPM überein.[43]

Anschließend werden nun die Überschussrenditen der zehn Portfolios für den gesamten Untersuchungszeitraum auf eine Konstante und die einzelnen geschätzten Betas regressiert. Diese Querschnittsregression wird wiederum für die zehn

---

erfolgen, da hohe (niedrige) Werte von $\hat{\beta}_j$ dazu neigen, das wahre β_j zu überschätzen (unterschätzen). Eine Portfoliobildung auf der Grundlage beobachteter Betas führt zwangsläufig zu einer Bündelung von Messfehlern innerhalb der einzelnen Portfolios.

[41] Es sei aber darauf hingewiesen, dass diese Vorgehensweise nur zulässig ist, wenn die Betas stationär sind.

[42] r_{jt} bezeichnet die Rendite des j-ten Portfolios im Zeitintervall $t - 1$ bis t.

[43] Ist nämlich nicht das Standard-CAPM das wahre Modell, sondern das Zero-Beta-CAPM, so zeigt ein Vergleich der Ex-post-Versionen der Renditegleichungen,

$$\begin{aligned} r_{jt} - r_{ft} &= \alpha_j + (r_{mt} - r_{ft}) \cdot \beta_j + \varepsilon_{jt} \\ r_{jt} - r_{zt} &= \phantom{\alpha_j + {}} (r_{mt} - r_{zt}) \cdot \beta_j + \varepsilon_{jt}\,, \end{aligned}$$

dass für das Absolutglied in der Ex-post-Version des Standard-CAPM

$$\alpha_j = (r_{zt} - r_{ft}) \cdot (1 - \beta_j)$$

gelten muss. Unter der Voraussetzung, dass $r_{zt} > r_{ft}$ ist, ergibt sich somit tatsächlich, dass α_j negativ (positiv) ist, wenn β_j größer (kleiner) als eins ist. Da das Zero-Beta-Portfolio nicht risikolos ist und ein risikoloser Finanztitel ein Beta von null hat, ist die Relation $r_{zt} > r_{ft}$ plausibel.

Portfolios vorgenommen,

$$\bar{r}_j - \bar{r}_f = \psi_0 + \psi_1 \hat{\beta}_j + \nu_j. \tag{5.76}$$

Das Symbol $\bar{r}_j$ repräsentiert die durchschnittliche Rendite des j-ten Portfolios in der Regression, während $\bar{r}_f$ den durchschnittlichen risikolosen Zins darstellt. Die traditionelle Form des CAPM impliziert, dass das Absolutglied ψ_0 gleich null und der Steigungsparameter ψ_1 gleich der Differenz $(\bar{r}_m - \bar{r}_f)$ ist. Als Schätzergebnis der Querschnittsregression erhalten Black, Jensen und Scholes

$$\bar{r}_j - r_f = 0{,}00359 + 0{,}0108 \hat{\beta}_j$$

mit $R^2 = 0{,}98$. Dieser hohe Wert für das Bestimmtheitsmaß $R^2 \in [0,1]$ ist ein starker Anhaltspunkt dafür, dass das Verhältnis von Rendite und Risiko tatsächlich linear ist und somit zumindest die Ex-post-Version des CAPM die Realität gut beschreibt. Der positive Achsenabschnitt ist dagegen nicht konsistent mit dem Standard-CAPM, wohl aber mit dem Zero-Beta-CAPM.[44]

Fama-MacBeth Die von Black, Jensen und Scholes (1972) durchgeführte Studie verfolgt in erster Linie das Ziel, eine Testentscheidung hinsichtlich des Ordinatenabschnittes und des Steigungsparameters der Wertpapiermarktlinie des Standard-CAPM zu liefern. Eine explizite Überprüfung der beiden anderen Hypothesen wird dagegen in ihrer Studie nicht vorgenommen. Fama und MacBeth (1973) hingegen versuchen, auch diese verbleibenden Hypothesen in ihrer Testgleichung mit zu berücksichtigen. Die Vorgehensweise der ersten Stufe entspricht im Wesentlichen der von Black, Jensen und Scholes.[45]

Zur Überprüfung der drei Hypothesen haben Fama und MacBeth weitere erklärende Variablen in die Regressionsgleichung aufgenommen und diese für jeden Monat des Untersuchungszeitraumes von 1935 bis 1968 geschätzt. Eine Erweiterung der obigen Querschnittsregression um β_j^2 und $\sigma_{\varepsilon_j}^2$, einem Schätzer für die Varianz der Renditen aus der Längsschnittregression, führt zu

$$r_{jt} = \psi_{0t} + \psi_{1t} \beta_j + \psi_{2t} \beta_j^2 + \psi_{3t} \sigma_{\varepsilon_j}^2 + \eta_{jt}. \tag{5.77}$$

Unter der Nullhypothese, dass das CAPM das wahre Modell ist, erwarten wir, dass die geschätzten Regressionskoeffizienten $\hat{\psi}_{2t}$ und $\hat{\psi}_{3t}$ im Durchschnitt der Untersuchungsperiode nicht signifikant von null verschieden sind.[46] Sollte hingegen die

---

[44]Der Vergleich der geschätzten Parameter mit der theoretischen Steigung und mit dem theoretischen Ordinatenabschnitt des Standard-CAPM zeigt, dass beide Werte signifikant sind. Die Hypothese $\psi_j = \psi_j^0$ wird entsprechend der zugrunde liegenden Verteilungsannahme mit Hilfe der t-Statistik $t = \frac{\hat{\psi}_j - \psi_j^0}{s_{\hat{\psi}_j}}$ getestet. Die durchschnittliche monatliche Überschussrendite des Untersuchungszeitraumes beträgt 1,42%. Somit ergibt sich für die theoretischen Werte $\psi_0 = 0$ und $\psi_1 = 0{,}0142$. Unter Berücksichtigung der geschätzten Standardfehler erhalten wir dann die t-Werte $t(\hat{\psi}_0) = 6{,}52$ und $t(\hat{\psi}_1) = 6{,}53$. Üblicherweise führt $t \geq 2$ zur Ablehnung der Hypothese.

[45]Im Unterschied zu diesen bilden sie allerdings nicht 10, sondern 20 Portfolios.

[46]Den Durchschnitt $\bar{\hat{\psi}}_j$ der einzelnen Parameter erhält man, indem das arithmetische Mittel dieser Beobachtungen gebildet wird.

5.8. Empirische Befunde

Fama

Eugene F. Fama (1939-) studierte an der Tufts University zunächst Französisch. Als ihm klar wurde, dass ein geregeltes Einkommen auf der Basis dieses Studienabschlusses eher ungewiss war, wechselte Fama zur Wirtschaftswissenschaft. Eigentlich wollte er nach Harvard, bekam aber den Rat, lieber nach Chicago zu gehen, weil es dort anspruchsvoller sei. So wechselte Fama an die Graduate School of Business, University of Chicago, wo er 1964 mit einer Arbeit über „The Behavior of Stock Market Prices" promovierte. Nach seiner Promotion blieb Fama an der University of Chicago. Hier lehrt er bis heute als Professor für Finanzwirtschaft und ist Vorsitzender des Center for Research in Security Prices (CRSP). Die Dissertation erschien im Januar 1965 im Journal of Business unter dem Titel „Random Walks in Stock Market Prices" und erregte einiges Aufsehen. Der Herausgeber des Financial Analysts Journal fand sie so bemerkenswert, dass er Fama veranlasste, für die Zeitschrift eine vereinfachte Fassung mit gleichem Titel zu verfassen. Einen besonderen Namen machte sich Fama mit seinen Arbeiten über die Effizienz von Kapitalmärkten. Er ist heute einer der bekanntesten Professoren für Finanzierung. (Foto mit freundlicher Genehmigung von Eugene Fama)

Varianz der Residuen einen Einfluss auf die zu erklärenden Renditen haben, also $\psi_3 \neq 0$, dann wird gemäß dem CAPM nicht nur das systematische Risiko, sondern auch das unsystematische Risiko entlohnt. Entsprechend gilt für $\psi_2 \neq 0$, dass Nicht-Linearitäten im Markt vorhanden sind. Ein positiver Wert von ψ_2 impliziert, dass die Renditen, die mit sehr riskanten Wertpapieren erzielt werden können, zu hoch im Vergleich zu den Renditen weniger riskanter Titel sind. Für den Fall, dass ψ_2 negativ ist, sind die Renditen riskanter Wertpapiere entsprechend zu niedrig. Zusammenfassend erwarten wir daher unter der Nullhypothese, dass $\psi_0 = r_f$, $\psi_1 = \bar{r}_m - r_f$ und $\psi_2 = \psi_3 = 0$ ist.

Tatsächlich belegen die empirischem Ergebnisse, dass weder das diversifizierbare Risiko die erwarteten Renditen der Finanztitel signifikant beeinflusst noch die Wertpapiermarktlinie durch Nicht-Linearitäten gekennzeichnet ist. Soweit stimmen die Resultate mit den Aussagen des Modells gut überein. Da $\bar{\hat{\psi}}_2$ und $\bar{\hat{\psi}}_3$ nicht statistisch signifikant sind, kann die Regressionsgleichung (5.77) unter Fortlassen der beiden Koeffizienten geschätzt werden. Bezüglich der beiden verbleibenden Regressionskoeffizienten entsprechen die Ergebnisse dann weitgehend denen von Black, Jensen und Scholes. Auch die Resultate der Studie von Fama und MacBeth unterstützen die Hypothese, dass ein positiver trade-off von Rendite und Risiko besteht; allerdings ist $\hat{\tilde{\psi}}_1$ kleiner als $\bar{r}_m - r_f$. Das Absolutglied in der Regressionsgleichung ist ebenfalls positiv, aber wiederum statistisch signifikant größer als r_f. Darüber hinaus konnte weiterhin keine Struktur in den Residuen η_j festgestellt werden. Abweichungen von der Wertpapiermarktlinie waren somit rein zufällig.[47] Ein positiver bzw. negativer Wert der Residuen enthält damit keine Informationen über eventuelle Renditeentwicklungen in der Zukunft. Auch die Ergebnisse von Fama und MacBeth unterstützen somit das Zero-Beta-CAPM.

Zusammenfassende Ergebnisse der älteren Arbeiten Erinnern wir uns an die Hypothesen am Anfang dieses Abschnitts, so lässt sich mit den beiden hier vorgestellten Studien als empirisches Ergebnis festhalten, dass die erwartete Rendite eines unsicheren Finanztitels tatsächlich eine lineare Funktion von Beta ist und Beta zumindest einen dominanten Faktor für die Erklärung der erwarteten Renditen eines Wertpapiers darstellt.[48] Allerdings weist die Wertpapiermarktlinie eine geringere Steigung und einen größeren Ordinatenabschnitt als erwartet auf. Das Ex-ante-CAPM in seiner Standardform kann damit die Realität nicht hinreichend gut beschreiben. Die Ergebnisse legen vielmehr nahe, dass das Zero-Beta-CAPM größere empirische Evidenz findet.

In beiden Tests ist die Annahme normalverteilter Residuen verwendet worden. Insbesondere bei der Interpretation der t-Werte sollte aber darauf geachtet werden, dass diese Annahme in der Regel nicht den Beobachtungen entspricht. Die Verteilung von Aktienrenditen weist im Vergleich zur Normalverteilung meistens relativ viel Wahrscheinlichkeitsmasse an den Rändern auf, weswegen der Test auf Normalverteilung oft abgelehnt werden muss. Vor diesem Hintergrund ist bei jeder Testentscheidung zu berücksichtigen, dass große t-Statistiken das Signifikanzniveau überschätzen.

Auch die Annahme der Kapitalmarktstationarität des CAPM wird von den Daten nicht einheitlich unterstützt. Zur Überprüfung dieser Prämisse haben Black, Jensen und Scholes ihren 35-jährigen Untersuchungszeitraum in vier gleich lange Subperioden unterteilt und die Längsschnittregression (5.75) erneut durchgeführt. Für die Schätzer $\hat{\beta}_j$ der einzelnen Perioden lässt sich keine einheitliche Aussage bezüglich der Stationarität treffen. Zumindest für zwei der zehn Portfolios aber waren die geschätzten Parameter nicht stationär. Jüngere Studien belegen, dass

---

[47]Bei der Auswertung der empirischen Ergebnisse muss darauf geachtet werden, dass die Annahmen des Regressionsmodells auch tatsächlich erfüllt sind. Es darf keine Heteroskedastizität und keine Autokorrelation der Residuen vorliegen. Von Heteroskedastizität wird gesprochen, wenn die Streuung der Residuen nicht konstant bleibt.

[48]Die Existenz eines Absolutgliedes in der Regression von Black, Jensen und Scholes impliziert, dass es neben Beta noch mindestens einen weiteren Erklärungsfaktor geben muss.

5.8. Empirische Befunde

die Annahme der Stationarität nur für Untersuchungsperioden bis zu zehn Jahren erfüllt ist.

Rolls Kritik

Bereits Fama und MacBeth (1973) haben darauf hingewiesen, dass auf Grund der Unbeobachtbarkeit des Marktportfolios für die Überprüfbarkeit des CAPM ein μ-σ-effizientes Portfolio m identifiziert werden muss. Roll (1977) hat diese Erkenntnis in einem viel beachteten Aufsatz aufgegriffen und die empirische Testbarkeit des Zero-Beta-CAPM generell in Frage gestellt.

Roll

Richard W. Roll (1939–) begann seine wissenschaftliche Laufbahn mit dem Studium der Luftfahrttechnik. Nach dem ersten Studienabschluss und einer praktischen Tätigkeit bei Boeing studierte er Wirtschaftswissenschaft und promovierte 1968 an der University of Chicago mit einer empirischen Studie über das Verhalten von Zinssätzen. Nach der Promotion war Roll bis 1973 an der Carnegie Mellon University und anschließend bis 1975 am European Institute for Advanced Study in Management in Brüssel tätig. Seit 1976 ist Roll Professor für Finanzierung an der Anderson Graduate School of Management der University of California at Los Angeles (UCLA). Zusammen mit Stephen A. Ross leitet Roll die 1986 gegründete Investmentberatung Roll & Ross Asset Management. Dieses Unternehmen arbeitet mit der von Ross als Alternative zum CAPM entwickelten Arbitragepreistheorie. (Foto mit freundlicher Genehmigung von Richard Roll)

In empirischen Studien wird als Stellvertreter für das Marktportfolio typischerweise mit einem gewichteten Aktienindex gearbeitet, wobei implizit angenommen wird, dass dieses Portfolio ex post effizient ist. Aus der Portfoliotheorie wissen wir nun aber, dass sich aus jeder beliebigen Menge von Finanztiteln der effiziente Rand dieser Menge bilden lässt. Ex post existiert somit immer ein μ-σ-effizientes Portfolio, das eine lineare Beziehung zwischen den durchschnittlichen Renditen und den Betas dieser Titel wiedergibt. Roll hat gezeigt, dass jedes μ-σ-effiziente Portfolio, das als Proxy für das Marktportfolio gewählt wird, tatsächlich zu einer linearen

Beziehung zwischen Rendite und Risiko führt. Die Betas, die mit Hilfe eines beliebig ausgewählten Portfolios aus dem effizienten Rand bestimmt werden, erfüllen die lineare Beziehung innerhalb dieses Samples somit immer und ganz unabhängig davon, ob das wahre Marktportfolio effizient ist oder nicht. Ist dagegen das Portfolio zur Bestimmung der Betas nicht effizient, so kann der Zusammenhang zwischen Rendite und Risiko auch nicht exakt linear sein. Das hat weitreichende Konsequenzen für die oben diskutierten Tests:

- Unmittelbar ergibt sich, dass mit diesen Tests keine Überprüfung der Modellaussagen des CAPM stattfindet. Die einzige Testentscheidung, die mit den oben beschriebenen Untersuchungen vorgenommen werden kann, bezieht sich auf die Frage, ob der gewählte Stellvertreter für das Marktportfolio μ-σ-effizient ist.

- Der lineare Zusammenhang von Rendite und Risiko ist eine direkte Implikation der Effizienz des Marktportfolios und daher nicht unabhängig von der Eigenschaft des Marktportfolios testbar. Vielmehr stellen beide Aussagen eine Tautologie dar. Ist das Stellvertreterportfolio effizient, so muss

  - die erwartete Überschussrendite linear in Beta
  - und die erwartete Marktrendite größer als die Rendite der Zero-Beta-Position

  sein. Beide Aussagen sind nicht auf die Risikoeinstellung der Individuen und die Art und Weise der Gleichgewichtsbildung auf dem Kapitalmarkt zurückzuführen.

- Führen die empirischen Ergebnisse zur Ablehnung der Hypothesen, so spricht dies nicht gegen die Gültigkeit des CAPM, sondern lediglich dafür, dass das gewählte Portfolio nicht dem wahren Marktportfolio entspricht.

Eine einfache Überlegung zeigt, dass die Berechnung der Betas von der Wahl des effizienten Portfolios abhängig ist. Bezeichnen m^* das gewählte und m das Marktportfolio, so führt die Bestimmung der Betas zu unterschiedlichen linearen Beziehungen, je nach dem, welches Portfolio zugrunde gelegt wird. Auch wenn beide Portfolios auf dem effizienten Rand liegen, sind sie nicht perfekt miteinander korreliert. Die berechneten Betas sind verschieden. Wird m^* zur Bestimmung der Betas verwendet, so erhalten wir $E[\tilde{r}_j] = E[\tilde{r}_z] + (E[\tilde{r}_{m^*}] - E[\tilde{r}_z])\beta_j^*$, entsprechend führt m zu $E[\tilde{r}_j] = r_f + (E[\tilde{r}_m] - r_f)\beta_j$. Das Portfolio m ist dabei tangential zum risikolosen Zinssatz r_f, während Portfolio m^* tangential zur Rendite der Zero-Beta-Position $E[\tilde{r}_z]$ ist. Im Hinblick auf die Testentscheidungen von Black, Jensen und Scholes sowie Fama und MacBeth muss daher festgestellt werden, dass die Resultate durchaus mit dem CAPM kompatibel seien können. In den genannten Studien wurde nur einfach nicht das Marktportfolio verwendet, so dass keine Aussage bezüglich der obigen Hypothesen getroffen werden kann.

5.8. Empirische Befunde

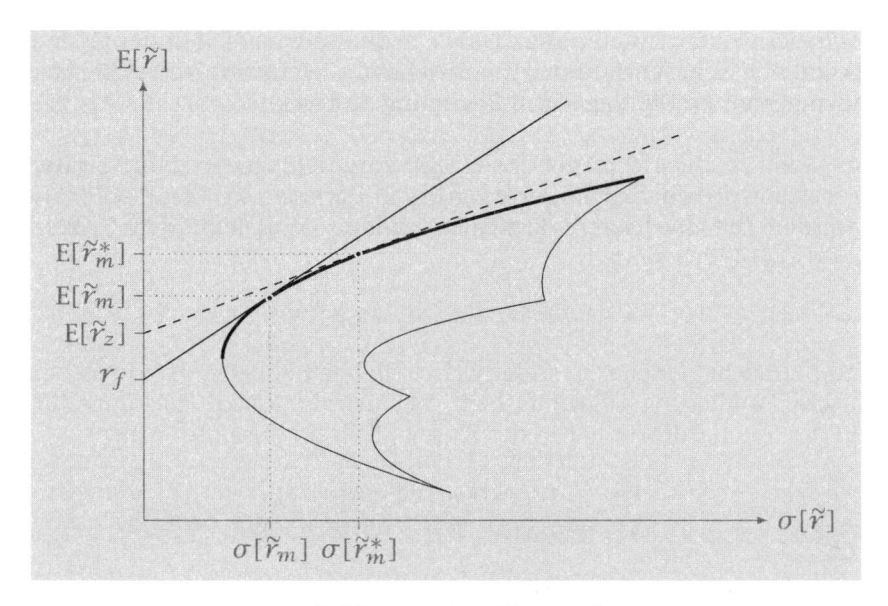

Abbildung 5.8: Rolls Kritik

Roll argumentiert weiter, dass alle Tests, die nicht mit dem Marktportfolio durchgeführt werden, keine Tests des CAPM sind, sondern lediglich Überprüfungen der Effizienz des Stellvertreter-Portfolios darstellen. Mit dem Rückgriff auf ein solches Proxy sind unmittelbar zwei Probleme verbunden.

1. Das Proxy kann μ-σ-effizient sein, während das Marktportfolio selbst ineffizient ist. In diesem Fall werden alle Aussagen der Theorie bestätigt, obwohl sie unwahr sind.

2. Es kann aber auch ein ineffizientes Portfolio als Stellvertreter gewählt werden, obwohl der Markt selbst effizient ist. Das würde zur Ablehnung des CAPM führen, obwohl es wahr ist.

Zwar darf vermutet werden, dass die Proxies in der Regel mit dem Marktportfolio hoch korreliert sind. Daraus lässt sich aber keine Aussage über die Effizienz dieser Portfolios ableiten. Letztlich muss aus der Kritik *Rolls* der Schluss gezogen werden, dass das CAPM nicht getestet werden kann, solange das wahre Marktportfolio nicht bekannt ist und auch in den Tests Verwendung findet. Anstelle von Proxies müssen tatsächlich alle riskanten Ansprüche berücksichtigt werden.

Jüngere Untersuchungen

Das Vertrauen in die Testergebnisse des CAPM wurde durch *Rolls* Kritik stark erschüttert. Parallel dazu hatte man methodisch mit nennenswerten ökonometrischen Schwierigkeiten zu kämpfen. Daher bemühte man sich in den 80er Jahren, neue ökonometrische Verfahren zu entwickeln. Gleichzeitig versuchte man, den von Roll angestellten Überlegungen Rechnung zu tragen.

Gibbons Mithilfe eines von Gibbons (1982) vorgeschlagenen multivariaten Testverfahrens kann das oben diskutierte „Errors-in-Variables-Problem" vollständig beseitigt werden. Die Idee besteht darin, das Ein-Index-Modell mit dem CAPM zu verbinden. Das Ein-Index-Modell

$$r_{jt} = \alpha_j + r_{mt}\beta_j + \varepsilon_{jt} \tag{5.78}$$

beschreibt zunächst einen rein statistischen Zusammenhang, dem keine spezielle theoretische Fundierung zugrunde liegt. Der Rendite-Risiko-Zusammenhang des CAPM in der Standardform hat in der Ex-post-Schreibweise die Form

$$\begin{aligned} r_{jt} &= r_{ft} + (r_{mt} - r_{ft})\beta_j + \varepsilon_{jt} \\ &= r_{ft}(1 - \beta_j) + r_{mt}\beta_j + \varepsilon_{jt}, \end{aligned}$$

während es für das Zero-Beta-CAPM

$$r_{jt} = r_{zt}(1 - \beta_j) + r_{mt}\beta_j + \varepsilon_{jt}$$

heißt. Bei Gültigkeit des CAPM muss also für den Ordinatenabschnitt des Ein-Index-Modells

$$\alpha_j = \gamma(1 - \beta_j) \tag{5.79}$$

gelten, wobei sich γ im Rahmen des Standard-CAPM zu $E[\tilde{r}_f]$ und im Rahmen des Zero-Beta-CAPM zu $E[\tilde{r}_z]$ ergeben muss. Die Bedingung (5.79) entspricht dann zugleich der zu testenden Nullhypothese. Die Regressionsgleichung (5.78) wird nun für alle J Finanztitel einmal restringiert (also unter der Nullhypothese) und einmal unrestringiert geschätzt. Anders als bei den oben diskutierten zweistufigen Verfahren werden die Betas und die erwarteten risikolosen Zinssätze (beziehungsweise Zero-Beta-Zinssätze) hier simultan geschätzt. Da die $\hat{\beta}_j$ jetzt in der Regression nicht mehr den Charakter von erklärenden Variablen haben, muss aber die Frage möglicher Verzerrungen nicht weiter verfolgt werden.

Zur Überprüfung der Nullhypothese wird nun ein Likelihood-Ratio-Test durchgeführt. Dieser vergleicht die statistische Anpassung des unrestringierten und des restringierten Modells. Im Falle einer hohen Anpassung hat das restringierte Modell ebenfalls einen großen Erklärungswert und kann deshalb nicht abgelehnt werden. Gibbons stellt den Likelihood-Ratio-Test bezüglich der Parameterrestriktionen des CAPM auf Grund möglicherweise vorhandener Nicht-Stationaritäten in den Renditen für jeweils 5-jährige Zeiträume des gesamten Untersuchungszeitraumes von 1926 bis 1975 auf.

In fünf Subperioden kann das CAPM eindeutig abgelehnt werden, in weiteren drei ist die Testentscheidung vom gewählten Signifikanzniveau abhängig. Für den gesamten Zeitraum können die Modellaussagen des CAPM mit einer Irrtumswahrscheinlichkeit von weniger als 0,1% abgelehnt werden. Der von Gibbons durchgeführte Test besitzt mehr Aussagekraft als die älteren Studien. Die Testentscheidung ist bezüglich der Modellimplikationen des CAPM eindeutig, da sie einzig auf Grund der Gültigkeit der Parameterrestriktionen getroffen wird. Die von Roll aufgeworfene Frage, ob der Test überhaupt die Fähigkeit besitzt, das CAPM abzulehnen, wenn es nicht das wahre Modell ist, stellt sich nicht mehr.

Shanken Roll (1977) hatte die Frage aufgeworfen, ob die Gültigkeit einer Theorie überprüft werden kann, wenn eine zentrale Variable der Gleichgewichtsbeziehung nicht beobachtbar ist. Da die empirische Ablehnung der dem CAPM zugrunde liegenden Hypothesen sowohl gegen die Gültigkeit der Theorie als auch gegen die Zusammensetzung des Proxies sprechen kann, hat Shanken (1987) vorgeschlagen, die beiden Aussagen in einem verbundenen Test zu überprüfen. Aufgrund der Abhängigkeit der CAPM-Testentscheidung von der Übereinstimmung des Proxies mit dem wahren Marktportfolio wird die Korrelation als Kennziffer dieser Übereinstimmung mit einbezogen. Da die Korrelation zwischen dem gewählten Proxy und dem unbeobachtbaren Marktportfolio aber nicht bekannt ist, muss an dieser Stelle mit einer Ad-hoc-Größe gearbeitet werden. Ist die Ineffizienz des Proxies hinreichend, so folgt daraus die Ineffizienz des Marktes und damit die Ablehnung des CAPM. Die Signifikanz dieser Aussage ist wegen der angenommenen Korrelation zwischen beiden Portfolios allerdings bedingt.

Der verbundene Test bezieht sich auf die Hypothese, dass das Proxy eine bestimmte Korrelation mit dem Marktportfolio übertrifft und das CAPM gültig ist. Shanken testet die verbundene Hypothese einer Korrelation des CRSP-Indexes[49] mit dem Marktportfolio von mindestens 0,7 und der Gültigkeit des CAPM. Diese Hypothese wird von Shanken bei einem Signifikanzniveau von 5% abgelehnt. Das bedeutet: Entweder ist das unbeobachtbare Marktportfolio ineffizient und somit das CAPM ungültig oder der CRSP-Index erklärt weniger als 50% der Veränderung der Marktrendite.

Mit diesem Verfahren ist es immerhin möglich, unter der Annahme einer bestimmten Korrelation zwischen Proxy und Marktportfolio, das CAPM empirisch zu überprüfen. Damit hat Shanken einen Ausweg aus dem von Roll aufgeworfenen Dilemma aufgezeigt.

Fama-French Studien, die im Gegensatz zu den Arbeiten von Black, Jensen und Scholes sowie Fama und MacBeth auch die 70er und 80er Jahre einschlossen, konnten die in den älteren Untersuchungen „nachgewiesenen" linearen Rendite-Risiko-Zusammenhänge nicht mehr bestätigen. Aufsehen hat die Studie von Fama und French (1992) erregt: In diesem Test besitzen die Betas in der Querschnittsregression keine ernst zu nehmende Erklärungskraft mehr für die durchschnittlichen Aktienrenditen. Stattdessen kommen beide Autoren zu folgenden Ergebnissen:

---

[49]Der CRSP-Index (Center for Research in Security Prices) enthält Daten verschiedener amerikanischer Börsen.

1. Es gibt einen signifikanten Zusammenhang zwischen durchschnittlicher Aktienrendite und Firmengröße,[50] und dieser Zusammenhang ist negativ. Dieses in der Literatur häufig als Size-Effekt bezeichnete Resultat besagt: Mit den Aktien kleiner Unternehmen werden im Durchschnitt höhere Renditen erzielt als mit Aktien großer Unternehmen.

2. Die durchschnittlichen Aktienrenditen sind auch durch das Verhältnis von Buch- zu Marktwert des Eigenkapitals gut charakterisiert. Hier beobachteten Fama und French (1992) einen positiven Zusammenhang: Je größer die „book to market ratio", um so größer fällt die durchschnittliche Aktienrendite aus.

Beide Ergebnisse sind auch in einer multiplen Regression robust. Sie bleiben also erhalten, wenn die Regression unter Einbeziehung der Firmengröße und des Verhältnisses von Buch- zu Marktwerten sowie weiterer erklärender Variablen vorgenommen wird.

Versuch eines Resümees

Vor dem Hintergrund der zahlreichen und durchaus widersprüchlichen Tests muss wohl die Schlussfolgerung gezogen werden, dass das CAPM heute nur noch geringe empirische Unterstützung findet. Die Darstellung hat weiter gezeigt, dass bis jetzt noch kein „wahrer Test" des CAPM bekannt ist. Es bleibt offen, ob fortgeschrittene ökonometrische Methoden möglicherweise noch zu anderen Ergebnissen führen können. Vielleicht werden weitergehende Erkenntnisse gewonnen, wenn die Annahme der Stationarität der Betas aufgegeben wird.

Auch wenn die gefundenen Ergebnisse nicht rechtfertigen, das CAPM als bestätigt anzusehen, so liefern die hier diskutierten Untersuchungen doch einen Einblick, wie ein bestimmtes empirisches Modell die Renditen auf den Kapitalmärkten erklären kann.

---

[50]Die Firmengröße wird durch den Marktwert des Eigenkapitals repräsentiert.

6 Time State Preference Model

Im Rahmen des Time State Preference Models wird versucht, die Preise für Ansprüche auf zustandsabhängige Rückflüsse zu charakterisieren. Es geht um die Frage, von welchen Einflussgrößen der Betrag abhängt, den ein rational handelnder Investor bezahlt, um Ansprüche auf künftige riskante Cashflows zu erwerben. Das Time State Preference Model (TSPM) ist vor allem durch einen Aufsatz von Myers (1968) bekannt geworden, dessen Überlegungen auf Arbeiten von Debreu (1959) und Arrow (1964) beruhen. Kraus und Litzenberger (1975) sowie Rubinstein (1976) haben der Entwicklung des TSPM weitere entscheidende Impulse gegeben. Interessante Anwendungen des TSPM findet man bei Kraus und Litzenberger (1973) und Banz und Miller (1978). Aufgrund seiner Allgemeingültigkeit kann man das Time State Preference Model als ein wichtiges Fundament der modernen Finanzierungstheorie auffassen.

In seiner Grundform erfordert das TSPM keine Annahmen bezüglich spezieller Wahrscheinlichkeitsverteilungen für zustandsabhängige Rückflüsse, der Existenz sicherer Zinssätze, der Vollständigkeit von Kapitalmärkten oder der Erfüllung von Gleichgewichtsbedingungen. Es ist auch nicht erforderlich, die Form der Erwartungsnutzenfunktionen oder die Art der Erwartungsbildung genauer zu spezifizieren. Dennoch lassen sich bereits mit der Grundform des TSPM sehr interessante Erkenntnisse darüber gewinnen, von welchen Einflussgrößen der Betrag abhängt, den ein rationaler Investor unter der Bedingung arbitragefreier Kapitalmärkte für Ansprüche auf riskante Rückflüsse zu zahlen bereit ist. Unser Erkenntnisinteresse richtet sich zunächst auf die Analyse dieser Einflussfaktoren.

Will man das TSPM anwenden, setzt das genaue Kenntnis der Wahrscheinlichkeitsverteilungen der Rückflüsse aller am Markt verfügbaren Finanztitel voraus und gelingt nicht ohne Informationen über die Nutzenfunktionen und Anfangsausstattungen der Investoren. Besitzt man die genannten Informationen und sind die Kapitalmärkte zudem perfekt, lassen sich aber mit dem TSPM grundsätzlich alle finanziellen Ansprüche bewerten.

Oft allerdings sind die beschriebenen Voraussetzungen für die Bewertung riskanter Finanztitel mit Hilfe des TSPM nicht gegeben. Obgleich keineswegs trivial, ist die Schätzung der Wahrscheinlichkeitsverteilungen von Finanztiteln dabei nicht das Kernproblem. Vielmehr lässt sich in der Regel nur wenig über die konkreten

Myers   *Rubinstein*

Stewart C. Myers (1940–) studierte Wirtschaftswissenschaften an der Stanford University und promovierte dort 1967 mit einer Arbeit über „Effects of Uncertainty on the Valuation of Securities and the Financial Decisions of the Firm". Er setzte seine akademische Karriere an der Sloan School of Management des Massachusetts Institute of Technology fort, wo er seit 1976 bis heute die Funktion eines Professors für Finanzierung besitzt. Myers ist der Verfasser zahlreicher Beiträge zur Unternehmensfinanzierung. Er ist unter anderem wegen seines gemeinsam mit Richard A. Brealey verfassten erfolgreichen Lehrbuchs „Principles of Corporate Finance" international bekannt. (Foto mit freundlicher Genehmigung von Stewart Myers)

Mark E. Rubinstein (1944–) studierte Wirtschaftswissenschaften, konzentrierte sich früh auf Finanzwirtschaft und promovierte 1971 an der University of California at Los Angeles. Seit 1972 ist Rubinstein an der University of California at Berkeley tätig, 1980 wurde er dort ordentlicher Professor. Nach seinen eigenen Worten hat ihn die Arbeit von Black und Scholes (1973) zur arbitragefreien Bewertung von Optionen derart „berauscht", dass er sich 20 Jahre lang hauptsächlich mit der Bewertung von Derivaten und Hedging-Problemen beschäftigt hat. 1981 gründete Rubinstein zusammen mit John O'Brien und Hayne Leland eine Kapitalanlagegesellschaft, deren zentrale Geschäftsidee darin bestand, das Management von Wertpapierportfolios mit Hilfe dynamischer Duplikationsstrategien zu revolutionieren. Dieses Konzept wurde unter dem Namen „Portfolio insurance" populär, war zunächst sehr erfolgreich, wurde aber später für den Börsenkrach von 1987 verantwortlich gemacht. Über das faszinierende Fach Finanzierung schrieb er: „It combines, as Keynes once stated about economics, the talents of the mathematician, the empiricist and the realist; its theoretical issues and puzzles are endlessly interesting; as a social science it concerns perhaps the most interesting subject, human behavior; and among the social sciences, it has by far the richest and largest databases to test hypotheses; along with the broader subject of economics, it may be the most successful in explaining actual human behavior; and academics have been able to contribute inventions that are often quickly applied by large numbers of people." (Foto mit freundlicher Genehmigung von Mark Rubinstein)

Nutzenfunktionen der Investoren sagen.[1] Grundsätzlich gibt es zwei Wege, auf denen man angesichts dieser Tatsache weiterkommen kann.

Der erste Weg besteht darin, das Modell arbitragefreier Kapitalmärkte zu nutzen und zugleich die Komplexität des Bewertungsproblems zu reduzieren, indem nur ein geeigneter Ausschnitt des gesamten Kapitalmarktes betrachtet wird. Dieser Ausschnitt wird zweckmäßigerweise so gewählt, dass der betrachtete Teil-Kapitalmarkt vollständig ist. Im Kapitel 3 haben wir gezeigt, dass die Bewertung riskanter Finanztitel im Falle eines vollständigen Marktes unabhängig von Nutzenfunktionen und Wahrscheinlichkeitsverteilungen erfolgen kann. Ob diese verlockende Komplexitätsreduktion zweckmäßig ist, hängt von der Art des Bewertungsproblems ab. Vor allem bei der Bewertung von Derivaten beschreitet man diesen Weg sehr gerne.[2]

Der zweite Weg, dem Problem fehlender Informationen über Nutzenfunktionen beizukommen, besteht darin, die Ebene des individuellen Bewertungsproblems zu verlassen, den gesamten Markt in die Analyse einzubeziehen und Gleichgewichtspreise zu bestimmen. Um auf diesem Weg zu konkreten Bewertungsergebnissen zu kommen, wird in der Regel vorausgesetzt, dass die Marktteilnehmer homogene Erwartungen haben und die Rückflüsse riskanter Finanztitel normalverteilt sind. Die Ergebnisse des CAPM beruhen im Wesentlichen ebenfalls auf der Annahme, dass die Marktteilnehmer homogene Erwartungen besitzen. Statt des μ-σ-Prinzips wird im TSPM allerdings mit der Erwartungsnutzentheorie (Bernoulliprinzip) gearbeitet. Da das Bernoulliprinzip in Verbindung mit normalverteilten Rückflüssen das μ-σ-Prinzip impliziert, lässt sich sagen, dass die grundlegenden Annahmen des TSPM und des CAPM äquivalent sind. Die Gleichgewichtsergebnisse des CAPM werden wir daher auch als Spezialfälle des TSPM wiedererkennen.

6.1 Annahmen und Notation

Im Wesentlichen wird von denselben Annahmen ausgegangen wie bei der Nutzentheorie unter Unsicherheit und dem Modell arbitragefreier Kapitalmärkte.[3] Die dort bereits diskutierten Annahmen stellen wir daher hier relativ kurz dar und gehen nur auf die neuen Modellannahmen ausführlicher ein.

6.1.1 Kapitalmarkt und Erwartungen

Im Zeitpunkt $t = 0$ werden am Kapitalmarkt Finanztitel ($j = 1, \ldots, J$) gehandelt und zum Preis $p(\tilde{X}_j)$ angeboten. Der Handel mit diesen Finanztiteln erfolgt rei-

---

[1] Eine Ausnahme wären beispielsweise Investoren, für die der Grad ihrer konstanten absoluten oder konstanten relativen Risikoaversion zuverlässig geschätzt werden kann, siehe Seite 83 ff.
[2] Mehr dazu im Kapitel 7.
[3] Siehe Seite 129 ff.

bungslos. Der Kapitalmarkt ist kompetitiv und es gibt keine Arbitragegelegenheiten. Für jeden Finanztitel bilden die Marktteilnehmer ($i = 1, \ldots, I$) im Zeitpunkt $t = 0$ ihre individuellen Erwartungen bezüglich der zustandsabhängigen Rückflüsse X_{js} im Zeitpunkt $t = 1$. Für jeden der möglichen Zustände ($s = 1, \ldots, S$) schätzen die Marktteilnehmer die Eintrittswahrscheinlichkeit q_s und bestimmen auf Grundlage dieser Daten ihre individuellen Grenzzahlungsbereitschaften für alle angebotenen Finanztitel.

Wir setzen im Folgenden nicht voraus, dass der Kapitalmarkt vollständig ist, schließen dies aber auch nicht aus. Gelegentlich werden wir analysieren, in welcher Weise wir unsere Erkenntnisse zuspitzen können, falls der Kapitalmarkt vollständig sein sollte.

Wenn ein Kapitalmarkt unvollständig ist, können die an einem solchen Markt verfügbaren Finanztitel in zwei Klassen eingeteilt werden, und zwar die riskanten und die risikolosen Titel. Wir unterstellen im Folgenden nicht generell, dass ein risikoloser Finanztitel gehandelt wird. Mitunter werden wir aber danach fragen, welche Form unsere allgemeinen Erkenntnisse annehmen, wenn ein risikoloses Asset verfügbar sein sollte. Für einen derartigen Finanztitel gilt $X_{js} = X_j \,\forall s$. Seine Rückflüsse sind also zustandsunabhängig.

6.1.2 Budgetrestriktionen

Budgetbeschränkungen stellen sicher, dass die Marktteilnehmer nicht mehr ausgeben als sie haben. Um die Budgetrestriktionen des Modells zu notieren, verwenden wir folgende Symbole:

$\bar{C}_0$ Anfangsausstattung mit Konsumgütern in $t = 0$, wobei die Mengeneinheiten der Konsumgüter (ebenso wie im Fisher-Modell) so normiert sind, dass eine Mengeneinheit zum Preis von 1€ gehandelt wird,

C_0 Nachfrage nach Konsumgütern im Zeitpunkt $t = 0$,

$C_{1s}, \ldots, C_{1S}$ Zustandsabhängige Nachfrage nach Konsumgütern im Zustand s des Zeitpunktes $t = 1$, wobei davon ausgegangen wird, dass sich die Preise der Konsumgüter gegenüber $t = 0$ nicht ändern,

$\bar{n}_1, \ldots, \bar{n}_J$ Anfangsausstattung mit J verschiedenen Finanztiteln, die in $t = 0$ zum Preis von $p(\widetilde{X}_j)$ angeboten werden und im Zustand s des Zeitpunktes $t = 1$ zu einer Zahlung von X_{js} führen,

$n_1, \ldots, n_J$ Nachfrage nach Finanztiteln in $t = 0$.

Die gesamte Anfangsausstattung eines Investors im Zeitpunkt $t = 0$ setzt sich aus der Konsumgüterausstattung und der Anfangsausstattung mit Finanztiteln

zusammen,
$$\bar{X}_0 = \bar{C}_0 + \sum_{j=1}^{J} \bar{n}_j \, p(\widetilde{X}_j).$$

Diese Anfangsausstattung kann man entweder konsumieren oder in Finanztitel investieren. Mischungen sind zulässig. Ist das Konsumbedürfnis C_0 größer als die Anfangsausstattung $\bar{C}_0$, kann der Investor Finanztitel in entsprechendem Umfang verkaufen. Die Budgetbedingungen in den Zeitpunkten $t = 0$ und $t = 1$ können nach diesen Vorbereitungen wie folgt formuliert werden,

$$\bar{X}_0 = C_0 + \sum_{j=1}^{J} n_j \, p(\widetilde{X}_j)$$

$$\sum_{j=1}^{J} n_j X_{js} = C_{1s} \quad \forall \, s.$$

6.1.3 Nutzenfunktionen

Es wird davon ausgegangen, dass die Marktteilnehmer die elf Axiome der Nutzentheorie unter Unsicherheit akzeptieren.[4] Folglich besitzen sie eine stetige, zweimal differenzierbare *Bernoulli*-Nutzenfunktion. Da davon auszugehen ist, dass der Konsum im Zeitpunkt $t = 0$ sicher ist, während der künftige Konsum unsicher ist, wird eine intertemporale Nutzenfunktion benötigt, die wir in der Form

$$\mathrm{E}\left[U(C_0, \widetilde{C}_1)\right] = \sum_{s=1}^{S} U(C_0, C_{1s}) \, q_s$$

notieren wollen.[5] C_0 repräsentiert den sicheren gegenwärtigen Konsum des Entscheiders, C_{1s} den zustandsabhängigen künftigen Konsum. Anstelle der ausführlichen Notation $U(C_0, C_{1s})$ werden wir gelegentlich die Kurzschreibweise U verwenden. Die partiellen Ableitungen notieren wir in Form von

$$U'(C_0) = \frac{\partial U}{\partial C_0}, \; U'(C_{1s}) = \frac{\partial U}{\partial C_{1s}} \; \text{und} \; U''(C_{1s}) = \frac{\partial^2 U}{\partial C_{1s}^2} \quad \forall \, s.$$

Entsprechend ist die Notation für Erwartungswerte, Varianzen und Kovarianzen zu verstehen, also beispielsweise

$$\mathrm{E}\left[U'(\widetilde{C}_1)\right] = \sum_{s=1}^{S} \frac{\partial U}{\partial C_{1s}} q_s.$$

---
[4] Siehe Seite 41 ff. und Seite 53 ff.
[5] Siehe auch Seite 58 ff.

6.2 Entscheidung über Konsum und Investition

6.2.1 Entscheidungsproblem

Wir betrachten nun einen Investor, der seinen Konsumplan unter Unsicherheit zu optimieren versucht, indem er den Erwartungsnutzen maximiert,

$$\max_{C_0, n_1, \ldots, n_J} \sum_{s=1}^{S} U(C_0, C_{1s}) \, q_s. \tag{6.1}$$

Dabei sind die Budgetrestriktionen

$$\bar{X}_0 = C_0 + \sum_{j=1}^{J} n_j \, p(\tilde{X}_j) \tag{6.2a}$$

$$\sum_{j=1}^{J} n_j X_{js} = C_{1s} \quad \forall \, s \tag{6.2b}$$

zu beachten. Um das vorstehende Entscheidungsproblem auf bequeme Art lösen zu können, bedienen wir uns eines Kunstgriffs, indem wir das Konzept der reinen Wertpapiere nutzen. Sie erinnern sich bestimmt daran, dass ein reines Wertpapier vom Typ s im Zeitpunkt $t = 1$ einen Rückfluss von 1€ liefert, wenn der Zustand s eintritt. Sollte irgendein anderer Zustand realisiert werden, beläuft sich der Rückfluss auf 0€.[6]

Wir bezeichnen die Nachfrage nach dem s-ten reinen Wertpapier mit n_s und die Zahlungsbereitschaft für einen solchen Titel mit π_s. Ein Portfolio aus reinen Wertpapieren mit $n_s = X_{js} \; \forall s$ generiert in $t = 1$ somit dieselben Rückflüsse wie ein Finanztitel j, der Rückflüsse von X_{js} verspricht, wenn der Zustand s realisiert wird. Daher muss

$$p(\tilde{X}_j) = \sum_{s=1}^{S} X_{js} \pi_s \tag{6.3}$$

gelten, weil es andernfalls eine Arbitragegelegenheit gäbe. Damit sind die Zahlungsbereitschaften der am Markt gehandelten Finanztitel eindeutig bestimmt, sobald man die Zahlungsbereitschaften für die reinen Wertpapiere bestimmt hat. Stellt man ein Portfolio aus reinen Wertpapieren zusammen, so dass

$$n_s = \sum_{j=1}^{J} n_j X_{js} \quad \forall \, s \tag{6.4}$$

---

[6]Siehe dazu Seite 137.

6.2. Entscheidung über Konsum und Investition

erfüllt ist, können wir die gesamte Nachfrage eines Investors nach Finanztiteln unter Verwendung von (6.3) in der Form

$$\sum_{j=1}^{J} n_j p(\tilde{X}_j) = \sum_{j=1}^{J} n_j \sum_{s=1}^{S} X_{js} \pi_s = \sum_{j=1}^{J} \sum_{s=1}^{S} n_j X_{js} \pi_s = \sum_{s=1}^{S} \sum_{j=1}^{J} n_j X_{js} \pi_s = \sum_{s=1}^{S} n_s \pi_s \quad (6.5)$$

darstellen. Unter Verwendung von (6.4) und (6.5) lassen sich die Budgetrestriktionen (6.2) in die Form

$$\bar{X}_0 = C_0 + \sum_{s=1}^{S} n_s \pi_s \quad (6.6a)$$

$$n_s = C_{1s} \quad \forall\, s \quad (6.6b)$$

überführen. Setzt man die Restriktion für den Zeitpunkt $t = 1$, also die Bedingung (6.6b), in die Restriktion für den Zeitpunkt $t = 0$ ein, so reduzieren sich die beiden Bedingungen auf

$$\bar{X}_0 = C_0 + \sum_{s=1}^{S} C_{1s} \pi_s, \quad (6.7)$$

was außerordentlich übersichtlich ist. Die Entscheidungsvariablen des Investors sind sein heutiger Konsum C_0 sowie seine Nachfrage nach reinen Wertpapieren $n_1, \ldots, n_S$. Diese Nachfragemengen entsprechen gemäß Bedingung (6.6b) den künftigen zustandsabhängigen Konsummengen. Daher kann man auch C_0 sowie $C_{11}, \ldots, C_{1S}$ als Entscheidungsvariablen benutzen. Die Zielfunktion (6.1) nimmt damit die Form

$$\max_{C_0, C_{11}, \ldots, C_{1S}} \sum_{s=1}^{S} U(C_0, C_{1s})\, q_s \quad (6.8)$$

an.

6.2.2 Lagrangeansatz und Bedingungen erster Ordnung

Die Bedingungen erster Ordnung für den optimalen Konsumplan eines Investors ermitteln wir mit Hilfe eines Lagrangeansatzes. Unser Ziel ist es, die Zahlungsbereitschaft für reine Wertpapiere zu bestimmen und darauf aufbauend mit Gleichung (6.3) die Zahlungsbereitschaft für die tatsächlich gehandelten Finanztitel zu ermitteln.

Der Lagrangeansatz ist rasch formuliert. Der Investor maximiert die Erwartungsnutzenfunktion (6.8) und muss die reduzierte Budgetbedingung (6.7) beachten. Daraus folgt schon die Lagrangefunktion,

$$\max_{C_0, C_{1s}, \ldots, C_{1S}} \mathcal{L} = \sum_{s=1}^{S} U(C_0, C_{1s})\, q_s + \kappa \left(\bar{X}_0 - C_0 - \sum_{s=1}^{S} C_{1s} \pi_s \right).$$

Damit haben wir unser Ziel fast erreicht. Um die Bedingungen erster Ordnung zu bestimmen, müssen wir nur noch die partiellen Ableitungen der Lagrangefunktion bilden und null setzen,

$$\frac{\partial \mathcal{L}}{\partial C_0} = \frac{\partial U}{\partial C_0} - \kappa = 0 \tag{6.9}$$

$$\frac{\partial \mathcal{L}}{\partial C_{1s}} = \frac{\partial U}{\partial C_{1s}} q_s - \kappa \pi_s = 0 \quad \forall \, s \tag{6.10}$$

$$\frac{\partial \mathcal{L}}{\partial \kappa} = \left(\bar{X}_0 - C_0 - \sum_{s=1}^{S} C_{1s} \pi_s \right) = 0. \tag{6.11}$$

Jetzt werden wir untersuchen, was aus diesen Bedingungen für die Zahlungsbereitschaft für Finanztitel folgt. Zuvor wollen wir noch darauf aufmerksam machen, dass es sich bei den reinen Wertpapieren um bloße theoretische Konstrukte handelt. Auf realen Kapitalmärkten wird man sie nicht entdecken; sie werden nicht gehandelt. Wir nutzen sie lediglich als Hilfsmittel, um die Zahlungsbereitschaft für tatsächlich gehandelte Finanztitel leichter bestimmen zu können.

6.2.3 Zahlungsbereitschaft für Finanztitel

Die Zahlungsbereitschaft für einen Finanztitel j erhält man, indem man zunächst die Bedingungen (6.10) nach π_s auflöst

$$\pi_s = \frac{U'(C_{1s})}{U'(C_0)} q_s. \tag{6.12}$$

Anschließendes Einsetzen in (6.3) führt zur gesuchten Zahlungsbereitschaft für die tatsächlich gehandelten Finanztitel,

$$p(\widetilde{X}_j) = \sum_{s=1}^{S} X_{js} \frac{U'(C_{1s})}{U'(C_0)} q_s = \mathrm{E}\left[\widetilde{X}_j \frac{U'(\widetilde{C}_1)}{U'(C_0)} \right] \quad \forall \, j. \tag{6.13}$$

Vorstehende Gleichung besagt, dass ein Investor seine Zahlungsbereitschaft für jeden beliebigen Finanztitel j bestimmen kann, indem er zunächst jede mögliche Realisation eines Rückflusses X_{js} mit der entsprechenden Grenzrate der Substitution für diesen Zustand multipliziert und anschließend den Erwartungswert dieser Produkte bildet. Die Grenzrate der Substitution wird auch als stochastischer Diskontierungsfaktor, Zustandsdeflator oder *pricing kernel* bezeichnet.[7]

---

[7]Die innere Funktion einer verketteten Funktion, beispielsweise $v(x)$ in der Funktion $f(x) = g(v(x))$, bezeichnet man im Englischen als *kernel*. Schreibt man den Erwartungswert in Gleichung (6.13) als Summe oder Integral, erkennt man, woher der Begriff *pricing kernel* kommt.

6.2. Entscheidung über Konsum und Investition

Die beiden rechts stehenden Terme von Gleichung (6.13) können als indirekte Nachfragefunktion bezeichnet werden, da sie für jedes denkbare Portfolio eines Investors den individuellen Nachfragepreis (die individuelle Zahlungsbereitschaft) angeben. Der linke Term von Gleichung (6.13) ist der Angebotspreis $p(\tilde{X}_j)$. Im Optimum muss die Zahlungsbereitschaft für alle J Finanztitel den Angebotspreisen entsprechen.

Den Entscheidungsprozess eines Investors kann man sich wie folgt vorstellen: Im Zeitpunkt $t = 0$ ermittelt der Investor für alle Finanztitel und Konsumgüter seine Zahlungsbereitschaften.[8] Grundlage dafür sind seine Anfangsausstattung $\bar{X}_0$, seine Erwartungen und seine Nutzenfunktion. Die ermittelten Zahlungsbereitschaften vergleicht er anschließend mit den entsprechenden Angebotspreisen am Kapitalmarkt. Dabei ist die Zahlungsbereitschaft für einen Finanztitel umso geringer, je mehr der Investor von diesem Finanztitel besitzt, und umgekehrt. Je mehr der Investor von einem Finanztitel besitzt, desto geringer ist bei abnehmendem Grenznutzen der zusätzliche Nutzen, den die zuletzt gekaufte Menge eines Titel stiftet. Deshalb nimmt die Zahlungsbereitschaft für einen Finanztitel ab, wenn der Bestand im Portfolio erhöht wird. Seinen Nutzen maximiert der Investor, indem er den Bestand von Finanztiteln erhöht, deren Angebotspreis kleiner ist als seine Zahlungsbereitschaft, und den Bestand von Finanztitel reduziert, deren Angebotspreis größer ist als seine Zahlungsbereitschaft. Um den Erwartungsnutzen zu maximieren, müssen also die Mengen $n_1, \ldots, n_J$ solange variiert werden, bis die Zahlungsbereitschaften für alle Finanztitel den Angebotspreisen gleichen. Erst dann ist der Grenznutzen aller Finanztitel gleich hoch und das Portfolio des Investors optimal strukturiert. Wir gehen im Folgenden grundsätzlich davon aus, dass es sich bei dem Investor um einen relativ unbedeutenden Marktteilnehmer handelt, der nicht erwartet, dass sein Nachfrageverhalten einen spürbaren Einfluss auf die Angebotspreise hat. Für die meisten Marktteilnehmer dürfte das eine ziemlich realistische Situationen sein.

Zeitpräferenzen Um zu entdecken, welcher Zusammenhang zwischen der Zeitpräferenzrate eines Investors und der Zahlungsbereitschaft für reine Wertpapiere beseht, löst man (6.9) nach κ auf und setzt das Ergebnis in die Bedingung (6.10) ein,

$$\frac{\partial U}{\partial C_{1s}} q_s - \frac{\partial U}{\partial C_0} \pi_s = 0 \quad \forall\, s.$$

Summieren über alle Zustände führt nach elementarer Umformung zu

$$\sum_{s=1}^{S} \pi_s = \sum_{t=s}^{S} \frac{U'(C_{1s})}{U'(C_0)} q_s = \mathrm{E}\left[\frac{U'(\tilde{C}_1)}{U'(C_0)}\right]. \tag{6.14}$$

Im Optimum entspricht die erwartete Grenzrate der Substitution der Summe der Preise reiner Wertpapiere über alle Zustände, also der Zahlungsbereitschaft eines

---
[8] Genau genommen müsste man von Grenzzahlungsbereitschaften sprechen.

Investors für den sicheren Rückfluss von 1€ im Zeitpunkt $t = 1$. Man erinnere sich daran, dass wir die Vollständigkeit des Kapitalmarkts ebenso wenig vorausgesetzt hatten wie die Existenz eines risikolosen Wertpapiers. Gleichzeitig hatten wir weder das eine noch das andere ausgeschlossen. Im Folgenden klären wir, welche Aussagen sich machen lassen, wenn ein risikoloses Papier existieren sollte oder der Markt für riskante Finanztitel vollständig wäre.

Zahlungsbereitschaft für sichere Finanztitel Gleichung (6.13) gilt unabhängig von der Struktur der zustandsabhängigen Rückflüsse X_{js} eines Finanztitel j und damit selbstverständlich auch für Finanztitel, die in jedem Zustand s denselben Rückfluss X_j versprechen, also vollkommen frei von Risiko sind. Für solche sicheren Finanztitel folgt aus Gleichung (6.13)

$$\frac{p(\tilde{X}_j)}{X_j} = \sum_{t=s}^{S} \frac{U'(C_{1s})}{U'(C_0)} q_s . \qquad (6.15)$$

Definiert man für sichere Finanztitel wie üblich einen risikofreien Zinssatz als $r_f = X_j/p(\tilde{X}_j) - 1$, so folgt aus Bedingung (6.15) in Verbindung mit (6.14)

$$\frac{1}{1 + r_f} = \sum_{s=1}^{S} \pi_s . \qquad (6.16)$$

Wird also ein sicherer Finanztitel gehandelt, entspricht die Summe der Preise der reinen Wertpapiere – und damit auch die erwartete Grenzrate der Substitution – dem sicheren Diskontierungsfaktor. Das gilt vollkommen unabhängig davon, ob der Kapitalmarkt vollständig ist oder nicht. Unter dieser Voraussetzung kann für (6.13) in Verbindung mit (6.14) zusammenfassend auch

$$p(\tilde{X}_j) = \frac{\mathrm{E}\left[\tilde{X}_j\, U'(\tilde{C}_1)\right]}{\mathrm{E}\left[U'(\tilde{C}_1)\right](1 + r_f)} \quad \forall\, j . \qquad (6.17)$$

geschrieben werden. Sollte außer dem sicheren Finanztitel kein weiterer Finanztitel am Kapitalmarkt gehandelt werden, folgt aus (6.16) in Verbindung mit Gleichung (6.14) ein Ergebnis, das uns bereits aus dem Fisher-Modell bekannt ist,[9]

$$\frac{1}{1 + r_f} = \frac{U'(C_1)}{U'(C_0)} .$$

Zahlungsbereitschaft für Portfolios Gleichung (6.13) gilt auch für Portfolios. Multipliziert man (6.13) mit n_j und summiert anschließend über alle j, führt das zu

$$\sum_{j=1}^{J} n_j\, p(\tilde{X}_j) = \sum_{s=1}^{S} \sum_{j=1}^{J} n_j X_{js} \frac{U'(C_{1s})}{U'(C_0)} q_s \quad \forall\, j . \qquad (6.18)$$

---

[9]Siehe Seite 175.

6.2. Entscheidung über Konsum und Investition

Interessant ist nun für einen Investor die Frage, ob sich ein sicheres Portfolio konstruieren lässt, das in jedem Zustand s einen Rückfluss von 1€ liefert, also die Bedingung

$$\sum_{j=1}^{J} n_j X_{js} = 1 \quad \forall s \qquad (6.19)$$

erfüllt. Falls ein solches Portfolio existiert, folgt aus (6.18) in Verbindung mit (6.14) und (6.16)

$$\sum_{j=1}^{J} n_j p(\tilde{X}_j) = \sum_{s=1}^{S} \pi_s = \frac{1}{1+r_f}. \qquad (6.20)$$

Die Gleichungen (6.19) und (6.20) können erfüllt sein, wenn der Kapitalmarkt unvollständig ist. Jedoch ist das nicht notwendigerweise so. Zwingend erfüllt sind die Gleichungen nur unter der Bedingung eines vollständigen Kapitalmarkts. Unter dieser Voraussetzung ist es stets möglich, ein Portfolio zu konstruieren, das in jedem Zustand s einen Rückfluss von 1€ verspricht.

Kovarianzrisiko Es lohnt sich, die Bewertungsgleichung (6.13) noch aufmerksamer zu betrachten. Nach dem Zerlegungssatz für die Kovarianz gilt

$$\mathrm{E}\left[\frac{U'(\tilde{C}_1)}{U'(C_0)}\tilde{X}_j\right] = \mathrm{E}\left[\frac{U'(\tilde{C}_1)}{U'(C_0)}\right]\mathrm{E}\left[\tilde{X}_j\right] + \mathrm{Cov}\left[\frac{U'(\tilde{C}_1)}{U'(C_0)},\tilde{X}_j\right] \quad \forall j.$$

Setzen wir die rechte Seite dieses Zwischenergebnisses in die indirekte Nachfragefunktion (6.13) ein, erhalten wir in Verbindung mit (6.14)

$$p(\tilde{X}_j) = \left(\sum_{s=1}^{S} \pi_s \cdot \mathrm{E}\left[\tilde{X}_j\right] + \mathrm{Cov}\left[\frac{U'(\tilde{C}_1)}{U'(C_0)},\tilde{X}_j\right]\right) \quad \forall j.$$

Unter der Voraussetzung, dass ein sicherer Finanztitel angeboten wird oder es möglich ist, ein sicheres Portfolio aus riskanten Finanztiteln zu konstruieren, kann man das wegen (6.16) auch in der Form

$$p(\tilde{X}_j) = \frac{\mathrm{E}[\tilde{X}_j] - (1+r_f)\,\mathrm{Cov}\left[\tilde{X}_j, -\frac{U'(\tilde{C}_1)}{U'(C_0)}\right]}{1+r_f} \quad \forall j. \qquad (6.21)$$

notieren.[10]

Wir wollen versuchen, dieses Ergebnis ökonomisch zu interpretieren, und stellen zu diesem Zweck zunächst eine Überlegung an, die nicht in erster Linie mit der vorstehenden Mathematik zu tun hat und bloß auf „gesundem Menschenverstand" beruht.

---

[10] Andernfalls bleibt $\sum_{s=1}^{S} \pi_s$ stehen. Das entspricht dem Zero-Beta-Portfolio im CAPM ohne risikolosen Zins.

Stellen wir uns vor, es ginge um die Nachfrage nach einem riskanten Finanztitel unter der Voraussetzung, dass der entsprechende Marktteilnehmer risikoscheu sei. Dieses Individuum habe die Erwartung gebildet, dass ein Wertpapier Rückflüsse in Höhe von $E[\tilde{X}_j]$ verspricht. Wären diese Rückflüsse sicher, so gäbe es Sinn, die Zahlungsbereitschaft für das Wertpapier dadurch zu ermitteln, dass man mit dem risikolosen Zins diskontiert. Können die Rückflüsse dagegen um den Erwartungswert streuen, so scheint es geboten, ein Sicherheitsäquivalent zu ermitteln und dieses mit dem risikolosen Zins zu diskontieren. Von diesem Sicherheitsäquivalent würde man im Falle von Risikoaversion fordern, dass es kleiner sei als die erwarteten Rückflüsse. Und man würde ferner verlangen, dass der Abschlag von den erwarteten Rückflüssen umso größer ist, je stärker die künftigen Rückflüsse um den Erwartungswert streuen. Infolgedessen sollte der Risikoabschlag etwas mit der Varianz der Cashflows zu tun haben. Ob Gleichung (6.21) diese Vorstellungen erfüllt, ist nicht so ohne Weiteres zu erkennen. Wenn wir den Zähler des rechten Terms betrachten, so könnten wir diesen zwar als Sicherheitsäquivalent deuten. Tatsächlich werden ja die erwarteten Rückflüsse um einen bestimmten Betrag vermindert, aber erstens handelt es sich dabei um eine Kovarianz und nicht um eine Varianz, und zweitens ist nicht klar, ob die Kovarianz positiv oder negativ ist.

Warum sollte sich der Entscheider nun bei der Ableitung des Sicherheitsäquivalents am Kovarianzrisiko orientieren und nicht auf die Varianz der Cashflows des Wertpapiers schauen? Um das zu begreifen, müssen Sie den Standpunkt eines Investors einnehmen, der sich dadurch auszeichnet, dass er Risiken und Chancen auszugleichen versucht. Nur ein Hasardeur setzt alles auf eine Karte oder spekuliert mit der Aktie eines einzigen Unternehmens. Kluge Investoren engagieren sich an mehreren Projekten. Sollten sie bei dem einen Projekt Pech haben, wird das mit einiger Wahrscheinlichkeit durch Gewinne bei anderen Projekten kompensiert. Um nun aber zu beurteilen, welchen Beitrag das j-te Wertpapier zum Gesamtrisiko des Entscheiders beiträgt, kommt es überhaupt nicht darauf an, ob die Streuung der Cashflows dieses Wertpapiers groß oder klein ist. Vielmehr ist entscheidend, ob die Streuung des Gesamtportfolios durch Hinzufügen des j-ten Wertpapiers größer oder kleiner wird. Und genau diesen Zusammenhang erfasst die Kovarianz.

Gehen wir jetzt auf das Vorzeichen der Kovarianz ein. Unter den von uns getroffenen Voraussetzungen ist es naheliegend zu verlangen, dass die Kovarianz positiv ist, wenn die Deutung des Zählers als Sicherheitsäquivalent Bestand haben soll. Nur dann, wenn man eine positive Kovarianz subtrahiert, nimmt man eine Verminderung der erwarteten Rückflüsse vor. Wir unterstellen aus Gründen der Bequemlichkeit, dass riskante Wertpapiere nur nicht-negative Rückflüsse versprechen, das heißt $\tilde{X}_j \geq 0$. Strikt risikoaverse Marktteilnehmer zeichnen sich bekanntlich durch monoton steigende, konkave Nutzenfunktionen aus. Deren erste Ableitungen sind positiv, während die zweiten Ableitungen negativ sind. Demnach gilt für den zustandsabhängigen Grenznutzen stets $U'(C_{1s}) \geq 0$.[11] Allerdings ist der Grenznut-

---

[11]Damit ist natürlich auch der erwartete Grenznutzen in Bezug auf den künftigen Konsum nicht-negativ, $E[U'(\tilde{C}_1)] \geq 0$.

zen umso kleiner, je größer der zukünftige Konsum ist. Und da der zukünftige Konsum direkt aus den Cashflows der Wertpapiere gespeist wird, führt das notwendigerweise auf positive Kovarianzen, wenn der zustandsabhängige Konsum positiv zu den Cashflows eines Finanztitels korreliert ist. Denkbar ist allerdings auch der Fall, dass der zustandsabhängige Konsum negativ mit den Cashflows eines Finanztitels korreliert. Daher kann nicht vollständig ausgeschlossen werden, dass das Sicherheitsäquivalent größer ist als der Erwartungswert.

6.3 Ein Resümee

Im Abschnitt 3.2 des vorliegenden Buches haben wir gezeigt, dass für reine Wertpapiere ein eindeutiges System nicht-negativer Preise existiert, wenn der Kapitalmarkt arbitragefrei und vollständig ist. Alle weiteren Finanztitel können unter diesen Bedingungen ohne Kenntnis der Nutzenfunktionen und Erwartungen der Investoren bewertet werden. Was den Preis reiner Wertpapiere genau beeinflusst, blieb allerdings im Dunkeln.

Mit dem TSPM konnten wir die Zahlungsbereitschaft für reine Wertpapiere und andere riskante Finanztitel unter der Bedingung bestimmen, dass die Nutzenfunktion und die Erwartungen eines Investors bekannt sind. Die Bewertungsgleichungen (6.12) und (6.13) zeigen, wovon diese Zahlungsbereitschaft abhängt. Um die Gleichungen zu gewinnen, wurde nicht vorausgesetzt, dass der Kapitalmarkt vollständig ist. Grundsätzlich sind wir damit jetzt in der Lage, riskante Finanztitel auch auf unvollständigen Märkten zu bewerten. Bevor wir uns dazu weitere Gedanken machen, wollen wir anhand eines Beispiels verdeutlichen, was für Information wir bereits jetzt mit dem TSPM über riskante Finanztitel gewinnen können, wenn wir unterstellen, dass der Kapitalmarkt vollständig ist. Tabelle 6.1 fasst das Beispiel von Seite 142 noch einmal zusammen, ergänzt um die Eintrittswahrscheinlichkeiten der drei Zustände. Gleichung (6.12) liefert uns folgende Information über die stochastischen Diskontierungsfaktoren:

$$\begin{pmatrix} U'(C_{11})/U'(C_0) \\ U'(C_{12})/U'(C_0) \\ U'(C_{13})/U'(C_0) \end{pmatrix} = \begin{pmatrix} \pi_{11}/q_1 \\ \pi_{12}/q_2 \\ \pi_{13}/q_3 \end{pmatrix} = \begin{pmatrix} 0{,}25/0{,}25 \\ 0{,}45/0{,}50 \\ 0{,}20/0{,}25 \end{pmatrix} = \begin{pmatrix} 1{,}00 \\ 0{,}90 \\ 0{,}80 \end{pmatrix}.$$

Bei risikoaversen Marktteilnehmern nimmt der Grenznutzen mit steigendem Vermögen ab.[12] Der Grenznutzen eines durchschnittlichen Marktteilnehmers ist im Zustand 1 daher größer als im Zustand 3. Folglich ist auch die Zahlungsbereitschaft für einen zusätzlichen Euro im Zustand 1 größer als die für einen zusätzlichen Euro im Zustand 3. Neben der Eintrittswahrscheinlichkeit üben also die Zeit- und Risikopräferenzen der Marktteilnehmer einen wesentlichen Einfluss auf die Preise von riskanten Finanztiteln aus. Setzt man Risikoaversion voraus, lassen

---
[12] Sieh Abschnitt 2.3.1 auf Seite 61 ff.

Tabelle 6.1: Finanztitel und reine Wertpapiere

		Zustand			
		$s=1$	$s=2$	$s=3$	Preis
Finanztitel	1	200	50	100	92,50
	2	100	200	50	125,00
	3	50	100	100	77,50
Reine Wertpapiere	1	1	0	0	0,25
	2	0	1	0	0,45
	3	0	0	1	0,20
Eintrittswahrscheinlichkeit		0,25	0,50	0,25	

sich mit den stochastischen Diskontierungsfaktoren „gute" und „schlechte" gesamtwirtschaftliche Zustände identifizieren. „Gute" Zustände zeichnen sich durch relative niedrige stochastische Diskontierungsfaktoren aus, „schlechte" Zustände durch relative hohe. Setzt man Risikofreude voraus, kehrt sich die Interpretation um. Bei Risikoneutralität wären die stochastische Diskontierungsfaktoren für alle Zustände gleich hoch.

Unter der Bedingung eines vollständigen Marktes nutzt man häufig das Instrument der so genannten „risikoneutralen Bewertung", worunter nicht etwa zu verstehen ist, dass man von risikoneutralen Investoren ausgeht. Vielmehr ersetzt man bei diesem Konzept alle stochastischen Diskontierungsfaktoren durch den Diskontierungsfaktor für sichere Rückflüsse. Gleichzeitig transformiert man die empirischen Eintrittswahrscheinlichkeiten q_{1s} in so genannte Martingal-Wahrscheinlichkeiten q_{1s}^*, indem man die Preise der reinen Wertpapiere um eine Periode aufzinst,

$$\begin{pmatrix} \pi_{11} \\ \pi_{12} \\ \pi_{13} \end{pmatrix} = \begin{pmatrix} U'(C_{11})/U'(C_0) \cdot q_{11} \\ U'(C_{12})/U'(C_0) \cdot q_{11} \\ U'(C_{13})/U'(C_0) \cdot q_{11} \end{pmatrix} = \begin{pmatrix} (1+r_f)^{-1} \cdot q_{11}^* \\ (1+r_f)^{-1} \cdot q_{12}^* \\ (1+r_f)^{-1} \cdot q_{13}^* \end{pmatrix}.$$

Nutzt man diese Martingal-Wahrscheinlichkeiten, um den Erwartungswert riskanter Rückflüsse zu ermitteln, spricht man auch vom Erwartungswert unter dem äquivalenten oder risikoneutralen Wahrscheinlichkeitsmaß. Diskontiert man anschließend mit dem risikofreien Zinssatz, erhält man selbstverständlich dasselbe Bewertungsergebnis wie bei der Verwendung reiner Wertpapiere. Unter Verwendung des risikoneutralen Wahrscheinlichkeitsmaßes Q schreiben wir für (6.13) daher auch

$$p(\tilde{X}_j) = E\left[\tilde{X}_j \frac{U'(\tilde{C}_1)}{U'(C_0)}\right] = \frac{1}{1+r_f} E_Q[\tilde{X}_j] \quad \forall j. \tag{6.22}$$

6.4. Entscheidungen bei konstanter relativer Risikoaversion

Bevor wir weiter voranschreiten, wollen wir uns noch einmal vor Augen führen, was bei der Herleitung der Bewertungsgleichung (6.13) alles *nicht* vorausgesetzt wurde:

1. Es wurde nicht angenommen, dass der Kapitalmarkt vollständig ist.

2. Es wurde nicht vorausgesetzt, dass sichere Finanztitel existieren.

3. Wir haben nicht unterstellt, dass die Investoren sich durch Nutzenfunktionen einer bestimmten Klasse charakterisieren lassen.

4. Wir sind nicht davon ausgegangen, dass sich die Rückflüsse der Finanztitel durch eine bestimmte Klasse von Wahrscheinlichkeitsverteilungen beschreiben lassen.

5. Es wurde nicht vorausgesetzt, dass sich der Kapitalmarkt im Gleichgewicht befindet.

Aufgrund ihrer großen Allgemeinheit kann Gleichung (6.13) als fundamentale Bewertungsgleichung der modernen Finanzierungstheorie bezeichnet werden. Im Grunde könnten wir das Kapitel über das TSPM an dieser Stelle beenden. Alles was wir jetzt noch über die Bewertung von riskanten Finanztiteln zu sagen haben, ist der Tatsache geschuldet, dass Investoren in der Praxis nur sehr wenig über die Details ihrer Nutzenfunktionen wissen. Sämtliche folgenden Überlegungen laufen auf den Versuch hinaus, riskante Finanztitel ohne Informationen über die konkrete Nutzenfunktion zu bewerten. Das ist allerdings nicht „kostenlos" zu erreichen.[13] Wir werden den einen oder anderen der oben genannten fünf Punkte aufgeben müssen.

6.4 Entscheidungen bei konstanter relativer Risikoaversion

In diesem Abschnitt werden wir die Zahlungsbereitschaft von Investoren mit konstanter relativer Risikoaversion in Verbindung mit lognormalverteilten Rückflüssen untersuchen. Wir behaupten, dass die relative Risikoaversion für die Bewertung riskanter Finanztitel von erheblicher Bedeutung ist. Diese Behauptung wollen wir zunächst begründen.

---

[13] Im Rahmen des CAPM konnten wir bereits zeigen, dass riskante Finanztitel ohne Kenntnis konkreter Nutzenfunktionen bewertet werden können, wenn die Investoren gemäß μ-σ-Prinzip entscheiden und Gleichgewicht auf den Märkten vorausgesetzt wird.

6.4.1 Elastizität stochastischer Diskontierungsfaktoren

Allgemein kann man den Zusammenhang zwischen dem zustandsabhängigen Konsum und dem stochastischen Diskontierungsfaktor, hier definiert als

$$z_s = \frac{U'(C_{1s})}{U'(C_0)} \quad \forall \, s,$$

mit der Elastizität untersuchen. Die Elastizität des stochastischen Diskontierungsfaktor bezüglich des Konsums beläuft sich auf[14]

$$\epsilon_{C_{1s}} z_s = \frac{C_{1s}}{z_s} \frac{dz_s}{dC_{1s}} = \frac{d \ln z_s}{d \ln C_{1s}}.$$

Die Elastizität informiert uns darüber, um wie viele Prozentpunkte sich ein stochastischer Diskontierungsfaktor z_s ändert, wenn der zustandsabhängige Konsum C_{1s} um einen Prozentpunkt steigt. Die Werte nach einer solchen Veränderung bezeichnen wir mit z_s^* und C_{1s}^*. Da die Bewertungsgleichung (6.12) vor und nach der Änderung gelten muss, erhalten wir

$$\frac{U'(C_{1s})}{U'(C_{1s}^*)} = \frac{z_s}{z_s^*}$$

oder nach Logarithmierung

$$\ln U'(C_{1s}) - \ln U'(C_{1s}^*) = \ln z_s - \ln z_s^*.$$

Jetzt betrachten wir marginale Änderungen,

$$d \ln U'(C_{1s}) = d \ln z_s, \tag{6.23}$$

und definieren die Hilfsvariable $w = \ln C_{1s}$. Für das Differential der Funktion $\ln U'(C_{1s})$ an der Stelle $C_{1s} = e^w$ gilt

$$d \ln U'(e^w) = \frac{d \ln U'(e^w)}{dw} \, dw.$$

Mit der Kettenregel erhalten wir

$$d \ln U'(e^w) = \frac{d \ln U'(e^w)}{dU'(e^w)} \frac{dU'(e^w)}{d(e^w)} \frac{d(e^w)}{dw} \, dw = \frac{1}{U'(e^w)} U''(e^w) e^w \, dw$$

und nach Resubstitution der Hilfsvariablen schließlich

$$d \ln U'(C_{1s}) = \frac{U''(C_{1s})}{U'(C_{1s})} C_{1s} \, d \ln C_{1s}. \tag{6.24}$$

---

[14] Durch mehrfache Anwendung der Kettenregel kann man zeigen, dass Elastizitäten alternativ mit den Ableitungen der logarithmierten Werte formuliert werden können.

6.4. Entscheidungen bei konstanter relativer Risikoaversion

Einsetzen von (6.24) in (6.23) führt für die Elastizität auf

$$\epsilon_{C_{1s}} z_s = \frac{d \ln z_s}{d \ln C_{1s}} = -RRA(C_{1s}).$$

Die Elastizität des stochastischen Diskontierungsfaktor bezüglich des künftigen Konsums gleicht der negativen relativen Risikoaversion. Vollkommen analog kann man die Elastizität des stochastischen Diskontierungsfaktor bezüglich des Gegenwartskonsums C_0 bestimmen,[15]

$$\epsilon_{C_0} z_s = \frac{d \ln z_s}{d \ln C_0} = \frac{U''(C_0)}{U'(C_0)} C_0 = -\frac{1}{RRA(C_0)}.$$

Haben wir es beispielsweise mit einer konstanten relativen Risikoaversion vom Grad $\gamma = 2$ zu tun, dann sinkt der stochastische Diskontierungsfaktor z_s um 2%, wenn der künftige Konsum C_{1s} um 1% steigt. Würde der Gegenwartskonsum um 1% steigen, dann würden alle stochastischen Diskontierungsfaktoren um 0,5% sinken. Aufgrund dieser Zusammenhänge liegt es nahe, dass man der relativen Risikoaversion bei der Bewertung von Finanztitel besondere Aufmerksamkeit schenkt. Da wir für CRRA die expliziten Nutzenfunktion kennen und CRRA empirisch nicht unplausibel ist, untersuchen wir diese im Folgenden genauer.

6.4.2 Zahlungsbereitschaft für Finanztitel

Bei konstanter relativer Risikoaversion können wir das Verhalten eines Investors mit einer Potenzfunktion (Power Utility) beschreiben. Nur bei diesem Funktionstyp ist die relative Risikoaversion konstant.[16] Akzeptiert man außerdem, dass die intertemporale Nutzenfunktion eines Investors additiv-separabel ist, erhält man die Erwartungsnutzenfunktion

$$\sum_{s=1}^{S} U(C_0, \tilde{C}_1) q_s = \frac{1}{1-\gamma} C_0^{1-\gamma} + \sum_{s=1}^{S} \delta \frac{1}{1-\gamma} C_{1s}^{1-\gamma} q_s, \quad (6.25)$$

wobei $\gamma > 0$ gelten soll und δ für einen Zeitpräferenzfaktor steht. Für $\gamma = 0$ wäre der Investor risikoneutral und für $\gamma < 0$ risikofreudig. Für $\gamma \to 1$ gilt[17]

$$\sum_{s=1}^{S} U(C_0, \tilde{C}_1) q_s = \ln(C_0) + \sum_{s=1}^{S} \delta \ln(C_{1s}) q_s.$$

---

[15] Außerdem kann man Folgendes zeigen: Wenn für $z(C_0)$ oder $z(C_{1s})$ eine inverse Funktion existiert, dann gilt $\epsilon_{z_s} C_0 = -RRA(C_0)$ beziehungsweise $\epsilon_{z_s} C_{1s} = -1/RRA(C_{1s})$. Allgemein gilt für Elastizitäten: Wenn für eine Funktion $y = f(x)$ eine inverse Funktion $x = g(y)$ existiert und $f'(x) \neq 0$ ist, dann gilt $g'(y) = 1/f'(x)$ und für die Elastizitäten $\epsilon_y g(y)$ und $\epsilon_x f(x)$ daher

$$\epsilon_y g(y) = \frac{y}{g(y)} g'(y) = \frac{f(x)}{x} \frac{1}{f'(x)} = \frac{1}{\epsilon_x f(x)}.$$

[16] Siehe Seite 84.
[17] Siehe Seite 82.

Die rechte Seite der Bewertungsgleichung (6.13), also die Zahlungsbereitschaft für Finanztitel, nimmt somit bei konstanter relativer Risikoaversion die Form

$$\sum_{s=1}^{S} X_{js}\, \delta \left(\frac{C_0}{C_{1s}}\right)^{\gamma} q_s = \mathrm{E}\left[\tilde{X}_j\, \delta \left(\frac{C_0}{C_{1s}}\right)^{\gamma}\right] \quad \forall j \qquad (6.26)$$

an. Dabei kommt im Grad der relativen Risikoaversion grundsätzlich auch ein Teil der Zeitpräferenzen des Investors zum Ausdruck, siehe Gleichung (6.14). Die Korrektur dieser bereits erfassten Zeitpräferenzen soll mit dem Zeitpräferenzfaktor δ auf das vom Investor tatsächlich gewünschte Maß gebracht werden.[18] Im Folgenden nutzen wir (6.26) zunächst, um wesentliche ökonomische Einflussgrößen für die Nachfrage nach Finanztiteln zu identifizieren. Anschließend werden wir die Zahlungsbereitschaft weiter spezifizieren.

Einkommens- und Substitutionseffekte Es liegt nahe zu vermuten, dass höhere zustandsabhängige Rückflüsse, beispielsweise durch die glaubwürdige Ankündigung höherer Dividenden, auch zu einer höheren Zahlungsbereitschaft für ein optimales Portfolio mit riskanten Finanztiteln führen. Überraschenderweise ist das nicht immer der Fall, beispielsweise wenn das Verhalten von Investoren durch konstante relative Risikoaversion vom Grad $\gamma = 1$ gekennzeichnet ist, ein Verhalten, das logarithmische Nutzenfunktionen impliziert und empirisch als vergleichsweise plausibel angesehen werden kann.[19] Gemäß (6.26) beträgt die Zahlungsbereitschaft bei solchen Investoren

$$\sum_{s=1}^{S} X_{js}\, \delta\, \frac{C_0}{C_{1s}}\, q_s \quad \forall j. \qquad (6.27)$$

Natürlich können wir diesen Term auch dazu verwenden, die Zahlungsbereitschaft des Investors für seine gesamten finanziellen Ansprüchen darzustellen. Veranschaulichend kann man sich dafür vorstellen, dass am Kapitalmarkt ein riskanter Finanztitel zu bewerten sind, der gerade jene zustandsabhängigen Rückflüsse verspricht, die der Investor für seinen optimalen Zukunftskonsum benötigt. Für diesen Finanztitel beträgt die Zahlungsbereitschaft des Investors

$$\sum_{s=1}^{S} C_{1s}\, \delta\, \frac{C_0}{C_{1s}}\, q_s = \delta\, C_0. \qquad (6.28)$$

Damit kann der stochastische Diskontierungsfaktor in (6.27) identifiziert werden,

$$\sum_{s=1}^{S} X_{js}\, \frac{p(\tilde{C}_1)}{C_{1s}}\, q_s = \mathrm{E}\left[\tilde{X}_j\, \frac{p(\tilde{C}_1)}{\tilde{C}_1}\right] \quad \forall j. \qquad (6.29)$$

---

[18]Der Zeitpräferenzfaktor könnte zum Beispiel in Anlehnung an das Hyperbolic Discount Model gewählt werden, siehe Seite 176.
[19]Siehe Seite 82 und Seite 84.

6.4. Entscheidungen bei konstanter relativer Risikoaversion

Akzeptiert man konstante relative Risikoaversion vom Grad $\gamma = 1$ als plausible Annäherung an das Verhalten von Investoren, dann vermittelt (6.29) einen sehr anschaulichen ersten Eindruck von der Größenordnung stochastischer Diskontierungsfaktoren: Unabhängig von der konkreten Form der Wahrscheinlichkeitsverteilung sind die Rückflüsse riskanter Finanztitel mit zustandsabhängigen Renditen des optimalen Portfolios des Investors zu diskontieren.

Für die Analyse realitätsnaher Einkommens- und Substitutionseffekte ist die Zahlungsbereitschaft (6.28) aufschlussreich. Wir erkennen, dass ein höherer zustandsabhängiger Konsum gleichzeitig dazu führt, dass der Investor diesen Konsum stärker diskontiert, und zwar genau so, dass die Zahlungsbereitschaft unverändert bleibt. Der Einkommenseffekt des höheren zustandsabhängigen Konsums wird also durch einen Substitutionseffekt exakt kompensiert, was man sich so vorstellen kann: Die Ankündigung höherer Rückflüsse führt zwar zunächst zu einer höheren Zahlungsbereitschaft für diesen Finanztitel. Nachdem der Investor aufgrund dieser Information aber seine neuen optimalen Nachfragen bestimmt hat, ist seine Zahlungsbereitschaft nicht höher als vor der Ankündigung höherer Rückflüsse. Die Ursache dafür besteht darin, dass der Investor die angekündigten höheren Rückflüsse nicht vollständig für einen höheren Konsum in diesem Zeitpunkt nutzt, sondern seine Mengen so anpasst, dass auch der Konsum in den anderen Zeitpunkten steigt. Diesen Zusammenhang kann man für die Zahlungsbereitschaft des gerade betrachteten Finanztitel auch mit der Elastizität des stochastischen Diskontierungsfaktor bezüglich des künftigen Konsums bestätigen,

$$\sum_{s=1}^{S} c_{1s} z_s q_s = \delta c_0.$$

Bei konstanter relativer Risikoaversion vom Grad $\gamma = 1$ fallen die stochastischen Diskontierungsfaktoren z_s um 1%, wenn der Konsum in allen Zuständen um 1% steigt.

Präferenz für rechtsschiefe Verteilungen Während ein Investor mit μ-σ-Präferenzen gegenüber zwei Finanztiteln mit gleichem Erwartungswert und gleicher Standardabweichung beziehungsweise gleicher Varianz indifferent ist, ist die Zahlungsbereitschaft eines Investors mit CRRA für denjenigen von zwei Finanztiteln höher, der die größere positive Schiefe aufweist. Eine Verteilung wird rechtsschief (linksschief) genannt, wenn die Schiefe positiv (negativ) ist. Dass Investoren mit CRRA eine Präferenz für rechtsschiefe Verteilungen haben, kann man beweisen, indem man den additiv-separablen Nutzen eines Investors mit einer Taylorreihe an der Stelle des Erwartungswerts entwickelt und anschließend den Erwartungswert berechnet,[20]

$$E\left[U(C_0, \tilde{C}_1)\right] = U(E[\tilde{C}_1]) + U'(E[\tilde{C}_1])\frac{E[(\tilde{C}_1 - E[\tilde{C}_1])^1]}{1!}$$
$$+ U''(E[\tilde{C}_1])\frac{E[(\tilde{C}_1 - E[\tilde{C}_1])^2]}{2!} + U'''(E[\tilde{C}_1])\frac{E[(\tilde{C}_1 - E[\tilde{C}_1])^3]}{3!} + \ldots$$

Da die dritte Ableitung der Funktion (6.25) positiv ist, ist der Erwartungsnutzen von Investoren mit CRRA um so größer, je größer die positive Schiefe der Verteilung seines Konsums ist. Das ist insbesondere deshalb bemerkenswert, weil die am Kapitalmarkt zu beobachtenden Verteilungen von Rückflüssen fast immer rechtsschief sind.

Probleme mit der Normalverteilung Man könnte glauben, dass ein Investor mit CRRA bei gleichem Erwartungswert und gleicher Varianz einen lognormalverteilten Konsum gegenüber einem normalverteilten präferieren würde, da die Lognormalverteilung rechtsschief ist, während die Normalverteilung vollkommen symmetrisch ist. Bei näherer Betrachtung stellt man jedoch fest, dass ein Investor mit konstanter relativer Risikoaversion überhaupt nicht dazu in der Lage ist, den Erwartungsnutzen normalverteilter Konsumbeträge zu berechnen. Konzentrieren Sie sich auf (6.26), wenn Sie das nachvollziehen wollen. Bei normalverteiltem Konsum ist jede Realisation im Intervall $(-\infty, +\infty)$ möglich, also auch Realisationen im Intervall $(-\varepsilon, +\varepsilon)$. Für $\varepsilon \to 0$ geht aber der Nutzen über alle Grenzen, und dasselbe gilt für den Erwartungsnutzen. Dieser lässt sich im Fall der Normalverteilung deshalb nicht ermitteln.

Damit besteht ein fundamentaler Unterschied zu Investoren mit μ-σ-Präferenzen, da die axiomatische Begründung ihres Verhaltens fast untrennbar mit der Normalverteilung verbunden ist. Wenn man hingegen Aussagen über das konkrete Verhalten von Investoren mit CRRA gewinnen will, arbeitet man fast immer mit der Lognormalverteilung, die nur für positive Realisationen von Zufallsvariablen definiert ist.

6.4.3 Lognormalverteilte Rückflüsse

Nachdem wir uns mit stochastischen Diskontierungsfaktoren bei konstanter relativer Risikoaversion vertraut gemacht haben, wollen wir uns jetzt den wesentlichen ökonomischen Einflussgrößen für die Preise von Finanztiteln zuwenden. Dazu verknüpfen wir die Bewertungsgleichung (6.13) mit der bivariaten Lognormalverteilung. Zwei Zufallsvariablen heißen bivariat lognormalverteilt, wenn ihre natürlichen Logarithmen bivariat normalverteilt sind.[21] Wir gehen also davon davon aus, dass die Rückflüsse jedes riskanten Finanztitels $\tilde{X}_j$ und die künftigen

---
[20]Für eine Zufallsvariable $\tilde{C}_1$ ist die Schiefe allgemein als $= E[(\tilde{C}_1 - \mu_C)^3]/\sigma_C^3$ definiert.
[21]Zur bivariaten Lognormalverteilung sowie zu Erwartungswerten, Varianzen und Kovarianzen bivariat lognormalverteilter Zuvallsvariablen siehe Seite 462 und Seite 473ff.

6.4. Entscheidungen bei konstanter relativer Risikoaversion

Konsumbeträge $\tilde{C}_1$ bivariat lognormalverteilt sind. Außerdem definieren wir die stetigen Renditen

$$\tilde{r}_j^* = \ln\left(\frac{\tilde{X}_j}{p(\tilde{X}_j)}\right) \quad \text{und} \quad \tilde{r}_c^* = \ln\left(\frac{\tilde{C}_1}{C_0}\right).$$

Sie sind bivariat normalverteilt, wenn $\tilde{X}_j$ und $\tilde{C}_1$ bivariat lognormalverteilt sind. Um sie besser von diskret definierten Renditen unterscheiden zu können, kennzeichnen wir sie mit einem Stern. Die Dichtefunktion $f(r_j^*, r_c^*)$ der Renditen lautet

$$\frac{1}{2\pi\,\sigma_j\sigma_c\sqrt{1-\varrho_{jc}^2}}\, e^{-\frac{1}{2(1-\varrho_{jc}^2)}\left(\frac{(r_j^*-\mu_j)^2}{\sigma_j^2} - 2\varrho_{jc}\frac{(r_j^*-\mu_j)(r_c^*-\mu_c)}{\sigma_j\sigma_c} + \frac{(r_c^*-\mu_c)^2}{\sigma_c^2}\right)}.$$

Ausgehend vom Angebotspreis $p(\tilde{X}_j)$ und der gegenwärtigen Nachfrage nach Konsumgütern C_0, können die künftigen Rückflüsse und der künftige Konsum durch

$$\tilde{X}_j = p(\tilde{X}_j)\, e^{\tilde{r}_j^*} \quad \text{und} \quad \tilde{C}_1 = C_0\, e^{\tilde{r}_c^*},$$

beschrieben werden. Man nehme zur Kenntnis, dass die erwartete Rendite lognormalverteilter Rückflüsse bei stetig definierten Renditen nicht der Rendite des Erwartungswerts entspricht. Vielmehr gilt

$$E\left[\tilde{r}_j^*\right] = E\left[\ln\left(\frac{\tilde{X}_j}{p(\tilde{X}_j)}\right)\right] = \mu_j \quad \text{und}$$

$$\ln\left(\frac{E\left[\tilde{X}_j\right]}{p(\tilde{X}_j)}\right) = \mu_j + \frac{1}{2}\sigma_j^2. \tag{6.30}$$

Für die Wachstumsrate des Konsums gelten vorstehende Zusammenhänge sinngemäß.

Nach diesen Vorbereitungen können wir uns der Zahlungsbereitschaft von Investoren mit CRRA für Finanztitel mit lognormalverteilten Rückflüssen zuwenden. (6.26) lässt sich mit den eingeführten Renditen auch in der Form

$$E\left[p(\tilde{X}_j)\, e^{\tilde{r}_j^*}\, \delta\, e^{-\gamma \tilde{r}_c^*}\right] \quad \forall\, j$$

schreiben. Bei bivariater Lognormalverteilung beträgt die Zahlungsbereitschaft für riskante Finanztitel

$$p(\tilde{X}_j)\,\delta \int_{-\infty}^{\infty}\int_{-\infty}^{\infty} e^{r_j^*} e^{-\gamma r_c^*} f(r_j^*, r_c^*)\, dr_j^*\, dr_c^* \quad \forall\, j.$$

Die Auswertung dieses Integrals ergibt[22]

$$p(\widetilde{X}_j)\,\delta\,e^{\mu_j+\frac{1}{2}\sigma_j^2-\gamma\mu_c+\frac{1}{2}(-\gamma\sigma_c)^2-\gamma\varrho_{jc}\,\sigma_j\sigma_c}\quad \forall\, j$$

und in Verbindung mit (6.30) schließlich

$$\delta\,\mathrm{E}[\widetilde{X}_j]\,e^{-\gamma\mu_c+\gamma^2\frac{1}{2}\sigma_c^2-\gamma\varrho_{jc}\,\sigma_j\sigma_c}\quad \forall\, j. \tag{6.31}$$

Bevor wir den Einfluss der Risikopräferenzen und der Erwartungen auf die Zahlungsbereitschaft für Finanztitel genauer analysieren, wollen wir unsere Aufmerksamkeit auf die Angebotspreise lenken. Wenn sich die Angebotspreise $p(\widetilde{X}_j)$ am Kapitalmarkt ändern, kann ein Investor nur vermuten, was die anderen Marktteilnehmern dazu bewegt hat, ihre Zahlungsbereitschaft zu ändern. Falls er vermutet, dass das nur auf Änderungen der Zeit- und Risikopräferenzen δ und γ zurückzuführen ist, passt er lediglich seine Mengen an die neue Marktsituation an. Glaubt er dagegen, dass die anderen Marktteilnehmer ihre Erwartungen μ_j, σ_j und ϱ_{jc} geändert haben, könnte er sich veranlasst sehen, seine eigenen Erwartungen ebenfalls zu revidieren. Orientiert er sich dabei an den vermuteten Erwartungsänderungen der anderen Marktteilnehmer, passt er seine Menge nicht nur aufgrund der neuen Marktpreise an, sondern nimmt in einem zweiten Schritt zusätzlich eine Adjustierung aufgrund seiner neuen Erwartungen vor. Damit verstärkt er die angestoßene Preisentwicklung und löst möglicherweise bei den anderen Marktteilnehmern eine Kaskade ähnlicher Überlegungen aus, was zu ökonomisch unbegründeten Preisentwicklungen führen kann. In solchen Fällen spricht man von Herding-Effekten.

Zahlungsbereitschaft für sichere Finanztitel Sollte ein risikoloser Finanztitel gehandelt werden oder sollte man aufgrund von Vollständigkeit des Kapitalmarkts ein risikoloses Portfolio konstruieren können, so beläuft sich die Zahlungsbereitschaft dafür gemäß (6.31) auf

$$\delta\,e^{-\gamma\mu_c+\gamma^2\frac{1}{2}\sigma_c^2}, \tag{6.32}$$

wobei wir einen Nennwert von 1€ unterstellt haben. Bei Risikoversion ($\gamma > 0$) ist die Zahlungsbereitschaft für sichere Titel relativ gering, wenn die erwartete Wachstumsrate des Konsums (μ_c) relativ hoch und die Unsicherheit bezüglich des Zukunftskonsums (σ_c) relativ gering sind. Solange ein starkes und stabiles Wachstum des Konsums erwartet wird, bleibt die Bereitschaft zur sicheren Geldanlage bescheiden. Wenn alle Marktteilnehmer diese Erwartung teilen, sind die Preise für sichere Titel relativ niedrig und die realen Zinssätze folglich vergleichsweise hoch.

Anhand von (6.32) kann man noch einmal sehr gut erkennen, dass der Grad der relativen Risikoaversion nicht nur die Risikopräferenzen, sondern auch einen Teil der Zeitpräferenzen erfasst. Stellen Sie sich dafür vereinfachend vor, dass der künftige Konsum vollkommen frei von Risiko ist ($\sigma_c = 0$). In diesem Fall wird die

---

[22]Siehe Gleichung (10.17) auf Seite 473.

6.4. Entscheidungen bei konstanter relativer Risikoaversion

Zahlungsbereitschaft für den sicheren Finanztitel dadurch ermittelt, dass die erwartete Wachstumsrate μ_c mit γ gewichtet wird, um damit den risikolosen Euro zu diskontieren. Der Zeitpräferenzfaktor verstärkt diese Diskontierung ($\delta < 1$) oder schwächt sie ab ($\delta > 1$). Je größer σ_c und das damit verbundene Risiko des Wachstum ist, desto größer ist auch die Zahlungsbereitschaft für sichere Finanztitel, was gleichbedeutend mit fallenden Zinssätzen ist.

Zahlungsbereitschaft für riskante Finanztitel Es dürfte unmittelbar einleuchten, dass die Zahlungsbereitschaft (6.31) für einen riskanten Finanztitel umso größer ist, je höher die erwarteten Rückflüsse sind. Ebenfalls plausibel erscheint uns, dass eine hohe Gegenwartspräferenz ($\delta < 1$) die Zahlungsbereitschaft für riskante Finanztitel mindert. Die Wirkung der Einflussgrößen im Exponenten von (6.31) erschließt sich allerdings nicht sofort, da die Zeit- und Risikopräferenzen in der Nutzenfunktion in komplizierter Weise miteinander verwoben sind. Um diese Zusammenhänge zu durchschauen, gehen wir davon aus, dass der Investor sein Portfolio in einem ersten Schritt bereits so angepasst hat, dass seine Zahlungsbereitschaft (6.32) dem Angebotspreis für sichere Finanztitel entspricht,

$$e^{-r_f^*} = \delta\, e^{-\gamma\mu_c + \gamma^2 \frac{1}{2}\sigma_c^2}.$$

Die Zahlungsbereitschaft gemäß (6.31) nimmt unter dieser Voraussetzung die stark vereinfachte Form

$$\mathrm{E}[\widetilde{X}_j]\, e^{-r_f^* - \gamma \varrho_{jc}\, \sigma_j \sigma_c} \quad \forall\, j \qquad (6.33)$$

an. Damit wird die Analyse der Einflussfaktoren im Exponenten einfacher. Ein hoher risikoloser Zinssatz verringert die Zahlungsbereitschaft für riskante Finanztitel, da sichere Finanztitel vergleichsweise attraktiver werden. Die Einflussfaktoren für den Zinssatz hatten wir bereits im Zusammenhang mit der Bewertungsgleichung (6.32) erörtert. Indirekt wirken die dort genannten Faktoren also auch auf die Zahlungsbereitschaft für riskante Finanztitel: Ein starkes und stabiles Wachstum des Konsums führt zu relativ hohen Zinsen, was insgesamt die Zahlungsbereitschaft für riskante Finanztitel mindert. Dass die Zahlungsbereitschaft risikoaverser Marktteilnehmer ($\gamma > 0$) ist umso höher, je weniger stark die Rückflüsse des Finanztitels mit dem Zukunftskonsum korreliert sind, hatten wir bereits im Zusammenhang mit dem Kovarianzrisiko ausführlich erläutert.[23]

6.4.4 Renditegleichungen und Beta

Wenn der Investor seine Nachfrage so angepasst hat, dass seine Zahlungsbereitschaft dem Angebotspreis $p(\widetilde{X}_j)$ entspricht, lässt sich (6.33) in Verbindung mit (6.30) auch als Renditegleichung schreiben,

$$1 = e^{\mu_j + \frac{1}{2}\sigma_j^2 - r_f^* - \gamma \varrho_{jc}\, \sigma_j \sigma_c} \quad \forall\, j,$$

---
[23] Siehe Seite 261.

oder auch
$$\mu_j + \frac{1}{2}\sigma_j^2 = r_f^* + \gamma \varrho_{jc}\,\sigma_j\,\sigma_c \quad \forall\, j. \tag{6.34}$$

Natürlich ist (6.34) auch für einen Finanztitel erfüllt, der gerade die Konsummöglichkeiten des Investors widerspiegelt. Für einen derartigen Titel gilt $\sigma_j = \sigma_m$ und $\varrho = 1$, weswegen wir für den Grad der relativen Risikoaversion

$$\gamma = \frac{\mu_c + \frac{1}{2}\sigma_c^2 - r_f^*}{\sigma_c^2}$$

schreiben können. Mit Rückgriff auf (6.30) und (6.34) erhalten wir daraus die Renditegleichung

$$\ln\!\left(\frac{\mathrm{E}\!\left[\tilde{X}_j\right]}{p(\tilde{X}_j)}\right) = r_f^* + \left(\ln\!\left(\frac{\mathrm{E}\!\left[\tilde{X}_j\right]}{p(\tilde{X}_j)}\right) - r_f^*\right) \frac{\varrho_{jc}\,\sigma_j\,\sigma_c}{\sigma_c^2} \quad \forall\, j. \tag{6.35}$$

Unabhängig vom Grad ihrer relativen Risikoaversion passen alle Investoren ihre Portfolios so an, dass die Renditegleichung (6.35) für alle Finanztitel erfüllt ist. Zusammen mit homogenen Erwartungen folgt bei CRRA und lognormalverteilten Rückflüssen wieder Tobins Separationstheorem. Wenn aber die Portfoliostruktur aller nachgefragten Portfolios identisch ist, müssen sich die Preise im Gleichgewicht so einstellen, dass die Struktur der nachgefragten Portfolios der Struktur des angebotenen Portfolios entspricht, also dem Marktportfolio. Von der Struktur her erinnert (6.35) unter diesen Voraussetzungen sehr an die CAPM-Renditegleichung. Formal besteht der Unterschied darin, dass die Renditen in (6.35) stetig definiert sind und nicht, wie im klassischen CAPM, diskret. Identisch sind diese beiden Renditegleichungen also nur, wenn der betrachtete Zeitraum unendlich klein wird.

Merton (1973a) hat Renditegleichung (6.34) beziehungsweise (6.35) in einem ähnlichen Modellrahmen entwickelt. Statt der Annahme, dass alle Marktteilnehmer sich durch konstante relative Risikoaversion auszeichnen, geht er jedoch von kontinuierlichen Handelsmöglichkeiten aus.[24] Der letzte Faktor in der Renditegleichung (6.35) wird in der Literatur gelegentlich als Beta bezeichnet. Das ist jedoch Anlass für Missverständnisse, da dieser Faktor nicht exakt dem Beta im Sinne des CAPM entspricht,

$$\frac{\varrho_{jm}\,\sigma_j\,\sigma_m}{\sigma_m^2} = \frac{\mathrm{Cov}[\tilde{r}_j^*,\tilde{r}_m^*]}{\mathrm{Var}[\tilde{r}_m^*]} \neq \underbrace{\frac{\mathrm{Cov}[\tilde{r}_j,\tilde{r}_m]}{\mathrm{Var}[\tilde{r}_m]}}_{\text{CAPM-Beta}}.$$

---

[24]Die Renditegleichungen (6.34) und (6.35) gehen auf Rubinstein zurück, der auch den Mehrperiodenfall betrachtet und den Zusammenhang zu Merton (1973a) mit Verweis auf Kraus und Litzenberger (1975) wie folgt erläutert: „Although this formula has been derived in discrete time, it is consistent with Merton's 1973 continuous-time model as interpreted over discrete intervals by Jensen (1972, p. 386). CPRA has substituted for continuous trading opportunities to achieve the same end," Rubinstein (1976, Seite 416).

6.5 Gleichgewichtsanalyse

Eine Möglichkeit, sich Gleichgewichtspreise anschaulich vorzustellen, besteht darin, von der Existenz eines repräsentativen Investors auszugehen. Nehmen Sie an, dass Sie selbst ein Investor sind, der nur einen geringen Teil des volkswirtschaftlichen Gesamtvermögens besitzt, und dass es neben Ihnen nur noch einen einzigen weiteren Investor gibt, der im Besitz des restlichen Gesamtvermögens ist. Dann entspricht das Vermögen dieses repräsentativen Investors nahezu dem Marktportfolio. Ebenso wie Sie wird dieser Investor seine Zahlungsbereitschaft für alle Finanztitel auf der Grundlage seiner Anfangsausstattung, seiner Erwartungen und seiner Nutzenfunktion ermitteln. Man kann sich leicht ein Bild davon machen, wie sich Marktpreise bilden werden, wenn Sie mit diesem Investor in Handelsbeziehungen treten. Aus dessen Perspektive, sind die Mengen, welche Sie mit ihm tauschen, vollkommen unwesentlich. Seine Zahlungsbereitschaft wird sich wegen des marginalen Handels mit Ihnen so gut wie gar nicht ändern. Für Ihre eigene Zahlungsbereitschaft haben dieselben Mengen hingegen eine ungleich größere Bedeutung. Folglich kommt ein Gleichgewicht nur zu Stande, wenn Sie sich mit Ihrer Zahlungsbereitschaft auf die Zahlungsbereitschaft Ihres Kontrahenten einlassen. Der repräsentative Investor wird sich also mit seinen Vorstellungen schlussendlich durchsetzen.

Natürlich ist die Vorstellung von einem einzigen Investor, dem fast das gesamte volkswirtschaftliche Vermögen gehört, nicht sehr realistisch. Vielmehr wird es zahlreiche andere Investoren geben, deren individuelles Verhalten ebenfalls nur von geringer Bedeutung ist. Um die Preisbildung an Märkten zu erklären, ist das Bild von einem einzigen großen Investor jedoch nützlich, wenn man sich dabei vorstellt, dass das Verhalten aller einzelnen Investoren insgesamt dieselbe Wirkung hat, wie das eines großen repräsentativen Investors. Diese Art, die Preisbildung zu erklären, hatten wir am Ende des letzten Abschnitts schon angedeutet. Sie wird auch als *schwache* Aggregation bezeichnet, weil man nicht im Detail zeigt, dass die aggregierten Nachfragemengen der Marktteilnehmer dem angebotenen Marktportfolio entsprechen. Im Folgenden werden wir Gleichgewichtspreise auf der Grundlage von Markträumungsbedingungen erkären.

6.5.1 Markträumungsbedingungen

Im Falle eines Gleichgewichts haben die Marktteilnehmer ihre Mengen so angepasst, dass die indirekten Nachfragefunktionen (6.13) für Marktteilnehmer und alle Finanztitel genau den Angebotspreisen entsprechen. Außerdem müssen sich die Angebotspreise derart einstellen, dass alle Märkte geräumt werden. Das heißt

$$\sum_{i=1}^{I} n_j^i = \sum_{i=1}^{I} \bar{n}_j^i \ \forall j \quad \text{und} \quad \sum_{i=1}^{I} C_0^i = \sum_{i=1}^{I} \bar{C}_0^i. \tag{6.36}$$

Wenn die Nutzenfunktionen der Marktteilnehmer sowie deren Anfangsausstattungen bekannt wären, und wenn außerdem die stochastischen Eigenschaften der Finanztitel sowie die Wahrscheinlichkeitsurteile der Individuen vorliegen würden, so könnte man es einem Computer überlassen, das Marktergebnis aus den individuellen Nachfragefunktionen sowie den Gleichgewichtsbedingungen abzuleiten. Dieser Computer könnte gegebenenfalls die Gleichgewichtspreise sowie die Nachfrage nach Konsumgütern und Finanztiteln jedes Marktteilnehmers berechnen. Anschaulich ist auch die Metapher vom *Walrasianischen* Auktionator. Dieser ruft willkürlich ein beliebiges Preissystem aus. Die Marktteilnehmer nehmen dieses Preissystem als gegeben hin und passen gemäß (6.13) ihre Nachfragemengen an. Anschließend teilen sie dem Auktionator ihre Nachfragepläne mit. Dieser prüft, ob die aggregierten Nachfrage- und Angebotspläne zueinander passen. Bei einer Überschussnachfrage für einen Finanztitel erhöht er den Preis, während bei einem Überschussangebot eine Preissenkung erfolgt. Auf der Basis des modifizierten Preissystems ermitteln die Marktteilnehmer erneut ihre Nachfragemengen und teilen diese wieder dem Auktionator mit. Der prüft abermals die Markträumungsbedingungen und passt das Preissystem gegebenenfalls weiter an. Dieser Vorgang wiederholt sich so lange, bis das ausgerufene Preissystem die Märkte räumt. Erst dann findet der Handel mit Konsumgütern und Finanztiteln zu Gleichgewichtspreisen statt.

Zu klären bleibt in diesem Zusammenhang die Frage, ob ein gleichgewichtiges Preissystem überhaupt existiert und ob dieses Gleichgewicht gegebenenfalls eindeutig ist. Constantinides (1982) hat gezeigt, dass auf einem vollständigen Kapitalmarkt ein Gleichgewicht existiert. Weitere Aussagen über die Existenz eines eindeutigen Gleichgewichts erfordern zusätzliche Annahmen bezüglich der Anfangsausstattungen und Risikopräferenzen der Marktteilnehmer. Die methodischen Anforderungen zur Behandlung dieser Fragestellungen gehen jedoch weit über den Standard dieses Lehrbuchs hinaus.

6.5.2 Normalverteilung und quadratische Nutzenfunktionen

In allgemeiner Form gelingt die Aggregation der individuell nachgefragten Mengen nur, wenn die indirekten Nachfragefunktionen (6.13) beziehungsweise (6.21) bezüglich der Mengen linearisiert werden können. Das bedeutet, dass die indirekte Nachfragefunktion (6.21)

$$p(\widetilde{X}_j) = \frac{\mathrm{E}[\widetilde{X}_j] - (1 + r_f)\,\mathrm{Cov}\left[\widetilde{X}_j, -\frac{U'(\widetilde{C}_1)}{U'(C_0)}\right]}{1 + r_f} \quad \forall j$$

in die Form

$$p(\widetilde{X}_j) = \frac{\mathrm{E}[\widetilde{X}_j] - h^i \cdot \sum_{k=1}^{J} \mathrm{Cov}[\widetilde{X}_j, n_k^i \widetilde{X}_k]}{1 + r_f} \quad \forall j$$

6.5. Gleichgewichtsanalyse

überführt werden muss, wobei der Term h^i die individuellen Zeit- und Risikopräferenzen eines Marktteilnehmers erfasst. Falls das gelingt, stimmt die Struktur der indirekten Nachfragefunktion im TSPM vollkommen mit der Struktur der indirekten Nachfragefunktion im CAPM überein.[25] Analog zum CAPM könnte dann gezeigt werden, dass die Struktur des riskanten Wertpapierportfolios unabhängig vom Ausmaß der Risikoaversion der Marktteilnehmer ist (*Tobin*-Separation) und dass bei homogenen Erwartungen alle Investoren dieselbe Portfoliostruktur wählen (Gemeinsamer Fonds). Unter diesen Bedingungen bleiben auch alle Gleichgewichtsaussagen des CAPM, insbesondere die Preis- und Renditegleichungen, für das TSPM gültig, denn die Gleichgewichtsanalyse im CAPM beruht genau auf diesen Elementen. Im Folgenden zeigen wir, dass die Linearisierung der indirekten Nachfragefunktionen möglich ist, wenn die Rückflüsse riskanter Finanztitel normalverteilt sind oder alle Marktteilnehmer quadratische Nutzenfunktionen haben.

Normalverteilte Rückflüsse Wenn wir annehmen, dass die Cashflows aller am Kapitalmarkt gehandelten Finanztitel normalverteilt sind, dann ist auch der zustandsabhängige Konsum normalverteilt, denn der zustandsabhängige Konsum ist eine Linearkombination der Cashflows einzelner Finanztitel. In diesem Fall kann die indirekte Nachfragefunktion (6.21) mit Hilfe von *Steins Lemma* vereinfacht werden. Für zwei bivariat normalverteilte Zufallsvariablen $\tilde{x}$ und $\tilde{y}$ und eine stetig differenzierbare Funktion $g(y)$ mit $g'(y) = d\,g(y)/d\,y$ gilt allgemein

$$\operatorname{Cov}[\tilde{x}, g(\tilde{y})] = \operatorname{Cov}[\tilde{x}, \tilde{y}]\,\operatorname{E}[g'(\tilde{y})],$$

wobei der Definitionsbereich der Funktion $g(y)$ alle reellen Zahlen umfasst und der Wertebereich nach oben und unten beschränkt sei.[26] Für die Zufallsvariablen $\tilde{X}_j$ und $\tilde{C}_1$ und zweimal stetig differenzierbare Nutzenfunktionen gilt bei normalverteilten Rückflüssen daher

$$\operatorname{Cov}[\tilde{X}_j, U'(\tilde{C}_1)] = \operatorname{E}[U''(\tilde{C}_1)] \cdot \operatorname{Cov}[\tilde{X}_j, \tilde{C}_1] \quad \forall\, j. \tag{6.37}$$

Für die indirekte Nachfragefunktion (6.21) schreiben wir in Verbindung mit den Rechenregeln für Kovarianzen zunächst

$$p(\tilde{X}_j) = \frac{\operatorname{E}[\tilde{X}_j] - \frac{-1}{\operatorname{E}[U'(\tilde{C}_1)]} \operatorname{Cov}\left[\tilde{X}_j, U'(\tilde{C}_1)\right]}{(1+r_f)^t} \quad \forall\, j$$

und mit (6.37) sowie den Budgetrestriktionen (6.2b) schließlich

---
[25] Siehe Gleichung (5.18) auf Seite 199.
[26] Siehe Seite 476 für den Beweis von *Steins Lemma*.

$$p(\tilde{X}_j) = \frac{E[\tilde{X}_j] - h^i \operatorname{Cov}\left[\tilde{X}_j, \sum_{k=1}^{J} n_k \tilde{X}_{kt}\right]}{1 + r_f} \quad \forall j \qquad (6.38)$$

$$\text{mit} \quad h^i = -\frac{E[U''(\tilde{C}_1)]}{E[U'(\tilde{C}_1)]}. \qquad (6.39)$$

Quadratische Nutzenfunktionen Angenommen, ein Investor habe eine additiv-separable quadratische *Bernoulli*-Nutzenfunktion des Typs

$$E[U(C_0, \tilde{C}_1)] = E[a_1 + a_2 C_0 - a_3 C_0^{i\,2} + a_4 \tilde{C}_1 - a_5 \tilde{C}_1^{i\,2}]$$

mit $a_1, a_2, a_3, a_4, a_5 > 0$. Dann ist $\partial U / \partial \tilde{C}_1 = a_4 - 2 a_5 \tilde{C}_1$, und die Nachfragefunktion (6.21) kann in der Form

$$p(\tilde{X}_j) = \frac{E[\tilde{X}_j] - h^i \operatorname{Cov}\left[\tilde{X}_j, \sum_{k=1}^{J} n_k \tilde{X}_{kt}\right]}{1 + r_f} \quad \forall j$$

$$\text{mit} \quad h^i = \frac{2 a_5 (1 + r_f)}{a_4 - 2 a_5 E[\tilde{C}_1]}$$

dargestellt werden.

7 Optionspreistheorie

Optionen sind faszinierende Finanztitel. Sie geben ihrem Inhaber das Recht, bestimmte Gegenstände (z.B. Aktien, festverzinsliche Wertpapiere, Devisen, Edelmetalle und so weiter) innerhalb oder am Ende bestimmter Fristen zu bestimmten Preisen zu kaufen beziehungsweise zu verkaufen.

7.1 Grundbegriffe

Um sich mit der Bewertung von Optionen auseinandersetzen zu können, muss man einige Grundbegriffe beherrschen. Man unterscheidet:

Kaufoptionen und Verkaufsoptionen Der Erwerber einer Kaufoption (eines Calls) hat das Recht, den Gegenstand von seinem Vertragspartner (dem „Stillhalter in Waren") zu kaufen. Dagegen darf der Inhaber einer Verkaufsoption (eines Puts) den Gegenstand an seinen Vertragspartner (den „Stillhalter in Geld") verkaufen. Wichtig ist, dass kein Optionsinhaber verpflichtet ist, das Optionsrecht tatsächlich zu nutzen. Man darf es ungenutzt verfallen lassen. Der Vertragspartner hingegen ist verpflichtet, das Optionsversprechen einzulösen, wenn der Optionsinhaber das will.

Europäische und amerikanische Optionen Kontrakte, die man nur am Ende der Optionsfrist ausüben darf, werden als europäisch bezeichnet. Amerikanische Optionen kann man dagegen an einem beliebigen Tage während der Optionsfrist nutzen. Man sagt daher auch, dass amerikanische Optionen gegenüber ihren europäischen Pendants das Recht der vorfristigen Ausübung beinhalten.

Optionen auf unterschiedliche Gegenstände Der einem Optionsgeschäft zugrunde liegende Gegenstand (englisch: underlying asset) kann alles sein, was einen Preis hat, zum Beispiel eine Aktie, ein festverzinsliches Wertpapier, Edelmetalle, landwirtschaftliche Produkte wie Weizen, Reis oder lebende Rinder und so weiter.

Basispreis Der Preis, welcher bei Ausübung der Option für den zugrunde liegenden Gegenstand zu zahlen ist, wird bei Abschluss des Optionsvertrages vereinbart. Man nennt ihn *Basis-* oder *Ausübungspreis* (englisch: strike price, exercise price).

Optionspreis Der Vertragspartner einer Person, die ein Optionsrecht erwerben will, begibt sich in eine etwas riskante Position. Stellen Sie sich vor, Sie besäßen 100.000 US-Dollar und der gegenwärtige Devisenkurs liege bei 0,88€ je Dollar. Nun möchte jemand das Recht erwerben, diese 100.000 US-Dollar in einem halben Jahr von Ihnen zum Preis von 0,90€ je Dollar (Basispreis) zu kaufen. Wenn Sie einen derartigen Vertrag schließen, so kann es sein, dass Sie das in einem halben Jahr heftig bedauern werden, zum Beispiel wenn der Dollarpreis auf 0,91€ gestiegen sein sollte. Dann müssen Sie nämlich zu 0,90€ liefern und verlieren bei einem Volumen von 100.000 US-Dollar genau 1.000€. Vernünftigerweise werden Sie für die Übernahme eines solchen Risikos heute (im Zeitpunkt des Vertragsschlusses) eine angemessene Prämie verlangen. Diese Prämie nennen wir *Optionspreis*. Die Optionspreistheorie beantwortet die Frage, welchen Preis man für die Einräumung (den Erwerb) eines Optionsrechtes fordern (bieten) sollte.

Anwendungsfelder der Optionspreistheorie Nun kann man sagen, dass das eine ziemlich spezielle Fragestellung ist, denn Optionen haben zwar seit Beginn der 70er Jahre an den Kapitalmärkten dieser Welt enorm an Bedeutung gewonnen. Trotzdem kann man nicht sagen, dass sie die allerwichtigsten Finanztitel sind. Wenn die Bedeutung der Optionspreistheorie trotzdem als hoch eingeschätzt wird, so ist das damit zu erklären, dass man quasi jedem Finanztitel (also auch einer Aktie oder einer Anleihe) bescheinigen kann, dass er optionsähnlichen Charakter hat. Wie ist das zu erklären?

Was eine Option im Zeitpunkt ihrer Fälligkeit wert ist, kann man nicht genau vorhersagen. Entweder lohnt sich die Ausübung, oder sie lohnt sich nicht. Und wenn sich die Ausübung lohnt, so kann der daraus resultierende Gewinn klein und bescheiden oder aber auch beträchtlich sein. Salopp gesprochen, kauft man ein Lotterielos, das entweder gewinnt oder sich als Niete entpuppt. Etwas weniger salopp würde man sagen, dass eine Option einen zustandsabhängigen Anspruch (englisch: contingent claim) auf künftige Cashflows gewährt. Genau das tun aber auch Aktien und (konkursgefährdete) Anleihen, Wandelschuldverschreibungen, Indexanleihen oder Bezugsrechte, um nur eine beispielhafte Auswahl zu geben. Und insoweit ist das Anwendungsfeld der Optionspreistheorie bedeutend größer, als es der Name suggeriert.

Theoretische Bewertung von Optionen Die wissenschaftliche Diskussion über den Preis, welchen man unter den Bedingungen eines perfekten Kapitalmarktes für eine Option (oder einen optionsähnlichen Finanztitel) bezahlen sollte, hat mit dem Artikel, den *Fischer Black* und *Myron S. Scholes* hierzu im Jahre 1973 veröffentlichten, einen gewaltigen Anstoß erfahren und ist heute nur noch mit Mühe zu überblicken. In dem vorliegenden Buch wollen und müssen wir uns darauf beschränken, eine kurze Einführung zu geben.

7.1. Grundbegriffe

Samuelson

Paul A. Samuelson (1915-2009) war einer der bedeutendsten amerikanischen Ökonomen und erhielt 1970 den Nobelpreis für seine grundlegenden Beiträge zu nahezu allen Gebieten der Wirtschaftstheorie. Samuelson studierte in Chicago und Harvard, wo er 1941 promovierte. Er wurde 1940 Professor für Volkswirtschaftslehre am Massachusetts Institute of Technology in Boston und hat das MIT nie verlassen. Samuelson hat sich auf sehr vielen Forschungsfeldern hervorgetan und zeichnete sich dadurch aus, dass er schwierige ökonomische Fragen mit leistungsfähigen mathematischen Methoden zu lösen verstand. Sein Buch „Economics" war für unzählige Studierende die Standard-Einführung in die Geheimnisse der ökonomischen Theorie. Er untersuchte unter anderem die Dynamik und Stabilität ökonomischer Systeme, allgemeine Gleichgewichtsmodelle unter Einbeziehung des Außenhandels, Grundlagen der Kapitaltheorie und zahlreiche finanzwissenschaftliche Probleme. Auch auf dem Gebiet der Optionspreistheorie hat er Grundlagenarbeit geleistet. (Foto von Donna Coveney (MIT) mit freundlicher Genehmigung von Paul Samuelson)

Zu diesem Zweck konzentrieren wir uns auf *europäische Optionen auf Aktien*. Dabei wird grundsätzlich davon ausgegangen, dass der Kurs des der Option zugrunde liegenden Gegenstandes, also der Aktie, während der Optionsfrist einem Zufallsprozess folgt. Ein Zufallsprozess ist nichts weiter als eine zeitliche Abfolge von Zufallsereignissen. Was die Art des Zufallsprozesses betrifft, sind in der Literatur vor allen Dingen drei verschiedene Varianten diskutiert worden.

Bernoulliprozess Der denkbar einfachste Fall ist ein elementarer Bernoulliprozess.[1] Dieser zeichnet sich dadurch aus, dass der Aktienkurs während der Optionsfrist entweder mit Wahrscheinlichkeit q steigt oder mit Wahrscheinlichkeit $1 - q$ fällt, vgl. Abbildung 7.1. Der heutige Aktienkurs S_0 geht also entweder nach oben (englisch: up) oder nach unten (englisch: down), weswegen wir die entsprechenden Veränderungsfaktoren mit u beziehungsweise d bezeichnen. Im Übrigen gehen wir von unserer Gewohnheit, Preise von Fi-

---
[1] Siehe dazu Seite 452.

Black 　　　　　　　　Scholes 　　　　　　　　Merton

Fischer Black (1938-1995) studierte Physik und promovierte 1964 in Mathematik. Anschließend nahm er einen Job bei Arthur D. Little an. Dort lernte er Jack L. Treynor kennen, der ihn mit dem CAPM vertraut machte. Sein Interesse verlagerte sich von der Mathematik auf die Finanzierungstheorie. 1971 wurde Black eine Gastprofessur an der University of Chicago angeboten. Er hat viele bedeutende Beiträge zur Finanzierungstheorie geleistet. Berühmt geworden ist Black mit dem Aufsatz „The pricing of options and corporate liabilities", den er gemeinsam mit Myron S. Scholes im Jahre 1973 veröffentlichen konnte. 1975 wechselte Black an das Massachusetts Institute of Technology. 1984 verließ er die Universität, um seine Karriere als wissenschaftlicher Berater von Goldman Sachs in New York zu fortzusetzen. (Foto mit freundlicher Genehmigung des MIT Museums)

Myron S. Scholes (1941-) studierte an der University of Chicago. Er promovierte 1968 unter der Betreuung von Merton H. Miller und Eugene F. Fama. Bis 1973 war Scholes Assistenzprofessor am Massachusetts Institute of Technology. Hier lernte er Fischer Black kennen. Zur selben Zeit begegnete er auch Robert C. Merton. Am MIT arbeitete Scholes zusammen mit Black und Michael C. Jensen am CAPM und entwickelte mit Black die Grundlagen der modernen Optionspreistheorie. Von 1973 bis 1983 war Scholes Professor in Chicago. Im Jahre 1983 nahm er einen Ruf an die Stanford University an, die er 1996 als Emeritus verließ. 1997 erhielt Scholes zusammen mit Merton den Nobelpreis für Wirtschaftswissenschaften. (Foto mit freundlicher Genehmigung von Myron Scholes)

Robert C. Merton (1944-) begann seine wissenschaftliche Karriere mit dem Studium der Mathematik an der Columbia University und am California Institute of Technology. 1967 wechselte er an das Massachusetts Institute of Technology, wurde von Paul A. Samuelson als Forschungsassistent eingestellt und promovierte 1970. Samuelson begeisterte ihn für die Optionspreistheorie. Er kam in Kontakt mit Black und Scholes und begleitete deren Anstrengungen zur präferenzfreien Bewertung von Optionen intensiv. Formal unterschied sich seine Vorgehensweise von der vieler anderer Wissenschaftler dadurch, dass er es vorzog, mit zeitstetigen anstelle von diskreten Modellen zu arbeiten. Ab 1974 war er Professor für Finanzierung an der Sloan School of Management des MIT. 1988 wechselte er an die Harvard Business School, wo er bis heute wirkt. 1997 wurde Merton mit dem Nobelpreis ausgezeichnet. (Foto mit freundlicher Genehmigung von Robert Merton)

nanztiteln in der Form $p(\cdot)$ zu schreiben, hier bewusst ab. Das Symbol S_0 für Aktienkurse ist üblicher Standard, womit man im Englischen an das Wort „stock" für Aktie anspielt. Im Falle der nach oben gerichteten Entwicklung beläuft sich der neue Aktienkurs auf $S_1 = S_0 u$, sonst auf $S_1 = S_0 d$.

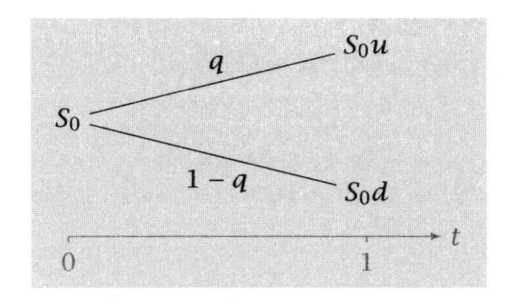

Abbildung 7.1: Bernoulliprozess

Die Bewertung von Optionen ist bei dieser Annahme in einem Zwei-Zeitpunkte-Zwei-Zustände-Modell außerordentlich einfach und mit dem Instrumentarium, das wir uns im Rahmen der Arbitragetheorie angeeignet haben, ohne Weiteres möglich, wenn der Markt vollständig ist.

Binomialprozess Ein schwierigerer Fall ist gegeben, wenn man unterstellt, dass der Aktienkurs einem Binomialprozess folgt, vgl. Abbildung 7.2. Man zerlegt die Optionsfrist in Subperioden und nimmt an, dass eine Serie von Bernoulliprozessen aufeinander folgt, wobei davon ausgegangen wird, dass sowohl die Wahrscheinlichkeiten für die Veränderung der Aktienkurse als auch die Veränderungsraten selbst im Zeitablauf unveränderlich sind.

Wir werden zeigen können, dass die im Rahmen des Zwei-Zeitpunkte-Zwei-Zustände-Modells gewonnene Bewertungstechnik in ein Binomial-Modell überführt werden kann, das auch wieder den Leitlinien der Arbitragetheorie gehorcht.

Wiener-Prozess Methodisch ungleich komplizierter ist die Entwicklung einer Bewertungsgleichung für Optionen dann, wenn davon ausgegangen wird, dass der Aktienkurs keinem diskreten, sondern einem kontinuierlichen Zufallsprozess folgt. Die berühmte *Black-Scholes*-Formel beruht auf der Annahme, dass der Aktienkurs ein stochastischer Prozess ist, der mit Hilfe eines *Wiener*-Prozesses beschrieben werden kann.

Die ökonomische Bewertungsidee, welcher man hier folgt, ist absolut gleich und nutzt bekannte Ergebnisse der Arbitragetheorie. Das formale Instrumentarium ist vollkommen verschieden, und man muss einige Mühe investieren, um es sich anzueignen. Wir verzichten in diesem Buch darauf, weil es uns in erster Linie auf den ökonomischen Hintergrund ankommt. Das erlaubt uns

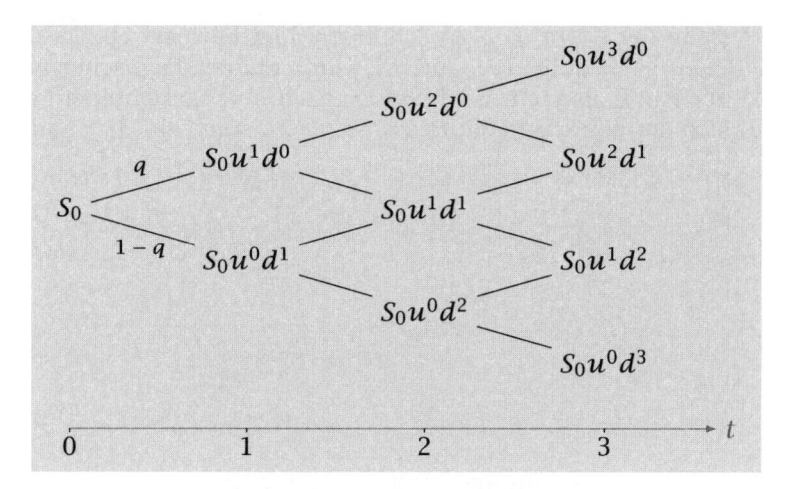

Abbildung 7.2: Binomialprozess

Wiener

Norbert Wiener (1894–1964) war einer der bedeutendsten amerikanischen Mathematiker des vorigen Jahrhunderts. Die Beschäftigung mit mathematischen Problemen der Flugabwehr während des Zweiten Weltkriegs sowie statistische Studien führten ihn zur Entwicklung von Grundlagen der Informationstheorie und zur Begründung der Kybernetik. Darüber hinaus setzte Wiener sich mit der mathematischen Behandlung von Zufallsprozessen auseinander. Seine Ausbildung erhielt er bei Bertrand Russell, Godfrey Hardy und David Hilbert. Ab 1919 lehrte und forschte Wiener am Massachusetts Institute of Technology. (Foto mit freundlicher Genehmigung des MIT Museums)

dann allerdings nicht, die *Black-Scholes*-Formel oder andere höchst interessante und nützliche Bewertungsgleichungen abzuleiten.

7.2 Payoff-Funktionen und Wertgrenzen einfacher Optionen

Optionen gewähren ihren Inhabern das Recht, innerhalb einer bestimmten Frist (der Optionsfrist), einen bestimmten Gegenstand (das underlying asset) zu einem vorher bestimmten Preis (dem Basispreis oder strike price) zu kaufen beziehungsweise zu verkaufen. Im ersten Fall spricht man von Kaufoptionen (Calls), im zweiten von Verkaufsoptionen (Puts). Im Folgenden konzentrieren wir uns auf Calls und Puts auf Aktien, für die während der Laufzeit der Option keine Dividendenansprüche entstehen. Solche einfachen Optionen werden oft auch als Plain-Vanilla-Optionen bezeichnet.

7.2.1 Payoff-Funktionen

Zunächst wollen wir uns mit der Frage beschäftigen, welche Zahlungen (payoffs) Calls und Puts am Ende der Optionsfrist verursachen, wenn wir sie aus der Sicht des Options-Erwerbers betrachten.

Jemand, der eine Kaufoption erwirbt, hat das Recht, bei Fälligkeit der Option eine Aktie zum Basispreis zu erwerben. Bezeichnen wir den Basispreis mit K und den aus heutiger Sicht unsicheren Aktienkurs am Ende der Optionsfrist mit $\tilde{S}_T$, so sind zwei Situationen zu unterscheiden. Entweder ist K kleiner als $\tilde{S}_T$ oder nicht. Im ersten Fall lohnt es sich, den Call auszuüben, im zweiten Fall ist es besser, darauf zu verzichten. Sind $\tilde{S}_T$ und K gleich groß, so ist es gleichgültig, ob man die Option ausübt oder nicht.[2] Übt man das Optionsrecht aus, so muss man K bezahlen, erhält die Aktie und kann sie unmittelbar danach zum Preis $\tilde{S}_T$ verkaufen, erzielt also einen Überschuss in Höhe von $\tilde{S}_T - K$.

Infolgedessen lässt sich die für den Call charakteristische Payoff-Funktion in der Form

$$\tilde{C}_T = \max\left(\tilde{S}_T - K, 0\right)$$

notieren. Abbildung 7.3 zeigt die Funktion grafisch. Liegt der Aktienkurs am Ende der Optionsfrist rechts von K, übt man die Option aus und erzielt eine Einzahlung in Höhe von $\tilde{S}_T - K$; liegt der Kurs dagegen links von K, wird auf die Ausübung des Optionsrechts verzichtet. Man erzielt, abgesehen von der bereits bezahlten Optionsprämie, weder einen Verlust noch einen Gewinn.

Konzentrieren wir uns nun auf die Payoff-Funktion einer Verkaufsoption. Der Besitzer eines Puts hat das Recht, die Aktie zum Preis K zu verkaufen, und wird

---

[2] Wir unterstellen dabei stets, dass die Ausübung einer Option keine Transaktionskosten verursacht.

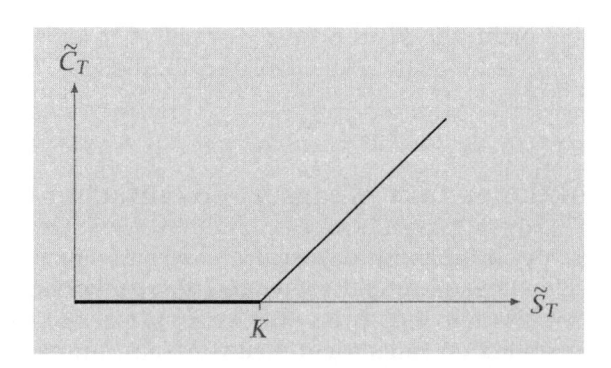

Abbildung 7.3: Payoff-Diagramm eines europäischen Calls

davon Gebrauch machen, wenn der Aktienkurs $\tilde{S}_T$ kleiner ist als K. Er erzielt dann Einzahlungen in Höhe von K und muss die Aktie liefern. Ist K dagegen kleiner als $\tilde{S}_T$, so ist der Inhaber des Puts gut beraten, sein Optionsrecht ungenutzt verfallen zu lassen, weil er dafür am Kassamarkt einen höheren Preis erzielen kann. Bezeichnet $\tilde{P}_T$ den Wert der Option bei Fälligkeit, haben wir eine Payoff-Funktion in Form von

$$\tilde{P}_T = \max\left(K - \tilde{S}_T, 0\right),$$

was grafisch in Abbildung 7.4 wiedergegeben ist.

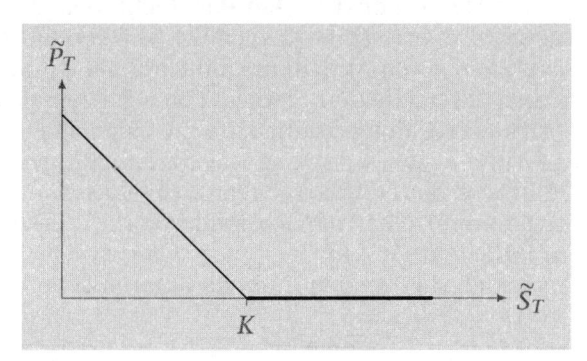

Abbildung 7.4: Payoff-Diagramm eines europäischen Puts

7.2.2 Wertgrenzen europäischer Optionen

Wir versetzen uns jetzt in einen Zeitpunkt t vor Ablauf der Optionsfrist. Die Restlaufzeit der Option beläuft sich mithin auf $T - t$. Wir wollen der Frage nachgehen, was wir über den Wert einer europäischen Option vor Ablauf der Optionsfrist sagen können. Dabei wird sich zeigen, dass dieser Wert innerhalb gewisser Grenzen

7.2. Payoff-Funktionen und Wertgrenzen einfacher Optionen

liegen muss, wenn man von der Annahme ausgeht, dass der Markt keine Arbitragegelegenheiten zulässt. Der Einfachheit wegen beschränken wir uns auf Optionen auf Aktien, die während der Restlaufzeit keine Dividenden ausschütten.

Wertgrenzen für Calls Wenden wir uns zunächst den europäischen Calls zu und bezeichnen deren Wert im Zeitpunkt $t < T$ mit dem Symbol C_t. Nun können wir folgende drei Behauptungen aufstellen.

1. *Ein europäischer Call kann im Zeitpunkt t auf keinen Fall wertvoller sein als das underlying asset selbst. Es muss also $C_t \leq S_t$ sein.*

   Wie kann man beweisen, dass diese Behauptung zutrifft? Wir führen einen indirekten Beweis, indem wir das Gegenteil annehmen und die Existenz einer Arbitragegelegenheit zeigen (Beweis durch Widerspruch). Wenn $C_t > S_t$ beziehungsweise $C_t - S_t > 0$ gegeben sein sollte, so lohnt es sich, die Aktie zu kaufen und den Call zu verkaufen. Das führt im Zeitpunkt t zu Einzahlungen

   Tabelle 7.1: Arbitrage mit einem Call, wenn $C_t > S_t$ ist

	t	$\tilde{S}_T \leq K$	$\tilde{S}_T > K$
Kauf einer Aktie	$-S_t$	$\tilde{S}_T$	$\tilde{S}_T$
Verkauf eines Calls	C_t	0	$-(\tilde{S}_T - K)$
Portfolio	$C_t - S_t$	$\tilde{S}_T$	K
Vorzeichen	> 0	≥ 0	≥ 0

   und zieht im Zeitpunkt T keinesfalls Auszahlungen nach sich, wovon man sich mit einem Blick auf Tabelle 7.1 leicht überzeugt. Wenn das Portfolio im Zeitpunkt T nicht-negative Zahlungen verspricht und in t weniger als nichts kostet, dann existiert eine Arbitragegelegenheit.[3]

2. *Ein Call kann niemals einen negativen Wert haben. Folglich muss immer $C_t \geq 0$ gelten.*

   Um zu erkennen, dass andernfalls eine Arbitragegelegenheit gegeben wäre, muss man nur annehmen, dass $C_t < 0$ ist, und untersuchen, in welch komfortable Situation jemand gerät, der den Call unter diesen Bedingungen kauft, vgl. Tabelle 7.2. Der Erwerber des Calls übernimmt praktisch ein Lotterielos, das entweder gewinnt oder sich als Niete erweist, muss aber für die Teilnahme an dieser Lotterie nichts zahlen. Vielmehr erhält er dafür, dass er an dem Spiel teilnimmt, sogar noch Geld geschenkt.

---
[3] Vgl. Seite 132.

Tabelle 7.2: Arbitrage mit einem Call, wenn $C_t < 0$ ist

	t	T	
		$\tilde{S}_T \leq K$	$\tilde{S}_T > K$
Kauf eines Calls	$-C_t$	0	$\tilde{S}_T - K$
Vorzeichen	> 0	0	> 0

3. *Ein europäischer Call ist auf keinen Fall weniger wert als die Differenz zwischen dem gegenwärtigen Wert des underlying asset und dem Barwert des Basispreises, also $C_t \geq S_t - K(1 + r_f)^{-(T-t)}$.*

Wieder nehmen wir das Gegenteil an und weisen nach, dass dann eine Arbitragegelegenheit vorliegt. Wenn $S_t - K(1 + r_f)^{-(T-t)} - C_t > 0$ sein sollte, empfiehlt es sich, eine Aktie (leer) zu verkaufen, eine risikolose Geldanlage vorzunehmen und einen Call zu kaufen. Das Resultat kann man in Tabelle 7.3 studieren.

Tabelle 7.3: Arbitrage mit einem Call, wenn $C_t < S_t - K(1 + r_f)^{-(T-t)}$ ist

	t	T	
		$\tilde{S}_T \leq K$	$\tilde{S}_T > K$
Leerverkauf einer Aktie	S_t	$-\tilde{S}_T$	$-\tilde{S}_T$
risikolose Geldanlage	$-K(1 + r_f)^{-(T-t)}$	K	K
Kauf eines Calls	$-C_t$	0	$\tilde{S}_T - K$
Portfolio	$S_t - K(1 + r_f)^{-(T-t)} - C_t$	$K - \tilde{S}_T$	0
Vorzeichen	> 0	≥ 0	$= 0$

Zusammenfassend können wir festhalten, dass es eine Obergrenze und zwei Untergrenzen für den Wert eines Calls zum Zeitpunkt t gibt. Da jeweils diejenige Untergrenze bindet, welche größer ist, kommen wir insgesamt zu der Erkenntnis, dass in jedem Zeitpunkt $t < T$

$$\max\left(S_t - K(1 + r_f)^{-(T-t)}, 0\right) \leq C_t \leq S_t \tag{7.1}$$

erfüllt sein muss. Alle zulässigen Werte der Kaufoption befinden sich im schattierten Bereich der Abbildung 7.5.

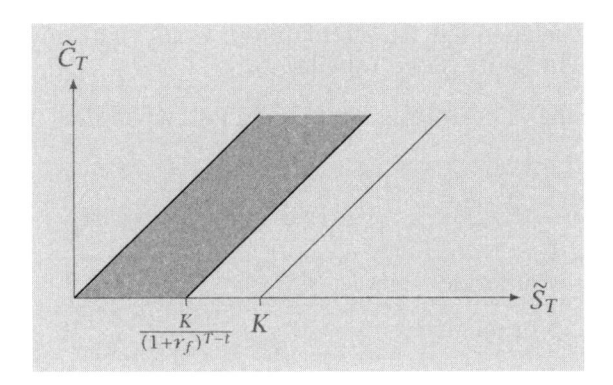

7.2. Payoff-Funktionen und Wertgrenzen einfacher Optionen

Abbildung 7.5: Bereich zulässiger Werte eines europäischen Calls

Wertgrenzen für Puts Den Wert eines Puts im Zeitpunkt $t < T$ bezeichnen wir mit P_t. Analog zur Kaufoption lassen sich auch für europäische Verkaufsoptionen Wertgrenzen angeben, wenn Arbitragegelegenheiten ausgeschlossen werden. Im einzelnen stellen wir die nachfolgenden Behauptungen auf.

1. *Ein europäischer Put ist unter keinen Umständen mehr wert als der abgezinste Basispreis. Es muss also $P_t \leq K(1 + r_f)^{-(T-t)}$ gelten.*

    Welche Aktivitäten führen zu einem Arbitragegewinn, wenn die Ungleichung $P_t - K(1 + r_f)^{-(T-t)} > 0$ erfüllt und damit die vorstehend genannte Bedingung verletzt wäre? Man müsste Einzahlungen in Höhe von P_t generieren, also einen Put verkaufen, und für Auszahlungen in Höhe des abgezinsten Basispreises sorgen, also eine risikolose Geldanlage vornehmen. Die resultierenden Zahlungswirkungen sind in Tabelle 7.4 dargestellt. Offensichtlich könnte man im Zeitpunkt t Einzahlungen erzielen, ohne Auszahlungen im Zeitpunkt T befürchten zu müssen.

Tabelle 7.4: Arbitrage mit einem Put, wenn $P_t > K(1 + r_f)^{-(T-t)}$ ist

	t	T	
		$\tilde{S}_T \leq K$	$\tilde{S}_T > K$
Verkauf eines Puts	P_t	$-(K - \tilde{S}_T)$	0
risikolose Geldanlage	$-K(1+r_f)^{-(T-t)}$	K	K
Portfolio	$P_t - K(1+r_f)^{-(T-t)}$	$\tilde{S}_T$	K
Vorzeichen	> 0	≥ 0	≥ 0

2. *Negative Preise für Verkaufsoptionen sind ausgeschlossen. Es gilt also $P_t \geq 0$.*

Die Arbitragegelegenheit ist offenkundig, wenn man unter der Bedingung $P_t < 0$ einen Put kauft, siehe Tabelle 7.5.

Tabelle 7.5: Arbitrage mit einem Put, wenn $P_t < 0$ ist

	t	T	
		$\tilde{S}_T \leq K$	$\tilde{S}_T > K$
Kauf eines Puts	$-P_t$	$K - \tilde{S}_T$	0
Vorzeichen	> 0	≥ 0	0

3. *Ein europäischer Put muss mindestens so viel wert sein wie die Differenz zwischen dem abgezinsten Basispreis und dem aktuellen Preis des underlying asset. Daher gilt $P_t \geq K(1 + r_f)^{-(T-t)} - S_t$.*

Unter der Bedingung $K(1+r_f)^{-(T-t)} - S_t - P_t > 0$ ließen sich Arbitragen realisieren, indem man Kredit zum risikolosen Zins aufnimmt sowie eine Aktie und eine Verkaufsoption kauft. Die finanziellen Konsequenzen sind in Tabelle 7.6 dargestellt. Wieder hätten wir eine Situation, in der man im Zeitpunkt t Einzahlungen generieren könnte, ohne später im Zeitpunkt T Auszahlungen in Kauf nehmen zu müssen.

Tabelle 7.6: Arbitrage mit einem Put, wenn $P_t < K(1 + r_f)^{-(T-t)} - S_t$ ist

	t	T	
		$\tilde{S}_T \leq K$	$\tilde{S}_T > K$
risikoloser Kredit	$K(1+r_f)^{-(T-t)}$	$-K$	$-K$
Kauf einer Aktie	$-S_t$	$\tilde{S}_T$	$\tilde{S}_T$
Kauf eines Puts	$-P_t$	$K - \tilde{S}_T$	0
Portfolio	$K(1+r_f)^{-(T-t)} - S_t - P_t$	0	$\tilde{S}_T - K$
Vorzeichen	> 0	$= 0$	> 0

Fasst man unsere Überlegungen zusammen, so gilt, dass in jedem Zeitpunkt $t < T$ die Bedingung

$$\max\left(K(1 + r_f)^{-(T-t)} - S_t, 0\right) \leq P_t \leq K(1 + r_f)^{-(T-t)} \quad (7.2)$$

erfüllt sein muss. Alle zulässigen Werte der Verkaufsoption befinden sich im schattierten Bereich der Abbildung 7.6.

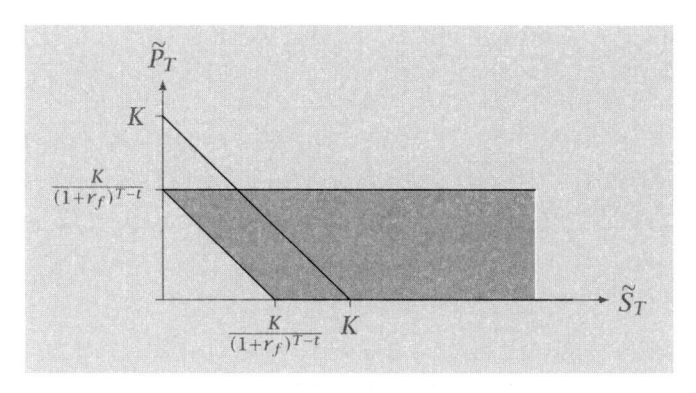

7.2. Payoff-Funktionen und Wertgrenzen einfacher Optionen

Abbildung 7.6: Bereich zulässiger Werte eines Puts

Weitere Aussagen über Wertgrenzen Wenn man Interesse daran hat, kann man Aussagen über Wertgrenzen von Optionen machen, die über unsere bisher getroffenen Feststellungen weit hinausgehen. Dabei sind verschiedene Wege beschritten worden.

1. Entweder verwendet man die bereits vertraute Argumentationstechnik, stellt also Behauptungen über Wertrelationen auf und zeigt, dass Arbitragegelegenheiten entstehen, wenn die behauptete Relation verletzt ist.

    So kann man beispielsweise zeigen, dass ein Call mit dem Basispreis K_1 mindestens so wertvoll ist wie ein Call mit dem Basispreis K_2, wenn $K_1 \leq K_2$ ist. Umgekehrt ist unter denselben Bedingungen ein Put mit dem Basispreis K_2 mindestens so wertvoll wie ein Put mit dem Basispreis K_1. Es gilt also

    $$C_t(K_1) \geq C_t(K_2) \text{ und } P_t(K_1) \leq P_t(K_2), \quad \text{wenn } K_1 \leq K_2.$$

    Im Folgenden beweisen wir diese Behauptung nur für den Call. Zu diesem Zweck nehmen wir an, dass $C_t(K_1) < C_t(K_2)$ gilt, und zeigen, dass es dann zu einer Arbitragegelegenheit kommt. Um diese zu nutzen, muss man den Call mit dem niedrigen Basispreis kaufen und den Call mit dem hohen Basispreis verkaufen. Details lassen sich der Tabelle 7.7 entnehmen. Der Nachweis für die Richtigkeit der behaupteten Relation der Put-Preise kann auf analoge Weise geführt werden.

2. Einige Autoren haben darüber hinausgehend den Versuch unternommen, Aussagen über Wertgrenzen zu gewinnen, indem sie unterstellten, dass die Nutzenfunktionen der Marktteilnehmer bestimmte Eigenschaften besitzen. So haben Levy (1985) und Ritchken (1985) gezeigt, dass die Intervalle, innerhalb derer Optionspreise liegen müssen, schmaler werden, wenn man voraussetzt, dass das Konzept der stochastischen Dominanz erster, zweiter oder gar dritter Ordnung anwendbar ist.

Tabelle 7.7: Arbitrage mit zwei Calls, wenn $C_t(K_1) < C_t(K_2)$ ist

	t	$\tilde{S}_T \leq K_1 \leq K_2$	$K_1 < \tilde{S}_T \leq K_2$	$K_1 \leq K_2 < \tilde{S}_T$
Kauf eines Calls mit K_1	$-C_t(K_1)$	0	$\tilde{S}_T - K_1$	$\tilde{S}_T - K_1$
Verkauf eines Calls mit K_2	$C_t(K_2)$	0	0	$-(\tilde{S}_T - K_2)$
Portfolio	$C_t(K_2) - C_t(K_1)$	0	$\tilde{S}_T - K_1$	$K_2 - K_1$
Vorzeichen	> 0	$= 0$	> 0	≥ 0

7.2.3 Wertgrenzen amerikanischer Optionen

Amerikanische Optionen dürfen vorzeitig ausgeübt werden. Um die Wertgrenzen amerikanischer Optionen zu diskutieren, brauchen wir etwas differenzierte Symbole. Mit C_t und P_t wollen wir weiterhin die Werte europäischer Optionen ansprechen. Wenn wir amerikanische Optionen im Blick haben, müssen wir jeweils zwei Fälle unterscheiden: Entweder haben wir eine amerikanische Option vor uns, die im Zeitpunkt $t < T$ noch nicht ausgeübt wird („lebende" amerikanische Option), oder wir haben es mit einer amerikanischen Option zu tun, die im Zeitpunkt $t < T$ ausgeübt wird („tote" amerikanische Option). Für die Werte lebender amerikanischer Optionen werden wir C_t^a beziehungsweise P_t^a notieren. Geht es dagegen um Optionen, die im Zeitpunkt $t < T$ ausgeübt werden, werden wir $\bar{C}_t^a$ und $\bar{P}_t^a$ schreiben.

Amerikanische Optionen sind mindestens so wertvoll wie europäische, da man sie ebenso wie diese am Ende der Laufzeit ausüben darf. Der Optionsinhaber kann ja schließlich auf das Recht der vorfristigen Ausübung freiwillig verzichten. Infolgedessen gilt notwendigerweise

$$C_t^a \geq C_t \quad \text{und} \quad P_t^a \geq P_t. \tag{7.3}$$

Nun wenden wir uns zunächst den amerikanischen Kaufoptionen zu und werden anschließend amerikanische Verkaufsoptionen diskutieren.

Wertuntergrenze für amerikanische Calls Auf Seite 288 hatten wir die Wertgrenzen des europäischen Calls festgehalten. Konzentriert man sich auf die Wertuntergrenzen, so gilt für die europäische Kaufoption

$$C_t \geq \max\left(S_t - K(1 + r_f)^{-(T-t)}, 0\right).$$

Wir beschränken uns auf das erste Argument der vorstehenden Maximumfunktion und erinnern uns daran, dass lebende amerikanische Calls mindestens so wertvoll sind wie ihre europäischen Pendants, siehe (7.3). Dann dürfen wir behaupten, dass

$$C_t^a \geq S_t - K(1 + r_f)^{-(T-t)}$$

7.2. Payoff-Funktionen und Wertgrenzen einfacher Optionen

gilt. Nun wäre immerhin denkbar, dass es Situationen gibt, in denen sich die vorzeitige Ausübung der amerikanischen Kaufoption lohnt. Um das zu prüfen, stellen wir die Frage, welchen Wert der tote amerikanische Call im Zeitpunkt der Ausübung besitzt, und erhalten als Antwort

$$\bar{C}_t^a = S_t - K$$

denn der Optionsinhaber erhält die Aktie mit ihrem in diesem Zeitpunkt relevanten Wert S_t und muss den strike price K zahlen. Zieht man die letzte Gleichung von der vorausgehenden Ungleichung ab, bekommt man

$$C_t^a - \bar{C}_t^a \geq -K(1+r_f)^{-(T-t)} + K$$
$$C_t^a \geq \bar{C}_t^a + \underbrace{K\left(1 - (1+r_f)^{-(T-t)}\right)}_{>0}.$$

Weil der Abzinsungsfaktor $(1+r_f)^{-(T-t)}$ bei positivem Zinssatz kleiner als eins ist und man keine negativen Ausübungspreise zu vereinbaren pflegt, muss der im Zeitpunkt $t < T$ ausgeübte amerikanische Call immer weniger wertvoll sein als ein nicht ausgeübter amerikanischer Call. Anders gesagt: Bei Calls auf Aktien, die während der Laufzeit keine Dividenden ausschütten, ist das Recht der vorfristigen Ausübung wertlos.

Wertuntergrenze für amerikanische Puts Gilt für den amerikanischen Put ebenso wie für den amerikanischen Call, dass es sich niemals lohnt, ihn vorfristig auszuüben? Nein, bei Verkaufsoptionen ist es anders als bei Kaufoptionen. Um das zu erkennen, mache man sich zunächst klar, dass für einen lebenden amerikanischen Put wegen (7.2) sowie (7.3)

$$P_t^a \geq K(1+r_f)^{-(T-t)} - S_t$$

gilt. Wird der amerikanische Put im Zeitpunkt $t < T$ ausgeübt, muss der Optionsinhaber das underlying asset zum Wert von S_t liefern und erhält im Gegenzug den strike price K, also

$$\bar{P}_t^a = K - S_t.$$

Abziehen dieser Gleichung von der vorangehenden Ungleichung führt nach geringfügiger Umformung auf

$$\bar{P}_t^a \geq P_t^a + \underbrace{K\left(1 - (1+r_f)^{-(T-t)}\right)}_{>0},$$

womit sich zeigt, dass der tote amerikanische Put wertvoller sein kann (!) als der noch nicht ausgeübte amerikanische Put. Anders formuliert: Es gibt Situationen, in denen es sich empfiehlt, amerikanische Verkaufsoptionen vor Ablauf ihrer Laufzeit auszuüben.

7.3 Zwei-Zeitpunkte-Zwei-Zustände-Modell

7.3.1 Annahmen

Zunächst werden wir den Preis einer europäischen Kaufoption unter außerordentlich einfachen Bedingungen ableiten. Wie bei jeder Modellanalyse beginnen wir mit der Darstellung der Annahmen.

1. Es wird eine Modellwelt mit den beiden Zeitpunkten $t = 0$ (heute) und $t = 1$ (in einem Jahr) zugrunde gelegt.

2. Hinsichtlich des Zeitpunktes $t = 1$ herrscht Unsicherheit insofern, als man nicht weiß, ob der Kurs einer Aktie, die heute zum Preise von S_0 notiert, den Wert $S_0 u$ oder den Wert $S_0 d$ annehmen wird. Andere Kursentwicklungen werden ausgeschlossen.

3. Es herrschen homogene Zukunftserwartungen hinsichtlich der im Zeitpunkt $t = 1$ möglichen Aktienkurse. Jedoch gibt es nicht notwendigerweise auch einmütige Vorstellungen hinsichtlich der Eintrittswahrscheinlichkeiten beider Zustände.

4. Am Kapitalmarkt werden neben den bereits genannten Aktien weitere Finanztitel gehandelt, und zwar Anleihen und (europäische) Optionen auf die Aktie. Die Anleihe (englisch: bond) notiert heute zum Preise B_0 und verspricht eine risikolose Verzinsung in Höhe von r_f. Die heutigen Preise der Optionen bezeichnen wir mit C_0, wenn es sich um einen Call handelt, und mit P_0, falls es um einen Put geht. Die Optionen verleihen ihren Inhabern das Recht, die Aktie im Zeitpunkt $t = 1$ zum Basispreis von K zu kaufen beziehungsweise zu verkaufen.

5. Der Kapitalmarkt ist reibungslos. Das bedeutet, es gibt weder Transaktionskosten noch Steuern und weder Marktzutrittsbeschränkungen noch sonstige Handelshemmnisse. Leerverkäufe sind ohne Einschränkungen erlaubt, und alle Finanztitel sind beliebig teilbar.

6. Der Kapitalmarkt ist kompetitiv. Niemand besitzt soviel Material, dass er auf Grund seines Volumens den Preis eines Finanztitels beeinflussen könnte. Jeder Marktteilnehmer ist Mengenanpasser und verhält sich wie ein Preisnehmer.

7. Es gibt keine Arbitragegelegenheiten.

7.3.2 Europäischer Call

Zahlenbeispiel Um zu zeigen, wie man unter den genannten Voraussetzungen einen Call bewerten kann, beginnen wir mit einem Zahlenbeispiel. Der heutige Kurs einer Aktie sei $S_0 = 200$ und steige bis zum Ende des nächsten Jahres entweder auf $S_0 u = 220$, woraus $u = 1{,}1$ folgt, oder er sinke auf $S_0 d = 190$, was $d = 0{,}95$ bedeutet. Wir bezeichnen die Variablen u und d als Volatilitätsparameter.[4] Die Anleihe mit einem Nominalwert von 100 notiere zum Preis von $B_0 = 100$ und sei ein Jahr später zum Wert von 105 fällig, woraus sich eine risikolose Verzinsung von $r_f = 0{,}05$ ergibt. Die Kaufoption gestatte es, die Aktie im Zeitpunkt $t = 1$ zum Basispreis von $K = 205$ zu erwerben. Eintrittswahrscheinlichkeiten für das Steigen beziehungsweise Sinken des Aktienkurses können nicht angegeben werden.

Wir beginnen damit, uns zu fragen, welche zustandsabhängigen Zahlungen der Call im Zeitpunkt $t = 1$ verspricht. Nach Erwerb der Kaufoption haben wir das Recht (aber nicht die Pflicht), die Aktie im Zeitpunkt $t = 1$ zum Preis von 205 zu kaufen. Hierauf werden wir verzichten, falls die Aktie auf den Preis $S_0 d = 190$ fällt. In diesem Fall wird der Call wertlos. Sollte der Aktienkurs aber auf $S_0 u = 220$ steigen, dann werden wir von unserem Optionsrecht selbstverständlich Gebrauch machen und einen Gewinn in Höhe von $220 - 205 = 15$ realisieren. Der Call verspricht also zustandsabhängige Cashflows in Höhe von $C_u = 15$ oder $C_d = 0$, je nachdem ob der Aktienkurs steigt oder fällt. Welchen Preis sollte man für einen solchen Finanztitel heute bezahlen? Tabelle 7.8 fasst alle Informationen, die wir besitzen, übersichtlich zusammen.

Tabelle 7.8: Kaufoption im Zwei-Zeitpunkte-Zwei-Zustände-Modell

Titel	Cashflow im Zustand		Preis
	Aktienkurs „up"	Aktienkurs „down"	
Aktie	220	190	200
Anleihe	105	105	100
Kaufoption	15	0	$C_0 = ?$

Bewertung mit den Preisen reiner Wertpapiere Wer das Kapitel über Arbitragetheorie aufmerksam durchgearbeitet hat, erinnert sich, dass wir es mit einem vollständigen Kapitalmarkt zu tun haben. Das ist immer dann der Fall, wenn die Zahl der Finanztitel mit linear unabhängigen Cashflows ebenso groß ist wie die Zahl der zu berücksichtigenden Zustände. Hier gibt es genau zwei Zustände („up" und „down") und zwei Finanztitel (Aktie und Anleihe) mit linear unabhängigen künftigen Einzahlungen. Und wir wissen aus der Arbitragetheorie, dass dann ein eindeutiges System von Preisen reiner Wertpapiere existiert. Wir verwenden

---
[4]Mitunter verwendet man in der Literatur auch die Variablen $r_u = u - 1$ und $r_d = d - 1$, welche als zustandsabhängige Aktienrenditen interpretiert werden können.

π_u Preis für 1€ im Zustand „up" und
π_d Preis für 1€ im Zustand „down".

Damit können wir das Gleichungssystem

$$220\,\pi_u + 190\,\pi_d = 200$$
$$105\,\pi_u + 105\,\pi_d = 100$$

ansetzen. Die erste Gleichung beschreibt die zustandsabhängigen Cashflows und den Preis der Aktie, die zweite Gleichung macht dasselbe für die Anleihe. Unter Verwendung der Cramerschen Regel ergibt sich für die Unbekannten dieses linearen inhomogenen Gleichungssystems

$$\pi_u = \frac{\begin{vmatrix} 200 & 190 \\ 100 & 105 \end{vmatrix}}{\begin{vmatrix} 220 & 190 \\ 105 & 105 \end{vmatrix}} = \frac{200 \cdot 105 - 190 \cdot 100}{220 \cdot 105 - 190 \cdot 105} = \frac{2.000}{3.150} = 0{,}6349$$

und

$$\pi_d = \frac{\begin{vmatrix} 220 & 200 \\ 105 & 100 \end{vmatrix}}{\begin{vmatrix} 220 & 190 \\ 105 & 105 \end{vmatrix}} = \frac{220 \cdot 100 - 200 \cdot 105}{220 \cdot 105 - 190 \cdot 105} = \frac{1.000}{3.150} = 0{,}3175\,.$$

Wenn der Markt arbitragefrei sein soll, so muss die Kaufoption zu einem Preis gehandelt werden, der sich ergibt, indem man die zustandsabhängigen Cashflows dieses Titels mit den Preisen reiner Wertpapiere multipliziert und anschließend über alle Zustände summiert. Das führt auf

$$\begin{aligned} C_0 &= \pi_u\,C_u + \pi_d\,C_d \\ &= 0{,}6349 \cdot 15 + 0{,}3175 \cdot 0 = 9{,}52\,. \end{aligned}$$

Damit haben wir eine Bewertungsprozedur beschrieben, die erstens davon unabhängig ist, welche Risikoeinstellung der Investor hat, und zweitens keine Information über die Eintrittswahrscheinlichkeiten der beiden relevanten Umweltzustände („up" und „down") verwendet. Man bezeichnet eine solche Form der Bewertung als *präferenzfrei*.

Bewertung über ein äquivalentes Portfolio Wenn der Kapitalmarkt vollständig ist, so kann man immer ein Portfolio bilden, das die gleichen zustandsabhängigen Cashflows wie irgendein beliebiger dritter Finanztitel verspricht. Voraussetzung ist natürlich, dass die Cashflows des zu rekonstruierenden Titels sich als Linearkombination der anderen am Markt gehandelten Titel darstellen lassen. Wir bezeichnen das die Kaufoption duplizierende Portfolio als *äquivalentes Portfolio* mit der Struktur (n_{S_0}, n_B), wobei diese beiden Symbole wie folgt definiert sind:

7.3. Zwei-Zeitpunkte-Zwei-Zustände-Modell

n_{S_0} Menge der im äquivalenten Portfolio enthaltenen Aktien,
n_B Menge der im äquivalenten Portfolio enthaltenen Anleihen.

Damit von Äquivalenz die Rede sein kann, muss offensichtlich

$$220\,n_{S_0} + 105\,n_B = 15$$
$$190\,n_{S_0} + 105\,n_B = 0$$

gelten. Die erste Gleichung beschreibt die zustandsabhängigen Cashflows des äquivalenten Portfolios für den Zustand „up", die zweite leistet dasselbe für den Zustand „down". Auch dieses Gleichungssystem löst man rasch mit Hilfe der Cramerschen Regel, wobei man die Lösungen

$$n_{S_0} = \frac{\begin{vmatrix} 15 & 105 \\ 0 & 105 \end{vmatrix}}{\begin{vmatrix} 220 & 105 \\ 190 & 105 \end{vmatrix}} = \frac{15 \cdot 105 - 105 \cdot 0}{220 \cdot 105 - 105 \cdot 190} = \frac{1.575}{3.150} = 0{,}5$$

und

$$n_B = \frac{\begin{vmatrix} 220 & 15 \\ 190 & 0 \end{vmatrix}}{\begin{vmatrix} 220 & 105 \\ 190 & 105 \end{vmatrix}} = \frac{220 \cdot 0 - 15 \cdot 190}{220 \cdot 105 - 105 \cdot 190} = \frac{-2.850}{3.150} = -0{,}9048$$

erhält. Will man aus dieser Struktur des äquivalenten Portfolios auf den arbitragefreien Preis der Kaufoption schließen, muss man folgende Überlegung anstellen. Der Call und das äquivalente Portfolio versprechen dieselben zustandsabhängigen Cashflows. Sie lassen sich somit nach außen voneinander nicht unterscheiden. Aufgrund des „law of one price" müssen sie daher auch denselben Preis haben.[5] Anderenfalls gäbe es eine Arbitragegelegenheit. Daher hat die Kaufoption im vorliegenden Beispielsfall einen Wert von

$$\begin{aligned} C_0 &= n_{S_0}\,S_0 + n_B\,B_0 \\ &= 0{,}5 \cdot 200 - 0{,}9048 \cdot 100 = 9{,}52\,, \end{aligned}$$

und auf genau diesen Betrag waren wir auch über die Preise der reinen Wertpapiere gekommen. Tabelle 7.9 macht deutlich, dass der Kauf von $n_s = 0{,}5$ Aktien und der (Leer-)Verkauf von $n_B = 0{,}9048$ Anleihen tatsächlich dieselben Cashflows erzeugt wie die Kaufoption.

---

[5] Nach diesem Gesetz müssen identische Güter einen einheitlichen Preis besitzen, wenn der Markt effizient ist.

Tabelle 7.9: Kaufoption und äquivalentes Portfolio

Titel	Menge	Cashflow im Zustand		Preis
		Aktienkurs „up"	Aktienkurs „down"	
Aktie	0,5000	110,00	95,00	100,00
Anleihe	−0,9048	−95,00	−95,00	−90,48
Portfolio		15,00	0,00	9,52

Eine präferenzfreie Bewertungsgleichung Vor dem Hintergrund des vorangehenden Zahlenbeispiels ist es sehr leicht, eine allgemeine Bewertungsgleichung für Optionen im Rahmen des Zwei-Zeitpunkte-Zwei-Zustände-Modells herzuleiten.

Wir beginnen mit den Cashflows, die die Kaufoption im Zeitpunkt $t = 1$ verspricht. Diese belaufen sich auf

$$C_u = \max(S_0 u - K, 0) \quad \text{und}$$
$$C_d = \max(S_0 d - K, 0).$$

Herleitung über die Preise reiner Wertpapiere Um die Bewertungsgleichung zu finden, brauchen wir nur

$$C_0 = \pi_u C_u + \pi_d C_d \qquad (7.4)$$

zu schreiben und sind im Grunde schon fertig. Allerdings müssen wir die Preise der reinen Wertpapiere noch ausrechnen und einsetzen. Zu diesem Zweck setzen wir die beiden Gleichungen

$$S_0 u \pi_u + S_0 d \pi_d = S_0$$
$$B_0(1 + r_f)\pi_u + B_0(1 + r_f)\pi_d = B_0$$

an. Offensichtlich kann man die erste Gleichung durch den heutigen Aktienkurs S_0, die zweite durch den gegenwärtigen Preis der Anleihe B_0 dividieren. Dadurch entsteht

$$u \pi_u + d \pi_d = 1 \qquad (7.5)$$
$$(1 + r_f)\pi_u + (1 + r_f)\pi_d = 1 \ . \qquad (7.6)$$

Die Cramersche Regel liefert nun für

$$\pi_u = \frac{\begin{vmatrix} 1 & d \\ 1 & 1 + r_f \end{vmatrix}}{\begin{vmatrix} u & d \\ 1 + r_f & 1 + r_f \end{vmatrix}} = \frac{(1 + r_f) - d}{u(1 + r_f) - d(1 + r_f)}$$

$$= \frac{1}{1 + r_f} \frac{1 + r_f - d}{u - d} \qquad (7.7)$$

7.3. Zwei-Zeitpunkte-Zwei-Zustände-Modell

und

$$\pi_d = \frac{\begin{vmatrix} u & 1 \\ 1+r_f & 1 \end{vmatrix}}{\begin{vmatrix} u & d \\ 1+r_f & 1+r_f \end{vmatrix}} = \frac{u - (1+r_f)}{u(1+r_f) - d(1+r_f)}$$
$$= \frac{1}{1+r_f} \cdot \frac{u - (1+r_f)}{u - d}. \tag{7.8}$$

Einsetzen von (7.7) und (7.8) in die Ausgangsgleichung (7.4) ergibt nach geringfügiger Umformung

$$C_0 = \frac{1}{1+r_f} \left(\frac{1+r_f - d}{u-d} C_u + \frac{u - (1+r_f)}{u-d} C_d \right).$$

Definiert man nun noch eine Zahl φ, so dass gilt

$$\varphi = \frac{1+r_f - d}{u-d} \quad \text{und} \quad 1-\varphi = \frac{u - (1+r_f)}{u-d}, \tag{7.9}$$

dann lautet die Bewertungsgleichung

$$C_0 = \frac{1}{1+r_f} \left(\varphi C_u + (1-\varphi) C_d \right). \tag{7.10}$$

Prüfen wir das anhand der obigen Beispielszahlen nach. C_u und C_d waren mit 15€ beziehungsweise 0€ bereits bekannt. Die Zahl φ ergibt sich mit

$$\varphi = \frac{1{,}05 - 0{,}95}{1{,}10 - 0{,}95} = \frac{0{,}10}{0{,}15} = 0{,}6667,$$

so dass wir für den Preis der Kaufoption das erwartete Resultat

$$C_0 = \frac{1}{1{,}05} \cdot \left(0{,}6667 \cdot 15 + 0{,}3333 \cdot 0 \right) = 9{,}52$$

erhalten.

Herleitung über das äquivalente Portfolio Man kann dieselbe Bewertungsformel auch über die Konstruktion des äquivalenten Portfolios gewinnen. Das Gleichungssystem, welches das äquivalente Portfolio definiert, lautet

$$\begin{aligned} S_0 u \, n_{S_0} + B_0(1+r_f) n_B &= C_u \\ S_0 d \, n_{S_0} + B_0(1+r_f) n_B &= C_d \end{aligned}.$$

Das ist ein lineares inhomogenes Gleichungssystem mit den Unbekannten n_{S_0} und n_B als Strukturvariablen des äquivalenten Portfolios. Sie zu berechnen, gelingt wieder mit der Cramerschen Regel, was zu

$$n_{S_0} = \frac{\begin{vmatrix} C_u & B_0(1+r_f) \\ C_d & B_0(1+r_f) \end{vmatrix}}{\begin{vmatrix} S_0 u & B_0(1+r_f) \\ S_0 d & B_0(1+r_f) \end{vmatrix}} = \frac{C_u - C_d}{S_0(u-d)} \quad (7.11)$$

und

$$n_B = \frac{\begin{vmatrix} S_0 u & C_u \\ S_0 d & C_d \end{vmatrix}}{\begin{vmatrix} S_0 u & B_0(1+r_f) \\ S_0 d & B_0(1+r_f) \end{vmatrix}} = \frac{1}{B_0(1+r_f)} \frac{uC_d - dC_u}{u-d} \quad (7.12)$$

führt. Im Zeitpunkt $t = 0$ beläuft sich der Preis des äquivalenten Portfolios auf $n_{S_0}S_0 + n_B B_0$. Da sich die Kaufoption nach außen nicht von diesem Portfolio unterscheidet, muss auf Grund des „law of one price"

$$C_0 = n_{S_0}S_0 + n_B B_0$$

gelten. Setzt man in diese Gleichung für die Strukturvariablen n_{S_0} und n_B gemäß (7.11) und (7.12) ein, so erhält man nach einigen Umformungen ebenfalls die Bewertungsgleichung (7.10).

Überprüfen wir mit obigen Beispielszahlen die Bestimmungsgleichungen für die Strukturvariablen, so bekommen wir

$$n_{S_0} = \frac{15 - 0}{200 \cdot (1{,}10 - 0{,}95)} = 0{,}5$$

und

$$n_B = \frac{1}{100 \cdot 1{,}05} \cdot \frac{1{,}10 \cdot 0 - 0{,}95 \cdot 15}{1{,}10 - 0{,}95} = \frac{1}{105} \cdot \frac{-14{,}25}{0{,}15} = -0{,}9048,$$

also die erwarteten Ergebnisse.[6]

7.3.3 Europäischer Put

Die Bewertung von Verkaufsoptionen kann vollkommen analog zu dem Ansatz erfolgen, den wir auf den vergangenen Seiten für Kaufoptionen dargestellt haben.

---

[6]Siehe Seite 297.

7.3. Zwei-Zeitpunkte-Zwei-Zustände-Modell

Man beginnt damit, die zustandsabhängigen Cashflows der Verkaufsoption im Zeitpunkt $t = 1$ zu ermitteln. Da ein Put das Recht gewährt, den zugrunde liegenden Gegenstand (die Aktie) zum Basispreis K zu verkaufen, muss für die zustandsabhängigen Cashflows des Puts

$$P_u = \max(K - S_0 u, 0) \quad \text{wenn } S_1 = S_0 u \quad \text{und}$$
$$P_d = \max(K - S_0 d, 0) \quad \text{wenn } S_1 = S_0 d$$

gelten. Mit der gleichen Argumentation wie oben kann man vortragen, dass der Kapitalmarkt einzig und allein unter der Voraussetzung

$$P_0 = \frac{1}{1 + r_f} \left(\varphi P_u + (1 - \varphi) P_d \right)$$

frei von Arbitragegelegenheiten ist, wenn die Zahl φ ebenso wie in Gleichung (7.9) definiert ist.

7.3.4 Risikoneutrale Bewertung

Kommen wir nun noch einmal auf Gleichung (7.10) zurück und betrachten den Parameter φ genauer. Solange man davon ausgehen kann, dass $d < 1 + r_f < u$ ist, muss φ eine Zahl zwischen 0 und 1 sein. Insofern kann φ als Wahrscheinlichkeit interpretiert werden. Es ist auch vernünftig, von der Annahme $d < 1 + r_f < u$ auszugehen, da sonst Arbitragegelegenheiten existieren würden. Man stelle sich beispielsweise vor, dass $1 + r_f < d < u$. Dann würde es genügen, sich zum risikolosen Zinssatz zu verschulden und in die Aktie zu investieren. Wäre andererseits $d < u < 1 + r_f$, so könnte man Arbitragegewinne erzielen, indem man Aktien leerverkauft und die Erlöse zum sicheren Zins investiert.

Im Gegensatz zur Eintrittswahrscheinlichkeit q wird die Zahl φ jedoch nicht direkt *geschätzt*. Vielmehr lässt sie sich aus den Volatilitätsparametern u und d sowie dem risikolosen Zinssatz r_f errechnen. Dazu benötigt man weder die Präferenzstruktur der Marktteilnehmer noch Informationen über ihre individuellen Wahrscheinlichkeitsvorstellungen. Diese bleiben im Dunkeln, und deshalb kann φ allenfalls als *Pseudowahrscheinlichkeit* interpretiert werden.

Man mache sich aber klar, dass die Pseudowahrscheinlichkeit als Eintrittswahrscheinlichkeit interpretiert werden kann, wenn man davon ausgeht, dass alle Anleger risikoneutral sind. In diesem Fall müsste nämlich der für den Zeitpunkt $t = 1$ erwartete Aktienkurs dem aufgezinsten Aktienkurs des Zeitpunktes $t = 0$ entsprechen, und tatsächlich erhalten wir in Verbindung mit (7.9)

$$\mathrm{E}_Q\left[\tilde{S}_1\right] = S_0 u \varphi + S_0 d (1 - \varphi) = S_0 (1 + r_f), \qquad (7.13)$$

wie man leicht nachrechnet. Auf der Basis der Pseudowahrscheinlichkeit φ entspricht die erwartete Rendite folglich dem risikofreien Zinssatz,

$$E_Q\left[\frac{\tilde{S}_1 - S_0}{S_0}\right] = r_f. \tag{7.14}$$

Bereits in Abschnitt 6.3 hatten wir darauf hingewiesen, dass unter der Bedingung eines vollständigen Marktes häufig mit dem Konzept der risikoneutralen Bewertung gearbeitet wird.[7] Für den Fall, dass ein Aktienkurs $\tilde{S}_1$ einer Zweipunktverteilung folgt, haben wir mit der Pseudowahrscheinlichkeit φ jetzt ein risikoneutrales Wahrscheinlichkeitsmaß gefunden, mit dem Finanztitel in Abhängigkeit von den Volatilitätsparametern u und d sowie vom risikolosen Zinssatz r_f risikoneutral bewertet werden können. Die allgemeine Bewertungsgleichung (6.22) aus Abschnitt 6.3 kann für die in diesem Abschnitt bisher betrachteten Finanztitel also in der Form

$$S_0 = \frac{1}{1+r_f} E_Q\left[\tilde{S}_1\right] = \frac{1}{1+r_f}\left(S_0 u \varphi + S_0 d (1-\varphi)\right)$$

$$C_0 = \frac{1}{1+r_f} E_Q\left[\tilde{C}_1\right] = \frac{1}{1+r_f}\left(C_u \varphi + C_d (1-\varphi)\right)$$

$$P_0 = \frac{1}{1+r_f} E_Q\left[\tilde{P}_1\right] = \frac{1}{1+r_f}\left(P_u \varphi + P_d (1-\varphi)\right)$$

geschrieben werden.

7.4 Binomial-Modell

Wir verlassen jetzt das Zwei-Zeitpunkte-Zwei-Zustände-Modell und nähern uns einer realistischeren und damit komplizierteren Situation. Wir wollen annehmen, dass der Preis des der Option zugrunde liegenden Gegenstandes (Kurs der Aktie) einem Binomialprozess wie in Abbildung 7.2 auf Seite 284 folgt und die Option nach $n \geq 2$ Teilschritten des Binomialprozesses fällig ist.[8]

7.4.1 Annahmen

Um den Preis einer europäischen Kaufoption unter diesen veränderten Bedingungen abzuleiten, stützen wir uns auf folgende Annahmen.

1. Es wird eine Modellwelt mit mehreren Zeitpunkten $t = 0$ (heute) und $t = 1, \ldots, n$ (später) zugrunde gelegt.

---
[7] Siehe Seite 263 ff.
[8] Das Binomialmodell wurde von Cox, Ross und Rubinstein (1979) entwickelt.

7.4. Binomial-Modell

2. Hinsichtlich aller Zeitpunkte $t \geq 1$ herrscht Unsicherheit insofern, als man nicht exakt weiß, zu welchem Kurs eine Aktie, die heute zum Preise von S_0 notiert, gehandelt werden wird. Die für möglich erachteten Kurse können jedoch genau angegeben werden, weil unterstellt wird, dass der Aktienkurs einem binomialen Prozess mit den konstanten Veränderungsfaktoren u beziehungsweise d folgt.

3. Es herrschen homogene Zukunftserwartungen hinsichtlich der in den Zeitpunkten $t = 1,\ldots,n$ *möglichen* Aktienkurse. Jedoch gibt es keine einmütigen Vorstellungen hinsichtlich der Eintrittswahrscheinlichkeiten künftiger Zustände.

4. Am Kapitalmarkt werden neben den bereits genannten Aktien zu allen Zeitpunkten weitere Finanztitel gehandelt, und zwar Anleihen und (europäische) Optionen auf die Aktie. Die Anleihe verspricht jährlich eine gleichbleibende risikolose Verzinsung in Höhe von r_f. Die Optionen verleihen ihren Inhabern das Recht, die Aktie im Zeitpunkt $t = n$ zum Basispreis von K zu kaufen beziehungsweise zu verkaufen.

5. Der Kapitalmarkt ist reibungslos.

6. Der Kapitalmarkt ist kompetitiv.

7. Es gibt keine Arbitragegelegenheiten.

7.4.2 Europäischer Call

Zahlenbeispiel Um für Anschaulichkeit zu sorgen, setzen wir das auf Seite 294 begonnene Zahlenbeispiel fort. Der heutige Kurs einer Aktie sei $S_0 = 200$ und steige bis zum Ende der nächsten Periode entweder auf $S_0 u = 220$, woraus $u = 1,1$ folgt, oder er sinke auf $S_0 d = 190$, was $d = 0,95$ bedeutet. In der darauf folgenden Periode verändere sich der Kurs mit den gleichen Raten noch einmal, so dass entweder ein Kurs von $S_0 uu = 242$ oder ein Kurs von $S_0 ud = S_0 du = 209$ oder aber ein Kurs von $S_0 dd = 180,5$ erreicht wird, vgl. Abbildung 7.7. In jedem Zeitpunkt $t \leq 2$ kann man zum risikolosen Zinssatz $r_f = 0,05$ Kredit aufnehmen oder Geld anlegen. Die Kaufoption verbrieft das Recht, die beschriebene Aktie im Zeitpunkt $t = 2$ zum Basispreis von $K = 205$ zu erwerben.

Um das Bewertungsproblem zu lösen, fängt man zweckmäßigerweise wieder damit an, nach dem Wert der Kaufoption im Zeitpunkt der Fälligkeit zu fragen. Bezeichnet man die Cashflows, die der Call im Zeitpunkt $t = 2$ verspricht, mit C_{uu}, C_{ud}, C_{du} oder C_{dd}, je nachdem ob der Kurs der zugrunde liegenden Aktie in der ersten Periode steigt („up") oder sinkt („down"), um in der zweiten Periode noch einmal zu steigen oder zu sinken, so gilt

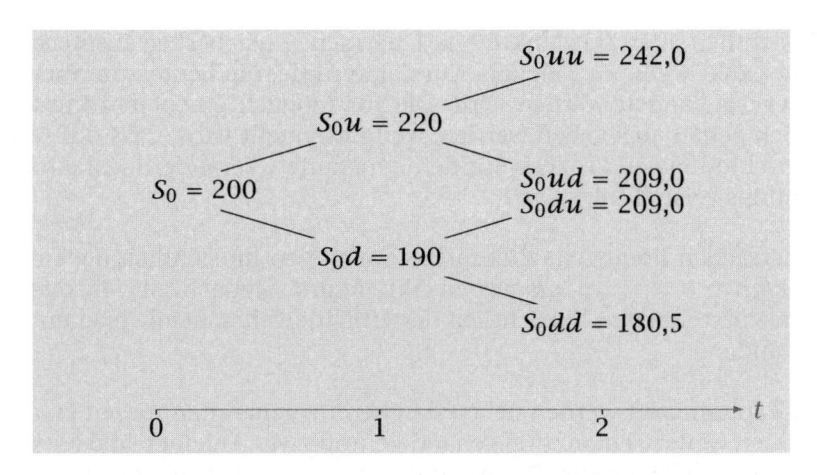

```
                              S₀uu = 242,0
                  S₀u = 220
     S₀ = 200                  S₀ud = 209,0
                               S₀du = 209,0
                  S₀d = 190
                              S₀dd = 180,5

     0           1           2              t
```

Abbildung 7.7: Binomialprozess eines Aktienkurses

$$\begin{aligned}
C_{uu} &= \max(S_0uu - K, 0) = \max(242 - 205,\ 0) = 37 \\
C_{ud} &= \max(S_0ud - K, 0) = \max(209 - 205,\ 0) = 4 \\
C_{du} &= \max(S_0du - K, 0) = \max(209 - 205,\ 0) = 4 \\
C_{dd} &= \max(S_0dd - K, 0) = \max(180{,}5 - 205,\ 0) = 0\,.
\end{aligned}$$

Das lässt sich grafisch so wie in Abbildung 7.8 darstellen. Dort sieht man, dass auch die Kaufoption einem Binomialprozess folgt. Leider wissen wir jedoch zunächst noch nicht, welche Werte der Call in den Zeitpunkten $t = 0$ und $t = 1$ annimmt. Die Arbitragetheorie scheint uns zu verlassen, denn man hat – jedenfalls bei oberflächlicher Betrachtung – den Eindruck, dass der Kapitalmarkt nicht vollständig sei, so dass wir keine Chance hätten, die Preise reiner Wertpapiere auszurechnen. Denn immerhin gibt es nur zwei Wertpapiere (die Aktie und die Anleihe), und wir haben es im Zeitpunkt $t = 2$ mit drei Zuständen zu tun. Eigentlich gibt es sogar vier Zustände oder „Zeitpfade", doch zwei davon (du und ud) führen zum gleichen Endergebnis.

Retrogrades Bewertungskonzept Um jetzt weiterzukommen, betrachte man Abbildung 7.9. Das ist nichts anderes als ein Ausschnitt aus Abbildung 7.8. Und man kann sehen, dass sich die Frage nach dem Wert der Kaufoption nach einer Aufwärtsbewegung der Aktie (C_u) unter Umständen mit Hilfe des Zwei-Zeitpunkte-Zwei-Zustände-Modells beantworten lässt, denn wenn der Aktienkurs im Zeitpunkt $t = 1$ erst einmal nach oben gegangen ist, so kann er nur noch einmal entweder steigen oder fallen. Daher liegt es nahe, zur Bestimmung von C_u sinngemäß auf

7.4. Binomial-Modell

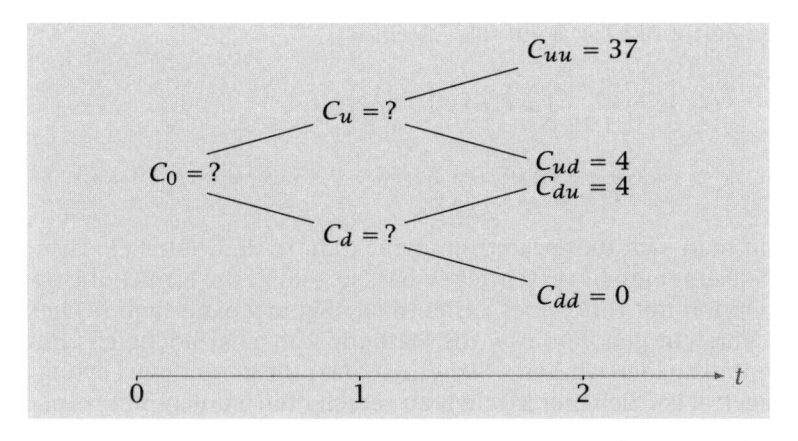

```
                                    C_uu = 37
                    C_u = ?
      C_0 = ?                       C_ud = 4
                                    C_du = 4
                    C_d = ?
                                    C_dd = 0

      0              1              2            → t
```

Abbildung 7.8: Kaufoption im Binomialmodell

Gleichung (7.10) zurückzugreifen. Das würde

$$C_u = \frac{1}{1+r_f}\left(\varphi\, C_{uu} + (1-\varphi)\, C_{ud}\right)$$

$$= \frac{1}{1{,}05} \cdot (0{,}6667 \cdot 37 + 0{,}3333 \cdot 4) = 24{,}76$$

bedeuten. Entsprechend ergäbe sich für den Wert des Calls für den Fall, dass der Aktienkurs im Zeitpunkt $t = 1$ auf $S_d = 190$ gefallen ist,

$$C_d = \frac{1}{1+r_f}\left(\varphi\, C_{du} + (1-\varphi)\, C_{dd}\right)$$

$$= \frac{1}{1{,}05} \cdot (0{,}6667 \cdot 4 + 0{,}3333 \cdot 0) = 2{,}54.$$

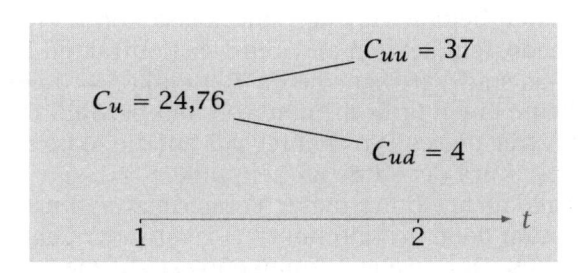

```
                                    C_uu = 37
                    C_u = 24,76
                                    C_ud = 4

                    1               2            → t
```

Abbildung 7.9: Ausschnitt aus dem Binomialmodell

Nachdem die Werte der Kaufoption C_u und C_d für den Zeitpunkt $t = 1$ berechnet worden sind, bietet es sich an, den gleichen Weg noch einmal zu beschreiten, was für den Zeitpunkt $t = 0$ auf das Ergebnis

$$C_0 = \frac{1}{1+r_f} \left(\varphi\, C_u + (1-\varphi)\, C_d \right)$$

$$= \frac{1}{1{,}05} \cdot (0{,}6667 \cdot 24{,}76 + 0{,}3333 \cdot 2{,}54) = 16{,}53$$

führt. Wenn man sich dieser „retrograden" (d. h. in der Zeit rückwärts schreitenden) Methode erst einmal verschrieben hat, so gelingt die Ermittlung des heutigen Werts der Option mit Hilfe eines verhältnismäßig mechanischen Rechenvorgangs. Jedoch ist Vorsicht geboten, weil die Methode zunächst höchstens intuitiv überzeugt. Jedenfalls haben wir keine Sicherheit, dass die gefundene Lösung auch wirklich arbitragefrei ist. Sich hier Klarheit zu verschaffen ist nicht nur wünschenswert, sondern dringend erforderlich.

Bewertung über die Preise reiner Wertpapiere Wollen wir dieses Ziel erreichen, so empfiehlt es sich, doch mit den Preisen reiner Wertpapiere zu arbeiten. Um diese aber berechnen zu können, muss der Markt vollständig sein. Sonst haben wir keine Chance. Also müssen wir unsere Aufmerksamkeit genau hierauf konzentrieren.

Obwohl wir im Rahmen der Arbitragetheorie mehrperiodige Problemstellungen nicht angesprochen haben, wissen wir, dass man einen Kapitalmarkt vollständig nennt, wenn es ebenso viele Finanztitel wie relevante Umweltzustände gibt. Dieser Satz ist präzisierungsbedürftig, denn wir stellten eben schon einmal fest, dass wir es mit nur zwei Finanztiteln, aber auf jeden Fall mit mehr als zwei Zuständen zu tun haben. Genauer wäre es, wenn wir sagen würden, dass es ebenso viele *Kontrakte über Finanztitel* geben muss wie relevante Umweltzustände. Und von solchen Kontrakten gibt es in der von uns modellierten Situation auf jeden Fall mehr als zwei. Um das nachzuvollziehen, betrachten Sie Tabelle 7.10.

Sie erkennen in der Tabelle sechs Zustände und sechs Kontrakte mit linear unabhängigen Cashflows. Das ist ein vollständiger Markt! Aber bevor wir aus ihm die Preise reiner Wertpapiere ableiten, sind einige Erläuterungen zu den Kontrakten erforderlich. Die ersten beiden Verträge sind Kassa-Kontrakte, die keiner weiteren Beschreibung bedürfen. Bei den anderen vier Kontrakten handelt es sich um Termingeschäfte. Das sind Verträge, die im Zeitpunkt $t = 0$ geschlossen werden und für die man heute einen Preis in Höhe von null bezahlt. Der erste in Tabelle 7.10 angegebene Vertrag dieses Typs richtet sich auf die Aktie und wird *unbedingt* ausgeführt, wenn der Kurs der Aktie im Zeitpunkt $t = 1$ den Wert 220 annimmt (und im anderen Falle nicht). Unter dieser Voraussetzung *muss* der Käufer 220€ bezahlen und bekommt dann im Zeitpunkt $t = 2$ entweder Cashflows in Höhe von 242 oder aber nur 209. Der zweite Terminkontrakt auf die Aktie wird unter der Voraussetzung ausgeführt, dass der Kurs der Aktie im Zeitpunkt $t = 1$ auf 190 fällt. Die beiden weiteren in der Tabelle 7.10 angegebenen Terminkontrakte richten sich auf die Anleihe, sind aber ebenfalls vom Kurs der Aktie abhängig. Diese wird gegebenenfalls zum Preise von 105 erworben, verspricht dann aber ein Jahr

7.4. Binomial-Modell

Tabelle 7.10: Finanzkontrakte in einem Drei-Zeitpunkte-Modell

Kontrakt	Cashflows im Zeitpunkt						Preis
	$t=1$		$t=2$				
			beim Zustand				
	u	d	uu	ud	du	dd	
Kassa Aktie	220	190					200
Kassa Anleihe	105	105					100
Termin Aktie	-220		242,00	209,00			0
Termin Anleihe	-105		110,25	110,25			0
Termin Aktie		-190			209,00	180,50	0
Termin Anleihe		-105			110,25	110,25	0

später sichere Cashflows in Höhe von $105 \cdot (1 + r_f) = 110{,}25$. Verwendet man für die Preise der reinen Wertpapiere die Symbole

π_u Preis für 1€ in $t=1$ beim Zustand u,
π_d Preis für 1€ in $t=1$ beim Zustand d,
π_{uu} Preis für 1€ in $t=2$ beim Zustand uu,
π_{ud} Preis für 1€ in $t=2$ beim Zustand ud,
π_{du} Preis für 1€ in $t=2$ beim Zustand du und
π_{dd} Preis für 1€ in $t=2$ beim Zustand dd,

so kann man das folgende Gleichungssystem aufstellen.

$$
\begin{aligned}
220\,\pi_u + 190\,\pi_d + 0\,\pi_{uu} + 0\,\pi_{ud} + 0\,\pi_{du} + 0\,\pi_{dd} &= 200 \\
105\,\pi_u + 105\,\pi_d + 0\,\pi_{uu} + 0\,\pi_{ud} + 0\,\pi_{du} + 0\,\pi_{dd} &= 100 \\
-220\,\pi_u + 0\,\pi_d + 242{,}00\,\pi_{uu} + 209{,}00\,\pi_{ud} + 0{,}00\,\pi_{du} + 0{,}00\,\pi_{dd} &= 0 \\
-105\,\pi_u + 0\,\pi_d + 110{,}25\,\pi_{uu} + 110{,}25\,\pi_{ud} + 0{,}00\,\pi_{du} + 0{,}00\,\pi_{dd} &= 0 \\
0\,\pi_u - 190\,\pi_d + 0{,}00\,\pi_{uu} + 0{,}00\,\pi_{ud} + 209{,}00\,\pi_{du} + 180{,}50\,\pi_{dd} &= 0 \\
0\,\pi_u - 105\,\pi_d + 0{,}00\,\pi_{uu} + 0{,}00\,\pi_{ud} + 110{,}25\,\pi_{du} + 110{,}25\,\pi_{dd} &= 0.
\end{aligned}
$$

Um es zu lösen, nutzt man sinnvollerweise seine spezielle Struktur. Man beginnt mit den beiden ersten Gleichungen

$$
\begin{aligned}
220\,\pi_u + 190\,\pi_d &= 200 \\
105\,\pi_u + 105\,\pi_d &= 100
\end{aligned}
$$

und gewinnt aus ihnen die bereits bekannten Lösungen $\pi_u = 0{,}6349$ und $\pi_d = 0{,}3175$. Sodann konzentriert man sich auf die dritte und vierte Gleichung. Diese lauten

$$
\begin{aligned}
-220\,\pi_u + 242{,}00\,\pi_{uu} + 209{,}00\,\pi_{ud} &= 0 \\
-105\,\pi_u + 110{,}25\,\pi_{uu} + 110{,}25\,\pi_{ud} &= 0
\end{aligned}
$$

oder nach Einsetzen von π_u und geringfügiger Umformung

$$242{,}00\,\pi_{uu} + 209{,}00\,\pi_{ud} = 139{,}68$$
$$110{,}25\,\pi_{uu} + 110{,}25\,\pi_{ud} = 66{,}67 \;.$$

Löst man das nach den beiden Unbekannten auf, so erhält man $\pi_{uu} = 0{,}4031$ und $\pi_{ud} = 0{,}2016$. Nun verbleiben noch die fünfte und sechste Gleichung

$$-190\,\pi_d + 209{,}00\,\pi_{du} + 180{,}50\,\pi_{dd} = 0$$
$$-105\,\pi_d + 110{,}25\,\pi_{du} + 110{,}25\,\pi_{dd} = 0$$

beziehungsweise nach Einsetzen für π_d und Umformung

$$209{,}00\,\pi_{du} + 180{,}50\,\pi_{dd} = 60{,}32$$
$$110{,}25\,\pi_{du} + 110{,}25\,\pi_{dd} = 33{,}33 \;,$$

was uns die Lösungen $\pi_{du} = 0{,}2016$ und $\pi_{dd} = 0{,}1008$ bringt.

Die Bewertung der zustandsabhängigen Cashflows der Kaufoption gelingt damit auch über die Preise der reinen Wertpapiere. Wir stellen diese noch einmal übersichtlich zusammen

$$\pi_u = 0{,}6349 \qquad \pi_{uu} = 0{,}4031$$
$$\phantom{\pi_u = 0{,}6349 \qquad} \pi_{ud} = 0{,}2016$$
$$\pi_d = 0{,}3175 \qquad \pi_{du} = 0{,}2016$$
$$\phantom{\pi_d = 0{,}3175 \qquad} \pi_{dd} = 0{,}1008$$

und wenden sie dann einfach an. Auswerten der Bewertungsgleichung ergibt

$$C_0 = \pi_{uu}\,C_{uu} + \pi_{ud}\,C_{ud} + \pi_{du}\,C_{du} + \pi_{dd}\,C_{dd}$$
$$= 0{,}4031 \cdot 37 + 0{,}2016 \cdot 4 + 0{,}2016 \cdot 4 + 0{,}1008 \cdot 0 = 16{,}53\,,$$

und das stimmt mit dem Resultat aus der retrograden Bewertungstechnik vollkommen überein.

Bewertung über ein äquivalentes Portfolio Um dasselbe Ergebnis mit Hilfe eines äquivalenten Portfolios zu finden, muss man sich zunächst klarmachen, dass der Call im Zeitpunkt $t = 1$ weder Auszahlungen verursacht noch Einzahlungen verspricht. Das muss natürlich auch für das äquivalente Portfolio gelten. Im Übrigen muss es so konstruiert werden, dass es im Zeitpunkt $t = 2$ die gleichen zustandsabhängigen Cashflows erzeugt wie die zu duplizierende Kaufoption.

Im Mehrperiodenfall zeigen sich nun aber äquivalente Portfolios von einer etwas anderen Seite als im Zwei-Zeitpunkte-Modell. Dort war es so, dass man im Zeitpunkt $t = 0$ das Portfolio zusammenstellte und bis zum Ende der Optionsfrist *in unveränderter Form* hielt. Das war sozusagen eine reine Strategie des Kaufens und Haltens. Im Mehrperiodenfall müssen wir regelmäßig davon ausgehen, dass *Anpassungen des Portfolios* erforderlich werden. Um das klarer werden zu lassen, setzen wir die Berechnungen an unserem Beispiel fort. Wir definieren zunächst zweckmäßige Symbole für die Strukturvariablen des äquivalenten Portfolios.

7.4. Binomial-Modell

$n_{S,0}$ Menge der in $t = 0$ enthaltenen Aktien
$n_{B,0}$ Menge der in $t = 0$ enthaltenen Anleihen
$n_{S,1}^u$ Menge der in $t = 1$ beim Zustand u enthaltenen Aktien
$n_{S,1}^d$ Menge der in $t = 1$ beim Zustand d enthaltenen Aktien
$n_{B,1}^u$ Menge der in $t = 1$ beim Zustand u enthaltenen Anleihen
$n_{B,1}^d$ Menge der in $t = 1$ beim Zustand d enthaltenen Anleihen

Damit können wir ein Gleichungssystem aufstellen, das mit den Zahlen unseres Beispiels so aussieht wie nachstehend angegeben.

$$\begin{aligned}
220\,n_{S,0} + 105\,n_{B,0} - 220\,n_{S,1}^u + 0{,}00\,n_{S,1}^d - 105{,}00\,n_{B,1}^u + 0{,}00\,n_{B,1}^d &= 0 \\
190\,n_{S,0} + 105\,n_{B,0} + 0\,n_{S,1}^u - 190{,}0\,n_{S,1}^d + 0{,}00\,n_{B,1}^u - 105{,}00\,n_{B,1}^d &= 0 \\
0\,n_{S,0} + 0\,n_{B,0} + 242\,n_{S,1}^u + 0{,}00\,n_{S,1}^d + 110{,}25\,n_{B,1}^u + 0{,}00\,n_{B,1}^d &= 37 \\
0\,n_{S,0} + 0\,n_{B,0} + 209\,n_{S,1}^u + 0{,}00\,n_{S,1}^d + 110{,}25\,n_{B,1}^u + 0{,}00\,n_{B,1}^d &= 4 \\
0\,n_{S,0} + 0\,n_{B,0} + 0\,n_{S,1}^u + 209{,}00\,n_{S,1}^d + 0{,}00\,n_{B,1}^u + 110{,}25\,n_{B,1}^d &= 4 \\
0\,n_{S,0} + 0\,n_{B,0} + 0\,n_{S,1}^u + 180{,}50\,n_{S,1}^d + 0{,}00\,n_{B,1}^u + 110{,}25\,n_{B,1}^d &= 0
\end{aligned}$$

Die ersten beiden Gleichungen sorgen dafür, dass der Portfolioertrag im Zeitpunkt $t = 1$ null ist, gleichgültig ob der Zustand u oder der Zustand d eintritt. Die restlichen Gleichungen stellen sicher, dass das Portfolio im Zeitpunkt $t = 2$ die gleichen zustandsabhängigen Cashflows hat wie die Kaufoption.[9]

Erneut kann man die spezielle Struktur dieses Gleichungssystems hervorragend nutzen, um auf bequeme Weise die Lösungen zu finden. Beispielsweise beginnen wir mit der dritten und vierten Gleichung. Diese lauten

$$\begin{aligned}
242\,n_{S,1}^u + 110{,}25\,n_{B,1}^u &= 37 \\
209\,n_{S,1}^u + 110{,}25\,n_{B,1}^u &= 4 \quad,
\end{aligned}$$

woraus man leicht die Lösungen $n_{S,1}^u = 1$ und $n_{B,1}^u = -1{,}8594$ ableitet. Sodann betrachtet man die fünfte und sechste Gleichung, also

$$\begin{aligned}
209{,}00\,n_{S,1}^d + 110{,}25\,n_{B,1}^d &= 4 \\
180{,}50\,n_{S,1}^d + 110{,}25\,n_{B,1}^d &= 0 \quad,
\end{aligned}$$

wofür man ebenso rasch die Lösungen $n_{S,1}^d = 0{,}1404$ und $n_{B,1}^d = -0{,}2298$ findet. Es verbleiben die ersten beiden Gleichungen des obigen Systems, die wir zunächst noch einmal wiederholen,

$$\begin{aligned}
220\,n_{S,0} + 105\,n_{B,0} - 220\,n_{S,1}^u - 105{,}00\,n_{B,1}^u &= 0 \\
190\,n_{S,0} + 105\,n_{B,0} - 190\,n_{S,1}^d - 105{,}00\,n_{B,1}^d &= 0 \quad.
\end{aligned}$$

Einsetzen der inzwischen berechneten Strukturvariablen ergibt nach elementaren Umformungen

$$\begin{aligned}
220\,n_{S,0} + 105\,n_{B,0} &= 24{,}76 \\
190\,n_{S,0} + 105\,n_{B,0} &= 2{,}54 \quad,
\end{aligned}$$

---
[9]Vgl. Abbildung 7.8 auf Seite 305.

was direkt auf die Lösungen $n_{S,0} = 0{,}7407$ und $n_{B,0} = -1{,}3162$ führt, womit endlich alle Strukturvariablen des äquivalenten Portfolios bestimmt sind. Übersichtlich zusammengestellt sieht das so aus:

$$\begin{aligned} n_{S,0} &= 0{,}7407 & n_{S,1}^u &= 1{,}0000 \\ & & n_{S,1}^d &= 0{,}1404 \\ n_{B,0} &= -1{,}3162 & n_{B,1}^u &= -1{,}8594 \\ & & n_{B,1}^d &= -0{,}2298 \;. \end{aligned}$$

Da die Preise der Terminkontrakte sich alle auf null belaufen, gewinnt man den Preis des äquivalenten Portfolios aus

$$n_{S,0}\, S_0 + n_{B,0}\, B_0 = 0{,}7407 \cdot 200 - 1{,}3162 \cdot 100 = 16{,}53\,,$$

und das entspricht genau wieder dem bereits zweimal ermittelten Preis der Kaufoption. Besonders überzeugend wäre nun, wenn man nachweisen würde, dass sich unser äquivalentes Portfolio nach außen hin tatsächlich nicht von dem Call unterscheidet. Um das zu überprüfen, verfolgen wir das Portfolio im Zeitablauf.

1. Gehen wir zunächst einmal davon aus, dass der Aktienkurs im Zeitpunkt $t = 1$ auf $S_0 u = 220$ steigt. In diesem Fall müssen wir das Portfolio in seiner Struktur neu gestalten, und zwar so, dass $n_{S,1}^u = 1$ und $n_{B,1}^u = -1{,}8594$. Wir müssen also

$$n_{S,1}^u - n_{S,0} = 1{,}0000 - 0{,}7407 = 0{,}2593$$

Stück Aktien dazukaufen. Das verursacht Auszahlungen in Höhe von

$$(n_{S,1}^u - n_{S,0}) \cdot S_0 u = 0{,}2593 \cdot 220 = 57{,}04\,.$$

Gleichzeitig sollen wir aber den Bestand leerverkaufter Anleihen erhöhen, und zwar in Höhe von

$$-(n_{B,1}^u - n_{B,0}) = -1{,}3162 + 1{,}8594 = 0{,}5432$$

Stück. Das führt auf Einzahlungen in Höhe von

$$-(n_{B,1}^u - n_{B,0})\, B_0 (1 + r_f) = 0{,}5432 \cdot 105 = 57{,}04\,,$$

womit sich Ein- und Auszahlungen genau ausgleichen. Die Anpassung des äquivalenten Portfolios erweist sich also als selbstfinanzierend; und wäre das nicht der Fall, so könnte man auch kaum von Äquivalenz des Portfolios zur Kaufoption sprechen, da diese ja ebenfalls keine Zahlungen im Zeitpunkt $t = 1$ vorsieht.

Im Zeitpunkt $t = 2$ kann der Aktienkurs nun entweder auf $S_0 uu = 242$ steigen oder aber auf $S_0 ud = 209$ fallen. In jedem Fall haben wir einen Bestand

7.4. Binomial-Modell

von 1,8594 leerverkauften Anleihen. Das zwingt uns zu Rückkäufen der Anleihe zum nun herrschenden Kurs, was sichere Zahlungen in Höhe von

$$n_{B,1}^u B_0 (1 + r_f)^2 = -1{,}8594 \cdot 110{,}25 = -205$$

verursacht. Diese Auszahlungen sind unvermeidlich. Da sich unser Aktienbestand auf $n_{S,1}^u = 1$ beläuft, können wir aber durch Verkauf dieses Titels Einzahlungen erzielen. Die Differenz zwischen diesen Einzahlungen und den unvermeidlichen Auszahlungen beläuft sich je nach Zustand auf

$$n_{S,1}^u S_0 uu + n_{B,1}^u B_0 (1 + r_f)^2 = 1 \cdot 242 - 1{,}8594 \cdot 110{,}25 = 37 \quad \text{oder}$$
$$n_{S,1}^u S_0 ud + n_{B,1}^u B_0 (1 + r_f)^2 = 1 \cdot 209 - 1{,}8594 \cdot 110{,}25 = 4.$$

Das sind genau die Cashflows, die auch der Inhaber der Option unter den entsprechenden Bedingungen erwarten darf.

2. Fällt der Aktienkurs nach Ablauf der ersten Periode auf $S_0 d = 190$, so ist ebenfalls eine Anpassung des Portfolios angebracht. Wir müssen Teile unseres Aktienbestandes verkaufen, was zu Einzahlungen in Höhe von

$$-(n_{S,1}^d - n_{S,0}) S_0 d = -(0{,}1404 - 0{,}7407) \cdot 190 = 114{,}07$$

führt. Gleichzeitig haben wir den Bestand der leerverkauften Anleihen zu reduzieren, was Auszahlungen in Höhe von ebenfalls genau

$$(n_{B,1}^d - n_{B,0}) B_0 (1 + r_f) = (-0{,}2298 + 1{,}3162) \cdot 105 = 114{,}07$$

verursacht, so dass sich die Anpassung wieder selbst finanziert. Damit belaufen sich die zustandsabhängigen Einzahlungen im Zeitpunkt $t = 2$ je nach Aktienkursentwicklung auf

$$n_{S,1}^d S_0 du + n_{B,1}^d B_0 (1 + r_f)^2 = 0{,}1404 \cdot 209 - 0{,}2298 \cdot 110{,}25 = 4 \quad \text{oder}$$
$$n_{S,1}^d S_0 dd + n_{B,1}^d B_0 (1 + r_f)^2 = 0{,}1404 \cdot 180{,}5 - 0{,}2298 \cdot 110{,}25 = 0.$$

Damit ist gezeigt, dass das äquivalente Portfolio die Kaufoption auch im Mehrperiodenfall perfekt dupliziert.

Eine präferenzfreie Bewertungsgleichung für n Zeitpunkte Mit den Erfahrungen in Bezug auf unser ausführlich diskutiertes Zahlenbeispiel bewaffnet, ist es nicht allzu schwer, eine allgemeine Bewertungsgleichung für den Drei-Zeitpunkte-Fall zu entwickeln und daraus die Bewertungsgleichung für n Zeitpunkte abzuleiten.

Wir beginnen mit den Cashflows, die der Call bei Fälligkeit verspricht. Sie beliefen sich für $n = 2$ auf

$$\begin{aligned}
C_{uu} &= \max(S_0 uu - K, 0), \\
C_{ud} &= \max(S_0 ud - K, 0), \\
C_{du} &= \max(S_0 du - K, 0) \quad \text{und} \\
C_{dd} &= \max(S_0 dd - K, 0).
\end{aligned}$$

Nennen wir k die Anzahl der Aufwärtsbewegungen des Aktienkurses während der Optionsfrist, so nimmt der Aktienkurs nach n Perioden den Wert

$$S^k = S_0 u^k d^{n-k}$$

an, und die zustandsabhängigen Cashflows der Kaufoption belaufen sich grundsätzlich auf

$$C^k = \max(S_0 u^k d^{n-k} - K, 0) \, . \qquad (7.15)$$

Von dieser Darstellung werden wir demnächst Gebrauch machen. Zunächst aber erinnern wir uns daran, dass sich

$$C_0 = \pi_{uu} C_{uu} + \pi_{ud} C_{ud} + \pi_{du} C_{du} + \pi_{dd} C_{dd} \qquad (7.16)$$

auf Grund des Wertadditivitätstheorems als geeignete Bewertungsgleichung für die Kaufoption erwiesen hat. Um zu anderen Darstellungsformen für diese Bewertungsformel zu kommen, empfiehlt es sich, die Preise reiner Wertpapiere auszurechnen und einzusetzen. Danach können wir uns auf Umformungen beschränken.

Ebenso wie im Rahmen des Zahlenbeispiels ermitteln wir zunächst π_u und π_d. Hierfür können wir auf unsere Ergebnisse aus dem Zwei-Zeitpunkte-Zwei-Zustände-Modell zurückgreifen. Dort hatten wir aus dem Gleichungssystem

$$\begin{aligned} u\,\pi_u + d\,\pi_d &= 1 \\ (1+r_f)\,\pi_u + (1+r_f)\,\pi_d &= 1 \end{aligned} \qquad (7.17)$$

die Lösungen

$$\pi_u = \frac{1}{1+r_f} \frac{1+r_f - d}{u-d} \quad \text{und} \quad \pi_d = \frac{1}{1+r_f} \frac{u - (1+r_f)}{u-d}$$

abgeleitet.[10] Um nun die Preise π_{uu} und π_{ud} in allgemeiner Form zu gewinnen, müssen wir analog zu unserer Vorgehensweise im Zahlenbeispiel das Gleichungssystem

$$\begin{aligned} -S_0 u\, \pi_u + S_0 uu\, \pi_{uu} + S_0 ud\, \pi_{ud} &= 0 \\ -B_0(1+r_f)\, \pi_u + B_0(1+r_f)^2\, \pi_{uu} + B_0(1+r_f)^2\, \pi_{ud} &= 0 \end{aligned}$$

ansetzen. Dividieren der ersten Gleichung durch $S_0 u \pi_u$, beziehungsweise der zweiten Gleichung durch $B_0(1+r_f)\pi_u$ führt nach Umstellung zu

$$\begin{aligned} u\,\tfrac{\pi_{uu}}{\pi_u} + d\,\tfrac{\pi_{ud}}{\pi_u} &= 1 \\ (1+r_f)\,\tfrac{\pi_{uu}}{\pi_u} + (1+r_f)\,\tfrac{\pi_{ud}}{\pi_u} &= 1 \, . \end{aligned}$$

Vergleicht man das mit dem Gleichungssystem (7.17), so erkennt man, dass sich für die Unbekannten $\tfrac{\pi_{uu}}{\pi_u}$ und $\tfrac{\pi_{ud}}{\pi_u}$ dieselben Lösungen wie für π_u und π_d ergeben müssen. Und daher können wir feststellen, dass

$$\pi_{uu} = \pi_u \pi_u \quad \text{und} \quad \pi_{ud} = \pi_u \pi_d$$

---

[10]Siehe Seite 298.

7.4. Binomial-Modell

ist. Auf ganz entsprechende Weise kann man nachweisen, dass auch

$$\pi_{du} = \pi_d \pi_u \quad \text{und} \quad \pi_{dd} = \pi_d \pi_d$$

erfüllt sein müssen. Setzt man diese Resultate in die Ausgangsgleichung (7.16) ein, so entsteht

$$C_0 = \pi_u \pi_u C_{uu} + \pi_u \pi_d C_{ud} + \pi_d \pi_u C_{du} + \pi_d \pi_d C_{dd}.$$

Unter Rückgriff auf die Pseudowahrscheinlichkeit φ gemäß (7.9) sowie die Tatsache, dass wegen des kommutativen Gesetzes $\pi_{ud} = \pi_{du}$ und $C_{ud} = C_{du}$ ist, gewinnt man hieraus die Darstellung

$$C_0 = \frac{1}{(1+r_f)^2} \left(\varphi^2 C_{uu} + 2\varphi(1-\varphi) C_{ud} + (1-\varphi)^2 C_{dd} \right).$$

Das lässt sich nun unter Verwendung von (7.15) in die Form

$$C_0 = \frac{1}{(1+r_f)^2} \left(\varphi^2 (1-\varphi)^{2-2} C^2 + 2\varphi^1 (1-\varphi)^{2-1} C^1 + \varphi^0 (1-\varphi)^{2-0} C^0 \right)$$

bringen. Die (Pseudo-)Binomialwahrscheinlichkeiten,[11] welche hier auftreten, kann man mit dem Binomialkoeffizienten auch noch eleganter schreiben, so dass mit Hilfe des Summenzeichens

$$C_0 = \frac{1}{(1+r_f)^2} \sum_{k=0}^{2} \binom{2}{k} \varphi^k (1-\varphi)^{2-k} C^k$$

entsteht. Erinnert man sich nun schließlich noch an die Definition des zustandsabhängigen Cashflows der Kaufoption in Gleichung (7.15), so heißt es

$$C_0 = \frac{1}{(1+r_f)^2} \sum_{k=0}^{2} \binom{2}{k} \varphi^k (1-\varphi)^{2-k} \max \left(S_0 u^k d^{2-k} - K, 0 \right).$$

Was noch zu tun bleibt, ist die Verallgemeinerung auf $n \geq 2$ Perioden. Das führt zu

$$C_0 = \frac{1}{(1+r_f)^n} \sum_{k=0}^{n} \binom{n}{k} \varphi^k (1-\varphi)^{n-k} \max \left(S_0 u^k d^{n-k} - K, 0 \right), \qquad (7.18)$$

und wir sind fast am Ziel. Wir haben aber noch die Möglichkeit, uns der etwas lästigen Maximumfunktion in vorstehender Gleichung zu entledigen. Dazu erinnern wir uns, was $\max(S_0 u^k d^{n-k} - K, 0)$ bedeutete. Es bringt zum Ausdruck, dass die Option genau dann ausgeübt wird, wenn der Aktienkurs nach n Teilperioden größer als der Ausübungspreis K ist. Da der Aktienkurs in jeder Teilperiode entweder mit dem Faktor u wächst oder mit dem Faktor d schrumpft,[12] gibt es ein

---
[11] Siehe Seite 454.
[12] Diese Redeweise ist nicht ganz präzise, da d nicht notwendigerweise kleiner als eins sein muss.

kritisches k, bei dem der Kurs $S_0 u^k d^{n-k}$ gerade den Wert K erreicht oder erstmals überschreitet. Dieses kritische k nennen wir a. Der Kurs der Aktie muss also mindestens a-mal steigen (darf höchstens $(n-a)$-mal fallen), damit sich die Ausübung der Option lohnt. Dieses a wollen wir nun bestimmen. Dazu bedienen wir uns der Hilfsvariablen a', die durch die Gleichung

$$S_0 u^{a'} d^{n-a'} - K = 0$$

definiert ist. Logarithmieren und Auflösen nach a' ergibt

$$a' = \ln\left(\frac{K}{S_0 d^n}\right) \Big/ \ln\left(\frac{u}{d}\right).$$

In der Regel ist a' keine ganze Zahl, so dass wir als Untergrenze für k die kleinste ganze Zahl $a \geq a'$ annehmen. Damit kann man die Bewertungsgleichung in die Form

$$C_0 = \frac{1}{(1+r_f)^n} \sum_{k=a}^{n} \binom{n}{k} \varphi^k (1-\varphi)^{n-k} \left(S_0 u^k d^{n-k} - K\right)$$

bringen. Daraus entsteht durch Ausmultiplizieren die diskrete Optionspreisformel

$$C_0 = S_0 \left(\sum_{k=a}^{n} \binom{n}{k} \overbrace{\varphi^k (1-\varphi)^{n-k} \frac{u^k d^{n-k}}{(1+r_f)^n}}^{\text{Term 2}} \right)$$

$$-K \frac{1}{(1+r_f)^n} \underbrace{\left(\sum_{k=a}^{n} \binom{n}{k} \varphi^k (1-\varphi)^{n-k} \right)}_{\text{Term 1}}. \qquad (7.19)$$

Wenn wir uns in dieser Formel Term 1 ansehen, so stellen wir fest, dass es sich um die *Binomialwahrscheinlichkeit*

$$Bi(a|n,\varphi) = \sum_{k=a}^{n} \binom{n}{k} \varphi^k (1-\varphi)^{n-k}$$

handelt. Das ist die (Pseudo-)Wahrscheinlichkeit, mit der sich am Ende der Laufzeit die Ausübung der Option lohnt. Anders ausgedrückt: $Bi(a|n,\varphi)$ ist die Summe der Einzelwahrscheinlichkeiten, mit der der Aktienkurs nach n Perioden mindestens so groß wie der Basispreis ist. Definieren wir nun noch[13]

$$\varphi' = \varphi \frac{u}{1+r_f} \quad \text{und} \quad 1 - \varphi' = (1-\varphi) \frac{d}{1+r_f},$$

---

[13]Dass sich $\varphi \frac{u}{1+r_f}$ und $(1-\varphi) \frac{d}{1+r_f}$ zu eins addieren, springt nicht sofort ins Auge, lässt sich aber leicht nachrechnen, wenn man für φ gemäß (7.9) einsetzt.

7.4. Binomial-Modell

so vereinfacht sich Term 2 in Gleichung (7.19) zu

$$\text{Term 2} = (\varphi')^k (1 - \varphi')^{n-k}.$$

Mit dieser Substitution lässt sich dann auch der erste Klammerausdruck in (7.19) als Binomialwahrscheinlichkeit darstellen. Wir erhalten so eine schreibtechnisch elegante Darstellung des Optionspreises mit

$$C_0 = S_0 \, Bi(a|n,\varphi') - K \frac{1}{(1+r_f)^n} Bi(a|n,\varphi) \qquad (7.20)$$

und haben damit schließlich unser Ziel erreicht. Man blättere zurück auf Seite 312 und mache sich klar, dass diese Formel nichts anderes ist als eine andere Darstellung der Ausgangsgleichung (7.16).

Vergewissern wir uns abschließend, ob die Bewertungsgleichung mit den Daten unseres Zahlenbeispiels[14] zu dem bekannten Ergebnis führt. Wir beginnen damit, die Pseudowahrscheinlichkeiten φ und φ' auszurechnen, und erhalten

$$\varphi = \frac{1 + r_f - d}{u - d} = \frac{1{,}05 - 0{,}95}{1{,}10 - 0{,}95} = 0{,}6667$$

$$\varphi' = \varphi \frac{u}{1 + r_f} = 0{,}6667 \cdot \frac{1{,}10}{1{,}05} = 0{,}6984.$$

Danach bestimmen wir die Mindestanzahl der Aufwärtsbewegungen, welche der Aktienkurs vollführen muss, damit sich die Ausübung lohnt. Für die Hilfszahl a' ergibt sich

$$a' = \ln\left(\frac{K}{S_0 d^n}\right) / \ln\left(\frac{u}{d}\right) = \ln\left(\frac{205}{200 \cdot 0{,}95^2}\right) / \ln\left(\frac{1{,}10}{0{,}95}\right) = 0{,}8682,$$

was $a = 1$ bedeutet. Der Aktienkurs muss also mindestens einmal nach oben gehen. Für die Binomialwahrscheinlichkeiten erhält man mit diesen Zahlen

$$Bi(a|n,\varphi) = 2 \cdot 0{,}6667^1 \cdot (1 - 0{,}6667)^1 + 1 \cdot 0{,}6667^2 \cdot (1 - 0{,}6667)^0 = 0{,}8889$$

und

$$Bi(a|n,\varphi') = 2 \cdot 0{,}6984^1 \cdot (1 - 0{,}6984)^1 + 1 \cdot 0{,}6984^2 \cdot (1 - 0{,}6984)^0 = 0{,}9090.$$

Damit berechnet man für den Wert der Kaufoption das bekannte Resultat

$$\begin{aligned} C_0 &= S_0 \, Bi(a|n,\varphi') - K \frac{1}{(1+r_f)^n} Bi(a|n,\varphi) \\ &= 200 \cdot 0{,}9090 - 205 \cdot \frac{1}{1{,}05^2} \cdot 0{,}8889 \\ &= 16{,}53 \end{aligned}$$

und kann die Probe als geglückt ansehen.

---
[14] Siehe dazu Seite 303.

7.4.3 Europäischer Put und Put-Call-Parität

Herleitung der Bewertungsgleichung Will man eine präferenzfreie Bewertungsgleichung für den europäischen Put im Rahmen des Binomialmodells entwickeln, so kann man genau den gleichen Weg einschlagen wie beim Call. Die Verkaufsoption zeichnet sich nach k Aufwärtsbewegungen des Aktienkurses durch zustandsabhängige Cashflows in Höhe von

$$P^k = \max(K - S_0 u^k d^{n-k}, 0).$$

aus. Unter der Voraussetzung, dass wir es mit einem vollständigen Kapitalmarkt zu tun haben, muss wegen des Wertadditivitätstheorems die Bewertungsgleichung

$$\begin{aligned} P_0 &= \frac{1}{(1+r_f)^n} \sum_{k=0}^{n} \binom{n}{k} \varphi^k (1-\varphi)^{n-k} P^k \\ &= \frac{1}{(1+r_f)^n} \sum_{k=0}^{n} \binom{n}{k} \varphi^k (1-\varphi)^{n-k} \max(K - S_0 u^k d^{n-k}, 0) \end{aligned}$$

gelten. Das ist vollkommen analog zu (7.18), und jede andere Bewertung eröffnet Arbitragegelegenheiten.

Will man jetzt noch die Maximumfunktion beseitigen, um zu einer etwas leichter zu lesenden Darstellung zu kommen, muss man die Höchstanzahl der Aufwärtsbewegungen des Aktienkurses bestimmen, damit sich die Ausübung der Verkaufsoption lohnt. Im Zusammenhang mit dem Call hatten wir die Mindestanzahl der Aufwärtsbewegungen bestimmt und dafür den Parameter a eingeführt. Natürlich hängen beide Zahlen miteinander zusammen, und es ist nicht allzu schwer zu zeigen, dass sich für den Put schließlich

$$P_0 = K \frac{1}{(1+r_f)^n} \left(1 - Bi(a|n,\varphi)\right) - S_0 \left(1 - Bi(a|n,\varphi')\right)$$

ergibt. Alle Symbole sind ebenso wie in Gleichung (7.20) definiert. Die Herleitung selbst überlassen wir dem Leser.

Put-Call-Parität Einen sehr bequemen Zugang zur Bewertung von Puts findet man über die Put-Call-Parität. Sie hat den Vorteil, dass man ohne jede Annahme über den Zufallsprozess auskommt, dem der Aktienkurs folgt. Allerdings muss der Marktwert des Calls bekannt sein, um sie nutzen zu können.

Die grundlegende Idee, welche hinter der Put-Call-Parität steckt, lautet so: Man kann Portfolios aus Aktien, risikolosen Anleihen, Kauf- und Verkaufsoptionen bilden, die bei Fälligkeit der Optionen mit Sicherheit weder Einzahlungen verursachen noch Auszahlungen erfordern. Um diesen ökonomischen Zusammenhang und seine Implikationen verstehen zu können, benutzen wir folgende Symbole:

7.4. Binomial-Modell

B_0 Preis einer risikolosen Anleihe
C_0 Preis eines Calls
$\tilde{C}_T$ zufallsabhängiger Wert des Calls bei Fälligkeit
K Basispreis
n_B Menge der in einem Portfolio enthaltenen risikolosen Anleihen
n_C Menge der in einem Portfolio enthaltenen Calls
n_P Menge der in einem Portfolio enthaltenen Puts
n_{S_0} Menge der in einem Portfolio enthaltenen Aktien
$p(\cdot)$ Preisfunktion
P_0 Preis eines Puts
$\tilde{P}_T$ zufallsabhängiger Wert des Puts bei Fälligkeit
r_f risikoloser Zins
S_0 Preis einer Aktie
$\tilde{S}_T$ zufallsabhängiger Aktienkurs am Ende der Optionsfrist
T Optionsfrist (in Jahren)
$\tilde{X}_T$ zustandsabhängige Cashflows eines Portfolios

Unter Verwendung dieser Symbole nehmen wir die nachstehenden Definitionen vor:

$$C_0 = p(\tilde{C}_T) \tag{7.21}$$
$$\tilde{C}_T = \max(\tilde{S}_T - K, 0) \tag{7.22}$$
$$P_0 = p(\tilde{P}_T) \tag{7.23}$$
$$\tilde{P}_T = \max(K - \tilde{S}_T, 0) \tag{7.24}$$
$$S_0 = p(\tilde{S}_T) \tag{7.25}$$

Hierbei gehen wir davon aus, dass beide Optionen sowohl dieselbe Laufzeit als auch denselben Basispreis[15] besitzen. Um zu zeigen, dass ein Portfolio mit der behaupteten Eigenschaft existiert, wählen wir

$$n_{S_0} = 1 \quad n_C = -1 \quad n_P = 1 \quad n_B = -\frac{K}{B_0(1+r_f)^T} \tag{7.26}$$

und untersuchen die zustandsabhängigen Cashflows dieses Portfolios, $\tilde{X}_T$. Sie belaufen sich offensichtlich auf

$$\tilde{X}_T = n_{S_0}\tilde{S}_T + n_C \tilde{C}_T + n_P \tilde{P}_T + n_B B_0(1+r_f)^T .$$

Setzt man zunächst für die Strukturvariablen des Portfolios gemäß (7.26) ein, so entsteht

$$\tilde{X}_T = \tilde{S}_T - \tilde{C}_T + \tilde{P}_T - K ,$$

---

[15] Es ist ohne große Schwierigkeiten möglich, auch Put-Call-Paritäten für voneinander abweichende Basispreise abzuleiten.

was man unter Verwendung von (7.22) und (7.24) leicht in die Form

$$\tilde{X}_T = \tilde{S}_T - \max(\tilde{S}_T - K, 0) + \max(K - \tilde{S}_T, 0) - K$$

bringt. Nun sind zwei Fälle zu unterscheiden, vgl. Tabelle 7.11.

1. Wenn der Aktienkurs am Ende der Optionsfrist größer als der Basispreis ist, so lohnt sich die Ausübung des Calls, und der Put wird wertlos. Das bedeutet

$$\tilde{S}_T > K \implies \tilde{X}_T = \tilde{S}_T - (\tilde{S}_T - K) + 0 - K = 0.$$

2. Ist dagegen der Basispreis mindestens so groß wie der Aktienkurs am Ende der Optionslaufzeit, so verfällt der Call, und es lohnt sich, den Put auszuüben. Gleichgültig, welche Kursentwicklung die Aktie nimmt, eine der beiden Optionen wird immer ausgeübt, während die andere ungenutzt bleibt. Daher

$$\tilde{S}_T \leq K \implies \tilde{X}_T = \tilde{S}_T - 0 + (K - \tilde{S}_T) - K = 0.$$

Tabelle 7.11: Portfolio zur Put-Call-Parität

	Cashflows im Zeitpunkt T		Preis
	$\tilde{S}_T > K$	$\tilde{S}_T \leq K$	
Aktie	$\tilde{S}_T$	$\tilde{S}_T$	S_0
Call	$-(\tilde{S}_T - K)$	0	$-C_0$
Put	0	$(K - \tilde{S}_T)$	P_0
Anleihe	$-K$	$-K$	$-K(1 + r_f)^{-T}$
Portfolio	0	0	$S_0 - C_0 + P_0 - K(1 + r_f)^{-T}$

In beiden Fällen sind also die zustandsabhängigen Cashflows des Portfolios sicher und belaufen sich auf null. Für ein Portfolio, das im Zeitpunkt $T > 0$ weder Ein- noch Auszahlungen mit sich bringt, wird auf einem arbitragefreien Markt ein Preis in Höhe von null bezahlt. Das folgt sofort aus dem Dominanztheorem. Daher muss für das hier betrachtete Portfolio

$$p(\tilde{X}_T) = p(\tilde{S}_T - \tilde{C}_T + \tilde{P}_T - K) = 0$$

sein. Wegen des Wertadditivitätstheorems gilt dann aber auch

$$p(\tilde{S}_T) - p(\tilde{C}_T) + p(\tilde{P}_T) - p(K) = 0,$$

was man auf Grund der Definitionen (7.21), (7.23), (7.25) und bei geeigneter Abzinsung des Basispreises auch so darstellen kann:

7.4. Binomial-Modell

$$S_0 - C_0 + P_0 - \frac{K}{(1+r_f)^T} = 0. \quad (7.27)$$

Genau diese Gleichung bezeichnet man als Put-Call-Parität. Löst man sie beispielsweise nach dem Putpreis P_0 auf, so hat man den Wert der Verkaufsoption in Abhängigkeit von Aktienkurs, Callpreis, Basispreis und sicherem Zins, wenn die Laufzeiten der Optionen gegeben sind.

Für den Call des Zahlenbeispiels von Seite 303 haben wir in den letzten Abschnitten auf unterschiedlichen Wegen einen Wert von $C_0 = 16{,}53$ ermittelt. Mit der Put-Call-Parität können wir schnell feststellen, dass der Wert eines europäischen Puts mit derselben Laufzeit und demselben Basispreis

$$P_0 = 16{,}53 - 200{,}00 + \frac{205}{(1+0{,}05)^2} = 2{,}47$$

betragen muss.

7.4.4 Modellerweiterungen

In den vergangenen Abschnitten haben wir nur eine kurze Einführung in die Optionspreistheorie geben können. Dabei haben wir uns auf europäische Calls und Puts auf Aktien beschränkt und unterstellt, dass der Aktienkurs entweder einem einfachen Bernoulliprozess oder aber einem Binomialprozess folgt. Außerdem haben wir vereinfachend unterstellt, dass während der Laufzeit der Option keine Dividende auf die Aktie gezahlt wird. Jedoch konnten wir zeigen, dass es unter den angenommenen Bedingungen möglich ist, die zustandsabhängigen Zahlungen, welche der Inhaber einer Option erwarten darf, präferenzfrei zu bewerten. Von entscheidender Bedeutung war dabei die Voraussetzung, dass der Kapitalmarkt vollständig ist und damit eine ausreichende Bewertungsbasis vorhanden ist. Im Folgenden wollen wir einige wenige Bemerkungen zu komplizierteren Problemen der Optionsbewertung machen.

Amerikanische Optionen Bisher haben wir ausschließlich Optionen vom europäischen Typ angesprochen. Amerikanische Optionen sind mindestens so viel wert wie europäische, haben aber unter Umständen einen höheren Wert, weil es sich lohnen kann, sie vorzeitig auszuüben. Die Frage, wie sich das Recht der vorfristigen Ausübung auf den Preis einer Option auswirkt, lässt sich im Rahmen von Optionsmodellen auf der Basis von diskreten Zufallsprozessen relativ leicht beantworten, indem man die auf Seite 304 beschriebene retrograde Bewertungsprozedur nutzt.

Für einen europäischen Call hatten wir mit dieser Prozedur einen Wert von $C_0 = 16{,}53$ ermittelt, für einen vergleichbaren Put mittels der Put-Call-Parität einen Wert von $P_0 = 2{,}47$. Wenn sich die vorzeitige Ausübung eines entsprechenden amerikanischen Puts lohnt, dann muss der Wert des amerikanischen Puts auch höher sein als der eines vergleichbaren europäischen Puts. Um das anhand des Beispiels von Seite 303 zu zeigen, nutzen wir die bekannte retrograde Bewertungsprozedur und prüfen, ob die vorzeitige Ausübung eines Puts tatsächlich sinnvoll ist.

Zur Lösung des Bewertungsproblems berechnen wir zunächst analog zum Call die Werte eines vergleichbaren Puts im Zeitpunkt der Fälligkeit und erhalten

$$
\begin{aligned}
P_{uu} &= \max(K - S_0 uu, 0) = \max(205 - 242, 0) = 0 \\
P_{ud} &= \max(K - S_0 ud, 0) = \max(205 - 209, 0) = 0 \\
P_{du} &= \max(K - S_0 du, 0) = \max(205 - 209, 0) = 0 \\
P_{dd} &= \max(K - S_0 dd, 0) = \max(205 - 180{,}5, 0) = 24{,}5 \ .
\end{aligned}
$$

Die darauf aufbauende retrograde Bewertungsprozedur lässt sich mit diesen Daten anhand von Abbildung 7.10 veranschaulichen.

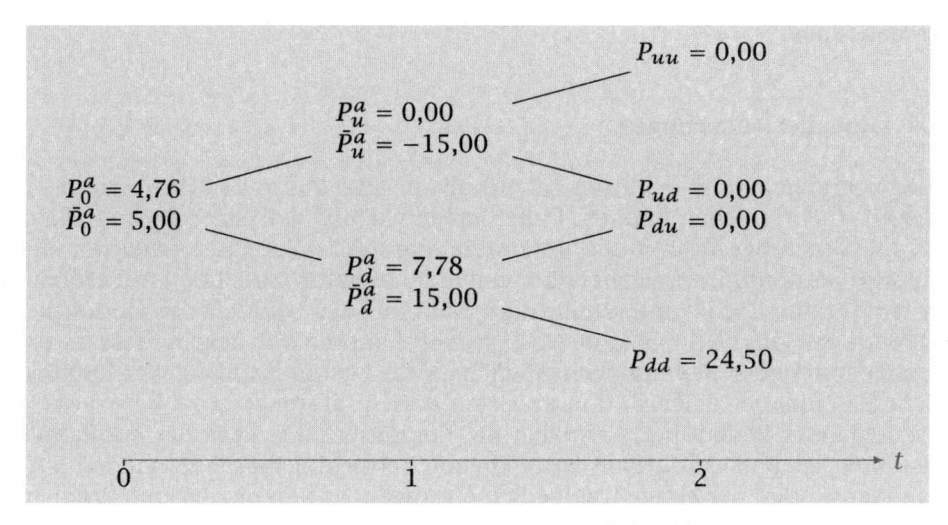

$P_0^a = 4{,}76$
$\bar{P}_0^a = 5{,}00$

$P_u^a = 0{,}00$
$\bar{P}_u^a = -15{,}00$

$P_d^a = 7{,}78$
$\bar{P}_d^a = 15{,}00$

$P_{uu} = 0{,}00$
$P_{ud} = 0{,}00$
$P_{du} = 0{,}00$
$P_{dd} = 24{,}50$

Abbildung 7.10: Retrograde Bewertung eines amerikanischen Puts

In einem zweiten Schritt sind die Werte des Puts im Zeitpunkt $t = 1$ zu ermitteln, wobei der Aktienkurs in diesem Zeitpunkt den Wert $S_0 u = 220$ oder $S_0 d = 190$ annehmen kann. Betrachten wir zunächst den Fall, dass der Aktienkurs eine Aufwärts-Bewegung macht. Ohne dass es einer Rechnung bedarf, ist klar, dass der Put unter dieser Voraussetzung wertlos ist, wenn man die Absicht hat, ihn bis zum Zeitpunkt $t = 2$ zu halten, also $P_u^a = 0{,}00$. Noch schlechter wäre es allerdings, den Put nach einer Aufwärtsbewegung vorzeitig auszuüben, denn man erhielte $\bar{P}_u^a = 205 - 220 = -15$. Interessanter ist der Fall einer Abwärtsbewegung des Aktienkurses. Würde man auf die vorzeitige Ausübung des Optionsrechts verzichten, beliefe sich der Wert des Puts entsprechend des Zwei-Zeitpunkte-Zwei-Zustände-

7.4. Binomial-Modell

Modells auf

$$P_d^a = \frac{1}{1+r_f}\left(\varphi\, P_{du} + (1-\varphi)\, P_{dd}\right)$$
$$= \frac{1}{1{,}05} \cdot (0{,}6667 \cdot 0 + 0{,}3333 \cdot 24{,}5) = 7{,}78\,.$$

Übt man dagegen vorzeitig aus, verbleiben

$$\bar{P}_d^a = K - S_0 d = 205 - 190 = 15{,}00\,.$$

Das ist auf jeden Fall sehr viel günstiger als weiteres Abwarten.

In einem dritten und letzten Schritt wendet man sich dem Zeitpunkt $t = 0$ zu. Jemand, der entschlossen ist, die Verkaufsoption in $t = 0$ noch nicht auszuüben, könnte dessen Wert unter Verwendung des Zwei-Zeitpunkte-zwei-Zustände-Modells mit

$$P_0^a = \frac{1}{1+r_f}\left(\varphi \cdot \max(P_u^a, \bar{P}_u^a) + (1-\varphi) \cdot \max(P_d^a, \bar{P}_d^a)\right)$$
$$= \frac{1}{1{,}05} \cdot \left(0{,}6667 \cdot 0 + 0{,}3333 \cdot 15{,}00\right) = 4{,}76$$

ermitteln. Noch vorteilhafter ist es allerdings, den Put sofort auszuüben, weil

$$\bar{P}_0^a = K - S_0 = 205 - 200 = 5{,}00$$

ist. Damit können wir die Wertermittlung des amerikanischen Puts abschließen.

Optionen auf andere Titel Neben Optionen auf Aktien werden Optionskontrakte gehandelt, denen andere Objekte zugrunde liegen, zum Beispiel festverzinsliche Wertpapiere, Devisen, Waren, Indizes, Futures oder Optionen (Optionen auf Optionen). Die oben dargestellten Modelle der präferenzfreien Bewertung dürfen nicht blind übertragen werden. Die Gründe für sonst unausweichliche Fehlbewertungen sind individuell verschieden. Hierzu zwei Beispiele:

1. Will man etwa Devisenoptionen bewerten, so muss man sich klarmachen, dass ein äquivalentes Portfolio, das aus einer Devise und einer risikolosen Anleihe besteht, anderen Bedingungen unterliegt als ein äquivalentes Portfolio, das sich aus einer (dividendenlosen) Aktie und einer sicheren Anleihe zusammensetzt. Der entscheidende Unterschied besteht darin, dass die Devise während der Optionsfrist ausländische Zinsen erwirtschaftet, während die Aktie im gleichen Zeitraum sozusagen „unfruchtbar" bleibt. Um zu einer angemessenen Bewertung der Devisenoption zu gelangen, muss das berücksichtigt werden.

2. Geht es darum, eine Option auf eine Anleihe (Rentenoption) zu bewerten, so ist der Tatsache Rechnung zu tragen, dass sich die zufällige Kursentwicklung einer Anleihe in keiner Weise mit dem Zufallsprozess gleichsetzen lässt,

dem ein Aktienkurs folgt. Das liegt im Wesentlichen daran, dass die Laufzeit einer Anleihe (im Regelfall) begrenzt ist, während man sich unter einer Aktie einen Finanztitel mit im Prinzip ewiger Laufzeit vorzustellen hat. Die Tatsache, dass die Restlaufzeit zwangsläufig immer kürzer wird, ist dafür verantwortlich, dass der Korridor, in dem sich Anleihekurse bewegen können, beständig kleiner wird. Setzt man voraus, dass der Marktzins nicht negativ werden kann, so kann der Kurs einer (nicht konkursgefährdeten) Anleihe nicht über die Summe der vom Schuldner noch zu erbringenden Zahlungen hinausgehen. Eine solche scharfe Kursbarriere gibt es für Aktien nicht. Um also Rentenoptionen vernünftig zu bewerten, muss man den Zufallsprozess ganz anders als bei Aktienoptionen modellieren.

7.5 Vom Binomialmodell zu den Black-Scholes-Formeln

Die Geburtsstunde der modernen Optionspreistheorie fällt in das Jahr 1973, in dem die Arbeiten von Black und Scholes (1973) sowie Merton (1973b) erschienen. Die von den genannten Autoren entwickelte Bewertungsgleichung eignet sich in ihrer Grundform zur Bewertung europäischer Optionen auf Aktien, für die während der Optionsfrist keine Dividende gezahlt werden. Das entspricht derselben Idee, welche auch wir auf den zurückliegenden Seiten verfolgt haben. Der einzige Unterschied besteht darin, wie man den Zufallsprozess modelliert, der die Entwicklung des Aktienkurses während der Optionsfrist beschreibt. Während wir einen diskreten Zufallsprozess zugrunde gelegt haben, benutzten Black und Scholes sowie Merton einen kontinuierlichen Zufallsprozess. Einen solchen Prozess muss man sich so vorstellen, dass die Zufallsvariable in der Zeit buchstäblich niemals zur Ruhe kommt. Der Aktienkurs ist bei dem von Black und Scholes unterstellten Prozess in ständiger Bewegung, und zwar auch dann, wenn man die Zeitintervalle verschwindend klein wählt.

Die ökonomische Grundidee, von der Black und Scholes ausgingen, um ihre Bewertungsgleichung zu finden, ist keine andere als diejenige, welche wir oben unter dem Stichwort des äquivalenten Portfolios vorgestellt haben. Man kann auch bei stetiger Änderung des Aktienkurses ein Portfolio aus Aktie und risikoloser Anleihe konstruieren, welches sich nach außen hin von einer Kauf- oder Verkaufsoption nicht unterscheiden lässt. Ähnlich wie im Binomialmodell muss die Struktur dieses Portfolios allerdings einem sich verändernden Aktienkurs selbstfinanzierend angepasst werden; und diese Strukturanpassungen müssen bei ununterbrochener Änderung der Zufallsvariablen selbstverständlich kontinuierlich erfolgen.

Black und Scholes gingen bei der Entwicklung ihres Modells davon aus, dass die Renditen von Aktienkursen einem so genannten *Wiener*-Prozess folgen. Darunter kann man sich vorstellen, dass die stetigen Renditen einer Aktie in jedem künftigen Zeitpunkt normalverteilt sind, wobei der Erwartungswert und die Varianz der Renditen proportional zur Zeit zunehmen. Wenn man $\tau = T - t$ für die Restlauf-

7.5. Vom Binomialmodell zu den Black-Scholes-Formeln

zeit einer Option schreibt und μ_s als erwartete Aktienrendite pro Jahr sowie σ_s als Volatilität der Rendite pro Jahr definiert, dann sind die Renditen der zugrundeliegenden Aktie am Ende der Laufzeit der Option normalverteilt mit dem Erwartungswert $\mu_s \tau$ und der Varianz $\sigma_s^2 \tau$ beziehungsweise der Volatilität $\sigma_s \sqrt{\tau}$.[16] Mit diesem Wissen gerüstet wollen wir im Folgenden zeigen, dass der Optionspreis des Binomialmodells für $n \to \infty$ dem Optionspreis nach Black und Scholes entspricht.

7.5.1 Risikoneutrale Bewertung

Wir blicken auf Gleichung (7.18) des Binomialmodells zurück[17] und ersetzen, den teilperiodenbezogenen diskreten Zinssatz r_f durch einen laufzeitbezogenen stetigen Zinssatz r_f^*,

$$C_0 = e^{-r_f^* \tau} \sum_{k=0}^{n} \binom{n}{k} \varphi^k (1-\varphi)^{n-k} \max\left(S_0 u^k d^{n-k} - K, 0\right). \quad (7.28)$$

Selbstverständlich gilt diese Bewertungsgleichung auch für $K = 0$. In diesem Fall haben wir es mit der zugrunde liegende Aktie selbst zu tun, weswegen wir

$$S_0 = e^{-r_f^* \tau} \sum_{k=0}^{n} \binom{n}{k} \varphi^k (1-\varphi)^{n-k} S_0 u^k d^{n-k}$$

schreiben können. Unter der Bedingung eines vollständigen Kapitalmarktes mit binomialverteilten Aktienkursen haben wir damit ein risikoneutrales Wahrscheinlichkeitsmaß für die allgemeine Bewertungsgleichung (6.22) aus Abschnitt 6.3 gefunden. Mit dem Erwartungswert unter diesem Wahrscheinlichkeitsmaß gilt

$$S_0 = e^{-r_f^* \tau} E_Q\left[\tilde{S}_T\right] \quad \text{mit} \quad \tilde{S}_T = S_0 u^{\tilde{k}} d^{n-\tilde{k}}. \quad (7.29)$$

Für die stetige Rendite des Aktienkurses können wir

$$\ln\left(\frac{\tilde{S}_T}{S_0}\right) = \tilde{k} \ln(u) + n \ln(d) - \tilde{k} \ln(d)$$

$$= n \ln(d) + \ln\left(\frac{u}{d}\right) \tilde{k} \quad (7.30)$$

schreiben, wobei die binomialverteilte Zufallsvariable $\tilde{k}$ nach Grenzwertsatz von *de Moivre* und *Laplace* bei konstantem φ für $n \to \infty$ normalverteilt ist. Da auch

---

[16] Der Begriff Volatilität wird häufig als Synonym für die Standardabweichung der Renditen genutzt. Um zu verstehen, warum Erwartungswert und Varianz proportional zur Zeit zunehmen, ist folgende Überlegung nützlich: Wenn die Renditen in zwei aufeinander folgenden Jahren unabhängig voneinander sind und außerdem gilt, dass sie jeweils mit $N(0,1;0,2)$ normalverteilt sind, dann ist die auf beide Jahre bezogene Rendite gemäß den Rechenregeln für Erwartungswerte und Varianzen (siehe Seite 472, Linearkombination) mit $N(0,2;0,4)$ normalverteilt.

[17] Siehe Seite 313.

Linearkombinationen normalverteilter Zufallsvariablen normalverteilt sind, ist die stetige Rendite im Binomialmodell für $n \to \infty$ ebenfalls normalverteilt. In diesem Fall können wir für (7.29) auch

$$S_0 = e^{-r_f^* \tau} \mathrm{E}_Q\left[\widetilde{S}_T\right] \quad \text{mit} \quad \widetilde{S}_T = S_0 e^{\widetilde{r}_s} \tag{7.31}$$

schreiben, wobei die Rendite $\widetilde{r}_s$ mit dem Erwartungswert $\mu_s \tau$ und der Varianz $\sigma_s^2 \tau$ normalverteilt ist. Der erwartete Aktienkurs beträgt unter diesen Voraussetzungen[18]

$$\mathrm{E}\left[\widetilde{S}_T\right] = S_0 e^{\mu_s \tau + \frac{1}{2}\sigma_s^2 \tau}.$$

Bei risikoneutraler Bewertung und normalverteilten Renditen muss der Parameter μ_s wegen Bedingung (7.31) die Bedingung

$$r_f^* \tau = \mu_s^* \tau + \frac{1}{2}\sigma_s^2 \tau, \tag{7.32}$$

erfüllen, weshalb wir diesen Parameter und die daraus resultierende Rendite des Aktienkurses im Folgenden mit einem Stern kennzeichnen.

7.5.2 Black-Scholes-Formeln

Bewertung von Calls Mit $f(r_s^*)$ für die Dichtefunktion der normalverteilten Rendite bei risikoneutraler Bewertung lässt sich (7.28) als

$$C_0 = e^{-r_f^* \tau} \int_{-\infty}^{\infty} f(r_s^*) \max\left(S_0 e^{r_s^*} - K, 0\right) dr_s^* \tag{7.33}$$

schreiben. Statt von u, d, φ und n hängt diese Funktion von μ_s^*, σ_s und τ ab. Die funktionalen Zusammenhänge zwischen diesen Variablen klären wir in Abschnitt 7.5.3. Um die Maximumfunktion auflösen zu können, müssen wir uns zunächst klar machen, welche Rendite mindestens realisiert werden muss, damit der Call im Geld ist,

$$S_0 e^{r_s^*} - K \geq 0$$
$$r_s^* \geq \ln(K/S_0).$$

(7.33) lässt sich damit in der Form

$$C_0 = S_0 e^{-r_f^* \tau} \int_{\ln(K/S_0)}^{\infty} e^{r_s^*} f(r_s^*) dr_s^* - K e^{-r_f^* \tau} \int_{\ln(K/S_0)}^{\infty} f(r_s^*) dr_s^* \tag{7.34}$$

---
[18]Siehe Gleichung (10.24) auf Seite 475.

7.5. Vom Binomialmodell zu den Black-Scholes-Formeln

darstellen. Da die Normalverteilung symmetrisch ist, gilt[19]

$$\int_a^\infty f(r_s^*)\,dr_s^* = 1 - \int_{-\infty}^a f(r_s^*)\,dr_s^* = 1 - N\left(\frac{a - \mu_s^*\tau}{\sigma_s\sqrt{\tau}}\right) = N\left(\frac{-a + \mu_s^*\tau}{\sigma_s\sqrt{\tau}}\right),$$

wobei $N(\cdot)$ die Verteilungsfunktion der Standardnormalverteilung bezeichnet. Die Auswertung des zweiten Summanden ist also nicht weiter problematisch. Das Integral im ersten Summanden von (7.34) erfordert etwas mehr Aufmerksamkeit: Für eine normalverteilte Zufallsvariable $\tilde{r}_s^*$ mit Erwartungswert $\mu_s^*\tau$ und der Varianz $\sigma_s^2\tau$ gilt allgemein[20]

$$\int_a^\infty e^{r_s^*} f(r_s^*)\,dr_s^* = e^{\mu_s^*\tau + \frac{1}{2}\sigma_s^2\tau} \cdot N\left(\frac{-a + \mu_s^*\tau + \sigma_s^2\tau}{\sigma_s\sqrt{\tau}}\right).$$

Für (7.34) erhalten wir mit $a = \ln(K/S_0) = -\ln(S_0/K)$ folglich

$$C_0 = S_0\,e^{\left(\mu_s^* + \frac{1}{2}\sigma_s^2 - r_f^*\right)\tau} N\left(\frac{\ln(S_0/K) + \mu_s^*\tau + \sigma_s^2\tau}{\sigma_s\sqrt{\tau}}\right) - K\,e^{-r_f^*\tau} N\left(\frac{\ln(S_0/K) + \mu_s^*\tau}{\sigma_s\sqrt{\tau}}\right).$$

und wegen Bedingung (7.32) schließlich die Bewertungsgleichung von Black und Scholes für den europäischen Call

$$C_0 = S_0 N(d_1) - K e^{-r_f^*\tau} N(d_2) \tag{7.35}$$

$$\text{mit } d_1 = \frac{\ln(S_0/K) + r_f^*\tau + \frac{1}{2}\sigma_s^2\tau}{\sigma_s\sqrt{\tau}}$$

$$d_2 = \frac{\ln(S_0/K) + r_f^*\tau - \frac{1}{2}\sigma_s^2\tau}{\sigma_s\sqrt{\tau}} = d_1 - \sigma_s\sqrt{\tau}.$$

Bewertung von Puts Die Put-Call-Parität (7.27) wird unter Verwendung eines stetigen Zinssatzes in der Form

$$P_0 = K e^{-r_f^*\tau} - S_0 + C_0$$

geschrieben. Setzt man (7.35) ein und nutzt außerdem die Symmetrieeigenschaft der Normalverteilung, erhält man mit wenigen Umformungen für den europäischen Put

---
[19] In der Literatur zur Optionspreistheorie ist es üblich, für die Verteilungsfunktion $\Phi(z)$ der Standardnormalverteilung die Notation $N(z)$ zu verwenden.
[20] Siehe Gleichung (10.15) auf Seite 473.

$$P_0 = K e^{-r_f^* \tau} N(-d_2) - S_0 N(-d_1). \tag{7.36}$$

Beispiel Es seien $S_0 = 100$, $K = 102$, $r_f^* = 0{,}05$, $\sigma = 0{,}40$ und $\tau = 0{,}50$. Damit erhält man

$$d_1 = \frac{\ln(100/102) + (0{,}05 + 0{,}50 \cdot 0{,}40^2) \cdot 0{,}50}{\sqrt{0{,}40^2 \cdot 0{,}50}} = 0{,}15980$$

$$d_2 = 0{,}15980 - \sqrt{0{,}40^2 \cdot 0{,}50} = -0{,}12305.$$

Die Werte der Verteilungsfunktion der Standardnormalverteilung bestimmt man zum Beispiel mit der Funktion NORMVERT(d; 0; 1;wahr) von EXCEL

$$N(0{,}15980) = 0{,}56348$$
$$N(-0{,}12305) = 0{,}45104.$$

Abschließend muss nur noch in Gleichung (7.35) eingesetzt werden,

$$\begin{aligned}
C_0 &= S_0 N(d_1) - K e^{-r_f^* \tau} N(d_2) \\
&= 100 \cdot 0{,}56348 - 102 \cdot e^{-0{,}05 \cdot 0{,}50} \cdot 0{,}45104 \\
&= 11{,}48.
\end{aligned}$$

Für den Wert des Puts erhält man mit (7.36)

$$\begin{aligned}
P_0 &= K e^{-r_f^* \tau} N(-d_2) - S_0 N(-d_1) \\
&- 102 \cdot e^{-0{,}05 \cdot 0{,}50} \cdot (1 - 0{,}45104) - 100 \cdot (1 - 0{,}56348) \\
&= 10{,}96.
\end{aligned}$$

7.5.3 Parameterwahl im Binomialmodell

Im Modell von Black und Scholes sind die stetigen Renditen $\tilde{r}_s^* = \ln\left(\tilde{S}_T/S_0\right)$ normalverteilt mit den Parametern

$$\mathrm{E}\left[\ln\left(\tilde{S}_T/S_0\right)\right] = \mu_s^* \tau = r_f^* \tau - \frac{1}{2}\sigma_s^2 \tau \tag{7.37}$$

$$\mathrm{Var}\left[\ln\left(\tilde{S}_T/S_0\right)\right] = \sigma_s^2 \tau. \tag{7.38}$$

Im Binomialmodell muss für die Pseudowahrscheinlichkeit zwingend

$$\varphi = \frac{e^{r_f^* \tau/n} - d}{u - d} \tag{7.39}$$

7.5. Vom Binomialmodell zu den Black-Scholes-Formeln

gelten. Unter dieser Bedingung gilt

$$E_Q[\tilde{S}_T] = S_0 u \varphi + S_0 d (1 - \varphi) = S_0 e^{r_f^* \tau/n}, \quad (7.40)$$

unabhängig davon, wie man die Parameter u und d wählt.[21] Diese Bedingung wird im Modell von Black und Scholes durch (7.32) sichergestellt,

$$r_f^* \tau/n = \mu_s^* \tau/n + \frac{1}{2}\sigma_s^2 \tau/n. \quad (7.41)$$

Im Binomialmodell beträgt die Rendite des Aktienkurses gemäß (7.30)

$$\ln\left(\frac{\tilde{S}_T}{S_0}\right) = n \ln(d) + \ln\left(\frac{u}{d}\right) \tilde{k}, \quad (7.42)$$

wobei die Verteilung der binomialverteilten Aufwärtsbewegungen k durch die Anzahl der Teilperioden n und die Pseudowahrscheinlichkeit φ vollständig charakterisiert ist. Allgemein belaufen sich der Erwartungswert einer binomialverteilten Zufallsvariablen auf $n\varphi$, die Varianz auf $n\varphi(1-\varphi)$ und die Schiefe auf $(1-2\varphi)/\sqrt{n\varphi(1-\varphi)}$.[22] Da die Normalverteilung symmetrisch ist, ihre Schiefe also null beträgt, liegt es nahe, für die Pseudowahrscheinlichkeit

$$\varphi = \frac{1}{2}$$

zu wählen und bei der Wahl der Parameter u und d darauf zu achten, dass

$$\mu_s^* \tau/n = r_f^* \tau/n - \frac{1}{2}\sigma_s^2 \tau/n \quad (7.43)$$

ist, damit für φ gleichzeitig Bedingung (7.39) erfüllt ist. Unabhängig von der Anzahl der Teilperioden n beträgt die Schiefe der binomialverteilten Renditen (7.42) somit null.[23] Außerdem vereinfacht sich der Erwartungswert zu $n/2$ und die Varianz zu $n/4$. Wegen (7.30) gilt damit für den Erwartungswert der stetigen Rendite

$$E\left[\ln\left(\tilde{S}_T/S_0\right)\right] = E\left[\tilde{k}\right] \ln(u) + n \ln(d) - E\left[\tilde{k}\right] \ln(d)$$
$$= \frac{n}{2}(\ln(u) + \ln(d)),$$

während sich für die Varianz

$$\text{Var}\left[\ln\left(\tilde{S}_T/S_0\right)\right] = \text{Var}\left[\ln(u)\tilde{k} + n \ln(d) - \ln(d)\tilde{k}\right]$$
$$= \frac{n}{4}(\ln(u) - \ln(d))^2$$

---

[21] Siehe auch Seite 301.
[22] Für den Erwartungswert und die Varianz siehe auch Seite 465 und Seite 468.
[23] Die Schiefe ist invariant gegenüber einer positiven Lineartransformation von Zufallsvariablen, was für (7.42) wegen $u > d > 0$ gegebenen ist.

ergibt. Es empfiehlt sich nun, die Parameter u und d so zu wählen, dass der Erwartungswert und die Volatilität der Rendite den Werten aus dem Black-Scholes-Modell entsprechen,

$$\frac{n}{2}\left(\ln(u) + \ln(d)\right) = r_f^* \tau - \frac{1}{2}\sigma_s^2 \tau \tag{7.44}$$

$$\frac{\sqrt{n}}{2}\left(\ln(u) - \ln(d)\right) = \sigma_s \sqrt{\tau}. \tag{7.45}$$

Löst man (7.44) nach $\ln(u)$ auf und setzt das Ergebnis in (7.45) ein, erhält man nach elementaren Umformungen

$$d = e^{-\sigma_s\sqrt{\frac{\tau}{n}} + \left(r_f^* - \frac{1}{2}\sigma_s^2\right)\frac{\tau}{n}}.$$

Setzt man d in (7.44) ein, ergibt sich

$$u = e^{\sigma_s\sqrt{\frac{\tau}{n}} + \left(r_f^* - \frac{1}{2}\sigma_s^2\right)\frac{\tau}{n}}.$$

Diese Wahl der Parameter u und d geht auf Jarrow und Rudd (1987) zurück und stellt in Verbindung mit der Pseudowahrscheinlichkeit (7.39) sicher, dass der Erwartungswert, die Varianz und die Schiefe der Renditen im Binomialmodell dem Erwartungswert, der Varianz und der Schiefe der normalverteilten Renditen im Modell von Black und Scholes entsprechen, und zwar unabhängig von der Anzahl der Teilperioden n.[24] Cox, Ross und Rubinstein (1979) haben

$$u = e^{\sigma_s\sqrt{\frac{\tau}{n}}} \quad \text{und} \quad d = e^{-\sigma_s\sqrt{\frac{\tau}{n}}}$$

vorgeschlagen. Der Erwartungswert, die Varianz und die Schiefe der Renditen sind bei dieser Parameterwahl allerdings nur für $n \to \infty$ mit dem Erwartungswert, der Varianz und der Schiefe Renditen im Modell von Black und Scholes (1973) identisch.

7.6 Bewertung bei konstanter relativer Risikoaversion

Rubinstein hat 1976 gezeigt, dass die Bewertungsgleichung von Black und Scholes auch dann gilt, wenn statt kontinuierlicher Handelsmöglichkeiten konstante relative Risikoaversion vorausgesetzt wird. Die Bewertung von Optionen bei konstanter relativer Risikoaversion werden wir im Folgenden exemplarisch an Hand eines

---

[24]Die Approximation der Binomialverteilung durch die Normalverteilung ist umso besser, je größer die Standardabweichung ist. Als Faustregel für eine „gute" Approximation ist $n\varphi(1 - \varphi) > 9$ bekannt. Eine Verbesserung der Approximation für kleine n lässt sich durch eine so genannte Stetigkeitskorrektur erzielen. Berücksichtigt man diese bei der Herleitung von u und d, erhält man

$$d = e^{-\sigma_s\sqrt{\frac{\tau}{n}} + \left(r_f^* - \frac{1}{2}\sigma_s^2\right)\frac{\tau}{n+1}} \quad \text{und} \quad u = e^{\sigma_s\sqrt{\frac{\tau}{n}} + \left(r_f^* - \frac{1}{2}\sigma_s^2\right)\frac{\tau}{n+1}}.$$

7.6. Bewertung bei konstanter relativer Risikoaversion

Calls erläutern, wobei wir vereinfachend eine Restlaufzeit von $\tau = 1$ unterstellen. Zur besseren Übersicht fassen wir dafür zunächst drei wichtige Ergebnisse aus den Kapiteln 2 und 6 des vorliegenden Buches zusammen:

- Mit Gleichung (6.17) haben wir auf Seite 260 eine allgemeine Bewertungsgleichung vorgestellt, die für alle Finanztitel gilt, wenn ein sicheres Wertpapier gehandelt wird. Unter Verwendung eines stetigen Zinssatzes r_f^* lautet diese Bewertungsgleichung

$$p(\tilde{X}_j) = \frac{\mathrm{E}[\tilde{X}_j U'(\tilde{C}_1)]}{\mathrm{E}[U'(\tilde{C}_1)] e^{r_f^*}} \quad \forall j. \tag{7.46}$$

- Auf Seite 84 haben wir nachgewiesen, dass Investoren mit konstanter relativer Risikoaversion nur durch die Potenzfunktion (und ihre positiven Lineartransformationen) charakterisiert werden können, zum Beispiel durch die Funktion

$$U(C_1) = \delta \frac{1}{1-\gamma} C_1^{1-\gamma}. \tag{7.47}$$

- Wenn die Investoren sich durch konstante relative Risikoaversion auszeichnen und zudem davon ausgegangen werden kann, dass die Aktienrenditen und die Wachstumsraten des Konsums bivariat normalverteilt sind, gilt die Renditegleichung von Rubinstein (1976) beziehungsweise Merton (1973a),[25]

$$\mu_j + \frac{1}{2}\sigma_j^2 = r_f^* + \gamma \varrho_{jc} \sigma_j \sigma_c \quad \forall j. \tag{7.48}$$

Für Gleichung (7.46) können wir in Verbindung mit (7.47)

$$C_0 = \frac{\int_{-\infty}^{\infty} \int_{-\infty}^{\infty} \max(S_0 e^{r_s} - K, 0) \cdot C_0 e^{-r_c \gamma} f(r_s, r_c) \, dr_s \, dr_c}{\int_{-\infty}^{\infty} C_0 e^{-r_c \gamma} f(r_c) \, dr_c \cdot e^{r_f^*}}$$

schreiben. Die Maximumfunktion kann eliminiert werden, indem als untere Integralgrenze die Rendite gewählt wird, für die der Call bei Fälligkeit gerade noch im Geld ist. Kürzt man außerdem C_0, erhält man

$$C_0 = \frac{\int_{-\infty}^{\infty} \int_{\ln(K/S_0)}^{\infty} (S_0 e^{r_s^*} - K) \cdot e^{-r_c \gamma} f(r_s, r_c) \, dr_s \, dr_c}{\int_{-\infty}^{\infty} e^{-r_c \gamma} f(r_c) \, dr_c \cdot e^{r_f^*}}.$$

---
[25] Siehe dazu Seite 274.

Jetzt spalten wir den Bruch in zwei Summanden auf und werten alle Integrale unter der Voraussetzung aus, dass die Rendite des underlying assets und die Wachstumsraten der Konsummöglichkeiten bivariat normalverteilt sind,[26]

$$C_0 = \frac{S_0 \cdot e^{\mu_s + \frac{1}{2}\sigma_s^2 - \gamma\mu_c + \frac{1}{2}(-\gamma\sigma_c)^2 - \gamma\rho\,\sigma_s\sigma_c} \cdot N\left(\frac{-\ln(K/S_0) + \mu_s + \sigma_s^2 - \gamma\rho\,\sigma_s\sigma_c}{\sigma_s}\right)}{e^{-\gamma\mu_c + \frac{1}{2}(-\gamma\sigma_c)^2} \cdot e^{r_f^*}}$$
$$- \frac{K \cdot e^{-\gamma\mu_c + \frac{1}{2}(-\gamma\sigma_c)^2} \cdot N\left(\frac{-\ln(K/S_0) + \mu_s - \gamma\rho\,\sigma_s\sigma_c}{\sigma_s}\right)}{e^{-\gamma\mu_c + \frac{1}{2}(-\gamma\sigma_c)^2} \cdot e^{r_f^*}}.$$

Kürzt man in beiden Summanden den Term $-\gamma\mu_c + \frac{1}{2}(-\gamma\sigma)^2$ und beachtet weiterhin, dass $-\ln(K/S_0) = \ln(S_0/K)$ ist, erhält man

$$C_0 = S_0 \cdot e^{\mu_s + \frac{1}{2}\sigma_s^2 - r_f^* - \gamma\rho\,\sigma_s\sigma_c} \cdot N\left(\frac{\ln(S_0/K) + \mu_s + \sigma_s^2 - \gamma\rho\,\sigma_s\sigma_c}{\sigma_s}\right)$$
$$- K \cdot e^{-r_f} \cdot N\left(\frac{\ln(S_0/K) + \mu_s - \gamma\rho\,\sigma_s\sigma_c}{\sigma_s}\right).$$

Mit der Renditegleichung (7.48) vereinfacht sich vorstehende Gleichung schließlich zu

$$C_0 = S_0 N\left(\frac{\ln(S_0/K) + r_f^* + \frac{1}{2}\sigma_s^2}{\sigma_s}\right) - Ke^{-r_f} N\left(\frac{\ln(S_0/K) + r_f^* - \frac{1}{2}\sigma_s^2}{\sigma_s}\right),$$

was der Bewertungsgleichung von Black und Scholes für einen Call mit einer Restlaufzeit von $\tau = 1$ entspricht.

7.7 Sensitivitätsmaße für Optionspreise (Greek letters)

Der Wert einer Option im Modell von Black und Scholes hängt von fünf Einflussgrößen ab, und zwar dem Wert des underlying assets S_0, dem Ausübungspreis K, dem risikolosen Zinssatz r_f^*, der Volatilität σ_s und der Restlaufzeit der Option τ. Als Greek letters oder kurz auch nur Greeks bezeichnet man die partiellen Ableitungen der Bewertungsgleichungen (7.35) beziehungsweise (7.36) nach den Einflussgrößen S_0, r_f^*, σ_s beziehungsweise τ. Die Greeks helfen dabei, die Risiken von Wertpapierportfolios zu kontrollieren. Eine grundsätzliche Anmerkung soll auf ein Problem hinweisen, das leicht übersehen wird. Natürlich ist es möglich, wenn auch technisch nicht trivial, die Bewertungsgleichungen (7.35) und (7.36) nach den genannten Variablen zu differenzieren. Wer das macht und anschließend mit den Resultaten praktisch arbeiten will, tut allerdings gut daran, sich an

---
[26] Siehe dazu Gleichungen (10.16) und (10.17) auf Seite 473.

7.7. Sensitivitätsmaße für Optionspreise (Greek letters)

die Annahmen zu erinnern, auf denen das Black-Scholes-Modell basiert. Ohne diese Annahmen hier erneut vollständig aufzuzählen, ist insbesondere der Hinweis angebracht, dass unveränderliche sichere Zinsen und konstante Volatilität vorausgesetzt werden. Wenn das so ist, macht es genau genommen keinen Sinn, die Gleichungen (7.35) und (7.36) nach dem risikolosen Zins beziehungsweise der Volatilität abzuleiten. Denn die Bewertungsgleichungen sehen ganz anders aus, wenn man zulässt, dass sich der risikolose Zinssatz oder die Volatilität zufällig ändern können.[27]

7.7.1 Definition und Berechnung der Greeks

Es gibt fünf Greek letters, die wir im Folgenden systematisch darstellen werden. Dabei gehen wir immer nach demselben Muster vor. Wir beginnen mit der Definition des jeweiligen Sensitivitätsmaßes und zeigen anschließend, wie man die Kennzahl berechnet. Fragen der praktischen Anwendung werden zunächst ausgeblendet und erst im darauf folgenden Abschnitt diskutiert.[28]

Delta Delta ist die erste Ableitung des Optionswerts nach S_0. Die Kennzahl beschreibt, wie der Wert der Option auf eine marginale Änderung des Aktienkurses reagiert. Für den europäischen Call beläuft sich das Delta auf

$$\Delta_c := \frac{\partial C_0}{\partial S_0} = N(d_1), \tag{7.49}$$

während sich für den europäischen Put

$$\Delta_p := \frac{\partial P_0}{\partial S_0} = N(d_1) - 1 \tag{7.50}$$

ergibt. Abbildung 7.11 zeigt die Verläufe der Delta-Funktionen von Calls und Puts grafisch.

Wer bei der Aufgabe, die Funktionen (7.35) und (7.36) nach S_0 abzuleiten, nur sehr flüchtig hinschaut, könnte denken, dass die Ableitungen (7.49) und (7.50) äußerst leicht zu gewinnen sind. Jedoch darf man nicht übersehen, dass S_0 in den Argumenten der Funktionen $N(\cdot)$ enthalten ist, weswegen die inneren Ableitungen relevant werden. Man muss also beim Differenzieren einige Sorgfalt an den Tag legen. Leser, die an den Details kein besonderes Interesse haben, mögen die nachfolgenden Rechnungen überspringen und auf Seite 333 weiterlesen.

---

[27] Zu Bewertungsgleichungen für Optionen unter der Voraussetzung stochastischer Volatilität siehe beispielsweise Heston (1993), Ball und Roma (1994) oder Ritchken und Trevor (1999). Mit der Bewertung von Optionen unter der Annahme unsicherer Zinsen haben sich Jarrow (1987), Amin und Jarrow (1992) sowie Miltersen und Schwartz (1998) auseinandergesetzt.

[28] Siehe Seite 338 ff.

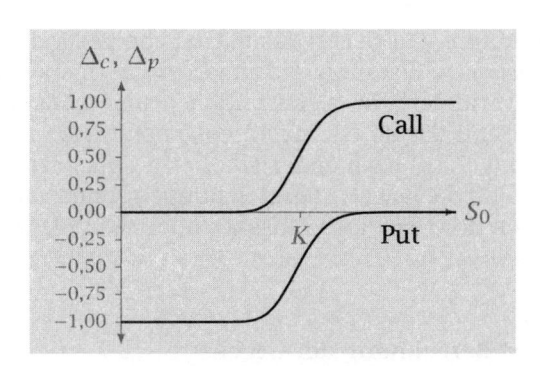

Abbildung 7.11: Delta

Um Gleichung (7.49) herzuleiten, wiederholen wir hier noch einmal die zu differenzierende Ausgangsgleichung (7.35) von Seite 325

$$C_0 = S_0 N(d_1) - K e^{-r_f^* \tau} N(d_2)$$

$$\text{mit } d_1 = \frac{\ln(S_0/K) + r_f^* \tau + \frac{1}{2}\sigma_s^2 \tau}{\sigma_s \sqrt{\tau}}$$

$$d_2 = \frac{\ln(S_0/K) + r_f^* \tau - \frac{1}{2}\sigma_s^2 \tau}{\sigma_s \sqrt{\tau}} = d_1 - \sigma_s \sqrt{\tau}.$$

Für die erste Ableitung nach S_0 erhalten wir in einem ersten Schritt

$$\frac{\partial C_0}{\partial S_0} = N(d_1) + S_0 N'(d_1) \frac{\partial d_1}{\partial S_0} - K e^{-r_f^* \tau} N'(d_2) \frac{\partial d_2}{\partial S_0}$$

mit

$$\frac{\partial d_1}{\partial S_0} = \frac{\partial d_2}{\partial S_0} = \frac{1}{S_0 \sigma_s \sqrt{\tau}}$$

für die partiellen Ableitungen der Argumente d_1 und d_2 nach S_0. Zusammenfassen der Teilergebnisse führt auf

$$\frac{\partial C_0}{\partial S_0} = N(d_1) + \frac{S_0 N'(d_1) - K e^{-r_f^* \tau} N'(d_2)}{S_0 \sigma_s \sqrt{\tau}}.$$

Um zu beweisen, dass Gleichung (7.49) gilt, muss nachgewiesen werden, dass der zweite Summand in vorstehender Gleichung null ist. Zu diesem Zweck betrachten wir das Verhältnis der beiden Dichten

$$\frac{N'(d_1)}{N'(d_2)} = \frac{\frac{1}{\sqrt{2\pi}} e^{-\frac{1}{2}d_1^2}}{\frac{1}{\sqrt{2\pi}} e^{-\frac{1}{2}d_2^2}} = e^{\frac{1}{2}d_2^2 - \frac{1}{2}d_1^2}.$$

7.7. Sensitivitätsmaße für Optionspreise (Greek letters)

Mit der Definition $d_2 = d_1 - \sigma_s \sqrt{\tau}$ lässt sich dafür auch

$$\frac{N'(d_1)}{N'(d_2)} = e^{\frac{1}{2}(d_1 - \sigma_s \sqrt{\tau})^2 - \frac{1}{2}d_1^2} = e^{d_1 \sigma_s \sqrt{\tau} + \frac{1}{2}\sigma^2 \tau}$$

schreiben. Setzt man nun die Definition von d_1 ein, folgt

$$\frac{N'(d_1)}{N'(d_2)} = e^{-\left(\frac{\ln(S_0/K) + r_f^* \tau + \frac{1}{2}\sigma_s^2 \tau}{\sigma_s \sqrt{\tau}}\right) \sigma_s \sqrt{\tau} + \frac{1}{2}\sigma^2 \tau},$$

woraus man

$$\frac{N'(d_1)}{N'(d_2)} = e^{-\ln(S_0/K) - r_f^* \tau} = \frac{K e^{-r_f^* \tau}}{S_0}$$

und schließlich

$$S_0 N'(d_1) = K e^{-r_f^* \tau} N'(d_2) \tag{7.51}$$

gewinnt. Damit ist bewiesen, dass Gleichung (7.49) korrekt ist. Der Beweis für (7.50) verläuft analog, weswegen wir auf die detaillierte Ausarbeitung hier verzichten.

Gamma Gamma ist die zweite Ableitung des Optionswerts nach S_0 und bringt zum Ausdruck, wie sich das Delta der Option bei einer Veränderung des Aktienkurses verhält. Das Gamma eines Calls entspricht dem Gamma eines Puts und beläuft sich auf

$$\Gamma := \frac{\partial^2 C_0}{\partial S_0^2} = \frac{\partial^2 P_0}{\partial S_0^2} = \frac{N'(d_1)}{S_0 \sigma_s \sqrt{\tau}}, \tag{7.52}$$

wobei $N'(\cdot)$ die Dichtefunktion der Standardnormalverteilung ist. Ihre Werte lassen sich mit Hilfe von EXCEL über NORMVERT(d;0;1;FALSCH) leicht ermitteln. Abbildung 7.12 zeigt den Verlauf der Gamma-Funktion grafisch.

Um Gleichung (7.52) aus der Gleichung (7.49) beziehungsweise (7.50) zu gewinnen, muss man die Kettenregel anwenden, wonach sich die Ableitung ergibt, indem man die Dichtefunktion der Standardnormalverteilung mit der Ableitung von d_1 nach S_0 multipliziert,

$$\frac{\partial^2 C_0}{\partial S_0^2} = \frac{\partial^2 P_0}{\partial S_0^2} = N'(d_1) \frac{1}{S_0 \sigma_s \sqrt{\tau}} > 0.$$

Aus dem positiven Vorzeichen von Gamma folgt, dass die Abschätzung der Wertänderung einer Option mittels Delta stets konservativ ist: Gewinne werden unterschätzt und Verluste überschätzt.

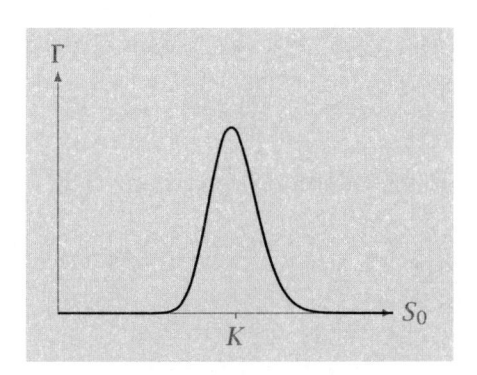

Abbildung 7.12: Gamma

Theta Theta beschreibt, wie sich der Wert einer Option bei *kürzer* werdender Restlaufzeit verändert, entspricht also der *negativen* ersten Ableitung des Optionswerts nach der Restlaufzeit τ. Das Theta eines europäischen Calls berechnet man mit

$$\Theta_c := -\frac{\partial C_0}{\partial \tau} = -\frac{S_0 N'(d_1)\sigma_s}{2\sqrt{\tau}} - r_f^* K e^{-r_f^* \tau} N(d_2), \qquad (7.53)$$

während man für den Put

$$\Theta_p := -\frac{\partial P_0}{\partial \tau} = -\frac{S_0 N'(d_1)\sigma_s}{2\sqrt{\tau}} + r_f^* K e^{-r_f^* \tau} N(-d_2) \qquad (7.54)$$

verwendet. Abbildung 7.13 zeigt die Theta-Funktionen von Calls und Puts grafisch.

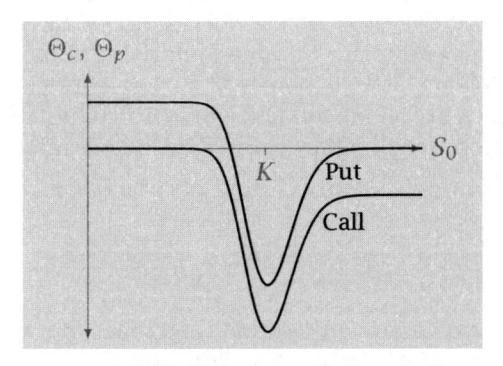

Abbildung 7.13: Theta

7.7. Sensitivitätsmaße für Optionspreise (Greek letters)

Im Folgenden zeigen wir, wie man die Ableitung der Call-Funktion nach τ gewinnt. Man erhält zunächst

$$\frac{\partial C_0}{\partial \tau} = S_0 N'(d_1) \frac{\partial d_1}{\partial \tau} + r_f^* K e^{-r_f^* \tau} N(d_2) - K e^{-r_f^* \tau} N'(d_2) \frac{\partial d_2}{\partial \tau}.$$

Hierfür können wir wegen (7.51) auch

$$\frac{\partial C_0}{\partial \tau} = S_0 N'(d_1) \left(\frac{\partial d_1}{\partial \tau} - \frac{\partial d_2}{\partial \tau} \right) + r_f^* K e^{-r_f^* \tau} N(d_2) \qquad (7.55)$$

schreiben. Im Übrigen gilt

$$\frac{\partial d_1}{\partial \tau} - \frac{\partial d_2}{\partial \tau} = \frac{\partial (d_1 - d_2)}{\partial \tau} = \frac{\partial (\sigma_s \sqrt{\tau})}{\partial \tau} = \frac{\sigma_s}{2\sqrt{\tau}}.$$

Einsetzen in (7.55) ergibt

$$\frac{\partial C_0}{\partial \tau} = \frac{S_0 N'(d_1) \sigma_s}{2\sqrt{\tau}} + r_f^* K e^{-r_f^* \tau} N(d_2).$$

Da Theta die Änderung des Optionswerts bei abnehmender Restlaufzeit beschreibt, gilt

$$-\frac{\partial C_0}{\partial \tau} = -\frac{S_0 N'(d_1) \sigma_s}{2\sqrt{\tau}} - r_f^* K e^{-r_f^* \tau} N(d_2),$$

wofür wegen (7.51) gelegentlich auch

$$-\frac{\partial C_0}{\partial \tau} = -K e^{-r_f^* \tau} \left(\frac{N'(d_2) \sigma_s}{2\sqrt{\tau}} + r_f^* N(d_2) \right)$$

geschrieben wird. Die Herleitung von Gleichung (7.54) gelingt auf vollkommen analoge Weise.

Lambda Die Ableitung der Optionsbewertungsfunktion nach der Volatilität σ_s wird in der Finanzierungsliteratur meistens als Vega bezeichnet. Da es einen Buchstaben mit diesem Namen im griechischen Alphabet aber gar nicht gibt, ziehen wir die in der Literatur ebenfalls gebräuchliche Bezeichnung Lambda vor. Es gilt

$$\Lambda := \frac{\partial C_0}{\partial \sigma_s} = \frac{\partial P_0}{\partial \sigma_s} = S_0 \sqrt{\tau} N'(d_1). \qquad (7.56)$$

Europäische Calls und Puts haben übereinstimmende Lambda-Funktionen. Abbildung 7.14 zeigt die Lambda-Funktion grafisch. Das Sensitivitätsmaß ist problematisch, weil das zugrunde liegende Black-Scholes-Modell auf der Annahme beruht, dass sich die Volatilität im Zeitablauf nicht ändert, sondern konstant bleibt.[29]

---

[29]Wir erinnern an die Ausführungen auf Seite 330.

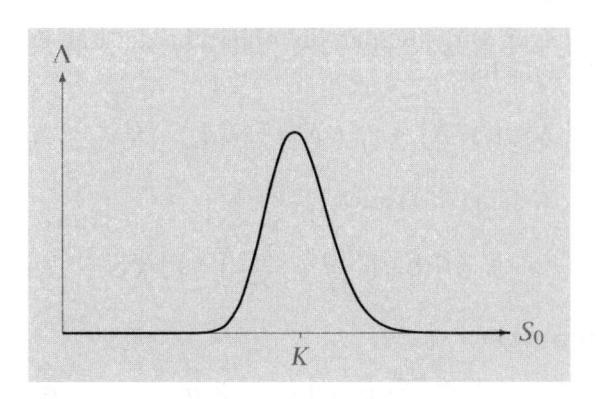

Abbildung 7.14: Lambda

Sieht man darüber hinweg, dass man bei veränderlicher Volatilität mit Gleichung (7.35) eine unpassende Bewertungsfunktion für den Call zugrunde legt, lautet deren partielle Ableitung nach σ_s

$$\begin{aligned}\frac{\partial C_0}{\partial \sigma_s} &= \frac{\partial \left(S_0 N(d_1) - K e^{-r_f^* \tau} N(d_2)\right)}{\partial \sigma_s} \\ &= S_0 N'(d_1) \frac{\partial d_1}{\partial \sigma_s} - K e^{-r_f^* \tau} N'(d_2) \frac{\partial d_2}{\partial \sigma_s}.\end{aligned} \qquad (7.57)$$

Es gilt

$$\frac{\partial d_1}{\partial \sigma_s} = \frac{\sqrt{\tau}}{2} \qquad (7.58)$$

$$\frac{\partial d_2}{\partial \sigma_s} = \frac{\partial d_1}{\partial \sigma_s} - \sqrt{\tau} = -\frac{\sqrt{\tau}}{2}. \qquad (7.59)$$

Einsetzen von (7.58) und (7.59) in (7.57) führt unter Rückgriff auf Gleichung (7.51) zu

$$\begin{aligned}\frac{\partial C_0}{\partial \sigma_s} &= S_0 N'(d_1) \frac{\sqrt{\tau}}{2} - K e^{-r_f^* \tau} N'(d_2) \frac{\sqrt{\tau}}{-2} \\ &= S_0 \sqrt{\tau} N'(d_1) > 0.\end{aligned} \qquad (7.60)$$

Den Nachweis, dass die Ableitung der Put-Funktion (7.36) nach σ_s zum selben Ergebnis führt, überlassen wir unseren Lesern.

Rho Dieses Sensitivitätsmaß soll die Wertänderung einer Option bei einer kleinen Änderung des Zinssatzes erfassen. Zu diesem Zweck betrachtet man die erste Ableitung der Black-Scholes-Formeln für Calls beziehungsweise Puts nach dem risikolosen Zinssatz, was prinzipiell problematisch ist, weil im Rahmen des Black-

7.7. Sensitivitätsmaße für Optionspreise (Greek letters)

Scholes-Modells Änderungen des Zinssatzes annahmegemäß ebenso ausgeschlossen sind wie Änderungen der Volatilität.[30] Blendet man dieses Problem aus, so gilt für den europäischen Call

$$P_c := \frac{\partial C_0}{\partial r_f^*} = \tau K e^{-r_f^* \tau} N(d_2), \tag{7.61}$$

während man für den europäischen Put

$$P_p := \frac{\partial P_0}{\partial r_f^*} = -\tau K e^{-r_f^* \tau} N(-d_2) \tag{7.62}$$

erhält. Abbildung 7.15 veranschaulicht die Zusammenhänge grafisch.

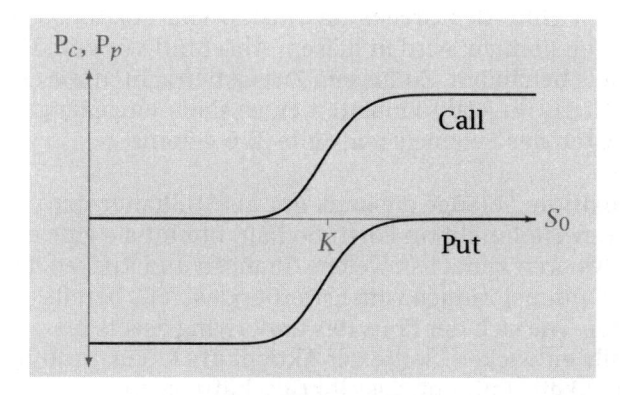

Abbildung 7.15: Rho

Wir weisen die Richtigkeit von (7.61) nach, indem wir die Bewertungsgleichung für den europäischen Call (7.35) nach r_f^* ableiten. Das ergibt zunächst

$$\frac{\partial C_0}{\partial r_f^*} = S_0 N'(d_1) \frac{\partial d_1}{\partial r_f^*} + \tau K e^{-r_f^* \tau} N(d_2) - K e^{-r_f^* \tau} N'(d_2) \frac{\partial d_2}{\partial r_f^*}$$

Es gilt

$$\frac{\partial d_1}{\partial r_f^*} = \frac{\partial d_2}{\partial r_f^*} = \frac{\sqrt{\tau}}{\sigma_s}$$

und damit

$$\frac{\partial C_0}{\partial r_f^*} = S_0 N'(d_1) \frac{\sqrt{\tau}}{\sigma_s} + \tau K e^{-r_f^* \tau} N(d_2) - K e^{-r_f^* \tau} N'(d_2) \frac{\sqrt{\tau}}{\sigma_s}$$

---
[30]Siehe Seite 330.

Erinnern wir uns an (7.51), entsteht durch Kürzen

$$\frac{\partial C_0}{\partial r_f^*} = \tau K e^{-r_f^* \tau} N(d_2).$$

Gleichung (7.62) lässt sich auf analoge Weise gewinnen.

Damit können wir die Definition der Sensitivitätsmaße sowie die Frage, wie man sie praktisch berechnet, abschließen. Wir haben jetzt eine solide Grundlage, um zu diskutieren, wie man sich der Greeks im Rahmen des Risikomanagements praktisch bedienen kann.

7.7.2 Hedging mit den Greeks

Wie Investoren mit Hilfe der Greeks das Risiko von Portfolios mit riskanten Finanztiteln managen können, wird in diesem Abschnitt vor dem Hintergrund eines einfachen Beispiels behandelt. Zu diesem Zweck betrachten wir eine Bank, die eine Short-Position mit $n_c = -100$ Einheiten eines Calls eingegangen ist. Für diesen Call sollen die Daten des Beispiels von Seite 326 gelten.

Ungesicherte Position Solange die Bank nur als Stillhalter mit $n_c = -100$ auftritt und keine weiteren Titel in ihrem Portfolio hält, nimmt sie eine ungesicherte Position ein. Wir analysieren zunächst, welche Chancen und Risiken daraus erwachsen. Die Bank hat die Optionsprämien vom Erwerber des Calls bereits vereinnahmt. Nun muss sie abwarten, wie sich der Preis des underlying assets bis zum Zeitpunkt der Fälligkeit des Calls entwickelt. Sollte der Aktienkurs fallen, profitiert die Bank, weil die Wahrscheinlichkeit abnimmt, dass ihr Geschäftspartner die Calls ausüben wird. Sollte der Aktienkurs dagegen steigen, drohen der Bank Verluste, weil die Wahrscheinlichkeit zunimmt, dass die Bank die Aktien liefern muss und sich mit den Papieren später nur zu ungünstigen Konditionen eindecken kann.

Für den Wert der Position schreiben wir V, für die Änderung des Wertes ΔV. Von Gewinnen sprechen wir, wenn ΔV positiv ist, von Verlusten, wenn ΔV negativ ist.

Um das Ausmaß möglicher Gewinne und Verluste aufgrund von Änderungen des Aktienkurses zu ermitteln, gibt es verschiedene Möglichkeiten. Eine exakte Methode besteht darin, mit Hilfe der Black-Scholes-Formel (7.35) auszurechnen, welche Folgen eine Kursänderung nach sich zieht. Bezeichnet man die Kursänderung mit Δ_s, so beläuft sich die Wertänderung der ungesicherten Position definitionsgemäß auf

$$\Delta V = n_c \big(C_0(S_0 + \Delta_s) - C_0(S_0) \big). \tag{7.63}$$

Man berechnet also mit Gleichung (7.35) den Wert des Calls nach Aktienkursänderung und vor Aktienkursänderung, bildet die Differenz und multipliziert diese mit der Zahl der verkauften Calls. Näherungsweise kann man die Wertänderung auch

7.7. Sensitivitätsmaße für Optionspreise (Greek letters)

mit einer Taylorreihe ermitteln. Entwicklung der Funktion

$$V(S_0 + \Delta_s) = n_c C_0(S_0 + \Delta_s)$$

an der Stelle $\Delta_s = 0$ bis zur zweiten Ableitung ergibt

$$V(S_0 + \Delta_s) \approx n_c \left(C_0(S_0) + \frac{\partial C_0}{\partial S_0}(S_0) \cdot \Delta_s + \frac{\partial^2 C_0}{\partial S_0^2}(S_0) \cdot \frac{\Delta_s^2}{2!} \right)$$

$$\approx n_c \left(C_0(S_0) + \Delta_c(S_0) \cdot \Delta_s + \Gamma(S_0) \cdot \frac{\Delta_s^2}{2} \right).$$

Dabei repräsentiert $\Delta_c(S_0)$ den Wert, den die Delta-Funktion des Calls an der Stelle S_0 besitzt. $\Gamma(S_0)$ ist analog zu interpretieren.[31] Für die Wertänderung (7.63) erhalten wir damit

$$\Delta V \approx n_c \left(\Delta_c(S_0) \cdot \Delta_s + \Gamma(S_0) \cdot \frac{\Delta_s^2}{2} \right). \tag{7.64}$$

Gleichung (7.64) beschreibt also eine quadratische Funktion in Δ_s (Parabel). Abbildung 7.16 zeigt die Gewinne und Verluste in Abhängigkeit der Aktienkursänderungen grafisch, wobei die durchgezogene Kurve die exakten Wertänderungen gemäß Gleichung (7.63) wiedergibt, während die gestrichelte Kurve die Approximation mit der Taylorreihe gemäß (7.64) beschreibt.

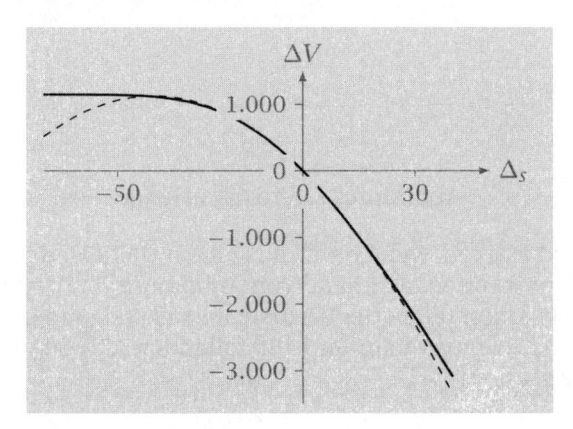

Abbildung 7.16: Ungesicherte Position

Delta-Hedge Für einen Delta-Hedge ist charakteristisch, dass man ein Portfolio aus dem Call und einem zweiten Asset (naheliegender Weise der Aktie) aufbaut, so dass die Gleichung

$$n_c \Delta_c + n_s \Delta_s = 0$$

---
[31] Für die Daten des Beispiels gilt $\Delta_c(S_0) = 0{,}5635$ und $\Gamma(S_0) = 0{,}0139$.

erfüllt ist. Die Grundidee besteht darin, dass die Wertänderung der Calls durch eine entgegengerichtete Wertänderung des zweiten Assets (hier der Aktie) kompensiert wird. Da $\Delta_s = 1$ ist, bekommen wir für die Menge der zu haltenden Aktien das Resultat

$$n_s = -n_c \Delta_c.$$

Die gesamte Wertänderung aus einer derart gesicherten Position beläuft sich auf

$$\begin{aligned}\Delta V &= n_c \big(C_0(S_0 + \Delta_s) - C_0(S_0)\big) + n_s \big(S_0 + \Delta_s - S_0\big) \\ &= n_c \big(C_0(S_0 + \Delta_s) - C_0(S_0)\big) - n_c \Delta_c \Delta_s \\ &= n_c \big(C_0(S_0 + \Delta_s) - C_0(S_0) - \Delta_c \Delta_s\big).\end{aligned}$$

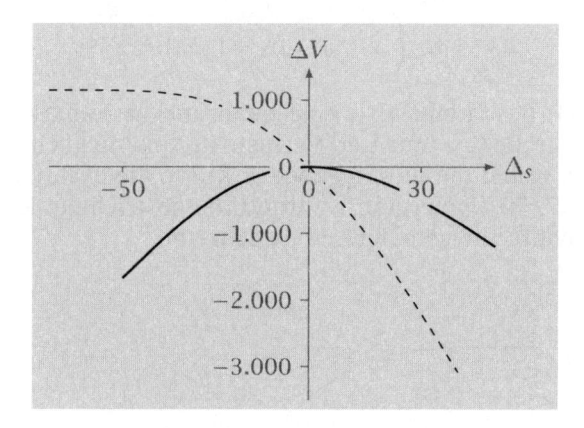

Abbildung 7.17: Delta-Hedge

Die Chancen und Risiken, welche sich aus einem Delta-Hedge im Rahmen unseres Beispiels ergeben, kann man anhand von Abbildung 7.17 studieren. Gegenüber der ungesicherten Position fallen die Verluste im Fall steigender Aktienkurse deutlich geringer aus. Dafür muss man im Falle fallender Aktienkurse auf potentielle Gewinne verzichten.

Delta-Gamma-Hedge Man erkennt, dass die Absicherung mit einem Delta-Hedge gelingt, sofern es bei einer geringfügigen Kursänderung bleibt. Leistungsfähiger ist ein Delta-Gamma-Hedge. Hier wird ein Portfolio aufgebaut, das aus drei Assets besteht, zum Beispiel neben dem Call und Aktien noch Verkaufsoptionen. Wir unterstellen hier einen Put mit $K = 102$. Das Portfolio ist so zu konstruieren, dass das Gleichungssystem

$$\begin{aligned} n_c \Delta_c + n_s \Delta_s + n_p \Delta_p &= 0 \\ n_c \Gamma_c + n_s \Gamma_s + n_p \Gamma_p &= 0 \end{aligned}$$

7.7. Sensitivitätsmaße für Optionspreise (Greek letters)

erfüllt ist. Unter Berücksichtigung der Tatsache, dass $\Gamma_s = 0$ ist, reduziert sich die zweite Gleichung zu

$$n_c \Gamma_c + n_p \Gamma_p = 0,$$

woraus sich

$$n_p = -n_c \frac{\Gamma_c}{\Gamma_p} \qquad (7.65)$$

ergibt. Da $\Delta_s = 1$ ist, schreibt man für die erste Gleichung unter Verwendung des letzten Ergebnisses

$$n_c \Delta_c + n_s - n_c \frac{\Gamma_c}{\Gamma_p} \Delta_p = 0$$

und löst mit dem Ergebnis

$$n_s = n_c \left(\frac{\Gamma_c}{\Gamma_p} \Delta_p - \Delta_c \right) \qquad (7.66)$$

nach der Menge im Portfolio zu haltender Aktien auf. Die gesamte Wertänderung aus einer derart gesicherten Position beläuft sich auf

$$\Delta V = n_c \left(C_0(S_0 + \Delta_s) - C_0(S_0) \right) + n_s \left(S_0 + \Delta_s - S_0 \right) + n_p \left(P_0(S_0 + \Delta_s) - P_0(S_0) \right).$$

Einsetzen der Gleichungen (7.65) und (7.66) erlaubt es, diese Wertänderung auch in der Form

$$\Delta V = n_c \left(C_0(S_0 + \Delta_s) - C_0(S_0) + \left(\frac{\Gamma_c}{\Gamma_p} \Delta_p - \Delta_c \right) \Delta_s + \frac{\Gamma_c}{\Gamma_p} \left(P_0(S_0 + \Delta_s) + P_0(S_0) \right) \right)$$

darzustellen.[32] Abbildung 7.18 veranschaulicht die Chancen und Risiken des Hedge-Portfolios grafisch.

Man sieht, dass die Risiken aufgrund steigender Aktienkurse weitestgehend ausgeschaltet sind und bei fallenden Kursen geringfügige Gewinne verbucht werden können.

---

[32]Für die Daten des Beispiels könnte diese Gleichung weiter vereinfacht werden, da $\Gamma_c = \Gamma_p$ gilt.

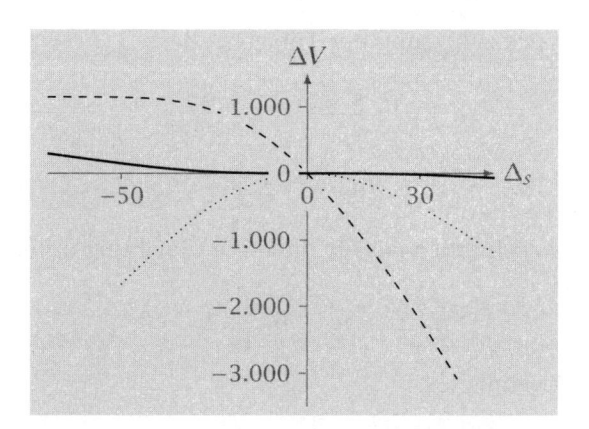

Abbildung 7.18: Delta-Gamma-Hedge

8 Zinsrisiken

In allen vorangegangenen Kapiteln dieses Buches sind wir davon ausgegangen, dass im Zeitpunkt der Bewertung eines Anspruchs auf künftige Zahlungen ein bestimmter Marktzinssatz relevant ist. Dass sich dieser Marktzinssatz im Zeitablauf ändern kann und welchen Einfluss das auf den Wert von Zahlungsansprüchen hat, haben wir bisher nicht diskutiert. Genau das ist Gegenstand des jetzt beginnenden Kapitels.

8.1 Festzinsansprüche und Zinsderivate

Wir werden uns auf solche Zahlungsansprüche konzentrieren, die in besonders markanter Weise auf Zinsänderungen reagieren. Das sind vor allem zwei, nämlich Festzinsansprüche und Zinsderivate. Um sie näher zu charakterisieren, verwenden wir folgende Symbolik,

t Zahlungszeitpunkt ($t = 0,1,\ldots,\tau$),

X_t sichere Zahlung im Zeitpunkt t,

$\tilde{X}_t$ unsichere Zahlung im Zeitpunkt t,

$p_t(X)$ Preis eines Festzinsanspruchs im Zeitpunkt t,

$p_t(\tilde{X})$ Preis eines Zinsderivats im Zeitpunkt t.

Festzinsansprüche Von einem Festzinsanspruch sprechen wir dann, wenn die künftigen Zahlungen des Inhabers dieses Finanztitels vollkommen sicher sind. Der Gläubiger kann sich absolut darauf verlassen, dass er Einzahlungen in Höhe von $X_1,\ldots,X_T$ in den künftigen Zeitpunkten $t = 1,\ldots,T$ erhalten wird. Es gibt weder Ausfallrisiken noch Kündigungsrisiken noch Währungsrisiken. Hinsichtlich der zeitlichen Struktur der künftigen Zahlungen pflegt man verschiedene Typen zu unterscheiden.

1. Der einfachste Fall ist gegeben, wenn es nur eine einzige künftige Zahlung X_t mit $t > 0$ gibt. Das entspricht einem Zero Bond.

2. Für eine Kuponanleihe ist charakteristisch, dass es mehrere gleichbleibende Zahlungen $X_1 = \ldots = X_{T-1} = Z$ gibt, hinter denen sich vertraglich vereinbarte Zinsen verbergen. Die letzte Zahlung im Zeitpunkt T umfasst neben diesen Vertragszinsen noch den Nennwert N der Schuld. Sie beläuft sich auf $X_T = Z + N$.

3. Vereinbart der Gläubiger mit dem Schuldner mehrere absolut gleichbleibende Zahlungen in Höhe von $X_1 = \ldots = X_T = X$, so spricht man von einer Rente. Derartige Zahlungsansprüche sind in der Regel zeitlich befristet (endliche Rente). Mitunter werden aber auch ewige Renten vereinbart. Werden solche ewig laufenden Renten in Form von Wertpapieren verbrieft, ist von so genannten Consol Bonds die Rede.

Der Preis, den man in der Gegenwart für feste zukünftige Zahlungsansprüche bezahlen muss, wird hier mit $p_0(X)$ notiert. Wenn wir Ausfallrisiken, Kündigungsrisiken und Währungsrisiken ausschließen, hängt dieser Preis davon ab, welches Marktzinsniveau sich im Zeitpunkt der Bewertung einstellt. Im Folgenden werden wir studieren, wie solche Preise auf Zinsänderungen reagieren.

Zinsderivate Im Gegensatz zu Festzinsansprüchen sind Zinsderivate Finanztitel mit unsicheren künftigen Zahlungen $\tilde{X}_1, \ldots, \tilde{X}_T$ in den Zahlungszeitpunkten $t = 1, \ldots, T$. Wie hoch die künftige Zahlung $\tilde{X}_t$ ist (und unter Umständen sogar, welches Vorzeichen sie hat), hängt insbesondere davon ab, welches Zinsniveau sich im Zeitpunkt t manifestiert. Die künftigen Zahlungen werden also von künftigen Zinssätzen bestimmt. Es gibt zahlreiche Finanztitel, die in diese Kategorie fallen, so dass sie sich kaum erschöpfend aufzählen lassen. Genauer charakterisieren wollen wir die Folgenden:

1. Gläubiger und Schuldner können einen Kreditvertrag über eine Laufzeit von T Jahren abschließen, dessen zeitliche Zahlungsstruktur einer Kuponanleihe entspricht. Es werden aber keine festen Zinsen verabredet. Vielmehr wird der zu zahlende Zinsbetrag an den am Zahlungszeitpunkt relevanten Marktzinssatz geknüpft. In der Finanzwelt bezeichnet man solche Arrangements heute als Floater.

2. Soll vermieden werden, dass die relevanten Zinssätze bei einem Floater über eine gewisse Grenze steigen oder unter eine bestimmte Marke fallen, so stehen Kontrakte zur Verfügung, die man als Caps (Begrenzung nach oben) oder als Floors (Begrenzung nach unten) bezeichnet. Wird eine Kombination aus Cap und Floor gewünscht, so ist von einem Collar die Rede.

3. Zwei Vertragspartner können ein bedingtes Termingeschäft abschließen, der dem Erwerber des Titels das Recht verleiht, am Ende einer bestimmten Frist zu einem vorher bestimmten Ausübungspreis ein festverzinsliches Wertpapier zu erwerben (Call auf eine Festzinsposition) oder zu verkaufen (Put auf

eine Festzinsposition). Ob sich die Ausübung solcher Optionen bei Fälligkeit lohnt oder nicht, hängt vom Preis der Festzinsposition am Ende der Optionsfrist und damit vom dann herrschenden Zinsniveau ab.

4. Festverzinsliche Wertpapiere können auch Gegenstand unbedingter Termingeschäfte sein. Der Erwerber eines Festzins-Forwards muss das zu Grunde liegende Wertpapier bei Fälligkeit zu einem vorher bestimmten Ausübungspreis kaufen. Entsprechendes gilt für einen Festzins-Future. Forwards werden im Gegensatz zu Futures nicht an Börsen, sondern over the counter (OTC) gehandelt. Ob dabei im Zeitpunkt der Fälligkeit ein Gewinn oder ein Verlust realisiert wird, hängt ebenfalls wieder vom Preis der Festzinsposition an dem entsprechenden Termin ab.

Den Preis, welchen man heute für ein Zinsderivat zahlen muss, werden wir mit $p_0(\tilde{X})$ notieren. Die Tilde bringt zum Ausdruck, dass die künftigen Cashflows unsicher sind. Ihre Höhe und ihr Vorzeichen hängen davon ab, welche Zinssätze sich in der Zukunft manifestieren.

8.2 Flache, normale und inverse Zinskurven

Zinssatz und Zinsfaktor Stellen Sie sich vor, dass ein Freund Ihnen heute 200€ borgt und Sie ihm versprechen, in einem Jahr 206€ zurückzuzahlen. Sie hätten dann mit Ihrem Freund einen Zinssatz von 3% vereinbart. Es gilt der Zusammenhang

$$\text{Anfangskapital} \times (1 + \text{Zinssatz}) = \text{Endkapital}.$$

Um den Schreibaufwand zu reduzieren, werden wir in diesem Kapitel oft mit dem Begriff

$$\text{Zinsfaktor} = 1 + \text{Zinssatz}$$

arbeiten und für den Zusammenhang zwischen dem Kapital zu Beginn des Jahres und dem Kapital am Jahresende einfach

$$\text{Anfangskapital} \times \text{Zinsfaktor} = \text{Endkapital}$$

schreiben. Wir sparen auf diese Weise sowohl das „1+" als auch ein Klammerpaar.

Termin- und Effektivzinsen Bereits im zweiten Kapitel haben wir verschiedene Typen von Zinssätzen unterschieden, nämlich Kassazinssätze, Terminzinssätze und Effektivzinssätze. Jetzt werden wir uns damit detaillierter beschäftigen. Zu diesem Zweck betrachten wir eine Welt, in der Zero Bonds gehandelt werden, welche bei Fälligkeit ohne jedes Risiko einen Cashflow in Höhe von genau 1€ versprechen. Die Zahlung erfolgt in einem der Zeitpunkte $T = 0, 1, \ldots, \tau$. Wenn wir uns im

Zeitpunkt $t = 0,1,\ldots,\tau$ befinden und $t \leq T$ ist, so stellt $T - t \geq 0$ die Restlaufzeit des Zero Bonds dar. Nun vereinbaren wir folgende spezielle Symbolik,

$p_t(T)$ Preis eines Zero Bonds, dessen Inhaber im Zeitpunkt $T \geq t$ eine Zahlung von 1€ erhält,

$y_t(T)$ im Zeitpunkt t geltender Effektivzinsfaktor (1+ Effektivzinssatz) eines im Zeitpunkt $T \geq t$ fälligen Zero Bonds,

$f_t(T)$ im Zeitpunkt t geltender Terminzinsfaktor (1+ Terminzinssatz) für Kapitalanlagen im Intervall von T bis $T + 1$.

Die Preise der Zero Bonds sind immer positiv,

$$p_t(T) > 0 \quad \forall t, T.$$

Andernfalls wäre der Markt nicht arbitragefrei. Für einen unmittelbar fälligen Zero Bond muss man ebenso viel bezahlen wie den Cashflow, den er verspricht. Das heißt

$$p_t(t) = 1. \tag{8.1}$$

Für die Zinsfaktoren gelten nun folgende Definitionen,

$$y_t(T) := \left(\frac{1}{p_t(T)}\right)^{1/(T-t)} \tag{8.2}$$

und

$$f_t(T) := \frac{p_t(T)}{p_t(T+1)}. \tag{8.3}$$

Man hat davon auszugehen, dass Zinssätze unter realistischen Bedingungen nicht negativ sind. Dann aber müssen beide Zinsfaktoren mindestens so groß wie eins sein, also

$$y_t(T), f_t(T) \geq 1.$$

Will man bei gegebenem Effektivzinsfaktor oder bei gegebenen Terminzinsfaktoren den Preis eines im Zeitpunkt T fälligen Zero Bonds berechnen, so gilt

$$p_t(T) = \frac{1}{y_t(T)^{(T-t)}}$$

und

$$p_t(T) = \frac{p_t(T-1)}{f_t(T-1)},$$

wie man sich mit Hilfe elementarer Umformung von (8.2) beziehungsweise (8.3) klarmachen kann. Setzt man in vorstehende Gleichung für den Preis eines in $T-1$ fälligen Zero Bonds ein, so entsteht

$$p_t(T) = \frac{\frac{p_t(T-2)}{f_t(T-2)}}{f_t(T-1)} = \frac{p_t(T-2)}{f_t(T-2)f_t(T-1)}.$$

8.2. Flache, normale und inverse Zinskurven

Systematisches Fortführen dieser Idee ergibt unter Berücksichtigung von (8.1) schließlich

$$p_t(T) = \frac{1}{f_t(t) \cdots f_t(T-1)}.$$

Tabelle 8.1: Typische Zinskurven

t	T	$f_t(T)$	Szenario 1 „flach"	Szenario 2 „normal"	Szenario 3 „invers"
0	0	$f_0(0)$	1,030	1,030	1,030
0	1	$f_0(1)$	1,030	1,033	1,027
0	2	$f_0(2)$	1,030	1,034	1,026

Idealtypisch lassen sich nun drei verschiedene Formen von Zinskurven unterscheiden, wenn man Zero Bonds mit unterschiedlichen Laufzeiten in den Blick nimmt. Ein anschauliches Beispiel dafür liefern die Zahlen der Tabelle 8.1. Vor dem Hintergrund dieser Tabelle wollen wir folgende Feststellungen treffen:

1. Wenn $f_t(t) = f_t(t+1) = \ldots = f_t(\tau)$ ist, spricht man von einer flachen Zinskurve.

2. Beobachtet man dagegen $f_t(t) < f_t(t+1) < \ldots < f_t(\tau)$, dann liegt eine normale Zinskurve vor. Solche Zinskurven sind vorherrschend.

3. Ist schließlich $f_t(t) > f_t(t+1) > \ldots > f_t(\tau)$ gegeben, so heißt die Zinskurve invers.

In der Realität treten weitere Formen von Zinskurven auf. Beispielsweise beobachtet man, dass Zinskurven zunächst steigen, dann wieder fallen, um anschließend erneut zu steigen.[1] Obwohl hier von Bewegungen einer Zinskurve die Rede ist, muss man sich darüber klar sein, dass wir zurzeit noch keine zeitliche Dynamik betrachten, sondern nur über Momentaufnahmen von Zinskurven sprechen.

Ermittelt man die aktuellen Preise der Zero Bonds mit den für das Szenario 3 angegebenen Terminzinssätzen, so erhält man

$$p_0(1) = \frac{1}{f_0(0)} = \frac{1}{1{,}03} = 0{,}970874,$$

$$p_0(2) = \frac{1}{f_0(0)f_0(1)} = \frac{1}{1{,}03 \cdot 1{,}027} = 0{,}945349,$$

$$p_0(3) = \frac{1}{f_0(0)f_0(1)f_0(2)} = \frac{1}{1{,}03 \cdot 1{,}027 \cdot 1{,}026} = 0{,}921393.$$

---

[1] Derartige Zinskurven werden als buckelig (englisch: hump shaped) bezeichnet.

Kalkulieren wir auf dieser Grundlage die Effektivrenditen der Zero Bonds, so stellen wir fest, dass diese ebenfalls mit zunehmender Restlaufzeit kleiner werden, denn

$$y_0(1) = \left(\frac{1}{p_0(1)}\right)^{1/1} = \left(\frac{1}{0{,}970874}\right)^{1/1} = 1{,}03\,,$$

$$y_0(2) = \left(\frac{1}{p_0(2)}\right)^{1/2} = \left(\frac{1}{0{,}945349}\right)^{1/2} = 1{,}028499\,,$$

$$y_0(3) = \left(\frac{1}{p_0(3)}\right)^{1/3} = \left(\frac{1}{0{,}921393}\right)^{1/3} = 1{,}027665\,.$$

Entsprechende Zusammenhänge lassen sich ganz allgemein nachweisen, ohne dass wir uns hier damit aufhalten wollen.[2] Falls die Zinskurve flach ist, sind übrigens der einheitliche Terminzinssatz und der einheitliche Effektivzinssatz identisch.

Normale Zinskurven und Risikoaversion Steigende Zinskurven werden als „normal" bezeichnet, weil man empirisch ganz überwiegend genau solche Formen vorfindet. Flache oder inverse Zinskurven beobachtet man sehr viel seltener. Anhand eines einfachen Beispiels wollen wir im Folgenden erläutern, dass die Risikoaversion von Marktteilnehmern eine mögliche Erklärung für diese Beobachtung liefert.

Stellen Sie sich vor, dass zwei Anleihen A und B im Zeitpunkt $t = 0$ an einem perfekten Kapitalmarkt gehandelt werden und ohne jedes Ausfallrisiko in $t = 1$ und $t = 2$ Rückflüsse gemäß nachstehender Tabelle versprechen.

Anleihe	Preis $t=0$	Rückfluss $t=1$	$t=2$	Effektivzinssatz
A	98,10	103		5%
B	100,00	5	105	5%

Die Effektivzinssätze beider Papiere sind identisch, $y_0(1) = y_0(2) = 1{,}05$. Offensichtlich ist die aktuelle Zinskurve flach. Das Zinsniveau liegt bei 5%, was eine einfache Prüfung bestätigt,

$$98{,}10 = \frac{103}{1+0{,}05}\,,$$

$$100{,}00 = \frac{5}{1+0{,}05} + \frac{105}{(1+0{,}05)^2}\,.$$

Betrachten wir nun einen risikoaversen Investor mit einem Planungszeitraum von einem Jahr, der 10.000€ in Anleihen investieren will. Wer den Kurzläufer (Anleihe A) erwirbt, bekommt je 100€ nominal 103€, und zwar ganz unabhängig

---

[2] Jedenfalls können wir auch dann von einer flachen Zinskurve sprechen, wenn $y_t(t) = y_t(t+1) = \ldots = y_t(\tau)$ ist. Die Zinskurve ist im Zeitpunkt t normal, wenn wir $y_t(t) < y_t(t+1) < \ldots < y_t(\tau)$ haben, und sie ist invers, wenn man $y_t(t) > y_t(t+1) > \ldots > y_t(\tau)$ beobachtet.

davon, wie hoch der Einjahreszinssatz $y_1(2)$ in einem Jahr sein wird. Wer dagegen den Langläufer (Anleihe B) kauft, erhält in $t = 1$ Zinsen in Höhe 5€ und einen Verkaufserlös in Höhe von $105/y_1(2)$, weiß also im Investitionszeitpunkt nicht genau, wie hoch sein Vermögen nach einem Jahr sein wird. Nun sind zwei Fälle zu unterscheiden.

Unveränderliche Zinsen Der Investor ist davon überzeugt, dass der Zinssatz für einjährige Kapitalanlagen im Zeitpunkt $t = 1$ nach wie vor bei 5% liegen wird ($y_0(1) = y_1(2)$). In diesem Fall ist es gleichgültig, ob in Anleihe A oder in Anleihe B investiert wird. Die Vermögensstände im Zeitpunkt $t = 1$ werden sich auf

$$A: \quad \frac{10.000}{98,10} \cdot 103 = 10.500 \text{ €}$$

$$B: \quad \frac{10.000}{100,00} \cdot \left(5 + \frac{105}{y_1(2)}\right) = \frac{10.000}{100,00} \cdot \left(5 + \frac{105}{1,05}\right) = 10.500 \text{ €}$$

belaufen.

Veränderliche Zinsen Jetzt wird angenommen, dass der Einjahreszinssatz sich ändern kann, also $y_0(1) \neq y_1(2)$. Wenn der Investor Pech hat, steigen die Zinsen, also $y_0(1) < y_1(2)$. Dann wäre der Kurzläufer attraktiver als der Langläufer, denn wir hätten immer

$$B: \quad \frac{10.000}{100,00} \cdot \left(5 + \frac{105}{y_1(2)}\right) = \frac{10.000}{100,00} \cdot \left(5 + \frac{105}{1,05 + \Delta}\right) < 10.500 \text{ €}$$

Falls Sie schon Anleihen vom Typ B besitzen, werden Sie diese am Kapitalmarkt zum Verkauf anbieten und aus dem Erlös Anleihen vom Typ A kaufen. Als risikoaverser Investor haben Sie bei flacher Zinskurve also eine Präferenz für Anleihen mit relativ kurzer Restlaufzeit. Wenn sich alle Marktteilnehmer entsprechend verhalten, würde zu den angegebenen Preisen nur Anleihe A nachgefragt werden. Folglich müsste der Preis von Anleihe A steigen oder der Preis von Anleihe B fallen, und zwar solange, bis Gleichgewichtspreise erreicht sind. Der Kassazinssatz für kurzfristige Anlagen ist in einer „normalen" Situation daher kleiner als der Kassazinssatz für langfristige Anlagen.

8.3 Änderungen flacher Zinskurven

Wie reagieren die Preise festverzinslicher Wertpapiere auf Zinsänderungen? Auf diese Frage gibt es keine einfache Antwort. Natürlich kann man zunächst einmal feststellen, dass die Preise der uns interessierenden Finanztitel steigen, wenn die Zinssätze sinken, und die Preise fallen, wenn die Zinssätze größer werden.

Jedoch beantwortet das noch nicht die weitergehende Frage, warum manche Wertpapiere auf eine Zinsänderung stärker reagieren als andere. Um hier mehr Klarheit zu gewinnen, machen wir uns das Leben mit einer Annahme leicht. Wir unterstellen im Folgenden, dass Zinskurven stets flach sind und auch nach einer Zinsänderung flach bleiben. Wir haben also im Zeitpunkt $t = 0$ die Ausgangssituation

$$f_0(t) = f_0(t+1) = \ldots = f_0$$

beziehungsweise

$$y_0(t) = y_0(t+1) = \ldots = y_0$$

Da die Effektivzinssätze bei flacher Zinskurve darüber hinaus dem einheitlichen Terminzinssatz entsprechen, können wir den zunächst herrschenden Zinsfaktor wahlweise mit f_0 oder y_0 bezeichnen. Wir werden y_0 verwenden und den nach einer Änderung relevanten Zinsfaktor mit $y_0 + \Delta y_0$ bezeichnen.

Macaulay

Frederick R. Macaulay (1882-1970) stammte aus einer wohlhabenden kanadischen Familie. Seine Vorfahren waren aus Schottland eingewandert. Macaulay studierte Wirtschaftswissenschaften an der University of Colorado at Boulder und wurde anschließend Dozent für Volkswirtschaftslehre und Statistik an der University of California at Berkeley. Dort lernte er Wesley C. Mitchell kennen, der ein bedeutender Konjunkturforscher war und 1920 das National Bureau of Economic Research (NBER) gründete. Im Jahre 1924 promovierte Macaulay unter der Leitung von Mitchell an der Columbia University, New York. Im Anschluss daran wechselte er ans NBER und arbeitete dort bis 1938 an einer empirischen Studie über das zyklische Verhalten von Zinssätzen, die heute noch als Klassiker auf dem Gebiet der empirischen Forschung über festverzinsliche Wertpapiere gilt. 1934 gründete Macaulay in New York gemeinsam mit Allen M. Bernstein eine Gesellschaft für Kapitalanlageberatung, für die er bis 1961 als Vizepräsident tätig war. (Foto mit freundlicher Genehmigung des Archivs der University of Colorado at Boulder)

8.3. Änderungen flacher Zinskurven

8.3.1 Duration und Elastizität

Praktiker verwenden als Maß für die Zinsempfindlichkeit festverzinslicher Wertpapiere gern die von *Frederick Macaulay* eingeführte Duration. Hat man es mit einer Festzinsposition zu tun, die die Zahlungen $X_1,\ldots,X_T$ verspricht, so ist die Duration durch

$$D = \frac{\sum_{t=1}^{T} t X_t y_0^{-t}}{\sum_{t=1}^{T} X_t y_0^{-t}} \qquad (8.4)$$

definiert. Als *Macaulay* diese Kennzahl vorschlug, ging es ihm allerdings gar nicht um ein Maß für die Zinsempfindlichkeit. Vielmehr war er an einer Kennzahl für die mittlere Kapitalbindungsdauer interessiert.

Der bekannte britische Ökonom *John Hicks* dachte nur unwesentlich später als *Macaulay* über das Zinsänderungsrisiko von Festzinspositionen nach. Naheliegenderweise verwendete er die Elastizität des Preises in Bezug auf den Zinssatz

$$\begin{aligned}\epsilon_{p_0(X),y_0} &= -\frac{\Delta p_0(X)/p_0(X)}{\Delta y_0/(y_0-1)} \\ &= -\frac{\Delta p_0(X)}{\Delta y_0}\frac{(y_0-1)}{p_0(X)}\end{aligned}$$

beziehungsweise nach einer Grenzbetrachtung

$$\epsilon_{p_0(X),y_0} = -\frac{dp_0(X)}{dy_0}\frac{(y_0-1)}{p_0(X)}. \qquad (8.5)$$

Die Elastizität wird also durch die Ableitung der Preisfunktion nach der veränderlichen Variablen (hier: dem Zinsfaktor) sowie den Ausgangszinssatz und den Ausgangspreis bestimmt. Die Zinselastizität des Preises misst näherungsweise die relative Veränderung des Preises aufgrund einer entgegengesetzten einprozentigen Veränderung des Zinssatzes und stellt daher ein Sensitivitätsmaß des Preises festverzinslicher Wertpapiere in Bezug auf Zinsänderungen dar.

Betrachtet man die in die Elastizität einfließenden Größen genauer, wird rasch klar, dass zwischen Elastizität und Duration eine enge Beziehung besteht. Mit der Preisfunktion

$$p_0(X) = \sum_{t=1}^{T} X_t y_0^{-t} \qquad (8.6)$$

gilt nämlich

$$\begin{aligned}\frac{dp_0(X)}{dy_0} &= \sum_{t=1}^{T} -t X_t y_0^{-t-1} \\ &= \frac{1}{y_0}\sum_{t=1}^{T} -t X_t y_0^{-t}. \end{aligned} \qquad (8.7)$$

Setzt man dies und (8.6) in Gleichung (8.5) ein, so erhält man nach Umformungen unter Verwendung von (8.4)

$$\epsilon_{p_0(X), y_0} = \frac{y_0 - 1}{y_0} \frac{\sum_{t=1}^{T} t X_t y_0^{-t}}{\sum_{t=1}^{T} X_t y_0^{-t}}$$

$$= \frac{y_0 - 1}{y_0} D . \qquad (8.8)$$

Elastizität und Duration unterscheiden sich also nur durch die Multiplikation mit dem konstanten Faktor $\frac{y_0-1}{y_0}$, so dass die Duration ebenfalls als Sensitivitätsmaß des Preises festverzinslicher Wertpapiere in Bezug auf Zinsänderungen interpretiert werden kann. Anstelle der *Macaulay*-Duration wird häufig auch die modifizierte Duration

$$D_{\text{mod}} = \frac{D}{y_0}$$

verwendet, weil sich dadurch die formale Schreibweise bestimmter funktionaler Zusammenhänge vereinfachen lässt.

Mit Gleichung (8.4) kann man die Duration jeder Festzinsposition unabhängig von ihrem speziellen Zahlungsmuster berechnen. Es ist jedoch insbesondere für Kuponanleihen und Zero Bonds nützlich, andere Berechnungsformeln zur Verfügung zu haben.

Kuponanleihe Wir betrachten zunächst eine Kuponanleihe mit einer Laufzeit von T Jahren. Deren Zahlungen belaufen sich auf

$$X_t = \begin{cases} Z, & \text{wenn } t < T; \\ Z + N, & \text{wenn } t = T. \end{cases}$$

Mit dieser Spezialisierung berechnet man ihren Preis im Zeitpunkt $t = 0$ zu

$$p_0(X) = Z \frac{y_0^T - 1}{(y_0 - 1) y_0^T} + \frac{N}{y_0^T} . \qquad (8.9)$$

Bei dem Term, mit dem der jährliche Zinsbetrag in vorstehender Gleichung multipliziert wird, handelt es sich um den Rentenbarwertfaktor.[3] Die erste Ableitung der Funktion nach y_0 lautet

$$\frac{dp_0(X)}{dy_0} = -\frac{Z}{(y_0 - 1)^2} + \frac{Z}{(y_0 - 1)^2 y_0^T} + \frac{TZ}{(y_0 - 1) y_0^{T+1}} - \frac{TN}{y_0^{T+1}} . \qquad (8.10)$$

---

[3]Für diesen gilt

$$\sum_{t=1}^{T} \frac{1}{y_0^t} = \frac{y_0^T - 1}{(y_0 - 1) y_0^T} .$$

8.3. Änderungen flacher Zinskurven

Lösen wir (8.8) nach der Duration auf und setzen für die Elastizität (8.5) ein, so erhalten wir

$$D = -\frac{dp_0(X)}{dy_0} \frac{y_0}{p_0(X)}.$$

Einsetzen von (8.10) und (8.9) ergibt nach geeigneter Umformung für die Kuponanleihe eine Duration von

$$D_{\text{Kuponanleihe}} = \frac{y_0}{y_0 - 1} - \frac{TZ + (y_0 - (y_0 - 1)T)N}{Z(y_0^T - 1) + (y_0 - 1)N}. \tag{8.11}$$

Hicks

John R. Hicks (1904–1989) studierte Wirtschaftswissenschaften in Oxford. Von 1926 bis 1935 lehrte er an der London School of Economics, wo er von Friedrich von Hayek beeinflusst wurde. Hicks wechselte dann für kurze Zeit an die University of Cambridge und schrieb dort sein Hauptwerk „Value and Capital". Zwischen 1938 und 1946 arbeitete er an der Victoria University of Manchester. Anschließend kehrte er nach Oxford zurück. Dort war er bis 1965 als Professor für politische Ökonomie und anschließend bis 1971 als Research Fellow am All Souls College tätig. Hicks' Arbeitsgebiet reichte von der Entscheidungs- über die Kapital-, Wachstums-, Wohlfahrts- und Verteilungstheorie bis zur volkswirtschaftlichen Gesamtrechnung. Sein bekanntester Beitrag zur Makroökonomie war das Hicks-Hansen IS-LM-Modell, mit dem es gelang, die Theorie von John Maynard Keynes populär zu machen. Im Jahre 1964 wurde Hicks geadelt. Gemeinsam mit Kenneth Arrow erhielt er 1972 den Nobelpreis. (Abbildung mit freundlicher Genehmigung von The Warden and Fellows of All Souls College, Oxford)

Was geschieht nun, wenn die Laufzeit einer Kuponanleihe immer weiter zunimmt und schließlich über alle Grenzen geht? Der Nenner des zweiten Terms geht in diesem Fall gegen $+\infty$. Der Zähler aber kann gegen $\pm\infty$ gehen oder auch konstant bleiben. Unter Anwendung des Satzes von *L'Hospital* lässt sich jedoch zeigen, dass der Nenner schneller über alle Grenzen geht als der Zähler. Daraus folgt

$$\lim_{T \to \infty} D_{\text{Kuponanleihe}} = \frac{y_0}{y_0 - 1}. \tag{8.12}$$

Es wäre voreilig, daraus den Schluss zu ziehen, dass die Duration einer Kuponanleihe nicht größer als $\frac{y_0}{y_0-1}$ werden kann, da sich die Duration einer Festzinsposition mit wachsender Laufzeit diesem Grenzwert sowohl von unten als auch von oben nähern kann,[4] vgl. Abbildung 8.1.

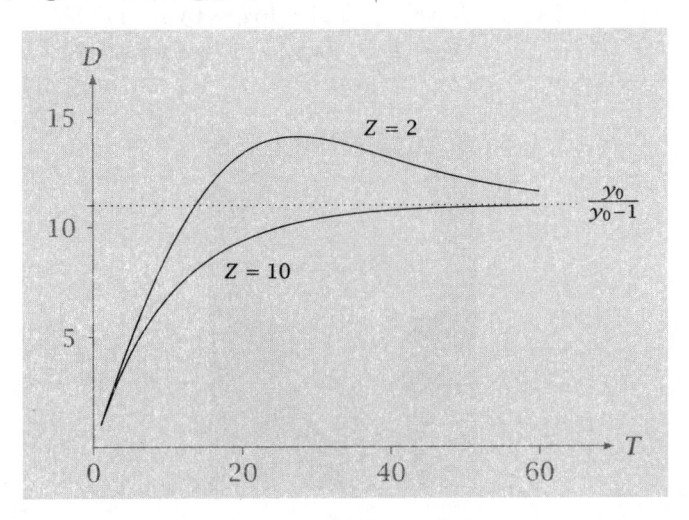

Abbildung 8.1: Durations von Kuponanleihen (für $y_0 = 1{,}1$ und $N = 100$)

Zero Bond Die Duration eines Zero Bonds ist ungleich leichter zu ermitteln. Sie entspricht schlicht ihrer Laufzeit, wie man sich leicht klarmachen kann. Die Zahlungsstruktur wird durch

$$X_t = \begin{cases} 0, & \text{wenn } t < T; \\ X_T, & \text{wenn } t = T \end{cases}$$

beschrieben. Setzt man dies in Gleichung (8.4) ein, erhält man ohne Weiteres

$$D_{\text{Zerobond}} = \frac{T X_T y_0^{-T}}{X_T y_0^{-T}} = T.$$

Insbesondere in Hochzinsphasen sind daher lang laufende Zero Bonds ungleich zinsempfindlicher als Kuponanleihen mit ebenso langer Laufzeit.

---

[4] Eine Annäherung von oben ist nur dann klar zu erkennen, wenn die Vertragszinsen wesentlich kleiner als die Marktzinsen sind, wenn also $\frac{Z}{N} \ll y_0 - 1$ ist.

8.3. Änderungen flacher Zinskurven

Wozu taugt die Kennzahl Duration? Darauf lassen sich zwei Antworten geben. Zum ersten kann man sie dazu verwenden, die *Kursänderungen* abzuschätzen, denen Festzinspositionen ausgesetzt sind, wenn Zinsänderungen stattfinden. Zum anderen lässt sie sich bei der *Zinsimmunisierung* von Festzinsportfolios einsetzen.

8.3.2 Abschätzung von Kursänderungen

Will man rechnerisch bestimmen, wie sich der Preis eines festverzinslichen Finanztitels ändert, wenn sich der Marktzinssatz ändert, gibt es zwei Möglichkeiten: Entweder berechnet man den Preis der Festzinsposition zweimal, und zwar zunächst mit dem Ausgangszinssatz y_0 und anschließend mit dem neuen Zinssatz $y_0 + \Delta y_0$. Anschließend bildet man die Differenz zwischen den beiden Preisen und erhält die Kursänderung aus

$$\Delta p_0(X) = p_0(X, y_0 + \Delta y_0) - p_0(X, y_0),$$

oder man verwendet als Näherungsformel

$$\Delta p_0(X) \approx -D_{\text{mod}}\, p_0(X, y_0)\, \Delta y_0\,.$$

Der zweite Rechenweg führt womöglich rascher zum Ziel, liefert dafür allerdings auch nicht ganz korrekte Resultate. Die Näherungsformel lässt sich mit einer *Taylor*-Reihenentwicklung der Preisfunktion gewinnen. Wir betrachten die Preisfunktion an der Stelle y_0 und brechen die *Taylor*-Reihe nach der ersten Ableitung ab. Das ergibt

$$p_0(X, y_0 + \Delta y_0) \approx p_0(X, y_0) + p_0'(X, y_0)(y_0 + \Delta y_0 - y_0)$$

oder unter Verwendung von (8.7)

$$\begin{aligned}\Delta p_0(X) &\approx p_0'(X, y_0)\, \Delta y_0 \\ &\approx \sum_{t=1}^{T} -t X_t y_0^{-t-1}\, \Delta y_0 \\ &\approx -\frac{1}{y_0}\, \frac{\sum_{t=1}^{T} t X_t y_0^{-t}}{\sum_{t=1}^{T} X_t y_0^{-t}}\, \sum_{t=1}^{T} X_t y_0^{-t}\, \Delta y_0 \\ &\approx -D_{\text{mod}}\, p_0(X, y_0)\, \Delta y_0\,.\end{aligned}$$

Abbildung 8.2 macht deutlich, dass der Preis einer Festzinsposition eine monoton fallende, konvexe Funktion des Marktzinssatzes ist. Die Preisänderung kann bei einer *Taylor*-Reihenentwicklung bis zur ersten Ableitung entlang der Tangente abgeschätzt werden, die die Preisfunktion beim Ausgangszinssatz berührt. Bei kleiner Zinsänderung ist der Schätzfehler gering, bei größeren Zinsänderungen ist er unangenehmer. Da die Tangente allerdings zinsbedingte Kurserhöhungen untertreibt sowie Kursverluste übertreibt, darf man die Näherungsformel konservativ nennen.

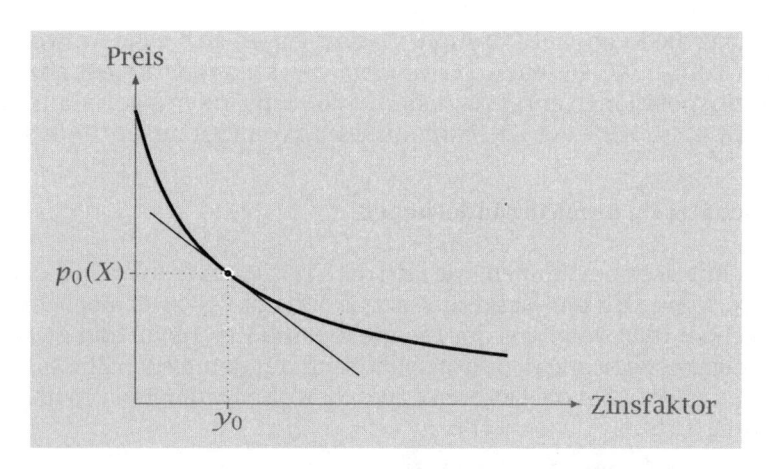

Abbildung 8.2: Konvexe Preisfunktion und Tangente

8.3.3 Zinsimmunisierung

Es gibt Kapitalanleger, die zu einem bestimmten künftigen Zeitpunkt T (mindestens) einen bestimmten Geldbetrag V_T benötigen. Solche Kapitalanleger werden darum bemüht sein, die entsprechende Summe mit Sicherheit und damit unabhängig von etwaigen Zinsänderungen zu erhalten.

Besonders gut geeignet für den hier beschriebenen Zweck ist ein Zero Bond, der exakt im Zeitpunkt T fällig ist (matching Zero Bond). Die Zahlung, welche der Inhaber dieses Titels beanspruchen darf, ist absolut unabhängig davon, welche Zinsänderungen zwischen dem Erwerb dieses Finanztitels und seinem Fälligkeitstermin stattfinden.

Jetzt wollen wir uns Klarheit darüber verschaffen, was ein Kapitalanleger unternehmen kann, der keinen matching Zero Bond findet. Der Investor, könnte – gemessen an seinem Planungshorizont – entweder einen Kurzläufer oder einen Langläufer erwerben, also einen Zero Bond mit kürzerer oder längerer als der gewünschten Laufzeit kaufen. Wenn der Zinssatz sich bis zum Ende des Planungszeitraums nicht ändert, braucht dieser Kapitalanleger nichts zu befürchten.

Machen wir uns das an einem Zahlenbeispiel klar. Der Anleger will in $T = 4$ Jahren einen Betrag in Höhe von 1.000€ haben. Der Marktzinssatz liegt zur Zeit bei 6%, und wir haben es mit der absolut unrealistischen Situation zu tun, dass sich der Zinssatz während der nächsten vier Jahre nicht ändert. Dann gibt es unter anderem folgende Möglichkeiten:

1. *Matching Zero Bond*: Man kauft einen solchen Zero Bond zum Preis von $\frac{1.000}{1,06^4} = 792{,}09$€ und wartet schlicht bis zu seiner Fälligkeit.

2. *Kurzläufer*: Der Anleger kauft für 792,09€ Zero Bonds, die in drei Jahren fällig sind. Dies führt in $t = 3$ zu einem Cashflow von $792{,}09 \cdot 1{,}06^3 = 943{,}40$€.

8.3. Änderungen flacher Zinskurven

Legt man diesen Betrag zum unveränderten Zinssatz von 6 % an, so erreicht man auch bei dieser Strategie 943,40 · 1,06 = 1.000 €.

3. *Langläufer*: Kauft der Anleger für 792,09 € Zero Bonds, die in fünf Jahren fällig sind, so hat er bei 6 % Marktzins Anspruch auf 792,09 · $1,06^5$ = 1.060 € in fünf Jahren. Diesen Anspruch muss er am Ende seines Planungszeitraums, also ein Jahr vor Fälligkeit, verkaufen. Wenn der Marktzins dann nach wie vor bei 6 % liegt, so beläuft sich der Verkaufspreis auf $\frac{1.060}{1,06}$ = 1.000 €.

Was geschieht aber, wenn der Zinssatz sich ändert? Die Antwort lässt sich rasch finden, wenn man unsere Berechnungen mit geänderten Zinssätzen wiederholt. Zu diesem Zweck unterstellen wir, dass das Zinsniveau unmittelbar nach $t = 0$ entweder auf 5 % fällt oder auf 7 % steigt und sich danach nicht mehr ändert.

1. *Matching Zero Bonds*: Es gibt überhaupt keine Wirkungen. Der Anleger erhält 1.000 € in $T = 4$, gleichgültig ob und wie sich der Marktzinssatz ändert.

2. *Kurzläufer*: Der Erwerb des Kurzläufers sorgt in $t = 3$ für Einzahlungen in Höhe von 943,40 €, die für ein weiteres Jahr angelegt werden müssen. Steigt nun der Zins von 6 % auf 7 %, so profitiert der Investor, weil er im Zeitpunkt $T = 4$ Einzahlungen in Höhe von 943,40 · 1,07 = 1.009,44 € erzielen wird. Fällt der Zins dagegen auf 5 %, so muss er sich mit 943,40 · 1,05 = 990,57 € zufrieden geben.

3. *Langläufer*: Der Kauf des Langläufers hat einen Zahlungsanspruch in Höhe von 1.060 € im Zeitpunkt $t = 5$ zur Folge, den unser Investor in $T = 4$ verkaufen muss. Sollten die Zinsen gestiegen sein, so ist das für ihn unangenehm, denn er wird nur $\frac{1.060}{1,07}$ = 990,64 € erlösen. Falls die Zinsen dagegen fallen sollten, wird das bei ihm Freude auslösen, denn $\frac{1.060}{1,05}$ = 1.009,52 €.

Insgesamt können wir also feststellen:

Steigende Zinsen eröffnen Wiederanlage-Chancen und sorgen gleichzeitig für Kurs-Risiken. Fallende Zinsen verursachen dagegen Wiederanlage-Risiken und verursachen auf der anderen Seite Kurs-Chancen.

Abbildung 8.3 veranschaulicht das Ergebnis der bisherigen Überlegungen grafisch. Betrachtet man diese Darstellung aufmerksam, so stellt sich die Frage, was wohl geschieht, wenn man ein Portfolio aus Festzinspositionen aufbaut, das sich – bezogen auf den Planungshorizont des Investors – aus Kurz- und Langläufern zusammensetzt.

Um eine konkrete Vorstellung von den mit einer solchen Strategie verbundenen Konsequenzen zu gewinnen, betrachten wir ein Zahlenbeispiel. Der gegenwärtige Marktzins möge sich auf $y_0 - 1 = 10\%$ belaufen. In dieser Situation erwirbt ein Anleger eine 10%-Kuponanleihe mit einer Restlaufzeit von fünf Jahren. Diese Anleihe besitzt gemäß Gleichung (8.11) eine Duration in Höhe von

$$D = \frac{1,1}{0,1} - \frac{5 \cdot 10 + (1,1 - 0,1 \cdot 5) \cdot 100}{10 \cdot (1,1^5 - 1) + 0,1 \cdot 100} = 4,1699.$$

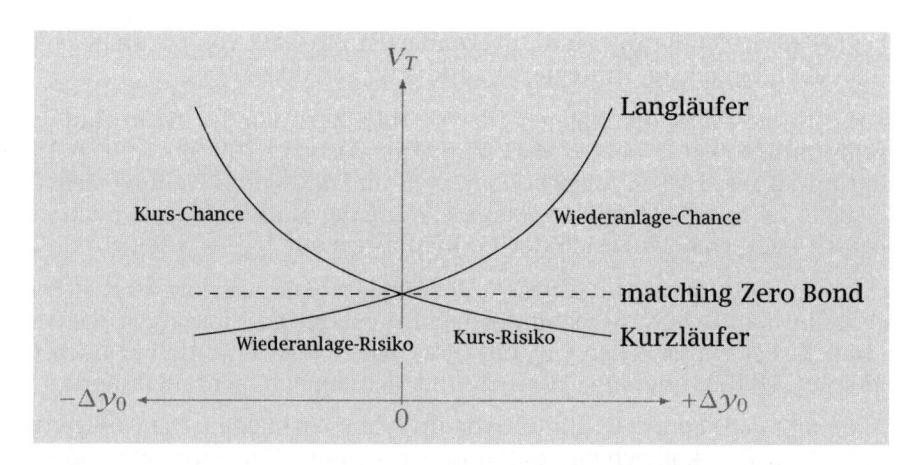

Abbildung 8.3: Zinsabhängiges Kapital am Ende eines Planungszeitraums

Nun stellen wir in einer Tabelle zusammen, welches Endvermögen der Kapitalanleger erreicht, wenn sich der Zinssatz unmittelbar nach Erwerb der Anleihe verändert (und dann konstant bleibt) und wir unterschiedlich lange Planungszeiträume in den Blick nehmen, zum Beispiel $T = 4$, $T = D = 4{,}1699$ und $T = 5$. Die entsprechenden Ergebnisse sind systematisch in Tabelle 8.2 dargestellt. Wenn man sich

Tabelle 8.2: Endvermögensentwicklungen bei unterschiedlichen Änderungen einer flachen Zinskurve und unterschiedlichen Planungszeiträumen

Δy_0	$y_0 + \Delta y_0$	V_0	V_4	$V_D = V_{4,1699}$	V_5
−0,04	1,06	116,85	147,52	148,99	156,37
0,02	1,08	107,99	146,91	148,85	158,67
0,00	1,10	100,00	146,41	148,80	161,05
0,02	1,12	92,79	146,01	148,84	163,52
0,04	1,14	86,27	145,70	148,98	166,10

klarmachen will, wie diese Zahlen bestimmt worden sind, betrachte man den Fall, dass der Marktzinssatz unmittelbar nach dem Erwerb der Anleihe von 10% auf 8% fällt, also $\Delta y_0 = -0{,}02$. Unter dieser Bedingung steigt der Marktpreis der Anleihe von 100,00€ auf

$$10 \cdot \frac{1{,}08^5 - 1}{0{,}08 \cdot 1{,}08^5} + \frac{100}{1{,}08^5} = 107{,}99 \text{ €}.$$

Dieser Betrag wächst – bei von nun an unverändertem Zinssatz – über eine Frist von $T = 4$ Jahren auf

$$107{,}99 \cdot 1{,}08^4 = 146{,}91 \text{ €}$$

an. Auf entsprechendem Wege lassen sich alle anderen Zahlen der Tabelle nachrechnen.

8.3. Änderungen flacher Zinskurven

Betrachten wir die in Tabelle 8.2 zusammengestellten Zahlen sorgfältig, so stellen wir fest:

1. Bei einem Planungshorizont von $T < D$ Jahren erweist sich die Kuponanleihe als Langläufer. Das Endvermögen nach vier Jahren ist jedenfalls eine monoton fallende Funktion im Zinssatz.

2. Bei einem Planungszeitraum von $T > D$ Jahren besitzt die Kuponanleihe die Eigenschaft eines Kurzläufers. Das Endvermögen ist hier nämlich eine monoton steigende Funktion des Zinssatzes.

3. Ist aber nun der Planungszeitraum ebenso groß wie die Duration vor der Zinsänderung ($T = D$), so stellt der Erwerb der Kuponanleihe bei jeder Art von Zinsänderung sicher, dass der Anleger am Ende des Planungszeitraums ein heute bestimmbares Mindestkapital besitzt. Jede Zinsänderung bewirkt eine Verbesserung dieser Position, gleichgültig in welche Richtung sie geht.[5] Damit ist die Position gegen Zinsänderungen immunisiert.

Um zu beweisen, dass die im letzten Satz aufgestellte Behauptung prinzipiell korrekt ist, müssten wir zeigen, dass die Funktion

$$V_D = \sum_{t=1}^{\tau} X_t (y_0 + \Delta y_0)^{-t+D} \quad \text{mit} \quad D = \frac{\sum_{t=1}^{\tau} t X_t y_0^{-t}}{\sum_{t=1}^{\tau} X_t y_0^{-t}}$$

an der Stelle $\Delta y_0 = 0$ ein Minimum besitzt. Zu diesem Zweck bilden wir die erste Ableitung der Funktion nach Δy_0 und erhalten

$$\frac{d V_D}{d \Delta y_0} = \sum_{t=1}^{\tau} (-t + D) X_t (y_0 + \Delta y_0)^{-t+D-1}.$$

Nullsetzen der Ableitung führt auf

$$D \sum_{t=1}^{\tau} X_t (y_0 + \Delta y_0)^{-t+D-1} = \sum_{t=1}^{\tau} t X_t (y_0 + \Delta y_0)^{-t+D-1}$$

$$D = \frac{\sum_{t=1}^{\tau} t X_t (y_0 + \Delta y_0)^{-t}}{\sum_{t=1}^{\tau} X_t (y_0 + \Delta y_0)^{-t}}$$

$$\frac{\sum_{t=1}^{\tau} t X_t y_0^{-t}}{\sum_{t=1}^{\tau} X_t y_0^{-t}} = \frac{\sum_{t=1}^{\tau} t X_t (y_0 + \Delta y_0)^{-t}}{\sum_{t=1}^{\tau} X_t (y_0 + \Delta y_0)^{-t}}.$$

Damit eine Extremstelle gegeben ist, muss offensichtlich wirklich $\Delta y_0 = 0$ sein.[6]

---

[5] Unsere Behauptung ist ein wenig voreilig, weil die Duration der Kuponanleihe nicht mit gleicher Geschwindigkeit wie die Restlaufzeit kleiner wird. Dazu später mehr.

[6] Will man beweisen, dass die Funktion an der Stelle $\Delta y_0 = 0$ minimal ist, muss man zeigen, dass die zweite Ableitung dort positiv ist.

Ein wichtiger Aspekt bei der hier beschriebenen Zinsimmunisierung mit Hilfe von Kuponanleihen, deren Duration dem Planungshorizont entspricht, besteht in der Tatsache, dass die Immunität im Zeitablauf verloren geht. Aus diesem Grunde werden bei diesem Vorgehen Anpassungen erforderlich, die entweder

- durch Verkauf der alten Anleihe und Kauf einer neuen Anleihe, deren Duration dem neuen kürzeren Planungszeitraum entspricht, oder
- durch geeignete Portfoliobildung aus mehreren Festzinspositionen

erfolgen können. Im zweiten Fall lässt sich eine wichtige Eigenschaft der Duration von Festzins-Portfolios ausnutzen. In jedem Fall bedingen die Anpassungen Transaktionskosten, die diese Form der Zinsimmunisierung im Vergleich zum Kauf eines matching Zero Bonds weniger vorteilhaft erscheinen lassen.

Grundsätzlich gilt für die Duration eines Portfolios aus $j = 1,\ldots,J$ festverzinslichen Titeln

$$D_{\text{Portfolio}} = \sum_{j=1}^{J} \omega_j D_j \, , \tag{8.13}$$

wobei D_j die Duration der j-ten Festzinsposition und ω_j der relative wertmäßige Anteil ist, mit dem die einzelne Position im Portfolio vertreten ist. Natürlich lässt sich Gleichung (8.13) allgemein beweisen. Wir ersparen uns aber diesen Beweis hier und zeigen nur am Beispiel, dass Gleichung (8.13) ein korrektes Resultat liefert. Zu diesem Zweck interpretieren wir die 10%-Kuponanleihe mit fünfjähriger Restlaufzeit von Seite 357 als Portfolio aus fünf Zero Bonds mit Zahlungen von $X_1 = 10$, $X_2 = 10$, $X_3 = 10$, $X_4 = 10$ und $X_5 = 110$. Die wertmäßigen Anteile, mit denen diese Zero Bonds in einem äquivalenten Portfolio vertreten sein müssten, ergeben

Tabelle 8.3: Ermittlung relativer Anteile

j	D_j	ω_j
1	1	$\frac{10}{1{,}1^1 \cdot 100} = 0{,}0909$
2	2	$\frac{10}{1{,}1^2 \cdot 100} = 0{,}0826$
3	3	$\frac{10}{1{,}1^3 \cdot 100} = 0{,}0751$
4	4	$\frac{10}{1{,}1^4 \cdot 100} = 0{,}0683$
5	5	$\frac{110}{1{,}1^5 \cdot 100} = 0{,}6830$

sich aus der Rechentabelle 8.3. Daraus erhalten wir eine Portfolio-Duration von

$$0{,}0909 \cdot 1 + 0{,}0826 \cdot 2 + 0{,}0751 \cdot 3 + 0{,}0683 \cdot 4 + 0{,}6830 \cdot 5 = 4{,}1699,$$

und das entspricht in der Tat der Duration der von uns auf Seite 357 betrachteten Kuponanleihe.

8.4 Ein einfaches Heath-Jarrow-Morton-Modell

Im vorangehenden Abschnitt sind wir von der stark vereinfachenden Annahme ausgegangen, dass Zinskurven flach sind und bei einer Änderung lediglich parallel verschoben werden. Das entspricht ganz und gar nicht den Verhältnissen, die man an den Finanzmärkten empirisch beobachtet. Dort entwickeln sich Zinskurven anders. Eine zunächst flache Zinskurve kann sich in eine inverse, eine normale oder auch in eine buckelige verwandeln und umgekehrt.

Mit den Daten, die die Deutsche Bundesbank im Internet zur Verfügung stellt, lassen sich die historischen Zinskurven rekonstruieren, die zwischen 1999 und 2011 zu beobachten waren.[7] Abbildung 8.4 vermittelt einen Eindruck davon, wie die Entwicklung in dem genannten Zeitraum verlaufen ist. Offensichtlich folgt die Dynamik einem Zufallsprozess, der wesentlich komplizierter ist als das, was wir in Abschnitt 8.3 zugelassen haben.

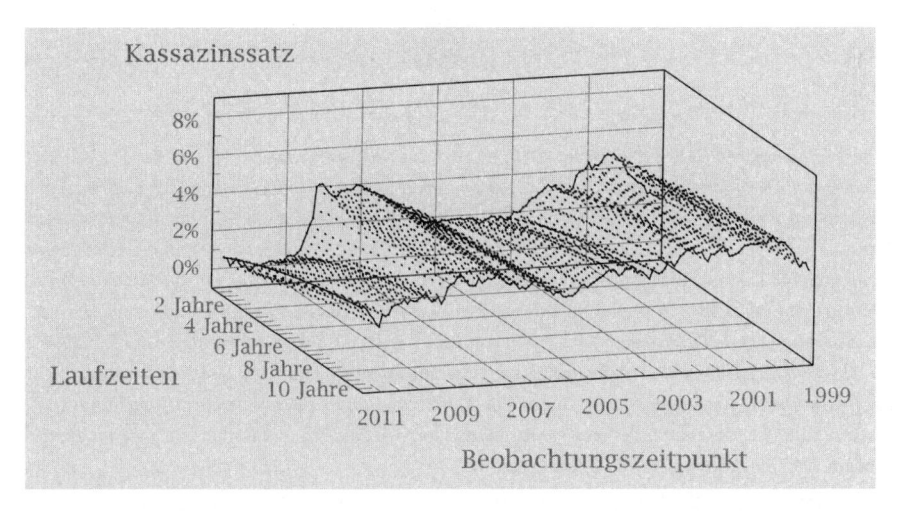

Abbildung 8.4: Zinsstrukturkurven für börsennotierte Bundeswertpapiere (Quelle: Deutsche Bundesbank, Monatsendwerte)

In diesem Abschnitt soll nun versucht werden, Sie mit den Grundlagen eines Modells vertraut zu machen, das heute aus der Theorie der Bewertung von Festzinspositionen und Zinsderivaten nicht mehr wegzudenken ist. Dieses Modell wurde zu Beginn der 90er Jahre von *David Heath, Robert A. Jarrow* und *Andrew Morton* entwickelt. Inzwischen hat sich das HJM-Modell sowohl in der wissenschaftlichen Literatur als auch in der Praxis etabliert. Es ist stark mit den optionspreistheoretischen Modellen verwandt, die wir in Kapitel 7 diskutiert haben.[8] Daher empfehlen

---
[7] Zur Methode, die die Bundesbank dabei einsetzt, siehe Seite 165 ff.
[8] Siehe Seite 279 ff.

wir Ihnen dringend, dieses Kapitel gründlich durchzuarbeiten, bevor Sie die Lektüre hier fortsetzen.

Jarrow

Robert A. Jarrow (1952-) studierte von 1970 bis 1976 an der Duke University sowie der Tuck School of Business at Dartmouth Mathematik und Betriebswirtschaftslehre. Anschließend ging er nach Boston ans Massachusetts Institute of Technology, um bei Robert C. Merton und Stewart C. Myers zu promovieren. Während seiner Zeit am MIT war er Lehrassistent bei Fischer Black und Franco Modigliani und begann damit, sich mit Optionspreistheorie zu beschäftigen. Seit 1979 ist Jarrow Professor für Finanzierung der Johnson Graduate School of Management an der Cornell University at Ithaca, NY. Robert Jarrow hat die Finanzierungstheorie durch wichtige Beiträge bereichert. Er hat sich früh auf Probleme der Modellierung von Zinsstrukturen konzentriert und darauf aufbauend zusammen mit David Heath und Andrew Morton das Heath-Jarrow-Morton-Modell entwickelt. Die Aktivitäten Jarrows beschränken sich nicht nur auf die wissenschaftliche Forschung. Der Experte für Finanzderivate ist auch als Berater sehr gefragt. (Foto mit freundlicher Genehmigung durch Robert Jarrow)

Das HJM-Modell begegnet uns in der Literatur in verschiedenen Versionen. So gibt es sowohl eine zeitdiskrete als auch eine zeitstetige Form. Da es zum Grundprinzip des vorliegenden Buches gehört, nur zeitdiskrete Modelle zu präsentieren, werden wir auch in Bezug auf das HJM-Modell entsprechend verfahren. Der Zufallsprozess, welcher für die Dynamik der Zinskurve im Zeitablauf verantwortlich ist, kann im Rahmen des HJM-Modells mehr oder weniger fein modelliert werden. Entsprechend wird zwischen Ein-Faktor-, Zwei-Faktor- und Mehr-Faktor-Versionen des Modells unterschieden. Um uns auf den Kern zu konzentrieren, beschränken wir uns auf eine Ein-Faktor-Version. Im Folgenden geht es also nur um ein Ein-Faktor-HJM-Modell in zeitdiskreter Form. Damit gewinnen wir aber trotzdem eine ausreichende Basis, um den Kern der Bewertungsprinzipien im HJM-Modell zu vermitteln.[9]

8.4.1 Annahmen

Wir beginnen wie immer mit den Annahmen, auf denen das Modell beruht.

1. Es wird eine mehrperiodige Modellwelt mit den Zeitpunkten $t = 0, \ldots, \tau$ betrachtet.

2. Die gegenwärtig (im Zeitpunkt $t = 0$) relevante Zinsstrukturkurve ist bekannt. Hinsichtlich aller später (in den Zeitpunkten $t > 0$) geltenden Zinskurven herrscht Unsicherheit. Die Welt kann mithin in der Zukunft abzählbar viele Zustände annehmen. Ein im Zeitpunkt t möglicher Zustand s_t lässt sich durch die in diesem Zustand relevante Zinskurve charakterisieren.

3. Es herrschen homogene Zukunftserwartungen in Bezug auf die in der Zukunft möglichen Zinskurven. Jedoch gibt es nicht notwendigerweise auch einmütige Vorstellungen hinsichtlich der Eintrittswahrscheinlichkeiten künftiger Zustände.

4. Am Kapitalmarkt werden Zero Bonds mit allen Laufzeiten $T = 0, \ldots, \tau$ gehandelt, deren Inhaber bei Fälligkeit Anspruch auf eine Zahlung von 1€ haben. Neben diesen Zero Bonds, die wir im Folgenden als Basis-Wertpapiere bezeichnen wollen, werden weitere festverzinsliche Titel und Zinsderivate gehandelt.

5. Der Kapitalmarkt ist reibungslos. Es gibt weder Transaktionskosten noch Steuern, weder Marktzutrittsbeschränkungen noch sonstige Handelshemmnisse. Leerverkäufe sind ohne Einschränkungen erlaubt. Alle Finanztitel sind beliebig teilbar.

6. Der Kapitalmarkt ist kompetitiv. Niemand besitzt so viele Finanztitel, dass er aufgrund seines Vermögens den Preis eines Wertpapiers beeinflussen könnte. Jeder Marktteilnehmer ist Mengenanpasser und verhält sich wie ein Preisnehmer.

7. Es gibt keine Arbitragegelegenheiten.

Machen Sie sich die Mühe, diese Annahmen einmal sorgfältig mit den Prämissen zu vergleichen, von denen wir im Rahmen der Optionspreistheorie ausgegangen sind.[10] Sie werden weitgehende Übereinstimmung feststellen. Sofern Sie sich das

---

[9]Das Ein-Faktor-Modell wird auch für praktische Bewertungszwecke als ausreichend angesehen, sofern die Restlaufzeit eines Zinsderivats kurz ist. Zinsderivate mit längeren Laufzeiten werden dagegen besser mit einem Zwei-Faktor-Modell bewertet.
[10]Siehe Seite 294 f. und Seite 302 f.

Kapitel 7 gründlich angeeignet haben, befinden Sie sich also in einem vertrauten Umfeld.

8.4.2 Modellelemente

Die Darstellung des HJM-Modells erfolgt nun in vier Schritten:

Binomialbaum: Zunächst werden wir den für das Ein-Faktor-Modell charakteristischen Binomialbaum beschreiben. Dieser veranschaulicht den Zufallsprozess des diskreten Modells.

Zero Bond-Preise: Auf der Basis des Binomialbaums stellen wir dann den Entwicklungsprozess der Basis-Wertpapierpreise dar.

Terminzinsfaktoren: Hieraus leiten wir in einem dritten Schritt den Prozess der Terminzinsfaktoren ab.

Geldmarktzinsfaktoren: Schließlich gewinnen wir daraus auch den Prozess der kurzfristig risikolosen Zinsfaktoren für das Geldmarktkonto.

Wir werden diskutieren, welche Eigenschaften die Preise der Basis-Wertpapiere und die Zinsfaktoren haben müssen, wenn Arbitragegelegenheiten ausgeschlossen sind. Ferner werden wir uns Klarheit darüber verschaffen, wie sich im HJM-Modell Pseudowahrscheinlichkeiten bestimmen lassen.

Binomialbaum

Der in Abbildung 8.5 wiedergegebene Binomialbaum stellt auf grafisch anschauliche Weise die Unsicherheit im diskreten Ein-Faktor-HJM-Modell dar. Der Baum beginnt im Zeitpunkt $t = 0$. Im nächsten Zeitpunkt $t = 1$ gibt es zwei denkbare Zustände u und d, wobei u für „up" und d für „down" steht. Was hier nach oben oder unten geht, ist an dieser Stelle unserer Ausführungen vollkommen nebensächlich. Wenn Sie damit trotzdem irgend etwas inhaltlich verbinden wollen, denken Sie an „günstig" und „ungünstig". Der Baum enthält Knoten und Äste. In den Knoten sind die Zustände notiert, die die Welt annehmen kann. An den Ästen stehen die Wahrscheinlichkeiten, mit denen das Auftreten der jeweiligen Zustände verbunden ist.[11] Im Zeitpunkt $t = 1$ gibt es zwei denkbare Zustände, also $s_1 \in \{u,d\}$. Im Zeitpunkt $t = 2$ haben wir vier denkbare Zustände, und zwar $s_2 \in \{uu, ud, du, dd\}$.

---

[11]Da die Kapitalmarktteilnehmer unterschiedliche Vorstellungen von diesen Eintrittswahrscheinlichkeiten haben dürfen, müsste man dies auch schreibtechnisch präziser formulieren, indem man die Wahrscheinlichkeiten um einen investorspezifischen Index i bereichert. Wir ersparen uns das hier deswegen, weil die Lesbarkeit des Textes dadurch beeinträchtigt wird und wir außerdem später erkennen werden, dass die Eintrittswahrscheinlichkeiten für die hier zu verfolgenden Zwecke nicht wirklich wichtig sind.

8.4. Ein einfaches Heath-Jarrow-Morton-Modell

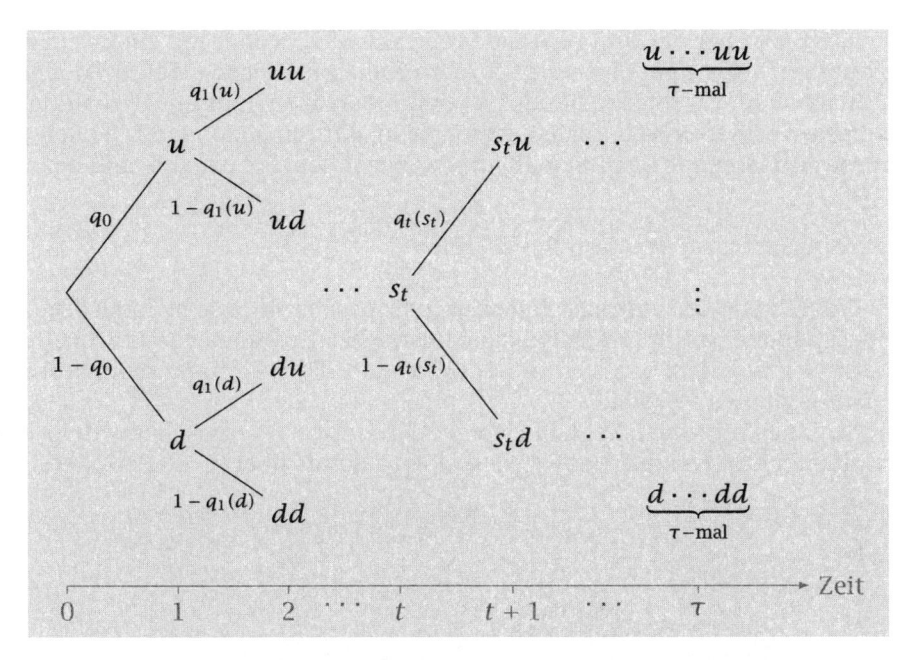

Abbildung 8.5: Zustandsbaum des Ein-Faktor-Modells

In einem beliebigen künftigen Zeitpunkt $t > 0$ gibt es 2^t mögliche Zustände, die sich stets durch eine bestimmte Reihenfolge der u's und d's eindeutig beschreiben lassen. Sollte im Zeitpunkt $t = 2$ der Zustand $s_2 = dd$ eingetreten sein, so können auf diesen Zustand im Zeitpunkt $t + 1$ nur die Zustände $s_t u = ddu$ und $s_t d = ddd$ folgen.

Einen solchen Prozess bezeichnet man als pfadabhängig. Es ist, anders gesagt, nicht gleichgültig, in welcher Reihenfolge die u's und d's auftreten. Der Binomialbaum, welchen wir hier beschreiben, ist nicht rekombinierend wie wir das aus dem Kapitel 7 kennen. Man nennt solche nicht-rekombinierenden Bäume auch „Binomialbüsche". Natürlich gibt es einen Grund dafür, dass im HJM-Modell nicht mit rekombinierenden Bäumen gearbeitet wird. Hier spielt eine Rolle, dass „unsinnige Zinsstrukturkurven" auftreten können, wenn man auf Rekombination besteht.

Zum Schluss wollen wir erklären, warum sich ein Ein-Faktor-Modell durch einen Binomialbaum beschreiben lässt und wie ein solcher Baum (oder besser: Busch) aussehen müsste, wenn man es mit einem Zwei-Faktor-, Drei-Faktor- oder n-Faktor-Modell zu tun hätte. Ob auf den Zustand s_t der Zustand $s_t u$ oder der Zustand $s_t d$ folgt, lässt sich mit *einem einzigen Münzwurf* entscheiden. Wäre es denkbar, dass in unserem Baum auf jeden Zustand nicht genau zwei, sondern vielmehr drei Zustände folgen können,[12] müsste man *zwei Münzwürfe* vornehmen, um zu

---
[12] Zum Beispiel die Zustände u, m und d. Wir würden dann von einem Trinomialbaum sprechen.

entscheiden, welcher der drei Zustände relevant wird, womit wir ein Zwei-Faktor-Modell hätten. Setzt man diese Idee fort, so folgen in einem n-Faktor-Modell auf jeden Zustand $n + 1$ Folgezustände. Je zustandsreicher nun ein HJM-Modell ist, um so besser eignet es sich, realistische Zinsstrukturen abzubilden. Jedoch muss man diese zunehmende Realitätsnähe mit wachsendem Rechenaufwand bezahlen.

Entwicklungsprozess der Zero Bond-Preise

Dieser Prozess ist von zentraler Bedeutung. Er beschreibt, wie sich die Preise der Basis-Wertpapiere mit unterschiedlicher Restlaufzeit dynamisch entwickeln. Aus ihm lässt sich ableiten, wie sich die Termin- und die Geldmarktzinsfaktoren im Zeitablauf verhalten werden.

Wir beginnen mit einem Zahlenbeispiel. Abbildung 8.6 veranschaulicht in einem Binomialbaum die Dynamik der Preise von Zero Bonds über $\tau = 3$ Perioden.[13] Am

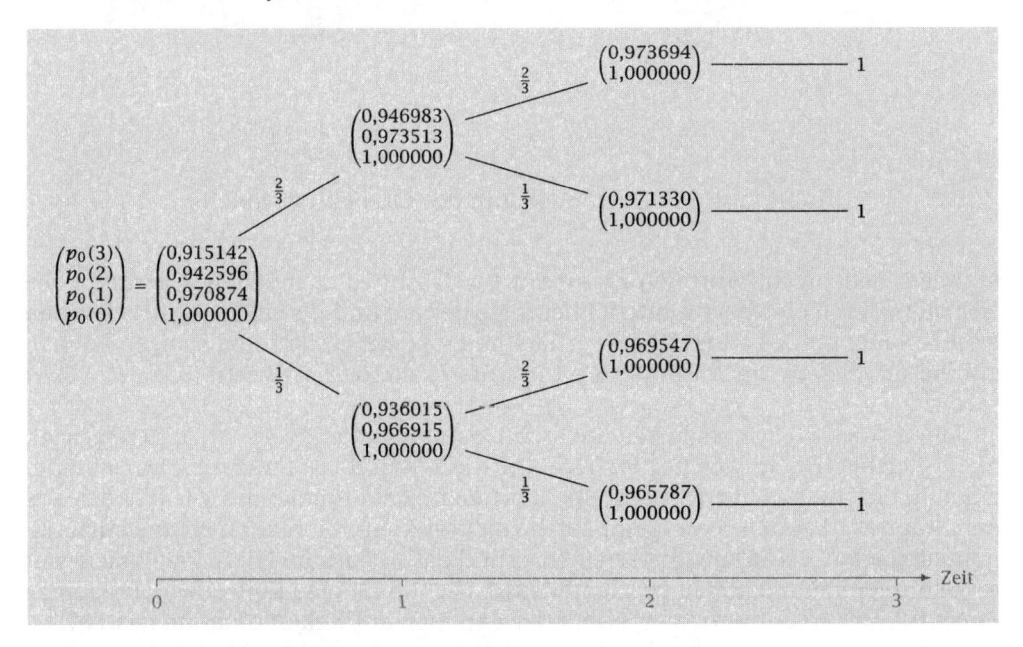

Abbildung 8.6: Beispiel für die Preisentwicklung von Basis-Wertpapieren in einem Ein-Faktor-Modell (Eintrittswahrscheinlichkeiten am jeweiligen Ast des Baums)

Anfang, also im Zeitpunkt $t = 0$ werden vier Zero Bonds mit Restlaufzeiten von

---

[13]Wir geben die Preise hier nur mit einer Genauigkeit von sechs Stellen nach dem Dezimalpunkt an. Für die weiteren Berechnungen im nachfolgenden Text wurde ein Tabellenkalkulationsprogramm benutzt, das weitere Nachkommastellen verwendet, die in der Abbildung vernachlässigt worden sind. Daher kann es zu geringfügigen Abweichungen kommen, wenn Sie die nachfolgenden Berechnungen überprüfen wollen.

8.4. Ein einfaches Heath-Jarrow-Morton-Modell

null, eins, zwei und drei Jahren gehandelt. Die Preise dieser Anleihen belaufen sich auf

$$\begin{pmatrix} p_0(3) \\ p_0(2) \\ p_0(1) \\ p_0(0) \end{pmatrix} = \begin{pmatrix} 0{,}915142 \\ 0{,}942596 \\ 0{,}970874 \\ 1{,}000000 \end{pmatrix}.$$

Der Zero Bond mit einer Restlaufzeit von drei Jahren wird heute zum Preis $p_0(3) = 0{,}915142$ gehandelt und so weiter. Der Bond, welcher im Zeitpunkt $T = 0$ fällig ist, hat einen Preis von $p_0(0) = 1$. Blieben die Zinssätze nun unverändert, so hätten wir im Zeitpunkt $t = 1$ Zero Bond-Preise, die durch den Vektor

$$\begin{pmatrix} p_1(3) \\ p_1(2) \\ p_1(1) \end{pmatrix} = \begin{pmatrix} 0{,}942596 \\ 0{,}970874 \\ 1{,}000000 \end{pmatrix}$$

darzustellen wären. Tatsächlich wird aber mit Zinsänderungen gerechnet, und zwar dergestalt, dass wir es im Zeitpunkt $t = 1$ entweder mit dem Zustand $s_1 = u$ oder mit dem Zustand $s_1 = d$ zu tun haben. Sollte der Zustand u eintreten, so belaufen sich die Preise der im Markt verbliebenen Basis-Wertpapiere auf

$$\begin{pmatrix} p_1(3,u) \\ p_1(2,u) \\ p_1(1,u) \end{pmatrix} = \begin{pmatrix} 0{,}946983 \\ 0{,}973513 \\ 1{,}000000 \end{pmatrix}.$$

Tritt dagegen der Zustand $s_1 = d$ ein, so werden sich die Preise dieser Titel auf

$$\begin{pmatrix} p_1(3,d) \\ p_1(2,d) \\ p_1(1,d) \end{pmatrix} = \begin{pmatrix} 0{,}936015 \\ 0{,}966915 \\ 1{,}000000 \end{pmatrix}$$

belaufen. Die Eintrittswahrscheinlichkeit für den ersten Zustand beträgt $q_0 = \frac{2}{3}$. Der Zustand d wird mit einer Wahrscheinlichkeit von $1 - q_0 = \frac{1}{3}$ erwartet. Da der Prozess pfadabhängig ist, informiert ein bestimmter Zustand über die gesamte Historie der Preise. Deshalb verwenden wir die Notation $p_t(T, s_t)$.

Man erkennt, dass in jedem der hier berücksichtigten Zeitpunkte ein Basis-Wertpapier fällig wird und anschließend aus dem Baum verschwindet. Zwischen den Zeitpunkten $t = 2$ und $t = \tau = 3$ bleibt nur noch ein einziger Titel übrig, der in $T = \tau = 3$ fällig wird und 1€ zahlen wird. Diese Zahlung ist unabhängig davon, ob im letzten Zeitpunkt der Zustand „up" oder der Zustand „down" eintreten wird. Anders gesagt: An der Höhe der Zahlungen im Zeitpunkt τ lässt sich nicht erkennen, welcher der beiden Zustände eingetreten ist.

Nun wollen wir das Zahlenbeispiel hinter uns lassen und den Prozess der Preisentwicklung allgemeiner beschreiben. Zu diesem Zweck betrachten wir Abbildung 8.7.

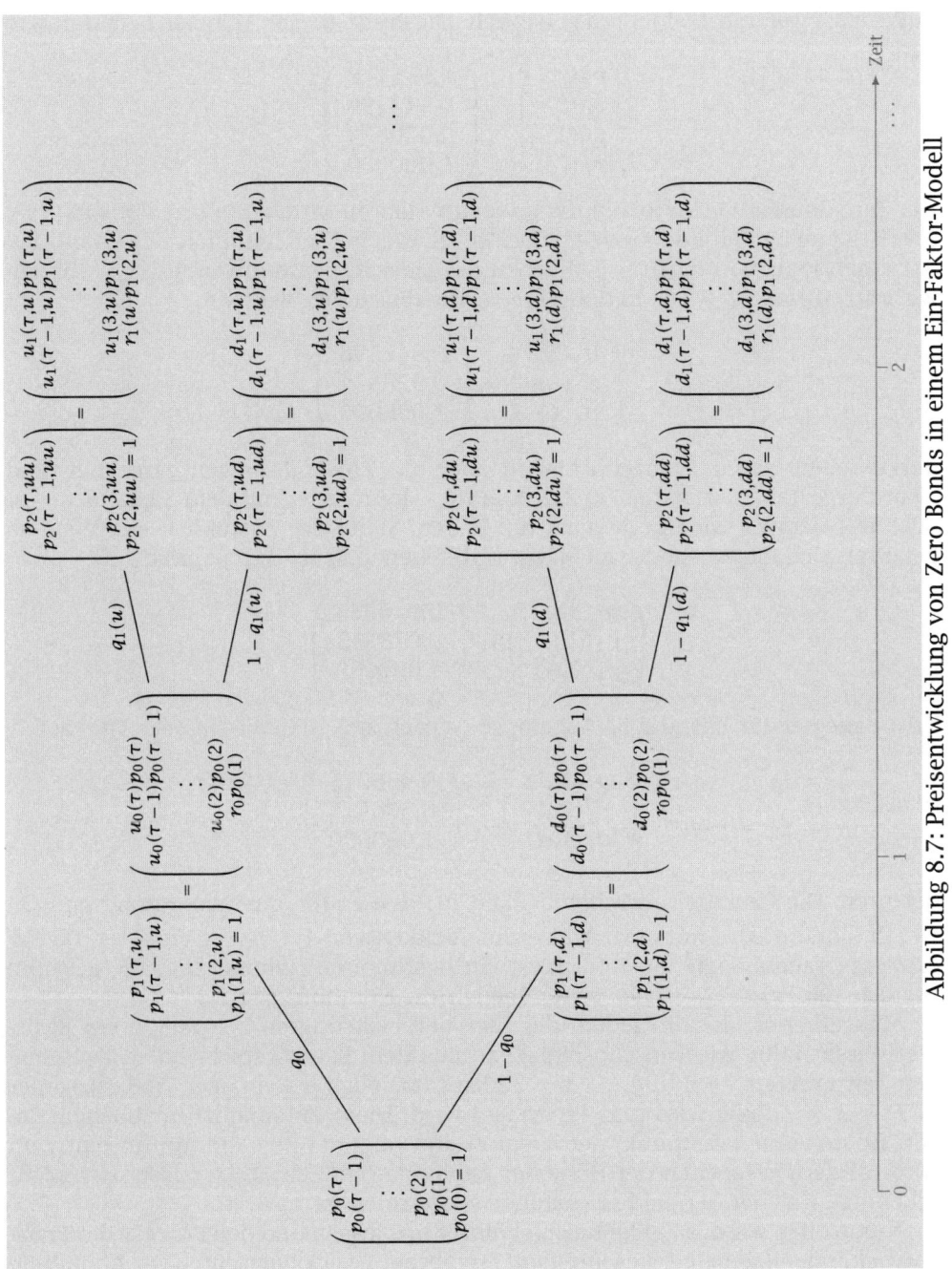

Abbildung 8.7: Preisentwicklung von Zero Bonds in einem Ein-Faktor-Modell

8.4. Ein einfaches Heath-Jarrow-Morton-Modell

$$\begin{pmatrix} p_t(\tau,s_t) \\ p_t(\tau-1,s_t) \\ \vdots \\ p_t(t+1,s_t) \\ p_t(t,s_t)=1 \end{pmatrix}$$

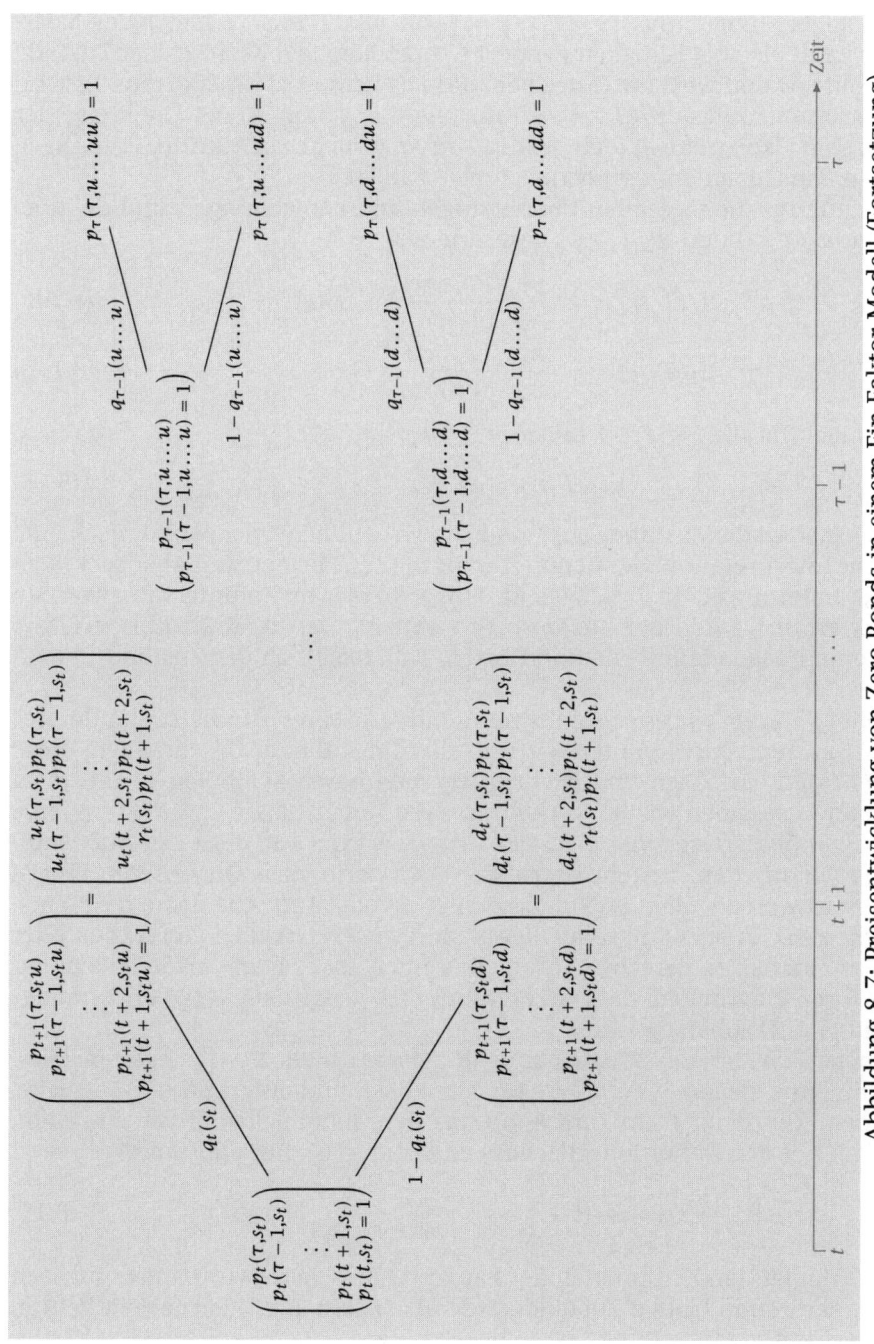

$q_t(s_t)$ →

$$\begin{pmatrix} p_{t+1}(\tau,s_tu) \\ p_{t+1}(\tau-1,s_tu) \\ \vdots \\ p_{t+1}(t+2,s_tu) \\ p_{t+1}(t+1,s_tu)=1 \end{pmatrix} = \begin{pmatrix} u_t(\tau,s_t)p_t(\tau,s_t) \\ u_t(\tau-1,s_t)p_t(\tau-1,s_t) \\ \vdots \\ u_t(t+2,s_t)p_t(t+2,s_t) \\ r_t(s_t)p_t(t+1,s_t) \end{pmatrix}$$

$1-q_t(s_t)$ →

$$\begin{pmatrix} p_{t+1}(\tau,s_td) \\ p_{t+1}(\tau-1,s_td) \\ \vdots \\ p_{t+1}(t+2,s_td) \\ p_{t+1}(t+1,s_td)=1 \end{pmatrix} = \begin{pmatrix} d_t(\tau,s_t)p_t(\tau,s_t) \\ d_t(\tau-1,s_t)p_t(\tau-1,s_t) \\ \vdots \\ d_t(t+2,s_t)p_t(t+2,s_t) \\ r_t(s_t)p_t(t+1,s_t) \end{pmatrix}$$

$\cdots$

$$\begin{pmatrix} p_{\tau-1}(\tau,u\ldots u) \\ p_{\tau-1}(\tau-1,u\ldots u)=1 \end{pmatrix}$$

$q_{\tau-1}(u\ldots u)$ → $p_\tau(\tau,u\ldots uu)=1$

$1-q_{\tau-1}(u\ldots u)$ → $p_\tau(\tau,u\ldots ud)=1$

$$\begin{pmatrix} p_{\tau-1}(\tau,d\ldots d) \\ p_{\tau-1}(\tau-1,d\ldots d)=1 \end{pmatrix}$$

$q_{\tau-1}(d\ldots d)$ → $p_\tau(\tau,d\ldots du)=1$

$1-q_{\tau-1}(d\ldots d)$ → $p_\tau(\tau,d\ldots dd)=1$

Zeit: t — $t+1$ — $\cdots$ — $\tau-1$ — τ

Abbildung 8.7: Preisentwicklung von Zero Bonds in einem Ein-Faktor-Modell (Fortsetzung)

Es wird angenommen, dass $p_T(T,s_T) = 1$ für alle T und s_T gilt. Jedes Basis-Wertpapier zahlt also bei Fälligkeit genau 1€, unabhängig davon welcher Zustand eintreten sollte. Damit wird unterstrichen, dass es kein Ausfallrisiko gibt. Es wird ferner angenommen, dass $p_t(T,s_t) > 0$ für alle $t \leq T$ und s_t gilt. Die Preise der Zero Bonds sind also grundsätzlich positiv. Um Ansprüche auf künftige Zahlungen zu erwerben, muss man immer positive Preise zahlen.[14]

Sehr wichtig für die folgenden Überlegungen und Berechnungen sind die Renditefaktoren $u_t(T,s_t)$ und $d_t(T,s_t)$. Diese sind als

$$u_t(T,s_t) := \frac{p_{t+1}(T,s_t u)}{p_t(T,s_t)} \quad \text{und} \quad (8.14a)$$

$$d_t(T,s_t) := \frac{p_{t+1}(T,s_t d)}{p_t(T,s_t)} \quad (8.14b)$$

definiert, wobei für alle $t < T - 1$ und s_t

$$u_t(T,s_t) > d_t(T,s_t) \quad (8.15)$$

gilt. Damit erhalten die Zustände „up" und „down" endlich auch ökonomisch eine anschauliche Interpretation. Der Renditefaktor $u_t(T,s_t)$ bringt zum Ausdruck, welche Preisveränderung ein in T fälliges Basis-Wertpapier im Zeitintervall zwischen t und $t + 1$ erfährt, wenn der Zustand „up" eintritt. Der Renditefaktor $d_t(T,s_t)$ liefert die entsprechende Information für den Fall, dass sich der Zustand „down" manifestiert.

Im Kapitel 7 hatten wir es ebenfalls mit Renditefaktoren für die Zustände „up" und „down" zu tun. Dort konnten wir uns allerdings darauf beschränken, diese Faktoren mit den einfachen und leicht interpretierbaren Symbolen u und d zu belegen. Jetzt verwenden wir im Verhältnis dazu mit $u_t(T,s_t)$ und $d_t(T,s_t)$ eine wesentlich kompliziertere Symbolik. Der Grund, warum wir mit einer aufwendigeren Symbolik arbeiten, besteht aber nicht etwa darin, dass wir unseren Lesern das Leben erschweren wollen. Vielmehr zwingt uns die Tatsache dazu, dass Zinsrisiken nicht ganz so leicht zu modellieren sind wie Preisrisiken von Aktien oder Devisen. Um Zinsrisiken gerecht werden zu können, ist es leider erforderlich, mit Renditefaktoren zu arbeiten, die vom Zeitpunkt (t), vom Zustand (s_t) und von der Restlaufzeit $(T - t)$ abhängig sind.

Man mache sich klar, dass Ungleichung (8.15) nur für alle $t < T - 1$ gelten kann. Aus der Annahme, dass $p_T(T,s_T) = 1$ für alle s_T ist, und aufgrund der Tatsache, dass in jedem Zeitpunkt t ein Zero Bond aus dem Binomialbaum verschwindet, folgt nämlich mit den Definitionsgleichungen (8.14), dass für alle t und s_t

$$u_t(t + 1,s_t) = d_t(t + 1,s_t) = \frac{1}{p_t(t + 1,s_t)} = r_t(s_t) \quad (8.16)$$

gelten muss. Im letzten Zeitintervall der Laufzeit eines Basis-Wertpapiers müssen die Renditefaktoren in beiden Zuständen identisch sein. Die Unsicherheit geht in

---
[14]Wäre es anders, hätten wir eine Arbitragegelegenheit.

8.4. Ein einfaches Heath-Jarrow-Morton-Modell

dieser Teilperiode verloren. Wir bezeichnen $r_t(s_t)$ im Folgenden als Geldmarktzinsfaktor.

Entwicklungsprozess der Terminzinsfaktoren

Jetzt wenden wir uns den Terminzinsfaktoren zu. Sie lassen sich aus der Entwicklung der Preise der Basis-Wertpapiere leicht ableiten, wenn wir sinngemäß auf die Definition dieses Zinsfaktors gemäß Gleichung (8.3) auf Seite 346 zurückgreifen. Unter der im HJM-Modell abgebildeten Unsicherheit lautet diese Definitionsgleichung für alle $T \in [0,\tau)$ und s_t mit $t \in [0,\tau)$

$$f_t(T,s_t) = \frac{p_t(T,s_t)}{p_t(T+1,s_t)}. \tag{8.17}$$

Bezogen auf das Zahlenbeispiel aus Abbildung 8.6 haben wir deshalb eine Terminzinsfaktor-Entwicklung wie in Abbildung 8.8. Die Abbildung ist folgender-

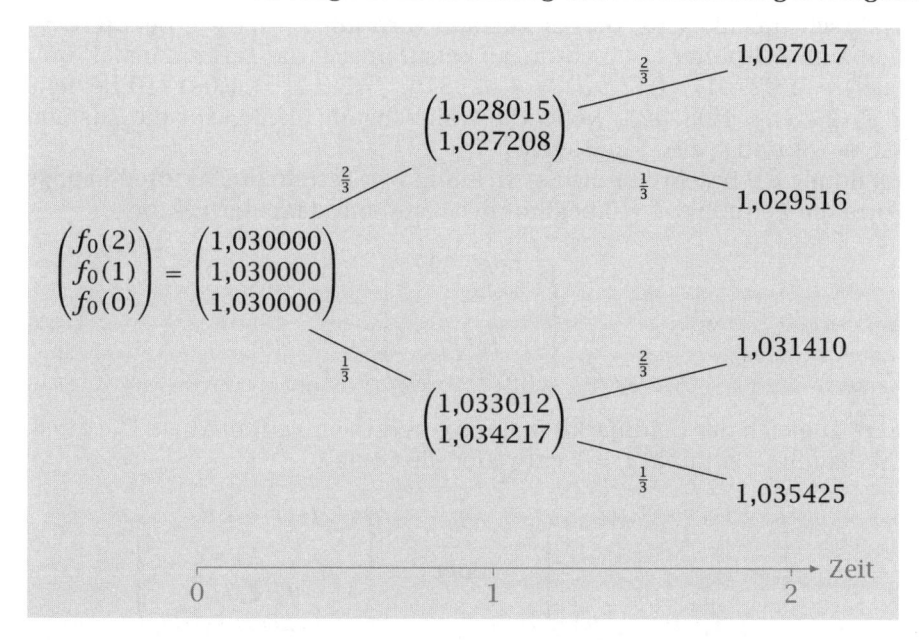

Abbildung 8.8: Beispiel für die Entwicklung von Terminzinsfaktoren in einem Ein-Faktor-Modell (Eintrittswahrscheinlichkeiten am jeweiligen Ast des Baums)

maßen zu lesen: Im Zeitpunkt $t = 0$ beobachten wir eine flache Zinskurve mit Terminzinsfaktoren von

$$\begin{pmatrix} f_0(2) \\ f_0(1) \\ f_0(0) \end{pmatrix} = \begin{pmatrix} 1{,}030000 \\ 1{,}030000 \\ 1{,}030000 \end{pmatrix}.$$

Im Zeitpunkt $t = 1$ verschiebt sich diese Zinsstrukturkurve. Sollte der Zustand „up" eintreten, was mit einer Wahrscheinlichkeit von $q_0 = \frac{2}{3}$ erwartet wird, werden wir eine inverse Zinsstrukturkurve mit

$$\begin{pmatrix} f_1(2,u) \\ f_1(1,u) \end{pmatrix} = \begin{pmatrix} 1{,}028015 \\ 1{,}027208 \end{pmatrix}$$

haben.[15] Man erinnere sich daran, dass „up" ökonomisch auf steigende Preise der Zero Bonds hindeutet. Da steigende Bondpreise grundsätzlich mit fallenden Zinssätzen einhergehen (und umgekehrt), müssen die Terminzinssätze im Zustand „up" sinken. Wenn der Zustand „down" eintritt, beobachten wir in unserem Zahlenbeispiel steigende Zinssätze in Form einer normalen Zinskurve mit

$$\begin{pmatrix} f_1(2,d) \\ f_1(1,d) \end{pmatrix} = \begin{pmatrix} 1{,}033012 \\ 1{,}034217 \end{pmatrix}.$$

Die Wahrscheinlichkeit für diesen Zustand wird mit $1 - q_0 = \frac{1}{3}$ beziffert. Schreitet man zum Zeitpunkt $t = 2$ voran, so belaufen sich die Terminzinsfaktoren auf $f_2(2,uu) = 1{,}027017$, $f_2(2,ud) = 1{,}029516$, $f_2(2,du) = 1{,}031410$ beziehungsweise $f_2(2,dd) = 1{,}035425$, wobei die Wahrscheinlichkeiten für die Zustände jeweils $s_1 u = \frac{2}{3}$ und $s_1 d = \frac{1}{3}$ betragen.

Abbildung 8.9 beschreibt die Entwicklung von Terminzinsfaktoren in allgemeiner Form. Im Zeitpunkt $t = 0$ beginnt der Baum mit dem Startvektor

$$\begin{pmatrix} f_0(\tau - 1) \\ \vdots \\ f_0(1) \\ f_0(0) = r_0 \end{pmatrix},$$

wobei r_0 zugleich der Geldmarktzinsfaktor in diesem Zeitpunkt ist. Die Zinskurve nimmt dann im Zeitpunkt $t = 1$ entweder die Gestalt

$$\begin{pmatrix} f_1(\tau - 1,u) \\ \vdots \\ f_1(2,u) \\ f_1(1,u) = r_1(u) \end{pmatrix} \quad \text{oder} \quad \begin{pmatrix} f_1(\tau - 1,d) \\ \vdots \\ f_1(2,d) \\ f_1(1,d) = r_1(d) \end{pmatrix}$$

an, je nachdem welcher der beiden Zustände sich manifestiert. $f_1(1,u) = r_1(u)$ beziehungsweise $f_1(1,d) = r_1(d)$ sind die zustandsabhängigen Geldmarktzinsfaktoren dieses nächsten Zeitpunkts.

Unser Zahlenbeispiel zeigt, dass sich im Rahmen des HJM-Modells nicht nur die Höhe der Zinssätze im Zeitablauf ändern kann. Es zeigt vielmehr, dass auch

---

[15]Spätestens an dieser Stelle wird der Unterschied zur Duration-Welt deutlich, in der nur Parallelverschiebungen flacher Zinskurven möglich waren.

8.4. Ein einfaches Heath-Jarrow-Morton-Modell

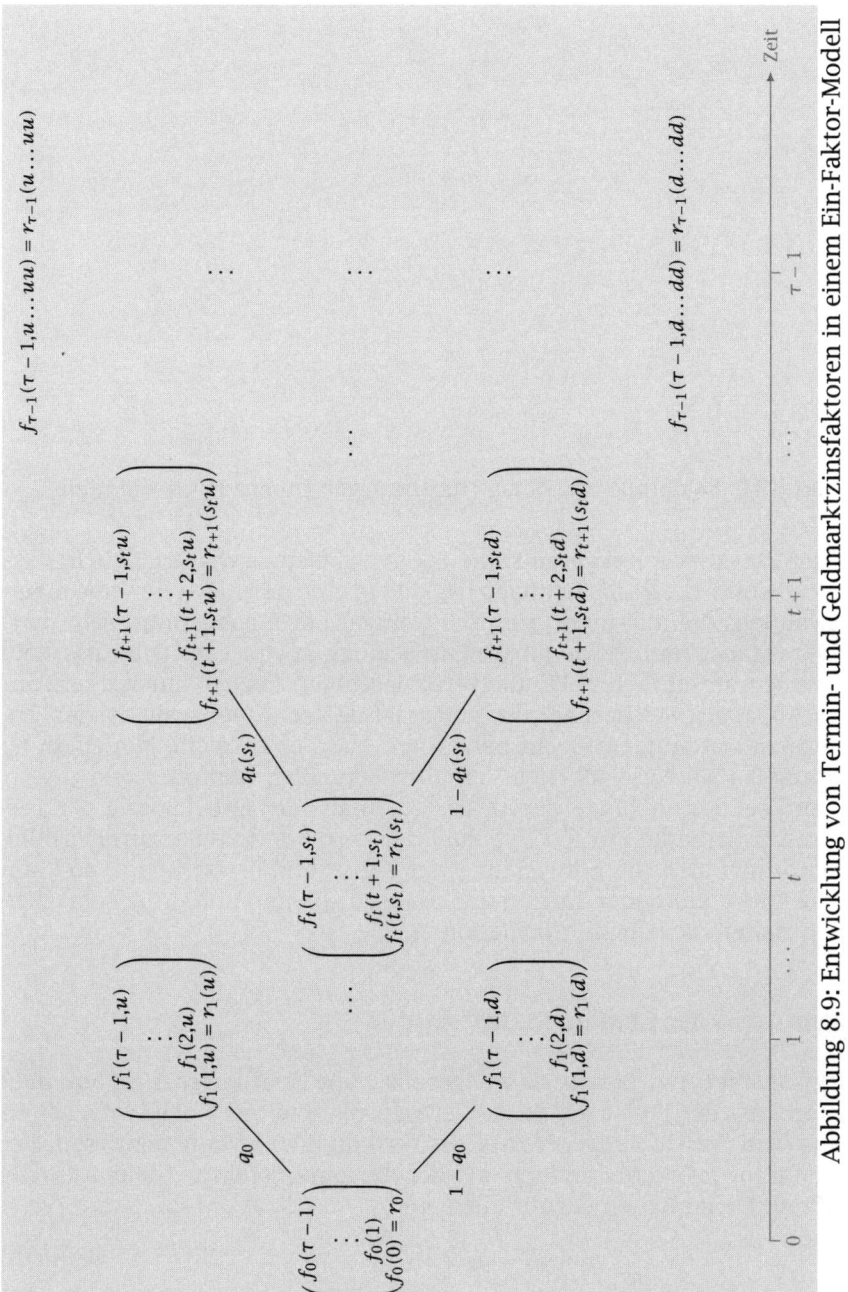

Abbildung 8.9: Entwicklung von Termin- und Geldmarktzinsfaktoren in einem Ein-Faktor-Modell

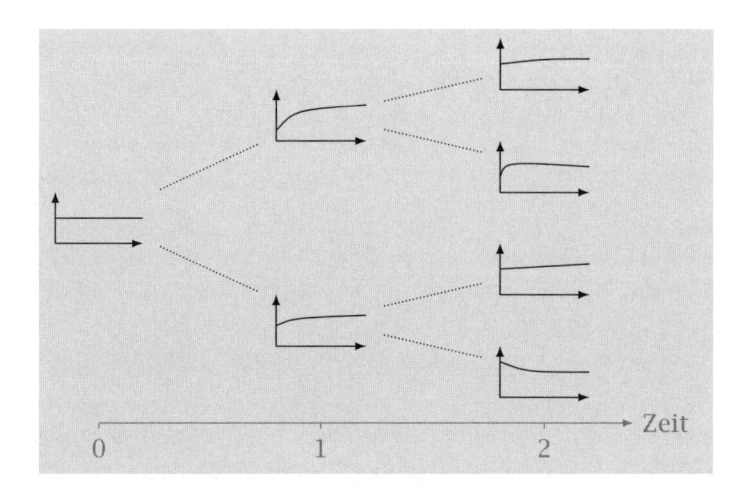

Abbildung 8.10: Dynamik von Zinsstrukturkurven im Ein-Faktor-Modell

die Struktur der Zinskurven variieren kann. So ist es beispielsweise möglich, dass eine Zinsstrukturkurve die zunächst flach ist, sich in eine normale oder eine inverse Kurve verwandelt, die mal mehr und mal weniger stark ausgeprägt sein mag. Abbildung 8.10 veranschaulicht denkbare Entwicklungen von Zinsstrukturkurven grafisch. Gemessen an einfachen Parallelverschiebungen flacher Zinskurven, auf die wir uns in Abschnitt 8.3 beschränkt haben, ist das sehr viel realistischer. Zumindest kann man mit einigem Recht behaupten, dass eine solche Modellierung den in Abbildung 8.4 wiedergegebenen Verhältnissen näher kommt.

Abschließend sei darauf hingewiesen, dass man aus der Entwicklung der Terminzinsfaktoren vollständig auf die Dynamik der Zero Bond-Preise zurückschließen kann. Wenn man also die Entwicklung der Zero Bond-Preise kennt, so kann man daraus die Entwicklung der Terminzinsfaktoren ableiten und umgekehrt. Beide Prozesse enthalten dieselben Informationen.

Entwicklungsprozess der Geldmarktzinsfaktoren

Die Geldmarktzinsfaktoren lassen sich ebenfalls ohne Schwierigkeiten aus dem Entwicklungsprozess der Preise der Basis-Wertpapiere ableiten. Noch einfacher ist es aber, sie aus dem Entwicklungsprozess der Terminzinsfaktoren abzulesen. Der Geldmarktzinsfaktor ist nichts anderes als der Terminzinsfaktor für die jeweils kürzeste Laufzeit. Daher haben wir für alle t und s_t

$$r_t(s_t) = f_t(t, s_t) \,. \tag{8.18}$$

Abbildung 8.11 gibt anschaulich wieder, mit welchen Geldmarktzinsfaktoren wir es in unserem Zahlenbeispiel zu tun haben. Die allgemeine Darstellung findet man

8.4. Ein einfaches Heath-Jarrow-Morton-Modell

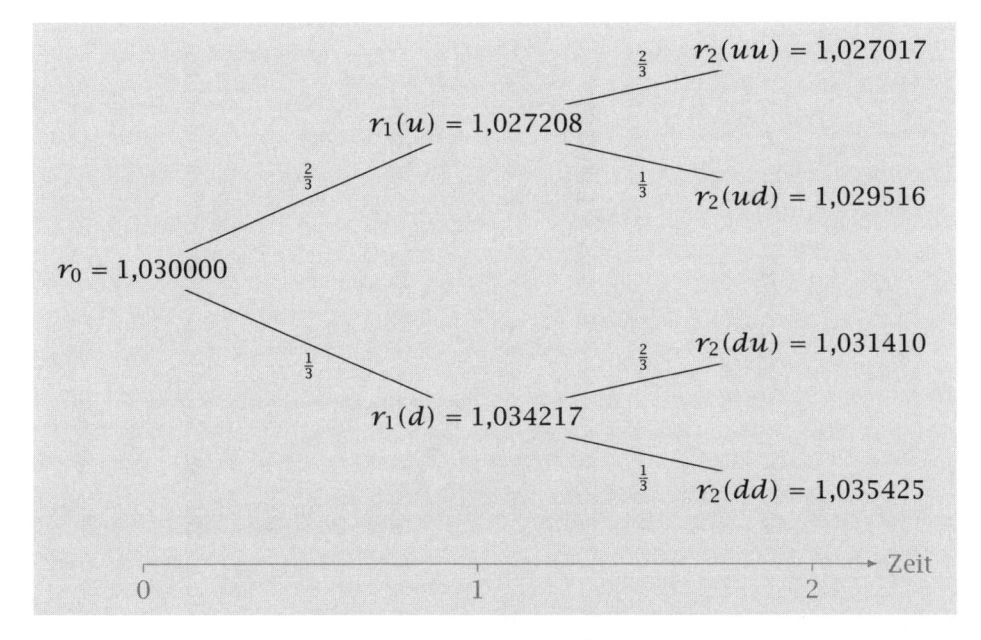

```
                                              2/3    r₂(uu) = 1,027017
                        r₁(u) = 1,027208
              2/3                             1/3    r₂(ud) = 1,029516
r₀ = 1,030000
              1/3                             2/3    r₂(du) = 1,031410
                        r₁(d) = 1,034217
                                              1/3    r₂(dd) = 1,035425

       0                      1                     2         Zeit
```

Abbildung 8.11: Beispiel für die Entwicklung von Geldmarktzinsfaktoren in einem Ein-Faktor-Modell (Eintrittswahrscheinlichkeiten am jeweiligen Ast des Baums)

in Abbildung 8.9.

Betrachten Sie diese Abbildung aufmerksam und unterstellen einmal, dass Sie sich im Zeitpunkt t befinden und der Zustand s_t eingetreten ist. Ein Kapitalmarktteilnehmer möge in dieser Situation über ein Geldmarktkonto bei einer Bank verfügen, das den Betrag B_t aufweist. Dann kann man mit Sicherheit vorhersagen, wie groß der Kontostand im Zeitpunkt $t + 1$ sein wird. Dieser Kontostand muss sich nämlich notgedrungen auf

$$B_{t+1} = B_t r_t(s_t)$$

belaufen. Die Veränderung des Geldmarktkontos hängt also einzig und allein vom Zustand ab, der sich im Zeitpunkt t materialisiert hat, nicht jedoch vom Zustand, der im Zeitpunkt $t + 1$ eingetreten sein wird. Wenn man sich also im Zeitpunkt t im Zustand s_t befindet, so ist die Verzinsung des Geldmarktkontos für die unmittelbar bevorstehende Periode risikolos.

Abbildung 8.12 zeigt, wie sich ein Geldmarktkonto entwickelt, wenn man im Zeitpunkt $t = 0$ mit einem Anfangsbestand von $B_0 = 1$ startet und die Zinsfaktoren aus Abbildung 8.11 relevant sind.[16]

---

[16] Sollten Sie beim Nachrechnen Abweichungen bei den hinteren Nachkommastellen bemerken, so beachten Sie bitte die auf Seite 366 in Fußnote 13 gegebenen Hinweise.

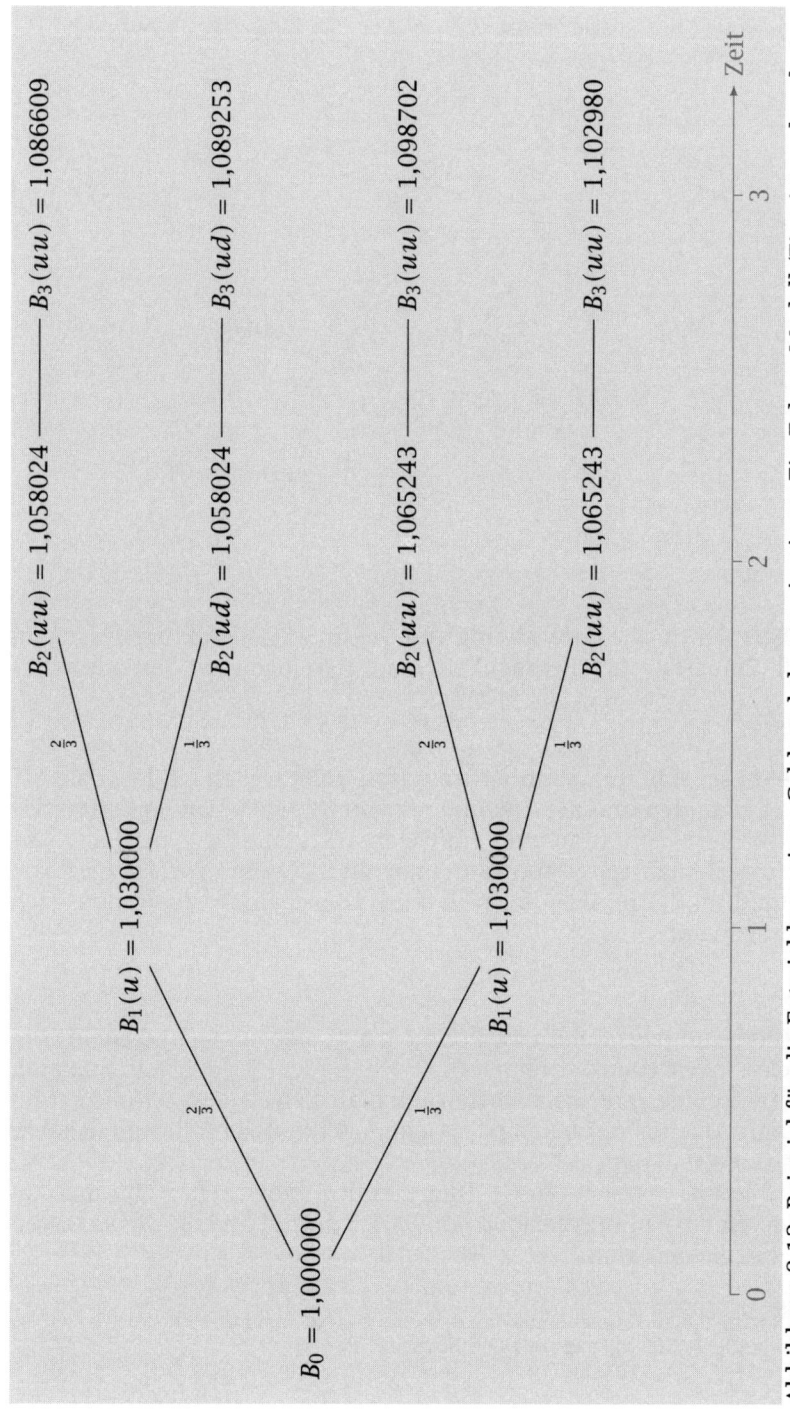

Abbildung 8.12: Beispiel für die Entwicklung eines Geldmarktkontos in einem Ein-Faktor-Modell (Eintrittswahrscheinlichkeiten am jeweiligen Ast des Baums)

8.4.3 Handelsstrategien, Arbitragegelegenheiten, vollständiger Markt und Pseudowahrscheinlichkeiten

Im Folgenden werden Sie auf der Grundlage unseres Zahlenbeispiels, aber auch in genereller Form erfahren, was unter einer Handelsstrategie zu verstehen ist. Es wird ferner präzisiert werden, unter welchen Bedingungen ein Kapitalmarkt arbitragefrei genannt werden darf. Schließlich wird geklärt werden, unter welchen Voraussetzungen man den Markt als vollständig bezeichnet.

Das alles geschieht vor dem Hintergrund, dass wir letztlich versuchen wollen, Festzinsansprüche und Zinsderivate präferenzfrei zu bewerten. Das wird genau dann gelingen, wenn sich ein Weg finden lässt, Portfolios aus Basis-Wertpapieren aufzubauen, die die Eigenschaft haben, sich bezüglich ihrer zeit- und zustandsabhängigen Cashflows nicht von dem zu bewertenden Titel zu unterscheiden. Wenn wir solche äquivalenten Portfolios bestimmen können, so muss deren Preis auf einem arbitragefreien Markt ebenso groß sein wie der Marktpreis des Titels, der uns gerade interessiert.

Handelsstrategien

Wenn sich ein Investor im Zeitpunkt t befindet und der Zustand s_t eingetreten sein sollte, kann er ein Portfolio erwerben, das sich aus Basis-Wertpapieren zusammensetzt. Um solche Portfolios formal zu beschreiben, verwenden wir das Symbol

$n_t(T,s_t)$ Menge der im Zeitpunkt T fälligen Basis-Wertpapiere, die im Zeitpunkt t gehalten werden, falls der Zustand s_t eingetreten sein sollte.

Dabei gilt immer $T > t$. Man nimmt in das Portfolio also grundsätzlich nur Titel auf, die in einem späteren Zeitpunkt fällig werden, und keine Papiere, die bereits im Erwerbszeitpunkt fällig sind. Ein Portfolio, das im Zeitpunkt t beim Zustand s_t gehalten wird, lässt sich grundsätzlich durch den Portfoliovektor

$$\begin{pmatrix} n_t(\tau,s_t) \\ n_t(\tau-1,s_t) \\ \vdots \\ n_t(t+1,s_t) \end{pmatrix}$$

charakterisieren. Die Basis-Wertpapiere, welche in dem Portfolio vertreten sind, lassen sich in zwei Klassen einteilen:

1. *Geldmarktpositionen*: Das sind (kurzfristig sichere) Wertpapiere, die im nächsten Zeitpunkt $T = t + 1$ fällig werden. Der Preis eines derartigen Titels beläuft sich im Zeitpunkt t beim Zustand s_t auf $B_t(s_t)$.

2. *Zero Bonds*: Das sind risikobehaftete Wertpapiere, die im Zeitpunkt $T = t + 2, \ldots, \tau$ fällig werden. Der im Zeitpunkt t beim Zustand s_t für einen solchen Titel zu zahlende Preis wird mit $p_t(T,s_t)$ bezeichnet.

Falls $n_t(T,s_t)$ positiv ist, bedeutet dies, dass der Investor die entsprechende Menge des betreffenden Papiers im Zeitpunkt t kauft und entsprechende Auszahlungen leistet. Ist $n_t(T,s_t)$ dagegen negativ, so verkauft der Investor das Wertpapier im Zeitpunkt t (leer) und realisiert entsprechende Einzahlungen.

Wir bezeichnen die Summe der Auszahlungen, die im Erwerbszeitpunkt t beim Zustand s_t geleistet werden, um das Portfolio zu kaufen, mit $A_t(s_t)$. Die dafür insgesamt anfallende Zahlung beläuft sich auf

$$A_t(s_t) = -\left(n_t(t+1,s_t)B_t(s_t) + \sum_{T=t+2}^{\tau} n_t(T,s_t)p_t(T,s_t)\right).$$

Ein Portfolio wird stets nur über eine Periode gehalten und danach wieder liquidiert. Mit anderen Worten: Wertpapiere, die im Zeitpunkt t erworben wurden ($n_t(T,s_t) > 0$), werden im Zeitpunkt $t+1$ wieder veräußert, und Wertpapiere, die im Zeitpunkt t verkauft wurden ($n_t(T,s_t) < 0$), werden im Zeitpunkt $t+1$ wieder zurückgekauft. Welche Zahlungen mit diesen Aktionen verbunden sind, hängt davon ab, ob in $t+1$ der Zustand „up" oder der Zustand „down" realisiert wird. Wir bezeichnen die Summe der im Zeitpunkt $t+1$ erzielten Einzahlungen mit $E_{t+1,s_t u}(s_t)$ beziehungsweise $E_{t+1,s_t d}(s_t)$, je nachdem welcher der beiden Zustände im Zeitpunkt $t+1$ eintritt. Im ersten Fall erhält der Inhaber des Portfolios Zahlungen in Höhe von

$$E_{t+1,s_t u}(s_t) = +\left(n_t(t+1,s_t)B_t(s_t)r_t(s_t) + \sum_{T=t+2}^{\tau} n_t(T,s_t)p_{t+1}(T,s_t u)\right),$$

im zweiten Fall in Höhe von

$$E_{t+1,s_t d}(s_t) = +\left(n_t(t+1,s_t)B_t(s_t)r_t(s_t) + \sum_{T=t+2}^{\tau} n_t(T,s_t)p_{t+1}(T,s_t d)\right).$$

Die Zusammenstellung der Portfoliovektoren über alle Zeitpunkte $t = 0,\ldots,\tau-1$ und Zustände wird als Handelsstrategie bezeichnet. Abbildung 8.13 beschreibt eine solche Strategie in allgemeiner Form. Da sich die Zahl der gehandelten Zero Bonds im Modell mit fortschreitender Zeit verringert, werden auch die Elemente der Portfoliovektoren immer weniger. Im Zeitpunkt $t = 0$ enthält der Vektor τ Einträge. Eine Periode später sind es nur noch $\tau - 1$ Elemente und so weiter. Im Zeitpunkt $t = \tau$ sind die Vektoren leer.

Arbitragegelegenheiten

Um Arbitragegelegenheiten zu definieren, ist es zweckmäßig, sich auf eine spezielle Klasse von Handelsstrategien zu konzentrieren, nämlich die so genannten selbstfinanzierenden Strategien. Solche Handelsstrategien zeichnen sich dadurch

8.4. Ein einfaches Heath-Jarrow-Morton-Modell

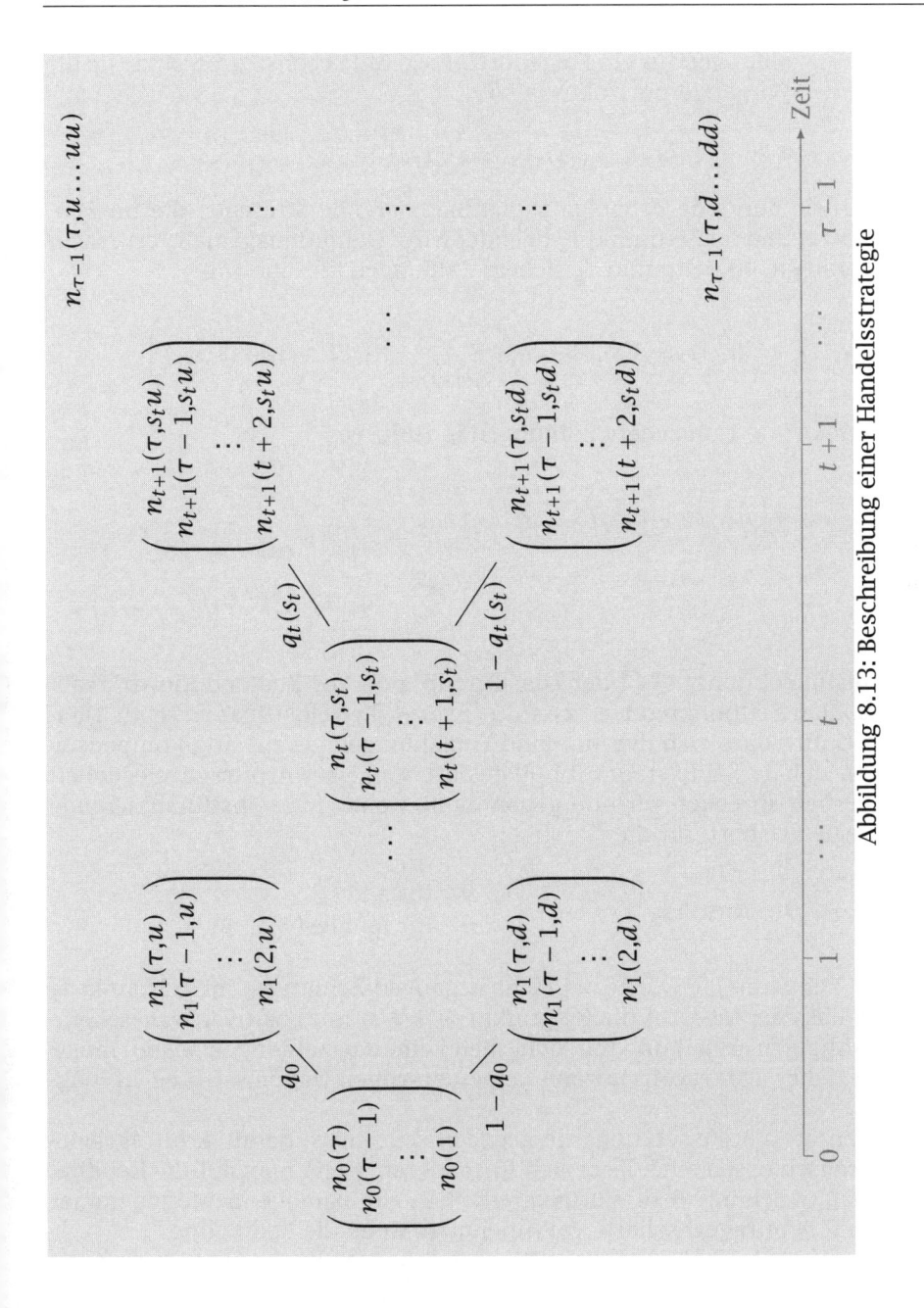

Abbildung 8.13: Beschreibung einer Handelsstrategie

aus, dass die Auszahlungen für ein Folgeportfolio gerade ebenso groß sind wie die Einzahlungen des Vorgängerportfolios, also

$$E_{t+1,s_{t+1}}(s_t) = A_{t+1}(s_{t+1}).$$

Betrachten wir nun eine beliebige selbstfinanzierende Strategie, die im Zeitpunkt t_1 gestartet und im Zeitpunkt t_2 beendet wird. Definitionsgemäß verursacht eine solche Strategie im Zeitpunkt t_1 sichere Zahlungen in Höhe von

$$A_{t_1}(s_{t_1}) = -\left(n_{t_1}(t_1+1,s_{t_1})B_{t_1}(s_{t_1}) + \sum_{T=t_1+2}^{\tau} n_{t_1}(T,s_{t_1})p_{t_1}(T,s_{t_1})\right)$$

und im Zeitpunkt t_2+1 unsichere Zahlungen in Höhe von

$$E_{t_2+1,s_{t_2+1}}(s_{t_2}) = +\left(n_{t_2}(t_2+1,s_{t_2})B_{t_2}(s_{t_2})r_{t_2}(s_{t_2})\right.$$
$$\left. + \sum_{T=t_2+2}^{\tau} n_{t_2}(T,s_{t_2})p_{t_2+1}(T,s_{t_2+1})\right),$$

je nachdem ob im Zeitpunkt t_2+1 der Zustand „up" oder der Zustand „down" realisiert wird. In allen Zeitpunkten $t \in [t_1+1,t_2]$ sorgt die selbstfinanzierende Handelsstrategie dafür, dass sich die Aus- und Einzahlungen gegenseitig kompensieren, weswegen sich ihr Saldo stets auf null beläuft. Von einer Arbitragegelegenheit unter Unsicherheit sprechen wir nun genau dann, wenn eine selbstfinanzierende Handelsstrategie existiert, für die

$$A_{t_1}(s_{t_1}) \geq 0 \quad \text{sowie} \quad E_{t_2,s_{t_2+1}}(s_{t_2}) \begin{cases} \geq 0, & \text{für alle } s_{t_2+1}; \\ > 0, & \text{für mindestens ein } s_{t_2+1} \end{cases}$$

gegeben ist.[17] Die Strategie würde bei nicht-negativen Zahlungen im Zeitpunkt t_1 dafür sorgen, dass der Investor im Zeitpunkt $t_2 + 1 > t_1$ mit positiver Wahrscheinlichkeit Einzahlungen erzielt und mit Sicherheit keine Auszahlungen leisten muss. Der Markt ist daher arbitragefrei, wenn keine derartigen Handelsstrategien möglich sind.

Eine elementare Voraussetzung, die gegeben sein muss, damit Arbitragegelegenheiten ausgeschlossen sind, lässt sich formulieren, wenn man auf die Renditefaktoren gemäß Gleichung (8.14) zurückgreift.[18] Es gibt nämlich im Modell immer die Möglichkeit, Arbitragegeschäfte vorzunehmen, wenn die Bedingung

$$u_t(T,s_t) > r_t(s_t) > d_t(T,s_t) \tag{8.19}$$

---
[17]Vgl. hierzu Seite 131 ff.
[18]Siehe dazu Seite 370.

8.4. Ein einfaches Heath-Jarrow-Morton-Modell

verletzt ist.[19] Ist beispielsweise $u_t(T,s_t) > d_t(T,s_t) \geq r_t(s_t)$, so erzielt man einen sicheren Arbitragegewinn, indem man den Zero Bond mit dem Preis $p_t(T,s_t)$ kauft und die Kaufsumme über einen Kredit mit dem Geldmarktsatz $r_t(s_t)$ finanziert. Da sich die relevanten Zahlungen im Zeitpunkt t gegenseitig kompensieren, haben wir eine kostenlose Investition vor uns. Diese Investition verursacht im Zeitpunkt $t+1$ Zahlungen in Höhe von

$$u_t(T,s_t)p_t(T,s_t) - r_t(s_t)p_t(T,s_t) = (u_t(T,s_t) - r_t(s_t))\, p_t(T,s_t) > 0,$$

wenn sich der Zustand $s_t u$ einstellt, beziehungsweise

$$d_t(T,s_t)p_t(T,s_t) - r_t(s_t)p_t(T,s_t) = (d_t(T,s_t) - r_t(s_t))\, p_t(T,s_t) \geq 0,$$

falls der Zustand $s_t d$ eintritt. Das wäre ein free lunch, der im HJM-Modell annahmegemäß ausgeschlossen ist. Man kann sich ohne Schwierigkeiten klarmachen, dass Transaktionen mit umgekehrtem Vorzeichen auf Arbitragegewinne führen, wenn $r_t(s_t) \geq u_t(T,s_t) > d_t(T,s_t)$ gegeben ist. In solch einem Fall würde es sich lohnen, den Zero Bond zu verkaufen und den Verkaufserlös zum Geldmarktzinssatz anzulegen.

Berechnet man für unseren Beispielsfall die Renditefaktoren und Geldmarktzinsfaktoren, so erhält man die in Tabelle 8.4 zusammengestellten Zahlen. Es zeigt sich, dass die Arbitragefreiheitsbedingungen gemäß (8.19) durchgehend erfüllt sind.

Tabelle 8.4: Rendite- und Geldmarktzinsfaktoren für das Zahlenbeispiel aus Abbildung 8.6

t	s_t	$T = 2$	$T = 3$
0		$u_0(2) = 1{,}032800$	$u_0(3) = 1{,}034794$
		$r_0 = 1{,}030000$	$r_0 = 1{,}030000$
		$d_0(2) = 1{,}025801$	$d_0(3) = 1{,}022809$
1	u		$u_1(3,u) = 1{,}028206$
			$r_1(u) = 1{,}027208$
			$d_1(3,u) = 1{,}025710$
1	d		$u_1(3,d) = 1{,}035823$
			$r_1(d) = 1{,}034217$
			$d_1(3,d) = 1{,}031806$

Vollständiger Markt

Wenn Sie frühere Kapitel dieses Buches aufmerksam durchgearbeitet haben, begegnet Ihnen der Begriff des vollständigen Kapitalmarktes hier nicht zum ersten

---

[19] Eine ganz ähnliche Voraussetzung hatten wir im Rahmen des diskreten Optionspreismodells gefunden, siehe dazu Seite 301.

Mal. Den Begriff im Rahmen des HJM-Modells eindeutig und präzise zu definieren, erfordert allerdings hohen Aufwand. Da wir diesen Aufwand scheuen, begnügen wir uns mit einer verbalen Beschreibung. Wir nennen einen Kapitalmarkt dann vollständig, wenn jeder beliebige zeit- und zustandsabhängige Strom von Cashflows durch eine eindeutige Handelsstrategie dupliziert werden kann.

Da eine Handelsstrategie nichts anderes als eine Folge von unterschiedlich zusammengesetzten Portfolios ist, die aus Basis-Wertpapieren bestehen, lässt sich eine duplizierende Handelsstrategie auch als äquivalentes Portfolio verstehen, das im Zeitablauf in wohldefinierter Weise angepasst werden muss, so dass es sich nach außen nicht von dem zu duplizierenden Finanztitel unterscheidet. Die Vollständigkeit des Marktes sichert also im Zusammenspiel mit der Arbitragefreiheitsbedingung die Duplizierbarkeit jedes Finanztitels, der nicht zu den Basis-Wertpapieren gehört.

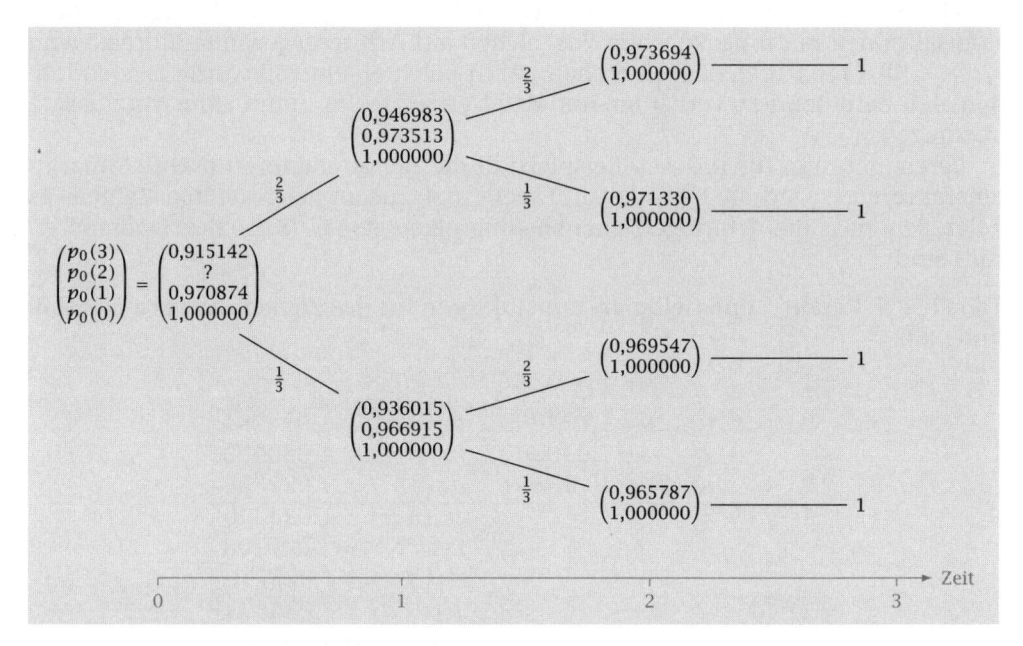

Abbildung 8.14: Reduziertes Beispiel für die Preisentwicklung von Basis-Wertpapieren in einem Ein-Faktor-Modell

Es ist interessant, der Frage nachzugehen, ob der Kapitalmarkt, den wir in unserem Zahlenbeispiel verwenden, vollständig ist oder nicht. Er ist übervollständig, denn wir können zeigen, dass er auch dann vollständig wäre, wenn wir einen Teil der Informationen entfernen, die in Abbildung 8.6 vorgegeben waren. Betrachten Sie zu diesem Zweck Abbildung 8.14 und vergleichen Sie diese Grafik mit Abbildung 8.6 auf Seite 366. Sie werden feststellen, dass die Information über den im Zeitpunkt $t = 0$ geltenden Preis des in $T = 2$ fälligen Zero Bonds fehlt. Wie groß

8.4. Ein einfaches Heath-Jarrow-Morton-Modell

sollte $p_0(2)$ fairerweise sein? Die Antwort lässt sich eindeutig geben, indem man die verbliebenen Informationen nutzt. Wir können nämlich ein Portfolio konstruieren, das sich in Bezug auf seine im Zeitpunkt $t = 1$ relevanten Cashflows nicht von dem in $T = 2$ fälligen Zero Bond unterscheidet.

Dieses Portfolio besteht aus $n_0(1)$ Einheiten des in $T = 1$ fälligen Titels und $n_0(3)$ Einheiten des in $T = 3$ fälligen Zero Bonds. Damit es sich um ein Portfolio handelt, das den in $T = 2$ fälligen Bond dupliziert, muss

$$n_0(1) \cdot 1{,}000000 + n_0(3) \cdot 0{,}946983 = 0{,}973513$$
$$n_0(1) \cdot 1{,}000000 + n_0(3) \cdot 0{,}936015 = 0{,}966915$$

beziehungsweise in allgemeiner Schreibweise

$$n_0(1)p_1(1) + n_0(3)p_1(3,u) = p_1(2,u)$$
$$n_0(1)p_1(1) + n_0(3)p_1(3,d) = p_1(2,d)$$

gelten. Löst man dieses Gleichungssystem nach den Unbekannten $n_0(1)$ und $n_0(3)$ auf, so erhält man $n_0(1) = 0{,}403884$ und $n_0(3) = 0{,}601519$, ohne dass wir uns hier mit der Darstellung einer allgemeinen Lösung aufhalten wollen. Erwirbt man dieses Portfolio im Zeitpunkt $t = 0$, so muss man dafür

$$n_0(1)p_0(1) + n_0(3)p_0(3) = 0{,}403884 \cdot 0{,}970874 + 0{,}601519 \cdot 0{,}915142$$
$$= 0{,}942596$$

bezahlen. Das entspricht exakt dem Preis, der in Abbildung 8.6 für den in $T = 2$ fälligen Zero Bond angegeben war. Sollte also der betreffende Zero Bond im Zeitpunkt $t = 0$ nicht gehandelt werden, so kann man sich mit der Handelsstrategie $n_0(1) = 0{,}403884$ und $n_0(3) = 0{,}601519$ behelfen und den fehlenden Zero Bond im Do-it-yourself-Verfahren nachbauen. Sollte der betreffende Zero Bond aber gehandelt werden und $p_0(2) \neq 0{,}942596$ sein, so wäre eine Arbitragegelegenheit gegeben.

Allgemein lässt sich festhalten, dass ein Kapitalmarkt, an dem in allen Zuständen Zero Bonds mit allen nur denkbaren Restlaufzeiten gehandelt werden, mehr als vollständig ist.

Pseudowahrscheinlichkeiten

Auch das Konzept der Pseudowahrscheinlichkeiten haben Sie bereits kennen gelernt. Wir haben es im Kapitel über die Optionspreistheorie eingeführt[20] und werden es nun im HJM-Modell erneut nutzen. Analog zur Vorgehensweise im diskreten Optionspreismodell definieren wir jetzt zeit- und zustandsabhängige Pseudowahrscheinlichkeiten in Form von

$$\varphi_t(T,s_t) = \frac{r_t(s_t) - d_t(T,s_t)}{u_t(T,s_t) - d_t(T,s_t)} \quad \text{und} \tag{8.20a}$$

$$1 - \varphi_t(T,s_t) = \frac{u_t(T,s_t) - r_t(s_t)}{u_t(T,s_t) - d_t(T,s_t)}. \tag{8.20b}$$

---
[20] Siehe Seiten 299 und 301.

Mit einem Blick auf die Arbitragefreiheitsbedingung (8.19) kann man sich leicht davon überzeugen, dass es sich um Zahlen handelt, für die $\varphi_t(T,s_t) \in (0,1)$ gelten muss, sofern $T > t + 1$ ist. Damit haben sie die formalen Eigenschaften von Wahrscheinlichkeiten.

Unter Verwendung der Pseudowahrscheinlichkeiten können wir genauer als vorher darüber informieren, welche Bedingung erfüllt sein muss, damit ein Kapitalmarkt vollständig ist: Wir dürfen ihn dann vollständig nennen, wenn für jeden Zustand im Binomialbaum eine Pseudowahrscheinlichkeit existiert.

Für den Fall, dass $\tau > t + 2$ ist, gibt es mehr als eine Pseudowahrscheinlichkeit für einen Zustand s_t. Der Kapitalmarkt ist nur dann arbitragefrei, wenn alle auf denselben Zustand bezogenen Pseudowahrscheinlichkeiten identisch sind, wenn also

$$\varphi_t(t+2,s_t) = \ldots = \varphi_t(\tau,s_t) \tag{8.21}$$

gilt. Ermittelt man die Pseudowahrscheinlichkeiten für unser Zahlenbeispiel und greift zu diesem Zweck auf die Zahlen der Tabelle 8.4 zurück, so erhält man

$$\varphi_0(2) = \frac{1{,}030000 - 1{,}025801}{1{,}032800 - 1{,}025801} = 0{,}6$$

$$\varphi_0(3) = \frac{1{,}030000 - 1{,}022809}{1{,}034794 - 1{,}022809} = 0{,}6$$

$$\varphi_1(3,u) = \frac{1{,}027208 - 1{,}025710}{1{,}028206 - 1{,}025710} = 0{,}6$$

$$\varphi_1(3,d) = \frac{1{,}034217 - 1{,}031806}{1{,}035823 - 1{,}031806} = 0{,}6\ .$$

Man erkennt, dass der Kapitalmarkt unseres Beispiels arbitragefrei und vollständig ist. Die Pseudowahrscheinlichkeiten für den Fall, dass der Zustand „up" eintritt, belaufen sich einheitlich auf 0,6. Um Arbitragefreiheit zu sichern, muss nur $\varphi_0(2) = \varphi_0(3)$ sein. Dass die übrigen Pseudowahrscheinlichkeiten auch alle identisch sind, wurde für unser Zahlenbeispiel so konstruiert, ist aber keinesfalls eine notwendige Voraussetzung für das HJM-Modell.

Bei der Darstellung des HJM-Modells haben wir oben Eintrittswahrscheinlichkeiten $q_t(s_t)$ eingeführt. Diese Eintrittswahrscheinlichkeiten haben wir bislang jedoch nicht für die Berechnung irgendwelcher weiteren Größen benutzt. Wir werden das auch im Folgenden nicht tun. Insoweit sind Informationen über die Eintrittswahrscheinlichkeiten der Zustände des Modells vollkommen entbehrlich. Im Gegensatz dazu werden sich die Pseudowahrscheinlichkeiten $\varphi_t(s_t)$ als Informationen herausstellen, die bei der Bewertung von Zinsderivaten außerordentlich nützlich sind.

8.4. Ein einfaches Heath-Jarrow-Morton-Modell

8.4.4 Bewertung von Festzinsansprüchen

Nach all diesen Vorbereitungen können wir uns in der Frage zuwenden, wie man im HJM-Modell vorzugehen hat, um Festzinsansprüche beziehungsweise Zinsderivate zu bewerten.

Ein Festzinsanspruch zeichnet sich dadurch aus, dass der Inhaber des Titels Anspruch auf sichere Zahlungen X_t hat, die in $t = 1, \ldots, \tau$ fällig sind. Die Bewertung kann auf drei verschiedenen Wegen vorgenommen werden. Jeder Weg führt zum selben Ergebnis.

Um die drei alternativen Bewertungstechniken zu veranschaulichen, verwenden wir ein einheitliches Beispiel: Im Zeitpunkt $t = 0$ soll eine 7%-Kuponanleihe bewertet werden, die im Zeitpunkt $\tau = 3$ endfällig ist. Bei einem Nennwert von $N = 1.000$ hat der Inhaber dieses Titels also Anspruch auf sichere Zahlungen in Höhe von $X_1 = 70$, $X_2 = 70$ und $X_3 = 1.070$.

1. *Direkte Bewertung über die Basis-Wertpapiere, welche in t gehandelt werden:*

   Diese Bewertungstechnik ist sehr naheliegend und bequem. Sie nutzt die Tatsache, dass sich Festzinsansprüche grundsätzlich als Portfolios interpretieren lassen, die aus Basis-Wertpapieren bestehen, welche im Bewertungszeitpunkt gehandelt werden.

   Um sich Ansprüche auf X_1, X_2 und X_3 zu sichern, kann man im Zeitpunkt $t = 0$

   · entweder die Kuponanleihe erwerben
   · oder aber X_1 Stück Zero Bonds, die im Zeitpunkt $t = 1$ fällig sind, und X_2 Einheiten Zero Bonds, die in $t = 2$ fällig werden, sowie X_3 Stück Zero Bonds, die im Zeitpunkt $t = 3$ fällig sind, kaufen.

   Wenn beide Alternativen dieselben Cashflows versprechen, müssen sie auf einem arbitragefreien Markt denselben Preis haben. Daher gilt

   $$p_0(X_1, \ldots, X_\tau) = \sum_{t=1}^{\tau} X_t p_0(t)$$

   und mit den Zahlen unseres Beispiels

   $p_0(X_1, X_2, X_3)$
   $= 70 \cdot 0{,}970874 + 70 \cdot 0{,}942596 + 1.070 \cdot 0{,}915142 = 1.113{,}14 \,.$

   Um zu diesem Ergebnis zu kommen, braucht man nicht viele Informationen. Es reicht vollkommen aus, wenn man nur die in $t = 0$ geltenden Zero Bond-Preise für alle Laufzeiten $T = 1, \ldots, \tau$ kennt. Informationen über mögliche künftige Zinsstrukturen sind absolut entbehrlich.

Das ändert sich erst, wenn man danach fragt, welchen Wert die Anleihe haben wird, wenn die Zeit vorangeschritten ist und wir uns beispielsweise in $t = 1$ befinden. Der erste Kupon ist dann bereits ausgezahlt, und der Inhaber des Titels hat nur noch Ansprüche in Höhe von $X_2 = 70$ und $X_3 = 1.070$. Die Frage nach dem fairen Preis dieser Ansprüche hängt jetzt davon ab, welcher der beiden Zustände eingetreten ist, ob wir also $s_1 = u$ oder $s_1 = d$ haben. Im ersten Fall gilt

$$p_1(X_2,X_3;u) = \sum_{t=2}^{\tau} X_t p_1(t,u)$$
$$= 70 \cdot 0{,}973513 + 1.070 \cdot 0{,}946983 = 1.081{,}42 \, ,$$

während man im zweiten Fall

$$p_1(X_2,X_3;d) = \sum_{t=2}^{\tau} X_t p_1(t,d)$$
$$= 70 \cdot 0{,}966915 + 1.070 \cdot 0{,}936015 = 1.069{,}22$$

erhält.

2. *Bewertung mit Hilfe von Pseudowahrscheinlichkeiten:*

Die zweite Variante der Bewertung von Festzinsansprüchen verursacht etwas mehr Rechenaufwand. Wenn dieser Ansatz hier trotzdem vorgestellt wird, so deswegen, weil er mehr Allgemeingültigkeit besitzt und wir darauf bei der Bewertung von Zinsderivaten zurückgreifen können.

Wir beginnen mit der Frage, welche Werte der Cashflow X_τ im Zeitpunkt $\tau - 1$ besitzt, und nähern uns der Problemlösung damit retrograd. Wir nennen die entsprechenden Preise $p_{\tau-1}(X_\tau, s_{\tau-1})$ und machen uns klar, dass alle Zustände zu betrachten sind, die im Zeitpunkt $t = \tau - 1$ auftreten können. Allgemein gilt in diesem Zeitpunkt

$$p_{\tau-1}(X_\tau, s_{\tau-1}) = \frac{X_\tau}{r_{\tau-1}(s_{\tau-1})} \, .$$

In unserem Beispiel ist $s_2 \in (uu, ud, du, dd)$ relevant. Daraus folgt

$$p_2(X_3,uu) = \frac{X_3}{r_2(uu)} = \frac{1.070}{1{,}027017} = 1.041{,}85$$
$$p_2(X_3,ud) = \frac{X_3}{r_2(ud)} = \frac{1.070}{1{,}029516} = 1.039{,}32$$
$$p_2(X_3,du) = \frac{X_3}{r_2(du)} = \frac{1.070}{1{,}031410} = 1.037{,}41$$
$$p_2(X_3,dd) = \frac{X_3}{r_2(dd)} = \frac{1.070}{1{,}035425} = 1.033{,}39 \, .$$

8.4. Ein einfaches Heath-Jarrow-Morton-Modell

Jetzt gehen wir einen Zeitschritt zurück, fragen also nach den zustandsabhängigen Preisen der Kuponanleihe im Zeitpunkt $\tau - 2$. Die Zahl der relevanten Zustände wird bei jedem rückwärts gerichteten Schritt kleiner, weil ja grundsätzlich $s_{t+1} \in (s_t u, s_t d)$ gilt. Ferner ist zu berücksichtigen, dass (bei einer Kuponanleihe) in jedem Zeitpunkt weitere sichere Zahlungen $X_{\tau-1}, \ldots, X_1$ anfallen, wenn man diese Zahlungen in retrograder Reihenfolge notiert. Für alle Zeitpunkte $t \in [0, \tau - 2]$ gilt dann

$$p_t(X, s_t) = \frac{\varphi_t(s_t)(X_{t+1} + p_{t+1}(X, s_t u)) + (1 - \varphi_t(s_t))(X_{t+1} + p_{t+1}(X, s_t d))}{r_t(s_t)}.$$

Die zustandsabhängigen Zahlungen im Zustand „up" sind also mit der Pseudowahrscheinlichkeit $\varphi_t(s_t)$, die zustandsabhängigen Zahlungen im Zustand „down" mit der Restwahrscheinlichkeit $1 - \varphi_t(s_t)$ zu gewichten. Anschließend ist der Pseudoerwartungswert mit dem relevanten Geldmarktzinsfaktor zu diskontieren.

Mit den Daten unseres Beispiels gewinnen wir daraus

$$p_1(X_2, X_3; u) = \frac{0{,}6 \cdot (70 + 1.041{,}85) + 0{,}4 \cdot (70 + 1.039{,}32)}{1{,}027208}$$
$$= 1.081{,}42$$
$$p_1(X_2, X_3; d) = \frac{0{,}6 \cdot (70 + 1.037{,}41) + 0{,}4 \cdot (70 + 1.033{,}39)}{1{,}034217}$$
$$= 1.069{,}22.$$

Dieselben Resultate hatten wir auch bereits oben ermittelt. Gehen wir schließlich zum Zeitpunkt $t = 0$ zurück, erhalten wir endlich

$$p_0(X_1, X_2, X_3) = \frac{0{,}6 \cdot (70 + 1.081{,}42) + 0{,}4 \cdot (70 + 1.069{,}22)}{1{,}03}$$
$$= 1.113{,}14,$$

womit wir wieder bei dem bereits bekannten Wert für die 7%-Kuponanleihe sind.

3. *Bewertung über eine Handelsstrategie mit Geldmarkt-Positionen und Zero Bonds:*

Eine Handelsstrategie lässt sich durch eine Folge von zustandsabhängigen Portfolios

$$\begin{pmatrix} n_t(\tau, s_t) \\ n_t(\tau - 1, s_t) \\ \vdots \\ n_t(t + 1, s_t) \end{pmatrix}$$

beschreiben, die für jeweils eine Periode gehalten werden. Dabei beschreibt $n_t(t+1,s_t)$ den Umfang der Geldmarkt-Position im Portfolio, während alle übrigen Elemente des Vektors Zero Bonds repräsentieren, die in den Zeitpunkten $t+2,\ldots,\tau$ fällig werden.

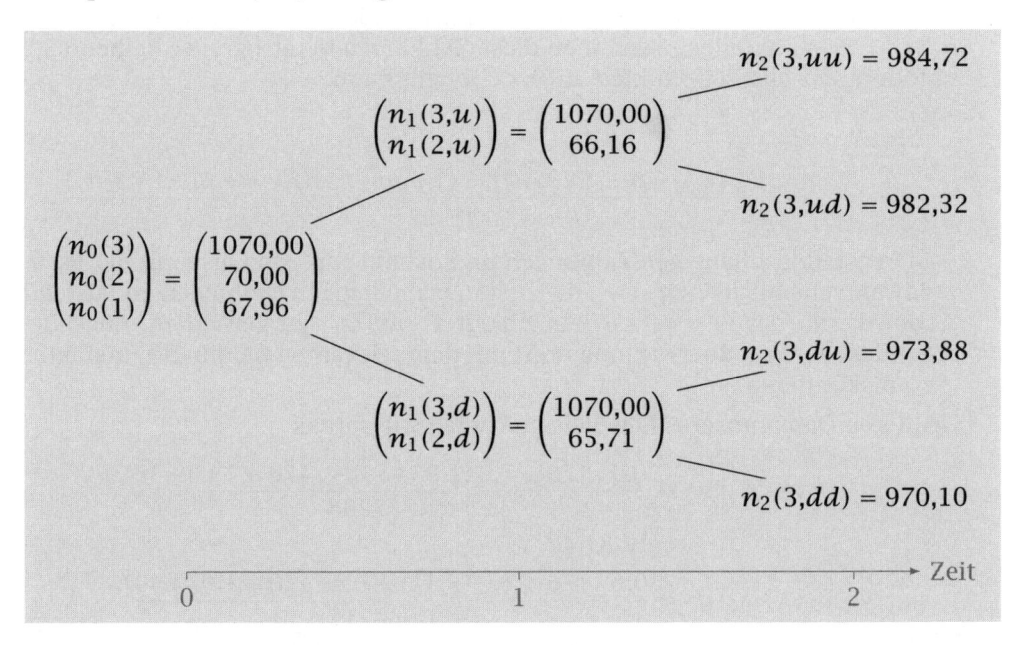

$$\begin{pmatrix} n_0(3) \\ n_0(2) \\ n_0(1) \end{pmatrix} = \begin{pmatrix} 1070{,}00 \\ 70{,}00 \\ 67{,}96 \end{pmatrix}$$

$$\begin{pmatrix} n_1(3,u) \\ n_1(2,u) \end{pmatrix} = \begin{pmatrix} 1070{,}00 \\ 66{,}16 \end{pmatrix}$$

$$\begin{pmatrix} n_1(3,d) \\ n_1(2,d) \end{pmatrix} = \begin{pmatrix} 1070{,}00 \\ 65{,}71 \end{pmatrix}$$

$n_2(3,uu) = 984{,}72$
$n_2(3,ud) = 982{,}32$
$n_2(3,du) = 973{,}88$
$n_2(3,dd) = 970{,}10$

Abbildung 8.15: Handelsstrategie zur Duplikation einer 7%-Kuponanleihe mit dreijähriger Restlaufzeit und einem Nennwert von $N = 1.000$

Abbildung 8.15 stellt die vollständige Handelsstrategie dar, welche sich zur Duplikation der 7%-Anleihe eignet. Diese Strategie erzeugt im Zeitpunkt $t = 3$ Einzahlungen in Höhe von
$$n_2(3,s_2)B_3(s_2),$$
was wegen

$$n_2(3,uu)B_3(uu) = 984{,}72 \cdot 1{,}086609 = 1.070$$
$$n_2(3,ud)B_3(ud) = 982{,}32 \cdot 1{,}089253 = 1.070$$
$$n_2(3,du)B_3(du) = 973{,}88 \cdot 1{,}098702 = 1.070$$
$$n_2(3,dd)B_3(dd) = 970{,}10 \cdot 1{,}102980 = 1.070$$

zu dem gewünschten Resultat führt. Im Zeitpunkt $t = 2$ entstehen Zahlungsüberschüsse in Höhe von

$$n_1(2,s_1)B_2(s_2) + n_1(3,s_1)p_2(3,s_2) - n_2(3,s_2)B_2(s_2).$$

8.4. Ein einfaches Heath-Jarrow-Morton-Modell

Das ergibt für die zu unterscheidenden vier Zustände

$n_1(2,u)B_2(uu) + n_1(3,u)p_2(3,uu) - n_2(3,uu)B_2(uu)$
$= (66{,}16 - 984{,}72) \cdot 1{,}058024 + 1.070 \cdot 0{,}973694 = 70,$

$n_1(2,u)B_2(ud) + n_1(3,u)p_2(3,ud) - n_2(3,ud)B_2(ud)$
$= (66{,}16 - 982{,}32) \cdot 1{,}058024 + 1.070 \cdot 0{,}971330 = 70,$

$n_1(2,d)B_2(du) + n_1(3,d)p_2(3,du) - n_2(3,du)B_2(du)$
$= (65{,}71 - 973{,}88) \cdot 1{,}065243 + 1.070 \cdot 0{,}969547 = 70,$

$n_1(2,d)B_2(dd) + n_1(3,d)p_2(3,dd) - n_2(3,dd)B_2(dd)$
$= (65{,}71 - 970{,}10) \cdot 1{,}065243 + 1.070 \cdot 0{,}965787 = 70,$

womit die für die Kuponanleihe charakteristische Einzahlung ebenfalls erreicht wird. Wir müssen jetzt noch prüfen, welcher Zahlungsüberschuss im Zeitpunkt $t = 1$ entsteht. Er ergibt sich aus

$n_0(1)B_1(s_1) + n_0(2)p_1(2,s_1) + n_0(3)p_1(3,s_1)$
$\qquad - n_1(2,s_1)B_1(s_1) - n_1(3,s_1)p_1(3,s_1) \, .$

Für den Fall, dass der Zustand u eintritt, erhalten wir

$\bigl(n_0(1) - n_1(2,u)\bigr)B_1(u) + n_0(2)p_1(2,u) + \bigl(n_0(3) - n_1(3,u)\bigr)p_1(3,u)$
$= (67{,}96 - 66{,}16) \cdot 1{,}03 + 70 \cdot 0{,}973513$
$\qquad + (1.070 - 1.070) \cdot 0{,}946983 = 70 \, .$

Tritt dagegen der Zustand d ein, bekommen wir

$\bigl(n_0(1) - n_1(2,d)\bigr)B_1(d) + n_0(2)p_1(2,d) + \bigl(n_0(3) - n_1(3,d)\bigr)p_1(3,d)$
$= (67{,}96 - 65{,}71) \cdot 1{,}03 + 70 \cdot 0{,}966915$
$\qquad + (1.070 - 1.070) \cdot 0{,}936015 = 70 \, ,$

und auch das entspricht wieder dem für die Kuponanleihe typischen Cashflow. Infolgedessen müssen wir nur noch berechnen, welche Auszahlung die Handelsstrategie im Zeitpunkt $t = 0$ verursacht. Sie beläuft sich auf

$n_0(1)B_0 + n_0(2)p_0(2) + n_0(3)p_0(3) =$
$\qquad 67{,}96 \cdot 1{,}00 + 70 \cdot 0{,}942596 + 1.070 \cdot 0{,}915142 = 1.113{,}14 \, .$

Das unterscheidet sich in keiner Weise von dem Ergebnis, das wir zuvor berechnet hatten.

Der Weg ist zwar um einiges umständlicher als die Methode, welche wir auf Seite 385 beschrieben haben. Er hat aber – ebenso wie das Rechnen mit Pseudowahrscheinlichkeiten – den Vorteil, dass er nicht nur bei Festzinsansprüchen, sondern auch bei Zinsderivaten begangen werden kann und insoweit größere Allgemeingültigkeit besitzt.

8.4.5 Bewertung von Zinsderivaten

Zinsderivate versprechen unsichere Zahlungen $\tilde{X}_1,\ldots,\tilde{X}_T$, deren Höhe davon bestimmt wird, welche Zinssätze sich in der Zukunft manifestieren. Ein Standardbeispiel für ein solches Wertpapier ist ein Call auf einen Festzinsanspruch. Zu diesem Zweck betrachten wir als underlying asset eine 7%-Kuponanleihe mit dreijähriger Restlaufzeit und einem Nennwert von $N = 1.000$ unter den Bedingungen der in Abbildung 8.6 wiedergegebenen Zinsdynamik.[21] Der Call soll seinem Inhaber das Recht geben, die Anleihe im Zeitpunkt $T = 2$ zum Ausübungspreis $K = 1.037$ zu erwerben. Welchen Wert hat dieser Call im Zeitpunkt $t = 0$?

Es gibt zwei im Ergebnis vollkommen äquivalente Wege, die Bewertung vorzunehmen.

1. *Bewertung mit Hilfe von Pseudowahrscheinlichkeiten:*

   Wir beschreiben zunächst die bequemere Bewertungstechnik. Das ist ein retrogrades Rechenverfahren, das mit der Frage beginnt, welche zustandsabhängigen Zahlungen der Call bei Fälligkeit verspricht. Bezeichnet man den zustandsabhängigen Preis des underlyings im Zeitpunkt T mit $p_T(X,s_T)$, so beläuft sich die zustandsabhängige Zahlung des Calls auf $\max(p_T(X,s_T)-K,0)$. Wir definieren das als den Preis des Calls bei Fälligkeit und schreiben dafür[22]

$$p_T(\tilde{X},s_T) = \max(p_T(X,s_T) - K,0).$$

Da wir die zustandsabhängigen Preise der Kuponanleihe für $T = 2$ bereits berechnet haben,[23] bekommen wir rasch

$$p_2(\tilde{X},uu) = \max(p_2(X,uu) - K,0) = \max(1.041,85 - 1.037,\ 0) = 4,85,$$
$$p_2(\tilde{X},ud) = \max(p_2(X,ud) - K,0) = \max(1.039,32 - 1.037,\ 0) = 2,32,$$
$$p_2(\tilde{X},du) = \max(p_2(X,du) - K,0) = \max(1.037,41 - 1.037,\ 0) = 0,41,$$
$$p_2(\tilde{X},dd) = \max(p_2(X,dd) - K,0) = \max(1.033,39 - 1.037,\ 0) = 0,00.$$

Für alle Preise des Calls in früheren Zeitpunkten $t = 0,\ldots,T-1$ gilt nun

$$p_t(\tilde{X},s_t) = \frac{\varphi_t(s_t)p_{t+1}(\tilde{X},s_tu) + (1-\varphi_t(s_t))p_{t+1}(\tilde{X},s_td)}{r_t(s_t)}.$$

Man gewichtet also den Wert des Derivats im Zustand „up" mit der dafür relevanten Pseudowahrscheinlichkeit und den Wert des Derivats im Zustand

---
[21] Siehe Seite 366.
[22] Beachten Sie bitte, dass $p_t(\tilde{X})$ den Preis eines Zinsderivats symbolisiert, während $p_t(X)$ den Preis eines Festzinsanspruchs darstellt.
[23] Siehe Seite 386.

8.4. Ein einfaches Heath-Jarrow-Morton-Modell

"down" mit der entsprechenden Restwahrscheinlichkeit, Anschließend diskontiert man diesen Pseudoerwartungswert mit dem relevanten Geldmarktzinssatz. Das ergibt zunächst

$$p_1(\tilde{X},u) = \frac{0{,}6 \cdot 4{,}85 + 0{,}4 \cdot 2{,}32}{1{,}027208} = 3{,}74$$

beziehungsweise

$$p_1(\tilde{X},d) = \frac{0{,}6 \cdot 0{,}41 + 0{,}4 \cdot 0{,}00}{1{,}034217} = 0{,}24$$

sowie darauf aufbauend

$$p_0(\tilde{X}) = \frac{0{,}6 \cdot 3{,}74 + 0{,}4 \cdot 0{,}26}{1{,}03} = 2{,}27 \, .$$

Damit ist der gegenwärtige Preis des Calls auf die Kuponanleihe bestimmt.

Ein kritischer Leser könnte die Frage stellen, warum es ökonomisch vernünftig sein soll, unter den hier vorausgesetzten Bedingungen genau diesen Betrag als fairen Preis für die Kaufoption anzusehen. Letztlich haben wir ja nur ein mechanisches Rechenverfahren angegeben, aber nicht ökonomisch begründet, dass jeder andere Preis das Arbitragefreiheitspostulat verletzen würde.

2. *Bewertung über eine Handelsstrategie mit Geldmarkt-Positionen und Zero Bonds:*

Um das nachzuholen, stellen wir nun noch eine Handelsstrategie dar, mit der sich der Call auf die Kuponanleihe duplizieren lässt. Dabei gehen wir erneut retrograd vor, indem wir danach fragen, welche Zahlungen die Kaufoption im Zeitpunkt T generiert. Das ist natürlich auch jetzt wieder

$$p_T(\tilde{X}, s_T) = \max(p_T(X,s_T) - K, 0)$$

und mit den Zahlen unseres Beispiels

$$p_2(\tilde{X},uu) = 4{,}85,$$
$$p_2(\tilde{X},ud) = 2{,}32,$$
$$p_2(\tilde{X},du) = 0{,}41,$$
$$p_2(\tilde{X},dd) = 0{,}00.$$

Nun bestimmen wir zwei im Zeitpunkt $t = 1$ relevante Portfolios

$$\begin{pmatrix} n_1(2,u) \\ n_1(3,u) \end{pmatrix} \quad \text{und} \quad \begin{pmatrix} n_1(2,d) \\ n_1(3,d) \end{pmatrix}$$

derart, dass

$$n_1(2,u)B_2(uu) + n_1(3,u)p_2(uu) = p_2(\tilde{X},uu)$$
$$n_1(2,u)B_2(ud) + n_1(3,u)p_2(ud) = p_2(\tilde{X},ud)$$

und

$$n_1(2,d)B_2(du) + n_1(3,d)p_2(du) = p_2(\tilde{X},du)$$
$$n_1(2,d)B_2(dd) + n_1(3,d)p_2(dd) = p_2(\tilde{X},dd)$$

gilt. Das erste Gleichungssystem nimmt mit den Zahlen unseres Beispiels die Form

$$n_1(2,u) \cdot 1{,}058024 + n_1(3,u) \cdot 0{,}973694 = 4{,}85$$
$$n_1(2,u) \cdot 1{,}058024 + n_1(3,u) \cdot 0{,}971330 = 2{,}32$$

an, während man das zweite Gleichungssystem als

$$n_1(2,d) \cdot 1{,}065243 + n_1(3,d) \cdot 0{,}969547 = 0{,}41$$
$$n_1(2,d) \cdot 1{,}065243 + n_1(3,d) \cdot 0{,}965787 = 0{,}00$$

spezifiziert. Die Gleichungen haben die Lösungen

$$\begin{pmatrix} n_1(2,u) \\ n_1(3,u) \end{pmatrix} = \begin{pmatrix} -980{,}13 \\ 1.070{,}00 \end{pmatrix}$$

sowie

$$\begin{pmatrix} n_1(2,d) \\ n_1(3,d) \end{pmatrix} = \begin{pmatrix} -100{,}02 \\ 110{,}32 \end{pmatrix}$$

Im Zeitpunkt $t = 1$ verursacht diese Strategie Auszahlungen in Höhe von

$$n_1(2,u)B_1(u) + n_1(3,u)p_1(u)$$
$$= -980{,}13 \cdot 1{,}03 + 1.070{,}00 \cdot 0{,}946983 = 3{,}74,$$

wenn man es mit dem Zustand $s_1 = u$ zu tun hat, und

$$n_1(2,d)B_1(d) + n_1(3,d)p_1(d)$$
$$= -100{,}02 \cdot 1{,}03 + 110{,}32 \cdot 0{,}936015 = 0{,}24,$$

falls der Zustand $s_1 = d$ eintritt.

Da der Call auf die Kuponanleihe im Zeitpunkt $t = 1$ überhaupt keine Zahlungswirkungen verursacht, muss nun im Zeitpunkt $t = 0$ ein Portfolio erworben werden, welches im Zeitpunkt $t = 1$ zu Einzahlungen führt, die die eben ermittelten Auszahlungen genau kompensieren. Wir suchen deshalb nach einem Portfolio

$$\begin{pmatrix} n_0(1) \\ n_0(2) \end{pmatrix},$$

8.4. Ein einfaches Heath-Jarrow-Morton-Modell

welches das Gleichungssystem

$$n_0(1)B_1(u) + n_0(2)p_1(2,u) = p_1(\tilde{X},u)$$
$$n_0(1)B_1(d) + n_0(2)p_1(2,d) = p_1(\tilde{X},d)$$

erfüllt.[24] Mit den Zahlen unseres Beispiels ergibt das

$$n_0(1) \cdot 1{,}03 + n_0(2) \cdot 0{,}973513 = 3{,}74$$
$$n_0(1) \cdot 1{,}03 + n_0(2) \cdot 0{,}966915 = 0{,}24$$

mit der Lösung

$$\begin{pmatrix} n_0(1) \\ n_0(2) \end{pmatrix} = \begin{pmatrix} -497{,}58 \\ 530{,}30 \end{pmatrix}.$$

Abschließend brauchen wir nur noch zu berechnen, welche Auszahlung dieses Portfolio in $t = 0$ verursacht und kommen auf

$$n_0(1)B_0 + n_0(2)p_0(2) = -497{,}58 \cdot 1{,}00 + 530{,}30 \cdot 0{,}942596 = 2{,}27,$$

und das entspricht tatsächlich genau demselben Resultat, welches wir zuvor mit geringerem Rechenaufwand über die Pseudowahrscheinlichkeiten ermittelt hatten.

Wir diskutieren an dieser Stelle keine weiteren Zinsderivate und deren Bewertung, weil die beiden hier beschriebenen Konzepte der Bewertung eines Calls dem Prinzip nach auf andere Derivate relativ leicht übertragen werden können.[25]

---

[24] Man mache sich klar, dass man ebenso gut ein Portfolio

$$\begin{pmatrix} n_0(1) \\ n_0(3) \end{pmatrix},$$

bestimmen könnte, das das Gleichungssystem

$$n_0(1)B_1(u) + n_0(3)p_1(3,u) = p_1(\tilde{X},u)$$
$$n_0(1)B_1(d) + n_0(3)p_1(3,d) = p_1(\tilde{X},d)$$

erfüllt. Man würde damit im Gesamtergebnis zu keinem anderen Resultat kommen. Hier zeigt sich nur noch einmal, dass wir es in unserem Beispiel mit einem Kapitalmarkt zu tun haben, der übervollständig ist.

[25] Vgl. zu den Details beispielsweise Jarrow (2002), Seite 188 ff., und Jarrow und Turnbull (2000), Seite 487 ff.

9 Kapitalstrukturpolitik

Im Jahre 1958 publizierten *Franco Modigliani* und *Merton H. Miller* in der Zeitschrift ‚American Economic Review' einen Aufsatz über „Kapitalkosten, Unternehmensfinanzierung und Investitionstheorie", mit dem sie eine fruchtbare Diskussion in Gang setzten und die Finanzierungstheorie grundlegend und nachhaltig beeinflussten. Die Thesen, die sie in dem inzwischen tausendfach zitierten Artikel aufstellten und bewiesen, beherrschen die Diskussion über viele Jahre, weil sie von zahlreichen Autoren als Herausforderung begriffen wurden und zu Widerspruch reizten. Die zentrale Behauptung lautet: Die Art der Finanzierung eines Unternehmens ist für den Erfolg eines Unternehmens ebenso wichtig wie das fünfte Rad am Wagen. Jedenfalls könne man durch eine Veränderung des Verhältnisses von Fremd- zu Eigenkapital weder den Marktwert des Unternehmens noch die durchschnittlichen Kapitalkosten beeinflussen.

Um das Gewicht der Aussage von Modigliani und Miller zu erfassen, mache man sich klar, welche Funktionen Manager besitzen. Nach landläufiger Vorstellung ist es die Aufgabe von *Marketingmanagern*, die Marketinginstrumente (Preis-, Produkt-, Kommunikations- und Distributionspolitik) so einzusetzen, dass die Gewinne des Unternehmens nachhaltig maximiert werden. Entsprechend sollen *Produktionsmanager* dafür sorgen, dass Standorte und Layoutsysteme, Qualitäten, personelle Ressourcen, Losgrößen, Fertigungsabläufe und Lagerhaltungssysteme in einer Weise ausgewählt werden, die das Streben nach Gewinn beziehungsweise die Minimierung der Kosten eines Unternehmens günstig beeinflussen. Ganz analog dazu müssen *Personalmanager* sich darum kümmern, die Auswahl und Entwicklung der Mitarbeiter eines Unternehmens, die Schaffung von Arbeitsbedingungen einschließlich der Gestaltung von Lohn- und Anreizsystemen in einer Weise zu bewirken, die nicht nur sozial, sondern auch ökonomisch effizient ist.

Bleibt man diesem Schema treu, so sollte es die Aufgabe der *Finanzmanager* sein, finanzwirtschaftliche Instrumente und Prozesse so auszuwählen und zu gestalten, dass dem Gewinnziel des Unternehmens in bestmöglicher Weise gedient wird. Eines der zentralen Themen in diesem Zusammenhang, sozusagen das Königsproblem der betrieblichen Finanzwirtschaft, ist das Verhältnis von Fremd- zu Eigenkapital, also die Bestimmung des günstigsten Verschuldungsgrades. Man könnte von den Finanzmanagern verlangen, ihren Beitrag zur Erreichung des Ge-

Modigliani   *Miller*

Franco Modigliani (1918–2003) sah sich nach abgeschlossenem Jurastudium an der Universität von Rom im Jahre 1939 gezwungen, nach Amerika zu emigrieren. Er studierte bei Adolph Lowe und Jacob Marschak Wirtschaftswissenschaften und promovierte 1944 an der University of Chicago mit einer Arbeit über Zins- und Geldtheorie. Von 1952 bis 1960 lehrte und forschte Modigliani am Carnegie Institute of Technology. In dieser Zeit arbeitete er gemeinsam mit Merton H. Miller an zwei Epoche machenden Beiträgen zur Unternehmensfinanzierung. In dem Aufsatz „The cost of capital, corporation finance, and the theory of investment" (1958) ging es um die Irrelevanz der Kapitalstruktur (Modigliani-Miller-Theorem), im zweiten über „Dividend policy, growth and the valuation of shares" (1961) um die Irrelevanz der Dividendenpolitik (Miller-Modigliani-Theorem). 1962 übernahm Modigliani eine Professur am Massachusetts Institute of Technology in Boston, wo er bis zu seiner Emeritierung tätig war. 1985 wurde er mit dem Nobelpreis für Wirtschaftswissenschaften ausgezeichnet. (Foto mit freundlicher Genehmigung von Franco Modigliani)

Merton H. Miller (1923–2000) studierte Volkswirtschaftslehre und promovierte im Jahre 1952 an der Johns Hopkins University in Baltimore. Danach ging er an die London School of Economics und von dort aus an das Carnegie Institute of Technology. 1961 wurde Miller Professor für Bank- und Finanzwirtschaft an der University of Chicago, wo er bis zu seiner Emeritierung im Jahre 1993 geblieben ist. 1990 erhielt Miller für seine fundamentalen Beiträge zur Theorie der Unternehmensfinanzierung gemeinsam mit Harry M. Markowitz und William F. Sharpe den Nobelpreis für Wirtschaftswissenschaften. (Foto mit freundlicher Genehmigung von Katie Miller)

winnziels in der Weise zu leisten, dass sie die für Investitionen erforderlichen Finanzmittel zu möglichst niedrigen Kapitalkosten bereitstellen. Genau hier jedoch lässt sich nichts optimieren, jedenfalls dann nicht, wenn man den Ergebnissen von Modigliani und Miller folgt. Die Finanzmanager können also fünf gerade sein lassen und bei der nächsten Vorstandssitzung auf den Marketing-, Produktions- und Personalmanagern herumhacken, die für das Unternehmensergebnis wirklich verantwortlich sind. Das natürlich nur so lange, bis die Personalmanager auf die Idee kommen, dass man die überflüssigen Finanzmanager ebenso gut entlassen kann.

Modigliani und Miller standen – und stehen – mit ihren Ergebnissen im krassen Widerspruch zu dem, was man intuitiv für richtig hält, wenn man über die Finanzierungspolitik eines Unternehmens nachdenkt. Üblicherweise argumentiert man nämlich, dass ein niedriger Verschuldungsgrad teuer sei, weil man auf den Einsatz billigen Fremdkapitals verzichtet. Fremdkapital ist (zunächst) billiger als Eigenkapital, weil es mit Vorrang bedient wird und Ausfallrisiken daher gegenüber einer Eigentümerposition klein sind. Wegen der systematisch kleineren Risiken können und müssen sich Fremdkapitalgeber immer mit geringeren Renditen zufrieden geben als Eigenkapitalgeber. Andererseits gilt aber auch ein hoher Verschuldungsgrad als teuer, weil die Risiken für beide Kapitalgebergruppen mit steigender Verschuldung wachsen. Kreditgeber müssen befürchten, nicht oder wenigstens nicht in vollem Umfang befriedigt zu werden; Eigentümer müssen einkalkulieren, dass wegen Zahlungsunfähigkeit der Konkurs droht. Nimmt man beides zusammen, so liegt die Vermutung nahe, dass es irgendwo zwischen den Extremen zu hoher und zu niedriger Verschuldung ein besonders günstiges Verhältnis – die optimale Kapitalstruktur – gibt.

Mit dieser traditionellen These muss man brechen, wenn man den Ansatz von Modigliani und Miller akzeptiert. Sie leiten ihr Ergebnis aus einem Modell ab, das – wie jedes Modell – auf einer Reihe von Annahmen beruht, die die Wirklichkeit bewusst vereinfachen. Der Kern ihres Beweises war ein Arbitrageargument. Sie zeigten, dass man durch den Kauf und Verkauf von Wertpapieren risikolos beliebig reich werden kann, falls die durchschnittlichen Kapitalkosten zweier Firmen, die sich nur in Bezug auf ihren Verschuldungsgrad voneinander unterscheiden, nicht übereinstimmen.

9.1 Annahmen

Der Modellaufbau, den Modigliani und Miller ihrer ursprünglichen Argumentation zugrunde legten, war ebenso wie ihre Beweisführung verhältnismäßig umständlich. Er beruhte auf Annahmen, die sich in der späteren Diskussion als zum Teil vernachlässigbar erwiesen. Wir verwenden die folgenden Prämissen:

1. Wir betrachten eine Ökonomie mit den beiden Zeitpunkten $t = 0$ („heute") und $t = 1$ („in einem Jahr"). Mit einem solchen Zwei-Zeitpunkte-Modell zu argumentieren, ist besonders einfach. Jedoch ließe sich diese strenge Annahme ohne Weiteres lockern.

2. Bezüglich des Zeitpunktes $t = 1$ herrscht Unsicherheit. Diese kommt zunächst darin zum Ausdruck, dass die Erträge der Investitionen, welche von einer Firma realisiert werden, nicht mit Sicherheit prognostiziert werden können. Im Zeitpunkt $t = 1$ können unterschiedliche Zustände $s = 1, \ldots, S$ auftreten, wobei angenommen wird, dass die Zahl der Zustände endlich ist.

3. Es gibt eine große Zahl von Investoren, die im Zeitpunkt $t = 0$ ihre Ersparnisse Firmen zur Verfügung stellen, indem sie Finanztitel kaufen. Das können Eigentümerpapiere („Aktien") beziehungsweise Gläubigerpapiere („Anleihen") sein. Die Firmen verwenden die Erlöse aus dem Verkauf dieser Wertpapiere, um damit Investitionen zu finanzieren. Im Gegenzug räumen sie den Kapitalgebern Ansprüche auf Zahlungen im Zeitpunkt $t = 1$ ein, die sie aus den Cashflows bestreiten. Dabei wird den Gläubigern ein fester Betrag versprochen, während den Aktionären in Aussicht gestellt wird, dass sie den Restbetrag erhalten, welcher von den Cashflows verbleibt, nachdem die Gläubiger befriedigt sind. Wenn die Cashflows nicht ausreichen, um die Gläubiger vollständig zu befriedigen, so erhalten diese alle Cashflows, und die Aktionäre gehen leer aus. Mehr als das, was die Investitionen der Firmen im Zeitpunkt $t = 1$ abwerfen, kann an die Kapitalgeber jedoch nicht verteilt werden. Privathaftung ist demnach ausgeschlossen.

4. Alle Finanztitel werden auf einem reibungslosen Kapitalmarkt gehandelt. Es gibt also weder Transaktionskosten im Zusammenhang mit dem Kauf oder Verkauf von Wertpapieren noch Steuern oder Handels- beziehungsweise Marktzutrittsbeschränkungen. Das schließt ein, dass auch Leerverkäufe zulässig sind.

5. Der Kapitalmarkt ist kompetitiv. Niemand besitzt eine marktbeherrschende Stellung. Jeder nimmt die Preise der Wertpapiere als gegeben.

6. Alle Marktteilnehmer haben identische Vorstellungen von den Einzahlungen, die sie aus dem Besitz von Finanztiteln erwarten dürfen, wenn im Zeitpunkt $t = 1$ der Zustand s eintritt. Es wird also von homogenen Zukunftserwartungen ausgegangen. Diese beziehen sich jedoch nicht notwendigerweise auch auf die Eintrittswahrscheinlichkeiten der Zustände im Zeitpunkt $t = 1$.

7. Es gibt keine Arbitragegelegenheiten.

8. Es existieren zwei Unternehmen, die sich einzig und allein in Bezug auf ihre Kapitalstruktur unterscheiden. Diese beiden Firmen werden mit den Indizes L und U gekennzeichnet, wobei L für das verschuldete Unternehmen (englisch: levered firm) und U für das unverschuldete Unternehmen (englisch: unlevered firm) steht.

Die Annahme ist besonders wichtig. Sie besagt, dass der Verschuldungsgrad der einzige Unterschied zwischen den beiden Unternehmen ist. Sie betreiben also die gleiche Investitionspolitik, stellen dieselben Produkte zu den gleichen Kosten her und verkaufen ihre Erzeugnisse zu identischen Bedingungen auf denselben Absatzmärkten. Eine derart weitgehende Übereinstimmung ist natürlich nur im Rahmen eines Gedankenexperimentes herstellbar. Aber wir brauchen sie, weil wir sonst nicht eindeutig beurteilen können, ob voneinander abweichende Kapitalkosten nun auf den Verschuldungsgrad oder auf irgendeine andere Ursache zurückzuführen sind.

9.2 Modigliani-Miller-Theorem

Die entscheidende These von Modigliani und Miller lautet, dass der Verschuldungsgrad eines Unternehmens ohne Einfluss auf seinen Marktwert ist.[1] Unter dem Marktwert des Unternehmens ist hier die Summe des Marktwertes der Aktien (des Eigenkapitals) und der Anleihen (des Fremdkapitals) zu verstehen. Der Verschuldungsgrad ist das Verhältnis von Fremd- zu Eigenkapital, wobei man beide Größen nicht anhand ihrer bilanziellen Werte, sondern ebenfalls mit Hilfe von Marktwerten misst.

Um die These zu beweisen, kann man sehr verschiedene Wege gehen, von denen wir im Folgenden zwei zeigen wollen. Zuvor müssen wir aber einige Symbole definieren. Wir verwenden

D_0 Marktwert des Fremdkapitals (englisch: debt),
E_0 Marktwert des Eigenkapitals (englisch: equity),
V_0 Marktwert des gesamten Unternehmens,
$\tilde{X}$ Unsichere Cashflows im Zeitpunkt $t = 1$,
$\tilde{X}_D$ Unsichere Ansprüche der Gläubiger im Zeitpunkt $t = 1$,
$\tilde{X}_E$ Unsichere Ansprüche der Eigentümer im Zeitpunkt $t = 1$.

Wie üblich versehen wir im Folgenden alle unsicheren Größen mit einer Tilde. Da die Firma U nicht mit Fremdkapital finanziert ist, gilt $V_0^u = E_0^u$. Für das Unternehmen L lautet der definitorische Zusammenhang dagegen $V_0^l = E_0^l + D_0$. Da die beiden Unternehmen mit Ausnahme ihrer Kapitalstruktur vollkommen identisch sind, gilt annahmegemäß außerdem

$$\tilde{X}^u = \tilde{X}^l \tag{9.1}$$

für beide Firmen.

9.2.1 CAPM und Irrelevanztheorem

Eine einfache Methode, die Irrelevanz der Kapitalstruktur zu beweisen, bedient sich der Ergebnisse des Capital Asset Pricing Models. Zu diesem Zweck erinnern wir uns an die grundlegende Bewertungsgleichung (5.40) von Seite 215, die folgende Form besaß:

$$p(\tilde{X}) = \frac{\mathrm{E}[\tilde{X}] - \lambda \, \mathrm{Cov}[\tilde{X}, \tilde{r}_m]}{1 + r_f}.$$

---

[1] Wenn Sie den Text kritisch lesen, werden Sie vielleicht fragen, was das mit den Kapitalkosten zu tun hat, die die Finanzmanager minimieren sollen. Tatsächlich kann man aber leicht zeigen, dass man mit Hilfe von Variationen des Verschuldungsgrades die Kapitalkosten genau dann nicht minimieren kann, wenn man den Marktwert des Unternehmens nicht maximieren kann. Siehe dazu im Einzelnen Seite 406 ff.

Um den Gleichgewichtspreis eines Finanztitels zu berechnen, der im Zeitpunkt $t = 1$ unsichere Rückflüsse verspricht, ermittle man zunächst den Erwartungswert dieser Rückflüsse und nehme anschließend eine Risikoadjustierung vor, indem man den Erwartungswert um das Produkt aus Marktpreis pro Risikoeinheit und Kovarianz zwischen den Rückflüssen des Finanztitels und der Marktrendite vermindert. Das Resultat ist mit dem risikolosen Zinssatz zu diskontieren. Eben diese Gleichung nutzen wir jetzt, um die Marktwerte des Eigen- und des Fremdkapitals zu bestimmen.

Um das tun zu können, müssen wir jedoch die oben getroffenen Annahmen noch ein wenig verschärfen. Wir hatten unterstellt, dass alle Marktteilnehmer homogene Zukunftserwartungen haben, jedoch nicht angenommen, dass die Eintrittswahrscheinlichkeiten der Zustände im Zeitpunkt $t = 1$ von allen Investoren gleich eingeschätzt werden. Das aber müssen wir jetzt tun, da anderenfalls die Voraussetzungen des Capital Asset Pricing Models nicht erfüllt sind.

Eine weitere Verschärfung der oben genannten Annahmen wird durch die Verwendung des Capital Asset Pricing Models erzwungen, weil es auf der Voraussetzung beruht, dass entweder die Rückflüsse der Investitionen normalverteilt sind oder alle Marktteilnehmer quadratische Nutzenfunktionen besitzen.[2]

Zunächst können wir festhalten, dass der Marktwert des unverschuldeten Unternehmens U

$$V_0^u = E_0^u = \frac{E[\tilde{X}] - \lambda \, \text{Cov}[\tilde{X}, \tilde{r}_m]}{1 + r_f} \qquad (9.2)$$

beträgt. Das *Modigliani-Miller*-Theorem ist bewiesen, wenn wir gezeigt haben, dass der Marktwert der verschuldeten Firma L ebenfalls durch den Ausdruck auf der rechten Seite von (9.2) gegeben ist. Das beweisen wir zunächst für den Fall, dass die Rückzahlung des Kredits der Firma L sicher ist, und anschließend unter Aufgabe dieser einschränkenden Annahme.

Risikolose Verschuldung Konzentrieren wir uns zunächst auf den Spezialfall risikoloser Verschuldung. Hierbei wird unterstellt, dass den Gläubigern Zahlungsversprechen nur in einem Umfange gegeben werden, die im Zeitpunkt $t = 1$ mit Sicherheit erfüllt werden können. Bei risikoloser Verschuldung erhält man den Marktwert der Anleihen einfach aus

$$D_0 = \frac{X_D}{1 + r_f}, \qquad (9.3)$$

während der Marktwert der Aktien sich aus

$$E_0^l = \frac{E[\tilde{X}_E] - \lambda \, \text{Cov}[\tilde{X}_E, \tilde{r}_m]}{1 + r_f} \qquad (9.4)$$

---

[2] Siehe Seite 192. Eine andere unserer oben getroffenen Annahmen könnten wir dagegen abschwächen. Anstelle der starken Annahme (9.1), $\tilde{X}^u = \tilde{X}^l$, könnten wir nun die schwächere Annahme treffen, dass $E[\tilde{X}^u] = E[\tilde{X}^l]$ und $\text{Cov}[\tilde{X}^u, \tilde{r}_m] = \text{Cov}[\tilde{X}^l, \tilde{r}_m]$ gelte.

9.2. Modigliani-Miller-Theorem

ergibt. Da annahmegemäß zur Befriedigung der Kapitalgeber ausschließlich Cashflows herangezogen werden und Privathaftung ausgeschlossen bleibt, gilt notwendigerweise

$$\tilde{X}_E + X_D = \tilde{X} \quad \text{und} \qquad (9.5)$$
$$E[\tilde{X}_E] + X_D = E[\tilde{X}] \, .$$

Einsetzen und Umformen ergibt für den gesamten Marktwert des verschuldeten Unternehmens

$$\begin{aligned} V_0^l &= E_0^l + D_0 \\ &= \frac{E[\tilde{X}_E] - \lambda \, \text{Cov}[\tilde{X}_E, \tilde{r}_m]}{1 + r_f} + \frac{X_D}{1 + r_f} \\ &= \frac{E[\tilde{X}_E] + X_D - \lambda \, \text{Cov}[\tilde{X}_E, \tilde{r}_m]}{1 + r_f} \\ &= \frac{E[\tilde{X}] - \lambda \, \text{Cov}[\tilde{X}_E, \tilde{r}_m]}{1 + r_f} \, . \end{aligned} \qquad (9.6)$$

Nach all diesen Vorbereitungen lässt sich der Beweis nun rasch führen. Die Wahl des Verschuldungsgrades ist für den Marktwert des Unternehmens genau dann ohne Bedeutung, wenn

$$V_0^u = V_0^l$$

ist. Infolgedessen müssen wir zeigen, dass

$$\text{Cov}[\tilde{X}, \tilde{r}_m] = \text{Cov}[\tilde{X}_E, \tilde{r}_m]$$

ist, denn nur wenn diese beiden Kovarianzen übereinstimmen, entsprechen die Gleichungen (9.2) und (9.6) einander. Der Beweis ist mit Rückgriff auf (9.5) und die Kovarianzeigenschaft in Bezug auf Lineartransformationen von Zufallsvariablen[3] schnell geführt,

$$\begin{aligned} \text{Cov}[\tilde{X}, \tilde{r}_m] &= \text{Cov}[\tilde{X}_E + X_D, \tilde{r}_m] \\ &= \text{Cov}[\tilde{X}_E, \tilde{r}_m] \, . \end{aligned}$$

Die notwendige Konsequenz lautet: Die Kapitalstruktur ist für den gesamten Marktwert eines Unternehmens irrelevant, wenn die Annahmen gelten, von denen man im Rahmen des Capital Asset Pricing Models ausgeht.

Riskante Verschuldung Bisher haben wir unterstellt, dass die Anleihe insofern sicher ist, als die Schuldner ihren Zahlungsverpflichtungen auch bei Eintritt der schlechtesten Zukunftslagen vollständig entsprechen können. Obwohl wir diese

---
[3] Vgl. Tabelle 10.12 auf Seite 472.

Annahme jetzt aufgeben, bleibt die Irrelevanzthese gültig. Der Wert des Fremdkapitals im Zeitpunkt $t = 0$ beläuft sich nunmehr auf

$$D_0 = \frac{\mathrm{E}[\tilde{X}_D] - \lambda \, \mathrm{Cov}[\tilde{X}_D, \tilde{r}_m]}{1 + r_f}, \qquad (9.7)$$

während sich für den Marktwert des Eigenkapitals dasselbe ergibt wie in Gleichung (9.4). Setzt man beides in die Definitionsgleichung für den Marktwert des gesamten Unternehmens ein, so erhält man

$$\begin{aligned} V_0^l &= E_0^l + D_0 \\ &= \frac{\mathrm{E}[\tilde{X}_E] - \lambda \, \mathrm{Cov}[\tilde{X}_E, \tilde{r}_m]}{1 + r_f} + \frac{\mathrm{E}[\tilde{X}_D] - \lambda \, \mathrm{Cov}[\tilde{X}_D, \tilde{r}_m]}{1 + r_f} \\ &= \frac{\mathrm{E}[\tilde{X}_E + \tilde{X}_D] - \lambda \left(\mathrm{Cov}[\tilde{X}_E, \tilde{r}_m] + \mathrm{Cov}[\tilde{X}_D, \tilde{r}_m] \right)}{1 + r_f}. \end{aligned} \qquad (9.8)$$

Da wir annahmegemäß Privathaftung ausschließen und die Kapitalgeber daher einzig und allein aus den Cashflows befriedigt werden können, gilt jetzt

$$\begin{aligned} \tilde{X}_E + \tilde{X}_D &= \tilde{X} \quad \text{und} \\ \mathrm{E}[\tilde{X}_E + \tilde{X}_D] &= \mathrm{E}[\tilde{X}]. \end{aligned} \qquad (9.9)$$

Einsetzen in (9.8) führt zu

$$V_0^l = \frac{\mathrm{E}[\tilde{X}] - \lambda \left(\mathrm{Cov}[\tilde{X}_E, \tilde{r}_m] + \mathrm{Cov}[\tilde{X}_D, \tilde{r}_m] \right)}{1 + r_f} \qquad (9.10)$$

für den gesamten Marktwert der verschuldeten Firma. Vergleicht man das mit dem gesamten Marktwert des unverschuldeten Unternehmens gemäß (9.2), so zeigt sich, dass beide genau dann übereinstimmen, wenn

$$\mathrm{Cov}[\tilde{X}, \tilde{r}_m] = \mathrm{Cov}[\tilde{X}_E, \tilde{r}_m] + \mathrm{Cov}[\tilde{X}_D, \tilde{r}_m]$$

ist. Auch das lässt sich wieder rasch beweisen. Wegen (9.9) ist die Zufallsvariable $\tilde{X}$ eine Linearkombination aus $\tilde{X}_E$ und $\tilde{X}_D$, und daher gilt[4]

$$\begin{aligned} \mathrm{Cov}[\tilde{X}, \tilde{r}_m] &= \mathrm{Cov}[\tilde{X}_E + \tilde{X}_D, \tilde{r}_m] \\ &= \mathrm{Cov}[\tilde{X}_E, \tilde{r}_m] + \mathrm{Cov}[\tilde{X}_D, \tilde{r}_m]. \end{aligned}$$

Damit erweist sich die Kapitalstruktur auch dann als irrelevant, wenn die Verschuldung ein Ausmaß annimmt, das Kredite unsicher werden lässt.

Da wir nun gezeigt haben, dass die Mischung der beiden prominentesten Wertpapiere – Aktien und Anleihen – keinerlei Auswirkungen auf den Marktwert des

---

[4]Vgl. Tabelle 10.12 auf Seite 472.

9.2. Modigliani-Miller-Theorem

Unternehmens (und damit auf seine Kapitalkosten) hat, könnte ein Finanzmanager auf die Idee kommen, es mit zwei anderen Wertpapieren zu versuchen, zum Beispiel Aktien und Vorzugsaktien, Anleihen und Wandelanleihen und so weiter. Es wird alles nichts nutzen. In unseren Beweis gingen ja spezielle Voraussetzungen über die Eigenschaften von Aktien und Anleihen überhaupt nicht ein. Wir haben mit (9.4) und 9.7 nur zweimal die allgemeine Bewertungsgleichung des Capital Asset Pricing Models verwendet, und die gilt für *alle* Wertpapiere. Und selbstverständlich erreicht der Finanzmanager auch dann nichts, wenn er das Unternehmen mit mehr als zwei verschiedenen Titeln finanziert. Wir müssten in einem solchen Fall einfach einen dieser Titel D und das Portfolio der restlichen Titel E nennen und hätten damit im Prinzip schon gezeigt, dass sich an V_0 nichts ändert, wenn man $D_0 = 0$ wählt, den einen Titel also nicht emittiert. Das setzen wir so fort, bis nur noch zwei Finanztitel übrig bleiben.

9.2.2 Arbitragetheorie und Irrelevanztheorem

Um die Irrelevanzthese zu beweisen, muss man nicht auf das CAPM zurückgreifen. Vielmehr gelingt der Beweis auch mit Hilfe der Arbitragetheorie, und diese Vorgehensweise ist wesentlich voraussetzungsärmer. So braucht man nicht zu unterstellen, dass alle Marktteilnehmer die Eintrittswahrscheinlichkeiten der sich im Zeitpunkt $t = 1$ manifestierenden Zukunftslagen gleich einschätzen. Ferner benötigt man weder die Annahme, dass die Rückflüsse der Investitionen normalverteilt sind, noch die Prämisse, dass die Marktteilnehmer quadratischen Nutzenfunktionen folgen. Man muss nicht einmal voraussetzen, dass die Investoren sich rational im Sinne des Bernoulliprinzips verhalten.

Um den Beweis führen zu können, gehen wir allerdings auch jetzt wieder davon aus, dass die Cashflows der unverschuldeten Firma ebenso groß sind wie diejenigen des verschuldeten Unternehmens,

$$\tilde{X}^u = \tilde{X}^l, \tag{9.11}$$

wobei wir annehmen, dass die Zahl der im Zeitpunkt $t = 1$ möglichen Zustände endlich ist. Am Kapitalmarkt werden Aktien und Anleihen der Firmen U und L gehandelt. Im Einzelnen verwenden wir folgende Symbole:

$p(\tilde{X}_D)$ Marktwert der Anleihen eines Unternehmens,
$p(\tilde{X}_E)$ Marktwert der Aktien eines Unternehmens,
$\tilde{X}$ Unsichere Cashflows im Zeitpunkt $t = 1$,
$\tilde{X}_D$ Ansprüche aus dem Besitz aller Anleihen im Zeitpunkt $t = 1$,
$\tilde{X}_E$ Ansprüche aus dem Besitz aller Aktien im Zeitpunkt $t = 1$.

Die Anleihen berechtigen ihre Inhaber, im Zeitpunkt $t = 1$ von dem verschuldeten Unternehmen die Zahlung des vereinbarten Betrages zu verlangen, für den wir mit k_D^{nom} als Symbol für den Nominalzins $(1 + k_D^{nom})D_0$ schreiben können. Aber es ist nicht sicher, ob die Firmenleitung dazu imstande sein wird, die Ansprüche der Gläubiger vollkommen zu befriedigen. Das ist nur möglich, wenn $(1 + k_D^{nom})D_0 \leq \tilde{X}$ ist. Sollten Zustände eintreten, in denen $(1 + k_D^{nom})D_0 > \tilde{X}$ ist, so tritt Konkurs ein. In diesen Fällen gehen die Aktionäre leer aus, und die unzureichenden Cashflows $\tilde{X}$ werden so auf die Gläubiger verteilt, dass jeder mit der gleichen Quote befriedigt wird. Aus den Anleihen erwachsen daher zustandsabhängige Ansprüche in Höhe von

$$\tilde{X}_D = \left\{ \begin{array}{ll} (1 + k_D^{nom})D_0 & \text{wenn } (1 + k_D^{nom})D_0 \leq \tilde{X} \\ \tilde{X} & \text{wenn } (1 + k_D^{nom})D_0 > \tilde{X} \end{array} \right\}. \tag{9.12}$$

Wieder ist wichtig zu betonen, dass die Gläubiger in keinem Fall mehr erhalten können, als insgesamt an Cashflows im Zeitpunkt $t = 1$ zur Verfügung steht. Eine darüber hinausgehende Haftung (Privathaftung) ist ausgeschlossen. Aus dem Besitz der Aktien erwachsen Ansprüche in Höhe von

$$\tilde{X}_E = \left\{ \begin{array}{ll} \tilde{X} - (1 + k_D^{nom})D_0 & \text{wenn } (1 + k_D^{nom})D_0 \leq \tilde{X} \\ 0 & \text{wenn } (1 + k_D^{nom})D_0 > \tilde{X} \end{array} \right\}. \tag{9.13}$$

Das bedeutet: Die Aktionäre erhalten im Zeitpunkt $t = 1$ nichts, falls der Konkursfall eintritt. Sie bekommen den Betrag, der nach Abzug der Schulden von den Cashflows übrig bleibt, wenn die Geschäftsentwicklung günstiger verläuft. Da Privathaftung ausgeschlossen ist, muss notwendigerweise

$$\tilde{X} = \tilde{X}_D + \tilde{X}_E \tag{9.14}$$

gelten, vgl. Tabelle 9.1.

Tabelle 9.1: Ansprüche der Kapitalgeber im Zeitpunkt $t = 1$

Kapitalgeber	Kein Konkurs $(1 + k_D^{nom})D_0 \leq \tilde{X}$	Konkurs $(1 + k_D^{nom})D_0 > \tilde{X}$
Gläubiger	$(1 + k_D^{nom})D_0$	$\tilde{X}$
Eigentümer	$\tilde{X} - (1 + k_D^{nom})D_0$	0
Summe	$\tilde{X}$	$\tilde{X}$

Unter dem Marktwert eines Unternehmens verstehen wir nun die Summe der Marktpreise aller von ihr ausgegebenen Finanztitel. Der Marktwert des verschuldeten Unternehmens beläuft sich auf

$$V_0^l = p(\tilde{X}_D^l) + p(\tilde{X}_E^l). \tag{9.15}$$

9.2. Modigliani-Miller-Theorem

Aufgrund der zentralen Annahme, dass Arbitragegelegenheiten nicht existieren, muss das Wertadditivitätstheorem gelten, siehe Seite 137. Das bedeutet im vorliegenden Fall

$$V_0^l = p(\tilde{X}_D^l + \tilde{X}_E^l),$$

wofür man wegen (9.14) auch

$$V_0^l = p(\tilde{X}^l)$$

schreiben kann. Beide Firmen unterscheiden sich ausschließlich in Bezug auf ihre Kapitalstruktur voneinander. Die zustandsabhängigen Cashflows dagegen stimmen überein. Deswegen können wir vorstehende Gleichung unter Verwendung von (9.11) auch als

$$V_0^l = p(\tilde{X}^u)$$

darstellen, woraus nach erneuter Anwendung von (9.14)

$$V_0^l = p\left(\tilde{X}_D^u + \tilde{X}_E^u\right)$$

und wegen $\tilde{X}_D^u = 0$

$$\begin{aligned} V_0^l &= p(\tilde{X}_E^u) \\ &= V_0^u \end{aligned}$$

wird. Damit haben wir über die Arbitragetheorie bewiesen, dass der Marktwert eines Unternehmens unabhängig von seinem Verschuldungsgrad ist. Weil wir spezifische Eigenschaften der Anleihen und der Aktien in unserem Beweis verwendet haben, ist unser Resultat nicht so unmittelbar auf andere Finanztitel übertragbar wie das entsprechende Ergebnis, das wir unter Verwendung des CAPM abgeleitet hatten. Man könnte den Beweis im Übrigen auch hier so allgemein formulieren, dass er für alle Finanztitel gilt, die mit den Annahmen aus Abschnitt 9.1 verträglich sind. Wir haben außerdem gesehen, dass es sich bei der These von Modigliani und Miller im Grunde nur um einen Spezialfall des Wertadditivitätstheorems handelt.

9.2.3 Ergebnis

Man bezeichnet die These als das Irrelevanztheorem der Kapitalstruktur oder auch als *Modigliani-Miller*-Theorem,

$$V_0^l = V_0^u. \tag{9.16}$$

Wollte man das Theorem salopp formulieren, so könnte man sagen: Die Größe eines Kuchens bleibt davon unberührt, in wie viele Stücke man ihn schneidet und welche spezielle Form diese Stücke haben. An die Kapitalgeber werden unsichere Cashflows verteilt, und zwar ganz unabhängig davon, in welcher Weise das für die

Durchführung der Investitionen erforderliche Kapital aufgebracht wird. Der Marktwert des gesamten Unternehmens – die Größe des Kuchens – wird ausschließlich von der Wahrscheinlichkeitsverteilung der Cashflows bestimmt, nicht jedoch davon, wie Erträge und Risiken zwischen den Kapitalgebern aufgeteilt werden.

9.3 Abgeleitete Theoreme

Aus der grundlegenden These von Modigliani und Miller lassen sich zwei weitere Thesen ableiten. Die erste betrifft die durchschnittlichen Kapitalkosten; die zweite bezieht sich auf die Renditeforderungen der Eigentümer („Aktionäre") in Abhängigkeit vom Verschuldungsgrad.

9.3.1 Durchschnittliche Kapitalkosten

Gehen wir davon aus, dass Finanzmanager dafür zu sorgen haben, dass das Unternehmen liquide bleibt und das für Investitionszwecke benötigte Kapital so kostengünstig wie möglich beschafft wird. Ziel der finanzwirtschaftlichen Aktivitäten wäre damit die Minimierung der *durchschnittlichen Kapitalkosten* (englisch: weighted average cost of capital).

Aus der Sicht der Kapitalgeber stellen die Kapitalkosten erwartete Renditen dar. Aus der Sicht der Manager des Unternehmens sind die von den Finanziers erwarteten Renditen Kapitalkosten. Um unsere Analyse weiter voranzutreiben, verwenden wir die folgenden Kapitalkostenbegriffe:

k_D Fremdkapitalkosten,
k_E^l Eigenkapitalkosten des verschuldeten Unternehmens,
k_E^u Eigenkapitalkosten des unverschuldeten Unternehmens,
$WACC$ durchschnittliche Kapitalkosten.

Wir definieren diese Kapitalkosten nun in folgender Weise:

$$k_D = \frac{E[\tilde{X}_D]}{D_0} - 1 \qquad (9.17)$$

$$k_E^l = \frac{E[\tilde{X}_E]}{E_0^l} - 1 \qquad (9.18)$$

$$k_E^u = \frac{E[\tilde{X}]}{V_0^u} - 1$$

$$WACC = \frac{E[\tilde{X}]}{V_0^l} - 1. \qquad (9.19)$$

Die Konstruktion der ersten drei Definitionsgleichungen ist leicht nachzuvollziehen: Im Zähler stehen die erwarteten Cashflows, die der jeweilige Finanzier im

9.3. Abgeleitete Theoreme

Zeitpunkt $t = 1$ erwarten darf, im Nenner wird der Kapitaleinsatz notiert, der im Zeitpunkt $t = 0$ geleistet werden muss. Für die Definitionsgleichung der durchschnittlichen Kapitalkosten (*WACC*) lässt sich keine so gut greifbare Erklärung liefern. Wir arbeiten trotzdem damit und werden bald sehen, dass sich daraus eine zweite Gleichung für die durchschnittlichen Kapitalkosten ableiten lässt, die einer intuitiven Interpretation dann auch wieder leicht zugänglich ist.[5] Die Definition (9.19) mag also nicht unmittelbar einleuchten, erweist sich aber später als zweckmäßig.

Nun werden wir zeigen, dass bei Gültigkeit des *Modigliani-Miller*-Theorems die durchschnittlichen Kapitalkosten notwendigerweise ebenso groß sind wie die Eigenkapitalkosten des unverschuldeten Unternehmens.

Man muss sich nur klarmachen, dass der Marktwert eines unverschuldeten Unternehmens dem Marktwert seines Eigenkapitals entspricht, und vorausgesetzt wird, dass das *Modigliani-Miller*-Theorem gilt. Das bedeutet für die Eigenkapitalkosten eines unverschuldeten Unternehmens

$$k_E^u = \frac{E[\widetilde{X}]}{V_0^u} - 1 = \frac{E[\widetilde{X}]}{V_0^l} - 1.$$

Daraus folgt unter Berücksichtigung der Definition der durchschnittlichen Kapitalkosten gemäß (9.19) bereits

$$WACC = k_E^u. \qquad (9.20)$$

Bei Gültigkeit des *Modigliani-Miller*-Theorems sind die durchschnittlichen Kapitalkosten unabhängig vom Verschuldungsgrad und entsprechen stets den Eigenkapitalkosten des unverschuldeten Unternehmens.

9.3.2 Eigenkapitalkosten des verschuldeten Unternehmens

Bisher besitzen wir noch keine Vorstellungen vom Zusammenhang zwischen den Eigenkapitalkosten eines unverschuldeten und denen eines verschuldeten Unternehmens. Um einen derartigen Zusammenhang zu entdecken, erinnern wir uns an die Annahme, dass es keine Privathaftung gibt und deswegen an die Eigentümer und Gläubiger nicht mehr als der Cashflow verteilt werden kann,

$$\widetilde{X} = \widetilde{X}_E + \widetilde{X}_D.$$

Bilden wir auf beiden Seiten die Erwartungswerte, so entsteht

$$E[\widetilde{X}] = E[\widetilde{X}_E] + E[\widetilde{X}_D].$$

---
[5] Siehe Gleichung (9.23) auf Seite 408.

Unter Verwendung der Kapitalkostendefinitionen (9.17) und (9.18) können wir dafür

$$E[\tilde{X}] = (1 + k_E^l) E_0^l + (1 + k_D) D_0$$

schreiben. Division durch den Marktwert des verschuldeten Unternehmens und geringfügige Umformung führen auf

$$\frac{E[\tilde{X}]}{V_0^l} = (1 + k_E^l) \frac{E_0^l}{V_0^l} + (1 + k_D) \frac{D_0}{V_0^l}$$

$$\frac{E[\tilde{X}]}{V_0^l} - 1 = k_E^l \frac{E_0^l}{V_0^l} + k_D \frac{D_0}{V_0^l}.$$

Unter Berücksichtigung von (9.19) erhalten wir damit eine andere Darstellungsform für die durchschnittlichen Kapitalkosten,

$$WACC = k_E^l \frac{E_0^l}{V_0^l} + k_D \frac{D_0}{V_0^l}, \qquad (9.21)$$

wofür wir mit der Fremdkapitalquote

$$l_0 = \frac{D_0}{V_0^l} \qquad (9.22)$$

noch einfacher

$$WACC = k_E^l (1 - l_0) + k_D \, l_0 \qquad (9.23)$$

schreiben. Das ist die so genannte Lehrbuchformel für die durchschnittlichen Kapitalkosten. Es handelt sich um die Summe aus der mit der Eigenkapitalquote gewichteten Renditeforderung der Anteilseigner k_E^l und der mit der Fremdkapitalquote gewichteten Zinsforderung der Gläubiger k_D.

Um nun endlich den Zusammenhang zwischen den Eigenkapitalkosten des verschuldeten und denen des unverschuldeten Unternehmens zu gewinnen, setzen wir (9.20) und (9.21) gleich. Das ergibt

$$k_E^l \frac{E_0^l}{V_0^l} + k_D \frac{D_0}{V_0^l} = k_E^u$$

$$k_E^l = \left(k_E^u - k_D \frac{D_0}{V_0^l} \right) \frac{V_0^l}{E_0^l}$$

oder

$$k_E^l = k_E^u + \left(k_E^u - k_D \right) \frac{D_0}{E_0^l} \qquad (9.24)$$

Das Verhältnis von Fremdkapital zu Eigenkapital bezeichnet man als Verschuldungsgrad (englisch: debt-equity ratio). Wir können also feststellen, dass die Eigenkapitalkosten des verschuldeten Unternehmens eine lineare Funktion im Verschuldungsgrad sind. Der Anstieg dieser Funktion wird durch die Differenz zwischen den Eigenkapitalkosten der unverschuldeten Firma und den Fremdkapitalkosten bestimmt. Das gilt allerdings nur, solange die Fremdkapitalkosten nicht ihrerseits eine Funktion des Verschuldungsgrades sind.

9.4 Kapitalstruktur und Steuern

Das *Modigliani-Miller*-Theorem beruht entscheidend auf der Voraussetzung, dass der Betrag, den man insgesamt an die Kapitalgeber verteilen kann, unabhängig vom Verschuldungsgrad ist. Diese Bedingung geht meistens verloren, wenn man Steuern in die Analyse einbezieht. Um das zu zeigen, betrachten wir zunächst ein sehr einfaches „Steuersystem". Anschließend werden wir uns komplizierteren Systemen zuwenden.

Beschränkung auf risikolose Kredite Um die Argumentation zu vereinfachen, wollen wir im Folgenden ausschließen, dass Unternehmen insolvent werden können. Zu diesem Zweck setzen wir voraus, dass die unsicheren Cashflows mindestens so groß sind, dass sowohl die Gläubiger als auch der Fiskus befriedigt werden können. Der Nominalzins entspricht unter diesen Bedingungen dem risikolosen Zins, $k_D^{nom} = r_f$. Und es müssen nur noch risikolose Kredite betrachtet werden,

$$X_D = (1 + r_f)D_0.$$

Der Anspruch aus dem Besitz einer Anleihe ist infolgedessen keine Zufallsvariable mehr. Fallunterscheidungen sind überflüssig.

Verfeinerung der Symbolik Bevor wir auf unsere Überlegungen von Seite 403 ff. zurückkommen, müssen wir zunächst noch die Symbolik ein wenig ändern. Das ist erforderlich, weil der Betrag, welchen der Schuldner im Zeitpunkt $t = 1$ an den Gläubiger zu zahlen hat, sich aus Zins- und Tilgungsleistungen zusammensetzt, die steuerlich in aller Regel uneinheitlich behandelt werden. Oben hatten wir die Summe aus beiden Beträgen mit dem Symbol X_D bezeichnet. Jetzt soll

$$X_D = Z + T$$

gelten, wobei Z für die Zinsen und T für den Tilgungsbetrag aller Anleihen eines Unternehmens stehen.

Rekapitulation der Beweistechnik Um zu sehen, welchen Einfluss Steuern auf das Irrelevanztheorem haben, wollen wir die auf Seite 405 benutzte Beweistechnik hier in schematischer Form rekapitulieren, um sie anschließend in entsprechender Weise wiederholen zu können. Das geschieht nur, um später Platz zu sparen.

$$\begin{aligned}
V_0^l &= p(X_D) + p(\tilde{X}_E^l) & \text{gemäß Definition} \\
&= p(X_D + \tilde{X}_E^l) & \text{wegen Wertadditivität} \\
&= p(\tilde{X}^l) & \text{wegen Gleichung (9.14)} \\
&= p(\tilde{X}^u) & \text{wegen Gleichung (9.11)} \\
&= p(\tilde{X}_E^u) & \text{wegen Gleichung (9.14) und } X_D^u = 0 \\
&= V_0^u & \text{gemäß Definition.}
\end{aligned}$$

Nach diesen Vorbereitungen können wir damit beginnen, Steuersysteme daraufhin zu analysieren, ob das *Modigliani-Miller*-Theorem unter ihrem Regime erhalten bleibt oder zusammenbricht.

9.4.1 Einfache Körperschaftsteuer

Die Annahme, dass der Kapitalmarkt reibungslos funktioniert, wird aufgehoben. Statt dessen unterstellen wir jetzt, dass Unternehmen im Zeitpunkt $t = 1$ Körperschaftsteuer zu zahlen haben. Bemessungsgrundlage ist die Differenz zwischen dem Gewinn vor Zinsen und Steuern (englisch: earnings before interest and taxes, *EBIT*) und den versprochenen Zinsen.[6] Unter Verwendung des proportionalen Steuersatzes s_k lautet die Körperschaftsteuergleichung daher

$$\tilde{S}_k = s_k \left(\widetilde{EBIT} - Z \right).$$

Besteuerung auf der Privatebene der Kapitalgeber wird ausgeschlossen.

Wir hatten die Annahme getroffen, dass das Unternehmen sich nur in einem Ausmaß verschuldet, das eine etwaige Insolvenz ausschließt. Daher erhalten die Gläubiger unter allen Umständen die ihnen zustehenden Zins- und Tilgungszahlungen,

$$X_D = Z + T.$$

Die Eigentümer dagegen bekommen zunächst die vollen Investitionserträge, müssen daraus aber sowohl ihre Verpflichtungen gegenüber den Gläubigern als auch die Körperschaftsteuer bestreiten. Daher

$$\begin{aligned}
\tilde{X}_E^l &= \tilde{X} - (Z + T) - \tilde{S}_k \\
&= \tilde{X} - (Z + T) - s_k \left(\widetilde{EBIT} - Z \right) \\
&= \tilde{X} - s_k \widetilde{EBIT} - (Z + T) + s_k Z.
\end{aligned} \qquad (9.26)$$

---

[6]Selbstredend gibt es keinerlei Unterschied zwischen dem Gewinn vor Zinsen und Steuern des unverschuldeten und des verschuldeten Unternehmens,

$$\widetilde{EBIT}^l = \widetilde{EBIT}^u. \qquad (9.25)$$

9.4. Kapitalstruktur und Steuern

Tabelle 9.2 zeigt die Ansprüche der beiden Kapitalgebergruppen im Zusammenhang und macht deutlich, dass sich der insgesamt zu verteilende Betrag grundsätzlich auf $\tilde{X} - s_k \widetilde{EBIT} + s_k Z$ beläuft. Das bedeutet aber, dass die verschuldete Firma

Tabelle 9.2: Ansprüche der Kapitalgeber im Zeitpunkt $t = 1$ bei Erhebung einer Körperschaftsteuer

Kapitalgeber	Künftige Zahlungen
Gläubiger	$Z + T$
Eigentümer	$\tilde{X} - s_k \widetilde{EBIT} - (Z + T) + s_k Z$
Summe	$\tilde{X} - s_k \widetilde{EBIT} + s_k Z$

mehr verteilen kann als die unverschuldete. In der verschuldeten Unternehmung haben wir nämlich eine Verteilungsmasse von

$$X_D + \tilde{X}_E^l = \tilde{X} - s_k \widetilde{EBIT} + s_k Z, \tag{9.27}$$

während bei der unverschuldeten Firma wegen $Z = 0$ nur

$$\tilde{X}_E^u = \tilde{X} - s_k \widetilde{EBIT} \tag{9.28}$$

zur Verfügung steht.

An dieser Stelle lässt sich bereits erkennen, dass das Irrelevanztheorem unter dem Regime des hier betrachteten Steuersystems zusammenbricht. Es kann gezeigt werden, dass die fremdfinanzierte Firma einen höheren Marktwert als die eigenfinanzierte hat, denn es gilt:

$$\begin{aligned}
V_0^l &= p(X_D) + p(\tilde{X}_E^l) & \text{gemäß Definition} \\
&= p\left(X_D + \tilde{X}_E^l\right) & \text{wegen Wertadditivität} \\
&= p\left(\tilde{X}^l - s_k \widetilde{EBIT}^l + s_k Z\right) & \text{wegen Gleichung (9.27)} \\
&= p\left(\tilde{X}^u - s_k \widetilde{EBIT}^u + s_k Z\right) & \text{wegen Gleichung (9.11) und (9.25)} \\
&= p\left(\tilde{X}^u - s_k \widetilde{EBIT}^u\right) + p(s_k Z) & \text{wegen Wertadditivität} \\
&= p\left(\tilde{X}_E^u\right) + p(s_k Z) & \text{wegen Gleichung (9.28)} \\
&= V_0^u + p(s_k Z) & \text{gemäß Definition}.
\end{aligned}$$

Der Wert der verschuldeten Unternehmung ist um den Betrag $p(s_k Z)$ größer als der Marktwert der eigenfinanzierten Firma. Die Irrelevanzthese gilt also im Falle des hier diskutierten Steuersystems nicht mehr.

Adjusted Present Value

Wie groß ist nun der Differenzbetrag zwischen dem Marktwert des unverschuldeten und des verschuldeten Unternehmens? Machen wir uns zunächst klar, was wir uns unter $s_k Z$ vorzustellen haben. Die im Zeitpunkt $t = 1$ fälligen Zinszahlungen belaufen sich auf

$$Z = r_f D_0, \qquad (9.29)$$

weil die Gläubiger annahmegemäß eine vollkommen risikolose Position einnehmen. Multipliziert man die Zinsen des Unternehmens mit dem relevanten Körperschaftsteuersatz, so ergibt sich die Körperschaftsteuerersparnis, die auf den Tatbestand zurückzuführen ist, dass das Unternehmen verschuldet ist. Solch einen Steuervorteil bezeichnet man als

$$\text{tax shield} = s_k r_f D_0.$$

Da dieser Steuervorteil absolut sicher ist, ergibt sich sein heutiger Wert, indem man ihn mit dem risikolosen Zins diskontiert, also

$$p(s_k Z) = p(s_k r_f D_0)$$
$$= \frac{s_k r_f}{1 + r_f} D_0.$$

Insgesamt erhalten wir damit das Ergebnis

$$V_0^l = V_0^u + \frac{s_k r_f}{1 + r_f} D_0 \qquad (9.30)$$

$$= \frac{\mathrm{E}\left[\widetilde{X} - s_k \widetilde{EBIT}\right]}{1 + k_E^u} + \frac{s_k r_f}{1 + r_f} D_0. \qquad (9.31)$$

Gleichung (9.30) macht Folgendes klar: Um den Marktwert eines verschuldeten Unternehmens zu berechnen, kann man offensichtlich in zwei Schritten vorgehen. Zunächst unterstellt man, dass das Unternehmen keine Schulden besitzt, und ermittelt V_0^u. Anschließend betrachtet man die fremdfinanzierungsbedingten Steuervorteile und berechnet deren Barwert. Die Summe aus beiden Komponenten ergibt den Marktwert des verschuldeten Unternehmens. Eine derartige zweistufige Vorgehensweise bezeichnet man als APV-Konzept (Adjusted Present Value).

Durchschnittliche Kapitalkosten

Was können wir über die durchschnittlichen Kapitalkosten sagen, wenn das hier zu diskutierende Steuersystem gilt? Um diese Frage zu beantworten, nehmen wir

9.4. Kapitalstruktur und Steuern

zunächst Kapitalkostendefinitionen vor, die von den auf Seite 406 angegebenen abweichen, weil jetzt Steuern relevant sind und wir nur risikolose Kredite berücksichtigen,

$$r_f = \frac{X_D}{D_0} - 1 \qquad (9.32)$$

$$k_E^l = \frac{\mathrm{E}\left[\widetilde{X}_E^l\right]}{E_0^l} - 1 \qquad (9.33)$$

$$k_E^u = \frac{\mathrm{E}\left[\widetilde{X} - s_k \widetilde{EBIT}\right]}{V_0^u} - 1 \qquad (9.34)$$

$$WACC = \frac{\mathrm{E}\left[\widetilde{X} - s_k \widetilde{EBIT}\right]}{V_0^l} - 1. \qquad (9.35)$$

Auch diese Definitionen verdienen einen Kommentar. Ebenso wie auf Seite 406 leuchten die ersten drei Definitionen sofort ein, weil im Zähler die (erwarteten) Cashflows des Zeitpunktes $t = 1$ zu finden sind, während im Nenner der Kapitaleinsatz notiert ist, den der Finanzier im Zeitpunkt $t = 0$ leisten muss. Am Beispiel der Definition von k_E^u mache man sich klar, dass die Eigentümer eines unverschuldeten Unternehmens heute den Betrag V_0^u zu zahlen haben, wenn sie erwartete Zahlungsansprüche in Höhe von $\mathrm{E}\left[\widetilde{X} - s_k \widetilde{EBIT}\right]$ erwerben wollen. Schaut man mit diesem Kenntnisstand auf die Definitionsgleichung (9.35) für $WACC$, so erkennt man, dass es sich im Zähler um die erwarteten Cashflows aus einem unverschuldeten Unternehmen handelt, während im Nenner der Kapitaleinsatz zu finden ist, der für ein verschuldetes Unternehmen zu leisten ist. Man darf also mit Fug und Recht sagen, dass hier „Äpfel und Birnen zusammengeworfen" werden. Allerdings wird sich auch hier wieder zeigen, dass diese Kapitalkostendefinition zweckmäßig ist.

Um eine Lehrbuchformel für die durchschnittlichen Kapitalkosten im Fall der einfachen Körperschaftsteuer zu entwickeln, greifen wir auf Gleichung (9.27) zurück, die beschreibt, welche Cashflows verteilt werden können, wenn es um ein verschuldetes Unternehmen geht,

$$X_D + \widetilde{X}_E^l = \widetilde{X} - s_k \widetilde{EBIT} + s_k Z.$$

Umstellen liefert unter Verwendung von (9.29) die Darstellung

$$\widetilde{X} - s_k \widetilde{EBIT} = \widetilde{X}_E^l + X_D - s_k r_f D_0.$$

Bilden wir den Erwartungswert, so entsteht

$$\mathrm{E}\left[\widetilde{X} - s_k \widetilde{EBIT}\right] = \mathrm{E}\left[\widetilde{X}_E^l\right] + X_D - s_k r_f D_0.$$

Setzen wir nun die Kapitalkostendefinitionen (9.32) und (9.33) ein, so bekommen wir

$$\mathrm{E}\left[\tilde{X} - s_k \widetilde{EBIT}\right] = \left(1 + k_E^l\right) E_0^l + \left(1 + r_f\right) D_0 - s_k r_f D_0$$
$$= \left(1 + k_E^l\right) E_0^l + \left(1 + r_f(1 - s_k)\right) D_0.$$

Nun dividieren wir durch den Marktwert des verschuldeten Unternehmens und erhalten unter Berücksichtigung von (9.22)

$$\frac{\mathrm{E}\left[\tilde{X} - s_k \widetilde{EBIT}\right]}{V_0^l} = \left(1 + k_E^l\right) \frac{E_0^l}{V_0^l} + \left(1 + r_f(1 - s_k)\right) \frac{D_0}{V_0^l}$$
$$= 1 + k_E^l (1 - l_0) + r_f(1 - s_k) l_0$$

und wegen der Definition (9.35) schließlich die Lehrbuchformel

$$WACC = k_E^l (1 - l_0) + r_f(1 - s_k) l_0 . \qquad (9.36)$$

Offensichtlich stellt dann

$$V_0^l = \frac{\mathrm{E}\left[\tilde{X} - s_k \widetilde{EBIT}\right]}{1 + WACC} \qquad (9.37)$$

eine zweite Bewertungsgleichung für verschuldete Unternehmen dar, die zum selben Ergebnis führt wie Gleichung (9.30). Man bezeichnet dieses Konzept als WACC-Ansatz (weighted average cost of capital). Obwohl das Unternehmen verschuldet ist, sind die Nachsteuer-Cashflows des unverschuldeten (!) Unternehmens mit *WACC* zu diskontieren. Das mag intuitiv nicht jedermann einleuchten, ergibt sich aber logisch unausweichlich aus der Definition (9.35).[7]

Es lohnt sich, die beiden Gleichungen (9.31) und (9.37) aufmerksam miteinander zu vergleichen:

- Wer mit dem APV-Konzept arbeiten will, muss die Eigenkapitalkosten des unverschuldeten Unternehmens (k_E^u) kennen.

- Will man dagegen mit dem WACC-Ansatz rechnen, so benötigt man die Eigenkapitalkosten des verschuldeten Unternehmens (k_E^l).

---

[7]Mit einem sehr ähnlichen Vorgehen könnten wir den fremdfinanzierungsbedingten Steuervorteil alternativ zu (9.37) auch im Zähler der Bewertungsgleichung erfassen,

$$V_0^l = \frac{\mathrm{E}\left[\tilde{X} - s_k \widetilde{EBIT} + s_k r_f D_0\right]}{1 + k_E^l(1 - l_0) + r_f l_0} .$$

Damit hätten wir im Nenner wieder die Lehrbuchformel für die durchschnittlichen Kapitalkosten, welche wir schon auf Seite 408 angegeben hatten.

9.4. Kapitalstruktur und Steuern

Daher ist es nützlich, den funktionalen Zusammenhang zwischen beiden Kapitalkostensätzen aufzudecken. Zu diesem Zweck führen wir die nachstehende Rechnung durch. Betrachten wir die Nachsteuer-Cashflows des unverschuldeten Unternehmens, so können wir wegen (9.37) und (9.34)

$$\mathrm{E}\left[\widetilde{X} - s_k \widetilde{EBIT}\right] = \mathrm{E}\left[\widetilde{X} - s_k \widetilde{EBIT}\right]$$
$$V_0^l(1 + WACC) = V_0^u(1 + k_E^u)$$

schreiben. Unter Berücksichtigung von (9.30) lässt sich das in die Form

$$V_0^l(1 + WACC) = \left(V_0^l - \frac{s_k r_f}{1 + r_f} D_0\right)(1 + k_E^u)$$
$$WACC = \left(1 - \frac{s_k r_f}{1 + r_f} \frac{D_0}{V_0^l}\right)(1 + k_E^u) - 1$$
$$= \left(1 - \frac{s_k r_f}{1 + r_f} l_0\right)(1 + k_E^u) - 1$$

bringen, was sich schließlich zu

$$WACC = k_E^u - \frac{1 + k_E^u}{1 + r_f} r_f s_k l_0 \qquad (9.38)$$

vereinfachen lässt. Diese Darstellung der durchschnittlichen Kapitalkosten wird in der Literatur als *Miles-Ezzell*-Formel bezeichnet.[8] Gleichsetzen von (9.38) und (9.36) führt auf den gesuchten funktionalen Zusammenhang zwischen den Eigenkapitalkosten eines verschuldeten und den Eigenkapitalkosten eines unverschuldeten Unternehmens,

$$k_E^l(1 - l_0) + r_f(1 - s_k) l_0 = k_E^u - \frac{1 + k_E^u}{1 + r_f} r_f s_k l_0 \,. \qquad (9.39)$$

Abbildung 9.1 veranschaulicht die hier entwickelten Zusammenhänge grafisch. Der Einfluss des Verschuldungsgrades[9] auf die durchschnittlichen Kapitalkosten ist eindeutig. *WACC* sinkt mit zunehmender Verschuldung, wobei ein positiver Grenzwert nicht unterschritten wird, solange von $k_E^u > r_f \geq 0\%$ ausgegangen wird und ein Steuersatz von $s_k \leq 100\%$ unterstellt wird. Das sind vollkommen realistische Anforderungen. Die Eigenkapitalkosten des verschuldeten Unternehmens k_E^l sind eine monoton steigende Funktion im Verschuldungsgrad, die durch Gleichung (9.40) beschrieben wird.

---

[8] Im Gegensatz zu unserer Analyse wird bei Miles und Ezzell (1980) ein Mehrperiodenmodell betrachtet. Es wird jedoch eine vollkommen äquivalente Beziehung hergeleitet.
[9] Das ist das Verhältnis von Fremd- zu Eigenkapital, die so genannte debt equity ratio.

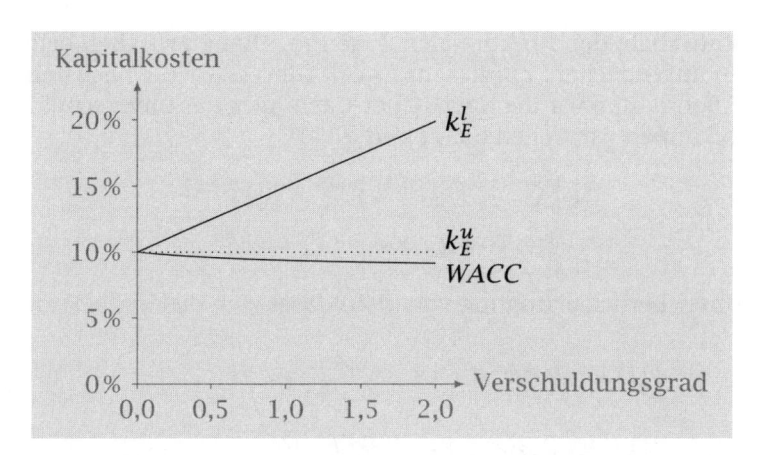

Abbildung 9.1: Kapitalkosten in Abhängigkeit vom Verschuldungsgrad unter Körperschafteuer mit $k_E^u = 10\,\%$, $r_f = 5\,\%$ und $s_k = 25\,\%$

In der Praxis ist es fast immer so, dass man k_E^l, die Eigenkapitalkosten einer verschuldeten Firma, beobachten kann und Rückschlüsse auf k_E^u, die Kapitalkosten eines völlig eigenfinanzierten Unternehmens, ziehen will. Zu diesem Zweck müsste man Gleichung (9.39) nach k_E^u auflösen. Will man dagegen studieren, wie die Eigenkapitalkosten des verschuldeten Unternehmens auf Veränderungen der Kapitalstruktur reagieren, so ist (9.39) nach k_E^l aufzulösen. Der Leser möge selbst nachrechnen, dass das auf

$$k_E^l = k_E^u + \left(k_E^u - \underbrace{\left(1 + s_k\left(\frac{1 + k_E^u}{1 + r_f} - 1\right)\right)}_{\text{Steuerkeil}} r_f\right) \frac{D_0}{E_0^l} \qquad (9.40)$$

führt. Es ist reizvoll, diese Gleichung mit (9.24) zu vergleichen.[10] Man erkennt zunächst, dass (9.40) in (9.24) übergeht, wenn der Steuersatz verschwindet, wenn also $s_k \to 0$ strebt. Betrachten wir den mit „Steuerkeil" bezeichneten Teilterm in Gleichung (9.40) etwas genauer. Da Eigentümer riskantere Positionen einnehmen als Gläubiger, müssen wir von $k_E^u > r_f$ ausgehen. Daraus folgt aber sofort, dass der Steuerkeil bei positivem Steuersatz notwendigerweise größer als eins ist. Das wiederum bedeutet, dass die Steigung der k_E^l-Funktion unter Steuern geringer ausfällt als in Abwesenheit von Steuern. Das schließlich hat die Folge, dass die durchschnittlichen Kapitalkosten unter dem hier diskutierten einfachen Steuersystem mit zunehmender Verschuldung sinken.

---

[10] Siehe Seite 408.

9.4. Kapitalstruktur und Steuern

Zirkularität und Lehrbuchformel

Es erscheint erforderlich, auf ein Problem hinzuweisen, in das man gerät, wenn man den Wert eines verschuldeten Unternehmens berechnen will und das mit Hilfe des WACC-Konzeptes über die Lehrbuchformel bewältigen will. Man würde

$$V_0^l = \frac{\mathrm{E}\left[\tilde{X} - s_k\widetilde{EBIT}\right]}{1 + WACC} \qquad (9.41)$$

$$= \frac{\mathrm{E}\left[\tilde{X} - s_k\widetilde{EBIT}\right]}{1 + k_E^l(1 - l_0) + r_f(1 - s_k)l_0}$$

$$= \frac{\mathrm{E}\left[\tilde{X} - s_k\widetilde{EBIT}\right]}{1 + k_E^l\left(1 - \frac{D_0}{V_0^l}\right) + r_f(1 - s_k)\frac{D_0}{V_0^l}} \qquad (9.42)$$

verwenden wollen und spätestens jetzt feststellen, dass die unbekannte und gesuchte Größe V_0^l sowohl links als auch rechts des Gleichheitszeichens zu finden ist. Offensichtlich müsste man den Marktwert des verschuldeten Unternehmens kennen, um

- die Fremd- beziehungsweise die Eigenkapitalquote zu ermitteln,
- daraus die durchschnittlichen Kapitalkosten zu gewinnen und
- hieraus schließlich den Marktwert des verschuldeten Unternehmens abzuleiten.

Es sieht so aus, als müsste man rechts bereits hineinstecken, was links erst herauskommen soll. Zur Lösung dieses so genannten Zirkularitätsproblems gibt es zwei Wege: Entweder versucht man, Gleichung (9.42) so umzustellen, dass V_0^l von der rechten Seite der Gleichung verschwindet und dort nur noch Größen übrig bleiben, die der Unternehmensbewerter von vornherein kennt,[11] oder man bedient sich eines Rechenverfahrens, das einen ersten Versuchswert für V_0^l schrittweise solange

---

[11]Das gelingt, indem man sich an die *Miles-Ezzell*-Formel (9.38) erinnert und diese in Gleichung (9.41) einsetzt. Das führt auf

$$V_0^l = \frac{\mathrm{E}\left[\tilde{X} - s_k\widetilde{EBIT}\right]}{1 + k_E^u - \frac{1+k_E^u}{1+r_f}r_f s_k \frac{D_0}{V_0^l}}$$

$$V_0^l(1 + k_E^u) - \frac{1 + k_E^u}{1 + r_f}r_f s_k D_0 = \mathrm{E}\left[\tilde{X} - s_k\widetilde{EBIT}\right]$$

$$V_0^l = \frac{\mathrm{E}\left[\tilde{X} - s_k\widetilde{EBIT}\right]}{1 + k_E^u} + \frac{r_f s_k}{1 + r_f} D_0.$$

Das ist dann wieder die APV-Gleichung (9.31), die wir bereits auf Seite 412 gesehen hatten. Das Zirkularitätsproblem ist verschwunden.

verbessert, bis man hinreichend nahe an den tatsächlichen Wert herangekommen ist (Iterationsverfahren).[12]

Unlevering und Relevering

Formeln wie Gleichung (9.39) sind bei der Unternehmensbewertung mit Hilfe von DCF-Verfahren (Discounted Cashflow) sehr wichtig.

Will man beispielsweise ein Unternehmen mit Hilfe des APV-Konzeptes bewerten und braucht deswegen die Eigenkapitalkosten des unverschuldeten Unternehmens (k_E^u), so steht man häufig vor dem Problem, dass man nur die Eigenkapitalkosten eines verschuldeten Unternehmens (k_E^l) kennt. Man beobachtet beispielsweise das Beta eines vergleichbaren verschuldeten Unternehmens (β^l) und berechnet daraus mit Hilfe des CAPM

$$k_E^l = r_f + \left(\mathrm{E}[\tilde{r}_m] - r_f\right)\beta^l.$$

Das Beta eines unverschuldeten Vergleichsunternehmens (β^u) lässt sich hingegen in der Regel nicht am Markt beobachten. Bei Kenntnis des risikolosen Zinssatzes r_f, des Körperschaftsteuersatzes s_k und der Fremdkapitalquote l_0 lässt sich aber Gleichung (9.39) dazu verwenden, die Eigenkapitalkosten auszurechnen, die das betreffende Unternehmen haben müsste, wenn es nicht verschuldet wäre. Diesen Vorgang nennt man *Unlevering*.

Besteht dagegen die Absicht, ein Unternehmen mit Hilfe des WACC-Konzeptes zu bewerten, so braucht man die Eigenkapitalkosten eines verschuldeten Vergleichsunternehmens. Mit großer Wahrscheinlichkeit realisiert diese Firma allerdings einen anderen Verschuldungsgrad als das zu bewertende Unternehmen. Oft kommt hinzu, dass das Vergleichsunternehmen einer anderen Steuerbelastung unterliegt als das zu bewertende Unternehmen. In solchen Fällen empfiehlt es sich, zunächst ein Unlevering vorzunehmen und anschließend mit dem Steuersatz und der geplanten Fremdkapitalquote des zu bewertenden Unternehmens unter Verwendung von Gleichung (9.39) auf die relevanten Eigenkapitalkosten zu schließen. Das nennt man *Relevering*.

---

[12]Das lässt sich mit einem Tabellenkalkulationsprogramm sehr bequem erledigen. Zur Veranschaulichung verwenden wir das Beispiel $\mathrm{E}[\tilde{X}] = 100, \mathrm{E}[\widetilde{EBIT}] = 80, D_0 = 20, k_E^u = 15\%, r_f = 5\%$ und $s_k = 20\%$. Setzen wir diese Zahlen in Gleichung (9.31) ein, erhalten wir auf direktem Wege $V_0^l = 73{,}23$. Ein Iterationsverfahren könnte mit einem „geratenen" Versuchswert von beispielsweise $\tilde{V}_0^l = 70$ starten. Daraus würde man durchschnittliche Kapitalkosten in Höhe von $0{,}15 - \frac{1{,}15}{1{,}05} \cdot 0{,}05 \cdot 0{,}2 \cdot \frac{20}{70} = 14{,}6871\%$ und über Gleichung (9.41) einen Unternehmenswert von $V_0^l = \frac{100 - 0{,}2 \cdot 80}{1{,}146871} = 73{,}24$ ableiten. Die Differenz zum zunächst geratenen Versuchswert beläuft sich auf $73{,}24 - 70 = 3{,}24$. Nach diesen Vorbereitungen könnte man in EXCEL den Menüpunkt „Zielwertsuche" aufrufen und die Anweisung erteilen, den Versuchswert derart zu verändern, dass diese Differenz den Wert null annimmt. Innerhalb von Sekundenbruchteilen würde man auf diese Weise ebenfalls das Resultat 73,23 finden.

9.4.2 Kompliziertere Steuersysteme

Im vorigen Abschnitt haben wir eine sehr einfache Steuer betrachtet. Die Besteuerung ist heutzutage in den meisten Staaten dieser Welt wesentlich facettenreicher. So werden ertragsabhängige Steuern nicht nur auf Unternehmensebene erhoben.[13] Vielmehr werden auch die Kapitalgeber des Unternehmens zu derartigen Abgaben herangezogen.[14] Es gibt also Ertragsteuern sowohl auf der Firmenebene als auch auf der Privatebene.

Hinsichtlich des Zusammenspiels der Ertragsteuern auf diesen beiden Ebenen sind zwei Alternativen zu unterscheiden. Entweder tritt die Besteuerung auf Privatebene einfach zur Besteuerung auf Firmenebene hinzu. Dann spricht man von einem klassischen System. Oder die auf der Firmenebene erhobenen Steuern dürfen auf die privaten Steuern (wenigstens teilweise) angerechnet werden. Die Firmensteuern stellen bei diesen Anrechnungssystemen sozusagen eine Vorauszahlung auf die privaten Ertragsteuern dar. Wir wenden uns zunächst dem klassischen System und anschließend dem Anrechnungssystem zu.

Steuergleichungen im klassischen System

Wir betrachten in einem ersten Schritt die Besteuerung auf Firmenebene und in einem zweiten Schritt die Besteuerung auf Privatebene.

Bei der Besteuerung auf Firmenebene ist in der Regel davon auszugehen, dass die earnings before interest and taxes als Bemessungsgrundlage fungieren und Fremdkapitalzinsen ganz oder wenigstens teilweise abgezogen werden dürfen. Bezeichnet man den Anteil, mit dem die Zinsen die Bemessungsgrundlage mindern, mit α_Z und den Ertragsteuersatz auf Firmenebene mit s_F,[15] so belaufen sich die Ertragsteuern auf Unternehmensebene im Falle der Verschuldung auf

$$\widetilde{S}_F^l = s_F \left(\widetilde{EBIT} - \alpha_Z Z \right)$$

oder

$$\widetilde{S}_F^l = s_F \widetilde{EBIT} - s_Z Z \qquad (9.43)$$

mit $s_Z = \alpha_Z s_F$. Beim unverschuldeten Unternehmen haben wir dagegen wegen $Z = 0$

$$\widetilde{S}_F^u = s_F \widetilde{EBIT} . \qquad (9.44)$$

Wenn – wie gegenwärtig in Deutschland – auf Firmenebene zwei Ertragsteuerarten relevant sind, so ist denkbar, dass die Fremdkapitalzinsen bei den beiden Steuerarten in unterschiedlichem Maße abgezogen werden dürfen. Ferner ist denkbar, dass

---
[13] Deutschland kennt hier neben der Körperschaftsteuer die Gewerbesteuer sowie den ergänzenden Solidaritätszuschlag.
[14] In Deutschland sind neben der Einkommensteuer die Kirchensteuer und der Solidaritätszuschlag zu nennen.
[15] Wir verwenden das Symbol F für „firm".

die erste Steuer von der Bemessungsgrundlage der zweiten Steuer ganz oder teilweise abgezogen werden darf. Derartigen rechtlichen Regelungen lässt sich durch geeignete Wahl von s_F und s_Z mühelos Rechnung tragen.

Wendet man sich der Privatebene zu, so ist grundsätzlich an zwei Typen von Kapitalgebern zu denken, nämlich zum einen an die Gläubiger (Fremdkapitalgeber), zum anderen an die Anteilseigner (Eigenkapitalgeber)

Unter Benutzung des Symbols s_D für den privaten Steuersatz der Kreditgeber[16] lautet die Steuergleichung der Gläubiger

$$S_{P,D} = s_D\, Z \tag{9.45}$$

und kann bei entsprechender Wahl des Steuersatzes berücksichtigen, dass Zinseinkünfte ganz oder auch nur teilweise besteuert werden. Diese Steuer fällt selbstverständlich nur an, wenn das Unternehmen verschuldet ist.

Die Besteuerung der Anteilseigner erfordert mehr Aufmerksamkeit. Wir beginnen mit der einschränkenden Feststellung, dass hier ein Einperiodenmodell betrachtet wird, und wenden uns der Frage zu, mit welchen Rückflüssen die Eigentümer zu rechnen haben, wenn das Ende der Periode erreicht ist und das Unternehmen verschuldet ist. Ausgangsgröße sind die vollen Investitionserträge $\widetilde{X}$. Davon sind die Zahlungen an die Gläubiger $Z + T$ sowie die Firmensteuer $\widetilde{S}_F^l$ abzuziehen. Im Rahmen eines Einperiodenmodells ist nun weiter davon auszugehen, dass das Unternehmen im Zeitpunkt $t = 1$ liquidiert wird und die Investitionserträge somit auch eventuelle Liquidationserlöse umfassen. Dabei wird jener Betrag von der privaten Ertragsbesteuerung ausgenommen, welcher der Rückgewähr des ursprünglich eingezahlten Nennkapitals entspricht. Bezeichnen wir diesen Betrag mit N^l und verwenden wir s_E als privaten Ertragsteuersatz der Anteilseigner,[17] so lautet die Steuergleichung der Eigentümer eines verschuldeten Unternehmens[18]

$$\widetilde{S}_{P,E}^l = s_E \left(\widetilde{X} - Z - T - \widetilde{S}_F^l - N^l \right). \tag{9.46}$$

Wenden wir uns dem unverschuldeten Unternehmen zu, so entfallen bei der Bemessungsgrundlage die Zins- und Tilgungszahlungen und es kommen andere Beträge für die Firmensteuer sowie die Kapitalrückgewähr in Betracht. Daher heißt es

$$\widetilde{S}_{P,E}^u = s_E \left(\widetilde{X} - \widetilde{S}_F^u - N^u \right). \tag{9.47}$$

Wenn wir unterstellen, dass die Investitionserträge $\widetilde{X}$ davon unabhängig sind, welche Kapitalstruktur das Unternehmen wählt, so müssen wir auch annehmen, dass

$$N^l + T = N^u \tag{9.48}$$

gilt. Der Betrag, welcher im Rahmen einer unverschuldeten Unternehmung an die Eigentümer steuerfrei zurückgezahlt wird (N^u), muss im Falle der anteiligen

---

[16]Das Symbol D steht hier für „debt".
[17]Das Symbol E soll hier für „equity" stehen.
[18]Das Symbol P wird benutzt, um die persönliche Steuerebene anzusprechen.

9.4. Kapitalstruktur und Steuern

Fremdfinanzierung jenem Betrag entsprechen, der an Eigentümer und Gläubiger zusammen steuerfrei ausgekehrt wird ($N^l + T$).

Steuergleichungen im Anrechnungssystem

Bei diesem System folgt nur die Besteuerung auf der Privatebene einer anderen Idee als beim klassischen System. Die private Ertragsteuer wird um die bereits vom Unternehmen gezahlte Ertragsteuer gemindert. Die Steuergleichungen für das verschuldete beziehungsweise das unverschuldete Unternehmen nehmen daher die Form

$$S_{P,D} = s_D\, Z$$

und

$$\widetilde{S}^l_{P,E} = s_E\left(\widetilde{X} - Z - T - \widetilde{S}^l_F - N^l\right) - \widetilde{S}^l_F \qquad (9.49)$$

beziehungsweise

$$\widetilde{S}^u_{P,E} = s_E\left(\widetilde{X} - \widetilde{S}^u_F - N^u\right) - \widetilde{S}^u_F \qquad (9.50)$$

an.[19]

Modellanalyse

Um die Wirkungen der beiden Steuersysteme auf Kapitalstrukturentscheidungen analysieren zu können, stellen wir die Frage, wie hoch die Cashflows nach Steuern sind, die an die Kapitalgeber verteilt werden, wenn das Unternehmen entweder unverschuldet bleibt oder Kredit aufnimmt.

Verzichtet das Unternehmen darauf, Schulden aufzunehmen, erhalten die Kapitalgeber am Ende der Periode die vollen Investitionserträge abzüglich der Steuern, die auf Firmen- und auf Privatebene zu zahlen sind, also

$$\widetilde{X}^u = \widetilde{X} - \widetilde{S}^u_F - \widetilde{S}^u_{P,E}.$$

Nun ist zu unterscheiden, ob das klassische Steuersystem oder das Anrechnungssystem relevant ist. Im ersten Fall sind die Steuergleichungen (9.44) und (9.47) einzusetzen, im zweiten Fall die Steuergleichungen (9.44) und (9.50). Umformungen führen unter Verwendung von Gleichung (9.48) auf folgende Ergebnisse,

- *Klassisches System:*

$$\widetilde{X}^u = \left(\widetilde{X} - s_F\, \widehat{EBIT}\right)(1 - s_E) + s_E\, N^u \qquad (9.51)$$

- *Anrechnungssystem:*

$$\widetilde{X}^u = \widetilde{X}(1 - s_E) + s_E\, s_F\, \widehat{EBIT} + s_E\, N^u . \qquad (9.52)$$

---

[19] Man vergleiche die beiden letzten Gleichungen mit (9.46) und (9.47).

Nimmt das Unternehmen Kredit auf, so erhalten die Gläubiger am Ende der Periode sichere Zinsen und Tilgungsleistungen, müssen allerdings die Zinsen versteuern, also

$$X_D = Z + T - S_{P,D} = Z + T - s_D Z\,.$$

Das ist unabhängig davon, ob wir es mit dem klassischen oder mit einem Anrechnungssystem zu tun haben. Für die Eigentümer des verschuldeten Unternehmens gilt dagegen

$$\widetilde{X}_E^l = \widetilde{X} - (Z + T) - \widetilde{S}_F^l - \widetilde{S}_{P,E}^l\,,$$

weil die Investitionserträge sowohl um die Zins- und Tilgungsleistungen als auch um die Steuern auf der Firmen- und der Privatebene zu vermindern sind. Die Steuern auf Unternehmensebene ergeben sich aus Gleichung (9.43), während bei den Steuern auf Privatebene entweder mit Gleichung (9.46) oder mit Gleichung (9.49) zu arbeiten ist, je nachdem ob das klassische oder das Anrechnungssystem betrachtet werden soll. Einsetzen und Umformen liefert unter erneuter Verwendung von Gleichung (9.48)

- *Klassisches System:*

$$X_D + \widetilde{X}_E^l = \widetilde{X}^u + (s_E(1 - s_Z) - s_D + s_F s_Z)Z \qquad (9.53)$$

mit $\widetilde{X}^u$ gemäß Gleichung (9.51)

- *Anrechnungssystem:*

$$X_D + \widetilde{X}_E^l = \widetilde{X}^u + (s_E(1 - s_Z) - s_D)Z \qquad (9.54)$$

mit $\widetilde{X}^u$ gemäß Gleichung (9.52).

Vergleicht man (9.53) und (9.54) miteinander, so erkennt man, dass sie einander sehr ähnlich sind. Für die folgenden Überlegungen bietet es sich daher an, sie in der Form

$$X_D + \widetilde{X}_E^l = \widetilde{X}^u + s^* Z \qquad (9.55)$$

zu notieren, wobei

$$s^* = \begin{cases} s_E(1 - s_Z) - s_D + s_F s_Z\,, & \text{wenn klassisches Steuersystem;} \\ s_E(1 - s_Z) - s_D, & \text{wenn Anrechnungssystem} \end{cases} \qquad (9.56)$$

gilt. Es sei hervorgehoben, dass das Vorzeichen des Multi-Steuersatzes s^* in jedem der hier diskutierten Steuersysteme unbestimmt ist. Dieser Steuersatz kann auch den Wert null annehmen. Daher lässt sich keine eindeutige Aussage darüber machen, ob das Irrelevanztheorem bei komplizierteren Steuersystemen zusammenbricht oder nicht. Wir haben nämlich

9.4. Kapitalstruktur und Steuern

$$V_0^l = p(X_D) + p(\tilde{X}_E^l) \quad \text{gemäß Definition}$$

$$= p\left(X_D + \tilde{X}_E^l\right) \quad \text{wegen Wertadditivität}$$

$$= p\left(\tilde{X}^u + s^*Z\right) \quad \text{wegen Gleichung (9.55)}$$

$$= p(\tilde{X}^u) + p(s^*Z) \quad \text{wegen Wertadditivität}$$

$$= V_0^u + p(s^*Z) \quad \text{gemäß Definition}.$$

Sollte $s^* = 0$ sein, gilt das Irrelevanztheorem. Die Besteuerung wird dann als finanzierungsneutral bezeichnet. In allen anderen Fällen haben wir je nach Vorzeichen von s^* entweder $V_0^l > V_0^u$ oder $V_0^l < V_0^u$. Empirisch liegt fast immer die zuerst genannte Situation vor.

Adjusted Present Value

Das tax shield beläuft sich wegen $Z = r_f D_0$ auf

$$\text{tax shield} = s^* r_f D_0. \tag{9.57}$$

Wie müssen wir diese (eventuell negative!) Steuerersparnis diskontieren? Um diese Frage zu beantworten, empfiehlt es sich zu beachten, dass

- die Steuervorteile (Steuernachteile) in Höhe von $s^* r_f D_0$ den Kapitalgebern im Zeitpunkt $t = 1$ steuerfrei zufließen,
- diese Steuervorteile (Steuernachteile) risikolos erzielt werden,
- eine Geldeinheit, die ein Einkommensteuerpflichtiger im Zeitpunkt $t = 0$ risikolos anlegt, auf einen Betrag in Höhe von

$$1 + r_f - s_D r_f = 1 + r_f(1 - s_D)$$

anwächst.

Will ein solcher Steuerpflichtiger also den Betrag $s^* r_f D_0$ in einem Jahr risikolos und steuerfrei kassieren, muss er heute

$$p(s^*Z) = \frac{s^* r_f D_0}{1 + r_f(1 - s_D)}$$

anlegen. Mit k_E^{u*} als Eigenkapitalkostensatz des unverschuldeten Unternehmens (nach Steuern!) folgt daraus das Resultat für den Marktwert der verschuldeten

Firma,

$$V_0^l = V_0^u + p(s^*Z)$$
$$= \frac{E\left[\tilde{X}^u\right]}{1 + k_E^{u*}} + \frac{s^*r_f}{1 + r_f(1 - s_D)} D_0, \qquad (9.58)$$

wobei $\tilde{X}^u$ im klassischen Steuersystem mit Gleichung (9.51) und im Anrechnungssystem mit Gleichung (9.52) bestimmt wird.

Durchschnittliche Kapitalkosten

Um die durchschnittlichen Kapitalkosten im Rahmen der komplizierteren Steuersysteme zu gewinnen, verwenden wir nachstehende Kapitalkostendefinitionen,

$$r_f^* = r_f(1 - s_D) = \frac{X_D}{D_0} - 1 \qquad (9.59)$$

$$k_E^{l*} = \frac{E\left[\tilde{X}_E^l\right]}{E_0^l} - 1 \qquad (9.60)$$

$$k_E^{u*} = \frac{E\left[\tilde{X}^u\right]}{V_0^u} - 1$$

$$WACC = \frac{E\left[\tilde{X}^u\right]}{V_0^l} - 1. \qquad (9.61)$$

Man mache sich klar, dass diese Kapitalkostendefinitionen nicht eindeutig sind, solange nicht feststeht, mit welchem Steuersystem man es zu tun hat, denn die Cashflows $\tilde{X}_E^l$ und $\tilde{X}^u$ hängen davon ab, ob nach dem klassischen System oder nach dem Anrechnungssystem besteuert wird. Was kann die verschuldete Firma an ihre Kapitalgeber verteilen? Diese Frage wird durch Gleichung (9.55) beantwortet,

$$X_D + \tilde{X}_E^l = \tilde{X}^u + s^* Z,$$

wobei der Multi-Steuersatz s^* auch wieder vom Steuersystem abhängt.[20] Nehmen wir auf beiden Seiten den Erwartungswert und setzen die Kapitalkostendefinitionen ein, so entsteht

$$\left(1 + r_f(1 - s_D)\right) D_0 + \left(1 + k_E^{l*}\right) E_0^l = (1 + WACC) V_0^l + s^* r_f D_0$$
$$\left(1 + r_f(1 - s_D - s^*)\right) D_0 + \left(1 + k_E^{l*}\right) E_0^l = (1 + WACC) V_0^l.$$

Abschließend dividieren wir durch den Marktwert des verschuldeten Unternehmens und ziehen auf beiden Seiten der Gleichung eins ab. Das bringt uns unter Verwendung der Fremdkapitalquote $l_0 = \frac{D_0}{V_0^l}$ schließlich zu der Lehrbuchformel

---

[20]Siehe Seite 422.

$$WACC = k_E^{l*}(1-l_0) + r_f(1-s_D-s^*)\, l_0 \,. \qquad (9.62)$$

Um den funktionalen Zusammenhang zwischen den Eigenkapitalkosten des verschuldeten und denen des unverschuldeten Unternehmens aufzudecken, gehen wir den bereits bekannten Weg,

$$V_0^l(1+WACC) = V_0^u(1+k_E^{u*}).$$

Einsetzen von (9.58) und (9.59) ergibt

$$V_0^l(1+WACC) = \left(V_0^l - \frac{s^* r_f}{1+r_f^*} D_0\right)(1+k_E^{u*})$$

$$1+WACC = \left(1 - \frac{s^* r_f}{1+r_f^*} l_0\right)(1+k_E^{u*})$$

und schließlich

$$WACC = k_E^{u*} - \frac{1+k_E^{u*}}{1+r_f^*} s^* r_f\, l_0 \,.$$

Das könnte man als *Miles-Ezzell*-Gleichung interpretieren, die auf kompliziertere Steuersysteme zugeschnitten ist.[21] Damit gewinnen wir endlich

$$k_E^{l*}(1-l_0) + r_f(1-s_D-s^*)\, l_0 = k_E^{u*} - \frac{1+k_E^{u*}}{1+r_f^*} s^* r_f\, l_0 \,. \qquad (9.63)$$

Man kann sich klarmachen, dass (9.39) als Spezialfall vorstehender Gleichung aufgefasst werden kann.

9.5 Kapitalstruktur und Konkurskosten

Das Irrelevanztheorem der Kapitalstruktur beruht in entscheidendem Maße auf der Prämisse, dass die Gesamtrückflüsse zweier Firmen, die sich nur hinsichtlich ihrer Verschuldung voneinander unterscheiden, gleich sind. Diese Identität der Beträge, die alles in allem an die Kapitalgeber verteilt werden können, kann im Falle der Besteuerung verloren gehen. Ebenso führt aber die Existenz von Konkurskosten im Allgemeinen dazu, dass das Irrelevanztheorem zusammenbricht.

---

[21] Diese Interpretation ist jedoch deswegen problematisch, weil wir hier im Gegensatz zu Miles und Ezzell (1980) ein Einperioden-Modell betrachten.

Im Grundmodell von Modigliani und Miller wird die Annahme getroffen, dass der Kapitalmarkt reibungslos ist. Unter diesen Voraussetzungen gibt es keine Konkurskosten. Wenn ein Unternehmen nicht so viel erwirtschaftet, dass es die Ansprüche der Gläubiger vollständig befriedigen kann, so übernehmen die Gläubiger die Firma. Besondere Aufwendungen fallen jedoch dabei im Grundmodell nicht an. Der Konkurs erfolgt sozusagen kostenlos.

Diese Annahme ist realitätsfremd. Vielmehr sind die Kosten eines Insolvenzverfahrens erheblich, etwa für die erforderlichen Gerichtsverhandlungen sowie die Aufwendungen für den Insolvenzverwalter. Zu diesen direkten Konkurskosten treten dann aber auch noch indirekte Aufwendungen, deren Gewicht die direkten Kosten oft bei weitem übersteigt. Sobald sich nämlich abzeichnet, dass das Unternehmen von einer Insolvenz bedroht ist, ändern viele Beteiligte ihr Verhalten. Kunden wandern ab, weil sie befürchten, später keine Ersatzteile oder Serviceleistungen mehr zu erhalten. Lieferanten sind nur noch gegen Barzahlung zur Fortsetzung der Geschäftsbeziehungen bereit. Geschäftsführer ändern die Investitionspolitik, weil sie an ihre eigene Zukunft denken. Und Mitarbeiter beginnen damit, sich Arbeitsplätze bei anderen Firmen zu suchen.

Aussagen über die Höhe der direkten und indirekten Konkurskosten sind der Natur der Sache nach nicht leicht zu treffen. Aus Gründen der Bequemlichkeit nehmen wir an, dass feste Kosten in Höhe von K anfallen, wenn die Insolvenz eintritt, und dass keinerlei Kosten entstehen, falls die Insolvenz ausbleibt. Das heißt

$$\tilde{K} = \left\{ \begin{array}{ll} 0 & \text{wenn } \tilde{X} \geq (1 + k_D^{nom})D_0 \\ K & \text{wenn } \tilde{X} < (1 + k_D^{nom})D_0 \end{array} \right\}.$$

Wir wollen ferner voraussetzen, dass keine Konkurskosten anfallen, wenn die Unternehmung vollkommen eigenfinanziert ist.

Unter diesen Voraussetzungen belaufen sich die Nettozahlungen an die Gläubiger im Zeitpunkt $t = 1$ auf

$$\tilde{X}_D = \left\{ \begin{array}{ll} (1 + k_D^{nom})D_0 - \tilde{K} & \text{wenn } \tilde{X} \geq (1 + k_D^{nom})D_0 \\ \tilde{X} - \tilde{K} & \text{wenn } \tilde{X} < (1 + k_D^{nom})D_0 \end{array} \right\},$$

während die Eigentümer

$$\tilde{X}_E^l = \left\{ \begin{array}{ll} \tilde{X} - (1 + k_D^{nom})D_0 & \text{wenn } \tilde{X} \geq (1 + k_D^{nom})D_0 \\ 0 & \text{wenn } \tilde{X} < (1 + k_D^{nom})D_0 \end{array} \right\}$$

erhalten. Addiert man beides, so ergeben sich die in Tabelle 9.3 zusammengestellten Zahlungen. Infolgedessen beläuft sich aber nun die Summe aller Zahlungsansprüche in der fremdfinanzierten Firma auf

$$\tilde{X}_D + \tilde{X}_E^l = \tilde{X} - \tilde{K}, \qquad (9.64)$$

während sich der entsprechende Betrag für die eigenfinanzierte Firma voraussetzungsgemäß mit

$$\tilde{X}_E^u = \tilde{X} \qquad (9.65)$$

Tabelle 9.3: Ansprüche der Kapitalgeber im Zeitpunkt $t = 1$ im Falle von Konkurskosten

Kapitalgeber	Kein Konkurs	Konkurs
Gläubiger	$(1 + k_D^{nom})D_0 - \tilde{K}$	$\tilde{X} - \tilde{K}$
Eigentümer	$\tilde{X} - (1 + k_D^{nom})D_0$	0
Summe	$\tilde{X} - \tilde{K}$	$\tilde{X} - \tilde{K}$

ergibt. Berechnet man auf dieser Grundlage die Marktwerte des verschuldeten beziehungsweise des unverschuldeten Unternehmens, so erhält man ein eindeutiges Ergebnis:

$$\begin{aligned}
V_0^l &= p(\tilde{X}_D) + p(\tilde{X}_E^l) & &\text{gemäß Definition} \\
&= p(\tilde{X}_D + \tilde{X}_E^l) & &\text{wegen Wertadditivität} \\
&= p(\tilde{X}^l - \tilde{K}) & &\text{wegen Gleichung (9.64)} \\
&= p(\tilde{X}^l) - p(\tilde{K}) & &\text{wegen Wertadditivität} \\
&= p(\tilde{X}^u) - p(\tilde{K}) & &\text{wegen Gleichung (9.11)} \\
&= p(\tilde{X}_E^u) - p(\tilde{K}) & &\text{wegen Gleichung (9.65)} \\
&= V_0^u - p(\tilde{K}) & &\text{gemäß Definition.}
\end{aligned}$$

Dieses Resultat zeigt, dass der Marktwert des verschuldeten Unternehmens gegenüber seinem eigenfinanzierten Pendant durch den Barwert der Konkurskosten geschmälert wird. In den vorangegangenen Abschnitten hatten wir dagegen erkannt, dass der Barwert der Steuerersparnisse in der fremdfinanzierten Firma diesem Nachteil entgegenwirken kann. Ob sich nun allerdings steuerbedingte Vorteile und durch Konkurskosten bedingte Nachteile insgesamt zu einem Vor- oder Nachteil für die Fremdfinanzierung auswirken, lässt sich ohne genauere Analysen und realistische Vorstellungen vom Verlauf der Konkurskosten in Abhängigkeit vom Verschuldungsgrad nicht angeben. Bei geeigneter Konkurskostenfunktion ist allerdings auch ein optimaler (den Marktwert maximierender) Verschuldungsgrad vorstellbar.

9.6 Einschätzung

Die Wahl des günstigsten Verhältnisses zwischen Fremd- und Eigenkapital ist eines der wichtigsten Probleme der Unternehmensfinanzierung. In der theoretischen

Diskussion um diese Frage spielen die Thesen von Modigliani und Miller eine zentrale Rolle. Beide hatten im Jahre 1958 erstmals nachgewiesen, dass der Verschuldungsgrad unter den Bedingungen eines perfekten Kapitalmarktes gleichgültig ist. Der Marktwert eines Unternehmens sowie seine durchschnittlichen Kapitalkosten reagieren nicht auf Veränderungen des Verhältnisses zwischen Fremd- und Eigenkapital. Eine beliebig gewählte Kapitalstruktur ist so gut wie jede andere. Diese These von der Irrelevanz der Kapitalstruktur bricht jedoch im Allgemeinen zusammen, wenn man Steuern und Konkurskosten in die Analyse einbezieht.

Wenn man die Thesen von Modigliani und Miller akzeptiert, so darf man vermuten, dass die Verschuldungsgrade der Unternehmen in der Empirie gleichverteilt sind. Das ist jedoch nicht der Fall. Vielmehr gibt es signifikante und über längere Zeiträume stabile Unterschiede zwischen den durchschnittlichen Kapitalstrukturen verschiedener Branchen. Ebenso ist bekannt, dass sich die durchschnittlichen Eigenkapitalquoten von Unternehmen verschiedener Länder zum Teil deutlich voneinander unterscheiden.

Ein Modell bewährt sich, wenn man seine Implikationen in der Realität bestätigt findet. Dagegen ist seine Brauchbarkeit negativ zu beurteilen, wenn die Schlussfolgerungen, die aus dem Modell zu ziehen sind, mit empirischen Befunden nicht übereinstimmen. So kann man beispielsweise die notorisch niedrigen Eigenkapitalquoten im Groß- und Einzelhandel mit Hinweis auf das Irrelevanztheorem ebenso wenig erklären wie die Tatsache, dass deutsche Unternehmen in der Regel stärker verschuldet sind als US-amerikanische. Wir müssen daher feststellen, dass das Modell von Modigliani und Miller die Kapitalstrukturen der Unternehmen nicht ausreichend erklärt.[22]

Daraus könnte man den Schluss ziehen, dass man anstelle des *Modigliani-Miller*-Modells besser das traditionelle Modell zur Erklärung der Kapitalstruktur heranziehen sollte.[23] Diesen Schluss zogen in der Tat viele Ökonomen nach 1958. Jedoch handelt es sich um einen Fehlschluss, denn das traditionelle Modell wurde durch das *Modigliani-Miller*-Modell ein für allemal aus den Angeln gehoben. Das traditionelle Modell war nämlich ohnehin unbefriedigend, weil es von der Existenz von Kapitalmärkten völlig abstrahierte und kein Gleichgewichtsmodell war. Modigliani und Miller haben als erste untersucht, ob die traditionelle These im Rahmen einer Gleichgewichtsanalyse überlebt, und sie fanden heraus, dass sie stirbt.

An dieser Stelle ist eine Feststellung geboten. Modelle, die sich in der Empirie nicht bewähren, sind unbedingt verbesserungswürdig. Damit man ihnen die Aufgabe stellen kann, sich zu bewähren, müssen es aber erst einmal Modelle sein! Angenommen, es wäre so, dass man die traditionelle These immer wieder empirisch bestätigt hätte, dann hätte man 1958 entdeckt, dass man keine Ahnung

---

[22] Das *Modigliani-Miller*-Modell ist nicht im herkömmlichen Sinne falsifizierbar, da es ja nur behauptet, zur Kapitalstruktur sei nichts zu behaupten. Die tatsächlich beobachtbare Kapitalstruktur eines Unternehmens ist nach diesem Modell optimal, weil jeder Verschuldungsgrad optimal ist. Wir werten jedoch die Tatsache, dass in der Realität deutliche Muster zu erkennen sind, als empirisches Indiz gegen das Modell.

[23] Siehe Seite 397.

9.6. Einschätzung

hat, weshalb. Der Aufsatz von Modigliani und Miller sowie die daran anschließende Diskussion lieferten uns vor allem methodische Sicherheit, wie ein Modell zur Kapitalstruktur auszusehen hat und wie man es konstruiert. Ein Modell, das empirisch unbefriedigend ist, kann uns dann auch Orientierungshilfe geben, wenn wir nach den Gründen für die Widersprüche suchen.

Es muss an den Annahmen liegen, auf denen das Modell beruht. Bei einer solchen Annahme handelt es sich immer um Vereinfachungen realer Zusammenhänge, so dass ein Modell die Wirklichkeit nie genau, sondern immer nur näherungsweise erfasst. Entdeckt man nun eine Diskrepanz zwischen Modellimplikation und Realität, so muss man daraus folgern, dass die eine oder andere Modellannahme zu grob gewählt war. Also wird man mit weniger weitreichenden Vereinfachungen arbeiten müssen, um die Widersprüche zwischen Theorie und Empirie abzubauen.

Das ist oben insoweit geschehen, als wir die Annahme eines reibungslosen Kapitalmarktes aufgegeben haben, indem wir Steuern und Konkurskosten in die Analyse einbezogen. Allerdings konnten wir im Rahmen der von uns untersuchten Steuersysteme nur die empirisch ebenfalls überhaupt nicht haltbare Hypothese eines maximalen Verschuldungsgrades herleiten. Das Zusammenspiel von Steuern und Konkurskosten könnte immerhin dazu führen, dass es einen optimalen Verschuldungsgrad gibt, der keine Randlösung darstellt.

Ein weiterer Ansatz, der inzwischen häufig gewählt worden ist, besteht darin, die Annahme homogener Zukunftserwartungen fallen zu lassen. Wenn Informationen zwischen den Marktteilnehmern ungleich verteilt sind, dann wäre denkbar, dass die Verschuldungspolitik eines Unternehmens Signale über die Firma und ihre Investitionspolitik liefert, die auf andere Weise nicht oder zumindest nicht so glaubwürdig übermittelt werden können.

10 Einführung in die Statistik

Die quantitative Erfassung der Unsicherheit ist Gegenstand einer eigenen Wissenschaft, nämlich der Statistik. Wegen der zentralen Bedeutung statistischer Verfahren für das Verständnis der in diesem Buch dargestellten finanzwirtschaftlichen Konzepte wollen wir in diesem Kapitel einen kurzen Einblick in die für uns relevante Welt der Statistik werfen. Im Rahmen eines finanzwirtschaftlichen Lehrbuchs kann es sich dabei allenfalls um einen groben Überblick handeln, der selbstverständlich keinen Anspruch auf Vollständigkeit erhebt.

10.1 Grundlegende Definitionen

Um eine Vorstellung davon zu bekommen, was unter Unsicherheit zu verstehen ist, versetzen wir uns zunächst in eine alltägliche Situation. Gemeinsam mit Freunden spielen wir eine Runde „Mensch ärgere dich nicht". Wie Sie wohl wissen werden, muss man eine 6 würfeln, um die eigenen Steine ins Spiel zu bringen. Der Reiz erwächst unter anderem daraus, dass die einzelnen Spieler unterschiedlich lange brauchen, bis ihnen das gelingt. Schon sind wir einer ersten einfachen Form der Unsicherheit auf der Spur. Beim Werfen eines fairen Würfels herrscht nämlich keinesfalls Sicherheit darüber, welche Augenzahl sich einstellen wird. Vielmehr besteht die Möglichkeit, irgendeine Augenzahl zwischen 1 und 6 zu erzielen.

Auch in der Welt der Finanzwirtschaft lassen sich viele Situationen ausmachen, die mit Unsicherheit behaftet sind. So sieht sich ein Exporteur von Waren, die in einem zukünftigen Zeitpunkt in US-Dollar bezahlt werden, mit einem unsicheren Dollarkurs konfrontiert. Niemand wird je sicher wissen, welcher Dollarkurs zum Beispiel in einem Monat oder in einem Jahr herrschen wird. Ähnlich ergeht es einem Investor, der sich in Aktien eines bestimmten Unternehmens engagiert. Seine zukünftigen Erträge hängen vor allem von der Entwicklung des Aktienkurses ab, und diese ist unsicher.

Zufallsvorgang Alle derartigen Situationen lassen sich als Zufallsvorgänge auffassen. Ein Zufallsvorgang ist ein beliebig oft wiederholbares Experiment, das mit einem von mehreren möglichen Ergebnissen endet. Der konkrete Ausgang des Experiments ist jedoch vor seiner Durchführung nicht bestimmbar. Die Ergebnisse eines Zufallsvorgangs werden mit ω_i bezeichnet und zur Ergebnismenge Ω zusammengefasst. Der Zählindex $i = 1, \ldots, k$ ermöglicht uns, die einzelnen Ergebnisse voneinander zu unterscheiden. So führt der Zufallsvorgang „Würfelwurf" beispielsweise zu der Ergebnismenge $\Omega = \{1, 2, 3, 4, 5, 6\}$. Das Aussehen der Ergebnismenge hängt wesentlich von der Beschreibung und den Annahmen des Zufallsvorgangs ab. Auf jeden Fall muss sie aber alle denkbaren Ergebnisse erfassen. Ein nicht in Ω enthaltenes Ergebnis des Experiments ist unmöglich.

Außerdem sei betont, dass es sich bei den ω_i nicht notwendigerweise um Zahlen handeln muss. Schon aus der Definition von Ω als Menge wird klar, dass die Ergebnisse lediglich unterscheidbare Elemente sein müssen. Deutlich wird das, wenn man beispielsweise den Zufallsvorgang „Münzwurf" betrachtet. Hier lautet die Ergebnismenge $\Omega = \{\text{Kopf, Zahl}\}$. Die so formulierte Ergebnismenge verdeutlicht gleichzeitig, dass das denkbare Ergebnis Kante explizit ausgeschlossen ist. In jedem Fall muss also eindeutig klar sein, was die möglichen Ergebnisse des Zufallsvorgangs sind.

Diese Definition eines Ergebnisses ist sauber von der Definition eines Ereignisses abzugrenzen. Jede Teilmenge der Ergebnismenge Ω ist ein Ereignis und wird in der Regel durch einen Großbuchstaben gekennzeichnet. Das verbal als „alle Ergebnisse mit gerader Augenzahl" beschriebene Ereignis A beim Würfelwurf lautet formal $A = \{2, 4, 6\}$.

Zufallsvariable Mit der Definition des Zufallsvorgangs ist es uns gelungen, die Unsicherheit in einen theoretischen Rahmen zu fassen. Häufig und gerade auch in der Finanzwirtschaft interessiert man sich jedoch bei statistischen Anwendungen nicht für die unmittelbaren Ergebnisse eines Zufallsvorgangs, sondern vielmehr für Zahlen, die mit diesen Ergebnissen verbunden sind. Stellen Sie sich etwa ein Spiel vor, das an den Zufallsvorgang „Münzwurf" gekoppelt ist. Beim Erscheinen des Ergebnisses „Kopf" gewinnen Sie 1€, bei „Zahl" verlieren Sie 1€. Formal lässt sich das Spiel durch die Abbildungsvorschrift

$$\tilde{x} = \left\{ \begin{array}{cl} 1 & \text{wenn „Kopf"} \\ -1 & \text{wenn „Zahl"} \end{array} \right\}$$

darstellen. Auch der bereits angesprochene Aktienbesitzer interessiert sich nicht für verbal beschriebene Umweltszenarien als mögliche Ergebnisse eines Zufallsvorgangs, sondern für die damit verbundenen Aktienkurse.

Um diesem Interesse an Zahlen Rechnung zu tragen, verwendet man in der Statistik den Begriff der Zufallsvariablen. Eine Abbildung $\tilde{x}$, die jedem Ergebnis der Ergebnismenge Ω genau eine Zahl x aus der Menge der reellen Zahlen $\mathbb{R}$ zuordnet, heißt Zufallsvariable. Formal lässt sich eine Zufallsvariable durch $\tilde{x} : \Omega \to \mathbb{R}$ beziehungsweise $\tilde{x} : \omega \to \tilde{x}(\omega)$ ausdrücken, wobei Ω der Definitionsbereich und $\mathbb{R}$ der Wertebereich der Abbildung ist. Die Werte x, die eine Zufallsvariable annehmen kann, werden als Realisationen oder Ausprägungen bezeichnet.

10.1. Grundlegende Definitionen

Es ist nicht weiter schwer, Beispiele für Zufallsvariablen zu finden. So genügen sowohl die Zahlungen im oben beschriebenen Münzwurf-Spiel als auch der zukünftige Aktienkurs der angegebenen Definition. Im Münzwurf-Spiel kann die Zufallsvariable nur die Ausprägungen -1 und 1 annehmen. Dagegen kann eine Zufallsvariable, die den Kurs einer Aktie beschreibt, jede positive reelle Zahl realisieren. Damit das zutrifft, müssen wir allerdings annehmen, dass der Aktienkurs an der Börse beliebig fein ermittelt wird.

Die etwas merkwürdige Bezeichnung „Zufallsvariable" vermittelt möglicherweise den Eindruck, dass es sich bei $\tilde{x}$ um eine Variable handelt, die ihre Werte zufällig annimmt. Das ist allenfalls indirekt der Fall. Der Zufall wurde durch den Zufallsvorgang mit seinen möglichen Ergebnissen eingeführt. Die Werte der Zufallsvariablen ergeben sich anschließend nach einem fest vorgegebenen „Strickmuster" (Abbildungsvorschrift) aus den jeweiligen Ergebnissen. Eine so allgemeine Definition der Zufallsvariablen als Abbildung lässt uns als (finanzwirtschaftlichen) Anwendern völlige Freiheit, die Ergebnisse eines Zufallsvorgangs unserem Erkenntnisinteresse entsprechend durch geeignete Formulierung der Abbildungsvorschrift in reelle Zahlen zu transformieren. Diese Freiheit wird uns schnell bewusst, wenn wir uns klarmachen, dass wir im Münzwurf-Spiel auch die Abbildungsvorschrift 20€ Verlust bei „Kopf" und 10€ Gewinn bei „Zahl" hätten wählen können, ohne den Zufallsvorgang auch nur im geringsten zu verändern.

Mit der Zufallsvariablen haben wir einen zentralen Begriff der Statistik eingeführt. Viele finanzwirtschaftliche Phänomene werden mit Hilfe von Zufallsvariablen beschrieben. Beispiele hierfür sind mit

- dem bereits erwähnten Kurs einer Aktie,
- der Rendite einer Aktie oder eines Portfolios von Aktien,
- dem Nutzen von risikobehafteten Entscheidungsalternativen oder
- der Anzahl der Aufwärtsbewegungen, die der Kurs eines „underlying asset" in einem diskreten Optionspreismodell vollführt,

schnell gefunden. Wir wollen uns nun die statistischen Verfahren aneignen, die zur Analyse der mit Zufallsvariablen verbundenen Unsicherheit verwendet werden. Um hierbei den Überblick zu behalten, sind zunächst jedoch noch zwei Begriffe zu klären.

Diskrete und stetige Zufallsvariablen Nach der Anzahl der Ausprägungen, die eine Zufallsvariable annehmen kann, lassen sich diskrete und stetige Zufallsvariablen unterscheiden. Während eine diskrete Zufallsvariable abzählbar viele Realisationsmöglichkeiten besitzt, sind es bei einer stetigen Zufallsvariablen überabzählbar viele. Abzählbar bedeutet, dass man die einzelnen Realisationen der Reihe nach durchzählen kann, wie das beispielsweise in unserem Münzwurf-Spiel der Fall ist. Aber auch die Menge der natürlichen Zahlen wäre in diesem Sinne diskret, da man die natürlichen Zahlen mit $1, 2, 3, \ldots$ abzählen kann, ohne dabei jedoch zu einem (endlichen) Ende zu gelangen. Ein solches Abzählen ist bei den Realisationen einer stetigen Zufallsvariablen nicht mehr möglich. Das ist insbesondere dann der Fall, wenn als Realisationen alle Werte aus einem beliebigen Intervall der reellen Zahlen denkbar sind.

Die Trennschärfe dieser Definitionen leidet darunter, dass die Einstufung einer Zufallsvariablen als diskret oder stetig davon abhängt, wie fein die Realisationen der Zufallsvariablen in der Praxis gemessen werden. So ist der auf Cent genau gemessene Aktienkurs als diskret einzustufen, weil man sämtliche Realisationsmöglichkeiten abzählen kann. Nimmt man im Modell jedoch eine beliebig feine Bestimmbarkeit der Kurse an, geht diese Eigenschaft verloren, und wir haben es mit einer stetigen Zufallsvariablen zu tun.

Weiteres Vorgehen Für die Analyse der Phänomene, die durch eine Zufallsvariable beschrieben werden, ist es zunächst sinnvoll, einen Blick auf das tägliche Leben (auf die Empirie) zu werfen. Hier laufen Zufallsvorgänge tatsächlich ab und führen zu entsprechenden Realisationen der Zufallsvariablen. Aus den so gewonnenen Daten kann man wichtige Informationen gewinnen, die die mit der Zufallsvariablen verbundene Unsicherheit charakterisieren. Welche Verfahren sich für die Analyse empirischer Daten eignen, wird in Abschnitt 10.2 diskutiert.

Man wird als Anwender in der Regel bemüht sein, theoretische Modelle zur Beschreibung der Unsicherheit zu konstruieren und sie in einen entsprechenden (finanzwirtschaftlichen) Kontext einzubeziehen. Abschnitt 10.3 liefert die für das vorliegende Buch relevanten Grundlagen dieser Verteilungstheorie.

Schließlich wollen wir in Abschnitt 10.4 einen kurzen Überblick zur so genannten Inferenzstatistik geben, deren Ziel es ist, aus den empirischen Daten Rückschlüsse auf die theoretischen Modelle zu ziehen.

10.2 Analyse empirischer Daten

In diesem Abschnitt untersuchen wir Zufallsvorgänge und entsprechende Zufallsvariablen vergangenheitsorientiert. Aus der Grundgesamtheit, der Menge aller gleichartigen Objekte, an denen man eine bestimmte Zufallsvariable messen kann, wird dabei zunächst eine unter Umständen kleine Teilmenge von Objekten herausgegriffen. Diese Teilmenge von Objekten bezeichnet man als Stichprobe und die Anzahl der untersuchten Objekte als Stichprobenumfang n. Für die einzelnen Objekte wird nun ermittelt, welcher Wert sich jeweils nach Beendigung des Zufallsvorgangs für die Zufallsvariable realisiert hat. Notiert man diese Werte, führt das zur so genannten Urliste der Daten.

Diese sowie alle anderen in diesem Abschnitt angesprochenen Begriffe wollen wir anhand zweier Beispiele verdeutlichen. Zu den Stichproben gelangen wir, indem wir

10.2. Analyse empirischer Daten

- von allen mit einem Würfel möglichen Würfen nur $n = 100$ Würfe durchführen beziehungsweise

- an den $n = 250$ Handelstagen des Jahres 1995 die Entwicklung des Deutschen Aktienindex (DAX) an der Frankfurter Börse beobachten.

Als interessierende Zufallsvariablen wählen wir die gewürfelte Augenzahl sowie die Tagesrendite[1] des DAX 1995. Die sich ergebenden Urlisten hatten für die real ermittelten Stichproben das in Tabelle 10.1 wegen ihres Umfangs extrem verkürzt dargestellte Aussehen. Aus den so gewonnenen Daten lassen sich nun eine Reihe

Tabelle 10.1: Zwei Urlisten

Würfelwurf	2	4	4	...	1	3	5
DAX-Rendite	−0,00494	0,00192	−0,01034	...	−0,00016	−0,00287	−0,00581

von Informationen über die mit der Zufallsvariablen verbundenen Unsicherheiten gewinnen. Auf Grund der spezifischen Eigenschaften von diskreten und stetigen Zufallsvariablen unterscheiden sich die hierzu verwendeten Verfahren ein wenig, weshalb wir sie zunächst für diskrete und anschließend für stetige Zufallsvariablen darstellen.

10.2.1 Häufigkeitsverteilung diskreter Zufallsvariablen

Eine diskrete Zufallsvariable $\tilde{x}$ kann abzählbar viele Ausprägungen x_i mit $i = 1, \ldots, k$ annehmen. In unserem Würfelwurf-Beispiel sind das die Werte $x_1 = 1$ bis $x_6 = 6$.

Absolute und relative Häufigkeit Es ist nun sehr einfach, anhand der Urliste zu ermitteln, wie oft die einzelnen Ausprägungen in der Stichprobe aufgetreten sind. Auf diese Weise gelangen wir zu den so genannten absoluten Häufigkeiten der jeweiligen Realisation, die wir mit $n_i = n(\tilde{x} = x_i)$ bezeichnen wollen. Von den $n = 100$ Würfen des Würfels endeten beispielsweise 14 mit einer 2, so dass die absolute Häufigkeit dafür, dass die Zufallsvariable $\tilde{x}$ den Wert 2 realisiert, formal durch $n_2 = n(\tilde{x} = 2) = 14$ ausgedrückt werden kann.

Aus der absoluten Häufigkeit einer Realisation lässt sich wiederum sehr schnell der Anteil ermitteln, den diese Realisation an allen Ausprägungen in der Stichprobe hatte. Diesen Anteil bezeichnen wir als relative Häufigkeit h_i der i-ten Realisation

---

[1] Die Tagesrendite wird berechnet, indem man vom Kurs eines Handelstages den Kurs des vorangehenden Handelstages abzieht und die Differenz durch den Kurs des Vortages dividiert.

und berechnen ihn, indem wir die absolute Häufigkeit der Realisation durch den Stichprobenumfang dividieren. Folglich gilt $h_i = h(\tilde{x} = x_i) = n_i/n$, so dass wir im Beispiel für die relative Häufigkeit von $\tilde{x} = 2$ den Wert $h_2 = h(\tilde{x} = 2) = 0{,}14$ erhalten.

Empirische Verteilungsfunktion Nachdem wir uns die Definition der relativen Häufigkeit der einzelnen Realisationen klargemacht haben, können wir uns dem wichtigen Begriff der empirischen Verteilungsfunktion zuwenden. Die empirische Verteilungsfunktion $\hat{F}(x)$ gibt für jede beliebige Zahl x mit $x \in \mathbb{R}$ an, wie viel an relativer Häufigkeit sich für Werte kleiner oder gleich x insgesamt realisiert hat. Also handelt es sich bei den Werten, die die empirische Verteilungsfunktion annimmt, um aufsummierte relative Häufigkeiten.

Formal lässt sich die empirische Verteilungsfunktion einer diskreten Zufallsvariablen durch

$$\hat{F}(x) = \begin{cases} 0 & \text{für } x < x_1 \\ \sum_{x_i \leq x} h_i & \text{für } x_1 \leq x \leq x_k \\ 1 & \text{für } x > x_k \end{cases}$$

beschreiben. Um die berechneten Größen übersichtlich darzustellen, fasst man sie oft in einer Häufigkeitstabelle zusammen. Tabelle 10.2 liefert die Häufigkeitstabelle für unser Würfelwurf-Beispiel, die sich nach Auswertung der Urliste ergab. Die Spalten der Häufigkeitstabelle enthalten von links nach rechts den Zählindex

Tabelle 10.2: Häufigkeitstabelle im Würfelwurf-Beispiel

i	$\tilde{x} = x_i$	$n_i = n(\tilde{x} = x_i)$	$h_i = h(\tilde{x} = x_i)$	$\hat{F}(x_i)$
1	1	19	0,19	0,19
2	2	14	0,14	0,33
3	3	13	0,13	0,46
4	4	15	0,15	0,61
5	5	18	0,18	0,79
6	6	21	0,21	1,00

der Realisationen, die Realisationen selbst, die absoluten und relativen Häufigkeiten sowie die empirischen Verteilungsfunktionswerte der Realisationen.

Einen anschaulichen Einblick in die Verteilung der relativen Häufigkeiten auf die einzelnen Realisationen der Zufallsvariablen erhalten wir, wenn wir sie grafisch darstellen. Zur Verfügung stehen hierfür das so genannte Stabdiagramm für die relativen Häufigkeiten und die Abbildung der empirischen Verteilungsfunktion für die kumulierten relativen Häufigkeiten. Abbildung 10.1 enthält diese Grafiken für unsere Beispielsdaten. Im Stabdiagramm (linkes Bild) stimmt die Länge der Stäbe mit den relativen Häufigkeiten der einzelnen, auf der Abszisse abgetragenen Realisationen der Zufallsvariablen überein. Die empirische Verteilungsfunktion (rechtes

10.2. Analyse empirischer Daten

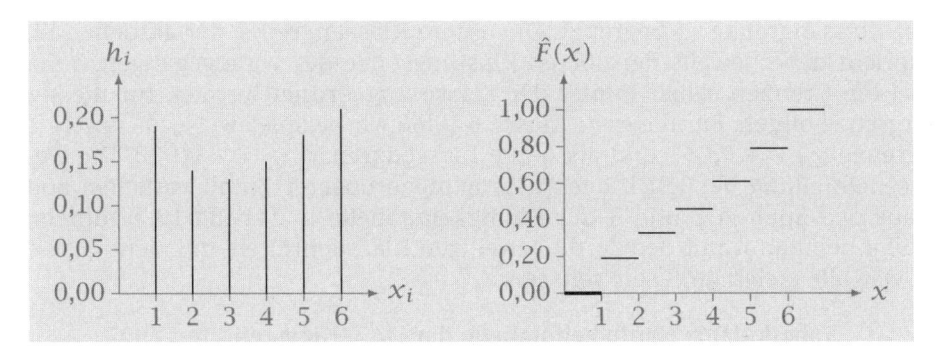

Abbildung 10.1: Stabdiagramm (links) und empirische Verteilungsfunktion (rechts) im Würfelwurf-Beispiel

Bild) verläuft als gestückelte, rechtsseitig stetige Funktion, deren Wertebereich auf das Intervall [0, 1] beschränkt ist. Die Sprungstellen befinden sich bei den mit relativer Häufigkeit belegten Realisationen der Zufallsvariablen, wobei die Sprunghöhe der jeweiligen relativen Häufigkeit entspricht.

10.2.2 Häufigkeitsverteilung stetiger Zufallsvariablen

Wie bereits erwähnt, können wir die bisher für diskrete Zufallsvariablen skizzierten Begriffe nicht ohne Weiteres auf stetige Zufallsvariablen übertragen. Der Grund hierfür erwächst unmittelbar aus der Definition einer stetigen Zufallsvariablen. Da eine solche stetige Zufallsvariable überabzählbar viele Ausprägungen annehmen kann, macht es kaum Sinn, auf Grundlage der Urliste für jede dieser Ausprägungen zum Beispiel die absolute Häufigkeit zu bestimmen. Die Vielzahl der Ausprägungsmöglichkeiten führt nämlich dazu, dass einzelne Ausprägungen sich in der Urliste nur sehr selten (theoretisch nie) wiederholen. Die Ermittlung von absoluten oder relativen Häufigkeiten würde uns auf diese Weise so gut wie keinen Informationsgewinn liefern.

Klassenbildung Wir können uns aber dadurch helfen, dass wir das Intervall der möglichen Ausprägungen der Zufallsvariablen in Klassen einteilen. Diese Klassen von Ausprägungen treten an den Platz, den die einzelnen Ausprägungen bei der Betrachtung von diskreten Zufallsvariablen einnehmen. Die Klassen müssen so beschaffen sein, dass wir in der Lage sind, jeden Wert aus der Urliste einer Klasse eindeutig zuzuordnen. Um die Vorgehensweise zu verdeutlichen, greifen wir das Beispiel der DAX-Tagesrenditen auf. Die DAX-Tagesrenditen lagen im Jahr 1995 zwischen $-0{,}03132$ und $+0{,}02464$. Wir wollen die möglichen Ausprägungen der Zufallsvariablen in vierzehn Klassen einteilen. Unser klassenbezogener Zählindex in Spalte 1 von Tabelle 10.3 lautet deshalb $i = 1, \ldots, k$ mit $k = 14$. Jede Klasse wird nach unten durch eine untere Klassengrenze x'_{i-1} und nach oben durch eine obere Klassengrenze x'_i begrenzt. Die untere Klassengrenze der aktuellen Klasse entspricht dabei jeweils der oberen Klassengrenze der vorangegangenen Klasse, wobei die Grenzen selbst immer der Klasse zugeordnet werden, für die sie die Obergrenze bilden. Für die erste Klasse wählen wir beispielsweise als untere Klassengrenze $x'_0 = -0{,}035$ und als obere Klassengrenze $x'_1 = -0{,}030$. Die weitere Klasseneinteilung bezüglich der Ausprägungen unserer Zufallsvariablen können Sie aus den Spalten 2 und 3 der Häufigkeitstabelle in Tabelle 10.3 entnehmen. Spalte 4 beinhaltet mit den Δ_i die jeweiligen Klassenbreiten, die nicht notwendigerweise alle gleich groß sein müssen.

Tabelle 10.3: Häufigkeitstabelle der DAX-Tagesrenditen 1995

i	x'_{i-1}	x'_i	Δ_i	n_i	$h_i = \frac{n_i}{n}$	$\hat{f}(x) = \frac{h_i}{\Delta_i}$	$\hat{F}(x'_{i-1})$	$\hat{F}(x'_i)$
1	−0,035	−0,030	0,005	1	0,004	0,8	0,000	0,004
2	−0,030	−0,025	0,005	0	0,000	0,0	0,004	0,004
3	−0,025	−0,020	0,005	1	0,004	0,8	0,004	0,008
4	−0,020	−0,015	0,005	9	0,036	7,2	0,008	0,044
5	−0,015	−0,010	0,005	13	0,052	10,4	0,044	0,096
6	−0,010	−0,005	0,005	32	0,128	25,6	0,096	0,224
7	−0,005	0,000	0,005	63	0,252	50,4	0,224	0,476
8	0,000	0,005	0,005	64	0,256	51,2	0,476	0,732
9	0,005	0,010	0,005	38	0,152	30,4	0,732	0,884
10	0,010	0,015	0,005	16	0,064	12,8	0,884	0,948
11	0,015	0,020	0,005	10	0,040	8,0	0,948	0,988
12	0,020	0,025	0,005	3	0,012	2,4	0,988	1,000
13	0,025	0,030	0,005	0	0,000	0,0	1,000	1,000
14	0,030	0,035	0,005	0	0,000	0,0	1,000	1,000
Summen				250	1,000			

Absolute und relative Häufigkeit In Analogie zum vorangegangenen Abschnitt können wir nun ermitteln, wie viele der Urlistenwerte in die einzelnen Klassen fallen. Auf diese Weise gelangen wir zu den absoluten Häufigkeiten der Klassen, die für unser Beispiel in Spalte 5 von Tabelle 10.3 eingetragen sind. Der formale Ausdruck $n_5 = n(x'_4 < \tilde{x} \leq x'_5) = n(-1{,}5 < \tilde{x} \leq -1{,}0) = 13$ besagt beispielsweise, dass 13 der $n = 250$ Werte aus der Urliste zwischen $-0{,}015$ und $-0{,}010$ lagen und somit in die fünfte Klasse fielen.

Die relativen Häufigkeiten der einzelnen Klassen erhalten wir wiederum, indem wir die absoluten Häufigkeiten durch den Stichprobenumfang dividieren. Die für das Beispiel errechneten Werte befinden sich in Spalte 6 von Tabelle 10.3.

10.2. Analyse empirischer Daten

Häufigkeitsdichte An die Stelle des Stabdiagramms zur grafischen Darstellung der relativen Häufigkeiten einer diskreten Zufallsvariablen tritt bei stetigen Zufallsvariablen das so genannte Histogramm. Im Histogramm wird die Häufigkeitsdichte $\hat{f}(x)$ abgetragen. Bei der Häufigkeitsdichte handelt es sich um aufeinander folgende Parallelenstücke zur Abszisse, die jeweils in Höhe des Quotienten aus relativer Häufigkeit und Klassenbreite verlaufen (siehe Spalte 7 von Tabelle 10.3).

In Abbildung 10.2 ist die Häufigkeitsdichte der DAX-Tagesrenditen dargestellt. Die relativen Häufigkeiten der einzelnen Klassen entsprechen im Histogramm den Flächeninhalten der Rechtecke über diesen Klassen. Auch mit dem Histogramm erhält man gute Einblicke in die Verteilung der relativen Häufigkeiten und damit auf die Ausprägungen der Zufallsvariablen auf die einzelnen Klassen.

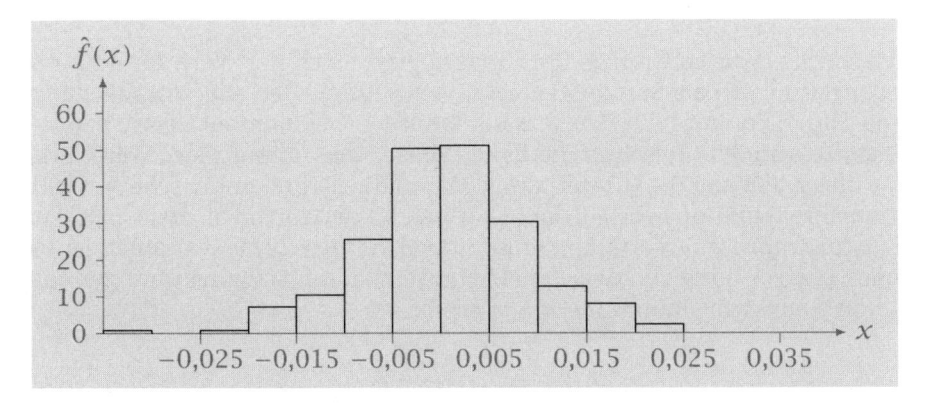

Abbildung 10.2: Histogramm der DAX-Tagesrenditen 1995

An dieser Stelle wollen wir auf einen wichtigen Aspekt der Klassenbildung bei stetigen Zufallsvariablen aufmerksam machen. Mit dem Übergang von den Originaldaten der Urliste zu ihrer aggregierten Darstellung in Form der Häufigkeitstabelle ist ein unter Umständen erheblicher Informationsverlust verbunden. Nach der Zuordnung eines Urlistenwertes zu einer Klasse ist von diesem Wert nur noch bekannt, dass er zwischen der unteren und der oberen Klassengrenze dieser Klasse lag. Die Information über den exakten Wert geht verloren. Aus diesem Grund kommt der Klasseneinteilung erhebliche Bedeutung und leider auch Manipulationsspielraum zu. Die Klasseneinteilung sollte zum einen so fein wie möglich sein, um den Informationsverlust gering zu halten, zum anderen würde eine zu feine Klasseneinteilung dazu führen, dass es kaum zu einer übersichtlichen Darstellung der Daten und einer aussagekräftigen Informationsverdichtung durch die Bestimmung der interessierenden relativen Häufigkeiten kommt. Zwischen diesen beiden konträren Effekten muss man bei der Klasseneinteilung der Zufallsvariablenausprägungen stets abwägen. Nicht zuletzt von der Wahl der Klassengrenzen hängt dann auch das durch das Histogramm vermittelte Bild der Häufigkeitsverteilung ab.

Empirische Verteilungsfunktion Für weiterführende Berechnungen, wie zum Beispiel die vereinfachte Berechnung von relativen Häufigkeiten für bestimmte Ereignisse, ermittelt man auch bei stetigen Zufallsvariablen die empirische Verteilungsfunktion. Um für beliebige x-Werte eine Aussage über die bis zu dem jeweiligen x-Wert angefallene relative Häufigkeit treffen zu können, geht man dabei von der Annahme aus, dass sich die relative Häufigkeit einer Klasse gleichmäßig auf diese Klasse verteilt. Formal findet das seinen Niederschlag in der folgenden allgemeinen Definition der empirischen Verteilungsfunktion einer stetigen Zufallsvariablen,

$$\hat{F}(x) = \left\{ \begin{array}{ll} 0 & \text{für } x \leq x'_0 \\ \hat{F}(x'_{i-1}) + (x - x'_{i-1}) \cdot \hat{f}(x) & \text{für } x'_{i-1} < x \leq x'_i \quad \text{mit } i = 1,\ldots,k \\ 1 & \text{für } x > x'_k \end{array} \right\}.$$

An der jeweils unteren Grenze einer Klasse ergibt sich der Wert der empirischen Verteilungsfunktion als Summe der relativen Häufigkeiten aller vorangegangenen Klassen. Hinzu kommt für x-Werte innerhalb einer bestimmten Klasse der proportionalisierte Anteil an relativer Häufigkeit dieser Klasse. Auf diese Weise erhalten wir für unser Beispiel die in Abbildung 10.3 dargestellte empirische Verteilungsfunktion. Ihre Funktionswerte liegen wie auch im diskreten Fall zwischen 0 und 1. Typisch für empirische Verteilungsfunktionen stetiger Zufallsvariablen ist jedoch die Aneinanderreihung von Geradenabschnitten, deren Steigung über den Klassen sich jeweils aus dem Quotienten h_i/Δ_i ergibt.

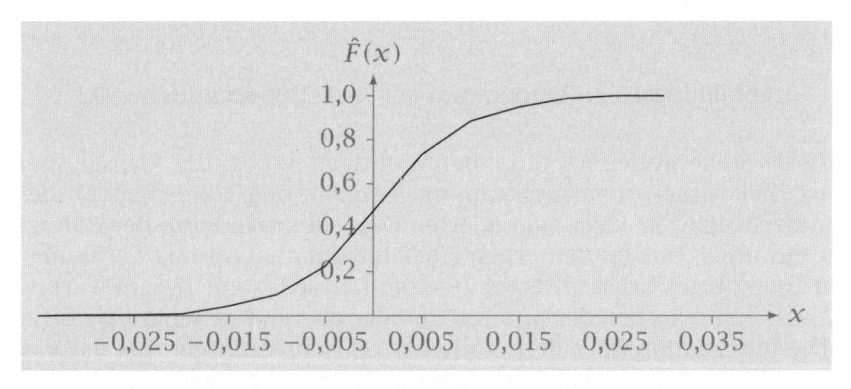

Abbildung 10.3: Empirische Verteilungsfunktion der DAX-Tagesrenditen 1995

10.2.3 Maßzahlen empirischer Verteilungen

Mit Hilfe der Häufigkeitstabellen und der daraus abgeleiteten Grafiken können wir uns einen guten Einblick in die mit der Zufallsvariablen verbundene Unsicherheit verschaffen. Diese Techniken führen zu einer Verdichtung der Informationen, die

10.2. Analyse empirischer Daten

in den Daten der Stichprobenurliste enthalten sind. Mit der im Folgenden darzustellenden Berechnung von Maßzahlen treiben wir die Informationsverdichtung weiter voran. Das Ziel solcher Berechnungen ist es, Charakteristika einer Häufigkeitsverteilung in einer einzigen Zahl oder nur wenigen Zahlen zu erfassen. So werden wir in die Lage versetzt, die Verteilungen unterschiedlicher Zufallsvariablen bequem miteinander zu vergleichen. Von besonderem Interesse sind Maßzahlen, die Aufschluss über die Lage und die Streuung der Ausprägungen einer Zufallsvariablen geben.

Lagemaße

Maßzahlen der Lage sind Werte, um die sich die Stichprobenrealisationen nach vorgegebenen Kriterien gruppieren. Die wichtigsten Lagemaße sind das arithmetische Mittel und der Median.

Arithmetisches Mittel Das arithmetische Mittel $\bar{x}$ wird auch als Mittelwert oder Durchschnitt bezeichnet. Die Berechnung des arithmetischen Mittels variiert geringfügig mit der Form, in der die Daten vorliegen. So ermitteln wir das arithmetische Mittel aus einer Urliste über

$$\bar{x} = \frac{1}{n} \sum_{i=1}^{n} x_i, \tag{10.1}$$

aus einer diskreten Häufigkeitstabelle über

$$\bar{x} = \frac{1}{n} \sum_{i=1}^{k} n_i x_i = \sum_{i=1}^{k} h_i x_i \tag{10.2}$$

beziehungsweise einer stetigen Häufigkeitstabelle über

$$\bar{x} = \frac{1}{n} \sum_{i=1}^{k} n_i m_i = \sum_{i=1}^{k} h_i m_i \quad \text{mit } m_i = \frac{x'_{i-1} + x'_i}{2}. \tag{10.3}$$

Grundsätzlich sind entsprechend Gleichung (10.1) zur Bestimmung von $\bar{x}$ also die Realisationen aus der Stichprobe aufzusummieren und durch den Stichprobenumfang n zu dividieren. Zu dem gleichen Ergebnis gelangen wir bei einer diskreten Zufallsvariablen mittels Gleichung (10.2), wo die aufgetretenen Realisationen mit ihren relativen Häufigkeiten gewichtet werden. Bei den klassifizierten Daten einer stetigen Zufallsvariablen treten an die Stelle der Realisationen in Gleichung (10.3) repräsentativ für die Klassen die Klassenmitten m_i. Hierbei kann sich für $\bar{x}$ unter Umständen ein anderes Ergebnis als bei der exakten Berechnung aus den Originaldaten ergeben. Im Würfelwurf-Beispiel ergibt sich $\bar{x} = 3{,}62$. Für die DAX-Tagesrenditen erhalten wir aus der Urliste laut Gleichung (10.1) $\bar{x} = 0{,}000372$ und aus der Häufigkeitstabelle laut Gleichung (10.3) $\bar{x} = 0{,}000460$.

Median Der empirische Median $\hat{x}_{0,5}$ ist dadurch gekennzeichnet, dass mindestens 50% der Realisationen aus der Stichprobe kleiner oder gleich diesem Wert und mindestens 50% aller Merkmalswerte auch größer oder gleich $\hat{x}_{0,5}$ sind. Für seine Bestimmung aus den Ausgangsdaten sind diese zunächst der Größe nach zu ordnen. Das führt zur so genannten geordneten Stichprobe.

Der Median teilt nun entsprechend seiner Definition die geordnete Stichprobe genau in zwei Hälften. Falls n ungerade ist, finden wir den Median unmittelbar in der Mitte der geordneten Stichprobe. Für gerades n sind die beiden mittleren Realisationen der geordneten Stichprobe zu addieren und durch zwei zu teilen. Liegen die Daten in Form einer Häufigkeitstabelle mit Klasseneinteilung vor, so können wir den Median über die etwas komplizierte allgemeine Formel (10.4) zur Berechnung von Prozentpunkten ermitteln. Beide Methoden führen bei den DAX-Tagesrenditen zu $\hat{x}_{0,5} = 0{,}000470$.

Quantile Es ist nicht schwer, vom Median zur allgemeinen Definition eines empirischen Prozentpunkts (auch Quantil genannt) $\hat{x}_p$ überzuleiten. Der Index p mit $0 \leq p \leq 1$ steht dabei für den Anteil der Stichprobenrealisationen, die kleiner oder gleich dem Prozentpunkt $\hat{x}_p$ sind. Neben dem Median mit $p = 0{,}5$ werden häufig die als unteres und oberes Quartil bezeichneten Prozentpunkte $\hat{x}_{0,25}$ und $\hat{x}_{0,75}$ berechnet. Bei ihrer Bestimmung aus der geordneten Stichprobe ist diese zunächst in zwei gleich große Teile zu teilen (bei ungeradem n jeweils einschließlich des Medians). Das untere Quartil lässt sich dann als Median der unteren und das obere Quartil als Median der oberen Hälfte interpretieren und ermitteln.

Liegen die Daten bei einer stetigen Zufallsvariablen in Form einer Häufigkeitstabelle vor, können wir auf die für beliebiges p formulierte Formel

$$\hat{x}_p = x'_{i-1} + \left(p - \hat{F}(x'_{i-1})\right) \cdot \frac{\Delta_i}{h_i} \qquad (10.4)$$

zurückgreifen. Der Index i bezüglich der bereits eingeführten Symbolik charakterisiert hier die Klasse, in der die empirische Verteilungsfunktion den Wert p annimmt. Nachdem wir diese Klasse in der Häufigkeitstabelle gefunden haben, können wir ihr die zur Prozentpunktberechnung benötigten Größen entnehmen. So erhalten wir im Beispiel der DAX-Tagesrenditen aus der geordneten Stichprobe $\hat{x}_{0,25} = -0{,}004390$ und $\hat{x}_{0,75} = 0{,}005448$ und aus der Häufigkeitstabelle $\hat{x}_{0,25} = -0{,}004484$ sowie $\hat{x}_{0,75} = 0{,}005592$.

Streuungsmaße

Die bloße Ermittlung von Maßzahlen der Lage reicht zur Charakterisierung der Verteilung einer Zufallsvariablen nicht aus. So führen unter Umständen sehr unterschiedlich geartete Stichproben zu identischen Ergebnissen bei Mittelwert und Median. Ein Investor könnte beispielsweise vor dem Problem stehen, sein Geld in einer von zwei Aktien anlegen zu müssen. Um seine Entscheidung zu fundieren, betrachtet er jeweils eine (schon geordnete) Stichprobe der zwölf Monatsrenditen (in Prozent) eines Jahres dieser Aktien 1 und 2.

10.2. Analyse empirischer Daten

Aktie 1	0,4	0,5	0,7	0,7	0,9	1,0	1,0	1,2	1,2	1,3	1,5	1,6
Aktie 2	−4,2	−3,0	−2,6	−2,5	−0,9	0,9	1,1	3,0	3,4	5,1	5,5	6,2

Für beide Aktien berechnet er $\hat{x}_{0,5} = \bar{x} = 1,0\,\%$, so dass es für ihn bei ausschließlicher Betrachtung der Lage gleichgültig wäre, in welche der beiden Aktien er investiert. Offensichtlich schwanken die Renditen der Aktie 2 aber wesentlich stärker, was neben höheren Gewinnen vor allem auch erhebliche Verluste nach sich ziehen kann. Es scheint daher sinnvoll zu sein, diese Schwankungen in Maßzahlen zur weiteren Charakterisierung der Verteilung zu erfassen und in die Entscheidungsfindung einzubeziehen. Häufig verwendete Maßzahlen zur Erfassung der Streuung von Daten sind die Spannweite, der Quartilsabstand, die mittlere quadratische Abweichung und die empirische Varianz.

Spannweite Die Spannweite sp ist der Abstand zwischen dem kleinsten und dem größten Wert in der Stichprobe. Formal kommt diese Definition in

$$sp = x_{(n)} - x_{(1)}$$

zum Ausdruck, wobei $x_{(1)}$ den ersten Wert und $x_{(n)}$ den letzten Wert in der geordneten Stichprobe bezeichnet. Für die Aktien 1 und 2 ergibt sich $sp_1 = 1,2\,\%$ und $sp_2 = 10,4\,\%$. Im Beispiel der DAX-Tagesrenditen erhalten wir $sp = 0,05596$. Die Spannweite ist sehr leicht zu ermitteln, besitzt jedoch als Maß für die Streuung auch einige Mängel. So bezieht sie lediglich zwei Stichprobenrealisationen in die Betrachtung ein und wird von extremen Werten (Ausreißern) unmittelbar und stark beeinflusst.

Quartilsabstand Der Quartilsabstand sq ist die Differenz zwischen dem oberen und unteren Quartil und somit formal aus

$$sq = \hat{x}_{0,75} - \hat{x}_{0,25}$$

zu bestimmen. Entsprechend seiner Definition fallen in den zugrunde liegenden zentralen Bereich 50% der Stichprobenrealisationen. Die angesprochenen Mängel der Spannweite weist der Quartilsabstand nicht auf. So reagiert er weit unempfindlicher auf extreme Werte, und außerdem werden bei seiner Ermittlung aus den Quartilen sämtliche Stichprobenrealisationen in die Betrachtung einbezogen. Diese Eigenschaften machen ihn zu einer beliebten Maßzahl im Rahmen der Analyse empirischer Daten.[2] Aus den Daten der beiden Aktien erhalten wir $sq_1 = 0,55\,\%$ und $sq_2 = 6,8\,\%$. Im Beispiel der DAX-Tagesrenditen berechnen wir auf Grundlage der Quartile aus der geordneten Stichprobe $sq = 0,00984$.

---

[2] So wird er zum Beispiel in grafischen Darstellungen wie dem Box-Plot verwendet.

Mittlere quadratische Abweichung und Stichprobenvarianz Für die Berechnung der mittleren quadratischen Abweichung d^2 und der Stichprobenvarianz s^2 sind zunächst die Abstände zwischen den einzelnen Daten und dem Mittelwert zu bestimmen. Diese Abstände werden quadriert, aufsummiert und anschließend durch n beziehungsweise $n-1$ geteilt. Formal kommt das in den Definitionsgleichungen

$$d^2 = \frac{1}{n} \sum_{i=1}^{n} (x_i - \bar{x})^2 \quad \text{und} \quad s^2 = \frac{1}{n-1} \sum_{i=1}^{n} (x_i - \bar{x})^2 \quad \text{mit} \quad s^2 = \frac{n}{n-1} d^2$$

zum Ausdruck. Für den Fall, dass die Daten in Form einer Häufigkeitstabelle vorliegen, lassen sich beide Gleichungen entsprechend der Vorgehensweise beim Mittelwert modifizieren. Eine unter Umständen bequemere Berechnung der mittleren quadratischen Abweichung bietet der so genannte Zerlegungssatz mit

$$d^2 = \frac{1}{n} \sum_{i=1}^{n} (x_i - \bar{x})^2 = \overline{x^2} - \bar{x}^2 \quad \text{mit} \quad \overline{x^2} = \frac{1}{n} \sum_{i=1}^{n} x_i^2.$$

Empirische Standardabweichung Beide Größen sind jedoch schwer zu interpretieren, da die mit den Daten verbundene Maßeinheit bei der Berechnung quadriert wird. Aus diesem Grund bestimmt man oft aus s^2 durch Ziehen der Wurzel die so genannte empirische Standardabweichung s, die sich als die mittlere Abweichung vom Mittelwert verstehen lässt. Insbesondere s beziehungsweise s^2 werden häufig bei der Anpassung theoretischer Verteilungsmodelle an die empirische Datensituation verwendet. Aus methodischen Gründen, die hier nicht erläutert werden können, wird hierbei s^2 gegenüber d^2 bevorzugt. In den Beispielen berechnen wir für die beiden Aktien

$$\begin{array}{lll} d_1^2 = 0{,}0000132 & s_1^2 = 0{,}0000144 & s_1 = 0{,}379\,\% \\ d_2^2 = 0{,}0012145 & s_2^2 = 0{,}001325 & s_2 = 3{,}64\,\% \end{array}$$

und für die DAX-Tagesrenditen (aus der Urliste) $d^2 = 0{,}0000733$, $s^2 = 0{,}0000736$ und $s = 0{,}00858$.

Box-Plot Ein Box-Plot ist die grafische Veranschaulichung der Informationen, die mit Hilfe verschiedener Maßzahlen über die Häufigkeitsverteilung einer Zufallsvariablen ermittelt wurden. Solche Abbildungen eignen sich besonders gut, um verschiedene Datensätze wie beispielsweise die Stichprobe der DAX-Tagesrendite mit der Tagesrendite der Daimleraktie zu vergleichen. Für die Konstruktion eines sehr einfachen Box-Plots benötigen wir aus der geordneten Stichprobe den kleinsten Wert, das untere Quartil, den Median, das obere Quartil und den größten Wert. Der Bereich zwischen dem kleinsten und dem größten Wert aus der Stichprobe wird durch die genannten Maßzahlen in vier Teilbereiche zerlegt, auf die jeweils 25 % der Stichprobenrealisationen entfallen. Der zentrale Bereich des Quartilabstands wird in Form einer Box besonders kenntlich gemacht, die der Median in zwei Teile

10.2. Analyse empirischer Daten

teilt. Aus der Länge der einzelnen Teilintervalle lässt sich darauf schließen, ob und wo sich die Stichprobenrealisationen ballen. Die oben gewonnenen Erkenntnisse über die Lage und die Streuung zweier (oder mehrerer) Aktienrenditen werden so „auf einen Blick" deutlich, vgl. Abbildung 10.4.

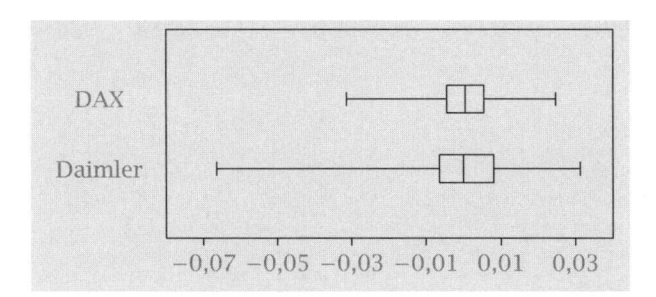

Abbildung 10.4: Box-Plots der DAX- und Daimler-Tagesrenditen 1995

Nicht nur bezüglich der Lage und der Streuung, sondern auch in Bezug auf andere Verteilungseigenschaften gibt es eine Fülle weiterer Maßzahlen.[3]

10.2.4 Mehrdimensionale Datensätze

Bisher haben wir an einem Objekt nur eine einzige Zufallsvariable gemessen und die sich für n Objekte ergebenden Realisationen untersucht. In vielen statistischen Anwendungen interessiert man sich für zwei oder mehrere Zufallsvariablen und die Beziehungen, die zwischen ihnen bestehen. Wir wollen deshalb hier exemplarisch einige Techniken zur Analyse solcher Beziehungen für zwei Zufallsvariablen vorstellen.

An den n Objekten messen wir nun die beiden Zufallsvariablen $\tilde{x}$ und $\tilde{y}$. Es soll sich um stetige Zufallsvariablen handeln. Für die $i = 1, \ldots, n$ Objekte ist nun zunächst jeweils ein Tupel von Realisationen (x_i, y_i) dieser Zufallsvariablen zu bestimmen. Wir wollen in diesem Abschnitt das Beispiel der DAX-Tagesrenditen erweitern und an den $n = 250$ Handelstagen (Objekten) des Jahres 1995 neben der Zufallsvariable $\tilde{x}$ für die DAX-Tagesrendite die Zufallsvariable $\tilde{y}$ für die Tagesrendite der Daimler-Aktie betrachten. Die sich daraus ergebende Urliste kann in Form von Tabelle 10.4 dargestellt werden. Grafisch können wir diesen zweidimensionalen Datenbefund zum Beispiel mittels eines Streudiagramms veranschaulichen. Im Streudiagramm werden an der Abszisse die Realisationen der Zufallsvariablen $\tilde{x}$ und an der Ordinate die der Zufallsvariablen $\tilde{y}$ abgetragen. Ein Punkt im Streudiagramm steht jeweils für ein Datentupel aus der Urliste. Abbildung 10.5 enthält das Streudiagramm der beobachteten DAX- und Daimler-Tagesrenditen.

---
[3]Dem interessierten Leser empfehlen wir hierzu Heiler und Michels (1994) 116-128.

Tabelle 10.4: Urliste der Tagesrenditen von DAX und Daimler 1995

i	1	2	3	...	248	249	250
$\tilde{x} = x_i$	−0,00494	0,00192	−0,01034	...	−0,00016	−0,00287	−0,00581
$\tilde{y} = y_i$	−0,00462	−0,00225	−0,00306	...	−0,00138	0,00041	−0,00386

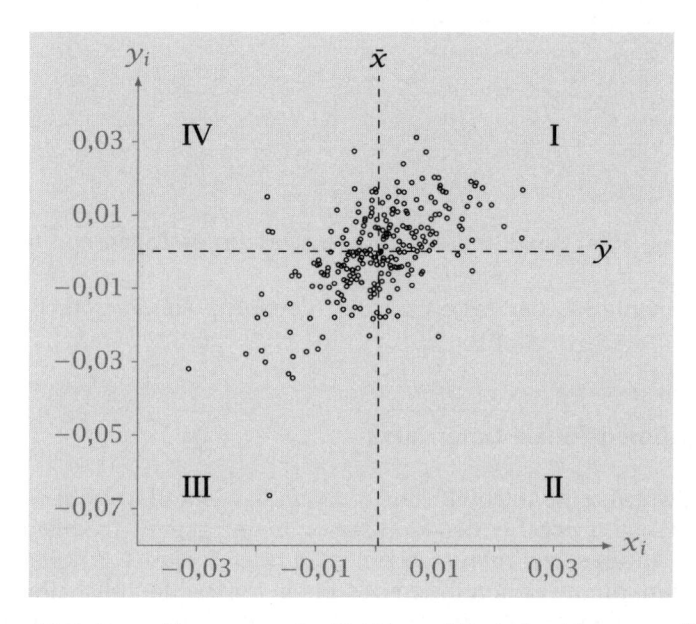

Abbildung 10.5: Streudiagramm der DAX- und Daimler-Tagesrenditen 1995

Im Abschnitt 10.2.2 hatten wir auf der ersten Stufe der Informationsverdichtung für eine stetige Zufallsvariable eine Häufigkeitstabelle erstellt und die interessierenden Größen in Grafiken erfasst. Es ist nicht schwer, die dort skizzierten Techniken auf den zweidimensionalen Fall zu übertragen. Zur Bestimmung von absoluten Häufigkeiten sind dafür die möglichen Realisationen von $\tilde{x}$ und $\tilde{y}$ in Klassen einzuteilen. Die Tupel sind im Anschluss daran je einer Kombination aus einer Klasse von $\tilde{x}$ und einer Klasse von $\tilde{y}$ zuzuordnen.

Wenden wir uns nun der zweiten Stufe der Informationsverdichtung zu, der Ermittlung von Maßzahlen. Aus der Urliste lassen sich bei getrennter Betrachtung für jede Zufallsvariable problemlos die im Abschnitt 10.2.3 eingeführten Maßzahlen ermitteln. Tabelle 10.5 enthält für unser Beispiel hierzu eine Übersicht (mit $z = x, y$). Mit der empirischen Kovarianz und dem empirischen Korrelationskoeffizienten können wir zwei weitere Maßzahlen berechnen, die uns nicht über die Verteilung der einzelnen Zufallsvariablen informieren, sondern vielmehr Aussa-

10.2. Analyse empirischer Daten

Tabelle 10.5: Maßzahlen der DAX- und Daimler-Tagesrenditen 1995

	Lagemaße			
	$\bar{z}$	$\hat{z}_{0,25}$	$\hat{z}_{0,5}$	$\hat{z}_{0,75}$
$\tilde{x}$	0,000372	−0,004390	0,000470	0,005448
$\tilde{y}$	−0,000116	−0,006370	0,000000	0,008004

	Streuungsmaße				
	sp	sq	d^2	s^2	s
$\tilde{x}$	0,05596	0,00984	0,0000733	0,0000736	0,00858
$\tilde{y}$	0,09770	0,01437	0,0001558	0,0001565	0,01251

gen über Zusammenhänge zwischen ihnen ermöglichen. Beide Größen sind jedoch nur dazu geeignet, lineare Zusammenhänge zwischen $\tilde{x}$ und $\tilde{y}$ zu erfassen.

Empirische Kovarianz Die empirische Kovarianz s_{xy} berechnen wir aus

$$s_{xy} = \frac{1}{n-1} \sum_{i=1}^{n} (x_i - \bar{x})(y_i - \bar{y}) .$$

Im Beispiel erhalten wir so $s_{xy} = 0,0000623$. Aus den gleichen hier nicht erörterten Gründen wie bei der empirischen Varianz verwenden wir in der Formel zur Berechnung der empirischen Kovarianz den Divisor $n-1$ anstelle des in der Literatur auch gebräuchlichen n. Bezüglich der Interpretation von s_{xy} ist vor allem das Vorzeichen und weniger die absolute Größe dieser Zahl von Bedeutung. Der Grund hierfür liegt darin, dass die Größe unter anderem von der Skalierung der Daten abhängt und auf diese Weise noch keine vernünftigen Aussagen zur Stärke bestehender (linearer) Zusammenhänge liefern kann. Durch das Vorzeichen von s_{xy} erhalten wir jedoch einen ersten Hinweis darauf, ob ein positiver oder negativer (linearer) Zusammenhang zwischen $\tilde{x}$ und $\tilde{y}$ besteht. Das Vorzeichen der empirischen Kovarianz wird positiv, wenn sich die Datentupel wie in unserem Streudiagramm (vgl. Abbildung 10.5) in den Quadranten I und III ballen. In diesem Fall haben nämlich auch die Mehrzahl der Abweichungsprodukte in der Definitionsgleichung von s_{xy} ein positives Vorzeichen. Liegen die Tupel dagegen eher in den Quadranten II und IV, werden diese Produkte und damit auch s_{xy} negativ. Für den Fall, dass sich die Tupel gleichmäßig über die vier Quadranten verteilen, liegt s_{xy} nahe bei null.

Empirischer Korrelationskoeffizient Erst wenn wir die empirische Kovarianz in geeigneter Weise normieren, sind wir in der Lage, auch Aussagen über die Stärke eines möglichen (linearen) Zusammenhangs zwischen $\tilde{x}$ und $\tilde{y}$ zu treffen. Hierzu dividieren wir s_{xy} durch das Produkt aus s_x und s_y und gelangen auf diese Weise zur Definitionsgleichung des empirischen Korrelationskoeffizienten r_{xy},

$$r_{xy} = \frac{\frac{1}{n-1} \sum_{i=1}^n (x_i - \bar{x})(y_i - \bar{y})}{\sqrt{\frac{1}{n-1} \sum_{i=1}^n (x_i - \bar{x})^2} \cdot \sqrt{\frac{1}{n-1} \sum_{i=1}^n (y_i - \bar{y})^2}} = \frac{s_{xy}}{s_x \cdot s_y}.$$

Für unsere Beispielsdaten errechnen wir hieraus $r_{xy} = 0{,}583$. Der empirische Korrelationskoeffizient ist, wie bereits angedeutet, eine normierte Größe, für die stets $-1 \leq r_{xy} \leq 1$ gilt. Nach einer in der Literatur nicht immer einheitlichen Einteilung ist r_{xy} wie folgt zu interpretieren:

$|r_{xy}|$	linearer Zusammenhang
0,0	kein
0,0 bis 0,5	schwach
0,5 bis 0,8	mittel
0,8 bis 1,0	stark
1,0	perfekt

Entsprechend seines Vorzeichens ist der Interpretation von r_{xy} noch ein „positiv" oder „negativ" beizufügen. Unser Datenbefund spricht also für einen mittleren positiven linearen Zusammenhang zwischen den Tagesrenditen des DAX und der Daimler-Aktie.

Im Fall des perfekten positiven oder negativen linearen Zusammenhangs (auch perfekte Korrelation genannt) liegen alle Punkte auf einer Geraden, deren Steigung das gleiche Vorzeichen wie r_{xy} hat. Ein $r_{xy} = 0$ spricht für keinen linearen Zusammenhang, verneint jedoch nicht unter Umständen starke nicht-lineare Zusammenhänge zwischen den Zufallsvariablen. Abschließend sei bemerkt, dass der empirische Korrelationskoeffizient nur ein Maß für einen wertmäßigen linearen Zusammenhang ist, das inhaltliche Aspekte völlig außer acht lässt. Die inhaltlichen Zusammenhänge sind durch die Substanzwissenschaft zu klären, aus der die Zufallsvariablen stammen. Jedenfalls kann aus einer statistisch nachweisbaren Korrelation nicht auf einen Ursache-Wirkungs-Zusammenhang (Kausalität) geschlossen werden.

10.3 Verteilungstheorie

Nach der vergangenheitsorientierten Analyse empirischer Daten gehen wir nun darauf ein, wie wir Zufallsvariablen und die mit ihnen verbundene Unsicherheit vor dem tatsächlichen Ablauf des Zufallsvorgangs durch theoretische Modelle beschreiben können. Über die Konstruktion solcher so genannten Verteilungsmodelle

10.3. Verteilungstheorie

werden wir als (finanzwirtschaftliche) Anwender in die Lage versetzt, die Unsicherheit in unsere Modellwelten einzubeziehen. Um das in vernünftiger Weise leisten zu können, wollen wir uns in diesem Abschnitt die allgemeine Grundkonzeption und wichtige Eigenschaften von Verteilungsmodellen aneignen.

Mit einem Verteilungsmodell versucht man grundsätzlich, die im vorangegangenen Abschnitt betrachtete empirische Häufigkeitsverteilung einer oder mehrerer Zufallsvariablen theoretisch nachzuvollziehen. Hierbei wird der empirische Befund approximiert und idealisiert. Viele der bereits vorgestellten Konzepte und Größen aus der Empirie finden wir vollkommen analog in der Theorie wieder. Die Lektüre des voranstehenden Abschnitts über die „Analyse empirischer Daten" sollte deshalb nicht nur die dort beschriebenen Rechentechniken vermitteln, sondern vor allem auch das Verständnis der theoretischen Modellkomponenten erleichtern.

Tabelle 10.6 enthält eine Übersicht der wichtigsten empirischen Größen mit ihren theoretischen Pendants. An die Stelle der relativen Häufigkeiten der Empi-

Tabelle 10.6: Wichtige empirische und theoretische Größen

Empirie		Theorie	
Relative Häufigkeit		Wahrscheinlichkeit	
Häufigkeitsdichte	$\hat{f}(x)$	Dichtefunktion	$f(x)$
Empirische Verteilungsfunktion	$\hat{F}(x)$	Theoretische Verteilungsfunktion	$F(x)$
Mittelwert	$\bar{x}$	Erwartungswert	$E[\tilde{x}]$
Empirische Varianz	s^2	Varianz	$Var[\tilde{x}]$
Empirische Prozentpunkte	$\hat{x}_p$	Theoretische Prozentpunkte	x_p

rie treten in der Theorie die Wahrscheinlichkeiten. Mit der Angabe von konkreten Wahrscheinlichkeiten für Ausprägungen einer diskreten beziehungsweise Intervalle von Ausprägungen einer stetigen Zufallsvariablen versucht man, die meist unterschiedlichen Chancen für deren Auftreten im Modell zu erfassen. Um die Analogie zwischen den relativen Häufigkeiten und den Wahrscheinlichkeiten zu gewährleisten, sollten sich beide Größen in ihren Eigenschaften entsprechen. So haben wir insgesamt eine Wahrscheinlichkeitsmasse von eins zu verteilen, wobei die einzelnen Wahrscheinlichkeiten größer oder gleich null sein müssen.

Elementare Bestandteile eines Verteilungsmodells sind Aussagen über die möglichen Realisationen der Zufallsvariablen, über die Gesetzmäßigkeit, nach der die Wahrscheinlichkeitsmasse zu verteilen ist, und über die sich daraus ergebende theoretische Verteilungsfunktion. Wie schon im vorangegangenen Abschnitt unterscheiden sich die verwendeten Techniken danach, ob die Zufallsvariable diskret oder stetig ist. Deshalb wollen wir sie wiederum getrennt voneinander darstellen.

10.3.1 Verteilungen diskreter Zufallsvariablen

Für die Konstruktion des Verteilungsmodells einer diskreten Zufallsvariablen $\tilde{x}$ ist zunächst zu klären, was die möglichen Realisationen dieser Zufallsvariablen sind. Diese abzählbar vielen Ausprägungen bezeichnen wir auch in der Theorie mit x_i bei $i = 1, \ldots, k$.

Wahrscheinlichkeitsfunktion Die Verteilung der Wahrscheinlichkeitsmasse auf die einzelnen Realisationen übernimmt in der diskreten Modellwelt die Wahrscheinlichkeitsfunktion. Sie ordnet jeder Ausprägung x_i eine Wahrscheinlichkeit $q_i = \text{Prob}(\tilde{x} = x_i)$ zu. Entsprechend den aus der Empirie abgeleiteten Eigenschaften von Wahrscheinlichkeiten muss für eine Wahrscheinlichkeitsfunktion

$$q_i \geq 0 \quad \forall \quad i = 1, \ldots, k \quad \text{und} \quad \sum_{i=1}^{k} q_i = 1$$

gelten. Je nachdem, wie sich die Verteilung der Wahrscheinlichkeiten gestaltet, kann es vorteilhaft sein, die Wahrscheinlichkeitsfunktion in Form einer tabellarischen Übersicht oder als geschlossene Funktion anzugeben. Zur grafischen Veranschaulichung der Wahrscheinlichkeitsfunktion können wir analog zur Darstellung der relativen Häufigkeiten in der Empirie ein Stabdiagramm anfertigen, wobei die x_i auf der Abszisse und die q_i auf der Ordinate abgetragen werden.

Theoretische Verteilungsfunktion Wiederum vollkommen analog zur Empirie wird die theoretische Verteilungsfunktion $F(x)$ einer diskreten Zufallsvariablen definiert. Sie gibt für eine beliebige Zahl $x \in \mathbb{R}$ an, wie viel an Wahrscheinlichkeitsmasse für Werte kleiner oder gleich x aufzusummieren ist. Formal lässt sich diese Definition durch $\text{Prob}(x) = \text{Prob}(\tilde{x} \leq x)$ oder

$$F(x) = \left\{ \begin{array}{ll} 0 & \text{für } x < x_1 \\ \sum_{x_i \leq x} q_i & \text{für } x_1 \leq x \leq x_k \\ 1 & \text{für } x > x_k \end{array} \right\}$$

beschreiben. Der grafische Verlauf der theoretischen Verteilungsfunktion unterscheidet sich von seinem empirischen Pendant nur dadurch, dass die Höhe der Sprünge nicht durch die relativen Häufigkeiten, sondern durch die Wahrscheinlichkeiten bestimmt wird. Verwendung findet die Verteilungsfunktion vor allem bei der Anpassung von Verteilungsmodellen an die empirische Datensituation und bei der eleganten Berechnung von Wahrscheinlichkeiten für konkrete bezüglich der Zufallsvariablen formulierte Ereignisse.

Auch die einzelnen Elemente diskreter Verteilungsmodelle wollen wir uns anhand von Beispielen verdeutlichen. Es geht um drei Modelle, die wegen ihres Bekanntheitsgrades und ihrer typischen Form spezielle Namen erhalten haben. An dieser Stelle sei ausdrücklich darauf hingewiesen, dass es viele weitere Verteilungsmodelle gibt und jede Funktion, die den oben genannten Eigenschaften der

10.3. Verteilungstheorie

Wahrscheinlichkeitsfunktion genügt, im Rahmen eines diskreten Verteilungsmodells Verwendung finden kann.

Diskrete Gleichverteilung

Bei der diskreten Gleichverteilung (auch *Laplace*-Verteilung genannt) wird jeder der k Ausprägungen der Zufallsvariablen eine gleich hohe Wahrscheinlichkeit zugeordnet.

Laplace

Der französische Mathematiker, Astronom und Physiker Pierre Simon Marquis de Laplace (1749-1827) stammte aus einfachen bäuerlichen Verhältnissen. Er wurde 1771 durch d'Alemberts Vermittlung als Examinator für Mathematik bei der École militaire in Paris angestellt. In dieser Funktion lernte er Napoleon Bonaparte kennen. 1785 wurde er in die französische Akademie der Wissenschaften aufgenommen. Die gefährlichste Phase der französischen Revolution (1793-1794) überlebte er im Gegensatz zu seinem Freund Lavoisier, weil er Paris verlassen hatte und aufs Land geflüchtet war. Ab 1794 war Laplace Professor an der neu gegründeten École normale. Napoleon berief ihn in den Senat und machte ihn 1804 zum Grafen. 1806 zog er nach Arcueil, im Süden von Paris, ins Nachbarhaus des Chemikers Berthollet. Dort machten die beiden regelmäßig zusammen mit anderen, vornehmlich jungen Wissenschaftlern, Experimente und diskutierten wissenschaftliche Theorien. Auch Alexander von Humboldt gehörte dazu. Laplace wandte die Newtonsche Gravitationstheorie auf das Sonnensystem an und leistete damit einen bedeutenden Beitrag zur Himmelsmechanik. Mit seiner im Jahre 1812 erstmals publizierten „Theorie analytique des probabilités" wurde er zum Begründer der modernen Wahrscheinlichkeitstheorie. Ludwig XVIII. ernannte ihn 1817 zum Marquis.

Die Wahrscheinlichkeitsfunktion lautet hier deshalb $q_i = \text{Prob}(\tilde{x} = x_i) = 1/k$ für $i = 1, \ldots, k$. Die diskrete Gleichverteilung wird vor allem bei der Beschreibung der Unsicherheit verwendet, die mit Glücksspielen (zum Beispiel Roulette) verbunden ist. Auch für eine Zufallsvariable, die wie im Empirieteil die Augenzahl beim einfachen Würfelwurf beschreibt, bietet sich die diskrete Gleichverteilung an. Geht man davon aus, dass es sich um einen fairen Würfel handelt, der keine Augenzahl

„bevorzugt", lautet die Wahrscheinlichkeitsfunktion $q_i = \text{Prob}(\tilde{x} = x_i) = 1/6$. Tabelle 10.7 enthält die Gegenüberstellung von relativen Häufigkeiten und Wahrscheinlichkeiten sowie der empirischen und theoretischen Verteilungsfunktionswerte der Realisationen. Die Differenzen zwischen den relativen Häufigkeiten und

Tabelle 10.7: Vergleich von Empirie und Theorie im „Würfelwurf"-Beispiel (beachte: Rundungsdifferenzen)

i	x_i	$h_i = h(\tilde{x} = x_i)$	$q_i = \text{Prob}(\tilde{x} = x_i)$	$\hat{F}(x_i)$	$F(x_i)$
1	1	0,190	0,167	0,190	0,167
2	2	0,140	0,167	0,330	0,333
3	3	0,130	0,167	0,460	0,500
4	4	0,150	0,167	0,610	0,667
5	5	0,180	0,167	0,790	0,833
6	6	0,210	0,167	1,000	1,000
Summen		1,000	1,000		

den Wahrscheinlichkeiten sprechen hier sicherlich noch nicht gegen das Modell. Vielmehr ist davon auszugehen, dass sich bei einer Erhöhung des Stichprobenumfangs die relativen Häufigkeiten mehr und mehr den Wahrscheinlichkeiten annähern. Sollten dagegen auch für großes n gravierende Differenzen zwischen den empirischen und den theoretischen Größen bestehen bleiben, würde das gegen die Annahme eines fairen Würfels sprechen. Ein anderes Verteilungsmodell wäre dann besser geeignet, die Unsicherheit beim Werfen dieses Würfels zu beschreiben.

Bernoulli-Verteilung

Die Grundlage für die Konstruktion des sehr einfachen *Bernoulli*-Modells liegt in der Durchführung eines so genannten *Bernoulli*-Experiments.

Hierbei handelt es sich um einen Zufallsvorgang, dessen Ergebnisse zu nur zwei komplementären Ereignissen A und $\bar{A}$ zusammengefasst werden. Wir können uns beispielsweise einen Qualitätskontrolleur in der Produktion von Glühlampen vorstellen, der sich bei einer zufällig ausgewählten Glühlampe ausschließlich dafür interessiert, ob sie „brennt" (A) oder „nicht brennt" ($\bar{A}$). Er formuliert mit

$$\tilde{x} = \left\{ \begin{array}{ll} 1, & \text{wenn } A \text{ eintritt} \\ 0, & \text{wenn } \bar{A} \text{ eintritt} \end{array} \right\}$$

eine Zufallsvariable, die auch als *Bernoulli*-Variable bezeichnet wird.

Die Wahrscheinlichkeitsfunktion der *Bernoulli*-Verteilung lautet nun einfach $\text{Prob}(\tilde{x} = 1) = q$ und $\text{Prob}(\tilde{x} = 0) = 1 - q$. Als Kurzschreibweise für die Tatsache, dass die Zufallsvariable $\tilde{x}$ mit dem Parameter q bernoulliverteilt ist, verwendet

10.3. Verteilungstheorie

Jakob Bernoulli   *Johann Bernoulli*

Jakob Bernoulli (1655-1705) studierte Philosophie und Theologie in Basel und eignete sich die Mathematik gegen den Willen seines Vaters als Autodidakt an. Er war seit 1687 Professor der Mathematik in Basel und trug maßgeblich zur Verbreitung und Erweiterung der Infinitesimalrechnung bei. Bedeutende Beiträge hat er auch zur Wahrscheinlichkeitsrechnung geleistet. Beispielsweise hat er das Gesetz der großen Zahl formuliert, wonach sich die relative Häufigkeit eines Ereignisses bei einer hinreichend großen Zahl von Versuchen nur unwesentlich von der Wahrscheinlichkeit für das Eintreten des Ereignisses unterscheidet (Bernoullisches Theorem).

Johann Bernoulli (1667-1748) studierte zunächst Medizin. In die Geheimnisse der Mathematik wurde er nebenher von seinem Bruder Jakob eingewiesen. Johann war ab 1695 Professor der Mathematik in Groningen. Zahlreiche seiner Arbeiten entstanden im Wettstreit mit seinem Bruder Jakob, mit dem er sich schließlich heftig entzweite. Nach dessen Tod wechselte er an die Universität Basel und galt als der führende Mathematiker Europas. Im Jahre 1691 hatte Johann Bernoulli in Paris den Marquis de L'Hospital kennengelernt, mit dem er einen bemerkenswerten Vertrag schloss. Er musste alle mathematischen Aufgaben bearbeiten, die ihm de L'Hospital vorlegte, und alle seine Entdeckungen ausschließlich dem Marquis vorlegen. Als Gegenleistung erhielt er eine lebenslange Pension in Höhe eines halben Professorengehalts. Der bedeutendste Schüler von Johann Bernoulli war aber Leonhard Euler. Durch seine Publikationen und durch seine immense Korrespondenz (etwa 3500 erhaltene Briefe) trug er entscheidend zur Verbreitung der Infinitesimalrechnung bei. (Abbildungen mit freundlicher Genehmigung der Universitätsbibliothek Basel)

man $\tilde{x} \sim Be(q)$. Bei der Festlegung des Parameters q mit $0 < q < 1$, der die Eintrittswahrscheinlichkeit des Ereignisses A misst, wird der Kontrolleur sich an den individuellen empirischen Verhältnissen seines Zufallsvorgangs orientieren. Im einfachsten aller Optionspreismodelle formuliert man ein *Bernoulli*-Modell mit $A \equiv$ „Preis des underlying asset steigt" und $\bar{A} \equiv$ „Preis des underlying asset fällt".

Binomialverteilung

Das wohl bekannteste diskrete Verteilungsmodell ist die Binomialverteilung, welche ebenfalls in der Optionspreistheorie Verwendung findet. Ihre Anwendung setzt voraus, dass drei Modellannahmen erfüllt sind: Erstens werden n aufeinander folgende *Bernoulli*-Experimente betrachtet, wobei man sich stets für die gleichen Ereignisse A und $\bar{A}$ interessiert. Für jedes einzelne Experiment können wir dabei eine *Bernoulli*-Variable mit $\tilde{x} \sim Be(q)$ formulieren. Zweitens unterstellen wir, dass die Eintrittswahrscheinlichkeit q für das Ereignis A bei allen Experimenten gleich groß ist, und drittens sollen die einzelnen Experimente unabhängig sein, sich in ihrem Ausgang also nicht gegenseitig beeinflussen.

Auf Grundlage dieser Voraussetzungen betrachten wir eine Zufallsvariable, welche die Anzahl der Experimente misst, die mit dem Ereignis A enden. Diese Zufallsvariable $\tilde{y}$ kann nur die Werte $y_i = 0, 1, \ldots, n$ annehmen. Die Wahrscheinlichkeitsfunktion von $\tilde{y}$ lautet

$$\text{Prob}(\tilde{y} = y_i) = \binom{n}{y_i} \cdot q^{y_i} \cdot (1-q)^{n-y_i} \quad \text{mit } y_i = 0, 1, \ldots, n,$$

wobei für den Binomialkoeffizienten

$$\binom{n}{y_i} = \frac{n!}{y_i! \cdot (n-y_i)!}$$

gilt. Wir bezeichnen $\tilde{y}$ als mit den Parametern n und q binomialverteilt, was zu der Kurzschreibweise $\tilde{y} \sim Bi(n,q)$ führt.

Um uns die Funktionsweise der Wahrscheinlichkeitsfunktion der Binomialverteilung klar zu machen, betrachten wir folgendes Beispiel. Der Aktienkurs eines Unternehmens kann in einer Woche entweder steigen (A) oder fallen ($\bar{A}$). Die Wahrscheinlichkeit für den Anstieg beträgt konstant $q = 0{,}6$. Wir wollen nun die Wahrscheinlichkeit dafür bestimmen, dass der Kurs der Aktien in $n = 6$ aufeinander folgenden Wochen viermal ansteigt, wenn die einzelnen Entwicklungen des Aktienkurses unabhängig voneinander erfolgen. Dieser Sachverhalt führt zu

$$\text{Prob}(\tilde{y} = 4) = \binom{6}{4} \cdot 0{,}6^4 \cdot 0{,}4^2 = 15 \cdot 0{,}1296 \cdot 0{,}16 = 0{,}31104.$$

Viele statistische Lehrbücher enthalten Tabellen, aus denen wir für unterschiedliche (n,q)-Konstellationen die Werte der Wahrscheinlichkeitsfunktion und der theoretischen Verteilungsfunktion für die einzelnen y_i entnehmen können.[4]

Abschließend wollen wir auf einen verteilungstheoretischen Zusammenhang zwischen *Bernoulli*- und Binomial-Verteilung hinweisen. Die binomialverteilte Zufallsvariable $\tilde{y}$ lässt sich als Summe von n unabhängigen bernoulliverteilten Zufallsvariablen mit gleichem q interpretieren. Somit stellt die *Bernoulli*-Verteilung einen Spezialfall ($n = 1$) der Binomialverteilung dar.

---

[4] Das Tabellenkalkulationsprogramm EXCEL liefert diese Werte, wenn man den Befehl BINOMVERT($n;y_i;q$;FALSCH) verwendet.

10.3.2 Verteilungen stetiger Zufallsvariablen

Wie bereits erwähnt, kann eine stetige Zufallsvariable überabzählbar viele Ausprägungen annehmen. In dem Abschnitt über die „Analyse empirischer Daten" konnten wir daher erst nach einer Klasseneinteilung für festgelegte Intervalle von Realisationen relative Häufigkeiten bestimmen. Eine wesentliche Erkenntnis bestand dabei darin, dass sich die relativen Häufigkeiten als Flächen über diesen Intervallen interpretieren ließen. Auch diesen Gedanken übernehmen wir nun in die theoretische Modellwelt.

Dichtefunktion Die Verteilung der Wahrscheinlichkeitsmasse auf die Ausprägungen oder besser auf Intervalle von Ausprägungen einer stetigen Zufallsvariablen übernimmt in der Theorie die Dichtefunktion (kurz: Dichte) $f(x)$. Sie tritt an die Stelle der Häufigkeitsdichte der Empirie und ist durch zwei Eigenschaften, nämlich

$$f(x) \geq 0 \text{ für } x \in \mathbb{R} \quad \text{und} \quad \int_{-\infty}^{+\infty} f(x)\,dx = 1$$

gekennzeichnet. Mit der zweiten Eigenschaft wird sichergestellt, dass die Gesamtfläche unter der Dichtefunktion und damit auch die insgesamt verteilte Wahrscheinlichkeitsmasse genau eins beträgt. Da wir bei stetigen Zufallsvariablen Flächen als Wahrscheinlichkeiten interpretieren, nutzen wir für deren Bestimmung die Integralrechnung, auf die wir im Mathematischen Kompendium ausführlicher eingehen.[5]

Theoretische Verteilungsfunktion Auch bei stetigen Zufallsvariablen ist die theoretische Verteilungsfunktion $F(x)$ ein elementarer Bestandteil des Verteilungsmodells. Entsprechend ihrer Definition $F(x) = \text{Prob}(\tilde{x} \leq x)$ ist für beliebiges $x \in \mathbb{R}$ die Wahrscheinlichkeit und damit die Fläche zu ermitteln, die auf Realisationen kleiner oder gleich x entfällt. Hierzu müssen wir grundsätzlich das Integral

$$F(x) = \text{Prob}(\tilde{x} \leq x) = \int_{-\infty}^{x} f(t)\,dt \quad \text{für } x \in \mathbb{R}$$

bestimmen, wobei wir aus Gründen der Eindeutigkeit die Integrationsvariable mit t benannt haben. Folglich ist die Dichte nichts anderes als die Ableitung der Verteilungsfunktion einer stetigen Zufallsvariablen. Für einige Dichtefunktionen führt das Integral nicht zu einer Lösung in Form einer geschlossenen Funktion. Die benötigten Flächen werden in diesen Fällen häufig mittels mathematischer Näherungsverfahren errechnet und in tabellarischer Form zusammengefasst.

In der statistischen Literatur werden zahlreiche stetige Verteilungsmodelle vorgestellt. Wir wollen im Folgenden zur Verdeutlichung ihrer Grundkonzeption exemplarisch die stetige Gleichverteilung und die Normalverteilung herausgreifen. Aus theoretischen Gründen kommt außerdem der t-Verteilung, der χ^2-Verteilung

---
[5] Siehe Seite 518 ff.

und der F-Verteilung besondere Bedeutung zu. Für die Modellierung von beliebigen empirischen Phänomenen kann grundsätzlich jedoch wiederum jede Funktion verwendet werden, die den Eigenschaften einer Dichtefunktion genügt.

Stetige Gleichverteilung

Mit der stetigen Gleichverteilung (auch Rechteck-Verteilung genannt) betrachten wir zunächst ein sehr einfach konzipiertes stetiges Modell. Die Dichtefunktion verteilt hier die Wahrscheinlichkeitsmasse gleichmäßig auf ein festgelegtes Intervall von Ausprägungen der Zufallsvariablen $\tilde{x}$. Die Intervallgrenzen a und b sind dabei zwei beliebig wählbare reelle Zahlen mit $a < b$. Auf Bereiche außerhalb des Intervalls entfällt keine Wahrscheinlichkeitsmasse. Formal lautet die Dichtefunktion der stetigen Gleichverteilung

$$f(x) = \left\{ \begin{array}{ll} \frac{1}{b-a}, & \text{wenn } a \leq x \leq b \quad \text{mit } a < b \text{ und } a,b \in \mathbb{R} \\ 0, & \text{sonst} \end{array} \right\}.$$

Als Kurzschreibweise für dieses Modell verwenden wir $\tilde{x} \sim U(a,b)$. Die theoretische Verteilungsfunktion ermitteln wir mittels Integralrechnung für den relevanten Bereich und definieren sie außerhalb – wie schon in der Empirie – mit 0 beziehungsweise 1,

$$F(x) = \left\{ \begin{array}{ll} 0, & \text{wenn } x < a \\ \frac{x-a}{b-a}, & \text{wenn } a \leq x \leq b \\ 1, & \text{wenn } x > b \end{array} \right\}.$$

Abbildung 10.6 enthält die Dichtefunktion und die theoretische Verteilungsfunktion der stetigen Gleichverteilung, wobei wir für die Intervallgrenzen $a = 0$ und $b = 1$ gewählt haben.

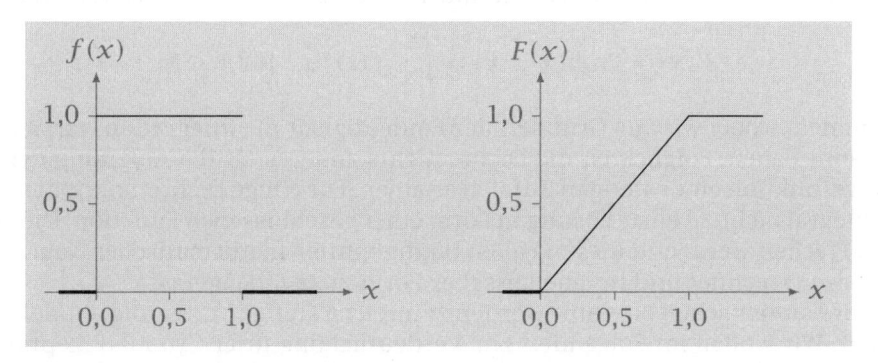

Abbildung 10.6: Dichtefunktion (links) und Verteilungsfunktion (rechts) von $\tilde{x} \sim U(0,1)$

Normalverteilung

Die Normalverteilung (auch *Gauß*-Verteilung genannt) stellt das mit Abstand wichtigste Verteilungsmodell der Statistik dar. Ihre Bedeutung erwächst vor allem aus zwei Gründen. Zum einen gibt es eine Reihe von Anwendungen, wie beispielsweise die Rendite einer Aktie, für die die Normalverteilung unter Umständen ein recht vernünftiges Verteilungsmodell ist. Zum anderen weist die Normalverteilung aus theoretischer Sicht einige wünschenswerte Eigenschaften auf. So lassen sich beispielsweise zahlreiche Verteilungsmodelle der Statistik unter bestimmten Bedingungen durch die Normalverteilung approximieren. In unserer einführenden Betrachtung wollen wir diesem wichtigen theoretischen Gedanken jedoch nicht weiter nachgehen und uns vielmehr die wesentlichen Elemente dieses Verteilungsmodells aneignen.

Gauß

Carl Friedrich Gauß (1777–1855) gilt neben Archimedes und Isaac Newton als einer der bedeutendsten Mathematiker aller Zeiten. Seine außergewöhnliche Begabung wurde frühzeitig erkannt und vom damaligen Herzog von Braunschweig großzügig gefördert. Von 1795 bis 1798 studierte er in Göttingen. Gauß promovierte an der Universität Helmstedt mit einer Dissertation, in der er den Fundamentalsatz der Algebra bewies. Der Fundamentalsatz besagt, dass jede algebraische Gleichung n-ten Grades genau n Lösungen hat, wobei die Lösungen komplex sein oder auch mehrfach auftreten können. Ab 1807 war Gauß Professor für Astronomie und Direktor der Sternwarte in Göttingen. Dort blieb er bis zu seinem Tode. Seine wichtigsten Forschungsfelder fand Gauß in der Zahlentheorie, der Geodäsie (Erdvermessung) und der Geometrie. (Abbildung mit freundlicher Genehmigung der Staats- und Universitätsbibliothek Göttingen)

Grundsätzlich kann eine normalverteilte Zufallsvariable $\tilde{x}$ jede beliebige Zahl $x \in \mathbb{R}$ annehmen. Bei einigen empirischen Phänomenen ist der Definitionsbereich von $\tilde{x}$ an den Rändern aus inhaltlichen Erwägungen begrenzt. Weil Aktionäre für die Schulden ihrer Gesellschaft grundsätzlich nicht persönlich haften, können beispielsweise die Börsenkurse von Aktien nicht negativ werden. Solange es sich jedoch um extreme Randbereiche mit entsprechend kleiner Wahrscheinlichkeitsmasse handelt, lässt sich die Verwendung der Normalverteilung trotz dieser Einschränkung rechtfertigen.[6] Formal lautet die Dichtefunktion der Normalverteilung

$$f(x) = \frac{1}{\sigma\sqrt{2\pi}} \cdot e^{-\frac{1}{2}(\frac{x-\mu}{\sigma})^2} \quad \text{mit } x, \mu, \sigma \in \mathbb{R} \text{ und } \sigma > 0. \quad (10.5)$$

Diese etwas komplizierte Funktionsvorschrift begründet den typischen, glockenförmigen und symmetrischen Verlauf der Normalverteilungsdichte, wie er in Abbildung 10.7 dargestellt ist. Zu dem Graphen einer konkreten Dichte gelangen wir jedoch erst, wenn wir die beiden Parameter μ und σ^2 (beziehungsweise σ) festgelegt haben. Wie bereits erwähnt, erlauben es solche Parameter, das Modell den empirischen Bedürfnissen entsprechend zu variieren. Mit dem Parameter μ können wir die Lage und mit dem Parameter σ^2 die Streuung im Modell der Normalverteilung beeinflussen. Die Dichtefunktion hat stets bei μ ihr Maximum, und σ (die Wurzel aus σ^2) ist der Abstand zwischen diesem Maximum und den Wendepunkten.

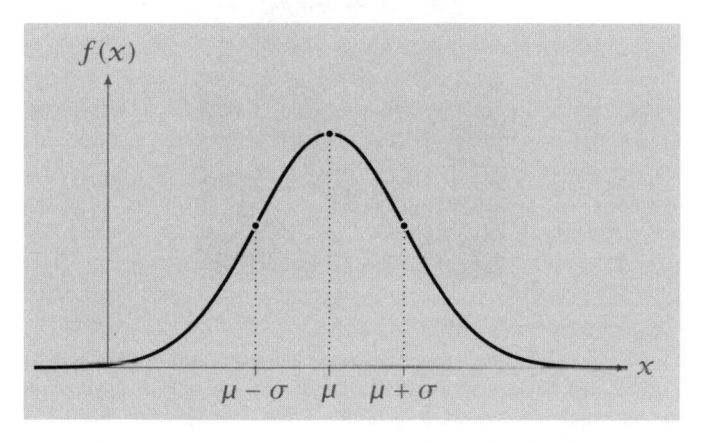

Abbildung 10.7: Dichte der Normalverteilung

Sollte ein empirischer Befund, wie in unserem Beispiel der DAX-Tagesrenditen, grundsätzlich für die Annahme einer Normalverteilung und damit für eine glockenförmige Dichte sprechen, stellt sich das Problem, wie die Parameter μ und σ^2 zu wählen sind. Mit diesem Thema beschäftigt sich die Schätztheorie, die wir im Abschnitt 10.4 kurz skizzieren werden. Unseren bisherigen Erkenntnissen folgend scheint es jedoch auch hier sinnvoll zu sein, einen Blick auf die Empirie zu werfen. Dort errechneten wir Maßzahlen wie $\bar{x}$ und s^2, die über die Lage beziehungsweise die Streuung der betrachteten Zufallsvariablen informieren sollten. Genau diese Größen verwendet man nun auch bei der Festlegung von μ beziehungsweise σ^2.

---

[6] Alternativ kann insbesondere für Aktienkurse auch die Lognormalverteilung genutzt werden. Mehr dazu auf Seite 461.

10.3. Verteilungstheorie

Die Kurzschreibweise dafür, dass eine Zufallsvariable $\tilde{x}$ mit den Parametern μ und σ^2 normalverteilt ist, lautet $\tilde{x} \sim N(\mu, \sigma^2)$. Sollten diese Parameter unbekannt sein, treten die Schätzungen über $\bar{x}$ und s^2 an ihre Stelle. Im Beispiel der DAX-Tagesrenditen verwenden wir deshalb $\tilde{x} \sim N(0{,}000372,\ 0{,}0000736)$ als theoretisches Verteilungsmodell. In diesem konkreten Modell wird über die Dichte jedem beliebigen Teilintervall des Definitionsbereichs der Zufallsvariablen eindeutig eine bestimmte Wahrscheinlichkeit (Fläche) zugeordnet.

Standardnormalverteilung Für die Berechnung solcher Wahrscheinlichkeiten ist die Kenntnis der theoretischen Verteilungsfunktion von Vorteil, da so die in Abschnitt 10.3.3 angegebenen Rechenregeln gebraucht werden können. Bei einer normalverteilten Zufallsvariablen stehen wir dabei vor dem Problem, dass sich die Verteilungsfunktion nicht in geschlossener Form angeben lässt. Auch der Gedanke an eine Tabellierung der Verteilungsfunktion bringt uns zunächst nicht weiter, da eine entsprechende Tabelle für jede der unendlich vielen (μ, σ^2)-Konstellationen erstellt werden müsste. Den Ausweg aus diesem Dilemma stellt die so genannte Standardisierung dar. Dieser Zusammenhang besagt, dass zwischen einer Zufallsvariablen $\tilde{x}$ mit $\tilde{x} \sim N(\mu, \sigma^2)$ und der Zufallsvariablen $\tilde{z}$ die Beziehung

$$\tilde{z} = \frac{\tilde{x} - \mu}{\sigma} \qquad \text{mit } \tilde{z} \sim N(0,\ 1)$$

besteht. Jede beliebig normalverteilte Zufallsvariable $\tilde{x}$ können wir also durch Standardisieren stets auf die Zufallsvariable $\tilde{z}$ zurückführen, welche ihrerseits mit den Parametern 0 und 1 normalverteilt ist. Wir bezeichnen $\tilde{z}$ als standardnormalverteilt und verwenden wegen ihrer Bedeutung für die Verteilungsfunktion nicht $F(z)$, sondern $\Phi(z)$.

Für jede konkrete Ausprägung x^* von $\tilde{x}$ mit $\tilde{x} \sim N(\mu, \sigma^2)$ lässt sich eine korrespondierende Ausprägung z^* von $\tilde{z}$ mit $\tilde{z} \sim N(0,\ 1)$ ermitteln, so dass

$$F(x^*) = \Phi(z^*) \qquad \text{mit } z^* = \frac{x^* - \mu}{\sigma}$$

gilt. Der große Vorteil dieses Zusammenhangs besteht darin, dass wir nur noch eine Tabelle für die Verteilungsfunktionswerte von $\tilde{z}$ benötigen. Auf diese Tabelle können wir auch zurückgreifen, wenn wir die Verteilungsfunktionswerte von normalverteilten Zufallsvariablen mit anderen (μ, σ^2)-Konstellationen bestimmen wollen. Zur Verdeutlichung dieser Beziehung haben wir in Abbildung 10.8 die Dichtefunktionen von $\tilde{x} \sim N(1,\ 0{,}25)$ und $\tilde{z}$ gegenüber gestellt. Die schattierten Flächen sind gleich groß und entsprechen gerade den Verteilungsfunktionswerten von $x^* = 1{,}421$ beziehungsweise $z^* = 0{,}842$ mit $F(x^*) = \Phi(z^*) = 0{,}8$.

Eine Tabelle mit den Verteilungsfunktionswerten der Standardnormalverteilung finden wir regelmäßig in statistischen Lehrbüchern abgedruckt.[7] Wegen der

---

[7] Das Tabellenkalkulationsprogramm EXCEL liefert die entsprechenden Werte, wenn man den Befehl NORMVERT(z^*;0;1;WAHR) eingibt. Den Funktionswert der nicht standardisierten Normalverteilung erhält man mit NORMVERT(x^*;μ;σ;WAHR).

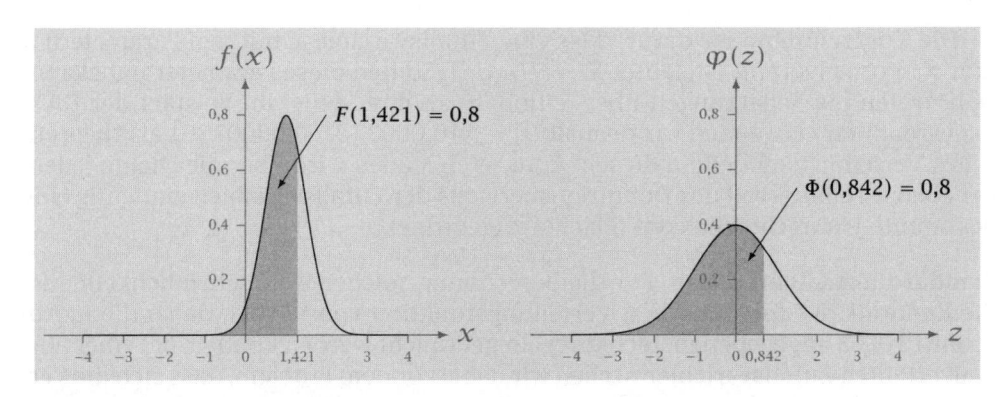

Abbildung 10.8: Standardisierungszusammenhang bei der Normalverteilung

Symmetrie der Dichte von $\tilde{z}$ um die y-Achse können wir bei der Bestimmung der $\Phi(z)$ außerdem die Beziehung $\Phi(z) = 1-\Phi(-z)$ ausnutzen. Abbildung 10.9 enthält den Graphen der Verteilungsfunktion von $\tilde{z}$.

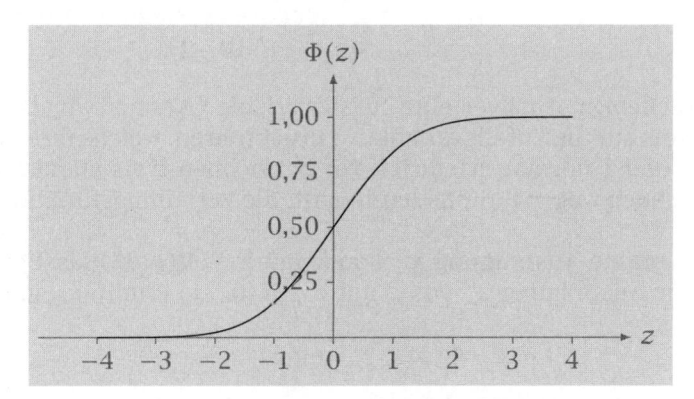

Abbildung 10.9: Verteilungsfunktion der Standardnormalverteilung

Wenden wir uns noch einmal dem Beispiel der DAX-Tagesrenditen zu und versuchen die Frage zu klären, wie groß die Wahrscheinlichkeit dafür ist, dass der DAX keine positiven Renditen abwirft. Für die Rendite des DAX unterstellten wir das Modell $\tilde{x} \sim N(0{,}000372, 0{,}0000736)$ bei $\sigma = 0{,}00858$. Die Antwort auf unsere Fragestellung liefert der Verteilungsfunktionswert an der Stelle null, den wir nun wie folgt berechnen können,

$$\text{Prob}(\tilde{x} \leq 0) = F(0) = \Phi\left(\frac{0 - 0{,}000372}{0{,}00858}\right) = \Phi(-0{,}0433) = 0{,}483.$$

Die gesuchte Wahrscheinlichkeit beträgt also 48,3%.

10.3. Verteilungstheorie

Abschließend soll Tabelle 10.8 verdeutlichen, wie gut in diesem Beispiel das theoretische Modell den empirischen Datenbefund wiedergibt. Zu diesem Zweck vergleichen wir die relativen Häufigkeiten der Klassen mit den Wahrscheinlichkeiten, die wir auf Grund des Modells für diese Klassen berechnen, sowie die empirischen und theoretischen Verteilungsfunktionswerte an den oberen Klassengrenzen. Die Wahrscheinlichkeiten der Klassen ergeben sich jeweils als Differenz der theoretischen Verteilungsfunktionswerte an der oberen und unteren Klassengrenze. Mit der Gegenüberstellung von Häufigkeitsdichte (Histogramm) und Dich-

Tabelle 10.8: Vergleich von Empirie und Theorie der DAX-Tagesrenditen

i	x'_{i-1}	x'_i	h_i	q_i	$\hat{F}(x'_i)$	$F(x'_i)$
1	−0,035	−0,030	0,004	0,000	0,004	0,000
2	−0,030	−0,025	0,000	0,001	0,004	0,001
3	−0,025	−0,020	0,004	0,007	0,008	0,008
4	−0,020	−0,015	0,036	0,028	0,044	0,036
5	−0,015	−0,010	0,052	0,077	0,096	0,113
6	−0,010	−0,005	0,128	0,152	0,224	0,265
7	−0,005	0,000	0,252	0,217	0,476	0,482
8	0,000	0,005	0,256	0,222	0,732	0,704
9	0,005	0,010	0,152	0,164	0,884	0,868
10	0,010	0,015	0,064	0,087	0,948	0,955
11	0,015	0,020	0,040	0,033	0,988	0,988
12	0,020	0,025	0,012	0,009	1,000	0,997
13	0,025	0,030	0,000	0,002	1,000	0,999
14	0,030	0,035	0,000	0,000	1,000	1,000
Summen			1,000	1,000		

tefunktion in Abbildung 10.10 lässt sich grafisch veranschaulichen, dass das genannte Modell die Empirie der DAX-Tagesrenditen relativ gut approximiert.

Lognormalverteilung Eine Zufallsvariable heißt lognormalverteilt, wenn ihr natürlicher Logarithmus normalverteilt ist. Sind beispielsweise für ein Wertpapier im Zeitraum von $t = 0$ bis $t = 1$ die stetigen Renditen $\tilde{r} = \ln(\tilde{x}_1/x_0)$ normalverteilt, so ist $\tilde{x}_1/x_0$ und damit auch der Wertpapierkurs $\tilde{x}_1$ lognormalverteilt.

Bivariate Normalverteilung Von einer mehrdimensionalen oder auch multivariaten Normalverteilung spricht man, wenn mehrere normalverteilte Zufallsvariablen miteinander korreliert sind. Betrachtet man lediglich zwei Zufallsvariablen $\tilde{x}$ und

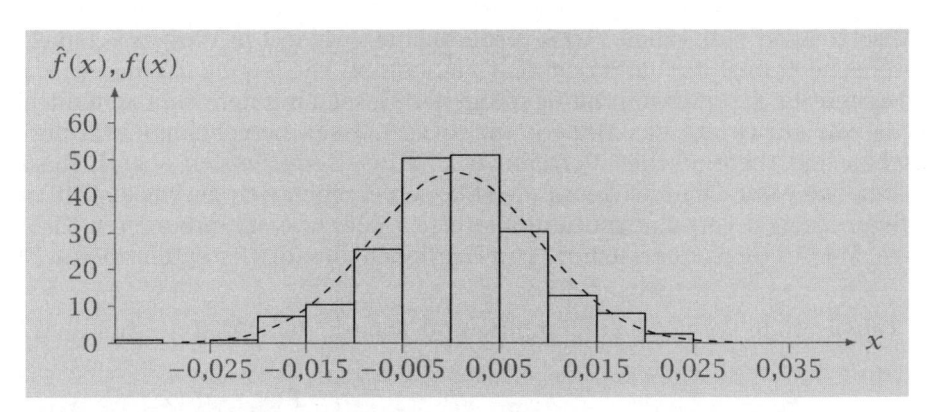

Abbildung 10.10: Vergleich von Histogramm und Dichtefunktion der DAX-Tagesrenditen

$\tilde{y}$, so lautet die Dichtefunktion der bivariaten Normalverteilung

$$f(x,y) = \frac{1}{2\pi\,\sigma_x\sigma_y\sqrt{1-\varrho_{xy}^2}}\,e^{-\frac{1}{2(1-\varrho_{xy}^2)}\left(\frac{(x-\mu_x)^2}{\sigma_x^2} - 2\varrho_{xy}\frac{(x-\mu_x)(y-\mu_y)}{\sigma_x\sigma_y} + \frac{(y-\mu_y)^2}{\sigma_y^2}\right)}.\quad(10.6)$$

Zwei Zufallsvariablen heißen bivariat lognormalverteilt, wenn ihre natürlichen Logarithmen bivariat normalverteilt sind.

10.3.3 Rechenregeln für Wahrscheinlichkeiten

Nachdem wir ein Verteilungsmodell konstruiert haben, bieten sich unterschiedliche Möglichkeiten der Nutzung. So könnten wir uns unter anderem für die Eintrittswahrscheinlichkeiten von bestimmten Ereignissen interessieren. Ein Ereignis umfasst dabei eine einzelne Ausprägung oder ein Intervall von Ausprägungen der betreffenden Zufallsvariablen. In diesem Abschnitt wollen wir kurz darauf eingehen, wie wir solche Wahrscheinlichkeiten unter Verwendung von Verteilungsfunktionswerten relativ schnell berechnen können.

Zu diesem Zweck betrachten wir ein Beispiel. Langjährige Erfahrungen stützen uns in der Annahme, dass der Kurs der x-Aktie am Ende des nächsten Quartals gut durch das Modell $\tilde{x} \sim N(100, 25)$, das heißt $\sigma = 5$, beschrieben wird. Wir fragen nun, wie groß die Wahrscheinlichkeit dafür ist, dass der Kurs der Aktie am Ende des nächsten Quartals zwischen 102 und 110€ liegt. Gesucht ist folglich Prob($102 \leq \tilde{x} \leq 110$).

Für die Berechnung dieser und ähnlicher Wahrscheinlichkeiten stehen die Rechenregeln gemäß Gleichung (10.7) bis (10.14) zur Verfügung. Wir beschreiben die Ereignisse hierbei über beliebige reelle Zahlen a und b. Es ist zu beachten, dass die Wahrscheinlichkeit für eine einzelne konkrete Ausprägung Prob($\tilde{x} = a$) mit

10.3. Verteilungstheorie

$a \in \mathbb{R}$ nur bei diskreten Zufallsvariablen von null verschieden sein kann. Bei stetigen Zufallsvariablen ist sie null, da die Fläche unter der Dichte über einer einzigen Realisation, also über einem Punkt auf der Abszisse, auch null ist.

$$\text{Prob}(\tilde{x} \leq a) = F(a) \tag{10.7}$$
$$\text{Prob}(\tilde{x} < a) = F(a) - \text{Prob}(\tilde{x} = a) \tag{10.8}$$
$$\text{Prob}(\tilde{x} > a) = 1 - F(a) \tag{10.9}$$
$$\text{Prob}(\tilde{x} \geq a) = 1 - F(a) + \text{Prob}(\tilde{x} = a) \tag{10.10}$$
$$\text{Prob}(a < \tilde{x} \leq b) = F(b) - F(a) \tag{10.11}$$
$$\text{Prob}(a \leq \tilde{x} \leq b) = F(b) - F(a) + \text{Prob}(\tilde{x} = a) \tag{10.12}$$
$$\text{Prob}(a < \tilde{x} < b) = F(b) - F(a) - \text{Prob}(\tilde{x} = b) \tag{10.13}$$
$$\text{Prob}(a \leq \tilde{x} < b) = F(b) - F(a) + \text{Prob}(\tilde{x} = a) - \text{Prob}(\tilde{x} = b) \tag{10.14}$$

In unserem Beispiel entspricht das Ereignis der Ungleichungskonstellation aus Gleichung (10.12). Die gesuchte Wahrscheinlichkeit ermitteln wir deshalb wie folgt:

$$\begin{aligned}\text{Prob}(102 \leq \tilde{x} \leq 110) &= F(110) - F(102) + \text{Prob}(\tilde{x} = 102) \\ &= \Phi(2) - \Phi(0{,}4) + 0 \\ &= 0{,}9772 - 0{,}6554 = 0{,}3218\,.\end{aligned}$$

Die genannten Rechenregeln können wir vollkommen analog auch in der Empirie nutzen. An die Stelle der theoretischen treten dabei die empirischen Verteilungsfunktionswerte, und die Wahrscheinlichkeiten werden durch die relativen Häufigkeiten ersetzt.

10.3.4 Maßzahlen theoretischer Verteilungen

In der Empirie haben wir eine Reihe von Maßzahlen berechnet, um die Häufigkeitsverteilung einer Zufallsvariablen zu klassifizieren. Auch die wesentlichen Eigenschaften von theoretischen Verteilungsmodellen können wir in entsprechenden Maßzahlen erfassen. Gerade hierin kommt die oft angesprochene Analogie von Empirie und Theorie besonders deutlich zum Ausdruck. Bei der Konstruktion der theoretischen Maße modifizieren wir ihre empirischen Pendants nur dahingehend, dass wir die Wahrscheinlichkeiten an die Stelle der relativen Häufigkeiten treten lassen.

Lagemaße

Erwartungswert Der Mittelwert informierte uns in der Empirie über die Lage (den Schwerpunkt) der Häufigkeitsverteilung. In der Theorie verwenden wir hierfür den Erwartungswert $E[\tilde{x}]$ der betrachteten Zufallsvariablen. Die Formeln zur Berechnung des Erwartungswerts lauten für diskretes $\tilde{x}$

$$E[\tilde{x}] = \sum_{i=1}^{k} x_i q_i$$

und für stetiges $\tilde{x}$

$$E[\tilde{x}] = \int_{-\infty}^{+\infty} x f(x) \, dx.$$

In der diskreten Modellwelt gewichten wir zur Bestimmung von $E[\tilde{x}]$ also die möglichen Realisationen der Zufallsvariablen mit ihren Eintrittswahrscheinlichkeiten, die wir der Wahrscheinlichkeitsfunktion entnehmen. Im stetigen Fall greifen wir wieder auf die Integralrechnung zurück, wobei auch hier eine vielleicht nicht sofort offensichtliche Analogie zur Berechnung des Mittelwerts aus einer Häufigkeitstabelle mit Klasseneinteilung besteht.

Mit diesen allgemeinen Formeln können wir nun die Erwartungswerte spezieller Verteilungen berechnen. Für die diskrete Gleichverteilung mit k Ausprägungen und $q_i = \text{Prob}(\tilde{x} = x_i) = \frac{1}{k}$ ergibt sich

$$E[\tilde{x}] = \sum_{i=1}^{k} x_i \cdot \frac{1}{k} = \frac{1}{k} \sum_{i=1}^{k} x_i,$$

gedanklich also der „Mittelwert" der k Ausprägungen. Betrachten wir beispielsweise die auf einem einfachen fairen Münzwurf basierende Zufallsvariable

$$\tilde{x} = \left\{ \begin{array}{ll} 1 & \text{wenn „Kopf"} \\ -1 & \text{wenn „Zahl"} \end{array} \right\},$$

bei der die beiden Ausprägungen $x_1 = 1$ und $x_2 = -1$ jeweils mit der Wahrscheinlichkeit $q_i = \frac{1}{2}$ angenommen werden. Wir erhalten einen Erwartungswert von

$$E[\tilde{x}] = x_1 q_1 + x_2 q_2 = 1 \cdot 0{,}5 + (-1) \cdot 0{,}5 = 0.$$

Fasst man das als ein Spiel auf, so ist vor dem Wurf also mit einem Gewinn von 0€ zu rechnen, was auch der intuitiven Vorstellung von den Chancen dieses Glücksspiels entspricht. Für die stetige Gleichverteilung berechnen wir den Erwartungswert aus

$$E[\tilde{x}] = \int_{-\infty}^{+\infty} x \cdot f(x) \, dx = \int_a^b x \cdot \frac{1}{b-a} \, dx$$
$$= \frac{1}{b-a} \cdot \left. \frac{x^2}{2} \right|_a^b = \frac{b^2 - a^2}{2 \cdot (b-a)} = \frac{a+b}{2},$$

was dem Mittelpunkt des Intervalls entspricht, in dem sich Wahrscheinlichkeitsmasse befindet.

10.3. Verteilungstheorie

Tabelle 10.9: Erwartungswerte ausgewählter theoretischer Verteilungen

Diskrete Modelle			Stetige Modelle		
Verteilung von $\tilde{x}$	Bezeichnung	$E[\tilde{x}]$	Verteilung von $\tilde{x}$	Bezeichnung	$E[\tilde{x}]$
Gleich	$\tilde{x} \sim U(k)$	$\frac{1}{k}\sum_{i=1}^{k} x_i$	Gleich	$\tilde{x} \sim U(a,b)$	$\frac{a+b}{2}$
Bernoulli	$\tilde{x} \sim Be(q)$	q	Normal	$\tilde{x} \sim N(\mu, \sigma^2)$	μ
Binomial	$\tilde{x} \sim Bi(n,q)$	nq			

Tabelle 10.9 fasst die Erwartungswerte der in den Abschnitten 10.3.1 und 10.3.2 vorgestellten speziellen Verteilungen zusammen. Es bleibt festzuhalten, dass der Erwartungswert einen theoretischen Durchschnittswert angibt, der nicht unbedingt mit einer konkreten Realisation x_i übereinstimmen muss.

Median und Quantile Der theoretische Median $x_{0,5}$ teilt die Werte der Zufallsvariablen in zwei Hälften, die jeweils mit der gleichen Wahrscheinlichkeit $p = 0,5$ angenommen werden. Diese Eigenschaft lässt sich durch

$$\text{Prob}(\tilde{x} \leq x_{0,5}) = 0,5 \quad \text{und} \quad \text{Prob}(\tilde{x} \geq x_{0,5}) = 0,5$$

beschreiben. Für stetige Zufallsvariablen wird der Wert gesucht, der die Fläche unterhalb der Dichtefunktion $f(x)$ halbiert.[8] Bei symmetrischen Verteilungen, wie der stetigen Gleich- oder der Normalverteilung, stimmt der Median mit dem Erwartungswert überein.

Der Median stellt einen Spezialfall des allgemeinen Quantils x_p dar, bei dem p die Wahrscheinlichkeit angibt, mit der die Zufallsvariable Werte kleiner oder gleich dem Quantil annimmt. Bei stetigen Verteilungen wird dabei die Gleichung $F(x_p) = p$ nach x_p aufgelöst. Betrachten wir hierzu beispielsweise die stetige Gleichverteilung. Im relevanten Bereich $a \leq x \leq b$ gilt

$$F(x) = \frac{x-a}{b-a} \quad \text{und deshalb} \quad F(x_p) = \frac{x_p - a}{b-a} \iff x_p = p \cdot (b-a) + a.$$

Nach Einsetzen ergibt sich so für $a = 0, b = 1$ und $p = 0,5$: $x_{0,5} = 0,5$.

Bei einer normalverteilten Zufallsvariablen $\tilde{x} \sim N(\mu, \sigma^2)$ besteht – wie bereits erwähnt – die Besonderheit, dass sich die Verteilungsfunktion nicht in geschlossener Form darstellen lässt. Auch für die Bestimmung von Quantilen greifen wir auf den Standardisierungszusammenhang

$$\tilde{z} = \frac{\tilde{x} - \mu}{\sigma} \quad \text{mit} \quad \tilde{z} \sim N(0, 1)$$

---
[8] Die Verteilungsfunktion $F(x)$ nimmt an dieser Stelle den Wert 0,5 an, also $F(x_{0,5}) = 0,5$.

zurück. Für jedes beliebige Quantil x_p gilt dann

$$z_p = \frac{x_p - \mu}{\sigma} \iff x_p = \mu + \sigma z_p.$$

Die Quantile der standardnormalverteilten Zufallsvariablen können wir dann wiederum einer Tabelle entnehmen.[9] Verwendet man Tabelle 10.10, so entnimmt man beispielsweise für $p = 0{,}92$ einen Wert von $z_p = 1{,}4051$. Zur Verdeutlichung dieses Zusammenhangs kehren wir kurz zu unserem Beispiel der DAX-Tagesrenditen mit $\tilde{x} \sim N(0{,}000372,\ 0{,}0000736)$ zurück und bestimmen jene Tagesrendite, die in 90% aller Fälle nicht überschritten wird. Dieses Quantil $x_{0{,}9}$ berechnen wir aus[10]

$$x_{0{,}9} = \mu + \sigma z_{0{,}9} = 0{,}000372 + 0{,}00858 \cdot 1{,}2816 = 0{,}0114.$$

In der statistischen Testtheorie spielen spezielle Quantile eine besondere Rolle, auf die wir in Abschnitt 10.4 noch näher eingehen werden.

Streuungsmaße

Auch bei der theoretischen Charakterisierung von Zufallsvariablen reicht der Erwartungswert als einzige Kennzahl nicht aus. Wollen wir die Datensituation der Tagesrenditen einer Aktie modellieren, so interessieren uns insbesondere auch die Kursschwankungen. Je mehr Werte vom Erwartungswert abweichen und je größer diese Abweichungen sind, desto größer werden sowohl die Risiken als auch die Gewinnchancen.

Varianz und Standardabweichung Die Varianz $\text{Var}[\tilde{x}]$ einer Zufallsvariablen stellt das Pendant zur empirischen Stichprobenvarianz s^2 dar. Sie wird aus

$$\text{Var}[\tilde{x}] = \text{E}\left[(\tilde{x} - \text{E}[\tilde{x}])^2\right]$$

ermittelt, was einer mittleren quadrierten Abweichung der Werte der Zufallsvariablen vom Erwartungswert entspricht. Das Quadrieren bewirkt, dass positive und negative Abweichungen sich gegenseitig nicht aufheben. Grundsätzlich gilt: Je kleiner die Varianz einer Zufallsvariablen, um so größer wird die Wahrscheinlichkeit, dass sich konkret angenommene Werte „in der Nähe" des Erwartungswerts $\text{E}[\tilde{x}]$ befinden.

Für diskrete Verteilungen gewichten wir die Quadrate der Abweichungen mit den zugehörigen Wahrscheinlichkeiten und summieren diese zu

$$\text{Var}[\tilde{x}] = \sum_{i=1}^{k} (x_i - \text{E}[\tilde{x}])^2 q_i$$

---

[9] Auch das Tabellenkalkulationsprogramm EXCEL liefert die Quantile der Standardnormalverteilung. Man benutze den Befehl NORMINV(p; 0; 1).

[10] Um nachstehendes Quantil mit EXCEL unmittelbar zu ermitteln, verwende man den Befehl NORMINV(0,9; 0,000372; 0,00858).

Tabelle 10.10: Quantile der Standardnormalverteilung

p	,00	,01	,02	,03	,04	,05	,06	,07	,08	,09
0,0		−2,3263	−2,0537	−1,8808	−1,7507	−1,6449	−1,5548	−1,4758	−1,4051	−1,3408
0,1	−1,2816	−1,2265	−1,1750	−1,1264	−1,0803	−1,0364	−0,9945	−0,9542	−0,9154	−0,8779
0,2	−0,8416	−0,8064	−0,7722	−0,7388	−0,7063	−0,6745	−0,6433	−0,6128	−0,5828	−0,5534
0,3	−0,5244	−0,4958	−0,4677	−0,4399	−0,4125	−0,3853	−0,3585	−0,3319	−0,3055	−0,2793
0,4	−0,2533	−0,2275	−0,2019	−0,1764	−0,1510	−0,1257	−0,1004	−0,0753	−0,0502	−0,0251
0,5	0,0000	0,0251	0,0502	0,0753	0,1004	0,1257	0,1510	0,1764	0,2019	0,2275
0,6	0,2533	0,2793	0,3055	0,3319	0,3585	0,3853	0,4125	0,4399	0,4677	0,4958
0,7	0,5244	0,5534	0,5828	0,6128	0,6433	0,6745	0,7063	0,7388	0,7722	0,8064
0,8	0,8416	0,8779	0,9154	0,9542	0,9945	1,0364	1,0803	1,1264	1,1750	1,2265
0,9	1,2816	1,3408	1,4051	1,4758	1,5548	1,6449	1,7507	1,8808	2,0537	2,3263

auf. Für stetige Zufallsvariablen wird erneut auf die Integralrechnung zurückgegriffen,

$$\text{Var}[\tilde{x}] = \int_{-\infty}^{+\infty} (x - \text{E}[\tilde{x}])^2 \, f(x) \, dx.$$

In Analogie zur Empirie bietet sich mitunter die Berechnung mit Hilfe des Zerlegungssatzes

$$\text{Var}[\tilde{x}] = \text{E}\left[\tilde{x}^2\right] - (\text{E}[\tilde{x}])^2$$

an, wobei für diskrete Zufallsvariablen $\text{E}[\tilde{x}^2] = \sum_{i=1}^{k} x_i^2 q_i$ und für stetige Zufallsvariablen $\text{E}[\tilde{x}^2] = \int_{-\infty}^{+\infty} x^2 \cdot f(x) \, dx$ gilt. Über vorstehende Formel erhalten wir für den Münzwurf zunächst $\text{E}[\tilde{x}^2] = 1^2 \cdot 0{,}5 + (-1)^2 \cdot 0{,}5 = 1$ und deshalb $\text{Var}[\tilde{x}] = 1 \, €^2$.

Die Maßeinheit der Varianz, hier beispielsweise „€ zum Quadrat", lässt sich allerdings nicht mehr interpretieren, weshalb man auch in der Theorie häufig die Quadratwurzel der Varianz, die Standardabweichung

$$\sigma[\tilde{x}] = \sqrt{\text{Var}[\tilde{x}]},$$

verwendet.[11] In Tabelle 10.11 sind die Varianzen der vorgestellten diskreten und stetigen Zufallsvariablen zusammengefasst.

Tabelle 10.11: Varianzen ausgewählter theoretischer Verteilungen

Diskrete Modelle			Stetige Modelle		
Verteilung von $\tilde{x}$	Bezeichnung	$\text{Var}[\tilde{x}]$	Verteilung von $\tilde{x}$	Bezeichnung	$\text{Var}[\tilde{x}]$
Gleich	$\tilde{x} \sim U(k)$	$\frac{1}{k}\sum_{i=1}^{k}(x_i - \text{E}[\tilde{x}])^2$	Gleich	$\tilde{x} \sim U(a,b)$	$\frac{(b-a)^2}{12}$
Bernoulli	$\tilde{x} \sim Be(q)$	$q(1-q)$	Normal	$\tilde{x} \sim N(\mu,\sigma^2)$	σ^2
Binomial	$\tilde{x} \sim Bi(n,q)$	$nq(1-q)$			

Betrachten wir nochmals das für finanzwirtschaftliche Anwendungen besonders bedeutende Modell der Normalverteilung, so stellen wir fest, dass die Lage der Verteilung gerade durch den ersten Parameter μ und die Variabilität durch den zweiten Parameter σ^2 festgelegt wird. Somit stellt die Standardisierung

$$\tilde{z} = \frac{\tilde{x} - \mu}{\sigma} = \frac{\tilde{x} - \text{E}[\tilde{x}]}{\sqrt{\text{Var}[\tilde{x}]}}$$

gleichzeitig eine Bereinigung der Werte bezüglich des Erwartungswerts und der Varianz dar.[12]

---

[11] Gebräuchlich ist auch die Schreibweise σ_x.
[12] Für $\tilde{z}$ gilt $\text{E}[\tilde{z}] = 0$ und $\text{Var}[\tilde{z}] = 1$.

10.3. Verteilungstheorie

Kovarianz und Korrelationskoeffizient Wenn wir beispielsweise den Verlauf der Daimler-Renditen mit Hilfe einer (normalverteilten) Zufallsvariablen beschreiben, so versetzen uns die Varianz beziehungsweise die Standardabweichung in die Lage, das Risiko abzuschätzen, das mit dem Kauf dieser speziellen Aktie verbunden ist. Wollen wir allerdings das Risiko auf mehrere Aktien verteilen, so müssen wir die Abhängigkeiten zwischen Zufallsvariablen berücksichtigen. Wir haben uns in Abschnitt 10.2.4 grafisch und rechnerisch vor Augen geführt, dass sich die Tagesrenditen des DAX und der Daimler-Aktie gegenseitig beeinflussen. Dieser Datenbefund muss sich auch in der statistischen Modellierung der Renditen niederschlagen.

In der Theorie wird der lineare Zusammenhang zwischen zwei Zufallsvariablen durch die Kovarianz $\text{Cov}[\tilde{x}, \tilde{y}]$ beschrieben, die allgemein durch

$$\text{Cov}[\tilde{x}, \tilde{y}] = E\left[(\tilde{x} - E[\tilde{x}]) \cdot (\tilde{y} - E[\tilde{y}])\right]$$

bestimmt wird.[13] Es werden also, wie in der Empirie, jeweils die Abweichungen der Zufallsvariablen von ihren Erwartungswerten in Beziehung zueinander gesetzt. Für die praktische Berechnung erweist sich die Zerlegungsformel

$$\text{Cov}[\tilde{x}, \tilde{y}] = E[\tilde{x}\tilde{y}] - E[\tilde{x}] \cdot E[\tilde{y}]$$

als hilfreich. Weil die Reihenfolge der Faktoren in der Formel für die Kovarianz das Ergebnis nicht beeinflusst, können wir als erste Rechenregel

$$\text{Cov}[\tilde{x}, \tilde{y}] = \text{Cov}[\tilde{y}, \tilde{x}]$$

festhalten.

Die Kovarianz gewinnt durch die Normierung mit den Standardabweichungen zum Korrelationskoeffizienten

$$\varrho_{xy} = \frac{\text{Cov}[\tilde{x}, \tilde{y}]}{\sqrt{\text{Var}[\tilde{x}]} \cdot \sqrt{\text{Var}[\tilde{y}]}} = \frac{\text{Cov}[\tilde{x}, \tilde{y}]}{\sigma[\tilde{x}] \cdot \sigma[\tilde{y}]}$$

an Aussagekraft. Zur Interpretation des Koeffizienten verweisen wir auf die Überlegungen in Abschnitt 10.2.4. Wenn beide Zufallsvariablen unabhängig voneinander sind, dann nimmt die Kovarianz und damit auch die Korrelation den Wert null an. Der Umkehrschluss ist allerdings nicht richtig. Auch wenn $\text{Cov}[\tilde{x}, \tilde{y}] = 0$ ist, können die Zufallsvariablen (nichtlinear) abhängig sein.

Eigenschaften der Maßzahlen theoretischer Verteilungen

Bei zahlreichen finanzwirtschaftlichen Überlegungen greifen wir auf Eigenschaften der oben beschriebenen theoretischen Maßzahlen zurück. Diese wollen wir jetzt kennen lernen.

---

[13] Die Varianz einer Zufallsvariablen stellt die spezielle Kovarianz der Zufallsvariablen mit sich selbst dar. Es gilt also $\text{Var}[\tilde{x}] = \text{Cov}[\tilde{x}, \tilde{x}]$. Häufig wird für die Kovarianz auch das Symbol σ_{xy} verwendet.

Lineartransformation von Zufallsvariablen Wenn wir in unserem „Münzwurf"-Spiel bei „Kopf" 10€ erhalten und bei „Zahl" 20€ bezahlen müssen, dann lässt sich diese neue Zufallsvariable erzeugen, indem wir die Ausprägungen der ursprünglichen Variablen $\tilde{x}$ zunächst mit 15 multiplizieren und anschließend 5 subtrahieren.[14] Die neue Zufallsvariable entsteht also durch eine lineare Transformation der Form $a + b\tilde{x}$ mit $a = -5$ und $b = 15$. Erwartungswert und Varianz lassen sich durch die Rechenregeln

$$E[a + b\tilde{x}] = a + b\,E[\tilde{x}]$$

und

$$\text{Var}[a + b\tilde{x}] = b^2\,\text{Var}[\tilde{x}]$$

auf die entsprechenden Größen der ursprünglichen Zufallsvariablen zurückführen.[15] In unserem neuen Glücksspiel können wir somit die Ergebnisse von $\tilde{x}$ verwenden und von einem erwarteten Gewinn von

$$E[-5 + 15\tilde{x}] = -5 + 15 \cdot E[\tilde{x}] = -5 + 15 \cdot 0 = -5\,\text{€}$$

bei einer Varianz von

$$\text{Var}[-5 + 15\tilde{x}] = 15^2 \cdot \text{Var}[\tilde{x}] = 225 \cdot 1 = 225\,\text{€}^2$$

und damit einer Standardabweichung von

$$\sigma[-5 + 15\tilde{x}] = 15\,\text{€}$$

ausgehen.

Auch für die Kovarianz lässt sich eine entsprechende Rechenregel bei linearen Transformationen angeben. Es gilt

$$\text{Cov}[a + b\tilde{x}, c + d\tilde{y}] = bd\,\text{Cov}[\tilde{x}, \tilde{y}]\,.$$

Die Addition einer festen Zahl zu einer Zufallsvariablen wirkt sich also nicht auf das Ergebnis bei der Berechnung von Varianz und Kovarianz aus.

Linearkombination von Zufallsvariablen Neben den linearen Transformationen hat man es in der Finanzierungstheorie häufig auch mit Linearkombinationen von Zufallsvariablen zu tun. Wenn ein Kapitalanleger beispielsweise zwei verschiedene Aktien kauft, ist er in der Regel nicht an den zu erwartenden Renditen der einzelnen Papiere, sondern an der insgesamt zu erwartenden Rendite interessiert. Die einzelnen Renditen der Aktien können möglicherweise mit Hilfe der Zufallsvariablen $\tilde{x}_1$ und $\tilde{x}_2$ beschrieben werden. Erwartungswert und Varianz werden in der Regel bei beiden Zufallsvariablen unterschiedlich sein. Die gemeinsame erwartete Rendite kann nach der allgemeinen Formel

$$\begin{aligned} E[a_1\tilde{x}_1 + a_2\tilde{x}_2] &= E[a_1\tilde{x}_1] + E[a_2\tilde{x}_2] \\ &= a_1\,E[\tilde{x}_1] + a_2\,E[\tilde{x}_2] \end{aligned}$$

---
[14] $x_1 = 15 \cdot 1 - 5 = 10, x_2 = 15 \cdot (-1) - 5 = -20$. $q_i = \text{Prob}(\tilde{x} = x_i) = 0{,}5$ bleibt unverändert.
[15] Beweise dieser Rechenregeln findet der interessierte Leser beispielsweise bei Schlittgen (1997).

10.3. Verteilungstheorie

berechnet werden. Den Erwartungswert der aufsummierten Renditen erhält man demnach durch die Summe der einzelnen Erwartungswerte. Die Varianz wird mit Hilfe der Rechenregel

$$\mathrm{Var}[a_1\tilde{x}_1 + a_2\tilde{x}_2] = a_1^2 \, \mathrm{Var}[\tilde{x}_1] + a_2^2 \, \mathrm{Var}[\tilde{x}_2] + 2a_1 a_2 \, \mathrm{Cov}[\tilde{x}_1, \tilde{x}_2]$$

bestimmt. Neben den einzelnen Varianzen muss also auch bekannt sein, wie groß die Kovarianz zwischen den Zufallsvariablen ist.[16]

Zu Ermittlung der Kovarianz zwischen der Summe der beiden Zufallsvariablen und $\tilde{y}$ lässt sich die Formel

$$\mathrm{Cov}[a_1\tilde{x}_1 + a_2\tilde{x}_2, \tilde{y}] = a_1 \, \mathrm{Cov}[\tilde{x}_1, \tilde{y}] + a_2 \, \mathrm{Cov}[\tilde{x}_2, \tilde{y}]$$

verwenden.

Es empfiehlt sich, die drei zuletzt angegebenen Gleichungen noch etwas zu verallgemeinern, um Linearkombinationen

$$a_1\tilde{x}_1 + a_2\tilde{x}_2 + \ldots + a_n\tilde{x}_n = \sum_{i=1}^{n} a_i \tilde{x}_i$$

berücksichtigen zu können. In diesem generellen Fall können wir die folgenden Rechenregeln benutzen: Für den Erwartungswert ergibt sich die gemeinsame erwartete Rendite aus

$$\mathrm{E}\left[\sum_{i=1}^{n} a_i \tilde{x}_i\right] = \sum_{i=1}^{n} a_i \, \mathrm{E}[\tilde{x}_i],$$

während man die Varianz einer Linearkombination von Zufallsvariablen mit

$$\mathrm{Var}\left[\sum_{i=1}^{n} a_i \tilde{x}_i\right] = \sum_{i=1}^{n}\sum_{j=1}^{n} a_i a_j \, \mathrm{Cov}[\tilde{x}_i, \tilde{x}_j]$$

$$= \sum_{i=1}^{n} a_i^2 \, \mathrm{Var}[\tilde{x}_i] + \sum_{i=1}^{n}\sum_{\substack{j=1 \\ j\neq i}}^{n} a_i a_j \, \mathrm{Cov}[\tilde{x}_i, \tilde{x}_j]$$

bestimmt. Schließlich prägen wir uns für die Kovarianz einer Linearkombination von Zufallsvariablen die Rechenregel

$$\mathrm{Cov}\left[\sum_{i=1}^{n} a_i \tilde{x}_i, \tilde{y}\right] = \sum_{i=1}^{n} a_i \, \mathrm{Cov}[\tilde{x}_i, \tilde{y}]$$

ein. Tabelle 10.12 fasst die Definitionen und wichtigsten Rechenregeln für die theoretischen Maßzahlen übersichtlich zusammen.

---
[16] Für unkorrelierte Zufallsvariablen gilt $\mathrm{Var}[\tilde{x}_1 + \tilde{x}_2] = \mathrm{Var}[\tilde{x}_1] + \mathrm{Var}[\tilde{x}_2]$.

Tabelle 10.12: Definitionen und Rechenregeln für Erwartungswert, Varianz und Kovarianz

Erwartungswert

Definition diskret	$\mathrm{E}[\tilde{x}] = \sum_{i=1}^{k} x_i q_i$
Definition stetig	$\mathrm{E}[\tilde{x}] = \int_{-\infty}^{+\infty} x f(x)\, dx$
Lineartransformation	$\mathrm{E}[a + b\tilde{x}] = a + b\, \mathrm{E}[\tilde{x}]$
Linearkombination	$\mathrm{E}\left[\sum_{i=1}^{n} a_i \tilde{x}_i\right] = \sum_{i=1}^{n} a_i\, \mathrm{E}[\tilde{x}_i]$

Varianz

Definition	$\mathrm{Var}[\tilde{x}] = \mathrm{E}\left[(\tilde{x} - \mathrm{E}[\tilde{x}])^2\right]$
Zerlegungsformel	$\mathrm{Var}[\tilde{x}] = \mathrm{E}[\tilde{x}^2] - (\mathrm{E}[\tilde{x}])^2$
Lineartransformation	$\mathrm{Var}[a + b\tilde{x}] = b^2\, \mathrm{Var}[\tilde{x}]$
Linearkombination	$\mathrm{Var}\left[\sum_{i=1}^{n} a_i \tilde{x}_i\right] = \sum_{i=1}^{n}\sum_{j=1}^{n} a_i a_j\, \mathrm{Cov}\left[\tilde{x}_i, \tilde{x}_j\right]$

Kovarianz

Definition	$\mathrm{Cov}[\tilde{x}, \tilde{y}] = \mathrm{E}\left[(\tilde{x} - \mathrm{E}[\tilde{x}]) \cdot (\tilde{y} - \mathrm{E}[\tilde{y}])\right]$
Zerlegungsformel	$\mathrm{Cov}[\tilde{x}, \tilde{y}] = \mathrm{E}[\tilde{x}\tilde{y}] - \mathrm{E}[\tilde{x}] \cdot \mathrm{E}[\tilde{y}]$
Lineartransformation	$\mathrm{Cov}[a + b\tilde{x}, c + d\tilde{y}] = bd\, \mathrm{Cov}[\tilde{x}, \tilde{y}]$
Linearkombination	$\mathrm{Cov}\left[\sum_{i=1}^{n} a_i \tilde{x}_i, \tilde{y}\right] = \sum_{i=1}^{n} a_i\, \mathrm{Cov}[\tilde{x}_i, \tilde{y}]$

10.3.5 Maßzahlen der Lognormalverteilung

Bei der Modellierung von Aktienkursen spielt die Lognormalverteilung eine herausragende Rolle. Daher wollen wir im Folgenden zeigen, wie der Erwartungswert und die Varianz einer lognormalverteilten Zufallsvariablen sowie die Kovarianz zwischen zwei lognormalverteilten Zufallsvariablen ermittelt werden.

Spezielle Integrale Vorbereitend berechnen wir drei spezielle Integrale,

$$\int_a^\infty e^{cx} f(x)\, dx = e^{c\mu_x + \frac{1}{2}(c\sigma_x)^2} \cdot \Phi(z_1) \tag{10.15}$$

$$\int_{-\infty}^\infty \int_a^\infty e^{cy} f(x,y)\, dx\, dy = e^{c\mu_y + \frac{1}{2}(c\sigma_y)^2} \cdot \Phi(z_2) \tag{10.16}$$

$$\int_{-\infty}^\infty \int_a^\infty e^{x} e^{cy} f(x,y)\, dx\, dy = e^{\mu_x + \frac{1}{2}\sigma_x^2 + c\mu_y + \frac{1}{2}(c\sigma_y)^2 + c\varrho_{xy}\sigma_x\sigma_y} \cdot \Phi(z_3)\,. \tag{10.17}$$

Dabei steht $f(x)$ für die Dichtefunktion der Normalverteilung mit dem Erwartungswert μ_x und der Standardabweichung σ_x.[17] Die Funktion $f(x,y)$ ist die Dichtefunktion der bivariaten Normalverteilung, wobei die Zufallsvariable $\tilde{y}$ den Erwartungswert μ_y und die Standardabweichung σ_y hat. Die Korrelation zwischen beiden Zufallsvariablen beträgt ϱ_{xy}.[18] Für die Argumente der Standardnormalverteilungen $\Phi(z_1)$, $\Phi(z_2)$ und $\Phi(z_3)$ gilt

$$z_1 = \frac{-a + \mu_x + c\sigma_x^2}{\sigma_x}, \tag{10.18}$$

$$z_2 = \frac{-a + \mu_x + c\varrho_{xy}\sigma_x\sigma_y}{\sigma_x}, \tag{10.19}$$

$$z_3 = \frac{-a + \mu_x + \sigma_x^2 + c\varrho_{xy}\sigma_x\sigma_y}{\sigma_x}. \tag{10.20}$$

Für $a \to -\infty$ vereinfachen sich die Gleichungen (10.15), (10.16) und (10.17), da in diesem Fall $\Phi(z_1) = \Phi(z_2) = \Phi(z_3) = 1$ ist. Wir beweisen zunächst Glei-

---

[17] Zur Definition der Normalverteilung siehe (10.5) auf Seite 458.
[18] Zur Definition der bivariaten Normalverteilung siehe (10.6) auf Seite 462.

chung (10.15).

$$
\int_a^\infty e^{cx} \cdot \frac{1}{\sigma_x\sqrt{2\pi}} \cdot e^{-\frac{1}{2}\left(\frac{x-\mu_x}{\sigma_x}\right)^2} dx = \int_a^\infty \frac{1}{\sigma_x\sqrt{2\pi}} \cdot e^{cx - \frac{x^2 - 2x\mu_x + \mu_x^2}{2\sigma_x^2}} dx
$$

$$
= \int_a^\infty \frac{1}{\sigma_x\sqrt{2\pi}} \cdot e^{-\frac{x^2 - 2x\mu_x - 2c\sigma_x^2 x + \mu_x^2}{2\sigma_x^2}} dx
$$

$$
= \int_a^\infty \frac{1}{\sigma_x\sqrt{2\pi}} \cdot e^{-\frac{x^2 - 2x\left(\mu_x + c\sigma_x^2\right) + \mu_x^2}{2\sigma_x^2}} dx
$$

$$
= \int_a^\infty \frac{1}{\sigma_x\sqrt{2\pi}} \cdot e^{-\frac{x^2 - 2x\left(\mu_x + c\sigma_x^2\right) + \left(\mu_x + c\sigma_x^2\right)^2 - \left(\mu_x + c\sigma_x^2\right)^2 + \mu_x^2}{2\sigma_x^2}} dx
$$

$$
= \int_a^\infty \frac{1}{\sigma_x\sqrt{2\pi}} \cdot e^{-\frac{\left(x - \left(\mu_x + c\sigma_x^2\right)\right)^2}{2\sigma_x^2}} \cdot e^{-\frac{-\left(\mu_x + c\sigma_x^2\right)^2 + \mu_x^2}{2\sigma_x^2}} dx
$$

$$
= e^{c\mu_x + \frac{1}{2}(c\sigma_x)^2} \int_a^\infty \frac{1}{\sigma_x\sqrt{2\pi}} \cdot e^{-\frac{1}{2}\left(\frac{x - \left(\mu_x + c\sigma_x^2\right)}{\sigma_x}\right)^2} dx
$$

Mit $1 - \Phi\left(\frac{a - (\mu_x + c\sigma_x^2)}{\sigma_x}\right) = \Phi\left(\frac{-a + \mu_x + c\sigma_x^2}{\sigma_x}\right)$ folgt Gleichung (10.15). Wer sich nicht im Detail dafür interessiert, wie man zu den Gleichungen (10.16) und (10.17) kommt, möge die folgenden Zeilen überspringen und auf Seite 475 weiterlesen.

Um die Rechnungen, die auf (10.16) und (10.17) führen, übersichtlich zu halten, ist es zweckmäßig, die bedingte Dichtefunktion einzuführen. Für zwei bivariat normalverteilte Zufallsvariablen $\tilde{x}$ und $\tilde{y}$ lautet die bedingte Dichte

$$
f(y|x) = \frac{f(x,y)}{f(x)} = \frac{1}{\sigma_y\sqrt{2\pi(1-\varrho_{xy}^2)}} \cdot e^{-\frac{1}{2}\frac{\left(y - \left(\mu_y + \varrho_{xy}\frac{\sigma_y}{\sigma_x}(x-\mu_x)\right)\right)^2}{\sigma_y^2(1-\varrho_{xy}^2)}}. \qquad (10.21)
$$

Man erkennt, dass die bedingte Dichte der bivariaten Normalverteilung der Dichte der Normalverteilung mit den Parametern

$$
E[\tilde{y}|x] = \mu_{y|x} = \mu_y + \varrho_{xy}\frac{\sigma_y}{\sigma_x}(x - \mu_x) \quad \text{und} \qquad (10.22)
$$

$$
\text{Var}[\tilde{y}|x] = \sigma_{y|x}^2 = \sigma_y^2(1 - \varrho_{xy}^2) \qquad (10.23)
$$

entspricht. Mit der bedingten Dichte (10.21) gilt

$$
\int_{-\infty}^\infty \int_a^\infty e^{cy} f(x,y)\,dx\,dy = \int_a^\infty \left[\int_{-\infty}^\infty e^{cy} f(y|x)\,dy\right] f(x)\,dx.
$$

10.3. Verteilungstheorie

Das Integral in den eckigen Klammern kann ausgewertet werden, indem der Erwartungswert und die Varianz gemäß (10.22) und (10.23) transformiert werden und anschließend die Gleichung (10.15) genutzt wird,

$$\int_a^\infty \left[\int_{-\infty}^\infty e^{cy} f(y|x) dy\right] f(x) dx = \int_a^\infty \left[e^{c\left(\mu_y + \varrho_{xy}\frac{\sigma_y}{\sigma_x}(x-\mu_x)\right) + \frac{1}{2}c^2\left(\sigma_y^2(1-\varrho_{xy}^2)\right)}\right] f(x) dx$$

$$= e^{c\mu_y - c\varrho_{xy}\frac{\sigma_y}{\sigma_x}\mu_x + \frac{1}{2}c^2\sigma_y^2 - \frac{1}{2}c^2\sigma_y^2\varrho_{xy}^2} \int_a^\infty e^{c\varrho_{xy}\frac{\sigma_y}{\sigma_x}x} f(x) dx.$$

Mit der Hilfsvariablen $c^* = c\varrho_{xy}\frac{\sigma_y}{\sigma_x}$ erhält man bei Verwendung von (10.15) nach elementarer Umformung Gleichung (10.16). Ganz analog gelangt man zu Gleichung (10.17),

$$\int_{-\infty}^\infty \int_a^\infty e^{cy}e^x f(x,y) dx dy = \int_a^\infty \left[\int_{-\infty}^\infty e^{cy} f(y|x) dy\right] e^x f(x) dx$$

$$= e^{c\mu_y - c\varrho_{xy}\frac{\sigma_y}{\sigma_x}\mu_x + \frac{1}{2}c^2\sigma_y^2 - \frac{1}{2}c^2\sigma_y^2\varrho_{xy}^2} \int_a^\infty e^{c\varrho_{xy}\frac{\sigma_y}{\sigma_x}x + x} f(x) dx.$$

Nochmalige Verwendung von Gleichung (10.15) führt mit der Hilfsvariablen $c^{**} = c\varrho_{xy}\frac{\sigma_y}{\sigma_x} + 1$ und anschließendem Kürzen der Terme im Exponenten auf das gesuchte Ergebnis.

Erwartungswert, Varianz und Kovarianz Der Erwartungswert, die Varianz und die Kovarianz zweier Aktienkurse $\widetilde{A}_1$ und $\widetilde{B}_1$ lassen sich leicht berechnen, wenn ihre Kurse im Zeitpunkt $t = 1$ bivariat lognormalverteilt sind. Ausgehend von den Aktienkursen A_0 und B_0 im Zeitpunkt $t = 0$ sind ihre stetigen Renditen $\widetilde{r}_A = \ln(\widetilde{A}_1/A_0)$ und $\widetilde{r}_B = \ln(\widetilde{B}_1/B_0)$ in diesem Fall bivariat normalverteilt,[19] so dass sich die Gleichungen (10.15) bis (10.17) nutzen lassen. Man erhält für den Aktienkurs $\widetilde{A}_1$ den Erwartungswert

$$\mathrm{E}[\widetilde{A}_1] = \int_{-\infty}^\infty A_0 e^{r_A} f(r_A) dr_A = A_0 e^{\mu_A + \frac{1}{2}\sigma_A^2}. \qquad (10.24)$$

Für die Varianz ergibt sich mit Hilfe des Zerlegungssatzes

$$\mathrm{Var}[\widetilde{A}_1] = \int_{-\infty}^\infty (A_0 e^{r_A})^2 f(r_A) dr_A - \mathrm{E}[\widetilde{A}_1]^2$$

$$= A_0^2 e^{2\mu_A + \frac{1}{2}(2\sigma_A)^2} - A_0^2 e^{2\mu_A + \sigma_A^2}$$

$$= A_0^2 e^{2\mu_A + \sigma_A^2} \left(e^{\sigma_A^2} - 1\right). \qquad (10.25)$$

---
[19] Siehe Seite 461.

Erwartungswert und Varianz des Aktienkurses B können analog berechnet werden. Für die Kovarianz der Aktienkurse gilt mit dem Zerlegungssatz

$$\mathrm{Cov}[\tilde{A}_1, \tilde{B}_1] = \int_{-\infty}^{\infty} \int_{-\infty}^{\infty} A_0\, e^{r_A} B_0\, e^{r_B} f(r_A, r_B)\, dr_A\, dr_B - \mathrm{E}[\tilde{A}_1]\,\mathrm{E}[\tilde{B}_1]$$

$$= A_0\, e^{r_A} B_0 \left(e^{\mu_A + \frac{1}{2}\sigma_A^2 + \mu_B + \frac{1}{2}\sigma_B^2 + \varrho_{AB}\sigma_A\sigma_B} - e^{\mu_A + \frac{1}{2}\sigma_A^2} \cdot e^{\mu_B + \frac{1}{2}\sigma_B^2} \right)$$

$$= A_0\, B_0\, e^{\mu_A + \frac{1}{2}\sigma_A^2 + \mu_B + \frac{1}{2}\sigma_B^2} \left(e^{\varrho_{AB}\sigma_A\sigma_B} - 1 \right). \tag{10.26}$$

10.3.6 Steins Lemma

Für zwei bivariat normalverteilte Zufallsvariablen $\tilde{x}$ und $\tilde{y}$ und eine stetig differenzierbare Funktion $g(y)$ mit $g'(y) = dg(y)/dy$ gilt

$$\mathrm{Cov}[\tilde{x}, g(\tilde{y})] \;=\; \mathrm{Cov}[\tilde{x}, \tilde{y}]\,\mathrm{E}[g'(\tilde{y})]. \tag{10.27}$$

Der Definitionsbereich der Funktion $g(y)$ umfasst alle reellen Zahlen, der Wertebereich sei nach oben und unten beschränkt. Gleichung (10.27) bezeichnet man als Steins Lemma.[20] Um das Lemma zu beweisen, verwenden wir die bedingte Dichte,

$$f(x|y) = \frac{f(x,y)}{f(y)}, \tag{10.28}$$

die Definitionen der Erwartungswerte

$$\mathrm{E}[\tilde{x}] = \mu_x = \int_{-\infty}^{\infty} x\, f(x)\, dx \tag{10.29}$$

$$\mathrm{E}[\tilde{x}|y] = \mu_{x|y} = \int_{-\infty}^{\infty} x\, f(x|y)\, dx = \mu_x + \varrho_{xy}\frac{\sigma_x}{\sigma_y}(y - \mu_y) \tag{10.30}$$

sowie die Definition der Kovarianz

$$\mathrm{Cov}[\tilde{x}, \tilde{y}] \;=\; \varrho_{xy}\,\sigma_y\,\sigma_x. \tag{10.31}$$

Mit dem Zerlegungssatz für die Kovarianz und den Gleichungen (10.28) bis (10.30) erhalten wir

$$\mathrm{Cov}[\tilde{x}, g(\tilde{y})] = \int_{-\infty}^{\infty}\int_{-\infty}^{\infty} x\, g(y)\, f(x,y)\, dx\, dy - \int_{-\infty}^{\infty} x\, f(x)\, dx \int_{-\infty}^{\infty} g(y)\, f(y)\, dy$$

$$= \int_{-\infty}^{\infty} \left(\mu_x + \varrho_{xy}\frac{\sigma_x}{\sigma_y}(y - \mu_y) \right) g(y)\, f(y)\, dy - \mu_x \int_{-\infty}^{\infty} g(y)\, f(y)\, dy,$$

---

[20]Es ist bei der Bewertung unsicherer Ansprüche sehr hilfreich und kann auf multivariat normalverteilte Zufallsvariablen erweitert werden.

10.4. Inferenzstatistik

was sich mit (10.31) zu

$$\text{Cov}[\tilde{x}, g(\tilde{y})] = \int_{-\infty}^{\infty} \varrho_{xy} \frac{\sigma_x}{\sigma_y} (y - \mu_y) g(y) f(y) \, dy$$

$$= \text{Cov}[x, y] \int_{-\infty}^{\infty} g(y) \frac{y - \mu_y}{\sigma_y^2} f(y) \, dy$$

zusammenfassen lässt. Macht man sich klar, dass die Ableitung der Dichte der Normalverteilung

$$f'(y) = -\frac{y - \mu_y}{\sigma_y^2} f(y)$$

beträgt, gewinnt man unter der Voraussetzung, dass $g(y)$ eine stetig differenzierbare Funktion ist, durch partielles Integrieren

$$\text{Cov}[\tilde{x}, g(\tilde{y})] = -\text{Cov}[\tilde{x}, \tilde{y}] \int_{-\infty}^{\infty} f'(y) g(y) \, dy$$

$$= -\text{Cov}[\tilde{x}, \tilde{y}] \left(\left[f(y) g(y) \right] \Big|_{-\infty}^{\infty} - \int_{-\infty}^{\infty} f(y) g'(y) \, dy \right)$$

$$= -\text{Cov}[\tilde{x}, \tilde{y}] \left(f(\infty) g(\infty) - f(-\infty) g(-\infty) - \int_{-\infty}^{\infty} f(y) g'(y) \, dy \right).$$

Für die Dichte der Normalverteilung gilt $f(\infty) = f(-\infty) = 0$. Wenn der Wertebereich der Funktion $g(y)$ nach oben und unten beschränkt ist, erhält man schließlich

$$\text{Cov}[\tilde{x}, g(\tilde{y})] = \text{Cov}[\tilde{x}, \tilde{y}] \int_{-\infty}^{\infty} g'(y) f(y) \, dy,$$

und das ist Steins Lemma.

10.4 Inferenzstatistik

Die Konstruktion theoretischer Modelle in der Statistik wird in der Regel durch zwei Zielsetzungen motiviert. Zum einen gilt es, empirische Datenbefunde möglichst genau wiederzugeben, zum anderen möchte man weitere Erkenntnisse über konkrete mit Unsicherheit verbundene Vorgänge gewinnen. In der Inferenzstatistik (auch: schließende Statistik), die in die Schätz- und die Testtheorie untergliedert wird, setzt man sich nun mit der Realisierung dieser Ziele auseinander. Bevor wir auf Grundideen und ausgewählte Verfahren der beiden Theoriebereiche eingehen, müssen wir uns zunächst einige neue Begriffe aneignen.

Im Rahmen der vergangenheitsorientierten Analyse empirischer Daten betrachteten wir Stichproben vom Umfang n. Zu den einzelnen Realisationen in unseren Stichproben gelangten wir, indem wir für unterschiedliche Objekte $i = 1,\ldots,n$ der Grundgesamtheit nach Beendigung eines Zufallsvorgangs die Werte einer vorab definierten Zufallsvariablen $\tilde{x}$ ermittelten. Formal lässt sich eine so gewonnene Stichprobe durch $\tilde{x}_1 = x_1, \tilde{x}_2 = x_2, \ldots, \tilde{x}_n = x_n$ beschreiben.

Im theoretischen Kontext wollen wir die Zufallsvariablen $\tilde{x}_i$ mit $i = 1,\ldots,n$ als *Stichprobenvariablen* bezeichnen, wenn

1. an n Objekten einer Grundgesamtheit durch die $\tilde{x}_i$ das gleiche inhaltliche Phänomen gemessen wird,

2. für alle $\tilde{x}_i$ dasselbe Verteilungsmodell unterstellt wird und

3. sich die $\tilde{x}_i$ unabhängig voneinander realisieren.

Ebenso wie wir bei der Berechnung von Maßzahlen Funktionen (zum Beispiel $\bar{x}$ oder s^2) auf die Realisationen in der Stichprobe bezogen haben, können wir auch Funktionen auf die zugrundeliegenden Zufallsvariablen anwenden. Solche Funktionen $\tilde{y} = g(\tilde{x}_1,\ldots,\tilde{x}_n)$ transformieren die Stichprobenvariablen $\tilde{x}_i$ zu neuen Zufallsvariablen $\tilde{y}$ und werden als *Stichprobenfunktionen* bezeichnet. Je nachdem, in welchem Theoriebereich sie Anwendung finden, werden sie auch Schätzfunktionen oder Prüfgrößen beziehungsweise Teststatistiken genannt.

10.4.1 Schätztheorie

Um die Schätztheorie zu veranschaulichen, kehren wir zunächst zu unserem Beispiel der DAX-Tagesrenditen zurück. In Anbetracht des konkreten Datenbefundes schien uns die Dichtefunktion der Normalverteilung geeignet, die empirischen Häufigkeiten der DAX-Tagesrenditen zu beschreiben. Nachdem wir mit dieser Entscheidung für einen speziellen Verteilungstyp das theoretische Modell zunächst „grob" festgelegt hatten, galt es im Rahmen einer „Feinabstimmung" die Parameter μ und σ^2 zu bestimmen, wobei wir $\mu = \bar{x}$ und $\sigma^2 = s^2$ gewählt hatten. Auf der Grundlage unseres Datenbefundes sind wir so zu einem theoretischen Modell gelangt, dessen Parameter wir mit Hilfe empirischer Maßzahlen „geschätzt" haben.

In der Schätztheorie beschäftigt man sich nun allgemein damit, wie man für unterschiedliche empirische Datenbefunde zu vollständigen Verteilungsmodellen oder auch nur zu einzelnen ihrer Parameter (parametrisches Schätzen) gelangt. Wir werden uns hier auf eine kurze Skizze des parametrischen Schätzens beschränken.

Schätzfunktionen Wie eingangs bereits erwähnt, setzt die hier vorgestellte Form des parametrischen Schätzens zunächst die Entscheidung für einen bestimmten

10.4. Inferenzstatistik

Verteilungstyp voraus. Die Grundlage hierfür sollten in jedem Fall empirische Datenbefunde für das zu analysierende Phänomen bilden. Nach Festlegung des Verteilungstyps gilt es, den oder die Parameter der Verteilung mit Hilfe von Schätzfunktionen zu spezifizieren.

Als Schätzfunktion für θ (kurz: Schätzer für θ) bezeichnet man dabei jede Stichprobenfunktion $\hat{\theta}(\tilde{x}_1, \ldots, \tilde{x}_n)$, deren Wert $\hat{\theta}(x_1, \ldots, x_n)$ als Schätzwert für den theoretischen Parameter θ einer Verteilung dienen soll. Das Symbol θ steht dabei stellvertretend für Parameter wie beispielsweise μ und σ^2 bei der Normalverteilung oder p bei der Binomialverteilung.

Im Beispiel unserer DAX-Tagesrenditen spricht das Histogramm des Datenbefundes für die Annahme der Normalverteilung. Wenn wir nun davon ausgehen, dass die mittlere Rendite (der Erwartungswert) und der Schwankungsbereich der Renditen (die Varianz) für jeden der $i = 1, \ldots, 250$ Tage gleich sein sollen und sich die einzelnen Tagesrenditen unabhängig voneinander ergeben, erfüllen die $\tilde{x}_i$ mit $\tilde{x}_i \sim N(\mu, \sigma^2)$ die Definition von Stichprobenvariablen.

Der allgemeinen Definition folgend können wir uns nun beliebig viele Schätzfunktionen für den unbekannten Parameter μ ausdenken, wobei wir mit

$$\hat{\mu}_1 = g_1(\tilde{x}_1, \ldots, \tilde{x}_n) = \bar{\tilde{x}} = \frac{1}{n} \sum_{i=1}^{n} \tilde{x}_i,$$

$$\hat{\mu}_2 = g_2(\tilde{x}_1, \ldots, \tilde{x}_n) = \frac{\tilde{x}_{(1)} + \tilde{x}_{(250)}}{2} \quad \text{und}$$

$$\hat{\mu}_3 = g_3(\tilde{x}_1, \ldots, \tilde{x}_n) = \tilde{x}_3$$

nur drei mögliche Beispiele angeben wollen. Der Schätzer $\hat{\mu}_1$ ist das bekannte arithmetische Mittel, $\hat{\mu}_2$ ergibt sich als Mittelwert zwischen der kleinsten und der größten aller Tagesrenditen, und $\hat{\mu}_3$ entspricht der Rendite des dritten Tages. Für unseren konkreten Datenbefund realisieren diese drei Schätzfunktionen, die ja definitionsgemäß auch Zufallsvariablen sind, die Schätzwerte

$$\hat{\mu}_1 = 0{,}000372 \quad \hat{\mu}_2 = -0{,}00668 \quad \hat{\mu}_3 = -0{,}01034.$$

Bei so unterschiedlichen Ergebnissen drängt sich die Frage auf, welche der vielen Schätzfunktionen nun das „richtige" Ergebnis liefert. Hierauf muss man differenziert antworten. Zunächst muss man sich der Tatsache bewusst sein, dass das „richtige" Ergebnis, der Parameter μ, eine unbekannte theoretische Größe ist und bleibt. Folglich können wir auch nicht überprüfen, ob wir mit einer Schätzfunktion diesen Wert exakt getroffen haben oder nicht. Allerdings liefert uns die Statistik Beurteilungskriterien, mit denen wir die Schätzfunktionen vor dem Hintergrund einer konkreten Verteilung der $\tilde{x}_i$ für sich und vor allem untereinander bewerten können. Zu diesen Kriterien gehören insbesondere Erwartungstreue, asymptotische Erwartungstreue, Konsistenz und Effizienz, wozu man in nahezu jedem statistischen Lehrbuch weitergehende Erläuterungen findet.

Wir wollen kurz auf den Begriff der Erwartungstreue eingehen. Sicher ist es eine wünschenswerte Eigenschaft einer Schätzfunktion, dass sie „im Mittel" den richtigen Wert liefert. Formal bedeutet das, dass in dem von uns gewählten Beispiel $E[\hat{\mu}] = \mu$ gelten sollte. Eine solche Schätzfunktion, deren Erwartungswert mit dem unbekannten Parameter übereinstimmt, wird als erwartungstreu bezeichnet. Wenden wir die Rechenregel für Linearkombinationen von Zufallsvariablen an, so erkennen wir, dass $\hat{\mu}_1 = \tilde{\bar{x}}$ wegen

$$E[\hat{\mu}_1] = E\left[\tilde{\bar{x}}\right] = E\left[\frac{1}{n}\sum_{i=1}^{n}\tilde{x}_i\right] = \frac{1}{n}\sum_{i=1}^{n}E[\tilde{x}_i] = \frac{1}{n}\sum_{i=1}^{n}\mu = \mu \quad \text{bei } \tilde{x}_i \sim N(\mu,\sigma^2)$$

erwartungstreu für den Parameter μ ist. Die Kriterien der Konsistenz und Effizienz zielen auf die Varianz der Schätzfunktionen ab. Für erwartungstreue Schätzfunktionen wird gefordert,

1. dass sich mit zunehmendem Stichprobenumfang die mit einer Schätzfunktion ermittelten Schätzwerte verbessern und damit tendenziell abnehmenden Schwankungen (Varianzen) unterliegen (*Konsistenz*) und

2. dass diejenige Schätzfunktion als optimal anzusehen ist, die bei gegebenem Stichprobenumfang die kleinste Varianz aufweist (*Effizienz*).

Diese Beurteilungskriterien weisen $\hat{\mu}_1 = \tilde{\bar{x}}$ als beste (nachweislich varianzminimale) Schätzfunktion für den Parameter μ der Normalverteilung aus. Insoweit ist $\hat{\mu}_1$ auch den ebenfalls erwartungstreuen Schätzern $\hat{\mu}_2$ und $\hat{\mu}_3$ vorzuziehen, so dass unsere intuitive Vorgehensweise bei der Festlegung von μ im vorangegangenen Abschnitt hier ihre theoretische Rechtfertigung findet.

Analog weisen die Kriterien

$$\hat{\sigma}^2 = \tilde{s}^2 = \frac{1}{n-1}\sum_{i=1}^{n}\left(\tilde{x}_i - \tilde{\bar{x}}\right)^2$$

als optimalen Schätzer für den Streuungsparameter σ^2 der Normalverteilung aus.

Ausdrücklich wollen wir aber an dieser Stelle darauf hinweisen, dass diese Aussagen zur Qualität der Schätzfunktionen $\hat{\mu} = \tilde{\bar{x}}$ und $\hat{\sigma}^2 = \tilde{s}^2$ die Rechtfertigung des Modells der Normalverteilung für den vorliegenden Datenbefund voraussetzen. Sollte der Datenbefund, etwa beim Vorliegen vieler Ausreißer, für ein anderes Verteilungsmodell sprechen, so werden mit anderen Schätzfunktionen (zum Beispiel $\hat{\mu} = \tilde{x}_{0,5}$) unter Umständen bessere Ergebnisse erzielt.[21]

10.4.2 Testtheorie

Wissenschaftler streben nach Aussagen mit allgemeinem Geltungsanspruch, die sie in Form von Behauptungen über die Empirie formulieren. Um diesen Anspruch

---
[21] Zu Details vgl. Büning (1991).

10.4. Inferenzstatistik

erheben zu können, müssen die Hypothesen anhand empirischer Beobachtungen überprüft werden. Widersprechen die Beobachtungen den Hypothesen, so gelten diese sowie die auf ihnen beruhenden Theorien als falsifiziert, sonst als bestätigt. Daraus erklärt sich ein grundsätzliches Interesse daran, Vermutungen über statistische Größen zu überprüfen. In diesem Zusammenhang versteht man unter einem statistischen Test ein Verfahren zur Überprüfung von Behauptungen über eine Verteilung.

Test auf μ bei Normalverteilung

Im Folgenden wollen wir das Grundmuster eines Tests sowie einige grundlegende Aspekte des statistischen Testens anhand des vergleichsweise einfachen Tests auf μ bei Normalverteilung näher beleuchten. Wie gewohnt betrachten wir dabei unser Beispiel der DAX-Tagesrenditen.

Hypothesenproblem Nachdem wir uns bei den DAX-Tagesrenditen für die Normalverteilung als vernünftiges Verteilungsmodell entschieden haben, können wir beispielsweise die Behauptung aufstellen, dass die mittlere DAX-Tagesrendite den Wert null annimmt. Formal wird die Rendite dann durch die Zufallsvariable $\tilde{x}_i$ mit $\tilde{x}_i \sim N(0, \sigma^2)$ beschrieben, wobei man die Vermutung $\mu = 0$ als *(Null-)Hypothese* H bezeichnet.

Der Hypothese H stellen wir eine *Gegenhypothese (oder Alternativhypothese) G* (im Beispiel $\mu \neq 0$) gegenüber. Das Ziel eines jeden Tests ist es nun, auf Grundlage eines Vergleichs von Empirie und Theorie zu einer Entscheidung für H oder für G zu gelangen. Formal lautet das Hypothesenproblem

$$H: \mu = 0 \text{ gegen } G: \mu \neq 0,$$

wobei wir von einem zweiseitigen Hypothesenproblem sprechen, da die Gegenhypothese kleinere und größere Werte als $\mu = 0$ einbezieht. Je nach Interessenlage des Anwenders können jedoch auch einseitige Hypothesenprobleme der Form

$$H: \mu \leq 0 \text{ gegen } G: \mu > 0 \quad \text{beziehungsweise} \quad H: \mu \geq 0 \text{ gegen } G: \mu < 0$$

verwendet werden.

Prüfgröße Die Idee des statistischen Testens besteht darin, die theoretische Behauptung in der Hypothese mit Informationen aus einem konkreten Datenbefund zu vergleichen, um zu einer Aussage zu gelangen, ob die Hypothese anzunehmen oder zu verwerfen ist. Für die Informationsgewinnung aus der Stichprobe werden wieder Stichprobenfunktionen verwendet, die in diesem Kontext als Prüfgrößen oder auch Teststatistiken bezeichnet werden.

Für jedes einzelne Hypothesenproblem ist, analog zur Schätztheorie, zunächst zu klären, auf Grundlage welcher der vielen möglichen Prüfgrößen die Testentscheidung getroffen werden soll. Ein wesentlicher Unterschied zur Schätztheorie besteht jedoch darin, dass bekannt sein muss, wie die Prüfgröße unter H verteilt ist.[22]

Bei dem im Beispiel der DAX-Tagesrenditen vorliegenden Hypothesenproblem (μ-Problem) liegt die theoretisch begründete Vermutung nahe, dass das arithmetische Mittel $\tilde{\bar{x}}$ eine gute Prüfgröße darstellt.

Als Linearkombination normalverteilter Stichprobenvariablen ist $\tilde{\bar{x}}$ ebenfalls normalverteilt. Auf den Beweis dieses statistischen Lehrsatzes verzichten wir. Da wir den Erwartungswert und die Varianz einer solchen Linearkombination von Zufallsvariablen über die Rechenregeln aus Abschnitt 10.3.4 berechnen können, ergibt sich

$$E\left[\tilde{\bar{x}}\right] = \mu \qquad \text{Var}\left[\tilde{\bar{x}}\right] = \frac{\sigma^2}{n}$$

und damit[23]

$$\tilde{\bar{x}} \sim N\left(\mu, \frac{\sigma^2}{n}\right).$$

Inhaltlich beschreibt die Prüfgröße $\tilde{\bar{x}}$ so alle möglichen Realisationen des arithmetischen Mittels, welche sich für Stichproben unter der Voraussetzung normalverteilter Stichprobenvariablen (also $\tilde{x}_i \sim N(\mu, \sigma^2)$) ergeben können. Wegen $\tilde{\bar{x}} \sim N(\mu, \frac{\sigma^2}{n})$ können wir nun Eintrittswahrscheinlichkeiten, Verteilungsfunktionswerte oder die weiter unten benötigten Prozentpunkte von $\tilde{\bar{x}}$ über den Standardisierungszusammenhang für normalverteilte Zufallsvariablen

$$\tilde{z} = \frac{\tilde{\bar{x}} - \mu}{\frac{\sigma}{\sqrt{n}}} \qquad \text{mit} \qquad \tilde{z} \sim N(0,\ 1)$$

bestimmen, wenn die Parameter μ und σ^2 gegeben sind. Während über den Parameter μ in der Hypothese H eine Aussage (Annahme) getroffen wurde, ist bezüglich σ^2 entweder eine zusätzliche Annahme (σ^2 bekannt) oder eine Schätzung dieses Parameters aus dem Datenbefund (σ^2 unbekannt) erforderlich.

Wenn wir realistischerweise von dem Fall eines unbekannten σ^2 ausgehen, liegt es nahe, σ^2 durch $\tilde{s}^2$ zu schätzen. Hierbei tritt das Problem auf, dass die sich durch Standardisierung ergebende Zufallsvariable $\tilde{t}$ mit

$$\tilde{t} = \frac{\tilde{\bar{x}} - \mu}{\sqrt{\frac{\tilde{s}^2}{n}}} = \frac{\tilde{\bar{x}} - \mu}{\frac{\tilde{s}}{\sqrt{n}}}$$

---

[22] Auf das komplexe und theoretisch anspruchsvolle Thema der Bestimmung optimaler Prüfgrößen wollen wir hier nicht eingehen. Wir halten es jedoch für wichtig, darauf hinzuweisen, dass die Kenntnis der Verteilung der Prüfgröße eine notwendige Voraussetzung für die Anwendung eines Tests ist. Gerade die Ermittlung der Prüfgrößenverteilung gestaltet sich jedoch häufig schwierig, wenn nicht gar unmöglich, da die Prüfgrößen (als Zufallsvariablen) aus Transformationen anderer Zufallsvariablen (den Stichprobenvariablen) hervorgehen.

[23] Bei der Berechnung der Varianz wird berücksichtigt, dass die Stichprobenvariablen unabhängig sind und deshalb die Kovarianzen jeweils den Wert null annehmen.

10.4. Inferenzstatistik

nicht mehr standardnormalverteilt ist. Vielmehr lässt sich $\tilde{t}$ durch die so genannte t-Verteilung mit $n - 1$ Freiheitsgraden (formal: $\tilde{t} \sim t(n - 1)$) beschreiben. Die Verteilungsfunktionswerte und Prozentpunkte dieses bisher noch nicht vorgestellten Verteilungsmodells können wir für kleines n wieder einer entsprechenden Tabelle entnehmen.[24] Für große Stichprobenumfänge ($n > 100$) konvergiert die t-Verteilung gegen die Standardnormalverteilung, so dass sich die entsprechenden Größen beider Modelle kaum noch voneinander unterscheiden.

In der statistischen Literatur verwendet man im Rahmen des Tests auf μ die standardisierten Zufallsvariablen

- $\tilde{z} = \dfrac{\tilde{\bar{x}} - \mu}{\frac{\sigma}{\sqrt{n}}} \sim N(0, \; 1)$ bei bekanntem σ^2 und

- $\tilde{t} = \dfrac{\tilde{\bar{x}} - \mu}{\frac{\tilde{s}}{\sqrt{n}}} \sim t(n - 1)$ bei unbekanntem σ^2

als Prüfgrößen. Diese Vorgehensweise gestaltet sich unproblematisch, da man über die Standardisierungszusammenhänge für jede Realisation von $\tilde{\bar{x}}$ korrespondierende Realisationen von $\tilde{z}$ beziehungsweise $\tilde{t}$ mit gleichen Eigenschaften berechnen kann.[25]

Der Prüfgröße kommen nun beim Testen im Wesentlichen zwei Funktionen zu. Zum einen werden wir gleich spezielle theoretische Prozentpunkte der verwendeten Zufallsvariablen als kritische Werte berechnen, die die Menge aller möglichen Realisationen der Prüfgröße in Teilmengen zerlegen, die entweder für die Hypothese H (Annahmebereich) oder die Gegenhypothese G (Ablehnbereich) sprechen.[26] Zum anderen gilt es, den für eine konkrete Stichprobe realisierten Wert der Prüfgröße zu errechnen.

Im Beispiel der DAX-Tagesrenditen mit unbekanntem σ^2 realisiert die Prüfgröße $\tilde{t}$ den Wert

$$t = \frac{\bar{x} - \mu}{\frac{s}{\sqrt{n}}} = \frac{0{,}000372 - 0}{\frac{0{,}00858}{\sqrt{250}}} = 0{,}6855.$$

Kritische Werte Unter der Voraussetzung, dass die grundlegende Modellannahme $\tilde{x}_i \sim N(\mu, \sigma^2)$ und die Hypothese H für $\mu = 0$ gelten, ist die Prüfgröße bei unbekanntem σ^2 entsprechend t-verteilt mit $n - 1$ Freiheitsgraden. Folglich ordnet die in Abbildung 10.11 dargestellte Dichtefunktion dieser Verteilung allen möglichen Intervallen von Realisationen der Prüfgröße $\tilde{t}$ Eintrittswahrscheinlichkeiten zu.

Im Rahmen eines Tests legt man grundsätzlich eine Wahrscheinlichkeit α dafür fest, dass die Hypothese abgelehnt wird, obwohl das mit der Hypothese konkreti-

---

[24] Solche Tabellen findet man in geeigneten statistischen Lehrbüchern. Aber auch das Tabellenkalkulationsprogramm EXCEL liefert die entsprechenden Zahlen mit dem Befehl TINV($\alpha; n$).
[25] Siehe hierzu Seite 459.
[26] Genau hier finden wir die Begründung für die aufwendige Bestimmung der Prüfgrößenverteilung im Vorfeld.

sierte Modell gilt.[27] Die Intervalle von Realisationen, denen man das Signifikanzniveau α zuordnet, werden als Ablehnbereiche, die übrigen Intervalle als Annahmebereiche bezeichnet. In die Ablehnbereiche fallen Ausprägungen der standardisierten Zufallsvariablen $\tilde{t}$ und damit des arithmetischen Mittels $\tilde{\bar{x}}$, die zwar bei Gültigkeit der Hypothese theoretisch möglich sind, auf Grund des dann geltenden Verteilungskontextes jedoch vergleichsweise unrealistisch erscheinen.

Die Übergänge zwischen den Ablehnbereichen und dem Annahmebereich werden bei dem zweiseitigen Hypothesenproblem mit unbekanntem σ^2 und symmetrischer Verteilung von α auf die beiden Ablehnbereiche durch die Prozentpunkte $t_{\frac{\alpha}{2}}(n-1)$ und $t_{1-\frac{\alpha}{2}}(n-1)$ der t-Verteilung gebildet.

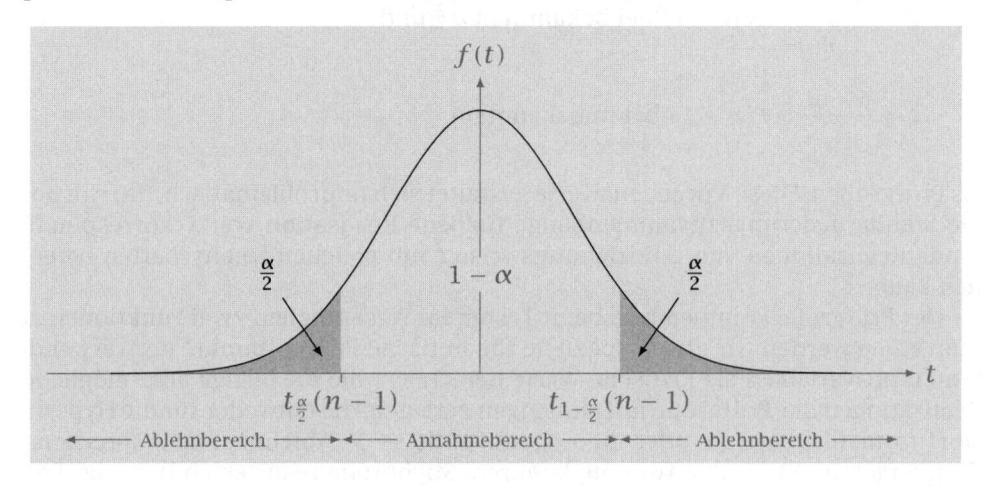

Abbildung 10.11: Annahme- und Ablehnbereiche beim Test auf μ mit unbekanntem σ^2

In unserem Beispiel der DAX-Tagesrenditen approximieren wir diese Prozentpunkte wegen $n = 250 > 100$ durch die entsprechenden Prozentpunkte der Standardnormalverteilung und erhalten für vorgegebenes $\alpha = 0{,}05$

$$t_{\frac{\alpha}{2}} = t_{0,025} \approx z_{0,025} = -1{,}96 \quad \text{und} \quad t_{1-\frac{\alpha}{2}} = t_{0,975} \approx z_{0,975} = 1{,}96.$$

Testentscheidung Nachdem wir mit der Realisation der Prüfgröße für eine konkrete Stichprobe vom Umfang n und den kritischen Werten der Prüfgröße für ein vorher definiertes Signifikanzniveau alle benötigten empirischen und theoretischen Größen ermittelt haben, können wir die Testentscheidung wie folgt treffen:

- bei bekanntem σ^2:

$$H \text{ annehmen,} \quad \text{wenn } z_{\frac{\alpha}{2}} \leq z \leq z_{1-\frac{\alpha}{2}} \text{ und}$$
$$H \text{ ablehnen,} \quad \text{wenn } z < z_{\frac{\alpha}{2}} \text{ oder } z_{1-\frac{\alpha}{2}} < z,$$

---
[27] Die Wahrscheinlichkeit α dafür, die Hypothese abzulehnen, obwohl sie gilt, wird als das Signifikanzniveau des Tests bezeichnet.

10.4. Inferenzstatistik

- bei unbekanntem σ^2:

H annehmen, wenn $t_{\frac{\alpha}{2}} \leq t \leq t_{1-\frac{\alpha}{2}}$ und
H ablehnen, wenn $t < t_{\frac{\alpha}{2}}$ oder $t_{1-\frac{\alpha}{2}} < t$.

Wegen $t_{0,025} < t < t_{0,975}$ mit $-1{,}96 < 0{,}6818 < 1{,}96$ nehmen wir deshalb im Beispiel der DAX-Tagesrenditen die Hypothese $H\colon \mu = 0$ an.

Aufgrund der Tatsache, dass man nie endgültige Sicherheit darüber haben wird, ob die in der Hypothese unterstellte Modellbehauptung in der Realität auch tatsächlich gilt, befindet man sich im Rahmen einer Testentscheidung stets in einem der folgenden vier Szenarios:

- H wird durch das formale Entscheidungskriterium angenommen, und H gilt auch in der Realität (Szenario A),

- H wird abgelehnt, obwohl H gilt (Szenario B),

- H wird angenommen, obwohl H nicht gilt (Szenario C) oder

- H wird abgelehnt, und H gilt nicht (Szenario D).[28]

Während man sich in den Szenarios A und D richtig entscheidet, trifft man in den Szenarios B und C eine Fehlentscheidung, wobei man B als den Fehler erster Art und C als den Fehler zweiter Art bezeichnet. Naturgemäß wird man bei einem Test bemüht sein, die Eintrittswahrscheinlichkeiten von möglichen Fehlern zu minimieren. Man muss sich jedoch darüber klar sein, dass eine gleichzeitige Minimierung der Wahrscheinlichkeiten $\text{Prob}(B)$ und $\text{Prob}(C)$ unmöglich ist. Mit dem Signifikanzniveau α als der Wahrscheinlichkeit für den Fehler erster Art (formal: $\text{Prob}(B) = \alpha$) gibt man beim Testen eine dieser Wahrscheinlichkeiten vor, so dass die eigene Testentscheidung immer dahingehend zu relativieren ist, wie groß α gewählt wurde. Insbesondere gilt: Je kleiner $\text{Prob}(B)$, desto größer wird $\text{Prob}(C)$.

Test auf Normalverteilung

Mit dem Test auf μ bei Normalverteilung haben wir einen verhältnismäßig einfachen parametrischen Test zur Einführung in die Testtheorie gewählt. Neben solchen Verfahren, mit denen man Hypothesen über einzelne Parameter einer Verteilung überprüfen kann, werden in der Testtheorie eine Vielzahl weiterer so genannter nicht-parametrischer Tests vorgestellt. So kann man beispielsweise auch Hypothesen über die Gültigkeit ganzer Verteilungen für bestimmte empirische Phänomene testen. Anhand unseres Beispiels der DAX-Tagesrenditen wollen wir nun mit dem Test auf Normalverteilung einen Vertreter der so genannten χ^2-Anpassungstests (sprich: Chi-Quadrat-Anpassungstest) darstellen.

---

[28] Die Wahrscheinlichkeit für das Auftreten des Szenarios D wird als Güte des Tests bezeichnet und vor allem für den theoretischen Vergleich von unterschiedlichen Tests (Prüfgrößen) für ein bestimmtes Hypothesenproblem verwendet.

Hypothesenproblem Unserer bisherigen Analyse der DAX-Tagesrenditen $\tilde{x}_i$ entsprechend stellen wir folgendes Hypothesenproblem auf:

H: $\tilde{x}_i$ sind normalverteilt,

G: $\tilde{x}_i$ sind nicht normalverteilt.

Prüfgröße Die Suche nach einer geeigneten Prüfgröße für dieses Hypothesenproblem beginnen wir mit einer Überlegung, die wir schon bei der Einführung der theoretischen Verteilungsmodelle angestellt haben. Wenn eine theoretische Verteilung einen empirischen Befund gut beschreiben soll, dann müssen ihre theoretischen Kennzahlen den beobachteten empirischen Pendants annähernd entsprechen.

Während wir diesen Gedanken bisher hauptsächlich auf die (empirischen) relativen Häufigkeiten und die (theoretischen) Wahrscheinlichkeiten bezogen hatten, sollte eine solche Analogie natürlich aber auch für die absoluten Häufigkeiten der Empirie und der Theorie gelten. Die Prüfgröße

$$X^2 = \sum_{i=1}^{k} \frac{(n_i - \dot{n}_i)^2}{\dot{n}_i} \quad \text{mit } \dot{n}_i = nq_i$$

greift nun genau den Vergleich der empirischen und theoretischen absoluten Häufigkeiten auf. Für jede der $i = 1,\ldots,k$ Ausprägungen einer diskreten Zufallsvariablen oder Klassen von Ausprägungen einer stetigen Zufallsvariablen wird zunächst die Differenz aus der empirischen absoluten Häufigkeit n_i und der theoretischen absoluten Häufigkeit $\dot{n}_i$ gebildet, wobei sich die $\dot{n}_i$ durch Multiplikation des Stichprobenumfangs n mit den Eintrittswahrscheinlichkeiten q_i der Ausprägungen bzw. Klassen von Ausprägungen ergeben. Danach werden die Differenzen quadriert, durch $\dot{n}_i$ dividiert und schließlich aufsummiert. Während die Quadrierung verhindert, dass sich positive und negative Differenzen beim Aufsummieren gegeneinander aufheben, führt die Division durch $\dot{n}_i$ zu einer Normierung der Abweichungen.

Um die Berechnung von X^2 nachvollziehen zu können, wenden wir uns wieder unserem Beispiel zu. In Tabelle 10.13 haben wir die in den Abschnitten 10.2.2 und 10.3.2 gewählte Klasseneinteilung bei den DAX-Tagesrenditen aus theoretischen Gründen dahingehend modifiziert, dass wir jeweils die vier äußeren Klassen zu einer einzigen Klasse zusammengefasst haben.[29] Die Spalten 2, 3 und 4 enthalten, wie schon in Tabelle 10.3 auf Seite 438, die Klassengrenzen und die empirischen absoluten Häufigkeiten. In Spalte 5 sind die Eintrittswahrscheinlichkeiten q_i für die $i = 1,\ldots,8$ Klassen bei Gültigkeit der Hypothese $x_i \sim N(\mu,\sigma^2)$ abgetragen. Da in der Hypothese keine zusätzlichen Annahmen über die Parameter μ und σ^2 getroffen wurde, haben wir die Parameter zur Spezifizierung der Verteilung mit Hilfe der bereits bekannten Schätzfunktionen $\hat{\mu} = \tilde{\bar{x}}$ und $\hat{\sigma}^2 = \tilde{s}^2$ geschätzt. Spalte 6 enthält schließlich die theoretischen absoluten Häufigkeiten. Die Realisation

---

[29]Damit die Verteilung von X^2 durch die Chi-Quadrat-Verteilung brauchbar angenähert wird, muss die Approximationsvoraussetzung $\dot{n}_i \geq 5$ für alle Klassen erfüllt sein.

10.4. Inferenzstatistik

Tabelle 10.13: Empirische und theoretische absolute Häufigkeiten im Beispiel der DAX-Tagesrenditen

i	x'_{i-1}	x'_i	n_i	q_i	$\dot{n}_i = nq_i$
1	−0,035	−0,015	11	0,036	9
2	−0,015	−0,010	13	0,077	19
3	−0,010	−0,005	32	0,152	38
4	−0,005	0,000	63	0,217	54
5	0,000	0,005	64	0,222	56
6	0,005	0,010	38	0,164	41
7	0,010	0,015	16	0,087	22
8	0,015	0,035	13	0,044	11

unserer Prüfgröße ermitteln wir mit

$$X^2 = \frac{(11-9)^2}{9} + \frac{(13-19)^2}{19} + \ldots + \frac{(13-11)^2}{11} = 8{,}15.$$

Von entscheidender Bedeutung ist nun die Antwort auf die Frage, wie die Prüfgröße X^2 verteilt ist. Unter der Voraussetzung, dass die Faustregel $\dot{n}_i \geq 5$ für alle Klassen erfüllt ist, kann X^2 näherungsweise durch eine χ^2-Verteilung mit ν Freiheitsgraden (formal: $X^2 \sim \chi^2(\nu)$) beschrieben werden. Die Anzahl der Freiheitsgrade lässt sich aus $\nu = k - 1 - m$ bestimmen, wobei k die Anzahl der Klassen und m die Anzahl der geschätzten Parameter ist. Die Dichtefunktion dieser bisher noch nicht vorgestellten Verteilung für unterschiedliche Freiheitsgrade ist in Abbildung 10.12 dargestellt.

Kritische Werte Aus der Definition der Prüfgröße folgt, dass X^2 nur positive Werte annehmen kann. Auch die Dichte der χ^2-Verteilung in Abbildung 10.12 ordnet nur den positiven Werten auf der Abszisse positive Wahrscheinlichkeiten zu. Solange die Abweichungen zwischen den empirischen und theoretischen absoluten Häufigkeiten nicht zu groß werden, spricht das für die Hypothese (Annahmebereich). Nach Überschreiten des kritischen Wertes $\chi^2_{1-\alpha}(\nu)$ ist die Hypothese dagegen abzulehnen (Ablehnbereich).

Im Beispiel ermitteln wir die Anzahl der Freiheitsgrade mit $\nu = 8 - 1 - 2 = 5$. Für ein vorgegebenes Signifikanzniveau von $\alpha = 0{,}01$ können wir so den kritischen Wert $\chi^2_{0,99}(5) = 15{,}09$ aus einer entsprechenden Tabelle entnehmen.[30]

---

[30] Man ziehe ein geeignetes Lehrbuch der Statistik zu Rate oder berechne den entsprechenden Wert mit Hilfe des Tabellenkalkulationsprogramms EXCEL unter Verwendung des Befehls CHIINV(α; ν).

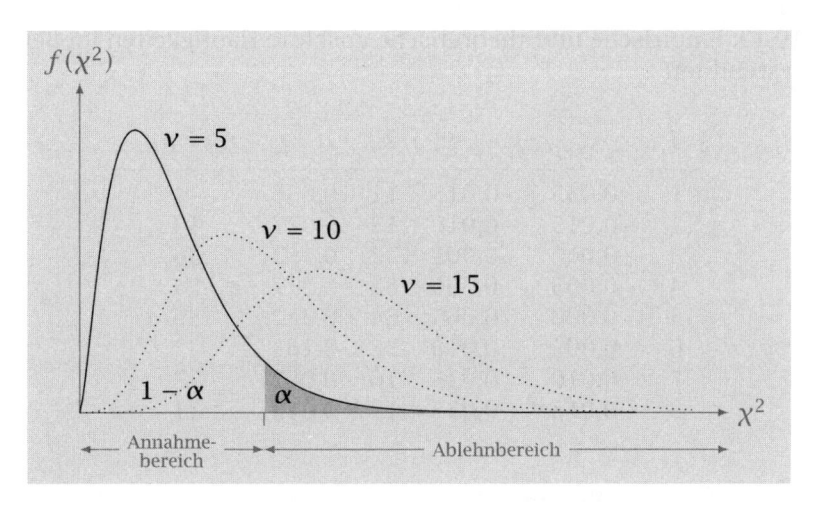

Abbildung 10.12: Annahme- und Ablehnbereich des χ^2-Anpassungstests

Testentscheidung Formal lässt sich das Entscheidungskriterium beim Test auf Normalverteilung wie folgt zusammenfassen:

$$H \text{ annehmen,} \quad \text{wenn } X^2 \leq \chi^2_{1-\alpha}(\nu) \text{ und}$$
$$H \text{ ablehnen,} \quad \text{wenn } X^2 > \chi^2_{1-\alpha}(\nu).$$

Im Beispiel gilt $X^2 = 8{,}15 < 15{,}09 = \chi^2_{0,99}$, weshalb wir die Hypothese normalverteilter DAX-Tagesrenditen annehmen.[31]

Es bleibt anzumerken, dass sich der χ^2-Anpassungstest auch bei Hypothesen anwenden lässt, die andere Verteilungszusammenhänge als die Normalverteilung für die Stichprobenvariablen unterstellen. Die Vorgehensweise ist dabei lediglich dahingehend zu modifizieren, dass die q_i dem unterstellten Modell entsprechend ermittelt werden. Außerdem kann für stetige Zufallsvariablen bei solchen Hypothesenproblemen der *Kolmogorov-Smirnow*-Test eine brauchbare Alternative darstellen.[32]

---

[31] Meistens kommt man bei Tests mit entsprechender Fragestellung zum entgegengesetzten Ergebnis, siehe dazu Seite 244. Man könnte vermuten, dass die Annahme der Hypothese mit dem niedrigen Signifikanzniveau von $\alpha = 0{,}01$ zu erklären ist. Je kleiner der Ablehnbereich gewählt wird, um so größer ist ja der Annahmebereich. Auf der Grundlage der hier verwendeten Daten können wir die Hypothese aber auch dann nicht ablehnen, wenn wir ein Signifikanzniveau von $\alpha = 0{,}1$ wählen, weil $\chi^2_{0,90}(5) = 9{,}24 > 8{,}15$ ist.

[32] Vgl. dazu beispielsweise Schlittgen (1997) 391 ff.

10.4.3 Regressionsanalyse

In unseren bisherigen Ausführungen zur Inferenzstatistik haben wir uns darauf beschränkt, Verteilungen von einzelnen Zufallsvariablen an einen empirischen Datenbefund anzupassen. Lassen sich dagegen Abhängigkeiten zu anderen Variablen erkennen, so können und sollten wir bei der Analyse der Daten diese Zusatzinformation berücksichtigen.

Die einfachste Art der Abhängigkeit liegt bei einem linearen Zusammenhang zweier Variablen $\tilde{x}$ und $\tilde{y}$ vor. Zu einer Realisation x_i lässt sich die zugehörige Realisation y_i dann mit Hilfe der Geradengleichung $y = a + bx$ ermitteln, wobei die Parameter a und b zu bestimmen sind.

Wir haben in Abschnitt 10.2.3 die Tagesrenditen der Daimler-Aktie $\tilde{y}$ und des DAX $\tilde{x}$ aus dem Jahr 1995 gemeinsam betrachtet. Der empirische Korrelationskoeffizient $r_{xy} = 0{,}583$ ließ auf einen mittleren positiven linearen Zusammenhang zwischen $\tilde{x}$ und $\tilde{y}$ schließen. Die Renditen der Daimler-Aktie werden natürlich von einer Vielzahl von Faktoren beeinflusst. Abbildung 10.5 legt jedoch die Vermutung nahe, dass sich die Ausprägungen von $\tilde{y}$ im Wesentlichen durch die Ausprägung von $\tilde{x}$ erklären lassen.[33]

Dem Modell der einfachen linearen Regression liegt nun die Vorstellung zugrunde, dass sich die Werte der Variablen $\tilde{x}$ nicht zufällig ergeben. Insoweit betrachten wir im Folgenden nur noch die vorgegebenen Realisationen x_i der Variablen $\tilde{x}$. Weil die lineare Beziehung zur Variablen $\tilde{y}$ nicht exakt gilt, werden alle übrigen Einflussfaktoren in einer Störgröße (einer Zufallsvariablen) $\tilde{u}$ zusammengefasst und bezüglich des linearen Modells als Fehler interpretiert. Die im Datenbefund vorliegenden Beobachtungen y_i sind Realisationen der Beziehung

$$\tilde{y}_i = a + bx_i + \tilde{u}_i \quad \text{beziehungsweise} \quad \tilde{u}_i = \tilde{y}_i - (a + bx_i).$$

In dieser Schreibweise kommt zum Ausdruck, dass durch die zufälligen Störungen $\tilde{u}_i$ auch die $\tilde{y}_i$ zu Zufallsvariablen werden. $\tilde{x}$ wird als unabhängige, $\tilde{y}$ als abhängige Variable bezeichnet. Die zufälligen Störeffekte sollen keinen systematischen Einfluss haben, so dass wir bezüglich der Störgrößen $\tilde{u}_i$ folgende Annahmen treffen:

1. $\tilde{u}_1, \ldots, \tilde{u}_n$ sind unabhängig voneinander.

2. $\tilde{u}_1, \ldots, \tilde{u}_n$ besitzen eine identische Wahrscheinlichkeitsverteilung.

3. $\mathrm{E}[\tilde{u}_i] = 0$ und $\mathrm{Var}[\tilde{u}_i] = \sigma^2$.

Schätzen im linearen Regressionsmodell

Wenn eine Gerade sich zur Beschreibung der Abhängigkeit zwischen $\tilde{x}$ und $\tilde{y}$ eignet, dann sollte die Differenz zwischen den beobachteten Realisationen y_i und

---

[33]Eine solche Aussage ist nicht unproblematisch, weil die Daimler-Aktie selbst ein DAX-Wert ist und diesen Index vermutlich nicht unmaßgeblich beeinflusst.

den Werten $a + bx_i$, die sich auf der Gerade befinden, möglichst gering sein, siehe Abbildung 10.13.

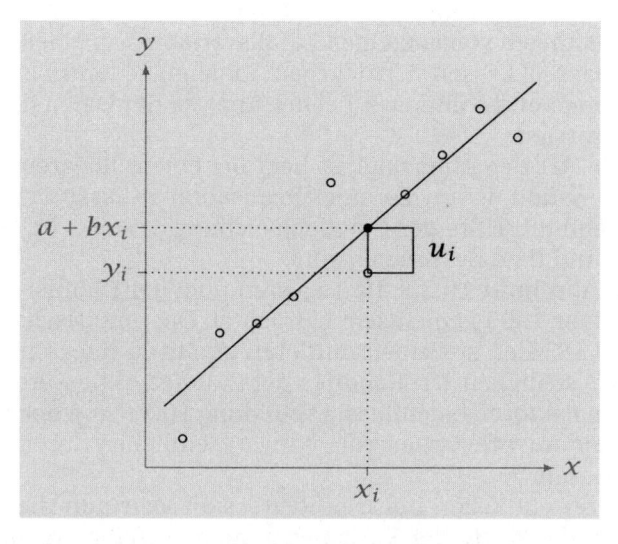

Abbildung 10.13: Prinzip zur Bestimmung der Regressionsgeraden

Die Parameter a und b werden dann derart geschätzt, dass die aufsummierten quadrierten Abweichungen

$$\sum_{i=1}^{n} u_i^2 = \sum_{i=1}^{n} (y_i - (a + bx_i))^2$$

minimiert werden. Die Lösungen werden als Kleinst-Quadrate-Schätzer $\hat{a}$ beziehungsweise $\hat{b}$ bezeichnet. Sie basieren auf dem empirischen Datenbefund der Stichprobe und ergeben sich aus[34]

$$\hat{b} = \frac{s_{xy}}{s_x^2}$$
$$= \frac{\overline{xy} - \bar{x}\bar{y}}{\overline{x^2} - \bar{x}^2} \quad \text{und} \quad \hat{a} = \bar{y} - \hat{b}\bar{x} \quad \text{mit} \quad \overline{xy} = \frac{1}{n}\sum_{i=1}^{n} x_i y_i.$$

Schätzungen für die abhängige Variable $\tilde{y}$ sind folgerichtig im Modell der einfachen linearen Regression über die Beziehung $\hat{y}(x) = \hat{a} + \hat{b}x$ vorzunehmen.

---

[34]Zur Lösung des Minimierungsproblems vgl. beispielsweise Schlittgen (1997) 415. In der statistischen Literatur wird die Herleitung der Schätzer für a und b häufig über die empirischen Größen motiviert. Auch wir haben diese Vorgehensweise gewählt, um die Darstellung durch die Unterscheidung von Realisationen und Zufallsvariablen nicht zu unübersichtlich werden zu lassen. Gleichwohl wollen wir darauf hinweisen, dass es sich bei $\hat{a}$ und $\hat{b}$ um Schätzfunktionen handelt, die Funktionen der Stichprobenvariablen $\tilde{y}_i$ und der vorgegebenen Realisationen x_i sind. Die Berechnung der Schätzwerte erfolgt dann wieder über die angegebenen Formeln.

10.4. Inferenzstatistik

Die Anpassung einer Regressionsgeraden kann rein formal bei beliebigen Stichprobenpaaren (x_i, y_i) durchgeführt werden. Jedoch sollte bereits vorher zumindest optisch überprüft werden, ob der unterstellte lineare Zusammenhang überhaupt gerechtfertigt ist. In Abbildung 10.14 werden die Daten der Daimler- und der DAX-Tagesrenditen in einem Streudiagramm gemeinsam mit der angepassten Regressionsgeraden dargestellt. Als Schätzungen ergeben sich $\hat{a} = -0{,}0004$ und $\hat{b} = 0{,}8498$, so dass sich die Punkte auf der Geraden aus $\hat{y} = -0{,}0004 + 0{,}8498x$ bestimmen lassen. Nach der Methode der kleinsten Quadrate schätzen wir deshalb für eine DAX-Tagesrendite von $x = 0{,}005$ die Tagesrendite der Daimler-Aktie mit $\hat{y}(0{,}005) = 0{,}00384$.

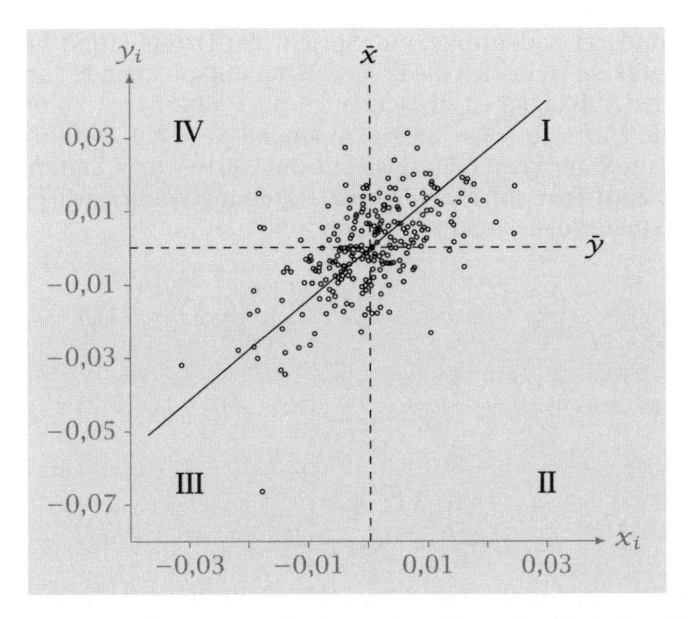

Abbildung 10.14: Streudiagramm der Tagesrenditen der Daimler-Aktie und des DAX mit geschätzter Regressionsgeraden

Testen im linearen Regressionsmodell

Der geschätzte Wert für a lässt die Frage aufkommen, ob in diesem Beispiel eine Ursprungsgerade $y = bx$ zur Beschreibung des Zusammenhangs zwischen $\tilde{x}$ und $\tilde{y}$ ausreicht, was zur Folge hätte, dass die Anzahl der zu schätzenden Parameter reduziert werden könnte. Wir wollen an dieser Stelle daran erinnern, dass die Beobachtungen y_i als Realisationen der Zufallsvariablen $\tilde{y}_i$ aufgefasst werden. Die Schätzfunktionen $\hat{a} = \hat{a}(\tilde{y}_1, \ldots, \tilde{y}_n)$ und $\hat{b} = \hat{b}(\tilde{y}_1, \ldots, \tilde{y}_n)$ besitzen demnach Wahrscheinlichkeitsverteilungen, die sich auf die Verteilung der $\tilde{y}_i$ und damit auf die Verteilung der $\tilde{u}_i$ zurückführen lassen.

In vielen Fällen erscheint die Annahme der Normalverteilung der Störgrößen $\tilde{u}_i$ gerechtfertigt, so dass dann auch die Schätzfunktionen $\hat{a}$ und $\hat{b}$ im linearen Regressionsmodell normalverteilt mit

$$\hat{a} \sim N(a, \sigma_{\hat{a}}^2) \quad \text{und} \quad \hat{b} \sim N(b, \sigma_{\hat{b}}^2)$$

sind, wobei die Varianzen der Schätzer $\text{Var}[\hat{a}] = \sigma_{\hat{a}}^2$ und $\text{Var}[\hat{b}] = \sigma_{\hat{b}}^2$ im Allgemeinen nicht bekannt sind.

Nach den Ausführungen in Abschnitt 10.4.2 lassen sich unter diesen Annahmen Behauptungen bezüglich der Parameter a und b überprüfen, wobei die Hypothesenprobleme $H: a = 0$ gegen $G: a \neq 0$ beziehungsweise $H: b = 0$ gegen $G: b \neq 0$ von besonderer Bedeutung sind. Spricht der Datenbefund für eine der beiden Hypothesen H, so stellt sich die Frage, ob der entsprechende Parameter bei der Modellierung der Abhängigkeit zwischen $\tilde{x}$ und $\tilde{y}$ überhaupt zu berücksichtigen ist. Dabei würde $H: b = 0$ sogar zu einem Modell $\tilde{y}_i = a + \tilde{u}_i$ führen, in dem die Realisationen von $\tilde{x}$ gar keinen Einfluss auf die Werte von $\tilde{y}$ hätten.

In Analogie zum Test auf μ bei Normalverteilung können wir bei geschätzten Varianzen die standardisierten Prüfgrößen

$$t_{\hat{a}} = \frac{\hat{a} - a}{\hat{\sigma}_{\hat{a}}} = \frac{\hat{a} - a}{\hat{\sigma}} \cdot \sqrt{\frac{n \sum_{i=1}^{n} (x_i - \bar{x})^2}{\sum_{i=1}^{n} x_i^2}} \sim t(n-2)$$

$$t_{\hat{b}} = \frac{\hat{b} - b}{\hat{\sigma}_{\hat{b}}} = \frac{\hat{b} - b}{\hat{\sigma}} \cdot \sqrt{\sum_{i=1}^{n} (x_i - \bar{x})^2} \sim t(n-2)$$

mit

$$\hat{\sigma}^2 = \frac{1}{n-2} \sum_{i=1}^{n} \tilde{u}_i^2 = \frac{1}{n-2} \sum_{i=1}^{n} \left(\tilde{y}_i - \left(\hat{a} + \hat{b} x_i\right)\right)^2$$

verwenden, die wieder t-verteilt sind, hier jedoch mit $n-2$ Freiheitsgraden, weil die beiden Parameter a und b im Vorfeld geschätzt wurden. Konkret realisieren diese Prüfgrößen in unserem Beispiel der Tagesrenditen von Daimler-Aktie und DAX die Werte $t_{\hat{a}} = -0{,}67$ und $t_{\hat{b}} = 11{,}3$, so dass für die gängigen Signifikanzniveaus die Hypothese $H: a = 0$ beibehalten und die Hypothese $H: b = 0$ abgelehnt wird. Die Testergebnisse sprechen also für einen linearen Zusammenhang $y = bx$ zwischen den Renditen.

11 Mathematisches Kompendium

11.1 Funktionen einer Variablen

11.1.1 Begriff und Darstellung von Funktionen

Funktionsbegriff Funktionen sind eindeutige Zuordnungen zwischen einer Variablen x und einer Variablen y. Dabei wird x als die unabhängige und y als die abhängige Variable bezeichnet. Man schreibt

$$y = f(x)$$

und sagt, dass y eine Funktion von x ist. Das bedeutet: Es wird ein Definitionsbereich von x festgelegt, und es wird eine Funktionsvorschrift f angegeben, die jedem x aus dem Definitionsbereich ein eindeutiges y zuordnet.

Funktionen sind in fast jeder Wissenschaft unentbehrlich. Will man sie darstellen, so gibt es mehrere Möglichkeiten, und zwar

1. Gleichungen,
2. Kurven im Koordinatensystem oder
3. Wertetabellen.

Definitionsbereich und Intervallbegriff Unter dem Definitionsbereich versteht man in der Regel eine Menge von Zahlen, aus denen die Variable x entnommen wird, beispielsweise die Menge der reellen Zahlen $\mathbb{R}$. Teilmengen von $\mathbb{R}$ nennt man Intervalle, wobei zwischen offenen und abgeschlossenen Intervallen unterschieden wird. Für zwei beliebige reelle Zahlen a, b mit $a < b$ gelten folgende Definitionen:

1. Das abgeschlossene Intervall $[a,b]$ ist die Menge aller Zahlen x, für die $a \leq x \leq b$ gilt. Sowohl a als auch b sind Elemente des Intervalls.

2. Das offene Intervall (a,b) ist die Menge aller Zahlen x, für die $a < x < b$ gilt. Weder a noch b sind Elemente des Intervalls.

3. Das links offene und rechts abgeschlossene Intervall $(a, b]$ ist die Menge aller Zahlen x, für die $a < x \leq b$ gilt. Hier ist b Element des Intervalls, a jedoch nicht.

4. Das links abgeschlossene und rechts offene Intervall $[a, b)$ ist die Menge aller Zahlen x, für die $a \leq x < b$ gilt. Hier ist a Element des Intervalls, aber b nicht.

Funktionsvorschrift Ein sehr einfaches Beispiel für eine Funktionsvorschrift ist

$$y = x^3 - 12x^2 + 16.$$

Setzt man in diese Gleichung für x eine beliebige Zahl aus dem Definitionsbereich ein, so erhält man ein eindeutiges y. Wählt man beispielsweise $x = 6$, so ergibt sich

$$y = 6^3 - 12 \cdot 6^2 + 16 = 216 - 12 \cdot 36 + 16 = -200.$$

Stellt man dieses und andere Ergebnisse systematisch zusammen, so gewinnt man die in Tabelle 11.1 angegebenen Zahlen. Jedes Paar von x und y lässt sich als Punkt in einem Koordinatensystem darstellen. x wird auf der Abszisse (x-Achse), y auf der Ordinate (y-Achse) abgetragen. Dort, wo sich die Koordinaten von x und y befinden, ist der Punkt $P(x,y)$. Verbindet man sämtliche Punkte, die die Funktion liefert, miteinander, so erhält man eine Kurve als Funktionsgrafen. Für die Funktion $y = x^3 - 12x^2 + 16$ sieht das so aus wie in Abbildung 11.1.

Tabelle 11.1: Wertetabelle für die Funktion $y = x^3 - 12x^2 + 16$

x	y
6	−200
−2	−40
0	16
2	−24

11.1.2 Grenzwerte von Funktionen

Unter dem Grenzwert einer Funktion versteht man den Wert L, dem die abhängige Variable entgegenstrebt, wenn sich die unabhängige Variable x einem bestimmten Wert nähert. Allgemein schreibt man

$$\lim_{x \to a} f(x) = L.$$

Besonders häufig interessiert man sich für die Frage nach dem Grenzwert, wenn x gegen null oder gegen unendlich geht. Betrachten wir dazu zwei Beispiele.

11.1. Funktionen einer Variablen

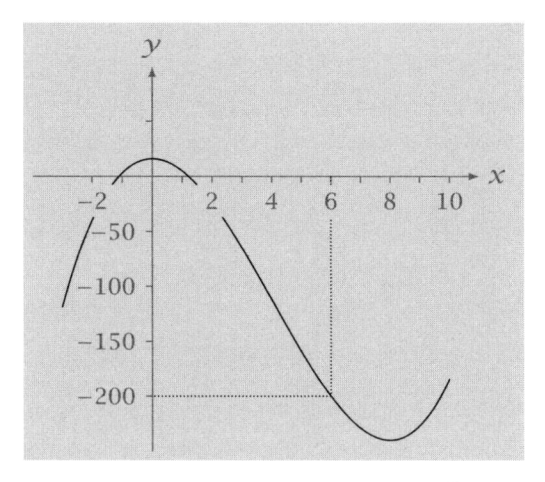

Abbildung 11.1: Graph der Funktion $y = x^3 - 12x^2 + 16$

In Abbildung 11.2 sehen Sie die Funktion

$$f(x) = \frac{b}{x} \quad \text{mit } b > 0 \text{ und } x \neq 0.$$

Man erkennt, dass es sich um eine Funktion handelt, die für den Fall, dass x immer größer wird, beständig abnimmt. Welchem Wert nähert sich nun der Ausdruck $\frac{b}{x}$, wenn b eine positive Konstante ist und $x \to \infty$ strebt. Auch dann, wenn x noch so groß wird, bleibt der Funktionswert immer eine positive Zahl. Diese wird jedoch mit zunehmendem x immer kleiner, bis sie „praktisch verschwindet". Daher können wir sagen, dass der Grenzwert der Funktion null ist. Oder:

$$\lim_{x \to \infty} \frac{b}{x} = 0.$$

Eben das gleiche Verhalten legt die Funktion an den Tag, wenn man $x \to -\infty$ gehen lässt. Der Ausdruck $\frac{b}{x}$ bleibt selbstverständlich für $b > 0$ und $x < 0$ immer negativ, nähert sich aber immer mehr der null, je kleiner x wird. Daher auch:

$$\lim_{x \to -\infty} \frac{b}{x} = 0.$$

Dieses Grenzwertverhalten der Funktion $f(x) = \frac{b}{x}$ ist im Übrigen ganz unabhängig vom Wert des Parameters b.

Welchen Grenzwert nimmt die Funktion $y = \frac{b}{x}$ nun an, wenn x nicht über alle Grenzen wächst, sondern gegen null geht? Ein Blick auf die Zeichnung 11.2 zeigt, dass es darauf ankommt, ob man sich der null von rechts oder von links nähert. Für $b > 0$ strebt die Funktion über alle Grenzen, wenn x sich von rechts ($x > 0$)

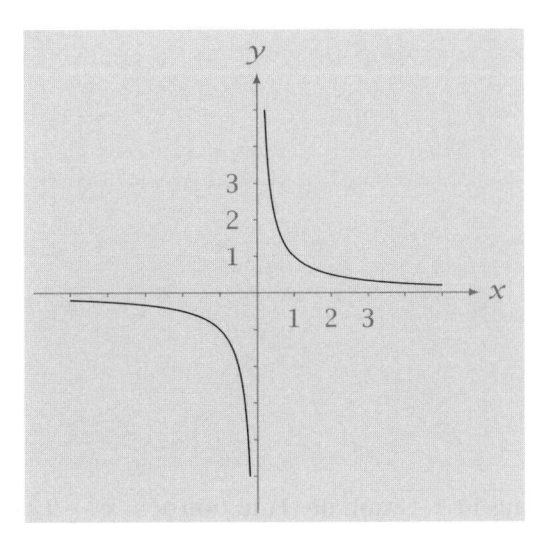

Abbildung 11.2: Graph der Funktion $f(x) = \frac{b}{x}$ mit $b = 1$

der null nähert, und sie fällt unter alle Grenzen, wenn x sich von links ($x < 0$) der null nähert. Für $b < 0$ ist es genau umgekehrt. Infolgedessen müssen wir hier zwischen dem rechtsseitigen und dem linksseitigen Grenzwert unterscheiden und können für $b > 0$

$$\lim_{x \to 0^+} \frac{b}{x} = +\infty \quad \text{und}$$

$$\lim_{x \to 0^-} \frac{b}{x} = -\infty$$

schreiben. Will man den Grenzwert notieren, den eine Funktion annimmt, wenn die Variable x sich der Stelle a von rechts nähert, so schreibt man $\lim_{x \to a^+} f(x)$. Entsprechend ist $\lim_{x \to a^-} f(x)$ der linksseitige Grenzwert. Beide Grenzwerte müssen nicht übereinstimmen.[1]

Abbildung 11.3 zeigt die Funktion

$$f(x) = \frac{b+x}{x} = \frac{b}{x} + 1 \quad \text{mit } b > 0 \text{ und } x \neq 0.$$

Gegen welchen Wert tendiert diese Funktion, wenn wir $x \to \infty$ streben lassen? Das Grenzverhalten des ersten Terms kennen wir schon. Er geht gegen null, wenn x

---

[1] Man analysiere beispielsweise das Grenzverhalten der Funktion

$$f(x) = \left\{ \begin{array}{ll} \frac{1}{x} & \text{wenn } x < 0 \\ x & \text{wenn } x > 0 \end{array} \right\}$$

für $x \to 0$.

11.1. Funktionen einer Variablen

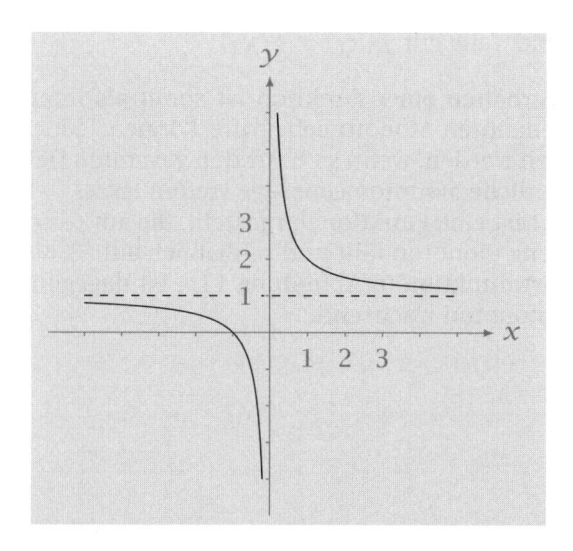

Abbildung 11.3: Graph der Funktion $f(x) = \frac{b+x}{x}$ mit $b = 1$

über alle Grenzen wächst. Der zweite Term ist von x vollkommen unabhängig. Daher gilt

$$\lim_{x \to \infty} \left(\frac{b}{x} + 1\right) = \lim_{x \to \infty} \left(\frac{b}{x}\right) + 1 = 1.$$

11.1.3 Monotonie und Stetigkeit

Um Funktionen näher zu charakterisieren, untersucht man ihre Eigenschaften. Besonders wichtige Eigenschaften von Funktionen liegen in ihrem Monotonie- und Stetigkeitsverhalten.

Monotonie Im Rahmen einer Monotoniebetrachtung interessiert man sich dafür, ob auf einem vorgegebenen Intervall des Definitionsbereichs ein Anstieg der unabhängigen Variablen x eine gleichgerichtete oder gegenläufige Entwicklung der unabhängigen Variablen y hervorruft.

Für die Definition der Monotonieeigenschaft betrachtet man folglich ein Intervall $[a,b]$ des Definitionsbereichs. Seien $x_1, x_2 \in [a,b]$ mit $x_1 < x_2$, so bezeichnet man die Funktion auf $[a,b]$ als

1. streng monoton wachsend, falls gilt $f(x_1) < f(x_2)$,

2. monoton wachsend, falls gilt $f(x_1) \leq f(x_2)$,

3. streng monoton fallend, falls gilt $f(x_1) > f(x_2)$,

4. monoton fallend, falls gilt $f(x_1) \geq f(x_2)$.

Das Monotonieverhalten einer Funktion ist somit als Intervalleigenschaft definiert. Die oben genannten Monotoniebegriffe können jedoch auf die Funktion insgesamt übertragen werden, wenn sich für den gesamten Definitionsbereich der Funktion eine einheitliche Monotonieaussage treffen lässt.

In Abbildung 11.1 ist eine Funktion dargestellt, die auf $(-\infty,0]$ streng monoton steigt, auf $[0,8]$ streng monoton fällt und schließlich auf $[8,\infty)$ wieder streng monoton steigt. Die Portofunktion in Abbildung 11.4 ist dagegen auf dem gesamten Definitionsbereich monoton wachsend.

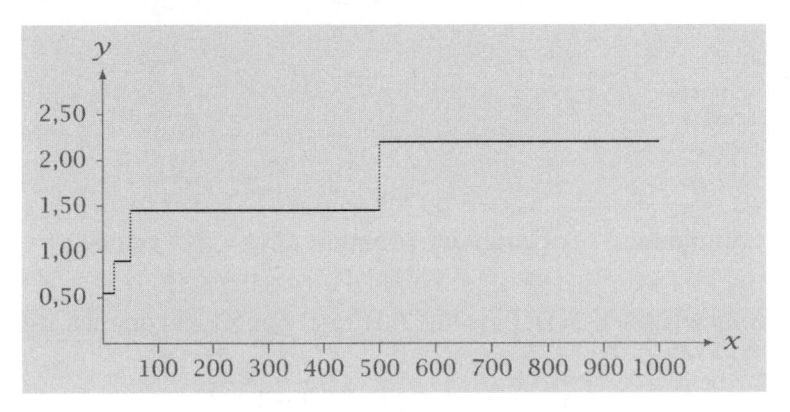

Abbildung 11.4: Unstetige Funktion

Stetigkeit Was unter Stetigkeit zu verstehen ist, begreift man am besten, wenn man die Abbildungen 11.1 und 11.4 miteinander vergleicht. Letztere zeigt die Portofunktion für Briefe in Abhängigkeit von deren Gewicht bis zu einem Höchstgewicht von 1.000 g. Die Funktion lautet

$$f(x) = \left\{ \begin{array}{ll} 0{,}55 & \text{wenn } x \leq 20 \\ 0{,}90 & \text{wenn } 20 < x \leq 50 \\ 1{,}45 & \text{wenn } 50 < x \leq 500 \\ 2{,}20 & \text{wenn } 500 < x \leq 1.000 \end{array} \right\}.$$

Briefe bis einschließlich 20 g kosten 0,55 €. Für Briefe bis einschließlich 50 g werden 90 Cent verlangt. Bis 500 g berechnet die Post 1,45 €. Wiegt der Brief noch mehr, so muss man 2,20 € bezahlen.

Die Portofunktion ist also monoton wachsend. Aber ihr wesentliches Merkmal besteht darin, dass man sie nicht zeichnen kann, ohne die Fahrt des Bleistifts auf dem Papier zu unterbrechen. Dort, wo man den Bleistift anheben muss, liegen Unstetigkeitsstellen vor. Wir haben damit zwar eine ziemlich anschauliche Vorstellung vom Begriff der Stetigkeit gewonnen, aber keine saubere Definition vorgenommen.

11.1. Funktionen einer Variablen

Das gelingt jedoch mit Hilfe des Grenzwertes. Dieser war ja als ein Wert hervorgehoben worden, dem sich die Funktion nähert, wenn $x \to a$ geht. Betrachten wir nun eine Stelle $x = x_0$ und gehen davon aus, dass die Funktion dort definiert ist, so ist sie an dieser Stelle genau dann stetig, wenn sowohl der linksseitige als auch der rechtsseitige Grenzwert mit dem Funktionswert übereinstimmen:

$$\lim_{x \to x_0^+} f(x) = f(x_0) = \lim_{x \to x_0^-} f(x).$$

11.1.4 Konvexität und Konkavität

In ökonomischen Modellen wird häufig mit Funktionen gearbeitet, die auf einem vorgegebenen Intervall konvex oder konkav sind. Um eine erste Anschauung davon zu bekommen, was mit Konvexität beziehungsweise Konkavität gemeint ist, stelle man sich vor, dass die Kurve einer Funktion in einem Koordinatensystem so gezeichnet wird, dass der Stift aus dem negativen Bereich der unabhängigen Variablen in den positiven Bereich wandert. Dort, wo die Fahrtrichtung des Zeichenstiftes im Uhrzeigersinn nach links (rechts) dreht, ist sie konvex (konkav).

Für eine genaue Definition des Krümmungsverhaltens betrachtet man ein Intervall $[a,b]$ des Definitionsbereiches. Sei κ eine reelle Zahl mit $0 < \kappa < 1$ und seien $x_1, x_2 \in [a,b]$ mit $x_1 < x_2$, so bezeichnet man die Funktion auf dem Intervall $[a,b]$ als

1. streng konvex, falls für alle $\kappa \in (0, 1)$ gilt
   $$f(\kappa x_1 + (1 - \kappa)x_2) < \kappa f(x_1) + (1 - \kappa)f(x_2),$$

2. konvex, falls für alle $\kappa \in (0, 1)$ gilt
   $$f(\kappa x_1 + (1 - \kappa)x_2) \leq \kappa f(x_1) + (1 - \kappa)f(x_2),$$

3. streng konkav, falls für alle $\kappa \in (0, 1)$ gilt
   $$f(\kappa x_1 + (1 - \kappa)x_2) > \kappa f(x_1) + (1 - \kappa)f(x_2),$$

4. konkav, falls für alle $\kappa \in (0, 1)$ gilt
   $$f(\kappa x_1 + (1 - \kappa)x_2) \geq \kappa f(x_1) + (1 - \kappa)f(x_2).$$

Eine äquivalente Form der Definition des Krümmungsverhaltens ist unter Verwendung der zweiten Ableitung einer Funktion möglich.[2]

---

[2] Siehe dazu Seite 509. Seien $x \in [a,b]$ und $f(x)$ eine auf diesem Intervall zweimal differenzierbare Funktion. Dann ist die Funktion $f(x)$ auf dem Intervall $[a,b]$
1. streng konvex, wenn gilt $f''(x) > 0 \ \forall \, x \in [a,b]$,
2. konvex, wenn gilt $f''(x) \geq 0 \ \forall \, x \in [a,b]$,
3. streng konkav, wenn gilt $f''(x) < 0 \ \forall \, x \in [a,b]$,
4. konkav, wenn gilt $f''(x) \leq 0 \ \forall \, x \in [a,b]$.

11.1.5 Umkehrfunktion

Eine Funktionsvorschrift $y = f(x)$ ordnet jedem x des Definitionsbereiches genau ein y des Wertebereiches zu. Eine eindeutig bestimmte Umkehrfunktion existiert jedoch nur dann, wenn die Umkehrfunktionsvorschrift $x = f^{-1}(y)$ auch jedem y nur genau ein x in einem vorgegebenem Intervall $[a,b]$ zuordnet. Das ist nur dann der Fall, wenn die Funktion $y = f(x)$ im Intervall $[a,b]$ streng monoton wachsend oder streng monoton fallend ist.

Um das zu verstehen, betrachten wir zwei Beispiele. Nehmen wir etwa die Funktion

$$y = 3 + 0{,}5 \sqrt{x} \quad \text{mit } x \geq 0$$

und lösen die Funktionsgleichung nach x auf. Dann heißt es

$$x = 4 \cdot (y - 3)^2,$$

und das ist selbstverständlich eine eindeutige Zuordnung. Wir können sie allgemein in der Form

$$x = f^{-1}(y)$$

schreiben und müssen uns nur daran gewöhnen, dass jetzt die unabhängige Variable y heißt, während die abhängige mit x bezeichnet wird.

Nehmen wir dagegen die Funktion

$$y = 3 + 0{,}5\, x^2$$

und lösen auch sie nach x auf, so erhalten wir

$$x = \pm \sqrt{2} \cdot \sqrt{y - 3},$$

und das ist eine Zuordnung von y nach x, die wir nicht als eindeutig bezeichnen können. Für jeden Wert von $y \geq 3$ berechnet man zwar einen eindeutigen Betrag

$$|x| = \sqrt{2} \cdot \sqrt{y - 3},$$

aber das Vorzeichen der Variablen x, die jetzt von y abhängig ist, ist nicht eindeutig, siehe Abbildung 11.5.

11.1.6 Ausgewählte Funktionen

Bestimmte Funktionen spielen in der Finanzierungstheorie eine ausgezeichnete Rolle, weswegen wir sie hier besonders ansprechen wollen. Dabei beschränken wir uns auf Funktionen mit einer unabhängigen Veränderlichen.

11.1. Funktionen einer Variablen

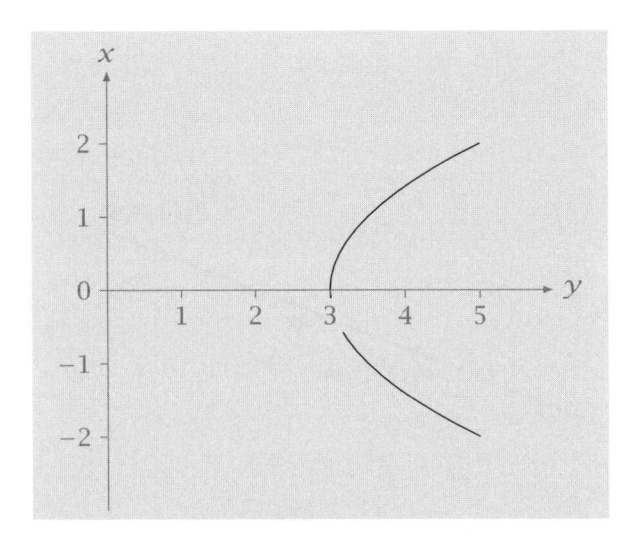

Abbildung 11.5: Nichtexistenz einer Umkehrfunktion

Lineare Funktionen Solche Funktionen besitzen eine äußerst einfache Struktur und lassen sich generell durch Gleichungen des Typs

$$y = a + bx$$

darstellen. Dabei bezeichnen a den so genannten Ordinatenabschnitt und b die Steigung der Funktion. Betrachten Sie dazu Abbildung 11.6.

Die dort gezeichnete Funktion $y = 2 + 0{,}4x$ schneidet die Ordinate an der Stelle $a = 2$. Unter der Steigung versteht man die Änderung von y im Verhältnis zu einer Änderung von x. Nennt man die Änderung der unabhängigen Variablen Δx und die Änderung der abhängigen Variablen Δy, so ist die Steigung

$$\tan \alpha = \frac{\Delta y}{\Delta x},$$

und die Zeichnung zeigt ganz klar, dass die Steigung einer linearen Funktion an allen Stellen gleich groß ist. Sie entspricht dem Parameter b in der Funktionsgleichung.

Weil die Steigung einer linearen Funktion konstant ist, kann man die Funktion eindeutig konstruieren, wenn nur die Koordinaten zweier Punkte $P_1(x_1, y_1)$ und $P_2(x_2, y_2)$ gegeben sind. Es muss nämlich

$$\frac{y - y_2}{x - x_2} = \frac{y_1 - y_2}{x_1 - x_2} = b$$

gelten. Setzt man hierfür beispielsweise die Koordinaten der beiden Punkte aus Abbildung 11.6 ein, so erhält man

$$\frac{y - 3{,}6}{x - 4} = \frac{2{,}4 - 3{,}6}{1 - 4} = 0{,}4,$$

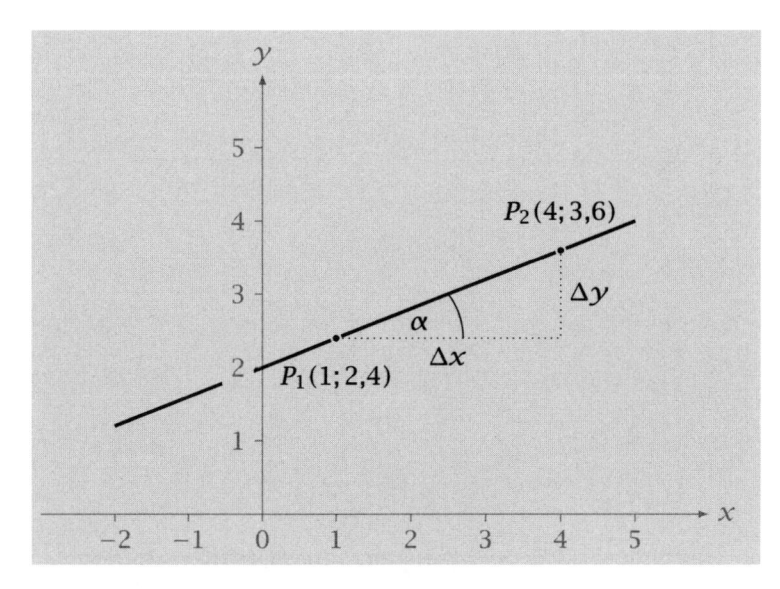

Abbildung 11.6: Graph der Funktion $y = 2 + 0{,}4\,x$

was man rasch zu
$$y = 2 + 0{,}4\,x$$
umformt. Die Konstruktion gelingt ebenfalls, wenn die Steigung b sowie die Koordinaten eines einzigen Punktes gegeben sind.

Logarithmusfunktionen Jede Gleichung der Form
$$a^c = b \quad \text{mit } a > 0, a \neq 1, b > 0$$
hat genau eine reelle Lösung. Diese eindeutig bestimmte Zahl c schreibt man in der Form
$$\log_a b = c$$
und sagt, dass „c der Logarithmus von b zur Basis a" ist. Der Logarithmus besitzt folgende Eigenschaften:

1. $\log_a (b_1 b_2) = \log_a b_1 + \log_a b_2$
2. $\log_a \left(\frac{b_1}{b_2}\right) = \log_a b_1 - \log_a b_2$
3. $\log_a b^d = d \log_a b$
4. $\log_a b = \frac{\log_d b}{\log_d a}$ mit $d > 0$.

11.1. Funktionen einer Variablen

Besondere Bedeutung haben die Logarithmen zur Basis e. Das ist die Eulersche Zahl

$$e = \lim_{n \to \infty} \left(1 + \frac{1}{n}\right)^n \approx 2{,}71828.$$

Euler

Der schweizerische Mathematiker Leonhard Euler (1707-1783) war ein Schüler von Johann Bernoulli. Im Alter von 23 Jahren übernahm er an der Petersburger Akademie der Wissenschaften die Professur für Physik und trat nur drei Jahre später ebendort die Nachfolge von Daniel Bernoulli als Professor für Mathematik an. Friedrich der Große berief ihn 1741 an die Berliner Akademie der Wissenschaften. 1766 kehrte er nach Sankt Petersburg zurück und blieb dort bis zu seinem Tode. Eulers Schaffenskraft war beispiellos. Er hinterließ fast 900 Arbeiten, die die reine ebenso wie die angewandte Mathematik, die Physik und die Astronomie betrafen. Obwohl er 1767 völlig erblindete, ließ seine Schaffenskraft nicht nach. Wir verdanken Euler die Schreibweise $f(x)$ für eine Funktion, e für die Basis des natürlichen Logarithmus', i für die Quadratwurzel aus -1 und π für die Zahl, die das Verhältnis von Kreisumfang zu Kreisdurchmesser angibt. Euler war nicht nur ein bedeutender Forscher, sondern auch der Verfasser umfassender Lehrbücher. (Abbildung mit freundlicher Genehmigung der Berlin-Brandenburgischen Akademie der Wissenschaften)

Die Logarithmen zur Basis e werden als natürliche Logarithmen bezeichnet und in der Form

$$\ln b = \log_e b$$

geschrieben; $\ln b$ ist diejenige Zahl, mit der die Eulersche Zahl e potenziert werden muss, damit sich gerade b ergibt. Jede Funktion der Form

$$y = \log_a x$$

nennt man Logarithmusfunktion. Abbildung 11.7 zeigt den Graphen der Funktion

$$y = \ln x,$$

zu dem folgende Feststellungen zu treffen sind:

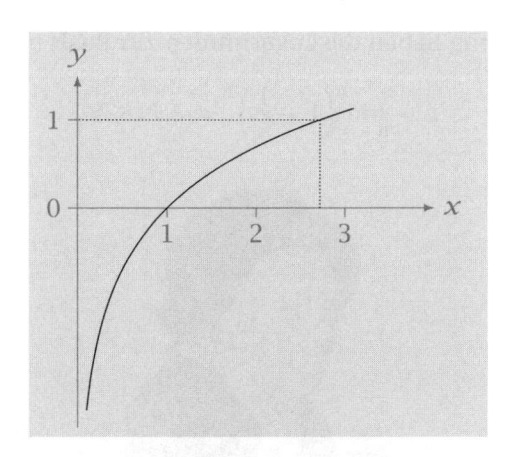

Abbildung 11.7: Logarithmusfunktion $y = \ln x$

1. Es handelt sich um eine streng monoton wachsende, stetige Funktion für alle $x > 0$.

2. Für $x \leq 0$ ist die Funktion nicht definiert.

3. Es gilt

$$f(x) \begin{cases} < 0 & \text{wenn } 0 < x < 1 \\ = 0 & \text{wenn } x = 1 \\ > 0 & \text{wenn } 1 < x < e \\ = 1 & \text{wenn } x = e \\ > 1 & \text{wenn } x > e. \end{cases}$$

4. Die Grenzwerte für $x \to 0$ und $x \to \infty$ betragen

$$\lim_{x \to 0} \ln x = -\infty \text{ und}$$

$$\lim_{x \to \infty} \ln x = \infty.$$

Exponentialfunktionen Funktionen mit

$$y = a^x \quad \text{mit } a > 0, a \neq 1$$

heißen Exponentialfunktionen. Sie sind für alle reellen x definiert, wobei man a als die Basis und x als den Exponenten bezeichnet. Exponentialfunktionen haben folgende Eigenschaften:

1. Für $0 < a < 1$ ist $f(x)$ monoton fallend.

2. Für $1 < a$ ist $f(x)$ monoton wachsend.

3. Die Funktionswerte sind stets positiv, $f(x) > 0$.

11.2. Differentialrechnung

4. Umkehrung einer Exponentialfunktion führt stets auf eine Logarithmusfunktion und umgekehrt.

Wählt man als Basis einer Exponentialfunktion die Zahl e, so erhält man die natürliche Exponentialfunktion, auch e-Funktion genannt, siehe Abbildung 11.8. Sie hat insbesondere folgende Eigenschaften:

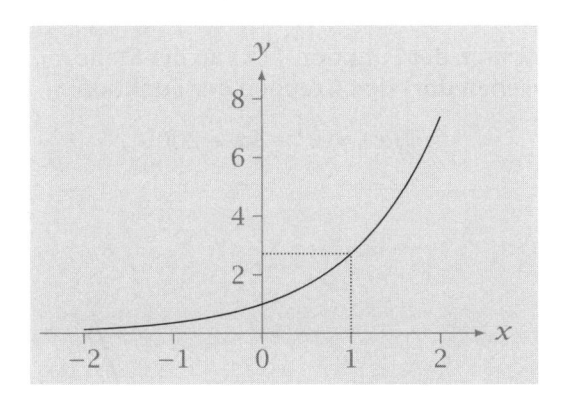

Abbildung 11.8: Exponentialfunktion $y = e^x$

1. Es handelt sich um eine streng monoton wachsende, stetige Funktion.
2. Es gilt
$$f(x) \begin{cases} < 1 & \text{wenn } x < 0 \\ = 1 & \text{wenn } x = 0 \\ = e & \text{wenn } x = 1 \\ > e & \text{wenn } x > 1. \end{cases}$$
3. Die Grenzwerte für $x \to -\infty$ und $x \to +\infty$ betragen
$$\lim_{x \to -\infty} e^x = 0$$
$$\lim_{x \to +\infty} e^x = \infty.$$

11.2 Differentialrechnung

Sehr häufig interessiert man sich für die Veränderung einer Funktion $y = f(x)$ auf Grund einer Veränderung von x. In der Ökonomie spricht man beispielsweise von „Grenzkosten" und meint damit die Veränderung der Kosten bei einer Änderung der Produktionsmenge. Dann stehen x für die Produktionsmenge und y oder $f(x)$ für die Kosten des Unternehmens.

11.2.1 Grundgedanke und Beispiele

Differenzen- und Differentialquotient Bezeichnet man mit $\Delta x > 0$ eine positive Veränderung der unabhängigen Variablen x, so nennt man

$$\frac{\Delta y}{\Delta x} = \frac{f(x_0 + \Delta x) - f(x_0)}{\Delta x}$$

den *Differenzenquotienten* der Funktion $f(x)$ an der Stelle x_0. Betrachten Sie dazu Abbildung 11.9. Sie sehen dort den Graphen der Funktion

$$f(x) = x^3 + 3x + 200.$$

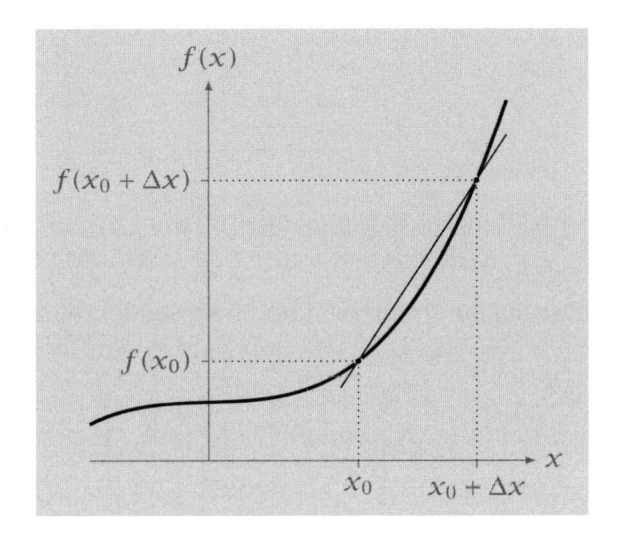

Abbildung 11.9: Differenzenquotient

Wir richten unsere Aufmerksamkeit auf die Stelle $x_0 = 5$ und wollen wissen, um welchen Betrag der Funktionswert zunimmt, wenn man die unabhängige Variable um den Betrag $\Delta x = 4$ erhöht. Zu diesem Zweck bilden wir die Differenz $f(9)-f(5)$ und teilen das ganze durch $\Delta x = 4$. Wir rechnen also

$$\frac{(9^3 + 3 \cdot 9 + 200) - (5^3 + 3 \cdot 5 + 200)}{4} = \frac{956 - 340}{4} = 154.$$

Man kann sich leicht klarmachen, dass es sich bei dem Differenzenquotienten um die Steigung der Sekante handelt, die durch die beiden Punkte $(x_0, f(x_0))$ und $(x_0 + \Delta x, f(x_0 + \Delta x))$ geht.

Nun wollen wir erfahren, wie groß die Steigung der Tangente an die Kurve zur Funktion $f(x)$ an der Stelle x_0 ist, und bedienen uns zu diesem Zweck der Idee,

11.2. Differentialrechnung

Tabelle 11.2: Differenzenquotient bei kleiner werdendem Δx für $f(x)$

Δx	$\frac{f(x_0+\Delta x)-f(x_0)}{\Delta x}$
4,00000	154,000
0,40000	84,160
0,04000	78,602
0,00400	78,060
0,00040	78,006
0,00004	78,000

Δx gegen null gehen zu lassen, wodurch die Sekante zur Tangente wird, siehe Abbildung 11.10. Wie man aus Tabelle 11.2 entnehmen kann, scheint sich der Differenzenquotient für $\Delta x \to 0$ dem Grenzwert 78 zu nähern. Man bezeichnet den Grenzwert des Differenzenquotienten, d.h.

$$\lim_{\Delta x \to 0} \frac{f(x_0 + \Delta x) - f(x_0)}{\Delta x},$$

als *Differentialquotienten* an der Stelle x_0 und nennt eine Funktion $f(x)$ dann an der Stelle x_0 differenzierbar, wenn der Grenzwert dort existiert.

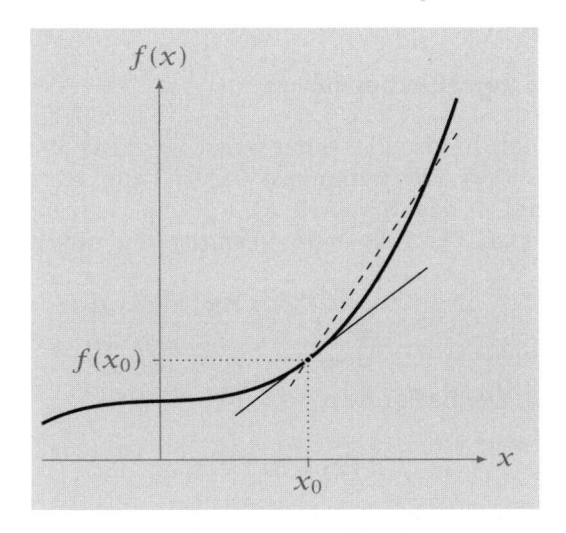

Abbildung 11.10: Differentialquotient

Für den Differentialquotienten sind verschiedene Schreibweisen üblich. Am häufigsten findet man $f'(x_0)$. Wir werden uns gelegentlich auch der Darstellung

$\frac{df(x_0)}{dx}$ bedienen. In diesem Sinne ist [3]

$$f'(x_0) = \frac{df(x_0)}{dx} = \lim_{\Delta x \to 0} \frac{f(x_0 + \Delta x) - f(x_0)}{\Delta x}.$$

Differenzen und Differentiale Betrachten Sie den Differenzenquotienten

$$\frac{\Delta y}{\Delta x} = \frac{f(x + \Delta x) - f(x)}{\Delta x},$$

und multiplizieren Sie auf beiden Seiten mit Δx. Dann erhalten Sie die Differenz des Funktionswertes an der Stelle x_0 mit

$$\Delta f(x_0) := \Delta y = f(x_0 + \Delta x) - f(x_0).$$

Lässt man nun Δx gegen null gehen, hat man es mit dem Differential der Funktion $f(x)$ an der Stelle x_0 zu tun und schreibt dafür

$$df(x_0) = f'(x_0)\, dx = \lim_{\Delta x \to 0} (f(x_0 + \Delta x) - f(x_0)).$$

Dabei bezeichnet dx das Differential des Arguments.

11.2.2 Ableitungen von Funktionen

Erste Ableitung Es ist unmittelbar einzusehen, dass die Steigung der Tangente sich an jeder Stelle ändert oder zumindest ändern kann. Für die Beispielfunktion $f(x) = x^3 + 3x + 200$ ist das in Tabelle 11.3 gezeigt. Fassen wir f' als Funktion von x auf, so nennt man $f'(x)$ die *erste Ableitung* der Funktion, d.h.

$$f'(x) = \lim_{\Delta x \to 0} \frac{f(x + \Delta x) - f(x)}{\Delta x}. \tag{11.1}$$

Für unser Beispiel hat sie die Form

$$f'(x) = 3x^2 + 3.$$

---

[3]Man hüte sich davor, den Ausdruck $\frac{df(x_0)}{dx}$ wie einen gewöhnlichen Quotienten zu interpretieren. Weder der „Zähler" $df(x_0)$ noch der „Nenner" dx sind reelle Zahlen. Vielmehr handelt es sich um so genannte Differentiale, worunter man sich (in unterschiedlicher Weise) gegen null gehende Größen vorzustellen hat. Eine arithmetische Operation wie (hier beispielsweise) die Division ist aber nur für reelle Zahlen definiert. Es handelt sich bei dem Term $\frac{df(x_0)}{dx}$ also um eine bloße Schreibkonvention.

11.2. Differentialrechnung

Dass das zutrifft, kann man wie folgt nachrechnen: Setzt man die Beispielfunktion in (11.1) ein und formt um, so ergibt sich

$$\begin{aligned}
f'(x) &= \lim_{\Delta x \to 0} \frac{(x+\Delta x)^3 + 3(x+\Delta x) + 200 - (x^3 + 3x + 200)}{\Delta x} \\
&= \lim_{\Delta x \to 0} \frac{x^3 + 3x^2 \Delta x + 3x(\Delta x)^2 + (\Delta x)^3 + 3x + 3\Delta x + 200 - x^3 - 3x - 200}{\Delta x} \\
&= \lim_{\Delta x \to 0} \frac{3x^2 \Delta x + 3x(\Delta x)^2 + (\Delta x)^3 + 3\Delta x}{\Delta x} \\
&= \lim_{\Delta x \to 0} 3x^2 + 3x\,\Delta x + (\Delta x)^2 + 3 \\
&= 3x^2 + 3.
\end{aligned}$$

Tabelle 11.3 zeigt, welche Werte die erste Ableitung an verschiedenen Stellen besitzt. Die Wertetabelle macht zugleich klar, dass $f'(x)$ tatsächlich eine Funktion von x ist.

Tabelle 11.3: Differentialquotienten der Funktion $f(x) = x^3 + 3x + 200$

x	$f'(x)$
3,00	30,00
3,50	39,75
4,00	51,00
4,50	63,75
5,00	78,00
5,50	93,75
6,00	111,00
6,50	129,75
7,00	150,00

Höhere Ableitungen Fragt man nach der ersten Ableitung der Funktion $f'(x)$, so gewinnt man

$$f''(x) = \frac{d^2 f(x)}{dx^2} = \lim_{\Delta x \to 0} \frac{f'(x+\Delta x) - f'(x)}{\Delta x}.$$

Das bezeichnet man als die *zweite Ableitung* der Funktion $f(x)$. Auf entsprechendem Wege gewinnt man dritte, vierte und höhere Ableitungen. Für die k-te Ableitung verwendet man gern auch die Schreibweise

$$f^{(k)}(x) = \frac{d^k f(x)}{dx^k}.$$

Ableitungsregeln Beim Differenzieren einer Funktion kann man grundsätzlich auf Gleichung (11.1) aufbauen und sich die erste Ableitung ausrechnen. Für die praktische Arbeit ist eine solche Vorgehensweise aber regelmäßig zu umständlich. Daher ist es nützlich, sich einige Differentiationsregeln anzueignen. Die wichtigsten sind folgende:

1. Differentiation von Potenzfunktionen
   $f(x) = ax^n$
   $f'(x) = anx^{n-1}$

2. Differentiation von Wurzelfunktionen
   $f(x) = \sqrt[n]{x} = x^{\frac{1}{n}}$
   $f'(x) = \frac{1}{n} x^{\frac{1}{n}-1}$

3. Differentiation von Exponentialfunktionen
   $f(x) = b^{ax}$
   $f'(x) = a \ln b \, b^{ax}$
   Für $b = e$ (Eulersche Zahl) gilt $f'(x) = a\,e^{ax}$, weil $\ln e = 1$ ist.

4. Differentiation der Logarithmusfunktion
   $f(x) = \ln x$
   $f'(x) = \frac{1}{x}$

5. Summenregel
   $f(x) = u(x) + v(x)$
   $f'(x) = u'(x) + v'(x)$

6. Produktregel
   $f(x) = u(x) \cdot v(x)$
   $f'(x) = u'(x) \cdot v(x) + u(x) \cdot v'(x)$

7. Quotientenregel
   $f(x) = \frac{u(x)}{v(x)}$ mit $v(x) \neq 0$
   $f'(x) = \frac{u'(x) \cdot v(x) - u(x) \cdot v'(x)}{(v(x))^2}$

8. Kettenregel
   $f(x) = u\bigl(v(x)\bigr)$
   $f'(x) = u'\bigl(v(x)\bigr) \cdot v'(x)$

11.2. Differentialrechnung

11.2.3 Extremwerte von Funktionen

Die Differentialrechnung eignet sich in hervorragender Weise dazu, Maxima und Minima von Funktionen zu bestimmen. Das ist eine Problemstellung, die in der Ökonomie sehr häufig auftritt, etwa wenn es darum geht, Marktanteile zu maximieren oder Finanzierungskosten zu minimieren.

In Abbildung 11.11 sehen Sie den Graphen der Funktion

$$f(x) = \frac{4x^3 - 12x^2 + 9}{9}.$$

Man sieht, dass diese Funktion ein relatives Maximum an der Stelle $x_1 = 0$ und ein relatives Minimum an der Stelle $x_2 = 2$ besitzt. Um diese Stellen rechnerisch zu bestimmen, mache man sich klar, dass die Tangentensteigung gerade null ist, wenn ein Extremwert (Maximum oder Minimum) vorliegt.

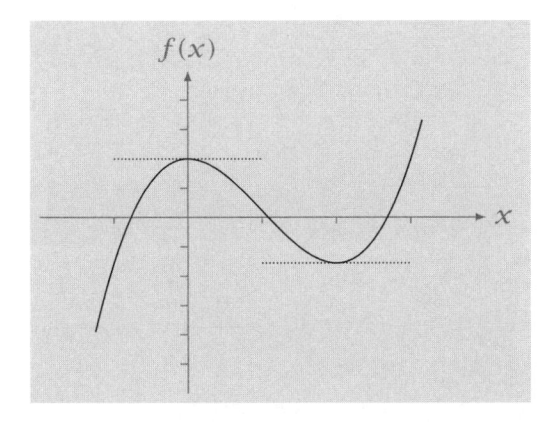

Abbildung 11.11: Maxima und Minima einer Funktion

Da die Tangentensteigung durch den Differentialquotienten erfasst wird, erkennt man bei genauerem Hinsehen die in Tabelle 11.4 dargestellte Regelmäßigkeit. Unter Ausnutzung dieser Regelmäßigkeit kann man die Extremwerte einer Funktion mit den drei folgenden Schritten bestimmen.

Schritt 1 Man berechnet die erste Ableitung der zu analysierenden Funktion und setzt sie gleich null,

$$f'(x) = 0,$$

weil das eine notwendige Bedingung für einen relativen Extremwert ist. Mit der Beispielfunktion kommt man so auf die Gleichung

$$f'(x) = \frac{4x^2 - 8x}{3} = \frac{4x \cdot (x-2)}{3} = 0.$$

Tabelle 11.4: Erste Ableitung und Extremwerte

Stelle	Erste Ableitung
links des Maximums	positiv
Maximum	null
rechts des Maximums	negativ
links des Minimums	negativ
Minimum	null
rechts des Minimums	positiv

Abbildung 11.12 zeigt die Funktion $f(x)$ als durchgezogene Kurve und die Funktion $f'(x)$ als gestrichelte Kurve. Dabei sieht man deutlich: Dort, wo die Extrempunkte der Funktion $f(x)$ liegen, hat die Funktion $f'(x)$ ihre Nullstellen.

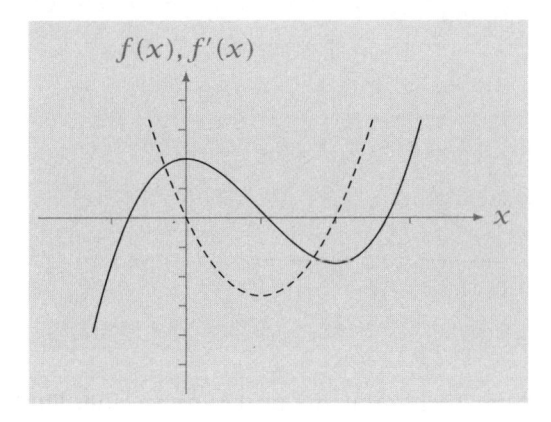

Abbildung 11.12: Maxima und Minima einer Funktion

Schritt 2 Die gewonnene Gleichung ist nun mit einem dafür geeigneten Verfahren zu lösen. Im vorliegenden Fall multipliziert man die Gleichung mit $\frac{3}{4}$ und formt zu

$$x \cdot (x - 2) = 0$$

um. Diese Gleichung hat offenkundig zwei Lösungen, und zwar

$$x_1 = 0$$
$$x_2 = 2.$$

Schritt 3 Abschließend ist zu untersuchen, ob es sich um Minima oder Maxima handelt. Um das festzustellen, mache man sich anhand der Abbildung 11.12 klar,

11.2. Differentialrechnung

dass die Funktion $f'(x)$ fällt, wenn $f(x)$ ein Maximum besitzt, und steigt, wo $f(x)$ ein Minimum hat. Hinreichend dafür, dass die Funktion $f(x)$ an der Stelle x_0 ein relatives Maximum oder ein relatives Minimum besitzt, sind nachstehende Bedingungen:

Stelle	Zweite Ableitung
Maximum	negativ
Minimum	positiv

Aus diesem Grunde berechnet man die zweite Ableitung der Funktion $f(x)$ und untersucht ihre Vorzeichen an den interessierenden Stellen. Für die Beispielfunktion ergibt sich die zweite Ableitung zu

$$f''(x) = \frac{8x - 8}{3}.$$

Einsetzen führt auf

$$f''(0) = \frac{8 \cdot 0 - 8}{3} = -\frac{8}{3} < 0$$
$$f''(2) = \frac{8 \cdot 2 - 8}{3} = +\frac{8}{3} > 0.$$

Infolgedessen haben wir an der Stelle x_1 ein Maximum und an der Stelle x_2 ein Minimum.

11.2.4 Auswertung unbestimmter Ausdrücke

Mitunter hat man es mit unbestimmten Ausdrücken zu tun, die in der Form $\frac{0}{0}$ oder $\frac{\infty}{\infty}$ auftreten. Um den möglicherweise existierenden endlichen Wert eines solchen Ausdrucks zu ermitteln, empfiehlt es sich, diese Aufgabe als Bestimmung eines Grenzwertes aufzufassen und die Regel von *de L'Hospital* anzuwenden.

Die Regel lautet: Erscheint der Bruch $\frac{f(x)}{g(x)}$ für einen Wert $x = a$ in der unbestimmten Form $\frac{0}{0}$ oder $\frac{\infty}{\infty}$, so ist

$$\lim_{x \to a} \frac{f(x)}{g(x)} = \frac{f'(a)}{g'(a)}.$$

Ist auch dieser Ausdruck unbestimmt, so kann man eine allgemeinere Variante dieser Regel benutzen, sofern die k-ten Ableitungen der Funktionen existieren. Ist

$$f'(a) = f''(a) = \ldots = f^{(k-1)}(a) = 0$$

und

$$g'(a) = g''(a) = \ldots = g^{(k-1)}(a) = 0,$$

L'Hospital

Guillaume-François-Antoine de L'Hospital, Marquis de Sainte-Mesme und Comte de Entremont, (1661–1704) musste seine Laufbahn als Kavallerieoffizier wegen starker Kurzsichtigkeit aufgeben und wandte sich der Mathematik zu. Sein Lehrer war Johann Bernoulli. L'Hospitals Ruhm beruht auf seinem 1692 veröffentlichten Werk „Analyse des infiniment petits pour l'intelligence des lignes courbes", dem wohl ersten Lehrbuch über Differentialrechnung. In dieser Schrift wird die L'Hospitalsche Regel beschrieben, mit der man den Grenzwert einer rationalen Funktion bestimmen kann, deren Zähler und Nenner an einem Punkt gegen null streben.

jedoch $g^{(k)}(a) \neq 0$, so gilt

$$\lim_{x \to a} \frac{f(x)}{g(x)} = \frac{f^{(k)}(a)}{g^{(k)}(a)}.$$

Man betrachte beispielsweise den Ausdruck

$$\left.\frac{\ln(1+x) - x}{x^2}\right|_{x=0}.$$

Sowohl der Zähler als auch der Nenner nehmen den Wert null an, wenn $x = 0$ ist. Daher bilden wir die ersten Ableitungen und setzen $x = 0$ ein:

$$\begin{array}{lll} f(x) = \ln(1+x) - x & f'(x) = \left(\frac{1}{1+x} - 1\right) & f'(0) = 0 \\ g(x) = x^2 & g'(x) = 2x & g'(0) = 0 \end{array}$$

Man kommt zu dem Zwischenergebnis

$$\left.\left(\frac{\frac{1}{1+x} - 1}{2x}\right)\right|_{x=0} = \frac{0}{0}.$$

11.2. Differentialrechnung

Da das nach wie vor ein unbestimmter Ausdruck ist, bildet man die zweiten Ableitungen und setzt $x = 0$ ein. Das ergibt

$$f(x) = \ln(1+x) - x \quad f''(x) = -\frac{1}{(1+x)^2} \quad f''(0) = -1$$
$$g(x) = x^2 \quad g''(x) = 2 \quad g''(0) = 2.$$

Jetzt lautet das Resultat

$$\lim_{x \to 0} \frac{\ln(1+x) - x}{x^2} = \frac{f''(0)}{g''(0)} = -\frac{1}{2},$$

und man ist fertig.

11.2.5 Taylorreihen

Entwicklungen von *Taylor*-Reihen werden in der Finanzierungstheorie häufig benutzt. Man kann damit den unbekannten Wert einer Funktion $f(x)$ an der Stelle x näherungsweise bestimmen. Dazu benutzt man Werte derselben Funktion und ihrer Ableitungen an einer benachbarten Stelle x_0. Der Satz von *Taylor* lautet

$$f(x) = f(x_0) + \sum_{k=1}^{n} f^{(k)}(x_0) \cdot \frac{(x - x_0)^k}{k!} + R_n(x) \quad ,$$

wobei $f^{(k)}(x_0)$ die k-te Ableitung der Funktion $f(x)$ an der Stelle x_0 ist. $R_n(x)$ wird als Restglied bezeichnet und gibt den Fehler an, der entsteht, wenn man nach dem n-ten Reihenglied abbricht. Notwendige Voraussetzung für eine *Taylor*-Reihenentwicklung ist eine n-mal differenzierbare Funktion $f(x)$.

Die Grundidee des Arbeitens mit *Taylor*-Reihen liegt darin, die Entwicklung der Reihe schon nach wenigen Ableitungen abzubrechen. Wenn die Differenz $x - x_0$ „genügend klein" war, kann das Restglied in der Regel vernachlässigt werden. Dieses Konvergenzverhalten von *Taylor*-Reihen lässt sich durch folgende zwei Beobachtungen erklären. Erstens wächst die Fakultät $k!$ im Nenner der Reihenglieder mit zunehmendem k sehr rasch an. Zweitens wird die Potenz $(x - x_0)^k$ im Zähler der Reihenglieder für kleine Differenzen $(x - x_0) < 1$ mit zunehmendem k sehr schnell verschwindend klein, siehe Tabelle 11.5.

Solange x_0 in der Nähe des unbekannten Wertes x liegt, ergänzen sich die beiden Effekte, und die Reihe konvergiert schnell gegen den gesuchten Wert $f(x)$. Häufig bricht man die Reihenentwicklung bereits nach der ersten oder zweiten Ableitung mit zufriedenstellendem Ergebnis ab. Dazu betrachten wir das folgende Beispiel. Gegeben sei die Funktion

$$f(x) = \ln x \quad ,$$

Taylor

Brook Taylor (1685-1731) war ein englischer Mathematiker. Er interessierte sich aber genauso für Malerei und Musik und wandte seine mathematischen Fähigkeiten bemerkenswerterweise auch auf diese Gebiete an. Taylor wurde 1712 Mitglied der Royal Society. Mit seiner 1715 veröffentlichten Monographie „Methodus incrementorum directa et inversa" hat er die Theorie der Differenzenrechnung entwickelt. In diesem Zusammenhang gab er auch die nach ihm benannte Reihenentwicklung an, die ihrem Inhalt nach aber bereits Newton und Leibniz bekannt war. Taylor wurde von der Royal Society in das Komitee berufen, welches über den Streit zwischen Newton und Leibniz über die Urheberschaft an der Differential- und Integralrechnung entscheiden sollte. (Abbildung mit freundlicher Genehmigung der National Portrait Gallery, London)

Tabelle 11.5: Fakultäten und Potenzen für $k = 0,\ldots,10$ und $(x - x_0) = 0{,}05$

k	$k!$	$(x - x_0)^k$
0	1	1
1	1	0,05
2	2	0,0025
3	6	$0{,}1 \cdot 10^{-3}$
4	24	$0{,}6 \cdot 10^{-5}$
5	120	$0{,}3 \cdot 10^{-6}$
10	3.628.800	$0{,}1 \cdot 10^{-12}$

11.2. Differentialrechnung

deren Werte durch Entwicklung von *Taylor*-Reihen an der Stelle $x_0 = 2$ bis zur zweiten Ableitung approximiert werden sollen. Die Ableitungen lauten

$$f(x) = \ln x \quad f^{(1)}(x) = \tfrac{1}{x} \quad f^{(2)}(x) = -\tfrac{1}{x^2}$$

$$f(2) = \ln 2 \quad f^{(1)}(2) = \tfrac{1}{2} \quad f^{(2)}(2) = -\tfrac{1}{4} \ .$$

Damit ergibt sich die erste *Taylor*-Reihe (genauer: die *Taylor*-Reihe bis zur ersten Ableitung) zu

$$T_1(x) = \ln 2 + \frac{1}{2} \cdot \frac{(x-2)}{1!} = \ln 2 + \frac{x-2}{2} \ ,$$

während man für die zweite *Taylor*-Reihe

$$T_2(x) = \ln 2 + \frac{1}{2} \cdot \frac{(x-2)}{1!} - \frac{1}{4} \cdot \frac{(x-2)^2}{2!} = \ln 2 - \frac{(x-6)(x-2)}{8}$$

erhält. Tabelle 11.6 zeigt, welche Werte die Funktion $f(x)$ im Intervall $[0{,}4,\ 4{,}0]$ annimmt und wie gut diese durch die beiden Reihenentwicklungen angenähert werden. Zeichnet man die Funktionen, so erhält man das in der Abbildung 11.13 dargestellte Diagramm.

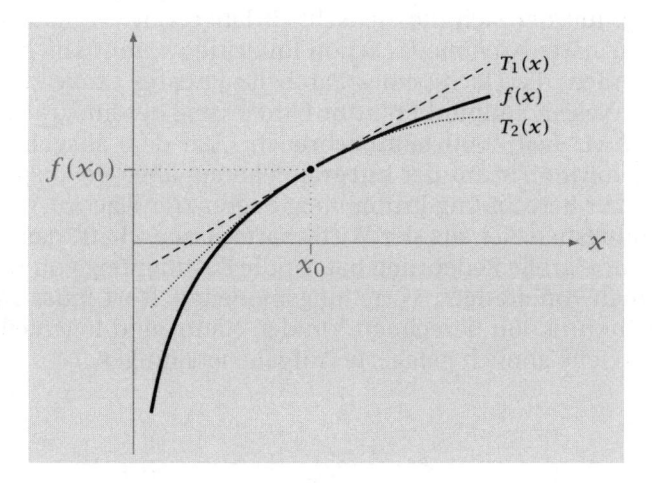

Abbildung 11.13: *Taylor*-Reihenentwicklung der Funktion $f(x) = \ln x$ an der Stelle $x_0 = 2$

Tabelle 11.6: Wertetabelle der Funktion $f(x) = \ln x$ und ihrer Reihenentwicklungen an der Stelle $x_0 = 2$

x	$f(x)$	$T_1(x)$	$T_2(x)$
0,4	−0,9163	−0,1069	−0,4269
0,8	−0,2231	0,0931	−0,0869
1,2	0,1823	0,2931	0,2131
1,6	0,4700	0,4931	0,4731
2,0	0,6931	0,6931	0,6931
2,4	0,8755	0,8931	0,8731
2,8	1,0296	1,0931	1,0131
3,2	1,1632	1,2931	1,1131
3,6	1,2809	1,4931	1,1731
4,0	1,3863	1,6931	1,1931

11.3 Integralrechnung

11.3.1 Problemstellung

Oft hat man Flächen zu berechnen, die nicht geradlinig begrenzt sind. Das ist eine Problemstellung, mit der sich die Menschheit lange Zeit vergeblich auseinandergesetzt hat. Zwar hatte *Archimedes* schon im dritten vorchristlichen Jahrhundert einen Weg gefunden, die Fläche eines Parabelsegmentes exakt zu berechnen, jedoch hat es von diesem Zeitpunkt bis zur Entdeckung der Integralrechnung durch *Newton* und *Leibniz* fast 2000 Jahre gebraucht. Seit dem ausgehenden 17. Jahrhundert verfügen wir aber mit der Integralrechnung über ein ausgezeichnetes Instrumentarium zur Berechnung krummlinig begrenzter Flächen.

Ein Anwendungsbeispiel aus der Wirtschaftswissenschaft, das auch in der Finanzierungstheorie große Bedeutung hat, ist die Bestimmung von Wahrscheinlichkeiten im Rahmen von stetigen Verteilungsmodellen. Dort muss man die Fläche unter einer Dichtefunktion berechnen.[4] In den Natur- und Ingenieurwissenschaften gibt es zahlreiche ähnlich gelagerte Aufgabenstellungen.

---

[4] Siehe dazu Seite 455.

11.3. Integralrechnung

Archimedes    *Newton*    *Leibniz*

Archimedes (um 287–212 vor Chr.) war der bedeutendste Mathematiker und Physiker der Antike. Seine Zeitgenossen beeindruckte er vor allem mit technischen Erfindungen. Unter anderem gelang ihm die Quadratur des Parabelsegments, näherungsweise die Quadratur des Kreises, die Konstruktion des regelmäßigen Siebenecks sowie die Dreiteilung des Winkels. (Abbildung mit freundlicher Genehmigung der Soprintendenza speciale per i beni archeologici di Napoli e Pompei)

Isaac Newton (1643–1727) gilt gemeinsam mit Archimedes und Gauß als einer der größten Mathematiker aller Zeiten. Bereits als Student an der University of Cambridge legte er bahnbrechende Arbeiten über die Natur des Lichtes, über Gravitation und die Bewegung der Planeten vor. Mit seiner im Jahre 1687 veröffentlichten „Philosophiae naturalis principia mathematica" erwarb er sich den Ruhm des Begründers der theoretischen Physik. Ab 1694 wandte er sich der Infinitesimalrechnung zu. Heftig stritt er sich mit Leibniz über die Frage, wer von beiden als Erfinder der Infinitesimalrechnung in die Geschichte eingehen dürfe. (Abbildung mit freundlicher Genehmigung der National Portrait Gallery, London)

Gottfried Wilhelm Leibniz (1646–1716) war ein deutscher Philosoph und darf für sich die Bezeichnung Universalgelehrter in Anspruch nehmen. Er studierte in Leipzig und Jena zunächst Philosophie und Rechtswissenschaft, später in Paris Mathematik. 1676 trat er als Hofrat und Bibliothekar in die Dienste des hannoverschen Fürstenhauses. Er förderte die Gründung der wissenschaftlichen Akademien in Berlin, Dresden, Sankt Petersburg und Wien und wurde der erste Präsident der Berliner Akademie. Leibniz hat bedeutende Entdeckungen auf dem Gebiet der Logik und Mathematik gemacht. Heute gilt als nachgewiesen, dass er die Infinitesimalrechnung unabhängig von Newton entwickelte. Die von ihm eingeführten Symbole für das Integral und den Differentialquotienten haben sich als überlegen erwiesen und sind noch heute in Gebrauch. Neben seinen wissenschaftlichen und politischen Aktivitäten betätigte Leibniz sich auch als Erfinder. So konstruierte er beispielsweise eine sehr leistungsfähige mechanische Rechenmaschine. (Abbildung mit freundlicher Genehmigung der Berlin-Brandenburgischen Akademie der Wissenschaften)

11.3.2 Bestimmtes Integral

Das bestimmte Integral (auch: Riemannsches Integral) stellt eine Zahl dar. Es wird in der Form

$$\int_a^b f(x)\, dx$$

geschrieben, wobei a und b als untere beziehungsweise obere *Integrationsgrenze* bezeichnet werden. Man spricht vom „Integral von $f(x)$ über dem Intervall $[a, b]$".

Um eine anschauliche Vorstellung vom bestimmten Integral zu gewinnen, sagt man oft, dass es sich um die „Fläche unter der Kurve zwischen den Stellen $x = a$ und $x = b$" handelt. Das ist zwar nicht ganz korrekt, soll uns aber genügen. Betrachten Sie dazu Abbildung 11.14. Dort sehen Sie eine schattierte Fläche, die links und rechts durch zwei Senkrechte auf der Abszisse, unten durch die Abszisse im Intervall $[a, b]$ und oben durch eine Kurve von $f(x)$ begrenzt wird. Bei der Berechnung des Integrals $\int_a^b f(x)\, dx$ geht es um nichts anderes als um die Ermittlung der Größe dieser Fläche.

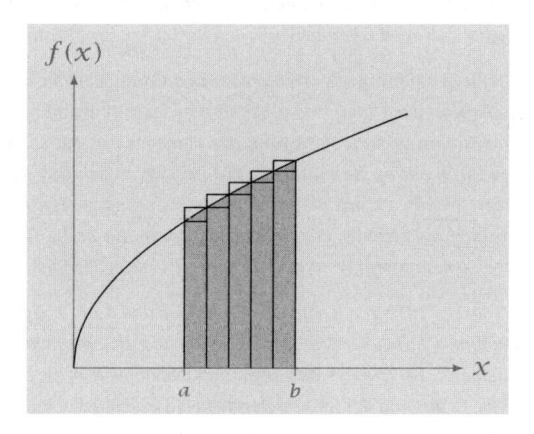

Abbildung 11.14: Approximation eines bestimmten Integrals

Grenzwert der Riemannschen Summen Bei der Grundidee der Flächenberechnung bedient man sich des folgenden Kunstgriffs. Man zerlegt das Intervall in n Teilintervalle der Größe

$$\Delta x = \frac{b - a}{n}.$$

Über den Teilintervallen werden zwei Klassen von Rechtecken definiert, die wir zur besseren Unterscheidung als *untere* beziehungsweise *obere* Rechtecke bezeichnen wollen.

11.3. Integralrechnung

Riemann

Bernhard Riemann (1826–1866) ist leider nicht alt geworden. Er gehört zu den bedeutendsten Mathematikern des 19. Jahrhunderts. Sein Lehrer am Lüneburger Gymnasium befreite ihn vom Mathematikunterricht und gab ihm Legendres Zahlentheorie zu lesen, ein anspruchsvolles Werk mit mehr als 800 Seiten, das sich der Schüler Riemann innerhalb einer Woche aneignete. Ab 1859 war er Professor für Mathematik in Göttingen. In seinem Habilitationsvortrag entwickelte er die Grundlagen für das moderne mathematische Verständnis des Raumes, das später in der allgemeinen Relativitätstheorie Einsteins Bedeutung erlangte. (Foto mit freundlicher Genehmigung der Staats- und Universitätsbibliothek Göttingen)

Ist $\underline{R}_k$ ($\overline{R}_k$) die Fläche des k-ten unteren (oberen) Rechtecks, so gilt

$$\underline{R}_k = \Delta x \cdot f(a + (k-1)\Delta x)$$
$$\overline{R}_k = \Delta x \cdot f(a + k\Delta x).$$

Bildet man die Summe über alle unteren Rechtecke, so ist diese kleiner als die gesuchte Fläche. Bildet man dagegen die Summe aller oberen Rechtecke, so erhält man einen Betrag, der größer ist als die gesuchte Fläche,

$$\sum_{k=1}^{n} \underline{R}_k < \int_a^b f(x)\,dx < \sum_{k=1}^{n} \overline{R}_k.$$

Wie stark die Abweichungen sind, hängt davon ab, wie viele Teilintervalle gebildet werden. Lässt man n über alle Grenzen wachsen, so verschwinden die Abweichungen unter gewissen Voraussetzungen an die Funktion $f(x)$.

Das wollen wir uns an folgendem Beispiel klarmachen. Gesucht ist die Größe der Fläche

$$\int_a^b f(x)\,dx = \int_1^2 \sqrt{x}\,dx,$$

also das „Integral von Wurzel aus x im Intervall von 1 bis 2". Um eine rasche, wenn auch grobe Näherungslösung mit Hilfe der Rechtecke zu finden, wählen wir $n = 2$

beziehungsweise $\Delta x = 0{,}5$. Dann ist

$$
\begin{aligned}
f(a + 0\,\Delta x) &= \sqrt{1 + 0 \cdot 0{,}5} = 1{,}00000 \\
f(a + 1\,\Delta x) &= \sqrt{1 + 1 \cdot 0{,}5} = 1{,}22474 \\
f(a + 2\,\Delta x) &= \sqrt{1 + 2 \cdot 0{,}5} = 1{,}41421\,.
\end{aligned}
$$

Daraus berechnet man leicht die Flächen der unteren und oberen Rechtecke und erhält folgende Ergebnisse,

$$
\begin{aligned}
\underline{R}_1 &= 0{,}5 \cdot 1{,}00000 = 0{,}50000 & \overline{R}_1 &= 0{,}5 \cdot 1{,}22474 = 0{,}61237 \\
\underline{R}_2 &= 0{,}5 \cdot 1{,}22474 = 0{,}61237 & \overline{R}_2 &= 0{,}5 \cdot 1{,}41421 = 0{,}70711\,.
\end{aligned}
$$

Summenbildung führt auf

$$\sum_{k=1}^{2} \underline{R}_k = 1{,}11237 \qquad \sum_{k=1}^{2} \overline{R}_k = 1{,}31948\,.$$

Die Werte weichen um den Betrag von etwa 0,2 voneinander ab. Lässt man n nun aber wachsen, so wird diese Differenz immer kleiner, wovon man sich durch einen Blick auf Tabelle 11.7 überzeugen kann. Wenn die Grenzwerte der Flächensum-

Tabelle 11.7: Approximation eines bestimmten Integrals

n	$\sum_{k=1}^{n} \underline{R}_k$	$\sum_{k=1}^{n} \overline{R}_k$
2	1,11237	1,31948
10	1,19812	1,23954
100	1,21688	1,22102
1.000	1,21874	1,21916
10.000	1,21893	1,21897
∞	1,21895	1,21895

men existieren und übereinstimmen, dann nennt man diesen Wert das bestimmte Integral von $f(x)$ über dem Intervall $[a, b]$:

$$\lim_{n \to \infty} \sum_{k=1}^{n} \underline{R}_k = \int_{a}^{b} f(x)\,dx = \lim_{n \to \infty} \sum_{k=1}^{n} \overline{R}_k\,.$$

11.3.3 Stammfunktion oder unbestimmtes Integral

Definition der Stammfunktion Eine im Intervall $[a,b]$ differenzierbare Funktion $F(x)$ heißt Stammfunktion der in $[a,b]$ definierten Funktion $f(x)$, wenn für alle $x \in [a,b]$

$$F'(x) = f(x)$$

gilt. Jede Funktion $F(x)$, deren erste Ableitung die Funktion $f(x)$ ist, wird also als Stammfunktion (auch Integralfunktion) von $f(x)$ bezeichnet.

Aus diesem Zusammenhang folgt, dass sich bei Existenz einer Stammfunktion $F(x)$ gleichzeitig unendlich viele Stammfunktionen $F_*(x)$ ermitteln lassen. Die $F_*(x)$ ergeben sich einfach durch Addition einer beliebigen Konstanten c zur Ausgangsstammfunktion $F(x)$, also über

$$F_*(x) = F(x) + c.$$

Auch die erste Ableitung der $F_*(x)$ ist wegen

$$(F_*(x))' = (F(x) + c)' = f(x) + 0 = f(x)$$

die Funktion $f(x)$, da die erste Ableitung einer Konstanten null ist.

Aus Gründen der Bequemlichkeit beschränkt man sich in der Regel darauf, diejenige Stammfunktion zu ermitteln, für die die *Integrationskonstante* c den Wert null besitzt, und schreibt

$$\int f(x)\,dx = F(x).$$

Das unbestimmte Integral von $f(x)$ ist die Funktion $F(x)$. Dabei heißt $f(x)$ *Integrand*, und x ist *Integrationsvariable*.

Hauptsatz der Differential- und Integralrechnung Unter Verwendung dieses Satzes wird nun die Ermittlung des bestimmten Integrals wesentlich vereinfacht. Er lautet

$$\int_a^b f(x)\,dx = \left[F(x)\right]\Big|_a^b = F(b) - F(a),$$

wobei $F(x)$ die *Stammfunktion* ist. Die Bedeutung des Satzes kann gar nicht überschätzt werden. Das Problem der Ermittlung des bestimmten Integrals der Funktion $f(x)$ über dem Intervall $[a,b]$ ist auf folgende Aufgabe reduziert:

1. Man ermittle die Stammfunktion $F(x)$.

2. Man setze die Endpunkte des Integrationsintervalls in die Stammfunktion ein und

3. ermittle die Differenz zwischen $F(b)$ und $F(a)$.

Für unsere Wurzelfunktion $f(x) = \sqrt{x}$ lautet die Stammfunktion $F(x) = \frac{2}{3} x^{1,5}$. Nimmt man diesen Sachverhalt hier einfach einmal als gegeben, so erhält man für die gesuchte Fläche

$$\int_1^2 \sqrt{x}\, dx = \frac{2}{3} \cdot 2^{1,5} - \frac{2}{3} \cdot 1^{1,5} = 1{,}88562 - 0{,}66667 = 1{,}21895\,.$$

11.3.4 Integrationsregeln

Das Ermitteln einer Stammfunktion ist nicht immer einfach, und bedauerlicherweise gibt es viele Funktionen, die überhaupt keine Stammfunktion haben. Ob dagegen $F(x)$ tatsächlich eine Stammfunktion für den Integranden $f(x)$ ist, lässt sich immer leicht mit Hilfe der Differentialrechnung überprüfen. Gerade eben hatten wir beispielsweise behauptet, dass $F(x) = \frac{2}{3} x^{1,5}$ Stammfunktion der Funktion $f(x) = \sqrt{x}$ ist. Differenzieren ergibt tatsächlich

$$F'(x) = \frac{3}{2} \frac{2}{3} x^{0,5} = \sqrt{x} = f(x)\,.$$

Insofern ist also die Integralrechnung nichts anderes als die Umkehrung der Differentialrechnung. Das ist auch der Grund dafür, dass wir beispielsweise die folgenden Regeln angeben können.

Rechenregeln für das unbestimmte Integral

1. $f(x) = x^n$ mit $n \neq -1$

    $F(x) = \dfrac{1}{n+1} x^{n+1} + c$

2. $f(x) = \dfrac{1}{x}$

    $F(x) = \ln x + c$

3. $f(x) = e^{ax}$

    $F(x) = \dfrac{1}{a} e^{ax} + c$

4. $f(x) = a\, g(x)$

    $F(x) = \displaystyle\int a\, g(x)\, dx = a \int g(x)\, dx$

5. $f(x) = u(x) + v(x)$

    $F(x) = \displaystyle\int \bigl(u(x) + v(x)\bigr)\, dx + c = \int u(x)\, dx + \int v(x)\, dx + c$

Als sehr nützlich erweisen sich oft zwei Integrationsverfahren, die etwas ausführlicher dargestellt werden sollen, und zwar die *Integration durch Substitution* und die *partielle Integration*.

11.3. Integralrechnung

Integration durch Substitution Man erinnere sich an die Kettenregel der Differentialrechnung. Sie lautete

$$f(x) = u(v(x))$$
$$f'(x) = u'(v(x)) \cdot v'(x).$$

Die Substitutionsregel der Integralrechnung kehrt diese Beziehung einfach um, und damit gilt

$$\int u'(v(x)) \cdot v'(x)\, dx = u(v(x)) + c$$

oder

$$\int u'(z)\, dz = u(z) + c \quad \text{mit } z = v(x), dz = v'(x)\, dx$$
$$= u(v(x)) + c.$$

Betrachten wir dazu das folgende Beispiel. Zu berechnen sei das Integral

$$\int (x^3 + 2x)^2 \cdot (3x^2 + 2)\, dx.$$

Wir setzen

$$v(x) = z = x^3 + 2x \quad \text{und} \quad u'(z) = z^2.$$

Dann ist tatsächlich auch $v'(x) = 3x^2 + 2$. Daraus folgt nun sofort

$$\int u'(z)\, dz = \int z^2\, dz$$
$$= \frac{z^3}{3} + c$$
$$= \frac{(x^3 + 2x)^3}{3} + c.$$

Partielle Integration Das ist eines der wichtigsten Hilfsmittel beim Integrieren. Um das Prinzip zu verstehen, erinnere man sich an die Produktregel der Differentialrechnung. Sie lautete folgendermaßen:

$$f(x) = u(x) \cdot v(x)$$
$$f'(x) = u'(x) \cdot v(x) + u(x) \cdot v'(x).$$

Übertragung auf die Integralrechnung liefert

$$u(x) \cdot v(x) = \int u'(x) \cdot v(x)\, dx + \int u(x) \cdot v'(x)\, dx$$

oder nach elementarer Umstellung

$$\int u(x) \cdot v'(x)\, dx = u(x) \cdot v(x) - \int u'(x) \cdot v(x)\, dx.$$

Verwenden wir diese Regel, um beispielsweise das Integral

$$\int x \cdot e^{ax}\, dx$$

zu berechnen, dann müssen wir $u(x)$ und $v'(x)$ in geeigneter Weise festlegen. Hierbei können wir uns geschickt oder weniger geschickt anstellen. Allgemein verwendbare Regeln, welche Vorgehensweise günstig ist, gibt es nicht. Im vorliegenden Fall empfiehlt sich die Wahl

$$u(x) = x \quad \text{und} \quad v'(x) = e^{ax}.$$

Daraus folgt

$$u'(x) = 1 \quad \text{und} \quad v(x) = \frac{1}{a} e^{ax}.$$

Nach diesen Vorbereitungen brauchen wir nur noch einzusetzen und ein wenig umzuformen. Die Rechnung ergibt

$$\begin{aligned}\int x \cdot e^{ax}\, dx &= x \cdot \frac{1}{a} e^{ax} - \int \frac{1}{a} e^{ax} \cdot 1\, dx \\ &= \frac{x}{a} e^{ax} - \frac{1}{a} \int e^{ax}\, dx \\ &= \frac{x}{a} e^{ax} - \frac{1}{a} \frac{1}{a} e^{ax} + c \\ &= \frac{e^{ax}}{a} \cdot \left(x - \frac{1}{a}\right) + c.\end{aligned}$$

Rechenregeln für das bestimmte Integral Nachstehend sind noch einige nützliche Eigenschaften bestimmter Integrale aufgeführt, die die praktische Arbeit mit ihnen sehr erleichtern können.

1. $\int_a^a f(x)\, dx = 0$

2. $\int_a^b f(x)\, dx = -\int_b^a f(x)\, dx$

3. $a < b < c \implies \int_a^c f(x)\, dx = \int_a^b f(x)\, dx + \int_b^c f(x)\, dx$

11.4 Funktionen mehrerer Variablen

11.4.1 Erweiterung des Funktionsbegriffs

Als wir auf Seite 493 damit begannen, uns einen Begriff von einer Funktion zu machen, haben wir uns auf solche Funktionen beschränkt, die von einer einzigen

11.4. Funktionen mehrerer Variablen

unabhängigen Variablen abhängen. In vielen praktischen Zusammenhängen ist es jedoch so, dass eine abhängige Variable y nicht nur von einer einzigen, sondern von mehreren unabhängigen Variablen beeinflusst wird. So hängt das Volumen eines Zylinders sowohl von seinem Radius als auch von seiner Höhe ab; und der Umsatz eines Unternehmens wird nicht nur durch die abgesetzten Mengen der Erzeugnisse oder Dienstleistungen, sondern auch durch deren Nettoverkaufspreise bestimmt. Ein weiteres Beispiel aus der Wirtschaftswissenschaft ist der intertemporale Nutzen eines Individuums, welcher von der Höhe des Konsums in den verschiedenen Teilperioden innerhalb seines Planungshorizontes abhängt.

Definition Sind n Mengen $M_1, M_2, \ldots, M_n$ gegeben, so kann aus jeder Menge ein Element entnommen werden, x_1 aus M_1, x_2 aus M_2 und so weiter. Die Gesamtheit $(x_1, x_2, \ldots, x_n)$ dieser Elemente nennt man ein n-Tupel. Ordnet eine Funktionsvorschrift nun jedem so gewonnenen n-Tupel ein Element y des Wertebereichs zu, so spricht man von einer Funktion mit n unabhängigen Variablen und schreibt dafür

$$y = f(x_1, x_2, \ldots, x_n).$$

Solche Funktionen kann man grafisch nicht in einem Koordinatensystem darstellen, weil man dazu $n+1$ Dimensionen braucht und in der Ebene nur zwei Dimensionen zur Verfügung stehen. Ein Beispiel ist

$$y = 3x_1^2 - 5x_1 x_2 + \frac{10}{x_2}.$$

Natürlich kann man auch hier eine Wertetabelle aufstellen, wie in Tabelle 11.8 gezeigt ist. Für Funktionen mehrerer Variablen müssen die Begriffe der Monotonie,

Tabelle 11.8: Wertetabelle für die Funktion $y = 3x_1^2 - 5x_1 x_2 + \frac{10}{x_2}$

x_1	x_2	y
1	−4	20,50
1	2	2,00
3	−7	130,57
0	14	0,71

Stetigkeit, Konkavität und Konvexität modifiziert werden. So nennt man eine Funktion $y = f(x_1, \ldots, x_i, \ldots, x_n)$ im Intervall $[a_i, b_i]$ des Definitionsbereichs von x_i

1. streng monoton wachsend, falls gilt

$$f(x_1, \ldots, x_i + \delta, \ldots, x_n) > f(x_1, \ldots, x_i, \ldots, x_n),$$

2. monoton wachsend, falls gilt
$$f(x_1,\ldots,x_i+\delta,\ldots,x_n) \geq f(x_1,\ldots,x_i,\ldots,x_n),$$

3. streng monoton fallend, falls gilt
$$f(x_1,\ldots,x_i+\delta,\ldots,x_n) < f(x_1,\ldots,x_i,\ldots,x_n),$$

4. monoton fallend, falls gilt
$$f(x_1,\ldots,x_i+\delta,\ldots,x_n) \leq f(x_1,\ldots,x_i,\ldots,x_n),$$

für alle $i = 1,\ldots,n$ und $\delta > 0$.

11.4.2 Partielle Ableitungen und totales Differential

In ökonomischen Modellen hat man es sehr häufig mit Funktionen zu tun, die von mehreren Variablen abhängen. So könnte man beispielsweise davon ausgehen, dass die Materialkosten eines Unternehmens von der Verbrauchsmenge x_1, dem Materialpreis x_2 und der Materialqualität x_3 abhängig sind. Gehen wir davon aus, dass $K = f(x_1, x_2, x_3)$ diesen Zusammenhang zum Ausdruck bringt.

Partielle Ableitung Nun können wir die Frage stellen, wie sich K ändert, wenn man x_1 ändert, aber zugleich den Einfluss von x_2 und x_3 konstant hält. Dann muss man die Funktion nach x_1 ableiten. Die Regeln der partiellen Differentiation entsprechen vollkommen denen der gewöhnlichen Differentialrechnung mit der Bedingung, dass alle übrigen Argumente wie Konstante behandelt werden. Im Folgenden geben wir einige Beispiele.

1. $K = ax_1 + x_2^2 + \sqrt{x_3}$

$$\frac{\partial K}{\partial x_1} = a$$

$$\frac{\partial K}{\partial x_2} = 2x_2$$

$$\frac{\partial K}{\partial x_3} = \frac{1}{2\sqrt{x_3}}$$

2. $K = ax_1^2 x_2 + x_2 x_3^3$

$$\frac{\partial K}{\partial x_1} = 2ax_1 x_2$$

$$\frac{\partial K}{\partial x_2} = ax_1^2 + x_3^3$$

$$\frac{\partial K}{\partial x_3} = 3x_2 x_3^2 .$$

11.4. Funktionen mehrerer Variablen

Bei partiellen Ableitungen ist es üblich, an Stelle von d ein rundes ∂ zu verwenden. Gelegentlich ist es erforderlich, eine Funktion, die von mehreren Variablen abhängt, zunächst nach der einen und anschließend nach einer anderen Variablen abzuleiten. Um Schreibarbeit zu sparen, pflegt man die dabei entstehende Funktion häufig in der Weise zu kennzeichnen, dass die Variable, nach der abgeleitet wird, dem Funktionszeichen als Subskript beigefügt wird. Leitet man beispielsweise die Funktion

$$f(x_1, x_2, x_3) = a\, x_1^2 x_2 + x_2 x_3^3$$

einmal nach x_2 und zweimal nach x_1 ab, so entsteht

$$f_{x_2} = \frac{\partial f(x_1, x_2, x_3)}{\partial x_2} = a\, x_1^2 + x_3^3$$

$$f_{x_2 x_1} = \frac{\partial^2 f(x_1, x_2, x_3)}{\partial x_2\, \partial x_1} = 2\, a x_1$$

$$f_{x_2 x_1 x_1} = \frac{\partial^3 f(x_1, x_2, x_3)}{\partial x_2\, \partial x_1\, \partial x_1} = 2\, a\,.$$

Anzumerken ist noch, dass die Reihenfolge partieller Ableitungen vertauschbar ist, falls die Funktion stetig ist.

Totales Differential Gelegentlich will man wissen, um welchen Betrag sich der Wert einer Funktion verändert, wenn mehrere unabhängige Variablen sich gleichzeitig verändern. Beispielsweise interessiert man sich dafür, wie sich der intertemporale Nutzen eines Individuums verändert, wenn man seinen Konsum im ersten Jahr um einen bestimmten Betrag verringert und im darauf folgenden Jahr um einen anderen Betrag erhöht. Das ist die Frage nach dem totalen Differential einer Funktion mit mehreren Veränderlichen.

Unter der Voraussetzung, dass die partiellen Ableitungen der Funktion existieren und stetig sind, kann man zeigen, dass das totale Differential einer Funktion $y = f(x_1, x_2, \ldots, x_n)$ sich zu

$$dy = \frac{\partial y}{\partial x_1} \cdot dx_1 + \frac{\partial y}{\partial x_2} \cdot dx_2 + \ldots + \frac{\partial y}{\partial x_n} \cdot dx_n$$

ergibt. Unter den Differentialen $dx_1, dx_2, \ldots, dx_n$ der unabhängigen Variablen versteht man *beliebige* Zuwächse dieser Veränderlichen.

11.4.3 Optimierung unter Nebenbedingungen

Viele ökonomische Modelle haben eine Struktur, die nachstehendem Muster entspricht. Man muss eine differenzierbare Zielfunktion maximieren und dabei eine Reihe von Nebenbedingungen einhalten. Beispielsweise soll ein Konsumplan

(C_0, C_1) so gewählt werden, dass der daraus erwachsende Nutzen $U(C_0, C_1)$ möglichst groß wird,

$$\max_{C_0, C_1} U(C_0, C_1).$$

Die Wahl des Konsumplans soll einer Reihe von Beschränkungen gehorchen. Dabei ist an Budgetbedingungen, wie etwa

$$C_1 - \bar{C}_1 - (\bar{C}_0 - C_0) \cdot (1 + r) = 0,$$

und Nicht-Negativitätsbedingungen

$$C_0 \geq 0 \quad C_1 \geq 0$$

zu denken. Konkret könnte ein solches Entscheidungsproblem beispielsweise so aussehen:

$$\max_{C_0, C_1} U(C_0, C_1) = \max_{C_0, C_1} C_0^{0,5} C_1^{0,5}$$

u.d.N. $\quad C_1 - 70 - (100 - C_0) \cdot (1 + 0{,}08) = 0.$

Die Lösung erfolgt nun in den nachstehend beschriebenen drei Schritten.

Schritt 1 Es wird eine neue Variable κ eingeführt, die man als *Lagrange-Multiplikator* bezeichnet. Die Nebenbedingung wird zu null umgestellt, mit der Variablen κ multipliziert und anschließend in die Zielfunktion aufgenommen. Die neu gewonnene Funktion heißt *Lagrangefunktion* und wird in der Form $\mathcal{L}(C_0, C_1, \kappa)$ geschrieben. In unserem Beispiel ergibt sie sich zu

$$\mathcal{L}(C_0, C_1, \kappa) = C_0^{0,5} C_1^{0,5} + \kappa \left(C_1 - 70 - (100 - C_0) \cdot (1 + 0{,}08) \right),$$

was sich zu

$$\mathcal{L}(C_0, C_1, \kappa) = C_0^{0,5} C_1^{0,5} + \kappa \left(C_1 - 178 + 1{,}08 \, C_0 \right)$$

umschreiben lässt.

Sollten mehr als eine Nebenbedingung zu berücksichtigen sein, so sind für alle m Nebenbedingungen Lagrangemultiplikatoren $\kappa_1, \ldots, \kappa_m$ einzuführen. Anschließend sind alle mit den Faktoren multiplizierte Bedingungen in die Zielfunktion aufzunehmen.

Schritt 2 Um die Lagrangefunktion zu maximieren, bildet man nun die partiellen Ableitungen nach allen ihren Variablen und setzt dieselben null. Für das Beispiel erhält man

$$\frac{\partial \mathcal{L}}{\partial C_0} = 0{,}5 \, C_0^{-0,5} C_1^{0,5} + 1{,}08 \, \kappa$$

$$\frac{\partial \mathcal{L}}{\partial C_1} = 0{,}5 \, C_0^{0,5} C_1^{-0,5} + \kappa$$

$$\frac{\partial \mathcal{L}}{\partial \kappa} = C_1 - 178 + 1{,}08 \, C_0.$$

11.4. Funktionen mehrerer Variablen

Lagrange

Der italienisch-französische Mathematiker Joseph Louis de Lagrange (1736-1813) begründete mit seinem Buch „Mécanique analytique" die theoretische Mechanik. Sein Vater hatte das Familienvermögen durch gewagte Spekulationen verloren, was Lagrange als sein größtes Glück betrachtete: „Hätte ich ein Vermögen geerbt, wäre ich wohl nicht auf die Mathematik verfallen." Lagrange eignete sich die Infinitesimalrechnung als Autodidakt an und wurde schon mit 19 Jahren Professor für Mathematik an der Königlichen Artillerieschule in Turin. Euler erkannte Lagranges Genialität früh und veranlasste, dass dieser bereits mit 23 Jahren als ausländisches Mitglied in die Preußische Akademie der Wissenschaften gewählt wurde. 1766 wurde er Direktor der Abteilung für Physik und Mathematik und trat damit die Nachfolge Eulers an. Friedrich der Große, der sich selbst unbescheiden als den „größten König Europas" bezeichnete, betrachtete es als große Ehre, „den größten Mathematiker" an seinem Hof zu haben. Nach dem Tode Friedrichs im Jahre 1786 nahm Lagrange die Einladung Ludwigs XVI. an, als Mitglied der französischen Akademie seine Arbeit in Paris fortzusetzen. Er war ein freundlicher und zugleich bescheidener Mann, der sich nur der Wissenschaft verpflichtet fühlte. Daher wurde er selbst in der französischen Revolution mit großem Respekt behandelt. Er beendete seine Laufbahn als Professor für Mathematik an der im Jahre 1795 gegründeten École Polytechnique in Paris. (Abbildung mit freundlicher Genehmigung der Berlin-Brandenburgischen Akademie der Wissenschaften)

Nullsetzen liefert

$$0{,}5\, C_0^{-0{,}5} C_1^{0{,}5} + 1{,}08\,\kappa = 0 \tag{11.2}$$

$$0{,}5\, C_0^{0{,}5} C_1^{-0{,}5} + \kappa = 0 \tag{11.3}$$

$$C_1 - 178 + 1{,}08\, C_0 = 0. \tag{11.4}$$

Schritt 3 Das vorstehende Gleichungssystem ist abschließend zu lösen. In unserem Beispiel empfiehlt es sich, zunächst Gleichung (11.3) nach κ aufzulösen und das Resultat in Gleichung (11.2) einzusetzen. Das ergibt unter Berücksichtigung von (11.4) ein System von nur noch zwei Gleichungen,

$$0{,}5\, C_0^{-0,5} C_1^{0,5} - 0{,}54\, C_0^{0,5} C_1^{-0,5} = 0 \tag{11.5}$$
$$C_1 - 178 + 1{,}08\, C_0 = 0. \tag{11.6}$$

Löst man Gleichung (11.6) nach C_1 auf und setzt das Ergebnis in Gleichung (11.5) ein, so kommt man nach geringfügiger Umformung auf

$$C_0 = \frac{2.225}{27} = 82{,}41\,.$$

Einsetzen in (11.4) und 11.3 liefert nun rasch auch die noch fehlenden Resultate,

$$C_1 = 89$$
$$\kappa = -\frac{5\sqrt{3}}{18} = -0{,}481125\,.$$

Der Nutzen im Falle der Realisierung dieses Plans beläuft sich auf

$$U = \left(\frac{2.225}{27}\right)^{0,5} \cdot 89^{0,5} = 85{,}6402\,.$$

κ gibt eine Information über die ökonomische Bedeutung der Nebenbedingung. Wenn die Nebenbedingung „um eine Einheit schärfer" wird, so verändert sich der Nutzen um den Betrag $\kappa = -0{,}481125$. Hätte man also statt des ursprünglichen Optimierungsproblems die Funktion

$$\mathcal{L} = C_0^{0,5} C_1^{0,5} + \kappa\left(C_1 - 177 + 1{,}08\, C_0\right)$$

zu maximieren, so würde man auf einen optimalen Konsumplan von $C_0 = \frac{1.475}{18}$ und $C_1 = \frac{177}{2}$ kommen, der einen Nutzen in Höhe von nur noch $U = 85{,}1591$ abwirft. Das entspricht genau der Verminderung um den Betrag κ.

11.5 Matrizenrechnung

11.5.1 Grundbegriffe und elementare Rechenregeln

Eine *Matrix*

$$A = (a_{ik}) = \begin{pmatrix} a_{11} & a_{12} & \ldots & a_{1n} \\ a_{21} & a_{22} & \ldots & a_{2n} \\ \multicolumn{4}{c}{\dotfill} \\ a_{m1} & a_{m2} & \ldots & a_{mn} \end{pmatrix}$$

ist ein geordnetes Schema ihrer Elemente a_{ik}, wobei außer dem Zahlenwert des Elements a_{ik} auch seine Stellung im Schema wesentlich ist, die durch den Doppelindex i,k gekennzeichnet wird; i ist der Zeilenindex, k der Spaltenindex. Obige Matrix hat m Zeilen und n Spalten.

11.5. Matrizenrechnung

Vektoren sind Matrizen, die nur aus einer Zeile oder nur aus einer Spalte bestehen. Eine eine $(n \times 1)$-Matrix heißt Spaltenvektor

$$a = \begin{pmatrix} a_1 \\ a_2 \\ \vdots \\ a_n \end{pmatrix},$$

während eine $(1 \times n)$-Matrix als Zeilenvektor

$$a^T = (a_1 \; a_2 \; \ldots \; a_n)$$

bezeichnet wird.

Eine Matrix heißt *quadratisch*, wenn sie ebenso viele Zeilen wie Spalten hat ($m = n$). Zwei Matrizen heißen *gleichartig*, wenn sie gleiche Zeilenzahl m und Spaltenzahl n haben. Zwei gleichartige Matrizen A und B heißen *gleich*, wenn alle einander entsprechenden Elemente übereinstimmen, wenn also für alle i und k $a_{ik} = b_{ik}$ ist.

Summe zweier gleichartiger Matrizen Addiert man zwei gleichartige Matrizen A und B, so entsteht eine neue Matrix C, für deren Elemente

$$c_{ik} = a_{ik} + b_{ik}$$

festgelegt ist. Beispiel:

$$\begin{pmatrix} 3 & 5 & 8 \\ 2 & -4 & 6 \end{pmatrix} + \begin{pmatrix} 4 & 6 & -9 \\ 1 & 2 & -5 \end{pmatrix} = \begin{pmatrix} 3+4 & 5+6 & 8-9 \\ 2+1 & -4+2 & 6-5 \end{pmatrix}$$
$$= \begin{pmatrix} 7 & 11 & -1 \\ 3 & -2 & 1 \end{pmatrix}$$

Multiplikation einer Matrix mit einer Zahl Multipliziert man eine Matrix A mit einer Zahl κ, so entsteht eine neue Matrix C, für deren Elemente

$$c_{ik} = \kappa \cdot a_{ik}$$

festgelegt ist. Beispiel:

$$5 \cdot \begin{pmatrix} 3 & 5 & 8 \\ 2 & -4 & 6 \end{pmatrix} = \begin{pmatrix} 5 \cdot 3 & 5 \cdot 5 & 5 \cdot 8 \\ 5 \cdot 2 & 5 \cdot (-4) & 5 \cdot 6 \end{pmatrix}$$
$$= \begin{pmatrix} 15 & 25 & 40 \\ 10 & -20 & 30 \end{pmatrix}$$

Multiplikation zweier Matrizen Will man zwei Matrizen A und B miteinander multiplizieren, so ist dies nur möglich, wenn die Spaltenanzahl von A mit der Zeilenanzahl von B übereinstimmt. Bei der Multiplikation entsteht eine neue Matrix C, für deren Elemente

$$c_{ij} = \sum_{k=1}^{n} a_{ik} b_{kj} \qquad (11.7)$$

gilt. Man sieht aus der Berechnungsvorschrift, dass diese nicht definiert ist, wenn die Matrix A nicht ebenso viele Spalten hat wie die Matrix B Zeilen. Beispiel:

$$A = \begin{pmatrix} 3 & 5 & 8 \\ 2 & -4 & 6 \end{pmatrix} \qquad B = \begin{pmatrix} 1 & 4 \\ 2 & 6 \\ -5 & -9 \end{pmatrix}$$

Will man Gleichung (11.7) auf das Element c_{11} anwenden, so ist die erste Zeile der Matrix A und die erste Spalte der Matrix B zu benutzen. Die Rechnung lautet

$$c_{11} = 3 \cdot 1 + 5 \cdot 2 + 8 \cdot (-5) = -27.$$

Entsprechend erhält man für c_{22}

$$c_{22} = 2 \cdot 4 - 4 \cdot 6 + 6 \cdot (-9) = -70.$$

Als Ergebnis bekommt man

$$\begin{pmatrix} 3 & 5 & 8 \\ 2 & -4 & 6 \end{pmatrix} \cdot \begin{pmatrix} 1 & 4 \\ 2 & 6 \\ -5 & -9 \end{pmatrix} = \begin{pmatrix} -27 & -30 \\ -36 & -70 \end{pmatrix}.$$

Bei der Matrixmultiplikation ist noch zu betonen:

1. Wenn es möglich ist, A mit B zu multiplizieren, so muss es nicht zugleich auch möglich sein, B mit A zu multiplizieren.

2. Wenn aber sowohl AB als auch BA definiert sind, so muss es sich bei den Ergebnissen nicht notwendigerweise um die gleichen Matrizen handeln. Für Matrizen gilt also nicht das kommutative Gesetz. Beispiel: Für die Matrizen

$$A = \begin{pmatrix} 3 & 6 & 8 \\ 2 & 5 & 7 \\ 9 & 1 & 4 \end{pmatrix} \quad \text{und} \quad B = \begin{pmatrix} 0 & 1 & 5 \\ 5 & 1 & 2 \\ 3 & 7 & 7 \end{pmatrix}$$

erhält man

$$AB = \begin{pmatrix} 54 & 65 & 83 \\ 46 & 56 & 69 \\ 17 & 38 & 75 \end{pmatrix} \quad \text{und} \quad BA = \begin{pmatrix} 47 & 10 & 27 \\ 35 & 37 & 55 \\ 86 & 60 & 101 \end{pmatrix}.$$

11.5.2 Besondere Matrizen

Als besondere Matrizen sind die Nullmatrix und unter den quadratischen Matrizen die Diagonalmatrix und die Einheitsmatrix vorzustellen. Ferner muss man wissen, wie man eine Matrix transponiert.

Nullmatrix Die Nullmatrix ist eine nicht unbedingt quadratische Matrix, deren sämtliche Elemente null sind,

$$\mathbf{0} = \begin{pmatrix} 0 & 0 & \ldots & 0 \\ 0 & 0 & \ldots & 0 \\ \multicolumn{4}{c}{\dotfill} \\ 0 & 0 & \ldots & 0 \end{pmatrix}.$$

Diagonalmatrix Eine Diagonalmatrix D ist eine quadratische Matrix (d_{ik}), für deren Elemente $d_{ik} = 0$ gilt, wenn $i \neq k$ ist. Beispiel:

$$D = \begin{pmatrix} 5 & 0 & 0 & 0 \\ 0 & 7 & 0 & 0 \\ 0 & 0 & -3 & 0 \\ 0 & 0 & 0 & 20 \end{pmatrix}.$$

Die Elemente d_{ii} mit $i = 1, \ldots, n$ nennt man Hauptdiagonalelemente.

Einheitsmatrix Die Einheitsmatrix E ist eine Diagonalmatrix, deren Hauptdiagonalelemente sämtlich eins sind. Beispiel:

$$E = \begin{pmatrix} 1 & 0 & 0 \\ 0 & 1 & 0 \\ 0 & 0 & 1 \end{pmatrix}.$$

Wichtig ist folgender Satz über Einheitsmatrizen: Wird eine zulässige Multiplikation zwischen einer beliebigen Matrix A und einer Einheitsmatrix E vorgenommen, so gilt immer

$$\begin{aligned} AE &= A \quad \text{und} \\ EA &= A . \end{aligned} \tag{11.8}$$

Transponierte Matrix Die transponierte Matrix A^T wird aus einer beliebigen Matrix A dadurch gewonnen, dass man ihre Zeilen als Spalten schreibt, d.h. $a^T_{ik} = a_{ki}$. Beispiel:

$$A = \begin{pmatrix} 3 & 5 & 8 \\ 2 & -4 & 6 \end{pmatrix} \quad A^T = \begin{pmatrix} 3 & 2 \\ 5 & -4 \\ 8 & 6 \end{pmatrix}$$

11.5.3 Determinanten

Jeder quadratischen Matrix A kann eine reelle Zahl $|A|$ zugeordnet werden. Die Determinante der Matrix A mit

$$A = \begin{pmatrix} a_{11} & a_{12} & \ldots & a_{1n} \\ a_{21} & a_{22} & \ldots & a_{2n} \\ \multicolumn{4}{c}{\dotfill} \\ a_{n1} & a_{n2} & \ldots & a_{nn} \end{pmatrix}$$

wird mit

$$|A| = \begin{vmatrix} a_{11} & a_{12} & \ldots & a_{1n} \\ a_{21} & a_{22} & \ldots & a_{2n} \\ \multicolumn{4}{c}{\dotfill} \\ a_{n1} & a_{n2} & \ldots & a_{nn} \end{vmatrix}$$

bezeichnet. Im Folgenden wird beschrieben, wie man die Determinante berechnen kann.

Zweireihige Determinante Eine zweireihige Determinante ist durch

$$|A| = \begin{vmatrix} a_{11} & a_{12} \\ a_{21} & a_{22} \end{vmatrix} = a_{11}a_{22} - a_{12}a_{21}$$

erklärt. Beispiel:

$$\begin{vmatrix} 5 & 7 \\ 3 & 6 \end{vmatrix} = 5 \cdot 6 - 7 \cdot 3 = 9 \ .$$

Dreireihige Determinante Eine dreireihige Determinante ist durch

$$|A| = \begin{vmatrix} a_{11} & a_{12} & a_{13} \\ a_{21} & a_{22} & a_{23} \\ a_{31} & a_{32} & a_{33} \end{vmatrix} = \begin{array}{l} a_{11}a_{22}a_{33} + a_{12}a_{23}a_{31} + a_{13}a_{21}a_{32} - \\ a_{13}a_{22}a_{31} - a_{12}a_{21}a_{33} - a_{11}a_{23}a_{32} \end{array}$$

erklärt. Als Rechenverfahren für dreireihige Determinanten existiert die *Sarrussche Regel*.[5] Man verlängert das quadratische Zahlenschema um die beiden ersten Spalten und berechnet die Produkte der Glieder in der Richtung der Haupt- und Nebendiagonalen. Danach subtrahiert man die Produkte der Nebendiagonalrichtung von der Summe der Produkte in der Hauptdiagonalrichtung.

Wenden wir die *Sarrus*-Regel auf ein Beispiel an, so erhalten wir

$$|A| = \begin{vmatrix} 3 & 9 & 6 \\ 2 & 4 & 10 \\ 3 & -2 & 8 \end{vmatrix} = \begin{array}{l} 3 \cdot 4 \cdot 8 + 9 \cdot 10 \cdot 3 + 6 \cdot 2 \cdot (-2) - \\ 6 \cdot 4 \cdot 3 - 3 \cdot 10 \cdot (-2) - 9 \cdot 2 \cdot 8 \end{array} = 186 \ .$$

---

[5] *Pierre-Frédéric Sarrus* (1798–1861), französischer Mathematiker.

11.5. Matrizenrechnung

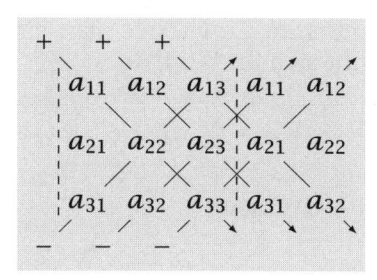

Abbildung 11.15: Regel von *Sarrus*

n-reihige Determinanten Determinanten, die drei oder mehr Reihen enthalten, lassen sich berechnen, indem man sie nach einer Zeile oder Spalte entwickelt und dann die $(n-1)$-reihigen Unterdeterminanten berechnet.

Unterdeterminante Eine Unterdeterminante entsteht, indem man eine Zeile und eine Spalte der Determinante streicht. Streicht man die i-te Zeile sowie die k-te Spalte, so erhält man die Unterdeterminante $|A_{ik}|$. Beispiel: Streicht man in der Determinante

$$|A| = \begin{vmatrix} a_{11} & a_{12} & a_{13} \\ a_{21} & a_{22} & a_{23} \\ a_{31} & a_{32} & a_{33} \end{vmatrix}$$

die zweite Zeile und die erste Spalte, so ergibt sich die Unterdeterminante

$$|A_{21}| = \begin{vmatrix} a_{12} & a_{13} \\ a_{32} & a_{33} \end{vmatrix} \;.$$

Adjunkte Unter einer Adjunkte Δ_{ik} versteht man die mit $(-1)^{i+k}$ multiplizierte Unterdeterminante $|A_{ik}|$,

$$\Delta_{ik} = (-1)^{i+k} \cdot |A_{ik}| \;.$$

Geht man beispielsweise von der Determinante

$$|A| = \begin{vmatrix} 3 & 9 & 6 \\ 2 & 4 & 10 \\ 3 & -2 & 8 \end{vmatrix}$$

aus und will die Adjunkte Δ_{21} berechnen, so erhält man zunächst die Unterdeterminante

$$|A_{21}| = \begin{vmatrix} 9 & 6 \\ -2 & 8 \end{vmatrix} = 84$$

und daraus die Adjunkte

$$\Delta_{21} = (-1)^{2+1} \cdot 84 = -84 \;.$$

Entwicklung einer Determinante Entwickelt man eine n-reihige Determinante nach der i-ten Zeile, so ergibt sich ihr Wert zu

$$|A| = \sum_{k=1}^{n} a_{ik} \Delta_{ik} \quad.$$

Als Beispiel wollen wir die Determinante

$$|A| = \begin{vmatrix} 3 & 9 & 6 \\ 2 & 4 & 10 \\ 3 & -2 & 8 \end{vmatrix}$$

durch Entwicklung nach der zweiten Zeile berechnen. Da es sich hier um eine dreireihige Determinante handelt, können wir das Resultat überprüfen, indem wir die *Sarrus*sche Regel anwenden, siehe Seite 536. Man erhält

$$\begin{aligned} |A| = \begin{vmatrix} 3 & 9 & 6 \\ 2 & 4 & 10 \\ 3 & -2 & 8 \end{vmatrix} &= 2 \cdot (-1)^{2+1} \cdot \begin{vmatrix} 9 & 6 \\ -2 & 8 \end{vmatrix} + 4 \cdot (-1)^{2+2} \cdot \begin{vmatrix} 3 & 6 \\ 3 & 8 \end{vmatrix} + \\ &\quad + 10 \cdot (-1)^{2+3} \cdot \begin{vmatrix} 3 & 9 \\ 3 & -2 \end{vmatrix} \\ &= 2 \cdot (-1) \cdot 84 + 4 \cdot 1 \cdot 6 + 10 \cdot (-1) \cdot (-33) \\ &= -168 + 24 + 330 \\ &= 186 \quad. \end{aligned}$$

11.5.4 Invertieren einer Matrix

Zu einer quadratischen Matrix A kann es eine quadratische Matrix B geben, so dass

$$AB = BA = E \quad.$$

Die Multiplikation beider Matrizen soll die Einheitsmatrix ergeben. Wenn zu einer Matrix A eine Matrix B mit der angegebenen Eigenschaft existiert, so bezeichnet man sie üblicherweise als *Inverse* der Matrix A mit dem Symbol A^{-1}, also

$$AA^{-1} = A^{-1}A = E \quad.$$

Die Inverse ist sehr nützlich, wenn man lineare Gleichungssysteme lösen will.[6]

Die Inverse einer quadratischen Matrix existiert nur, wenn die Determinante $|A| \neq 0$ ist. Man nennt eine Matrix, die diese Eigenschaften erfüllt, nicht-singulär oder auch regulär. Ist die Determinante einer Matrix dagegen null, so heißt sie singulär. Singuläre Matrizen lassen sich nicht invertieren. Um die Invertierung einer nicht-singulären Matrix vorzunehmen, ist wie folgt vorzugehen:

---
[6]Siehe dazu im Einzelnen Seite 540 ff.

11.5. Matrizenrechnung

1. Es ist die Determinante der Matrix zu berechnen.
2. Anschließend sind sämtliche Adjunkten Δ_{ik} der Matrix zu berechnen und zur Adjunkten-Matrix

$$\tilde{A} = (\Delta_{ik}) = \begin{pmatrix} \Delta_{11} & \Delta_{12} & \ldots & \Delta_{1n} \\ \Delta_{21} & \Delta_{22} & \ldots & \Delta_{2n} \\ \ldots\ldots\ldots\ldots\ldots\ldots\ldots\ldots \\ \Delta_{n1} & \Delta_{n2} & \ldots & \Delta_{nn} \end{pmatrix}$$

zusammenzustellen.

3. Die Adjunkten-Matrix ist zu transponieren:

$$\tilde{A}^T = (\Delta_{ki}) = \begin{pmatrix} \Delta_{11} & \Delta_{21} & \ldots & \Delta_{n1} \\ \Delta_{12} & \Delta_{22} & \ldots & \Delta_{n2} \\ \ldots\ldots\ldots\ldots\ldots\ldots\ldots\ldots \\ \Delta_{1n} & \Delta_{2n} & \ldots & \Delta_{nn} \end{pmatrix}.$$

4. Die transponierte Adjunkten-Matrix $\tilde{A}^T$ ist durch die Determinante $|A|$ zu dividieren. Das Ergebnis ist die Inverse

$$A^{-1} = \frac{\tilde{A}^T}{|A|}.$$

Beispielsweise soll die Matrix

$$A = \begin{pmatrix} 3 & 9 & 6 \\ 2 & 4 & 10 \\ 3 & -2 & 8 \end{pmatrix}$$

invertiert werden. Die Determinante war oben bereits mehrfach berechnet worden. Ihr Wert ist $|A| = 186$. Die Matrix ist also regulär. Die Adjunkten waren oben ebenfalls teilweise berechnet worden. Sie ergeben sich zu

$$\begin{array}{lll}
\Delta_{11} = 52 & \Delta_{21} = -84 & \Delta_{31} = 66 \\
\Delta_{12} = 14 & \Delta_{22} = 6 & \Delta_{32} = -18 \\
\Delta_{13} = -16 & \Delta_{23} = 33 & \Delta_{33} = -6
\end{array}.$$

Die Inverse heißt daher

$$A^{-1} = \begin{pmatrix} \frac{52}{186} & -\frac{84}{186} & \frac{66}{186} \\ \frac{14}{186} & \frac{6}{186} & -\frac{18}{186} \\ -\frac{16}{186} & \frac{33}{186} & -\frac{6}{186} \end{pmatrix} = \begin{pmatrix} \frac{26}{93} & -\frac{14}{31} & \frac{11}{31} \\ \frac{7}{93} & \frac{1}{31} & -\frac{3}{31} \\ -\frac{8}{93} & \frac{11}{62} & -\frac{1}{31} \end{pmatrix}.$$

11.5.5 Darstellung und Lösung linearer Gleichungssysteme

Wir beschränken uns im Folgenden auf eine bestimmte Klasse linearer Gleichungssysteme, und zwar auf quadratische Systeme mit regulärer Koeffizientenmatrix. Das lineare Gleichungssystem

$$\begin{aligned} a_{11}x_1 + a_{12}x_2 + \cdots + a_{1n}x_n &= b_1 \\ a_{21}x_1 + a_{22}x_2 + \cdots + a_{2n}x_n &= b_2 \\ &\cdots\cdots\cdots\cdots\cdots\cdots\cdots\cdots\cdots \\ a_{n1}x_1 + a_{n2}x_2 + \cdots + a_{nn}x_n &= b_n \end{aligned}$$

lässt sich unter den getroffenen Voraussetzungen in Matrizenschreibweise als

$$\boldsymbol{Ax} = \boldsymbol{b} \tag{11.9}$$

mit der quadratischen *Koeffizientenmatrix*

$$\boldsymbol{A} = \begin{pmatrix} a_{11} & a_{12} & \ldots & a_{1n} \\ a_{21} & a_{22} & \ldots & a_{2n} \\ \multicolumn{4}{c}{\cdots\cdots\cdots\cdots\cdots\cdots} \\ a_{n1} & a_{n2} & \ldots & a_{nn} \end{pmatrix},$$

dem *Spaltenvektor der Unbekannten*

$$\boldsymbol{x} = \begin{pmatrix} x_1 \\ x_2 \\ \vdots \\ x_n \end{pmatrix}$$

und dem *Spaltenvektor der Konstanten*

$$\boldsymbol{b} = \begin{pmatrix} b_1 \\ b_2 \\ \vdots \\ b_n \end{pmatrix}$$

formulieren. Multipliziert man beide Seiten von (11.9) mit $\boldsymbol{A}^{-1}$, so ergibt sich

$$\begin{aligned} \boldsymbol{A}^{-1}\boldsymbol{Ax} &= \boldsymbol{A}^{-1}\boldsymbol{b} \\ \boldsymbol{Ex} &= \boldsymbol{A}^{-1}\boldsymbol{b} \\ \boldsymbol{x} &= \boldsymbol{A}^{-1}\boldsymbol{b} \ . \end{aligned}$$

Das Gleichungssystem kann also gelöst werden, indem man die Inverse der Koeffizientenmatrix $\boldsymbol{A}^{-1}$ mit dem Vektor der Konstanten $\boldsymbol{b}$ multipliziert.

11.5. Matrizenrechnung

Will man beispielsweise das Gleichungssystem

$$\begin{array}{rcrcrcr} 3x_1 & + & 9x_2 & + & 6x_3 & = & 90 \\ 2x_1 & + & 4x_2 & + & 10x_3 & = & 74 \\ 3x_1 & - & 2x_2 & + & 8x_3 & = & 43 \end{array}$$

lösen, so kann man es zunächst in die Form

$$\begin{pmatrix} 3 & 9 & 6 \\ 2 & 4 & 10 \\ 3 & -2 & 8 \end{pmatrix} \cdot \begin{pmatrix} x_1 \\ x_2 \\ x_3 \end{pmatrix} = \begin{pmatrix} 90 \\ 74 \\ 43 \end{pmatrix}$$

bringen. Die Lösung des Gleichungssystems lässt sich ohne weitere Vorbereitungen so darstellen:

$$\begin{pmatrix} x_1 \\ x_2 \\ x_3 \end{pmatrix} = \begin{pmatrix} 3 & 9 & 6 \\ 2 & 4 & 10 \\ 3 & -2 & 8 \end{pmatrix}^{-1} \cdot \begin{pmatrix} 90 \\ 74 \\ 43 \end{pmatrix}.$$

Cramer

Der schweizerische Mathematiker Gabriel Cramer (1704-1752) promovierte schon als Achtzehnjähriger mit einer Doktorarbeit über Akustik und wurde nur zwei Jahre später Professor für Mathematik und Philosophie an der Académie de Calvin in Genf. Er setzte sich dafür ein, die Vorlesungen nicht nur – wie damals üblich – auf Lateinisch zu halten, sondern auch in französischer Sprache. Im Jahre 1750 veröffentlichte er das Buch „Introduction a l'analyse de lignes courbes algébriques", in dem sich eine Formel zur Lösung linearer Gleichungssysteme findet, welche uns heute als Cramersche Regel bekannt ist. Cramer hat sich darüber hinaus mit der Herausgabe der Werke von Jakob und Johann Bernoulli einen Namen gemacht. Er verfasste aber auch Arbeiten über Rechts- und Staatsphilosophie sowie Geschichte der Mathematik. Ferner bekleidete er neben seiner Tätigkeit als Professor zahlreiche öffentliche Ämter. (Abbildung mit freundlicher Genehmigung der Bibliothèque de Genève)

Da wir die Inverse der Koeffizientenmatrix oben bereits berechnet hatten, brauchen wir das Ergebnis hier jetzt nur zu übernehmen. Auf diese Weise erhalten wir

$$\begin{pmatrix} x_1 \\ x_2 \\ x_3 \end{pmatrix} = \begin{pmatrix} \frac{26}{93} & -\frac{14}{31} & \frac{11}{31} \\ \frac{7}{93} & \frac{1}{31} & -\frac{3}{31} \\ -\frac{8}{93} & \frac{11}{62} & -\frac{1}{31} \end{pmatrix} \cdot \begin{pmatrix} 90 \\ 74 \\ 43 \end{pmatrix} = \begin{pmatrix} 7 \\ 5 \\ 4 \end{pmatrix}.$$

Macht man die Probe, so erhält man tatsächlich

$$\begin{array}{rcrcrcl} 3 \cdot 7 & + & 9 \cdot 5 & + & 6 \cdot 4 & = & 90 \\ 2 \cdot 7 & + & 4 \cdot 5 & + & 10 \cdot 4 & = & 74 \\ 3 \cdot 7 & - & 2 \cdot 5 & + & 8 \cdot 4 & = & 43 \end{array}.$$

Cramersche Regel Ein anderes, im Ergebnis vollkommen gleichwertiges Konzept zur Lösung quadratischer linearer Gleichungssysteme mit regulärer Koeffizientenmatrix beruht auf der Cramerschen Regel. Diese besagt, dass man die Elemente des Lösungsvektors aus

$$x_i = \frac{D_i}{D^{(n)}} \quad \text{mit } D^{(n)} \neq 0$$

berechnen kann, wobei $D^{(n)}$ Koeffizientendeterminante und D_i Zählerdeterminante heißt. Die Koeffizientendeterminante ist mit

$$D^{(n)} = \begin{vmatrix} a_{11} & a_{12} & \ldots & a_{1n} \\ a_{21} & a_{22} & \ldots & a_{2n} \\ \multicolumn{4}{c}{\dotfill} \\ a_{n1} & a_{n2} & \ldots & a_{nn} \end{vmatrix}$$

definiert. Die Zählerdeterminante D_i wird gebildet, indem man die i-te Spalte in der Koeffizientenmatrix durch den Vektor der Konstanten ersetzt. Will man beispielsweise das Gleichungssystem

$$\begin{array}{rcrcrcl} 3x_1 & + & 9x_2 & + & 6x_3 & = & 90 \\ 2x_1 & + & 4x_2 & + & 10x_3 & = & 74 \\ 3x_1 & - & 2x_2 & + & 8x_3 & = & 43 \end{array}$$

11.5. Matrizenrechnung

lösen, so berechnet man mit Hilfe der Sarrusschen Regel

$$D^{(3)} = \begin{vmatrix} 3 & 9 & 6 \\ 2 & 4 & 10 \\ 3 & -2 & 8 \end{vmatrix} = 96 + 270 - 24 - 72 + 60 - 144 = 186$$

$$D_1 = \begin{vmatrix} 90 & 9 & 6 \\ 74 & 4 & 10 \\ 43 & -2 & 8 \end{vmatrix} = 2.880 + 3.870 - 888 - 1.032 + 1.800 - 5.328 = 1.302$$

$$D_2 = \begin{vmatrix} 3 & 90 & 6 \\ 2 & 74 & 10 \\ 3 & 43 & 8 \end{vmatrix} = 1.776 + 2.700 + 516 - 1.332 - 1.290 - 1.440 = 930$$

$$D_3 = \begin{vmatrix} 3 & 9 & 90 \\ 2 & 4 & 74 \\ 3 & -2 & 43 \end{vmatrix} = 516 + 1.998 - 360 - 1.080 + 444 - 774 = 744$$

und erhält daraus

$$x_1 = \frac{1.302}{186} = 7 \qquad x_2 = \frac{930}{186} = 5 \qquad x_3 = \frac{744}{186} = 4.$$

Die Probe erübrigt sich.

Literaturverzeichnis

Allais, Maurice (1953): „Le comportement de l'homme rationel devant le risque: critique de postulats e axiome de l'ecole américaine". *Econometrica* (21), 503-546.

Allingham, Michael (1991): „Existence theorems in the capital asset pricing model". *Econometrica* (59), 1169-1174.

Amin, Kaushik I. und Robert A. Jarrow (1992): „Pricing options on risky assets in a stochastic interest rate economy". *Mathematical Finance* (2), 217-237.

Arrow, Kenneth J. (1964): „The role of securities in the optimal allocation of risk-bearing". *The Review of Economic Studies* (31), 91-96.

— (1971): „The theory of risk aversion". In: *Essays in the Theory of Risk-Bearing.* Hrsg. von Kenneth J. Arrow. North-Holland, Amsterdam und London, 90-120.

Bachelier, Louis (1900): „Theorie de la speculation". *Annales de l'Ecole Normale Superieur* (17), 21-86.

Ball, Clifford A. und Antonio Roma (1994): „Stochastic volatility option pricing". *Journal of Financial and Quantitative Analysis* (29), 589-607.

Ball, Clifford A. und Walter N. Torous (1983): „Bond price dynamics and options". *Journal of Financial and Quantitative Analysis* (18), 517-531.

Banz, Rolf W. und Merton H. Miller (1978): „Prices for state-contingent claims: some estimates and applications". *Journal of Business* (51), 653-672.

Bawa, Vijay S. (1975): „Optimal rules for ordering uncertain prospects". *Journal of Financial Economics* (2), 95-121.

— (1982): „Stochastic dominance: a research bibliography". *Management Science* (28), 698-712.

Bernoulli, Daniel (1738): *Specimen theoriae novae de mensura sortis. Commentarii Academiae Scientiarum Imperialis Petropolitanae,* 175-192, (Deutsche Übersetzung von Lutz und Peter Kruschwitz: Entwurf einer neuen Theorie zur Bewertung von Lotterien, *Die Betriebswirtschaft* (56), 1996, 733-742, Englische Übersetzung von Louise Sommer: Exposition of a new theory on the measurement of risk, *Econometrica* (22), 1954, 23-36).

Bernstein, Peter L. (1992): *Capital Ideas:* The Improbable Origins of Modern Wall Street. The Free Press, New York.

— (1996): *Against the Gods:* The Remarkable Story of Risk. John Wiley & Sons, New York.

Bingham, Nicholas H. und Rüdiger Kiesel (2004): *Risk-Neutral Valuation:* Pricing and Hedging of Financial Derivatives. 2. Aufl. Springer, London, Berlin und Heidelberg.

Black, Fischer (1972): „Capital market equilibrium with restricted borrowing". *Journal of Business* (45), 444–454.

— (1976): „The dividend puzzle". *The Journal of Portfolio Management* (3), 5–8.

— (1986): „Noise". *The Journal of Finance* (41), 529–543.

Black, Fischer, Emanuel Derman und William Toy (1990): „A one-factor model of interest rates and its application to treasury bond options". *Financial Analysts Journal* (46), 33–39.

Black, Fischer, Michael C. Jensen und Myron S. Scholes (1972): „The capital asset pricing model: some empirical tests". In: *Studies in the Theory of Capital Markets.* Hrsg. von Michael C. Jensen. Praeger, New York, 79–121.

Black, Fischer und Myron S. Scholes (1973): „The pricing of options and corporate liabilities". *Journal of Political Economy* (81), 637–654.

Borch, Karl H. (1969): *Wirtschaftliches Verhalten bei Unsicherheit.* R. Oldenbourg, Wien und München.

Bottazzi, Jean-Marc, Thorsten Hens und Andreas Löffler (1998): „Market demand functions in the CAPM". *Journal of Economic Theory* (79), 192–206.

Bouleau, Nicolas (2004): *Financial Markets and Martingales:* Observations on Science and Speculation. Springer, London, Berlin und Heidelberg.

Branger, Nicole und Christian Schlag (2004): *Zinsderivate:* Modelle und Bewertung. Springer, Berlin, Heidelberg und New York.

Brealey, Richard A., Stewart C. Myers und Franklin Allen (2006): *Principles of Corporate Finance.* 8. Aufl. McGraw-Hill, Irwin, New York.

Brigo, Damiano und Fabio Mercurio (2006): *Interest Rate Models:* Theory and Practice. 2. Aufl. Springer, Berlin, Heidelberg und New York.

Bühler, Wolfgang (1988): „Rationale Bewertung von Optionsrechten auf Anleihen". *Zeitschrift für betriebswirtschaftliche Forschung* (40), 851–883.

Bühler, Wolfgang, Marliese Uhrig-Homburg, Ulrich Walter und Thomas Weber (1999): „An empirical comparison of forward and spot rate models for valuing interest rate options". *The Journal of Finance* (54), 269–305.

Büning, Herbert (1991): *Robuste und adaptive Tests.* Walter de Gruyter, Berlin und New York.

Chiang, Alpha C. (1984): *Fundamental Methods of Mathematical Economics.* 3. Aufl. McGraw-Hill, New York.

Cochrane, John H. (2005): *Asset Pricing.* 2. Aufl. Princeton University Press, Princeton und Oxford.

Constantinides, George M. (1982): „Intertemporal asset pricing with heterogeneous consumers and without demand aggregation". *Journal of Business* (55), 253–267.

Copeland, Thomas E., John F. Weston und Kuldeep Shastri (2005): *Financial Theory and Corporate Policy.* 4. Aufl. Addison-Wesley, Boston (MA).

Cox, John C., Jonathan E. Ingersoll jr. und Stephen A. Ross (1985): „An intertemporal general equilibrium model of asset prices". *Econometrica* (53), 363-384.
Cox, John C., Stephen A. Ross und Mark Rubinstein (1979): „Option pricing: a simplified approach". *Journal of Financial Economics* (7), 229-263.
Cox, John C. und Mark Rubinstein (1985): *Options Markets.* Prentice-Hall, Englewood Cliffs (NJ).
Cuthbertson, Keith (1997): *Quantitative Financial Economics:* Stocks, Bonds and Foreign Exchange. John Wiley & Sons, New York.
Debreu, Gérard (1959): *Theory of Value.* Yale University Press, New Haven (CT).
Dixit, Avinash K. und Robert S. Pindyck (1994): *Investment under Uncertainty.* Princeton University Press, Princeton (NJ).
Drukarczyk, Jochen (1993): *Theorie und Politik der Finanzierung.* 2. Aufl. Franz Vahlen, München.
Duffie, Darrell (1988): *Security Markets:* Stochastic Models. Academic Press, Boston.
— (2001): *Dynamic Asset Pricing Theory.* 3. Aufl. Princeton University Press, Princeton und Oxford.
Elton, Edwin J. und Martin J. Gruber (1995): *Modern Portfolio Theory and Investment Analysis.* 5. Aufl. John Wiley & Sons, New York.
Fama, Eugene F. (1976): *Foundations of Finance:* Portfolio Decisions and Securities Prices. Blackwell, Oxford.
Fama, Eugene F. und Kenneth R. French (1992): „The cross-section of expected stock returns". *The Journal of Finance* (47), 427-465.
Fama, Eugene F. und James D. MacBeth (1973): „Risk, return and equilibrium: empirical tests". *Journal of Political Economy* (81), 607-663.
Fama, Eugene F. und Merton H. Miller (1972): *The Theory of Finance.* Dryden, Hinsdale (IL).
Farkas, Julius [eigentlich Gyula] (1901): „Über die Theorie der einfachen Ungleichungen". *Journal für die reine und angewandte Mathematik* (124), 1-27.
Fichtenholz, Gregor Michailowitsch (1989): *Differential- und Integralrechnung.* 13. Aufl. Bd. 1. Deutscher Verlag der Wissenschaften, Berlin.
— (1990): *Differential- und Integralrechnung.* 10. Aufl. Bd. 2. Deutscher Verlag der Wissenschaften, Berlin.
Fisher, Irving (1930): *The Theory of Interest:* As Determined by Impatience to Spend Income and Opportunity to Invest it. Macmillan, New York. (Reprint: Augustus M. Kelley: New York 1965).
Franke, Günter und Herbert Hax (2004): *Finanzwirtschaft des Unternehmens und Kapitalmarkt.* 5. Aufl. Springer, Berlin.
Friedman, Milton und Leonard J. Savage (1948): „The utility analysis of choices involving risk". *Journal of Political Economy* (56), 279-304.
Gibbons, Michael R. (1982): „Multivariate tests of financial models". *Journal of Financial Economics* (10), 3-27.
Hakansson, Nils H. (1982): „To pay or not to pay dividends". *The Journal of Finance* (37), 415-428.

Haley, Charles W. und Lawrence D. Schall (1979): *The Theory of Financial Decisions.* 2. Aufl. McGraw-Hill, New York.

Hart, Oliver D. (1974): „On the existence of equilibrium in a securities model". *Journal of Economic Theory* (9), 293–311.

Heath, David, Robert A. Jarrow und Andrew Morton (1990): „Contingent claim valuation with a random evolution of interest rates". *Review of Futures Markets* (9), 54–76.

— (1992): „Bond pricing and the term structure of interest rates: a new methodology for contingent claims valuation". *Econometrica* (60), 77–105.

Heiler, Siegfried und Paul Michels (1994): *Deskriptive und explorative Datenanalyse.* R. Oldenbourg, München und Wien.

Herstein, Israel Nathan und John W. Milnor (1953): „An axiomatic approach to measurable utility". *Econometrica* (21), 291–297.

Heston, Steven L. (1993): „A closed-form solution for options with stochastic volatility with applications to bond and currency options". *The Review of Financial Studies* (6), 327–343.

Hicks, John R. (1939): *Value and Capital.* Oxford University Press, Oxford.

Hirshleifer, Jack (1958): „On the theory of optimal investment decision". *Journal of Political Economy* (66), 329–352.

— (1965): „Investment decision under uncertainty: choice-theoretic approaches". *The Quarterly Journal of Economics* (79), 509–536.

— (1966): „Investment decision under uncertainty: applications of the state-preference approach". *The Quarterly Journal of Economics* (80), 252–277.

Hirshleifer, Jack und John G. Riley (1992): *The Analytics of Uncertainty and Information.* Cambridge University Press, Cambridge.

Ho, Thomas S. und Sang-bin Lee (1986): „Term structure movements and pricing interest rate contingent claims". *The Journal of Finance* (41), 1011–1029.

— (2004): „A closed-form multifactor binomial interest rate model". *The Journal of Fixed Income* (14), 1–16.

Hsia, Chi-Cheng (1981): „Coherence of the modern theories of finance". *Financial Review*, 27–42.

— (1983): „On binomial option pricing". *The Journal of Financial Research* (6), 41–46.

Huang, Chi-fu und Robert H. Litzenberger (1988): *Foundations for Financial Economics.* North-Holland, New York, Amsterdam und London.

Hull, John C. (2006): *Options, Futures, and Other Derivatives.* 6. Aufl. Prentice-Hall, Upper Saddle River (NJ).

Hull, John C. und Alan White (1990): „Pricing interest-rate-derivative securities". *The Review of Financial Studies* (3), 573–592.

Husmann, Sven, Lutz Kruschwitz und Andreas Löffler (2006): „WACC and a generalized tax code". *The European Journal of Finance* (12), 33–40.

Ingersoll jr., Jonathan E. (1987): *Theory of Financial Decision Making.* Rowman & Littlefield, Totowa (NJ).

Jarrow, Robert A. (1987): „The pricing of commodity options with stochastic interest rates". In: *Advances in Futures and Options Research: A Research Annual.* JAI Press, Stamford (CT), 19-45.
— (1988): *Finance Theory.* Prentice-Hall, Englewood Cliffs (NJ).
— (2002): *Modeling Fixed Income Securities and Interest Rate Options.* 2. Aufl. Stanford University Press, Stanford (CA).
Jarrow, Robert A. und Andrew Rudd (1987): *Option Pricing.* 2. Aufl. Irwin, Homewood (IL).
Jarrow, Robert A. und Stuart M. Turnbull (2000): *Derivative Securities.* 2. Aufl. South Western, Chicago.
Jensen, Michael C. (1972): „Capital markets: theory and evidence". *Bell Journal of Economics and Management Science* (3), 357-398.
Karatzas, Ioannis und Steven E. Shreve (1998): *Methods of Mathematical Finance.* Springer, New York.
Kraus, Alan und Robert H. Litzenberger (1973): „A state-preference model of optimal financial leverage". *The Journal of Finance* (28), 911-922.
— (1975): „Market equilibrium in a multiperiod state preference model with logarithmic utility". *The Journal of Finance* (30), 1213-1227.
Kreps, David M. (1995): *A Course in Microeconomic Theory.* 6. Aufl. Princeton University Press, Princeton (NJ).
Levy, Haim (1985): „Upper and lower bounds of put and call option value: stochastic dominance approach". *The Journal of Finance* (40), 1197-1217.
— (1992): „Stochastic dominance and expected utility: survey and analysis". *Management Science* (38), 555-593.
Lintner, John (1965): „The valuation of risky assets and the selection of risky investments in stock portfolios and capital budgets". *The Review of Economics and Statistics* (47), 13-37.
Löffler, Andreas (1996): „Variance aversion implies μ-σ^2-criterion". *Journal of Economic Theory* (69), 532-539.
Lutz, Frederick und Vera Lutz (1951): *The Theory of Investment of the Firm.* Princeton University Press, Princeton (NJ).
Macaulay, Frederick R. (1938): *Some Theoretical Problems Suggested by the Movement of Interest Rates, Bond Yields, and Stock Prices in the U.S. since 1856.* National Bureau of Economic Research, New York.
Markowitz, Harry M. (1959): *Portfolio Selection:* Efficient Diversification of Investments. John Wiley & Sons, New York.
Marschak, Jacob (1950): „Rational behavior, uncertain prospects and measurable utility". *Econometrica* (18), 111-141.
Martin, John D., Samuel H. Cox jr. und Richard D. MacMinn (1988): *The Theory of Finance:* Evidence and Applications. Dryden, Chicago.
Mas-Colell, Andreu, Michael D. Whinston und Jerry R. Green (1995): *Microeconomic Theory.* Oxford University Press, New York.
Merton, Robert C. (1973a): „An intertemporal capital asset pricing model". *Econometrica* (41), 867-888.

Merton, Robert C. (1973b): "Theory of rational option pricing". *Bell Journal of Economics and Management Science* (4), 141-183.
— (1990): *Continuous-Time Finance*. Blackwell, Oxford.
Miles, James A. und John R. Ezzell (1980): "The weighted average cost of capital, perfect capital markets, and project life: a clarification". *Journal of Financial and Quantitative Analysis* (15), 719-730.
Miller, Merton H. (1977): "Debt and taxes". *The Journal of Finance* (32), 261-275.
Miller, Merton H. und Franco Modigliani (1961): "Dividend policy, growth and the valuation of shares". *Journal of Business* (34), 411-433.
Miller, Merton H. und Myron S. Scholes (1978): "Dividends and taxes". *Journal of Financial Economics* (6), 333-364.
Miltersen, Kristian R. und Eduardo S. Schwartz (1998): "Pricing of options on commodity futures with stochastic term structures of convenience yields and interest rates". *Journal of Financial and Quantitative Analysis* (33), 33-59.
Modigliani, Franco und Merton H. Miller (1958): "The cost of capital, corporation finance, and the theory of investment". *American Economic Review* (48), 261-297.
— (1963): "Corporate income taxes and the cost of capital: a correction". *American Economic Review* (53), 433-443.
— (1969): "Reply to Heins and Sprenkle". *American Economic Review* (59), 592-595.
Mossin, Jan (1966): "Equilibrium in a capital asset market". *Econometrica* (34), 768-783.
Myers, Stewart C. (1968): "A time-state-preference model of security valuation". *Journal of Financial and Quantitative Analysis* (3), 1-34.
— (1984): "The capital structure puzzle". *The Journal of Finance* (39), 575-592.
Neftçi, Salih N. (2000): *An Introduction to the Mathematics of Financial Derivatives*. 2. Aufl. Academic Press, San Diego (CA).
Nelson, Charles R. und Andrew F. Siegel (1987): "Parsimonious modeling of yield curves". *Journal of Business* (60), 473-489.
Neumann, John von und Oskar Morgenstern (1944): *Theory of Games and Economic Behavior*. Princeton University Press, Princeton (NJ).
Nielsen, Lars Tyge (1987): "Portfolio selection in the mean-variance-model: a note". *The Journal of Finance* (42), 1371-1376.
— (1989): "Asset market equilibrium with short-selling". *The Review of Economic Studies* (56), 467-474.
Pelsser, Antoon (2000): *Efficient Methods for Valuing Interest Rate Derivatives*. Springer, London, Berlin und Heidelberg.
Pliska, Stanley R. (1997): *Introduction to Mathematical Finance:* Discrete Time Models. Blackwell, Oxford.
Pratt, John W. (1964): "Risk aversion in the small and in the large". *Econometrica* (32), 122-136.

Rebonato, Riccardo (1998): *Interest-Rate Option Models:* Understanding, Analysing and Using Models for Exotic Interest-Rate Options. 2. Aufl. John Wiley & Sons, Chichester.

Rendleman jr., Richard J. und Brit J. Bartter (1979): „Two state option pricing". *The Journal of Finance* (34), 1093-1110.

Ritchken, Peter H. (1985): „On option pricing bounds". *The Journal of Finance* (40), 1219-1233.

Ritchken, Peter H. und Rob Trevor (1999): „Pricing options under generalized GARCH and stochastic volatility processes". *The Journal of Finance* (54), 377-402.

Roll, Richard (1977): „A critique of the asset pricing theory's tests, part I: on past and potential testability of the theory". *Journal of Financial Economics* (4), 129-176.

Ross, Stephen A. (1976): „The arbitrage theory of capital asset pricing". *Journal of Economic Theory* (13), 341-360.

— (1977a): „Return, risk and arbitrage". In: *Studies in Risk and Return.* Hrsg. von Irwin Friend und James L. Bicksler. Ballinger, Cambridge (MA), 189-218.

— (1977b): „The determination of financial structure: the incentive-signalling approach". *Bell Journal of Economics and Management Science* (8), 23-40.

— (1978): „A simple approach of the valuation of risky streams". *Journal of Business* (51), 452-475.

Ross, Stephen A., Randolph W. Westerfield und Jeffrey F. Jaffe (2005): *Corporate Finance.* 7. Aufl. McGraw-Hill, Boston.

Roy, A[ndrew] D. (1952): „Safety first and the holding of assets". *Econometrica* (20), 431-449.

Rubinstein, Mark (1976): „The valuation of uncertain income streams and the price of options". *Bell Journal of Economics and Management Science* (7), 407-425.

Rudolf, Markus (1998): „Heath Jarrow Morton made easy: zur präferenzfreien Bewertung von Swaptions". *Finanzmarkt und Portfolio Management* (12), 170-196.

— (2000): *Zinsstrukturmodelle.* Physica, Heidelberg.

Samuelson, Paul A. (1965): „A rational theory of warrant pricing". *Industrial Management Review* (6), 13-32.

— (2002): „Modern finance theory within one lifetime". In: *Mathematical Finance:* Bachelier Congress 2000, Selected Papers from the First World Congress of the Bachelier Finance Society. Hrsg. von Hélyette Geman, Dilip Madan, Stanley R. Pliska und Ton Vorst. Springer, Berlin, Heidelberg und New York, 41-45.

Samuelson, Paul A. und Robert C. Merton (1969): „A complete model of warrant pricing that maximizes utility". *Industrial Management Review* (10), 17-46.

Schlittgen, Rainer (1997): *Einführung in die Statistik:* Analyse und Modellierung von Daten. 7. Aufl. R. Oldenbourg, München und Wien.

Schneeweiß, Hans (1967): *Entscheidungskriterien bei Risiko.* Springer, Berlin, Heidelberg und New York.

Schneeweiß, Hans (1994): „The role of risk aversion in the capital asset pricing model". *OR Spectrum* (16), 169-173.
Schneider, Dieter (1992): *Investition, Finanzierung und Besteuerung.* 7. Aufl. Th. Gabler, Wiesbaden.
Schöbel, Rainer (1987): *Zur Theorie der Rentenoption.* Duncker & Humblot, Berlin.
Shanken, Jay (1987): „Multivariate proxies and asset pricing relations". *Journal of Financial Economics* (18), 91-110.
Sharpe, William F. (1964): „Capital asset prices: a theory of market equilibrium under conditions of risk". *The Journal of Finance* (19), 425-442.
— (1970): *Portfolio Theory and Capital Markets.* McGraw-Hill, New York.
Sharpe, William F., Gordon J. Alexander und Jeffrey V. Bailey (1999): *Investments.* 6. Aufl. Prentice-Hall, Englewood Cliffs (NJ).
Sinn, Hans-Werner (1983): *Economic Decisions under Uncertainty.* North-Holland, Amsterdam, New York und Oxford.
Smith jr., Clifford W. (1976): „Option pricing: a review". *Journal of Financial Economics* (3), 3-51.
Spremann, Klaus (1986): „The simple analytics of arbitrage". In: *Capital Market Equilibria.* Hrsg. von Günter Bamberg und Klaus Spremann. Springer, Berlin, 189-207.
— (1987): „Entscheidungsfreiheit und Entscheidungslogik bei Risiko". In: *Beiträge zur Angewandten Mathematik:* Josef Heinhold zum 75. Geburtstag. Hrsg. von Martin J. Beckmann, K[arl] W[alter] Gaede und Klaus Ritter. Hanser, München und Wien, 247-273.
— (1996): *Wirtschaft, Investition und Finanzierung.* 5. Aufl. R. Oldenbourg, München und Wien.
Stackelberg, Heinrich von (1951): *Grundlagen der theoretischen Nationalökonomie.* 2. Aufl. Francke, Bern und Tübingen.
Steiner, Peter und Helmut Uhlir (2001): *Wertpapieranalyse.* 4. Aufl. Physica, Heidelberg.
Stoll, Hans R. (1969): „The relationship between put and call prices". *The Journal of Finance* (24), 801-824.
Svensson, Lars E.O. (1991): „The term structure of interest rate differentials in a target zone: theory and Swedish data". *Journal of Monetary Economics* (28), 87-116.
Swoboda, Peter (1994): *Betriebliche Finanzierung.* 3. Aufl. Physica, Würzburg und Wien.
Sydsæter, Knut und Peter J. Hammond (1995): *Mathematics for Economic Analysis.* Prentice-Hall, Englewood Cliffs (NJ).
Tobin, James (1958): „Liquidity preference as behavior towards risk". *The Review of Economic Studies* (25), 65-86.
Treynor, Jack L. (1999): „Towards a theory of market value of risky assets". In: *Asset Pricing and Portfolio Performance:* Models, Strategy and Performance Metrics. Hrsg. von Robert A. Korajczyk. Risk Books, London [erste unveröffentlichte Fassung 1961], 15-22.

Varian, Hal R. (1992): *Microeconomic Analysis.* 3. Aufl. Norton, New York und London.

Vašíček, Oldřich A[lfons] (1977): „An equilibrium charakterization of the term structure". *Journal of Financial Economics* (5), 177–188.

Wilhelm, Jochen (1981): „Zum Verhältnis von Capital Asset Pricing Model, Arbitrage Pricing Theory und Bedingungen der Arbitragefreiheit von Finanzmärkten". *Zeitschrift für betriebswirtschaftliche Forschung* (33), 891–905.

— (1983a): *Finanztitelmärkte und Unternehmensfinanzierung.* Springer, Berlin.

— (1983b): „Marktwertmaximierung: ein didaktisch einfacher Zugang zu einem Grundproblem der Investitions- und Finanzierungstheorie". *Zeitschrift für Betriebswirtschaft* (53), 516–534.

— (1985): *Arbitrage Theory:* Introductory Lectures on Arbitrage-Based Financial Asset Pricing. Springer, Berlin.

Williams, John Burr (1938): *The Theory of Investment Value.* Harvard University Press, Cambridge (MA).

Zimmermann, Heinz (1998): *State-Preference Theorie und Asset Pricing:* Eine Einführung. Physica, Heidelberg.

Namensverzeichnis

Archimedes, 519
Arrow, Kenneth J., 76, 85

Bernoulli, Daniel, 35, 503
Bernoulli, Jakob, 453, 541
Bernoulli, Johann, 35, 453, 503, 541
Black, Fischer, 282, 362

Cramer, Gabriel, 541

Debreu, Gerárd, 138

Euler, Leonhard, 503, 531

Fama, Eugene F., 243, 282
Farkas, Gyula, 140
Fisher, Irving, 22
Friedman, Milton, 65, 220

Gauß, Carl Friedrich, 457

Heath, David, 362
Hicks, John R., 76, 353

Jarrow, Robert A., 362

de Lagrange, Joseph Louis, 531
de Laplace, Pierre Simon, 451
Leibniz, Gottfried Wilhelm, 516, 519
de L'Hospital, Guillaume-F.-A., 514
Lintner, John, 189

Macaulay, Frederick R., 350
Markowitz, Harry M., 85, 189, 220
Marschak, Jacob, 76, 85, 220, 396
Merton, Robert C., 282, 362
Miller, Merton H., 282, 396
Minkowski, Hermann, 140

Modigliani, Franco, 85, 362, 396
Morgenstern, Oskar, 35
Morton, Andrew, 362
Mossin, Jan, 189
Myers, Stewart C., 252, 362

von Neumann, John, 35
Newton, Isaac, 516, 519

Riemann, Bernhard, 521
Roll, Richard W., 245
Rubinstein, Mark, 252

Samuelson, Paul A., 281, 282
Sarrus, Pierre-Frédéric, 536
Scholes, Myron S., 282
Sharpe, William F., 189

Taylor, Brook, 516
Tobin, James, 203, 220
Treynor, Jack L., 190, 282

Walras, Léon, 182
Wiener, Norbert, 284

Sachverzeichnis

Ableitung
-, erste, 508, 511
-, partielle, 528, 530
-, zweite, 513
Abweichung
-, mittlere quadratische, 444
Adjunkte, 537
Adjusted Present Value, 412, 423
Aggregation
-, schwache, 275
Aktien, 398
Aktienrendite, 295
Anleihen, 398
Anspruch
-, zustandsabhängiger, 280
APV, *siehe* Adjusted Present Value
Arbitragegelegenheit, 131–136, 378–381, 398, 405
Arbitragetheorie, 127–145
Arithmetisches Mittel, *siehe* Mittelwert
Arrow-Pratt-Maß, 66
Auktionator
-, *Walrasianischer*, 180, 276
Ausübungspreis, 280
Axiome rationalen Verhaltens, 27–29, 31–33, 42–47

Barwert, 6
-, einperiodiger, 148
-, mehrperiodiger, 160
Basis, 145
Basispreis, 280
Bernoulli-Prinzip, 34, 38, 56, 253, 255
Bernoulli-Prozess, 281
Bernoulli-Verteilung, *siehe* Verteilung, Bernoulli-
Beschränkungsaxiom, 28, 44

Besteuerung
-, Anrechnungssystem, 421
-, klassisches System, 419–421
Beta, 216–217, 273–274
Bewertung
-, präferenzfreie, 296
-, retrograde, 304, 308, 320
-, risikoneutrale, 264, 301–302, 323–324
Binomialbaum, 364
Binomialprozess, 283, 302, 304
Binomialverteilung, *siehe* Verteilung, Binomial-
Black-Scholes-Formel, 283, 322–330
book to market ratio, 250
Box-Plot, 444
Budgetbedingung, 8, 9, 16, 19, 170, 194, 254
Budgetbedingung, reduzierte, 173

Call, 279, 344
-, Payoff-Funktion, 285
-, Wertgrenzen, 287
Cap, 344
Capital Asset Pricing Model, 187–250, 399–403, 405
CAPM-Renditegleichung, 216, 228, 230, 231
Chi-Quadrat-Verteilung, *siehe* Verteilung, Chi-Quadrat-
Collar, 344
Consol Bond, 344
Cramersche Regel, 542

DCF-Verfahren, 418
Delegation, 21
Delta, 331
Determinante, 126, 167, 536–538

Dichtefunktion, 449, 455
-, bedingte, 474
Differential, 508
-, totales, 529
Differential- und Integralrechnung
-, Hauptsatz der, 523
Differentialquotient, 507
Differentialrechnung, 11, 33, 505
Differentiationsregeln, 510
Differenzenquotient, 506
Discounted Cashflow, 418
Diskontierung, 6
Diskontierungsfaktor, 175, 176
-, hyperbolischer, 176
-, stochastischer, 258, 266
Diskontpapier, 122, 125, 158
Diversifikation, 187
-, naive, 234
Dominanz
-, stochastische, 86
-, -, dritter Ordnung, 99
-, -, erster Ordnung, 86
-, -, zweiter Ordnung, 93
-, Zustands-, 86
Dominanzaxiom, 29, 44
Dominanztheorem, 122, 137, 138, 143, 318
Duplikation, 5, 121, 148, 150, 308, 311
Duration, 351
-, einer Kuponanleihe, 353
-, eines Zero Bonds, 354
-, modifizierte, 352

EBIT, 410
Effektivzinssatz, *siehe* Zinssatz, Effektiv-
Effizienter Rand, 222, 224, 245
Effizienz, 480
Eierschale, 221, 224, 225
Eigenkapitalquote, 408, 428
Ein-Faktor-Modell, 364
Ein-Index-Modell, 248
Einkommenseffekt, 268
Einmütigkeit, 21
Elastizität, 266, 351
Entscheidung
-, einmalige, 36
-, über Konsum und Investition, 7, 169, 190, 256

Ereignis, 432
Ergebnismatrix, 34
Ergebnismenge, 432
Errors-in-Variables-Problem, 240, 248
Erwartungen
-, homogene, 114, 193, 303, 398, 400, 429
Erwartungsnutzen, 40, 257
Erwartungsnutzentheorie, *siehe Bernoulli*-Prinzip
Erwartungstreue, 480
Erwartungswert, 449, 463
-, Rechenregeln für den, 472
Erwartungswertprinzip, 101
Eulersche Zahl, 503
Ex-ante-Version des CAPM, 239
Ex-post-Version des CAPM, 239
Extremwertbestimmung, 511
-, mit Nebenbedingungen, 529

Fehler erster und zweiter Art, 485
Festzinsanspruch, 343
-, Bewertung, 385
Finanztitel, 155
Fisher-Modell, 7–23, 169–185
Floater, 344
Floor, 344
Forward, 345
forward rate, *siehe* Zinssatz, Termin-
free lunch, 116
Fremdkapitalquote, 408
Funktion
-, Begriff, 493
-, Exponential-, 504
-, konkave, 54, 55, 63, 499
-, konvexe, 12, 32, 56, 63, 499
-, lineare, 501
-, Logarithmus-, 502
Futures, 321, 345

Gamma, 333
Gauß-Verteilung, *siehe* Verteilung, Normal-
Gegenhypothese, 481
Gegenwartspräferenz, 3, 31
Gegenwartswert, 6
Geldmarktkonto, 375
Geldmarktzinsfaktoren, 374

Gemeinsamer Fonds, 204, 205, 207
Gesetz
-, *Walrasianisches*, 185
Gleichgewicht, 179-185, 205-212, 275-276
Gleichungssystem
-, inhomogenes lineares, 161
-, lineares, 538, 540
Gleichverteilung, *siehe* Verteilung, Gleich-
Greeks, 330
Grenzrate der Substitution, 12, 13, 15, 17, 175, 258
-, erwartete, 259
Grenzwert, 494
Grundgesamtheit, 434

Häufigkeit
-, absolute, 435
-, relative, 435, 449
Häufigkeitsdichte, 438, 449
Häufigkeitstabelle, 436
Halbjahreskupon, 159
Handelsbeschränkungen, 9
Handelsstrategie, 377-378, 387, 391
-, selbstfinanzierende, 378
Harmonie, 23
Heath-Jarrow-Morton-Modell, 361-393
Hedge, 338-341
-, Delta-, 339
-, Delta-Gamma-, 340
Histogramm, 439
Hyperbolic Discounting Model, 176
Hypothesenproblem, 481, 486

Indifferenzkurve, 11-15, 17, 18, 23, 31-33, 222
Informationsverteilung
-, asymmetrische, 429
Insolvenz, *siehe* Konkurs
Integral
-, bestimmtes, 520
-, unbestimmtes, 523
Integralfunktion, 523
Integration
-, durch Substitution, 524
-, partielle, 525
Integrationsregeln, 524

Inverse, 143, 161, 538
Investitionspolitik
-, gegebene, 398
Investor
-, repräsentativer, 275
Irrelevanztheorem
-, der Kapitalstruktur, 405, 411
Iterationsverfahren, 418

Kapitalkosten
-, durchschnittliche, 395, 406-408, 412-416, 424-425
Kapitalmarkt, 5
-, mehrperiodiger, 112, 122
-, unvollständiger, 141, 254
-, vollkommener, 9, 111
-, vollständiger, 125, 142, 160, 254, 261, 263, 264, 276, 295, 304, 306, 316, 319, 381
Kapitalmarktlinie, 225, 226
Kapitalstruktur, 395
Kassageschäft, 154, 155, 306
Kassazinssatz, *siehe* Zinssatz, Kassa-
Kaufen und Halten, 308
Kaufoption, *siehe* Call
Kettenregel, 510, 525
Klassenbildung, 437
Kleinst-Quadrate-Methode, 490
Körperschaftsteuer, *siehe* Steuer, Körperschaft-
Komparative Statik, 68
Konkurs, 404, 425-427
Konkurskosten, 426
Konsistenz, 480
Konsumgütermarkt, 179, 190
Konsumplan, 9, 15, 169-185, 190, 256
Konvexitätsaxiom, 31, 56
Korrelationskoeffizient
-, empirischer, 447
-, theoretischer, 469
Kovarianz, 401
-, empirische, 447
-, Rechenregeln für die, 472
-, theoretische, 469
Kovarianzrisiko, 261-263
Kreditgeschäft, 155
Kuponanleihe, 344
Kuponeffekt, 167

Kursänderung
-, zinsbedingte, 355

Längsschnittregression, 240
Lagemaße, 441–442, 463–466
Lagrange-Funktion, 175, 195, 257, 530
Lagrange-Multiplikator, 530
Lagrange-Verfahren, 11, 16, 529
Lambda, 214, 335
Laplace-Verteilung, *siehe* Verteilung, Gleich-
law of one price, 297, 300
Leerverkauf, 114, 131, 398
L'Hospital
-, Regel von, 513
Lineartransformation
-, positive, 57, 65
Lognormalverteilung, *siehe* Verteilung, Lognormal-
Lotterie
-, Begriff, 37
-, einfache, 38
-, neutrale, 75
-, reduzierte, 37
-, Referenz-, 49
-, zusammengesetzte, 38
Lotterien und Portfolios, 42

Manager, 22
Managerfunktionen, 395
Markt
-, kompetitiver, 115, 131, 398
-, reibungsloser, 114, 131, 398
Marktportfolio, 207, 225
-, Stellvertreter des, 240, 245
Marktpreis pro Risikoeinheit, 215
Marktrisiko, 236
Marktrisikoprämie, 216
Marktwert
-, des Unternehmens, 395, 399, 404
Marktwertpapier, 119, 124, 125, 137
Marktzinssatz, *siehe* Zinssatz, Markt-
Maßzahlen
-, statistische, 440–445, 463–476
Matrix
-, Dreiecks-, 167
-, Koeffizienten-, 540
-, singuläre, 538

Maximumfunktion, 316
Median, 442, 465
Mengenanpasser, 115, 131
Miles-Ezzell-Formel, 415, 425
Minkowski-Farkas-Lemma, 140
Mittelwert, 441, 449
Modigliani-Miller-Theorem, 399–409
Monotonie, 497, 527
Monotonieaxiom, 31, 55, 64
μ-Regel, 101
μ-σ-Prinzip, 103, 253, 269, 270

Nachfragefunktion
-, direkte, 200
-, indirekte, 199, 259
Nettobarwert, 6, 18, 21, 151
Newtons Tangentenmethode, 159
Normalverteilung, *siehe* Verteilung, Normal-
Nullhypothese, 481
Nutzen-
-, *Neumann-Morgenstern*-, 40
Nutzenfunktion, 11, 26, 48, 56, 192, 255
-, additiv-separable, 60
-, exponentielle, 78, 81, 83
-, HARA-, 78–82
-, intertemporale, 58–61, 192, 255
-, kardinale, 48
-, konkave, 55
-, lineare, 82, 105
-, logarithmische, 78, 82
-, ordinale, 26, 29
-, Potenzfunktion als, 81, 84
-, quadratische, 78, 80, 106, 193, 278, 400
-, *Savage-Friedman*-, 64
-, Wurzelfunktion als, 74, 82

Option
-, amerikanische, 279, 291–293, 319
-, Devisen-, 321
-, europäische, 279
-, Renten-, 321
Optionspreis, 280

Petersburger Spiel, 102
Portefeuille-Auswahl, 187
Portfolio, 27

-, äquivalentes, 121, 161, 296, 308, 310, 322, 377
-, aus n Titeln, 221
-, aus zwei Titeln, 220
Portfolioanpassung, 308
-, selbstfinanzierende, 310, 311, 322
Portfolioseparation, 202
Portfoliotheorie, 219
Position
-, ungesicherte, 338
Potenzfunktion, 81, 84, 267
Power Utility, 81
Präferenzrelationen, 25, 41
Präferenzwert, 101
Preis, fairer, 2
Preisfunktion, 137
Preisvergleich, 2
pricing by duplication, 5, 148, 150, 308, 311
pricing kernel, 258
Privathaftung, 398, 401, 402, 404, 407
Produktregel, 510, 525
Prozentpunkt, *siehe* Quantil
Prüfgröße, 481, 486
Put, 279, 300, 316, 344
-, Payoff-Funktion, 285
-, Wertgrenzen, 288
Put-Call-Parität, 316

Quantil, 442, 465
Quartil, 442
Quartilsabstand, 443
Querschnittsregression, 240
Quotientenregel, 227, 510

Realinvestition, 18
Reflexivitätsaxiom, 27, 42
Regression
-, lineare, 489-492
Regressionsmodell
-, lineares, 240
Regularitätsaxiom, 33, 56
Relevering, 418
Rendite
-, eines Portfolios, 220
-, zustandsabhängige, 223
Rendite-Risiko-Position, 221, 224
Renditefaktoren, 370

Renditeforderung
-, der Eigentümer, 406
-, der Gläubiger, 408
Rho, 336
Risiko
-, systematisches, 236
-, unsystematisches, 236
Risikoadjustierung
-, der Rückflüsse, 215, 400
Risikoaversion, 62, 94, 348-349
-, absolute, 65-70, 75-78
-, konstante absolute, 83
-, konstante relative, 84, 265-274, 328-330
-, relative, 70-73, 267
-, strikte, 63
Risikoneutralität, 62
Risikoprämie, 73
-, nach *Markowitz*, 74
Risikosympathie, 62
Risikotoleranz, 80
Robinson Crusoe, 2, 7

Sättigung, 14, 31
Sarrussche Regel, 536
Schätzfunktion, 478-480
Schätztheorie, 458
Schiefe, 269
Semivarianz, 101
Separationstheorem
-, *Fishers*, 21, 174
-, *Tobins*, 202, 274
Sicherheitsäquivalent, 74, 262
Sicherheitsaxiom, 42
Signifikanzniveau, 484
Singularität, 126
Size-Effekt, 250
Spannweite, 443
Sparbrief, abgezinster, 156
Spiel, faires, 62
spot rate, *siehe* Zinssatz, Kassa-
Stabdiagramm, 436
Stammfunktion, 523
Standardabweichung
-, empirische, 444
-, theoretische, 468
Stationarität, 240, 244
Steigung, 501

Steins Lemma, 476
Stetigkeit, 498
Stetigkeitsaxiom, 28, 43
Steuer
-, Körperschaft-, 410
Steuerkeil, 416
Stichprobe, 434
-, geordnete, 442
Stichprobenfunktion, 478, 481
Stichprobenvariable, 478
Stichprobenvarianz, 444
Stillhalter, 279
Streudiagramm, 445
Streuungsmaße, 442–445, 466–469
Stückzinsen, 166
Substitutionsaxiom, 45
Substitutionseffekt, 268
Substitutionsrate, 3, 13, *siehe* Grenzrate der Substitution
Summenregel, 510
Svensson-Methode, 168

tax shield, 412, 423
Taylor-Reihe, 76, 515
Termingeschäft, 154, 155, 306, 310
Terminzinsfaktoren, 371
Terminzinssatz, *siehe* Zinssatz, Termin-
Testbarkeit des CAPM, 245
Teststatistik, 478, 481
Theta, 334
Tilgung, 409
Time State Preference Model, 251
Traditionelle These, 397
Transaktionsgerade, 10, 20
Transaktionskosten, 9, 398
Transitivitätsaxiom, 28, 43
Trinomialbaum, 365
t-Verteilung, *siehe* Verteilung, t-

Umkehrfunktion, 74, 500
Umweltzustand, 34
Unabhängigkeitsaxiom, 45
Ungeduld, 176
Unlevering, 418
Unterlassensalternative, 19
Unternehmensbewertung, 418
Urliste, 434

Varianz, 449
-, empirische, 449
-, Rechenregeln für die, 472
-, theoretische, 466
Varianzaversion, 193
Vega, 335
Vektor, 533
Vergleichbarkeitsaxiom, 27, 43
Verkaufsoption, *siehe* Put
Verschuldung
-, risikolose, 400
-, riskante, 401
Verschuldungsgrad, 395, 399, 401, 409
Verteilung
-, *Bernoulli*-, 452–453
-, Binomial-, 454
-, Chi-Quadrat-, 487
-, Gleich-
-, -, diskrete, 451–452, 464
-, -, stetige, 456, 464, 465
-, Lognormal-, 270, 461
-, Normal-, 107, 193, 244, 270, 277, 400, 457–461, 465, 468
-, -, bivariate, 461
-, -, Standardisierung der, 459
-, Rechteck-, 456
-, Standardnormal-, 459, 483
-, -, Quantile der, 467
-, t-, 483
-, white-noise-, 240
Verteilungsfunktion
-, empirische, 436, 449
-, theoretische, 449, 450, 455
Verteilungsmodell, 449
Volatilitätsparameter, 295

WACC, *siehe* Kapitalkosten, durchschnittliche
Wahrscheinlichkeit, 449
-, Binomial-, 313–315
-, Eintritts-, 363, 367, 384
-, Indifferenz-, 52
-, Martingal-, 264
-, Pseudo-, 264, 301, 313, 383–384, 386, 390
-, Verlust-, 101
Wahrscheinlichkeitsfunktion, 450
Walrasianisches Gesetz, 180, 205

Sachverzeichnis

Wertadditivitätstheorem, 122, 137, 316, 318, 405
Wertgrenzen von Optionen, 286–293
Wertpapier
–, *Arrow-Debreu-*, 137
–, redundantes, 144
–, reines, 119, 137–141, 167, 256, 304, 306, 308, 312
–, synthetisches, 121
Wertpapiermarktlinie, 225
Wiener-Prozess, 283

yield to maturity, 158

Zahlungsbereitschaft, 199, 256–275
Zeitpräferenzrate, 4, 6, 7, 13, 16, 17, 25, 198
Zerlegungssatz, 106
–, der Kovarianz, 469
–, der mittleren quadratischen Abweichung, 444
–, der Varianz, 468
Zero Bond, 156, 343
Zero Bond-Preise, 366
Zero-Beta-CAPM, 230–233
Zins
–, risikoloser, 191, 198, 215
Zinsderivat, 344
–, Bewertung, 390
Zinsfaktor, 345
Zinsimmunisierung, 356
Zinskurve
–, buckelige, 347
–, flache, 164, 166, 347
–, inverse, 347
–, normale, 165, 347–349
Zinssatz
–, Effektiv-, 158, 166, 348
–, Kassa-, 123, 124, 154, 156, 157, 160, 163–166, 175, 349
–, Markt-, 16
–, Termin-, 156, 160, 177
–, –, impliziter, 157
Zinsstruktur, 165–168
Zirkularität, 417
Zufallsprozess, 281
Zufallsvariablen, 432, 433
–, diskrete, 433, 435–437, 450–454

–, Linearkombination von, 470
–, Lineartransformation von, 470
–, stetige, 433, 437–440, 455–461
Zufallsvorgang, 431
Zug-um-Zug-Geschäft, 155
Zukunftslage, 34
Zustandsdeflator, 258
Zwei-Faktoren-Modell, 233

Oldenbourg Verlag

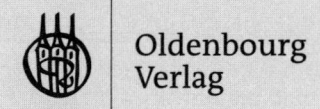

Ein Wissenschaftsverlag der
Oldenbourg Gruppe

Hal R. Varian
Grundzüge der Mikroökonomik

8. Auflage 2011 | XXVIII, 864 Seiten | Broschur
€ 29,80
ISBN 978-3-486-70453-2

**Internationale Standardlehrbücher der
Wirtschafts- und Sozialwissenschaften,
(Reihenherausgeber: Lutz Kruschwitz)**

Das Standardwerk: Dieses Lehrbuch schafft es wie kein anderes, nicht nur den Stoff der Mikroökonomie anschaulich zu erklären, sondern auch die ökonomische Interpretation der Analyseergebnisse nachvollziehbar zu formulieren. Es ist an vielen Universitäten ein Standardwerk und wird oft zum Selbststudium empfohlen. Die logisch aufeinander aufbauenden Kapitel und das gelungene Seitenlayout mit zahlreichen Grafiken erleichtern dem Leser den Zugang zur Thematik. Ebenso werden aktuelle Anwendungen der Mikroökonomie (z. B. Auktionen, Informationstechnologie) theoretisch und praktisch dargestellt.

Varians »große« Mikroökonomik eignet sich besonders für das Grundstudium der Volkswirtschaftslehre an deutschsprachigen Universitäten.

Bestellen Sie in Ihrer Fachbuchhandlung
oder direkt bei uns: Tel: 089/45051-248
Fax: 089/45051-333 | verkauf@oldenbourg.de

www.oldenbourg-verlag.de

Oldenbourg Verlag

Ein Wissenschaftsverlag der
Oldenbourg Gruppe

Erfolgsorientierte Verknüpfung von Planung und Führung

Richard Hammer
Planung und Führung

8., völlig neu bearbeitete Auflage 2011
X, 350 Seiten | Gebunden | 34,80 €
ISBN 978-3-486-58680-0

Das Buch behandelt in erster Linie die Themen Planung als Instrument der Unternehmensführung, eingebettet in grundlegende Systembetrachtungen und in v.a. neue Ansätze der strategischen Unternehmensführung. Besonderer Stellenwert wird den Methoden der operativen und strategischen Planung eingeräumt.

Das Buch gliedert sich in drei Abschnitte: In Kapitel 1 werden die Grundlagen zum System der Unternehmensführung zur Diskussion gestellt. Kapitel 2 behandelt die zentralen Inhalte der strategischen und operativen Unternehmensplanung. Im letzten Kapitel spannt der Autor den Bogen hin zu den aktuellen Ansätzen der strategischen Unternehmensführung.

Das Buch richtet sich vornehmlich an Studierende der Betriebswirtschafts- und Managementlehre regulärer universitärer Studiengänge und v.a. auch an Absolventen postgradualer Weiterbildungsprogramme.
Der Autor wendet sich darüber hinaus ebenfalls an Führungspersönlichkeiten in der unternehmerischen Praxis, die Planung verstärkt als Instrument der Unternehmensführung auf einen professionellen Stand implementieren wollen.

Bestellen Sie in Ihrer Fachbuchhandlung
oder direkt bei uns: Tel: 089/45051-248
Fax: 089/45051-333 | verkauf@oldenbourg.de

www.oldenbourg-verlag.de

Oldenbourg Verlag

Ein Wissenschaftsverlag der Oldenbourg Gruppe

Peter Runia, u.a.

Marketing
Eine prozess- und praxisorientierte Einführung

3., aktualisierte und verbesserte Auflage 2011
XXIV, 350 Seiten | gebunden | € 34,80
ISBN 978-3-486-59105-7

Marketing kurz, knapp und praxisorientiert

Dieses bei Studierenden beliebte Lehrbuch führt praxisorientiert in das Marketing ein. Im Fokus steht dabei das (klassische) Konsumgütermarketing. Inhaltlich spannt es den Bogen von den Grundlagen über die Marketinganalyse, Strategisches und Operatives Marketing bis zur konkreten Marketingplanung und -kontrolle.

> „Wer sich nicht auf die weit über 1.000 Seiten starken Wälzer von Meffert und Kotler einlassen möchte und trotzdem einen schnellen Überblick über moderne Marketing-Strategien erhalten möchte, ist mit diesem Lehrbuch sehr gut bedient."
> (Aquisa)

Für alle, die das Fach Marketing studieren. Es ist aber auch ein hilfreicher Ratgeber für Praktiker.

Bestellen Sie in Ihrer Fachbuchhandlung
oder direkt bei uns: Tel: 089/45051-248
Fax: 089/45051-333 | verkauf@oldenbourg.de

www.oldenbourg-verlag.de